安徽省志

Chorography of Anhui Province

国土资源管理志

Management of Land and Resources

(1986—2010)

安徽省地方志编纂委员会办公室
Compilatory Commission of Anhui Chorography

方志出版社
Publishing House of Local Records

图书在版编目（CIP）数据

安徽省志·国土资源管理志：1986~2010 / 安徽省地方志编纂委员会办公室编 .— 北京：方志出版社，2016.9
ISBN 978 - 7 - 5144 - 1998- 6

Ⅰ . ①安…　Ⅱ . ①安…　Ⅲ . ①安徽省 — 地方志②国土资源— 资源管理 — 概况 — 安徽省—1986~2010　Ⅳ . ① K295.4

中国版本图书馆 CIP 数据核字（2016）第 102631 号

安徽省志·国土资源管理志（1986—2010）

编　　者：安徽省地方志编纂委员会办公室
责任编辑：李　静

出 版 人：冀祥德
出 版 者：方志出版社
地址　北京市朝阳区潘家园东里 9 号（国家方志馆 4 层）
邮编　100021
网址　http://www.fzph.org
发　　行：方志出版社图书经销中心
电话（010）67110500
经　　销：各地新华书店
印　　刷：安徽联众印刷有限公司

开　　本：889 × 1194　　1/16
印　　张：30.5 印张
字　　数：593 千字
版　　次：2016 年 9 月第 1 版　　2016 年 9 月第 1 次印刷
印　　数：0001~1500 册

ISBN 978 - 7 - 5144 - 1998 - 6　　定价：360.00 元

安徽省地方志编纂委员会

曾任安徽省地方志编纂委员会成员

王金山　李　斌　王　信　田唯谦　仲建成　吕振凡
孙亚军　朱文根　吴　行　张武扬　张岳峰　夏邦文
董介林　谢广祥　马新民　王　洵　王宇铭　王守亚
王佛生　王林建　王学银　王宜斌　方志华　邓顺华
叶如强　朱　宁　任兆祥　刘　泉　刘成典　刘志祥
刘战平　江刘伍　江明安　毕美家　孙永吉　李　明
李玉华　李抗美　李迎春　李明阳　李维勇　杨本清
杨绿章　肖桂兰　吴　浩　吴　静　吴韦人　吴世平
吴桂和　余　群　汪华东　汪建国　汪炳瑜　沈　毅
张　永　张少国　张正耀　张华建　陈　平　陈亚萍
陈运才　陈素伟　林　红　罗　宏　罗建国　罗曙生
金　燕　俞凤翔　周　庆　周建春　郑　宏　郎　涛
赵卫弘　胡　冰　施立业　洪治社　洪禹候　秦亚东
聂庆义　聂皖辉　莫　欣　夏育才　徐礼国　徐家声
郭　敏　郭本纯　高　莉　高俊文　高维岭　黄玉明
黄发友　黄红文　黄家华　曹承锋　崔海燕　董　庆
蒋传华　蒋福亮　楚建平　蔡建平　樊　勇

《安徽省志》总编室

副 主 任：刘成典　吴　静　王守亚　严　希　吴良琴　王　晖

成　　员：（按姓氏笔画为序）

王富宏　计媛媛　史五一　朱海滨　孙　平　苏爱梅

杜中文　李宇涵　杨永成　余祖本　张　军　张　慧

周小平　胡　利　胡卫星　黄志军　章慧丽

《安徽省志·国土资源管理志》审稿组

初　　审：吴良琴　李　云

复　　审：吴　静　郑春林

核　　审：孙爱民　吴　静

审查验收

中共安徽省委　安徽省人民政府

《安徽省志·国土资源管理志》编纂委员会

《安徽省志·国土资源管理志》编辑室

编辑室主　任：李　云

编辑室副主任：洪曙光

《安徽省志·国土资源管理志》编纂人员

主　　编：李　云

副 主 编：洪曙光

编　　辑：陈　奎　唐照保　潘　茜

参编人员：傅　勤　汤照明　崔　丽　李　忱　楼金伟　黄步旺
阎如璲　邱瑞龙　杨兆军　何嘉敏　柏　林　潘树锦
李良军　陆三明　何兴强　刘　春　蒋健明　黄健敏
戴　稼　管政亭

1995 年 9 月 24 日,国家土地管理局局长王先进(中)来皖调研

2009 年 5 月 24 日,国土资源部部长徐绍史(右二)到安徽泥河找矿勘查现场调研

2010 年 12 月 7 日，国土资源部与安徽省政府签署合作备忘录

1993 年 5 月 11 日—17 日，国家土地管理局局长王先进（后左二）到皖调研并参加全国土地科技管理人员培训班

1996 年 6 月 14 日，省委省政府举办《中华人民共和国土地管理法》颁布十周年庆祝活动

1996 年 6 月 14 日，省委省政府领导卢荣景、方兆祥、汪涉云和国家土地管理局副局长刘文甲参加《中华人民共和国土地管理法》颁布十周年庆祝活动

1998年6月25日，副省长杨多良（中）、省人大常委会副主任季昆森（右一）参加“全国土地日”活动

1996年6月14日，安徽省首届地产交易会在省博物馆成功举办

1992 年 6 月 25 日，省政府举办庆祝全国“土地日”座谈会

1991 年 6 月 25 日，省土地管理局举办首个全国“土地日”新闻发布会

1992 年 5 月 21 日，省土地管理局在马鞍山举办安徽省土地使用制度改革座谈会

1996 年 6 月，省土地管理局举办《中华人民共和国土地管理法》颁布十周年座谈会

1997 年 6 月 24 日，省土地管理局召开安徽省特邀土地监察专员座谈会

1998 年 11 月 12 日，省政府举办全省专员市县长新《中华人民共和国土地管理法》培训班

1997 年 6 月 10 日，全省冻结非农建设占用耕地和清查建设用地工作会议在合肥召开

2004 年 3 月 19 日，全省国土资源局局长会议在合肥召开

2008 年 10 月 9 日，省国土资源厅召开深入学习实践科学发展观活动动员大会

1996 年 6 月 19 日，省土地管理局组织全省 38 所大专院校举办“土地与发展”文艺晚会

2009 年 6 月 12 日,省国土资源厅举办安徽省“国土杯”国土资源政策法规知识竞赛

2010 年，“深部矿体勘探钻探技术方法研究”项目（2706.68 米）标志碑

2003 年 12 月 5 日，联合国教科文组织世界地质公园专家对黄山申报世界地质公园进行考察

2008 年 4 月 1 日，安徽省古生物化石博物馆工程举行开工典礼

2008 年 4 月 11 日，省政府召开全省整顿和规范矿产资源开发秩序现场会

2008 年 9 月 28 日，安徽省测绘系统向四川地震灾区捐赠测绘仪器

2010 年 4 月 2 日，国土资源系统支援西南抗旱打井安徽突击队出发仪式

2008 年 5 月 28 日，探矿权出让拍卖会现场

2008年4月18日,全省测绘工作会议在合肥召开

2008年,庐江泥河铁矿会战一角

2008 年 3 月 26 日，全省开展第二次全国土地利用现状调查

2008 年 11 月 14 日，凤阳县农村土地流转交易中心揭牌

1992 年始，在全省基本农田保护区设立标牌

1992 年始，在全省基本农田保护区设立界桩

总 凡 例

一、《安徽省志（1986—2005）》以马克思列宁主义、毛泽东思想、邓小平理论、“三个代表”重要思想和科学发展观为指导，坚持辩证唯物主义和历史唯物主义，全面、客观、系统地记述1986—2005年间安徽省自然、政治、经济、文化、社会等方面的情况。

二、本志贯彻国务院《地方志工作条例》《安徽省地方志工作条例》，依法修志。

三、本志遵循中国地方志指导小组《地方志书质量规定》，力求存真求实、客观公正、全面系统，寓观点于记述之中。

四、本志各分志名称为《安徽省志·××志（1986—2005）》。

五、本志记述的地域范围为2005年的安徽省行政区域；时间上限为1986年，下限为2005年，少数分志的时限根据情况作适当上溯或下延，特色分志不设时限。

六、本志采用述、记、志、传、图、表、录等体裁，以志为主。各分志一般为篇章节条目体，部分为章节条目体，个别分志根据实际需要采用条目体。

七、入志人物坚持生不立传的原则。除人物志外，各分志坚持以事系人、人随事出的原则，不设人物录、人物简介。

八、本志采用规范书面语体文、记述体。表述力求严谨、朴实、简洁、流畅。语言文字、标点符号、计量单位等使用规范，按国家规定执行。

九、本志资料由各承编单位搜集整理，文中不注明出处。

十、本志采用省统计部门公布的法定数据，没有列入统计范围的，采用业务主管部门的统计数据。

十一、本志所涉组织、机构、法律法规、文件、会议等专有名称，第一次使用时用全称，简称括注于全称之后。各类译名以新华通讯社译文为准。

十二、本志所用地图均以安徽省测绘部门和有关部门绘制或审定的为准。

十三、本志设总凡例，各分志设凡例。

凡　　例

一、《安徽省志·国土资源管理志》根据省政府办公厅《关于开展地方志续修工作的通知》和省地方志编纂委员会关于印发《〈安徽省志〉(1986—2005) 编纂工作方案》的通知,由省国土资源厅承担编纂工作。

二、本志为首次编修,根据国土资源管理的实际情况,经省地方志办公室同意,记述的时间范围上起 1986 年,下迄 2010 年,部分内容适当上溯或下延。

三、为减少各分志间的重复,国土资源厅成立前暨 2000 年之前,矿产资源和测绘的行政管理部分在地质矿产志和测绘志里记载, 2000 年之后的部分由国土资源管理志记述。

四、本志采用篇章节与条目结合体,系统反映行业的历史和现状。

五、本志资料由国土资源系统各单位提供,部分资料来源于档案、著作、刊物等。资料来源一般不注明出处。

六、本志表格排列按所在篇章编排顺序。如“表 2-3-5”为第二篇第三章第五表。

七、计量单位用法定计量单位(引用法律原文除外)。考虑涉农计量单位用亩的习惯,在括号内加注。

目　录

Main Contents

概　述

安徽，取安庆、徽州两地名称首字得名，集皖山之基皖国之祖称皖，位居中国华东近海腹地，北纬29° 23′ ~ 34° 39′、东经114° 52′ ~ 119° 39′，周围与江苏、浙江、江西、湖北、河南、山东6个省接壤，长江、淮河自西向东横贯全境，将全省分割成皖北、皖中、皖南三个自然区，地形地貌复杂多样，平原、丘陵、山地相间排列，皖北平原坦荡，皖中丘陵起伏，皖南崇山峻岭，大别山雄峙西部，历史悠久，人杰地灵，资源丰富，交通便捷，地处暖温带与亚热带过渡地区，气候湿润，湖泊众多，水域辽阔，动植物资源种类较多，旅游资源独树一帜。安徽在改革开放的滚滚大潮中，抢抓机遇，奋力崛起，跨越发展，兴皖富民，积极探索具有安徽特色的科学发展之路，全面加强经济、政治、文化、社会和生态文明建设，各项事业取得巨大成就，随着经济的发展，已逐步形成以煤炭、电力、冶金、机械制造、石油化工、纺织等为主体，门类齐全的现代工业生产体系。勤劳智慧的安徽人民在这片山清水秀美丽富饶的土地上，战天斗地，艰苦创业，加速推进经济强省、文化强省、生态强省步伐。

一

国土资源是一个国家领土主权范围内所有自然资源、经济资源和社会资源的总称，是人类赖以生存繁衍，经济与社会可持续发展的物质基础。本志主要记述自然资源中的土地资源和矿产资源。安徽是农业大省，全国主要商品粮生产基地之一，具有多样的土地资源和丰富的矿产资源，2010年全省土地总面积14.014万平方千米，约占全国土地面积的1.45%，其中农用地11.229万平方千米，建设用地1.888万平方千米，未利用土地0.897万平方千米。农用地占全省总面积的80%，耕地在农用地中占主要地位，土地资源总体结构布局比较合理，有利于农林牧渔各业全面发展。安徽也是矿产资源大省，资源储量潜在总价值居全国第10位，人均第13位，已发现各类矿产158种，探明储量和未探明储量但实际已经开采的有126种，煤、铁、铜、硫铁、水泥用石灰岩、盐、石膏等7种矿产构成安徽矿产资源主体，占全省潜在总价值的82%，大中型矿产地500多处，矿产采选业及相关能源和原材料加工制品业创工业产值占全省工业总产值的38.3%，矿业已成为安徽重要的支柱产业。到2010年，全省地质勘查行业取得地质勘查资质的单位（简称地勘单位）有77个，除国有地勘单位外，其他地勘单位39个，其中36个为私营企业。全省地勘行业在职职工46616人，各类地质技术人员6213人，其中高级技术人员1701人；全行业总资产605.53亿元。国土资源是国脉所系、民生所依，支撑各行各业，关系千家万户，影响千秋万代，涉及政治稳定、经济安全和社会安定的重要因素，国土资源开发利用和保护始终是现代化进程中具有全局性、战略性、根本性的问题，搞好国土资源的规划、管理、保护和合理利用，是实现加快发展、富民强省的必然要求，是法律赋予的神圣职责。

国土资源管理是指国家运用行政、经济、法律、科学技术等手段对影响国土资源的各种行为进行调整的行政管理活动。其目的是协调国土资源开发利用与经济、社会发展的关系，以保护和改善环境、保障人体健康、促进经济和社会的可持续发展。国土资源管理在贯彻落实科学发展观，实施可持续发展战略，优化国土资源配置，促进经济又好又快发展，构建和谐安徽的新形势下，赋予了新的使命和责任，而合理的政府组织结构是行政权力高效运行的基础，深化国土资源管理体制改革是关键，核心是推动政府职能向创造良好发展环境、提供优质公共服务、维护社会公平正义的根本转变。随着历史的变迁，国土资源管理体制发生了重大变化。新中国成立初期，安徽土地管理工作由省民政部门负责，“文化大革命”期间，由省民政厅移至省革命委员会生产指挥组，1975年安徽省革命委员会生产指挥组撤销，职能又转回省民政厅，1979年7月，建设用地征拨工作由省民政厅移交到省基本建设委员会（后为城乡建设环境保护厅），1985年7月，成立安徽省土地管理局（处级），隶属省农牧渔业厅领导，负责城市规划区以外的土地管理。1987年以前全省土地由各部门分管，土地使用处于无偿无限期无流动状态。1986年11月，省政府决定成立直属土地管理局（副厅级），由隶属于农业厅的土地管理局和建设厅的建设用地管理办公室作为基本队伍，统一管理全省土地，1994年省级机构改革中升格为正厅级。1985年安徽省地质矿产局隶属国家地质矿产部领导；1995年1月，改由省政府直接领导，为省政府政事合一的管理机构，既依法履行矿产资源管理职能，又要带好原所属一万八千人地质事业性队伍，搞好生产经营管理，接受省政府和原地矿部的双重领导和管理；内设地质勘查计划管理处，矿产资源开发管理处，资源储量处，地质环境处；在内设机构中，另设安徽省矿产资源储量委员会办公室和安徽省地质资料处两个处级机构，省地质资料处与省地矿局资源储量处为一个机构两块牌子；省储量委员会办公室作为省储委的办事机构，主要履行全省矿产资源储量评审认定职能，省储委主任由省政府分管副省长兼任，省地矿局局长为省储委第一副主任，省储委成员由省直各有关部门的领导兼任。1985年安徽省测绘局为省城乡建设环境保护厅归口管理的副厅级事业单位；1994年省测绘局为省政府部门管理机构（副厅级），由省建设厅管理。2000年4月，省政府撤销省土地管理局、省地质矿产局、省测绘局，组建安徽省国土资源厅（简称省国土厅），为省政府组成部门，主管土地资源、矿产资源等自然资源的规划、管理、保护与合理利用及测绘行政管理。在省委、省政府的领导下，国土资源系统广大干部职工，以促进全省经济发展为出发点，以保护和合理利用国土资源为主线，以落实土地利用总体规划和矿产资源规划为龙头，以实现耕地总量动态平衡为目标，以科技创新和制度创新为动力，着力推进依法行政、打造法治国土，深化改革探索、打造创新国土，夯实管理基础、打造数字国土，推进反腐倡廉、打造廉洁国土，理顺内外关系、打造和谐国土，开拓进取，艰苦奋斗，国土资源管理取得有目共睹的成就，建立起包括以土地规划和计划为基础的土地用途管制、基本农田保护、探矿权和采矿权登记、国土资源有偿使用和依法流转、地质环境保护与地质灾害防治、矿产资源储量评审认定、测绘管理等在内的一系列国土资源管理制度，国土资源管理步入科学化、规范化和法制化的轨道。

二

土地是财富之母，土地问题，归根结底是用和管的问题，人类发展至今，在土地问题上，始终围绕着用与管的问题而活动，管无可争辩地处于土地问题的根本和核心地位，从国家和社会的利益出发，必须合理有序地利用有限的土地资源，而合理有序的利用必须建立在合理有序的管理之上，土地管理的内容是对土地资源配置、土地收益和土地产权产籍的管理，又必须采取法律的、行政的、经济的、社会的、技术的一系列综合手段方能奏效。

20 世纪初期，安徽土地的开发利用处在低谷，据史料记载，由于战争和自然灾害的影响，造成安徽人口锐减，土地大量抛荒，“各省之中以皖南、皖北荒田最多，仅宁国、广德一府一州即不下百万亩”，农村经济一蹶不振。地方当局采取招揽客民、垦荒耕地等措施以图恢复农业生产。自 19 世纪 70 年代至清光绪三十年（1904 年），迁来外省客民达 165 万人，占当时全省人口的 12%，主要集中在皖南一带。在土地革命战争时期，中国共产党领导人民打土豪，分田地，减租减息，轻徭薄赋，全省农业生产又迅猛回升，农业生产和粮食产量达到了新中国成立前历史的最高点。抗日战争爆发后，安徽人民又陷入了水深火热之中，城垣倾圮，满目疮痍，民国 27 年（1938 年）6 月，国民党扒开花园口黄河大堤，黄水夺淮，使沿淮 24 县土地被淹没，300 万灾民流离失所，逃荒要饭，直到民国 36 年（1947 年）3 月堵住黄河决口，历时 9 年的浩劫才告结束。沿江一带稍好于皖北，社会比较稳定，各界人士出于自身利益的需要，进行了一些圈圩垦殖，一些地主、资本家和达官士绅组成垦务公司，投资垦殖，按股分田，经营盈利。民国时期，较大的垦殖农场有 4 个，最大的是普济圩垦殖社，总面积达 1.73 万公顷（26 万亩），江北各县移居江南的农民联合围垦，这些农民圈的都是小圩，当时沿江的芜湖、枞阳、贵池、东至、宿松、望江一带，圈圩之风频盛，民国年间成圩达 233 处。抗日战争时期和解放战争时期，由于国民党的土地赋税沉重，人民的生产积极性很低，土地的开发利用受到限制。解放战争末期，安徽主要农作物面积都低于抗日战争前历史最高水平。1949 年水稻、小麦总产量分别为 188 万吨和 109 万吨，只及 1931 年的 57% 和 81%，茶叶产量则下降

2/3。

1949—1957年，安徽人民在战争的废墟上重建家园，顺利完成土地改革，实现对农业的社会主义改造，完成农村个体经济向社会主义集体经济的转变。1952年全省耕地面积扩大到578.18万公顷，人均耕地0.195公顷（2.92亩），是中华人民共和国成立后人均耕地最高的年份，“一五”期间，土地开发利用总的状况是好的，1954年全省耕地面积达589.45万公顷。1958—1962年，由于指导思想上的“左”倾错误，加上自然灾害的袭击，使安徽的土地开发利用遭受到严重挫折。1962年全省耕地面积减少到489.81万公顷，比1954年净减耕地99.63万公顷。在农田垦殖方面，“大跃进”期间所开荒地也收效甚微，5年共开垦荒地2.31万公顷，有的因与群众有权属争议而退还人民公社，有的因水利设施未解决而弃耕，实际保留下来的仅0.8万公顷，教训十分深刻。1963—1965年，全省积极采取恢复和发展生产的一系列措施，农村实行三级所有，队为基础的组织形式，土地开发利用出现新的转机，新增耕地3430公顷，有效灌溉面积增加83%，旱涝保收面积增长92.5%，土地利用的集约程度和土地生产率都有很大提高。1966—1976年，10年的“文化大革命”，再次给安徽土地开发利用带来严重挫折，在此期间，虽然粮棉生产持续增长，但由于片面强调“以粮为纲”，限制家庭副业和多种经营生产，农民生活水平提高很慢，加之人口剧增，人地关系开始紧张。

1978年党的十一届三中全会后，在“解放思想，实事求是”的思想指导下，全国工作重点转移到以经济建设为中心，土地管理事业得到中共中央、国务院的高度重视，1986年3月下发中央7号文件，1997年4月下发中央11号文件，两个文件有着相同的命题：加强土地管理，切实保护耕地。中央7号文件拉开了土地管理制度大变革的历史巨幕，明确两件大事：抓紧制定《中华人民共和国土地管理法》（简称《土地管理法》），成立统一管理城乡土地的国家土地管理局。正式提出，“十分珍惜和合理利用每寸土地，切实保护耕地，是我国必须长期坚持的一项基本国策”。而中央11号文件是这场深刻变革的指路明灯，总的指导思想是必须采取世界上最严格的措施；必须长期坚持“十分珍惜和合理利用每寸土地，切实保护耕地”的基本国策；必须从体制、机制和法制上采取治本之策，扭转人口大量增加耕地大量减少的失衡趋势。中央果断采取一系列新举措：要求各级党委和政府认清土地基本国情，要有危机感、紧迫感和责任感，从国家和民族的长远和全局利益出发，高度重视土地管理特别是耕地保护工作；强化土地的国家管理职能，改革土地“分级限额审批”制度，实行农地与非农建设项目用地的用途管制制度；加强土地利用的宏观管理，突出土地利用总体规划的整体控制作用；改革土地收益分配办法，采取经济制约机制，强化耕地保护；加强土地法制建设，完善有关法规，明确执法监察权；改革土地利用和管理方式，推进土地整理，挖掘土地潜力；把实现耕地总量动态平衡作为土地管理的主要目标；深化土地使用制度改革，切实加强国有土地资产的管理，规范土地市场；加强农村集体土地管理，扭转农村集体土地利用、流转的混乱状况；充分利用现代科技手段，加强土地管理的科技含量。中央11号文件着眼于综合性、系统性，从体制、法制和机制等各个方面进行全方位的战略部署，在确定战略思想的同时，果断采取冻结占用耕地一年、冻结县改市的坚决措施；决定在冻结期内完成《土地管理法》的修改工作；对全国非农建设用地进行大清查。1998年，国土资源部成立，《土地管理法》修改完成，使中国的土地管理事业进入又一个深化体制改革、加强集中统一管理的新时代。

安徽省委省政府高度重视土地管理工作。1982年国务院颁布《村镇建房用地管理条例》和《国家建设征用土地条例》，同年10月省人大常委会颁布《安徽省国家建设征用土地实施办法》和《安徽省村镇建房用地管理实施办法》；1986年3月中央7号文件下发，同年6月《中华人民共和国土地管理法》颁布；1986年8月省委办公厅和省政府办公厅联合下发贯彻中央7号文件的通知，1987年6月安徽省土地管理局挂牌办公，在此后的数年间，市（地）、县（市、区）、乡（镇）相继建立土地管理机构，形成省、市、县、乡4级土地管理网络，1987年12月《安徽省实施〈中华人民共和国土地管理法〉办法》颁布，安徽土地管理工作步入依法集中统一管理轨道。

在组建机构和队伍建设的同时，从基础业务工作抓起，开展土地利用现状调查，遵照国务院和省政府文件精神，在省农业区划办开展的基础上，精心组织，全力以赴，认真抓落实，历时16年，16万余名科技人员和干部群众参加国情国力调查，于1997年7月，顺利完成国家规定的调查和汇总任务，为制定国民经济发展规划和年度计划，全面管理土地提供了科学依据。按照国务院统一部署，2007年7月至2009年12月，抽调474名专业技术人员，投入经费3.7亿元，全面完成安徽省第二次土地调查任务。坚持以科学发展观为统领，全力推进以城镇地籍调查与数据库建设和土地利用更新调查与数据库建设（简称地籍“两库”建设）等为主要内容的地籍基础业务建设工作取得重大突破，至2007年年底，全省有城区的80个市、县（市、区）全部完成城镇地籍调查与数据库建设，91个应建单位完成土地利用更新调查与数据库建设，有近百个中心建制镇开展地籍调查和测量工作。地籍“两库”建设成果为经济社会发展服务发挥重要作用。土地登记发证工作是明晰产权和保护权益的一项法定制度，至2006年年底，全省国有土地使用权登记发证率达92%，其中城市居民住宅用地登记发证率达70%，集体土地使用权登记发证率66%，集体土地所有权登记发证率54%，通过土地登记发证所形成的海量地籍档案资料，成为各级政府和国土资源部门依法管理土地资源和资产的抓手，在保护土地权利人的合法权益、促进土地的合理利用和产权流转、化解土地交易和金融风险、处置国有企业改制中的土地资产和调处土地产权纠纷等工作中，发挥着无可替代的作用。

土地利用总体规划是土地宏观调控和土地用途管制、规划城乡建设的重要依据，是指导全省土地管理的纲领性文件，安徽省按照建设资源节约型和环境友好型社会的要求，依托良好的区位、交通、资源、产业以及政策等组合优势，加强土地宏观调控和用途管制，积极推进土地利用结构和布局的优化，努力提高土地利用率，实现保护与保障并举、集约挖潜和统筹协调并重，为经济社会全面、协调和可持续发展提供土地保障，先后编制（1990—2000 年）（1997—2010 年）（2006—2020 年）三轮土地利用总体规划，全省各地按照省级规划确定的耕地保有量、基本农田保护面积、城乡建设用地规模等土地利用主要控制指标，完成各级土地利用总体规划，并按法定程序报批，向社会公告，接受社会公众对规划实施的监督。通过加大规划实施动态监管力度，落实规划实施考核制度和土地用途管制制度，规划对土地利用的控制和引导功能逐步显现，基本农田得到有效保护，建设用地节约集约利用水平逐步提高，生态状况得到改善，促进了全省经济社会的平稳较快发展。

耕地是人类衣食之源。2010 年，中国用占世界 9% 的耕地生产出占世界 20% 的粮食，养活着占世界 22% 的人口。2008 年年底全国耕地保有量为 1.218 亿公顷（18.27 亿亩），人均耕地 0.092 公顷（1.38 亩），仅为世界人均耕地的 43%。联合国世界粮农组织划出人均 0.053 公顷（0.8 亩）的耕地警戒线，低于这个警戒线，就难以做到粮食自给。为保障粮食安全，中共中央、国务院高瞻远瞩，划定坚守 1.2 亿公顷（18 亿亩）耕地红线不得突破，珍惜方寸地，留给子孙耕。

安徽是对土地高度依赖的省份，土地资源可以概括为“三少”，即人均耕地少、高质量的土地少、可开发的后备土地资源少。2010 年全省耕地面积 589.6 万公顷，人均耕地 0.086 公顷（1.29 亩），低于全国平均水平，在现有耕地中，中、低产田占 82.9%，耕地质量退化也已显露，在大量使用农药和化肥增加产量的同时，也改变土壤的农业地质环境，降低有机质成分，加剧盐碱化和环境污染，使农作物对化肥的依赖增强、农产品质量下降；人口增加，耕地减少，耕地保护压力加大，加上一些地方政府存在重发展、轻保护的思想，坚守耕地红线任重道远。1994 年 6 月中共中央总书记江泽民视察福建走马埭耕地保护区，面对万亩碧野良田，道出振聋发聩的警世名言：“保护耕地就是保护生命线”。省委、省政府十分重视耕地保护工作，认真执行国家有关耕地保护法律法规和各项政策，省人大常委会、省政府先后制定《安徽省基本农田保护条例》《安徽省各市政府耕地保护责任目标考核办法》《安徽省建设用地置换暂行办法》等法规规章；落实耕地保护目标责任制，省政府每年与各市政府签订耕地保护目标责任书，市长为第一责任人，各市政府至农户也层层签订耕地保护责任书，严格考核，实施问责；完善耕地保护的经济激励机制，落实对农户保护和利用耕地的补贴政策，提高农民保护耕地的积极性；开展基本农田保护示范区建设，全省基本农田保护区划定工作从 1989 年开始，到 1995 年结束，划定保护面积 394.67 万公顷，2001 年调整划定基本农田 513 万公顷，保护率为 86%，2004 年后，全省基本农田保护面积一直稳定在 509.27 万公顷左右，保护率达 88.9%，超过国务院下达安徽的基本农田保护指标（507.6 万公顷）；加大土地整理复垦开发投入，增加耕地面积，提高耕地综合生产能力，推进节约集约用地约束机制，建立补充耕地项目库和补充耕地储备制度，确保耕地占补平衡和补充耕地质量，连续 13 年实现耕地占补平衡有余。由国土资源部、农业部和国家统计局组成的检查组对安徽耕地保护工作给予充分肯定，省国土资源厅受到国土资源部的表彰和奖励。

加强建设用地管理，确保国家建设项目用地。1987年省土地管理局贯彻中央〔1986〕7号文件，在全省开展非农业用地清查，刹住乱占滥用耕地的歪风。1997年中央下发11号文件，全省开展“冻结”和“清查”工作。1998年，新《土地管理法》实施，建设用地由限额审批变为用途管制，全省建设用地管理进入一个新的阶段。在做好建设用地管理的同时，坚持“有保有压、区别对待、保障重点、急事急办”的原则，保证国家和省重点建设项目顺利落地，促进全省经济又好又快发展。超前谋划，在农用地审批冻结前依法报批用地，为各地发展储备一批土地。对重大建设项目用地主动搞好服务，会同省发改委下发《关于进一步加强重点建设项目用地管理的通知》，认真开展建设项目用地初审、预审，召开重大项目用地现场办公会、报批调度会，实行定期通报制度，为全省经济社会发展用地提供有力支撑。2007年报国务院批准的“861”重点工程建设项目用地0.86万公顷。围绕“861”行动计划、东向发展、开发园区用地、县域经济发展等开展一系列调研，引导各地依法科学用地，用足用活政策，及时研究制定建设用地置换、城镇建设用地增加与农村建设用地减少挂钩、用好未利用地、对不改变地类的旅游用地和采煤塌陷地只征不转等政策，指导节约集约用地。征得国土资源部批复同意，将安徽省149个项目区列入城镇建设用地增加与农村建设用地减少挂钩试点项目区，下达挂钩周转指标2000公顷，有效缓解建设用地供求矛盾。争取国家在用地计划及违法用地处理上对安徽的支持，依法处理历史遗留用地。严格执行土地供应政策、工业建设项目控制指标、划拨供地目录、工业用地最低价标准，进一步优化用地结构。工业用地投资强度逐年提升，2008年全省新开工工业项目平均每亩投资已达120万元。

土地资源是不可再生的自然资源，节约集约利用土地资源是实现经济社会可持续发展的必然选择，是一项长期而艰巨的任务。随着中国经济社会的快速发展，土地等自然资源状况对经济发展已构成严重制约，人地矛盾日趋突出。党中央、国务院及时提出了以科学发展观统领经济社会发展全局，加快建设资源节约型、环境友好型社会的要求。在举国上下大力倡导和推进节约集约利用土地资源是一项文明之举，科学之举，智慧之举。省政府积极推进土地节约集约利用，出台《关于加强土地节约集约利用工作的通知》，制定节约集约用地评价考核办法，强化供地管理，盘活存量土地，加大闲置土地处置力度，不断探索节约集约用地新的措施、新的方法、新的途径，系统总结及时推广各地集约利用土地方面的好经验、好做法和好典型，展现节约集约利用土地成就，指明节约集约用地方向，促进经济增长方式和土地利用方式根本转变，创造出一条适合经济社会发展的节约集约用地的新路子，实现土地资源可持续利用。实践证明节约集约用地是可行的，是大有潜力的，是大有作为的。全省共消化闲置土地1500公顷、批而未供土地1万公顷。合肥等地清理闲置土地收到明显效果，国土资源部批准合肥市为节约集约用地国家试点城市。

保障被征地农民权益，坚持依法征地，落实建设用地报批前的告知、确认、听证和征地方案依法批准后的公告、登记程序,保障被征地农民知情权、财产权。通过查处土地违法案件,增加被征地农民补偿费1.5亿元,土地市场治理整顿期间,清偿被征地农民补偿安置费4.01亿元。建立完善信访事项复查复核制度,开展矛盾纠纷排查和重信重访专项治理,征地突出问题逐步得到解决,省国土厅信访工作连续4年获省委、省政府表彰。省政府出台《安徽省征地补偿争议裁决办法》,办理争议申请109件,涉及近3万农户、近3000公顷土地,裁决增补征地补偿费2亿多元。落实就业安置和社会保障措施,逐步提高征地补偿标准,制订全省征地统一年产值标准和区片综合价上报国土资源部,探索保障被征地农民利益的长效机制。在芜湖市开展集体建设用地流转试点的基础上,省政府出台《安徽省集体建设用地有偿使用和使用权流转试行办法》,在全省各地开展试点工作,促进了农村经济发展和小城镇建设。

2000年国土资源部在马鞍山市开展国有土地资本运营试点,省委、省政府把国有土地资本运营提高到遏制腐败和加快社会经济发展的高度来认识,在全省扩大试点范围,取得成功经验全面推开,各级成立国有土地资本运营管理委员会和土地储备发展中心,政府垄断土地一级市场,对城市规划区内的土地实行统一征用、统一收回、统一储备、统一开发、统一供应、统一监管,实现"一个渠道进水、一个池子蓄水、一个龙头放水"的国有土地统一收回、储备、供应制度,为城市建设和发展集聚大量资金。随着经济体制改革的不断深入和对外开放的扩大,拥有自主经济权的企业,需要按照社会需求的不断变化来进行土地、资金、劳动力等生产要素的重新组合和优化,这就要求土地使用权允许进入市场流通,建立规范有序,公开、公平、公正的土地市场体系是土地使用制度改革的目标。在省委、省政府的领导下,初步形成一个具有有效的资源配置体系,在国家宏观调控下,通过市场优化配置土地资源;健全的法律体系,使市场行为规范有序;合理的收益分配体系,体现明晰的产权关系和利用租、税、费有效进行调节;正常的价格体系,建立土地使用权价格的市场形成机制;完善的中介服务体系,促进土地市场健康发展。1990年5月《中华人民共和国城镇国有土地使用权出让和转让暂行条例》颁布实施,在土地使用制度改革大潮到来时,安徽反应快,起步早, 1991年省政府批准在芜湖、合肥两市进行国有土地使用权出让试点,逐步在全省推开,随着土地交易量的增加,土地市场不断发育。市场经济是法制经济,加强法制建设是保证地产市场健康运作的重要前提,省、市、县先后制订一系列配套法规和规章,自上而下形成有利于培育管好土地市场的法规体系,建立起比较规范的市场进入规则、市场交易规则和市场竞争规则;全省上下健全土地执法监察队伍,形成执法监察体系,严格执法,廉洁自律,不断提高执法监察水平。政府在加强宏观调控的同时,不断强化对土地市场的调控和监管。在供给管理上,形成主要包括土地利用总体规划和土地利用年度计划、土地用途管制制度、农用地转用制度、土地征收制度、土地储备制度、限制用地目录、禁止用地项目目录和划拨用地目录等管理制度,逐步使建设用地的供应总量和结构得到有效控制和调节。在需求管理上,全省建立城镇土地使用税、房产税、耕地占用税、新增建设用地有偿使用费等税费调节体系，以抑制不合理的用地特别是投机性用地需求，引导土地利用方向，促进土地政策和产业政策的推行，同时调节土地收益分配，保障财政收入。在价格管理上，建立土地价格评估制度，基准地价、标定地价确定和定期更新、公布制度，协议出让国有土地使用权最低价制度，工业用地最低出让价控制标准，交易价格申报制度，政府优先购买权制度，旨在完善土地价格市场形成机制，防止土地价格的人为扭曲和混乱。在市场监管服务上，建立土地市场和城市地价动态监测体系，土地市场信息发布和查询制度，定期发布市场信息；健全土地登记制度，办理权属登记；建立土地价格评估、土地登记代理、土地拍卖主持等市场中介服务制度和自律机制；建立土地有形市场，设立固定场所，健全交易规则，提供相关服务，促进土地使用权规范交易。

三

矿产资源是人类生存与发展的重要物质基础，安徽省 90% 的工业原料、70% 的农业生产资料和 35% 以上的生产生活用水来源于矿产资源。自中华人民共和国建立，到 1986 年《中华人民共和国矿产资源法》颁布实施，全省矿产资源管理与全国一样，实行中央部门与地方条块结合以条为主的管理体制，其管理工作按矿种分属不同的工业管理部门，只有基础地质工作由地质部门按国家计划和财政预算进行；而矿产资源勘查工作由国家各有关部委安排，分别由地质、煤炭、冶金、化工、建材、有色等工业部门所属安徽的地质队承担；地质资料由省地质资料处按国家有关规定实行汇交管理；矿产资源储量由省储量委员会评审认定。《中华人民共和国矿产资源法》颁布实施后，随着国家行政管理机构改革的推进，逐步撤销有关工业管理部门，地勘队伍属地化管理，安徽省地质局也随之改为“安徽省地质矿产局”，由省政府赋予矿产资源管理职能，履行全省地质勘查行业管理、矿产资源开发管理、地质资料汇交管理、地质环境监测监督管理四项政府职能，逐步建立省、市、县三级政府矿产资源管理机构，配备行政管理人员。全省矿产资源管理逐步纳入依法、统一管理的轨道。

1986—2000 年，全省矿产资源管理按照省政府和原地矿部统一部署与要求进行。推进市县矿产资源管理机构建设，向市县政府延伸矿产资源管理职能；市、县政府在矿产资源管理起步阶段缺乏技术人员和基础地质资料，由省地质矿产局派出或调出人员进入市、县矿产资源行政管理机构工作，到 1999 年年底，全省除个别市县外，相继成立矿产资源行政管理机构，名称为矿产资源管理局或矿产资源管理办公室，列入政府行政机构序列，人员多数为行政编制，少数为事业编制。依法开展矿产资源勘查登记和开采登记发证，到 1998 年全省矿产资源勘查和开采登记发证率基本达到 100%；为推进这项工作，地矿部 2 次在安徽省召开现场会，总结推广两证登记经验。通过清理、登记发证，明确探矿权人、采矿权人的权利与义务，调处历史遗留权属纠纷，使矿产资源勘查与开采步入法制轨道。治理整顿矿业秩序，整顿因“大矿大开、小矿放开、有水快流”而导致的采富弃贫、采厚弃薄、采易弃难、一矿多家开、优质劣用等乱采滥挖、损失浪费、甚至破坏资源与环境的违法行为。省政府专门成立以分管副省长为组长、分管副秘书长和省地矿局局长为副组长，省直各有关部门负责人为成员的省治理整顿矿业秩序工作领导小组。领导小组下设办公室，挂靠省地质矿产局，办公室主任由省地矿局长兼任。各市县政府也成立相应的矿业秩序治理整顿临时机构。1986—2000年间，全省多次进行大规模的整顿和验收工作，严肃处理一批违法违规行为，矿业秩序大有好转。会同省财政部门，依法依规征收矿产资源补偿费，通过全省上下多年努力，矿产资源补偿费征收面、征收率和入库率逐年提高，到2000年，征收面达到100%，征收率和入库率达到95%以上，处于全国较好水平。会同原省计划委员会、省财政厅，利用省级征收留成使用的矿产资源补偿费，建立省级地质勘查专项费，主要用于省内矿产资源危机矿山企业就快就近寻找接替资源，以延长矿山服务年限，保持矿山企业的稳定。从1997年实施，为一批中小矿山企业提供急需的接替资源，使有限的资金发挥较好的经济和社会效益。通过这批项目实施，在全省地质工作最困难的低谷时期，保留了一批地质工作骨干队伍。

2000年4月安徽省国土资源厅成立，全面履行省政府赋予的矿产资源行政管理职能，在省委、省政府的领导下，遵照国土资源部的统一部署和要求，各项工作全面推进和深化，开创了矿产资源管理新局面。在市县政府行政机构改革中，建立市县国土资源局，矿产资源管理职能全面向市、县政府和最基层的国土资源所延伸，使矿产资源管理工作成为各级政府的重要职责之一而得到加强。在矿产资源战略研究的基础上进行各项规划，编制实施了《安徽省矿产资源总体规划》《安徽省地质勘查规划》《安徽省矿山地质环境保护规划》《安徽省地质灾害防治规划》和《安徽省危机矿山接替资源找矿规划》《地质工作整装勘查规划》《重要矿区矿产资源勘查开发和保护》等中长期规划，发挥规划的引领和规范作用。依法培育和建立矿业权市场，发挥市场在资源配置中的基础性作用。中华人民共和国成立至1996年，矿产资源一直是无偿使用，国家投资找矿、企业无偿开矿。1996年《矿产资源法》修改后，明确矿产资源实行有偿使用，2002年，国土资源部出台《国家出资勘查形成的矿产地有偿出让管理办法》，2003年8月又出台《探矿权、采矿权招标拍卖挂牌出让管理办法》，为建立探矿权、采矿权市场奠定法律和规范基础。2003年5月省政府批准在池州市培育建立矿业权市场试点，全市停止审批无偿出让铁、铜、金、铅、锌、锰、方解石等9种矿产资源的探矿权、采矿权，一律采用招标、拍卖、挂牌的方式有偿出让。按照国土资源部的统一部署和要求，培育和建立全省矿业权市场，全面进行国家出资形成的矿产地治理；国土资源部批准安徽志远有限责任公司矿业权价款评估资质；对企业以往无偿占用国家出资勘查形成的矿产地进行有偿化处置；加强宣传引导，提高各级行政管理人员、地勘单位、矿山企业对建立矿业权市场的认识，减少社会对建立矿业权市场的阻力；加强培训，提高对两权市场的管理能力，规范两权有偿出让、转让工作。

地质勘查工作为经济建设提供基础地质支撑和资源保障，2006年国务院出台《加强地质工作的决定》,安徽省认真贯彻落实国务院决定,召开全省地质工作大会,提出具体贯彻实施意见与措施。2001—2010年是全省地质找矿成果最为丰硕的10年,发现和探明包括南陵县姚家岭特大型铅锌铜金矿、金寨沙坪沟特大型钼矿、庐江泥河大型铁矿、祁门东源大型钨钼矿、贵池黄山岭深部大型钼矿等大中型矿产地80余处。贯彻落实在开发中保护、在保护中开发和节约集约利用资源战略,深化矿业秩序整顿,规范探矿权、采矿权出让转让管理,推进矿业权整合,减少矿权数量,提高矿权质量,促进规模勘查开采、集约节约利用资源;按照国家统一要求,组织专家审查矿产资源勘查、开采实施方案,将实施方案列为勘查、开采整改的必备报件之一;加大矿产资源补偿费征收力度,使矿山企业更加珍惜和充分有效利用资源,最大程度发挥资源效益,使国有资产不流失。

防治地质灾害,保障人民生命财产安全。省、市、县三级政府成立由政府分管领导、国土资源和相关部门领导参加的地质灾害防治工作领导小组,在全面调查摸底地质灾害点的基础上,制定防灾规划、预案和年度计划,各级政府和国土资源部门建立汛期全天候值班、信息报送、预测预报预警、检查督查和动态巡查制度。为确保重点地质灾害危险点上的人员安全,“十五”期间,省政府出台重点地质灾害危险点工程治理和搬迁方案,用3—5年时间,省级财政补助2亿多元,使全省129个重点地质灾害点全部得到避让搬迁或工程治理,4000多户、2万多居民彻底摆脱地质灾害威胁。各有关市、县政府和国土资源部门做了大量艰苦细致的工作,保证避让搬迁和工程治理任务顺利完成,并对后续生产生活进行妥善安排,受到人民群众的好评。

保护矿山地质环境,收缴矿山地质环境保证金。安徽是矿业大省,矿产资源开发在增加国民收入、安置就业、保障经济和社会发展所需重要物质基础外,也在一定程度上造成生态环境破坏、耕地损毁等问题。省国土资源厅成立后,认真贯彻“既要金山银山,又要绿水青山”的资源开发政策,强化舆论宣传,提高全社会保护资源和地质环境意识,扎扎实实做好矿山地质环境保护工作。省人大常委会在多次调查研究的基础上,根据全省矿产资源开发对矿区地质环境影响的现状,于2007年6月出台《安徽省矿山地质环境保护条例》(下称《条例》),这在全国是首个地方性矿山地质环境保护法规,受到国土资源部的首肯并向全国推广。根据《条例》规定,省政府于2007年12月出台《安徽省矿山地质环境治理恢复保证金管理办法》(下称《办法》)。《条例》和《办法》规定:矿山地质环境保护应当与开发利用相结合,坚持谁开发谁保护,谁破坏谁治理,谁投资谁受益;矿山地质环境恢复治理保证金缴存实行“企业所有、专户存储、专款专用、多退少补”的原则,缴存的保证金本息均归企业所有,专项用于矿山地质环境治理恢复,结余部分退还企业,不足部分仍由企业补齐。为实施《条例》和《办法》,省国土资源厅制订出台7个相应的技术规程规范,保障《条例》和《办法》的全面贯彻落实。至2010年年底,全省矿山企业除极少数外,都依法缴存了矿山地质环境恢复治理保证金,新设矿山在采矿登记发证时,就依法编制矿山地质环境恢复治理方案,缴存保证金。基本做到矿山地质环境恢复治理还清旧账（历史遗留问题），不欠新账，并采取强力措施对两淮采煤塌陷区进行因地制宜的整治，先搬迁安置村民，后依法由企业开发并治理。

建设地质和矿山公园，保护地质和采矿遗迹。地质遗迹是地球形成演化过程中留给人类不可多得的宝贵自然资源。省国土厅不断加大地质和矿山公园建设和管理力度，加强保护和建设规划，建立健全相关管理制度与办法，按照世界地质公园以及国家级、省级地质公园建设标准，扎扎实实做好相关工作，争取达标验收通过。至2010年年底，建立黄山、天柱山世界级地质公园，齐云山、八公山、九华山等国家级地质公园和一批省级地质公园，并建立淮北国家矿山公园，建设待批的铜陵矿山公园。在省委省政府的高度重视和支持下，建成"安徽古生物化石博物馆"，保存、开发、研究和展出全省及全国3万多件珍贵的化石标本，既成为省内重要的地质科普、教育基地，也是全省重要的旅游基地，为安徽省打造了又一个亮丽的名片。

四

为经济建设提供测绘保障。1992年12月《中华人民共和国测绘法》（简称《测绘法》）颁布后，省法制局、省测绘局在宣传贯彻《测绘法》的同时，积极进行安徽省地方测绘法规的调研、起草、送审工作，1996年省人大常委会出台《安徽省测绘管理条例》，省政府制定《安徽省测绘任务登记办法》和《安徽省测绘成果管理实施办法》。一批配套地方测绘管理法规规章出台，逐步完善了测绘法律法规体系，为测绘事业的发展提供有力的法律支撑。为了全省测绘事业健康有序地发展，全省各级测绘行政主管部门依法进行测绘任务登记、测绘仪器计量检定、质量监督检查、地图市场检查、地图编制出版管理、测量标识管理、测绘成果保密检查等管理工作，完成全省甲、乙、丙、丁四个等级171家单位的测绘资格审查认证工作，积极服务经济建设，为国家和省重点工程建设项目开展前期测绘工作，出版大量的普通地图、专题地图、地图集，地理信息丰富、色彩精美，形式活泼多样，地图的内容涉及行政区划、人口统计、交通旅游、地质构造、经济分布等，其种类达百余种。这些地图有一部分获省科技进步奖、国家优秀产品奖。全行业各测绘单位在满足省内国民经济和社会发展测绘需要的同时，积极拓展测绘业务，走向市场，参与国内测绘市场竞争，完成上海、江苏、浙江、广东、海南、广西等省市一些地区的公路、开发区、土地管理、地形测图、征拨用地测量和数字化测图等测绘工作，取得良好的经济效益和社会效益。测绘高新技术的应用使全省测绘的科技水平跃上新的台阶，随着科技进步，测绘已由传统的模拟测图阶段发展成为现代化地理信息产业，运用全球卫星定位系统（GPS）、地理信息系统（GIS）、遥感信息系统（RS），以生产4D产品（数字线划图DLG、数字正射影像图DOM、数字高程模型DEM、数字栅格图DRG），提供国家地理空间信息数据框架为主要内容的目标逐步实现，省级基础测绘单位的1:10000和大比例尺测图基本实现数字化，其他专业测绘单位的大比例尺测图亦部分实现数字化,测绘单位从只能生产线划地形图向能生产多样化的数字化产品、地理信息产品方向发展。为加快 GIS 的应用，1994 年省政府成立地理信息系统委员会,并成立“安徽省GIS 地理信息中心测绘局分中心”和其他 10 多个分中心,进行 GIS 的研发和建设工作;开展“安徽综合省情地理信息系统”的研发建设工作。省测绘部门完成 1：250000 基础地理信息系统的数据采集与数据库建设工作,并为公路、水利等部门制作多种专题GIS 系统。编制完成《安徽省基础测绘“十一五”规划》。“数字安徽”地理空间框架建设顺利推进,安徽省大地控制基准及大地水准面精化项目数据库建设工作成果通过国家验收,基础测绘更新和基础地理信息数据库建设取得新成果,测绘成果在各项建设中得到广泛应用,测绘保障服务能力显著提高。建立全省基础测绘定期更新机制,用现代测绘技术对传统测绘技术进行改造,初步形成以“3S”（GPS、CIS、RS）技术及数据通讯技术为手段的测绘技术体系,实现测绘产品电子化、多样化和数字化,满足国民经济和社会发展以及人民生活等方面的需要。形成适应社会主义市场经济体制的测绘管理模式,测绘市场统一监督管理进一步加强,完成测绘资质复审换证工作。规范地图市场秩序,强化地图市场监督管理,严肃查处地图编制出版中的违法行为。测量标志、测绘成果和测绘质量管理工作得到加强。

改革开放不断深化,展望未来任重道远,必须坚持开源节流,适度开发后备资源,优化国土资源配置,实现资源永续利用,积极推进和规范土地市场和矿业权市场,把功在当代、惠及子孙的伟大事业做好,为促进安徽国民经济持续、快速、健康发展,谱写出更加壮丽的篇章。

第一篇　机构与队伍

第一章　省级行政机构

第一节　省土地管理局

1986 年 11 月，安徽省人民政府决定成立省土地管理局，统一管理全省土地。根据省编委《关于成立安徽省土地管理局的通知》，由隶属于农牧渔业厅的土地管理局和隶属建设厅的建设用地管理办公室的人员作基本队伍，组建安徽省土地管理局，为副厅级管理机构，行政编制 25 人。于 1987 年 6 月组建，7 月开始工作。办公地点设在合肥市三孝口永红路 X 号，后迁至徽州大道（原美菱大道）339 号。土地管理局内设五处一室，即：建设用地管理处、地籍管理处、土地利用规划处、土地利用监察处、政策法规处和办公室。省土地管理局的工作职责：

组织贯彻国家和本省有关土地管理的方针、政策、法律、法规，研究并拟定地方性的土地管理政策和法规。

会同有关部门，编制土地利用总体规划，制定各项建设用地标准和全省年度土地利用计划。

主管全省土地的调查、评价、登记、统计和发证工作，建立健全地籍管理制度。

负责全省土地管理方面的宣传、教育、培训、科技、外事等管理工作。检查、监督各地、各部门的土地利用和计划安排土地资源开发；审查各地、市的年度土地利用计划；研究解决全省城乡土地管理中的重大问题。

按照国家有关规定，参与城乡规划范围的商定；主管全省城乡的土地征用、划拨和土地被征完的“农转非”工作，承办由省政府审批的征、拨用地工作。

配合和会同有关部门，查处土地利用中的重大违法案件，调处重大土地纠纷。

在 1994 年的省级机构改革中，省政府决定加强土地管理工作的领导，将原副厅级机构升格为正厅级机构。行政编制 48 人，其中局长 1 名，副局长 2 名，处级领导职数 14 名。1995 年 7 月，省政府批准省土地管理局的“三定”方案，在原“五处一室”的基础上，增设计划财务处和科技宣教处，法规处与监察处合并为政策法规与监督检察处，办公室中的人事管理职能对外挂人事处，另设纪检组、监察室和机关党委。省土地管理局为省人民政府负责全省土地、城乡地政统一管理的职能部门和行政执法部门。主要职责：

贯彻执行国家有关土地的方针、政策和法规，制订全省土地政策、法规并负责组织实施和监督检查。

研究制订全省土地管理事业发展战略，预测中长期各类用地需求，做到土地供需基本平衡。

统一管理全省土地和城乡地籍、地政工作，查处土地权属纠纷；主管全省土地的调查、统计、定级、登记、发证和地籍档案工作；会同有关部门进行土地估价工作；制订土地定级、估价标准；建立健全土地统计制度和土地动态信息监测体系，制订全省土地调查计划和地籍管理技术规程。

根据全省国民经济和社会发展规划、计划，组织编制全省土地利用规划、计划和土地后备资源开发、复垦的规划、计划，按计划管理程序上报下达，并对规划、计划执行情况进行监督检查；参与制订全省国土规划、区域开发规划；会同有关部门开展基本农田保护。

主管全省土地的征用、划拨、出让工作；统一审核、征用、划拨建设用地，承办省政府审批的建设用地的审查、报批工作，会同有关部门审查征地“农转非”；负责土地使用权出让的组织、协调、审查、报批和出让方案的落实；组织编制本省乡（镇）、村各类建设用地定额指标。

管理土地市场，会同有关部门制订土地市场管理法规和规章，规范土地市场；负责土地使用权转让、出租、抵押等的权属管理和监督检查；参与土地开发利用和土地增值费标准的制订，协助财税部门做好土地税费征收管理工作。

提出深化土地管理体制和土地使用制度改革方案，及时总结经验，不断完善各项改革措施。

负责对土地政策、法规执行情况和违法行为实施监督检查，会同有关部门立案查处有关土地方面的重大违法案件。

负责土地管理科学技术、土地管理宣传和教育工作，组织、指导土地管理干部培训。

负责局机关和直属单位的人事工作，指导土地管理系统的队伍建设。

承办省政府交办的其他事项。

1987 年以后的数年间，全省各行署、市、县（市、区）相继成立土地管理局，各乡镇成立土地管理所，配备土地管理员，形成上下四级的土地管理网络，安徽省土地管理工作走上全面、统一、综合、科学的轨道。

1987–1999 年安徽省土地管理局领导班子成员一览表

表 1–1–1

姓　名	职　务	学　历	职　称	任　职　时　间
李长轮	局长	中专	土地估价师 农艺师	1987．6 —1994.9
方纯如	局长	大学	高级工程师	1994．10—2000.2

续表 1-1-1

姓　名	职　务	学　历	职　称	任　职　时　间
卢卫峰	副局长	大学	高级农艺师	1987. 9—2000.2
李绍国	副局长	大学	高级工程师	1987. 11—1994.9
郭思保	副局长 纪检组长	大专	高级农艺师	1990. 2—1996.2 1996. 2—2000.3
许高德	副局长	研究生	教授级高工	1994. 9—1998.3
王道成	副局长	大学	高级经济师	1996. 4—2000.3

第二节　省地质矿产局

1985 年安徽省地质矿产局隶属地矿部；1995 年 1 月，根据地矿部《关于组建地矿部安徽地质矿产勘查开发局的批复》规定，安徽地质矿产局所属地矿行政进入省政府序列，所属地质勘查队伍组建“地矿部安徽地质矿产勘查开发局”；1995 年 12 月，根据中共中央、国务院《关于安徽省党政机构改革方案的通知》和省委、省政府《关于实施省直党政机构改革方案的通知》，安徽省地质矿产局由地矿部领导改由省人民政府直接领导，为省政府直属行政机构；机关行政编制 75 名，其中局长 1 名，副局长 3 名，总工程师 1 名；处级领导职数 18 名。主要职责：

负责《中华人民共和国矿产资源法》及其配套法规的组织实施和监督检查；会同有关部门建立健全地方地矿法规体系，指导并监督检查地、市、县地矿行政管理工作；组织制定全省地矿工作改革与发展战略及有关规章制度，并组织实施和监督。

负责在国家有关法律、法规和中央授权范围内矿产资源的管理；组织编制矿产资源规划，依法合理分配矿产资源，负责采矿登记和发证的管理工作；维护矿产资源的国家所有权，建立并组织实施矿产资源的有偿开采制度，组织征收矿产资源补偿费。

负责矿产资源开发监督管理；参与审批企业开办矿山的立项报告，对矿产资源的开发、利用和保护进行监督管理，负责审批矿山闭坑地质报告；协调处理影响较大的采矿权属纠纷。

在国家环境保护规划的指导下，监督管理地质环境及开发利用工作；组织编制地质环境保护、监测及地质灾害防治规划、计划，参与编制本省环境保护规划；负责全省地质环境监测站的管理工作，组织协调影响较大的地质灾害的整治工作；为大型建设项目、城市总体规划和区域经济开发规划的审批工作提供地质审查意见。

对地质勘查工作进行行业管理；在省计委指导下，统一部署、协调全省地质勘查工作；组织编制全省地质勘查中长期规划和年度计划；负责地质勘查单位的资格认证和地质勘查项目的登记、发证，协调处理地质勘查纠纷；负责全省各类地质勘查成果的登记和地质资料汇交管理工作；管理各类地方地质勘查资金。

负责矿产储量审批和地质勘查工作的监督管理；组织实施地质勘查工作的标准、规范、规程，并进行质量监督管理；审批下达矿床工业指标；协同有关部门培育和完善地质市场，承担省矿产储量委员会的具体工作。

参与水资源调查、评价、规划，协同水行政主管部门管理地下水资源，负责地下水资源的勘查、动态监测和储量审批管理工作；对全省地下水资源的合理开发利用进行监督管理。

编制全省地质科技规划，组织协调重大地质科技项目的实施，管理地质科技成果；组织协调全省地矿工作的对外交流。

承办省政府交办的其他事项。

1996年根据省人民政府办公厅、地矿部办公厅《关于印发安徽省地质矿产机构改革补充意见的通知》，省地矿局和地矿部安徽地勘局在过渡期间，采取职能分开、统一领导、分工负责的领导体制；1999年根据国务院办公厅《关于印发地质勘查队伍管理体制改革方案的通知》和省人民政府《关于原地矿部所属在我省地勘队伍属地化管理体制改革实施意见的通知》，地质勘查队伍管理体制进行改革，地质勘查单位实行属地化管理并逐步实现企业化经营，将原“地矿部安徽地质矿产勘查开发局”更名为“安徽省地质矿产勘查开发局”，正厅级事业单位，归口省政府有关主管部门管理；2000年机构改革，组建省国土资源厅，将省地质矿产勘查开发局行政管理职能划入省国土资源厅，保留省地质矿产勘查开发局；2001年省地质矿产勘查开发局更名为“安徽省地质矿产勘查局”。

1995-1999年安徽省地质矿产局领导班子成员一览表

表1-1-2

姓　名	职　　务	学　历	职　称	任　职　时　间
余良弼	局长 党组书记	大学	教授级高工	1991.9—1997.5
胡玉贤	局长 党组书记	大 学	高级政工师	1997.5—2000.3
王同康	副局长 党组成员	大学	高级经济师	1984.11—2000.3
宋广平	副局长 党组成员	大专	高级政工师	1991.9—2000.3
丁家瑞	副局长 党组成员 工会主席	大专	高级政工师	1991.9—1991.10 1994.5—2000.3
周云生	副局长党组成员 副总 副局长党组成员 总工	大学	高级工程师	1991.9—1992.3 1992.3—2000.3
吴玉龙	副局长 党组成员	研究生	高级经济师	1994.5—2000.3
李文生	副局长 党组成员	大学	高级工程师	1994.5—2000.3
杨先静	政治部主任 副局长 党组成员	大 普	高级政工师	1994.5—1995.10 1995.10—2000.3
刘德明	纪检组长 党组成员	大学	高级工程师	1987．8—1998.11

续表 1–1–2

姓　名	职　　务	学　历	职　称	任　职　时　间
柳怀夫	地矿储委会总工 副主任	大学	高级工程师	1991.12—1995.10 1995.10—2000.1

第三节　省测绘局

1973 年成立安徽省测绘局，事业单位，编制 500 人，隶属省革委会生产指挥组领导。1985 年安徽省测绘局为省城乡建设环境保护厅归口管理的副厅级事业单位。1994 年根据中共中央、国务院《关于安徽省党政机构改革方案的通知》和省委、省政府《关于实施省直党政机构改革方案的通知》，省测绘局为省政府部门管理机构（副厅级），由省建设厅管理；机关行政编制 40 名，其中局长 1 名（副厅级），副局长 2 名，总工程师 1 名，正副处长 12 名。设置 5 个职能处室（副处级建制）和机关党委。主要职责：

贯彻执行国家测绘工作方针、政策和法律、法规，组织拟定地方性测绘工作的行政、经济法规，监督检查测绘法律、法规的执行。

组织编制全省测绘事业发展战略和中长期规划；负责制定本省基础测绘和其他重大测绘项目的规划、计划并组织实施；组织协调全省地籍测绘的实施。

管理全省测绘行业的标准化工作。负责对建立局部地区相对独立的平面坐标系统的审批和根据授权管理测绘行业的计量工作。

审核发布本省重要地理信息数据，指导和监督全省各类测绘成果的管理，指导和组织实施全省测量标志保护工作。

管理和审定地图、图件上国界线、行政区划界线的绘制，会同有关部门组织和管理全省行政区划界线的测绘工作，管理地名在地图上的表示和全省地图编制出版工作。

主管全省测绘单位的测绘资格审查和测绘任务登记工作，指导和监督全省测绘成果的质量管理。

贯彻国家测绘科技方针、政策，组织省内重大测绘科技项目攻关和科技成果转化，指导全省测绘专业技术人员的培训。

管理监督省测绘事业经费和专项资金的使用。

归口管理全省对外测绘科技、经济合作交流；依法会同有关部门审批外国组织、个人来省测绘，依据有关规定负责对外提供测绘成果的审批。

承办省政府及省建设厅交办的其他事项。

2000 年根据《中共中央、国务院关于安徽省人民政府机构改革方案的通知》和省人民政府办公厅《关于印发安徽省国土资源厅职能配置、内设机构和人员编制规定的通知》，组建安徽省测绘总院，为省国土资源厅管理的副厅级事业单位。

1985–1999 年安徽省测绘局领导班子成员一览表

表 1–1–3

姓名	职务	学历	职称	任职时间
王树勋	局长	大学	高级工程师	1989.10—1994.5
江长喜	副局长 局长	大学	高级工程师	1989.12—1993.11 1993.11—2000.9
谈维灼	副局长	大专	经济师	1989.12—1994.12
李少东	党委书记	大专	高级政工师	1991. 9—1996.5
张孝斌	纪委书记	大专		1992.10—1995.11
徐铁军	副局长	大学	高级工程师	1992.12—2001.9
马前光	副局长	大学	高级工程师	1993. 9—1995.12
史永清	总工程师	大学	高级工程师	1994.12—2000.12
董 宁	副局长	大学	经济师	1996. 2—2000.8

第四节 省国土资源厅

2000 年 3 月，根据《中共中央、国务院关于安徽省人民政府机构改革方案的通知》，撤销省土地管理局、省地质矿产局、省测绘局，组建安徽省国土资源厅，为省政府组成部门。组建省地质矿产勘查开发局，为正厅级事业单位。省测绘局撤销后组建省测绘总院，不再作为省政府直属机构，为省国土资源厅直属事业单位。

省国土资源厅主管土地资源、矿产资源等自然资源的规划、管理、保护与合理利用及测绘行政管理。行政编制 65 名。其中：厅长 1 名，副厅长 4 名（其中 1 名副厅长兼总工程师）；处级领导职数 27 名（含机关党委专职副书记）。离退休工作处编制单列 4 名，其中处级领导 1 名（另 1 名保留，作为超配）。机关后勤行政管理服务人员编制单列 10 名。机关党委办事机构、纪检（监察）机构编制，按有关规定执行。内设 3 个土地管理业务处，4 个地质矿产管理业务处，1 个测绘管理业务处和 7 个综合处（室、局）。办公地点设在合肥市芜湖路 239 号。2004 年年底迁至黄山路 619 号。

主要职责

研究拟定有关土地、矿产资源和测绘管理的地方性法规和规章，拟定管理、保护与合理利用土地资源、矿产资源及测绘管理等政策；依法监督土地、矿产资源管理和测绘工作的技术标准、规程、规范和办法的执行，制定有关实施办法细则，并监督实施。

组织编制和实施全省国土规划、土地利用总体规划和其他专项规划；参与报国务院、省政府审批的城市（镇）总体规划的审核；指导审核市、县（市）、乡（镇）土地利用总体规划；组织编制和实施矿产资源保护与合理利用规划、地质勘查、地质灾害防治和地质遗迹保护规划、计划；组织编制全省测绘事业发展规划，负责制定和实施本省基础测绘、地籍测绘和其他重大测绘项目的规划、计划。

监督检查市、县（市）国土资源管理部门行政执法和土地、矿产资源规划执行情况；依照规定负责有关行政复议和应诉；依法保护土地、矿产资源所有者和使用者的合法权益；承办并组织调处重大权属纠纷；查处重大违法案件。

拟定实施耕地特殊保护和鼓励耕地开发政策；实施农地用途管制；监督指导未利用土地开发、土地整理、土地复垦、基本农田的保护和耕地开发工作，确保耕地面积只能增加，不能减少。

统一管理全省城乡地政、地籍工作，制定、实施地籍管理办法；组织土地资源调查、地籍调查、土地统计和动态监测；组织指导地籍信息系统建设；指导土地确权、城乡地籍、土地定级和土地登记、发证等工作。

主管全省土地的征用、划拨工作；承担报国务院、省政府审批的各类用地的审查、报批工作；参与重点建设项目的评估论证、选址定点、设计审查、竣工验收等工作。

负责全省土地市场和土地资产管理；拟定并按规定组织实施土地使用权出让、租赁、作价出资、转让、交易和政府收购管理办法；制定国有土地划拨使用目录指南和乡（镇）、村用地管理实施办法；负责国有企业处置划拨土地使用权的审批管理；指导农村集体非农土地使用权的流转管理；指导基准地价、标定地价评测；审定评估机构从事土地评估的资格，确认土地使用权价格；负责土地收益的征收管理工作。

依法管理矿产资源探矿权、采矿权的审批登记发证和转让审批登记；负责探矿权、采矿权评估机构资质的审核以及对评估活动的监督管理，确认评估结果；依法监督管理矿产资源开发利用和有效保护；按规定会同有关部门管理矿产资源补偿费、探矿权和采矿权使用费与价款的收取及使用。

负责全省矿产资源储量管理；组织进行矿产资源供需形势分析和发展战略研究；统一管理地质资料的汇交和馆藏业务；组织全省矿产资源的调查评价；依法实施全省地质勘查行业管理；监督管理全省地质勘查活动；审查确定地质勘查单位资格，管理地质勘查成果；审批或审查对外合作区块。

组织监测、防治地质灾害和保护地质遗迹；依法管理水文地质、工程地质、环境地质的勘查和评价工作；监测、监督防止地下水的过量开采与污染，保护地质环境；认定具有重要价值的地质地貌景观、古生物化石产地、标准地质剖面等地质遗迹保护区。

组织并管理全省基础测绘、行政区域界线测绘、地籍测绘和其他重大测绘项目；负责测绘单位资格审查发证、测绘任务登记、测绘产品质量监督和管理。

管理全省测绘基准和测量控制系统；根据授权管理测绘行业的计量工作；指导全省测绘行业标准化工作；组织指导全省基础地理信息系统建设和基础地理信息社会化服务；依法管理全省地图编制工作；审查向社会出版、展示的地图，管理并审核地名在地图上的表示。

安排并监督检查国家、省财政拨给的地勘、测绘、土地等事业经费和其他专项资金的使用；组织开展对外合作与交流。

承办省政府交办的其他事项。

内设机构

根据省国土资源厅职责，内设15个职能处（室、局）。

办公室　协助管理厅机关日常工作；负责有关重要会议的组织、文件的起草、文电处理、档案、信访、保密、保卫、接待、机关财务及资产管理等事务；负责信息综合、新闻宣传。

政策法规处　研究拟定有关土地资源、矿产资源、测绘管理的地方性法规、规章；组织有关法律、法规的宣传教育；办理有关行政复议、应诉事宜；负责厅综合调查研究和起草综合性土地资源、矿产资源和测绘管理政策；指导全省国土资源部门依法行政工作。

规划处　组织研究拟定全省和重点地区国土综合开发整治的 政策措施；起草编制并实施全省及区域性国土规划、土地利用总体规划、矿产资源保护与合理利用规划、地质环境保护规划、测绘事业发展规划；审核和指导实施基本农田保护规划、土地复垦规划、土地整理规划、未利用土地开发计划等专项规划；拟定全省土地供应政策；参与审核报国务院、省政府审批的城市总体规划。

财务处　制定有关财务会计制度；编制年度各项事业费、专项经费预决算和固定资产投资计划；承担国家和省财政拨给的地勘、测绘、土地等事业经费和其他专项资金的财务管理工作；对厅管理的各项行政事业性收费进行财务监督管理；对矿产资源补偿费、土地收益的征收和使用进行监督；指导厅属单位财务工作并负责综合统计。

耕地保护处　统一管理全省城乡土地征用工作，统一审核征用建设用地；承办报国务院、省政府审核的各类建设用地审查、报批工作；拟定、实施全省耕地特殊保护和鼓励耕地开发政策、农地保护和土地整治政策、农地转用管理办法；指导农地用途管制，组织指导基本农田保护、土地开发、土地整理、土地复垦并实施监督检查。

地籍管理处　统一管理城乡地政、地籍工作；管理并组织全省土地资源现状调查、动态监测、地籍权属调查、变更调查及土地统计；指导监督地籍管理技术规范、标准的执行，并制定有关办法细则；指导地籍信息系统建设；指导土地确权、土地定级和土地登记、发证工作；承担调处重大权属纠纷。

土地利用管理处　拟定并按规定组织实施土地使用权出让、租赁、作价出资、转让、交易和政府收购管理办法；负责国有企业处置划拨土地使用权的审批管理；制定国有土地划拨使用目录指南和乡（镇）、村用地管理办法；指导农村集体土地使用权的流转管理；指导审核土地评估机构从事土地估价的资格；依法管理和监督土地资产和土地市场。

矿产开发管理处　依法进行全省矿产资源采矿权的审批登记发证、年检和采矿权转让的审批登记；依法进行矿产资源开发、利用与保护的监督管理；依法组织收取采矿权事业费、采矿权价款和矿产资源补偿费；按照规定确认采矿权评估的结果；认定小型以下矿山企业的矿山资源开发利用方案编制单位的资质。

矿产资源储量处　组织拟定矿产资源储量管理的办法、标准、规范和规程，制定相关实施细则；负责全省矿产资源储量登记、统计；组织建立健全矿产资源储量评审的专家系统；组织矿产资源供需形势分析和发展战略研究；负责矿产资源预申请和采矿权招标、投标工作；监督管理地质资料的汇交；确认矿产资源储量评审结果。

地质勘查处　组织全省矿产资源调查评价；安排地质勘查专项基金；依法进行勘查审批登记发证和探矿权转让审批登记；负责审核对外合作勘查区块；管理地质勘查成果；负责探矿权、采矿权评估机构资质的审核与年检工作，按照规定确认探矿权评估结果；依法组织收取探矿权使用费和价款；调处地质勘查争议、纠纷。

地质环境处　组织监测、防治地质灾害和保护地质遗迹，并对防治和保护情况进行监督检查；监测、监督防止地下水的过量开采与污染；认定建设用地地质灾害危险性评估结果；组织认定具有重要价值的地质地貌景观、古生物化石产地、标准地质剖面等地质遗迹保护区。

测绘管理处　组织并管理全省基础测绘、行政区域界线测绘、地籍测绘和其他重大测绘项目，指导监督测绘成果质量管理和测绘成果资料汇交，审核重要地理信息数据；审核测绘单位资格和测绘任务登记，指导保护测量标志，管理地图编制工作，审核出版、展示的地图；管理并审核地名在地图上的表示；根据授权管理测绘行业的计量工作和标准化工作。

执法监察局　组织对执行和遵守国家土地资源、矿产资源和测绘法律、法规情况进行监督检查；拟定全省土地、矿产、测绘执法监督和土地、矿产、测绘违法案件查处的规定；组织开展对土地规划、农地转用、土地征用、土地资产处置、土地使用权交易和执行矿产资源、测绘法律、法规的行政行为的监督检查；依法组织查处重大违法案件。

科技交流处　拟订全省国土资源科技工作规划和重大科技项目规划、计划；推进科学技术进步，指导行业科技工作；负责组织行业科技成果鉴定及新技术推广；组织交流科技信息，对重大科技项目实施情况进行检查；负责对外交流和外事接待工作，办理出国人员有关手续；协助审查合作项目。

人事处　负责厅机关和直属单位的人事、劳动工资、机构编制管理和行业专业技术职称评审工作；管理直属单位领导班子和后备干部队伍建设工作；协助管理省辖市国土资源部门领导班子；组织指导培训工作；负责因公出国政审工作。

离退休工作处　负责厅机关离退休人员的服务管理工作。

根据国务院《关于做好省以下国土资源管理体制改革有关问题的通知》，2005 年 3 月经省编委《关于省国土资源厅职能机构和人员编制的批复》，增加职能：参与宏观经济调控，乡镇土地利用总体规划审核，有关农用地转用和土地征收的审核；直接查处市、县人民政府及国土资源主管部门违反国土资源管理法律法规行为；管理市国土资源主管部门领导干部。增设机构：增设土地开发复垦整理处，主要负责组织指导基本农田保护、土地开发和复垦整理有关工作。增加编制：增加机关单列编制 20 名，处级领导职数 5 名；执法检察局长可按副厅级高配。

2008 年 8 月省编委《关于下达纪检监察行政编制的通知》，分配省国土资源厅纪检监察行政编制 3 名，其中纪检组长 1 名，纪检组副组长兼监察室主任 1 名。

2009 年 9 月，根据中共中央办公厅、国务院办公厅《关于印发 < 安徽省人民政府机构改革方案 > 的通知》，设立省国土资源厅，为省政府组成部门。根据省政府办公厅《关于印发省国土资源厅主要职责内设机构和人员编制规定的通知》，对省国土资源厅职责进行调整。

职责调整

取消已由国务院、省政府公布取消的行政审批事项。

取消相关职业技能鉴定、颁证职责。

将科技成果转化具体实施的职责交给事业单位和社会中介组织。

将土地评估、矿业权评估、矿产资源储量评审机构资质认定职责交给相关协会。

加强土地供需调控和总量平衡，落实最严格的土地管理制度。加强国土规划、土地利用总体规划的整体控制作用。加强矿产资源规划和合理开发利用管理，强化资源回采率和资源综合利用率的监管。

河道采砂管理的职责分工。在长江干流河道安徽段从事采砂及其管理活动的，按照国务院《长江河道采砂管理条例》和《安徽省〈长江河道采砂管理条例〉实施办法》的规定执行。其他河道采砂管理的职责分工是：省国土资源厅对保障河道内砂石资源合理开发利用负责，省水利厅对河道采砂影响防洪安全、河势稳定、堤防安全负责，省交通运输厅对河道采砂影响通航安全负责。由省水利厅牵头，会同省国土资源厅、省交通运输厅等部门，负责河道采砂监督管理工作，统一编制河道采砂规划和计划。河道采砂的水上执法监管，要充分发挥交通运输部门执法机构的作用。调整后主要职责：

承担保护与合理利用国土、矿产资源等自然资源的责任。贯彻执行国家国土资源工作方针政策和法律法规，起草有关地方性法规规章草案；拟定全省国土资源发展战略、规划并组织实施，研究提出国土资源供需总量平衡的政策建议；拟定国土资源在经济运行、城乡统筹等方面的调控政策；制订并组织实施国土资源领域资源节约集约利用和循环经济政策措施。

承担规范国土资源管理秩序的责任。组织实施国土资源调查评价技术规程和开发利用标准；组织、指导国土资源行政执法工作，调查处理国土资源重大违法案件。

承担优化配置国土资源的责任。组织编制和实施土地利用和矿产资源总体规划、测绘规划、土地利用年度计划和土地开发复垦整理、地质勘查、地质灾害防治、矿山环境保护等专项规划；指导和审核市、县土地利用总体规划、矿产资源规划，参与审核报国务院、省政府审批的涉及土地、矿产的相关规划。

负责规范国土资源权属管理。依法保护土地、矿产资源等自然资源所有者和使用者的合法权益，组织承办和调处重大权属纠纷，指导土地确权工作。

承担保护全省耕地的责任。确保规划确定的耕地保有量和基本农田面积不减少。牵头拟定并组织实施耕地保护政策；组织开展基本农田保护工作，实施耕地保护目标管理责任制考核，监督占用耕地补偿制度执行情况；组织指导未利用土地开发、土地复垦土地整理工作；组织实施土地用途管制、农用地转用和土地征收征用；承担国务院和省政府审批的各类用地的审核、报批工作。

承担及时准确提供全省土地利用各种数据的责任。制定并实施地籍管理办法；组织土地资源调查、地籍调查、土地统计和动态监测；组织指导地籍信息系统建设；负责各类土地登记资料整理、共享和汇交的监督管理，提供社会咨询服务。

承担节约集约利用土地资源的责任。拟定并实施土地利用开发标准，管理和监督城乡建设用地供用、政府土地储备、土地开发和节约集约利用；拟定并按规定组织实施土地使用权出让、租赁、作价出资、转让等管理办法，建立基准地价、标定地价等政府公示地价制度，监督管理农村集体建设用地使用权的流转；制定并组织实施禁止和限制供地目录、划拨用地目录等。

承担规范国土资源市场秩序的责任。监测土地市场和建设用地利用情况，监管地价；规范和监管矿业权市场，组织对矿业权人勘查、开采活动进行监督管理；规范和监管国土资源相关社会中介组织和行为，依法查处违法行为。

负责矿产资源开发管理。依法管理矿业权的审批登记发证和转让审批登记，负责省规划矿区、对国民经济具有重要价值的矿区的管理；组织编制和实施矿业权设置方案；承担保护性开采的特定矿种、优势矿产的开采总量控制及相关管理工作。

负责地质勘查行业和矿产资源储量管理。组织实施地质调查评价、矿产资源勘查，管理省级地质勘查项目，管理地质勘查资质、地质资料、地质勘查成果；审批或审核对外合作区快；统一管理公益性地质调查和战略性矿产勘查工作。

承担地质灾害防治和地质环境保护的责任。组织监测、协调、指导和监管地质灾害防治；组织制定并实施重大地质灾害突发事件应急预案，指导应急处置；组织实施矿山地质环境保护；监督管理古生物化石、地质遗迹、矿山遗迹等重要保护区、保护地；依法管理水文地质、工程地质、环境地质勘查和评价工作；监测、监督防止地下水的过量开采与污染；承担城市地质、农业地质、旅游地质的勘查与评价工作。

组织并管理基础测绘、行政区域界线测绘、地籍测绘和其他重大测绘项目。负责测绘单位资格审核发证与管理；管理测绘基准和测绘控制系统；根据授权管理测绘行业的计量工作；指导测绘行业标准化工作和基础地理信息工作；依法管理全省地图编制与审核工作。

依法征收资源收益，规范、监督资金使用。依法组织土地、矿产资源专项收入的征管，配合有关部门拟定收益分配制度；配合有关部门指导、监督全省土地整理复垦开发资金的收取和使用；参与管理土地、矿产等资源性资产，参与管理国家、省出资形成的矿业权收益；负责有关资金、基金的预算和财务、资产管理。

推进国土资源科技进步。组织开展对外合作与交流。负责国土资源科技发展和人才培养有关工作。组织实施重大科技项目。推进国土资源信息化和信息资料公共服务。

负责厅机关和直属事业单位干部人事管理工作；承担省辖市国土资源局和厅属事业单位领导班子和领导干部的日常管理工作；负责厅系统思想政治和教育培训工作；负责厅机关和直属事业单位党群和离退休工作。

承担省政府交办的其他事项。

机构设置

根据省国土资源厅职责，内设17个职能处（室、局）。

办公室　综合协调机关政务工作；负责文电、会务、机要、档案、保密、宣传等机关日常运转工作；承担国土资源信息资料公共服务等工作。

政策法规处　组织起草有关地方性法规规章草案；承担机关规范性文件的合法性审核、行政复议、行政应诉工作；组织开展有关法律法规的宣传教育、国土资源行政执法听证，推进国土资源行业依法行政。

调控监测处　开展国土资源经济形势分析和综合研究，研究提出全省国土资源供需总量平衡的政策建议；参与宏观经济运行及相关改革政策研究，拟订涉及国土资源的调控政策和措施；承担综合统计工作。

规划处　编制实施国土、土地利用、矿产资源、地质环境等综合规划，组织编制资源调查评价、勘查、开发、整理、复垦等专项规划；依法指导和审核省级以下国土规划、土地利用总体规划、矿产资源规划等；参与审核报国务院、省政府审批的涉及土地、矿产相关规划；编制实施土地利用计划和国土资源调查评价计划；承担建设项目用地预审工作；拟订有关国土资源的区域、城乡统筹协调、综合利用和循环经济的政策措施。

账务处　承担国土资源有偿使用的工作，参与土地、矿产等资源性资产和国家出资形成的矿业权收益有关管理工作；依法承担国土资源专项收入征管工作；承担国家和省财政安排有关工作经费、专项资金、基金的管理工作和部门预决算等机关财务工作；监督管理机关及直属单位国有资产；指导直属单位财务工作。

征地管理处　统一管理城乡土地征收、农用地转用工作，统一审核征收征用建设用地；承办报国务院、省政府审批的各类建设用地审核、报批工作。

地籍测绘管理处　承担拟订地方性土地调查、监测、统计的规程、规范、标准工作并组织实施；承担各类土地登记资料整理、共享和汇交管理工作；拟订全省土地调查、监测总体方案并组织实施；监督执行土地确权、登记、争议调处办法，承担重大土地权属纠纷调处工作；组织并管理基础测绘、行政区域界线测绘、地籍测绘和其他重大测绘项目，指导监督测绘成果质量管理和测绘成果资料汇交，审核重要地理信息数据；监管测绘单位资质；指导保护测量标志；管理地图编制工作，管理并审核地名在地图上的表示；根据授权管理测绘行业的计量工作和标准化工作。

土地利用管理处　承担城乡建设用地和土地市场管理工作;规范土地使用权出让、租赁、作价出资和转让行为;拟订并实施土地供应、土地价格、土地资产和土地储备管理政策;拟订并实施土地开发利用标准;承担节约集约用地评价和建设用地分等定级工作,组织实施基准地价、标定地价等地价制度,对土地市场和地价实施动态监测。

耕地保护处　承担基本农田保护、土地整理、复垦开发工作;承担耕地保护目标责任制考核的有关工作,监督检查基本农田保护和占用耕地补偿制度落实情况。

矿产开发管理处　拟订并组织实施矿产资源开发管理的政策措施;承担矿业权审批登记发证的管理工作;组织划定省规划矿区,编制实施矿业权设置方案;依法监督管理矿业权市场;承担矿产资源保护和保护性开采的特定矿种、优势矿产的相关管理工作;监管矿产资源勘查、开采活动;调处重大矿业权权属纠纷。

矿产资源储量处　组织实施矿产资源储量管理办法、标准和规程;负责矿产资源储量评审、登记、统计工作;组织实施矿山矿产资源储量动态监督管理;承担矿产资源补偿费的征收、矿产地储备、压覆矿产资源管理的事项;承担矿业权评估和地质资料的汇交管理工作;承担组织矿产资源形势分析和战略研究工作。

地质勘查处　组织开展矿产资源调查评价;编制地质勘查规划并组织实施,管理省级地质勘查项目;负责地质勘查成果和地质勘查单位资质管理工作;组织实施专项地质勘查工作。

地质环境处　组织协调和监督地质灾害防治工作;承担监督管理古生物化石、地质遗迹、矿业遗迹等重要保护区、保护地的工作;依法管理水文地质、工程地质、环境地质勘查和评价工作;组织监测、监督防止地下水过量开采引起的地面沉降和地下水污染造成的地质环境破坏。

资源恢复整治处　承担组织协调和指导采煤塌陷区综合治理相关工作;会同有关部门编制矿山地质环境保护规划,负责组织实施矿山地质环境保护的监督管理工作。

执法监察局　监督检查国家土地资源、矿产资源和测绘法律法规执行情况;拟订土地、矿产、测绘执法监督和违法案件查处的规定并组织实施;依法组织查处重大土地、矿产资源和测绘违法案件;负责信访工作。

科技外事处　组织编制国土资源科技发展战略、规划;组织实施重大科技计划;组织实施国土资源技术标准、规程和规范;承担国土资源科技成果和信息化管理工作;承担对外合作交流和外事接待工作,协助审查对外合作项目;指导行业科技工作。

政治部　承办机关和直属单位机构编制、人事管理和教育培训等工作;按照干部管理权限,承担省辖市国土资源局领导班子及相当级别干部管理的有关工作;承担行业专业技术职称评审有关工作。

离退休工作处　负责机关离退休人员的服务管理工作,指导直属单位离退休人员的服务管理工作。

机关党委　负责机关和直属单位的党群工作。

省纪委（监察厅）派驻省国土资源厅纪检组（监察室），按照省纪委、省委组织部、省编办、省监察厅《关于对省纪委省监察厅派驻机构实行统一管理的实施意见》的规定履行职责。

人员编制

省国土资源厅机关行政编制112名（含纪检监察人员编制3名；机关工勤人员使用的行政编制，控制在行政编制总数10%以内）。其中：厅长1名，副厅长4名（其中1名副厅长兼总工程师），纪检组长1名，政治部主任1名（高配副厅级），执法监察局局长1名（高配副厅级）；处级领导职数35名（含机关党委专职副书记1名、纪检组副组长兼监察室主任1名）。

2000–2013年安徽省国土资源厅领导班子成员一览表

表1–1–4

姓　名	职　　务	学　历	职　　称	任　职　时　间
胡玉贤	厅长 党组书记	大 学	高级政工师	2000．3—2007.7
张庆军	厅长 党组书记	大 学		2007．7—2011.9
陈良纲	副厅长 党组成员 厅长 党组书记	大 学		2005.2—2011.4 2011.12—2013.8
孙爱民	厅长 党组书记	大 学		2013. 8—
杨先静	副厅长 党组成员 巡视员 党组成员	大 普	高级政工师	2000.4—2005.1 2005.1—2011.10
郭思保	副厅长 党组成员	大 专	高级农艺师	2000.3—2004.7
江长喜	副厅长 党组成员	大 学	高级工程师	2000.3—2007.2
王道成	助理巡视员	大 学	高级经济师	2000.3—2002.3
王道富	纪检组长 党组成员	大 学		2000.3—2003.12
夏一松	副厅长 党组成员			2001.4—2003.
陈立春	纪检组长 党组成员	大 专		2002.1—2011.9
蒋学军	副巡视员 测绘局长 党组成员	大 学		2004.3—2011.5 2011.5—
项怀顺	副厅长总工党组成员	大 专	高级工程师	2005.1—2011.11
张祖旺	副厅长 党组成员	大 专		2006.6—2011.11
李世蕴	副厅长 党组成员	大 学		2008.11—
俞凤翔	副厅长 党组成员	硕士研究生		2011. 5—
潘海滨	执法局长（副厅级） 副厅长 党组成员	在职研究生	高级政工师	2007.1—2012.3 2012. 3—
晏　飞	政治部主任党组成员	在职研究生		2010. 4—

续表 1–1–4

姓　名	职　　务	学　历	职　　称	任　职　时　间
徐铁军	测绘局长 党组成员 副巡视员	大 学	高级工程师	2008．9—2011.2 2011. 2—
郑春林	副巡视员	大 学	高级农艺师	2010.12—
江献军	纪检组长 党组成员	大 学		2012. 8—

第二章　事业机构

第一节　省测绘总院（省测绘局）

2000年12月，根据中共中央、国务院《关于安徽省人民政府机构改革方案的通知》和省人民政府办公厅《关于印发安徽省国土资源厅职能配置、内设机构和人员编制规定的通知》，组建安徽省测绘总院，为省国土资源厅管理的副厅级事业单位。

主要职责

贯彻执行国家及省有关测绘工作的方针、政策及技术标准；监督检查直属单位测绘技术、质量、规程、规范、产品标准和测绘基准的执行。

承担全省基础测绘、地籍测绘、行政区域界线测绘和其他重大测绘项目的实施工作，参与测绘有关的重大质量事故、技术争议、技术纠纷的处理，负责测绘项目设计和专业设计审核工作。

承担测绘产品质量监督检验和测绘仪器计量检定的具体事务工作。

组织进行多层次的测绘科技攻关和技术开发工作，推动测绘科技进步和技术创新，促进传统测绘技术体系向数字化测绘高新技术体系的转变。

承担"省级基础测绘设施项目"的实施和省级基础地理信息数据的维护、分发、开发应用及数据供后服务工作，承担省、市、县（市、区）政区图和有关内部图（册）编制工作。

负责机关和直属单位的人事劳动、机构编制管理工作；负责测绘事业费、专项资金使用的监督和国有资产监管工作；负责测绘专业技术人员的岗位培训工作；承担全省测绘行业特有工种职业技能鉴定工作。

承办省政府及省国土资源厅交办的其他事项。

内设机构

办公室　协助处理机关日常工作，负责综合性文字的起草和重要会务组织工作；承担院综合调研、文电处理、文书档案、信息、信访、外事、保卫、保密及机关事务管理等工作。

综合计划处（国土测绘处）　参与编制全省基础测绘、地籍测绘、行政区域界线测绘和其他重大测绘项目的年度计划，承担全省性测绘项目的具体组织实施工作；负责编制院年度财务预决算，管理各类测绘专项经费和机关财务工作；负责院机关和直属单位国有资产监管、基本建设和综合统计工作。

技术质量处 承担全省基础测绘、地籍测绘、行政区域界线测绘和其他重大测绘项目的项目设计、专业设计的审核工作；参与全省测绘行业重大质量事故、技术争议、技术纠纷的处理；负责“省级基础测绘设施项目”的组织实施工作，承担省级基础地理信息数据的管理、开发和应用服务工作；负责测绘产品质量监督检验和测绘仪器计量检定的具体事务性工作。

人事教育处 负责院机关和直属单位的人事劳动、机构编制管理工作；负责院机关及直属单位职工岗位培训工作；承担全省测绘行业特有工种职业技能鉴定工作。

离退休工作处 负责院机关离退休人员的服务管理工作。

人员编制

安徽省测绘总院事业编制30名。其中：院长1名（副厅级），副院长2名（正处级），总工程师1名（正处级）；内设机构处级领导职数12名：处长5名（副处级，含机关党委专职书记1名），副处长7名（正科级）。离退休工作处，处级领导职数单列1名（副处级）。机关党委办事机构、纪检（监察）机构编制，按有关规定执行。省测绘总院列入全额供给事业单位管理序列，原经费渠道不变，参照公务员管理。2005年根据省编办《关于同意省测绘总院加挂省测绘局牌子的批复》，加挂安徽省测绘局牌子。

主要工作

基础测绘 2000—2005年，省测绘总院系统完成省级基础测绘DLG2642幅、DOM4039幅、DEM3563幅、DRG2200幅的数据入库工作；完成全省GPS点测量1960点，水准测量3090公里；完成各种专题地图、地图集共171个种类、620幅（册），基本满足安徽省经济建设和社会发展及人民生活对地理信息的需求。在国家测绘局统一组织实施下，完成国家基础测绘设施项目安徽省基础测绘设施单位工程建设，并通过由国家测绘局组织的专家组验收。该工程由基础地理信息数据管理服务技术体系、基础地理信息数据生产技术体系和基础地理信息系统数据传输网络组成，建成的11个子系统达到并超过项目《初步设计》和工程《实施方案》设计的要求，引进软硬件设备达103台（套），形成业务化运行和大规模生产基础地理信息数据的能力，能够承担安徽省基础地理信息数据的采集、加工、更新、存储以及基础地理信息数据库的设计、建库、运行维护和管理、开发应用等任务。

测绘保障服务 省测绘总院利用1∶250000、1∶50000、1∶10000等基础地理信息的数据资源，编制《安徽省地图》《安徽省水利图集》《安徽省交通旅游图》《淮南绿地规划图集》《天长市城区图》《六安市城区图》《阜阳市城区图》及安徽省淮水北调图、芜湖房产要素图、省农委国债项目图、安庆市耕地资源评价图等图幅的制作；完成安徽省灾情分布图、淮河流域灾情分布图及有关地市的灾情分布图的编制工作；完成安徽省防汛地理信息系统、安徽省公路基础地理信息系统、宣芜高速公路选线工程示范系统、安徽省人防电子地图系统、合肥市人防电子地图系统、安徽省GPS导航电子地图、安徽省运输管理车辆监控系统、合肥市房产基础地理信息系统、利用基础地理信息数据开发的“合肥数码视窗”多媒体光盘系统等多个GIS系统的开发建设，为各级政府和有关部门决策服务，为国家及全省各项重点工程建设提供保障。开展土地详查，为加强全省土地资源的合理开发与利用服务；为全省行政界线的勘界工作做好测绘保障。

地理空间框架建设　在有关厅、委的支持下，“关于加快安徽省基础测绘工作实施意见”得到省政府的高度重视并提出意见，上级领导给予“数字安徽”地理空间基础框架建设工作极大支持，为安徽省首轮1∶10000基础地理信息“4D”产品的生产与更新及建库任务尽早完成提供保障。截至2005年末完成1∶10000基础地理信息“4D”产品的生产与更新2642幅；完成安徽省1∶50000地名数据库采集项目，涉及全省自然村以上等地名近30万条，每条地名在数据库中包含地理位置、编码等十多项内容，为基础地理信息数据库的更新提供最新的地名数据。该项目获国家测绘局全国1∶50000地名数据库建设工程二等奖。完成“安徽省1∶250000地形数据库更新”项目，对居民地、地名、水系、公路、铁路等要素进行全面更新。

为保证《国家基础航空摄影资料数字化与建库》项目在全省顺利实施，省测绘局成立“安徽省航空摄影资料数字化与建库管理小组”，指导监督“安徽省航空摄影资料数字化与建库”项目实施，并由省测绘局投资近40万元引进用于摄像扫描的仪器设备，完成1万余片的航空底片及资料数字化任务。

测绘科技　积极实施“科技兴测”战略，把解决测绘生产的关键技术问题、测绘新技术应用和拓宽测绘服务作为首要任务，立足于以信息化测绘体系建设为核心，以建立数字安徽地理空间框架为主体，使测绘科研与实际应用有机地结合起来，加速科技成果直接转化为生产力。“十五”期间，安徽省似大地水准面精化项目正式启动，技术设计书、实施方案、选埋工作及资料整理工作完成，项目资金到位，安徽省测绘局和四川测绘局在全省对近千个GPSA\B\C级点和上万公里二、三等水准进行观测。到2005年年底，安徽省省级基础地理信息数据库建设完成30%的工作量，包括1∶10000比例尺的数字划线图、数字高程模型和数字正射影像图，以及大地数据库、地名数据库和元数据库。完成数字化成图系统软件开发，成功升级开发“DMAPS数字化成图系统”，其成果得到广泛地推广使用。院直属测绘单位进行多次计算机网络技术的改造，购置大批计算机及网络设备，实现网络化的数字化测绘生产，形成规模化生产“4D”产品的能力。“十五”期间，安徽省测绘局所属7个单位通过IS9001质量体系认证。

加强网络安全与网络技术工作，成立安徽省测绘局计算机网络安全管理机构，完成《安徽省测绘局计算机网络安全暂行规定》《安徽省测绘局局域网IP地址分配规划》的制定；进行机密数据网上传输的机要培训；信息中心、数字化生产基地通过光纤接入实现互联；各单位重新划分虚拟网，完成中心交换机FIRMWARE的升级、IP地址的迁移。为网络的安全运行做好基础性工作，建立安徽测绘网站并与中国测绘网做好联接基础工作。

测绘质量管理　贯彻执行测绘行业技术与质量管理标准，规范所属测绘单位的技术与质量行为；印发《安徽省测绘局基础测绘项目负责人细则》《安徽省测绘局测绘项目质量奖评审办法》，并开展测绘行业技术与质量管理知识培训。省测绘产品质量监督检验站2000—2005年共完成测绘产品质量检验近3万余幅；省测绘仪器计量检定站完成GPS检定场建设，检定、检修测绘仪器近6000余台套。

事业单位改革　大力推进目标责任制和部分经济承包责任制，通过完善劳动、人事、分配、奖惩等制度，推进测绘单位组织结构、人才结构的调整。印发《安徽省测绘局测绘单位管理暂行办法》《安徽省测绘局测绘单位目标管理考核实施细则》《安徽省测绘局测绘生产计划管理细则》《安徽省测绘局机关经费开支暂行规定》等，为测绘单位深化改革提供政策依据。在此期间，省编办批准省基础测绘信息中心（省测绘档案资料馆）为全额事业单位，编制由18名增至28名；局批准第一测绘院增设航测遥感信息部、地理信息数据部，第二、三测绘院增设质量检验科。

开展多种形式的培训和继续教育，取得良好效果；省测绘技术培训中心举办22期测绘技术培训班，为全省测绘行业培训大批技术骨干。2005年，全局各测绘单位具有高、中级职称132人。形成青年学术和技术带头人梯队，并被确定为国家局青年学术和技术带头人1人。“十五”期间全局引进硕士研究生2人，招聘大中专毕业生42人，在职培训博士1人、硕士2人。测绘行业特有工种职业技能鉴定安徽站完成511人的职业技能鉴定。

2000–2010年安徽省测绘总院（测绘局）领导班子成员一览表

表1–2–1

姓　名	行政职务	党内职务	学　历	职　　称	任　职　时　间
徐铁军	院长	党委书记 厅党组成员	大学	高级工程师	2000.9—2008.9 2008.9—2011.2
蒋学军	院长	厅党组成员	大学		2011.5—
董　宁	副院长 纪委书记	党委委员副书记	大学	经济师	2000.8— 2002.11 2002.11—
薛朝应	副院长	党委委员	大学		1999.12—2011.1
朱　平	副院长	党委委员	大专	工程师	2000.9—
余建平	总工	党委委员	大专	高级工程师	2005.4—
高承云	调研员		大学	助工	2002.9—

第二节　省土地勘测规划院

（省土地开发复垦整理中心）

安徽省土地勘测规划院，原为安徽省土地资源调查规划服务站，1987年11月经省机构编制委员会批准成立的差额预算副处级事业单位，定编人数25名，直属原安徽省土地管理局，1995年安徽省机构编制委员会《关于印发安徽省土地管理局直属事业单位分类管理实施方案的通知》，批准安徽省土地资源规划服务站更名为安徽省土地勘测规划院，县级建制，列为差额预算事业单位管理序列。1999年安徽省机构编制委员会办公室《关于同意安徽省土地勘测规划院增挂安徽省土地开发复垦整理中心牌子的批复》，同意安徽土地勘测规划院增挂安徽省土地开发复垦整理中心牌子。省国土资源厅又将安徽省土地学会办公室及安徽国土资源杂志编辑部挂至该院。

主要职责

负责土地利用现状调查和土地利用总体规划的方法研究、编制、实施技术指导工作；

承担土地后备资源调查、荒废土地开发复垦的规划编制和开发项目的可行性研究及技术鉴定工作；

承担省及国家审批建设项目征地包干事务和勘测、定界及勘测成果复核工作；

承担全省土地管理信息系统工作；

负责土地开发复垦整理专项规划编制；

承担省级土地开发复垦整理项目的组织实施工作；

承担拟定土地开发复垦整理技术规程和管理办法；

承担全省土地开发复垦项目论证的技术咨询服务工作。

内设机构

全院内设机构8个：办公室（人事科、财务科）、总工办、土地勘测大队、土地资源调查评价所、土地规划科、土地整理项目科、土地信息中心（省政府GIS分中心）、省土地学会办公室（《安徽国土资源》杂志编辑部）。历任领导：服务站站长杨永荣、方西屏，规划院院长袁启、孙佩祥、程从坤。

安徽省土地勘测规划院结合业务工作性质和土地管理事业发展需要，重视人才培养、引进和使用，多方面提高队伍整体素质。在软硬件设施方面，拥有现代化设备，如图形工作站、计算机服务器、微机，磁盘阵列、投影仪、绘图仪、扫描仪、GPS全球卫星定位系统、全站仪、电子水准仪等多种内、外业高精度测绘仪器，网络激光打印机、数字化仪、大型扫描仪等先进设备40多台（套），以及系统配套的计算机遥感图像处理系统、GIS制图系统，具有较强的土地资源调查、遥感图像数据处理和土地信息工程建设能力，为业务发展奠定坚实基础，增强了技术服务能力。

主要工作

该院成立之初，就在原省土地管理局的领导下，完成安徽省第一次土地详查，并顺利通过原国家土地局验收，获得科技进步三等奖，全省县级土地详查获得全国成果奖35项。完成《安徽省土地利用总体规划（1997—2010）》《黄山市土地利用总体规划（1997—2010）》《铜陵市土地利用总体规划（1997—2010）》的编制；完成《安徽省土地利用总体规划（2006—2020）》《九华山风景区土地利用总体规划（2006—2020）》《铜陵市土地利用总体规划（2006—2020）》《安徽省皖北五市采煤塌陷区土地综合整治规划（2009—2020）》《安徽省"整地兴农"工程规划（2008—2020）》《长江岸线开发利用总体规划》《皖江城市带承接产业转移示范区国土规划》等多项规划编制工作。随着理论研究的深入和工作经验的积累，该院逐步成为安徽省土地利用规划研究和技术服务的主要力量。承担多个重大项目，完成国土资源部《安徽省土地后备资源状况及其开发利用潜力分析》；经省政府批准完成《合肥经济技术开发区土地利用总体规划》《安徽省土地利用总体规划实施评价报告》；完成南京土地督察局《安徽省违法违规用地特点、成因及预防机制研究》；及省国土厅《安徽省土地开发整理规划》《安徽省基本农田保护区规划》编制工作。

重视土地信息化建设，成立领导小组下设办公室，加强对土地信息化建设的领导，1992年建立院信息中心，是安徽省土地信息系统研究、开发与建设的职能部门，还是省政府GIS（地理信息系统）中心的分中心，承担规划院的信息技术支撑和信息技术服务，具有土地详查数据处理系统、土地利用动态监测系统、土地利用数据库信息系统、土地整理项目报备系统，自主研发农用地分等定级估价软件，形成一批GIS应用研究成果，同时还承担全省土地系统的信息技术指导与培训任务。

省土地开发复垦整理中心为全省土地整治工作提供决策支持和技术保障，完成《安徽省建设用地置换规划》《沿淮湖洼区土地整治重大工程项目规划》编制，起草《千村土地整治示范工程项目规划编制技术提纲》，构建土地整治规划体系框架。积极参与土地整治有关政策调研和拟定工作，起草《安徽省耕地指标交易管理暂行办法》《安徽省建设用地置换指标交易办法》《关于我省土地开发整理项目建设情况的自查报告》《关于我省补充耕地数量按质量折算的试行报告》等文件。在项目实施过程中，加强对项目的监督检查、技术指导、报件审查，保证新增耕地永续利用。开展土地整治相关课题研究，完成《安徽省耕地开垦费调整研究》《安徽省土地开发整理预算定额标准》等编制工作，推进土地整治标准体系建设。

探索土地领域技术前沿课题，加强国土领域科研工作，2010年，获得国土资源部、科技部和财政部下达的国土资源公益性项目《中部地区城市带发展土地保障与监管技术系统开发与示范》和《巢湖流域土地优化利用的技术支持系统研究》，国家支持项目资金2188万元和652万元。获得《安徽省工矿废弃地复垦利用与技术研究》《安徽省建设用地土地使用标准研究》《国土资源形势分析规范研究》等一批科研成果，为全省国土资源管理提供建设性意见和重要依据。

第三节 省国土资源储备发展中心

（省土地争议调处事务中心、省土地和矿业权交易中心）

安徽省国土资源储备发展中心成立于1992年11月,原名安徽省地产咨询中心,是原省土地管理局直属正处级、自收自支事业单位,定编人数20名。1993年增挂安徽省地产评估事务所，1995年12月根据《关于印发安徽省土地管理局直属事业单位分类管理实施方案的通知》更名为安徽省地产咨询评估中心。工作需要，2003年3月更名为安徽省国土资源储备发展中心（加挂安徽省土地争议调处事务中心）,2011年4月增挂安徽省土地和矿业权交易中心牌子。中心历任负责人:何朝银、杨永荣、蒋立爱、孟宪林、王尔发、汪建中。

主要职责

承担国土资源储备利用服务和土地争议调处事务工作;承担土地和矿业权交易具体事务。

承办全省土地市场动态监测监管、土地储备融资监测监管、城市地价监测等技术性工作;

承办有关土地权属争议案件和征地补偿争议调处事务;

承担全省国土资源违法线索举报处理事务性工作;

承办政府公益性地价评估工作;

承担全省征地拆迁补偿费用区片价标准制订的综合协调工作;

承担全省建设用地批后实施监测监管工作;

承担土地和矿业权交易具体事务;

开展国土资源节约集约利用研究;

承办土地登记代理事务和各类国土资源证书管理工作;

承办省厅委托的有关行政管理事务性工作。

主要业绩

中心成立后为企业上市、资产重组、股份改制评估土地资产50余家。完善全省土地市场监测监管体系。把握土地市场运行走势,强化以监管平台为支撑的“批、征、储、供、用、管、查”一体化综合监督管理,定期汇总分析发布监测结果和政策建议并形成月、季及年度等分析报告,定期发布地价水平、地价指数、地价状况,编制全省征地统一标准调整方案,月报情况、季报动态、年报分析、异常情况随时报。根据安徽实际,系统科学制定征地补偿标准,为地方政府和投资主体决策提供依据。

规范土地和矿业权交易行为,提升土地矿业权交易水平,推行矿权网上交易,加快矿权交易信息化建设,承办矿权出让、转让313宗,成交额145.089亿元,实现市场在配置资源中的决定性作用。优化涉地指标有偿调剂工作流程，规范交易行为，确保国土资源节约集约利用。完成补充耕地指标交易6934.13公顷，调剂金额30.26亿元，指标交易市场价格逐步恢复理性。

2009年开通全省国土资源违法线索举报电话“12336”，接听举报电话8474个，畅通国土资源违法举报渠道，方便群众举报违法行为，维护群众合法利益；及时掌握各地违法动态，提高国土资源执法效率，维护国土资源管理秩序。参与土地争议调处，坚持尊重历史、面对现实、依法办事，确保社会和谐稳定，接待群众来访120余人次，电话接访200多人次。

销售集体土地使用证、集体土地所有证、国有土地使用证、土地他项权利证书、建设用地批准书、采矿许可证等各类精、简装国土资源证书近770万个。为厅机关做好后勤服务工作。

第四节　省国土资源信息中心

（省地质资料馆）

2003年7月，经省编委批准，成立安徽省国土资源信息中心（加挂安徽省地质资料馆牌子），为省国土资源厅直属事业单位，处级建制，列入全额事业单位管理序列。核定事业编制15名（其中主任1名，副主任1名，专业技术人员10名，管理人员2名，工勤人员1名）。历任主任周华民、李绍山。

主要职责

承担全省国土资源信息和地质资料工作计划的编制，参与拟定有关政策、规定、工作规范和技术标准。

承担国土资源信息系统的建设、信息收集、制作加工、网上运行和维护；承担厅机关办公自动化网络系统的技术服务，建立具有多种空间分析和决策支持手段的向省内外开放的现代化国土资源信息综合服务体系；对市及市以下国土资源信息系统进行技术指导和质量监控。

汇总、整合全省国土资源数据和管理数据，负责全省国土资源数据库的建设和管理。

承担全省土地、矿产资源开发利用动态监测、地质环境监测信息数据的统计、汇总、整理和分析。承担全省国土资源与地质环境动态监测信息网络建设与管理。

承担全省地质资料馆藏建设与管理，承担地质资料的接收、整理、保护、开发、编纂研究，为社会提供公益服务。

承担有关国土资源信息系统和应用软件的开发工作；开展技术培训和技术合作交流。

受厅委托，承担国土资源信息对外发布工作，为社会提供公益信息服务。

承办国土资源厅交办的其他事项。

主要工作

13 项任务　完成安徽省地质勘查研究程度及数字化工程。项目成果为全省开展基础性、公益性、战略性矿产勘查服务，为吸引商业性地质勘查投资服务，为矿产资源勘查开采行政管理服务，实现矿产勘查信息社会共享，提升国土资源管理与服务水平。

该项目于 2002 年 9 月由省国土资源厅和省财政厅联合下达，厅信息中心承担并聘请有关专家具体实施。省厅地质勘查处和信息中心精心组织，历时 2 年多的辛勤努力，提交《安徽省地质勘查研究程度及数字化工程成果报告》正文 1 份，附图 11 张，附图册 1 册（1∶25 万 15 幅、1∶10 万 2 幅），附表 16 册。于 2004 年 11 月经常印佛院士为组长的省专家组审查，认为成果报告内容丰富，综合工作深入细致，分析整理系统全面，文笔简洁，结构严谨，思路清晰，图件美观，实现项目任务目标。并且在实际应用中已发挥作用，是一份优秀的全省地质资料二次开发和综合研究成果。

完成安徽省矿产资源空间数据库建设项目。项目于 2004 年 3 月启动，信息中心成立后及时充实项目组工作人员，明确分工，论证数据采集原则和要求、主要方法及范围，吸收试点省区经验，加强业务培训，不断实践和创新，加快工作进度，按时完成项目任务。数据库汇集安徽省截至 2003 年年底的 653 个矿产地空间数据，其中大型矿床 130 个，中型矿床 169 个，小型矿床 354 个。数据采集和录入主要工作量：填制属性表及数据采集卡片数 653 个，标志点 702 个，拐点坐标 14365 个，编制水平投影图件 718 张，查阅地质报告 867 份，核对和查阅图纸 13965 张。项目成果为矿政管理提供准确可靠数据依据，促进矿政管理从有序化管理到科学化管理的过度，实现矿产资源信息的社会共享与服务。

完成《安徽省国土资源可持续开发利用规划》编制工作。该项目是《安徽省生态省建设总体规划纲要》的重要组成部分，省厅将规划编制任务下达信息中心承担，在时间紧任务重和项目经费未落实的情况下，按照省生态建设领导小组《关于印发安徽生态省建设行业实施意见和市县规划编制指导细则的通知》要求，在厅有关部门指导下，项目组加班加点，按时完成规划编制工作，经省厅初审，上报省生态省建设领导小组，一次性通过专家终审，印发实施。

完成《安徽省煤炭资源勘查开采规划》编制工作。该规划是国土资源部《关于加强煤炭资源勘查开采管理的通知》要求各省国土资源厅组织编制，省厅行文委托信息中心编制。信息中心组建以主任为项目负责人的项目组，起草规划编制方案和编制大纲，经省厅规划编制领导小组审查后组织编制。按时完成全省大中型煤炭产地清理总结报告和附表、附图编制工作，经省政府同意，上报国土资源部，获得部审查同意。使安徽省的煤炭资源探矿权采矿权发证工作及时转入正常化。2004 年年底提交的《安徽省煤炭资源勘查开采规划》经省厅专家组审查同意，按时上报国土资源部。

完成 2003 年度矿产资源储量登记统计工作。在厅矿产资源储量处的指导下，完成全省 17 个市报表数据录入和汇总上报的磁盘数据，共录入 2003 年度上表矿区 636 处，新上表矿区 32 个，注销 5 个，完成对全省矿产资源储量统计结果审查和储量平衡检查工作；完成截止 2003 年底《安徽省矿产资源储量简表》共 4 册编制、印刷和出版工作，提供有关部门利用。完成按新标准统计的全省矿产资源储量数据库维护工作。

完成地质资料楼改造工程项目。省厅关心支持地质资料馆藏建设，投入资金列入预算。信息中心组织力量修改完善原设计图纸，提出补充要求，经省政府采购中心审定，招标确定施工单位和监理单位，4 个月的施工全部完成。使办公和资料馆藏条件得到较大改善。

完成《安徽省水泥用灰岩及重要非金属、金属矿产资源区块划分及勘查》项目。按设计书要求，分组分步骤实施年度项目任务。经项目专家组共同努力认真论证，先后向省厅提交四批研究成果，共提出水泥用灰岩及重要金属矿产勘查区块 92 个，为省厅宏观经济调控和矿业权市场建设，提供事业性支撑和技术服务。

与安徽省煤田地质局第三勘探队合作，共同完成蒙城县童庄井田煤炭资源开发利用方案论证和地质报告编制任务，经省厅评审通过，成果报告已汇交到省地质资料馆。组织编写和上报 2005 年度省级地勘专项经费项目建议书及设计书并获通过。

完成省厅下达的两项紧急任务：《“十一五”沿江区域规划矿产资源开发利用专题研究报告》，为全省制定《“十一五”沿江区域规划》和实施东向发展战略出谋献策；《安徽省矿产资源总体规划中期评估报告》，为省厅修订规划打下基础。

完成《2004—2006 年度安徽省矿产资源储量表》编制、建库和印制工作。组成项目组努力工作，克服软件不配套和资料不齐全的困难，按时完成任务。

地质资料管理　清理并汇交历年需向全国地质资料馆汇交的地质资料。组织专门力量，整理全省 1999 年以来需向全国地质资料馆汇交的地质资料共 283 种 56 袋 1354 公斤，并按照法律法规的规定，派专人专程向全国地质资料馆办理汇交手续。

加强馆藏建设和日常管理，确保地质资料完整无损和安全。新购置更新 60 个地质资料柜，接受、整理、验收、入库地质资料 328 种（双套、15446 件）；提供地质资料查阅服务 1062 人次，共借阅 2272 份 39496 件。全面清理资料馆库房的各类资料、图书、物品，协助厅矿产开发管理处、地质勘查处整理历年形成的采矿权、探矿权档案资料，建立有关资料目录。

方案审查　根据省厅委托，信息中心承担省级颁发采矿许可证的新建矿山、扩大矿区范围矿山的矿产资源开发利用方案审查工作。为做好方案审查，建立完善专家库。聘请有关专家严格按照国土资源部要求审查，专家组审查意见经省厅审定备案，作为矿山申请采矿登记资料要件之一。2004 年 4 月至 2010 年年底已审查 600 多个矿产资源开发利用方案。精心的组织，认真的审查，科学严谨的作风，规范周到的服务，受到方案编制单位和矿山企业的好评。

业务培训　为尽快提高工作人员的业务素质，熟悉厅信息化工作规划、政务信息系统和服务信息系统建设总体方案、局域网、矿产资源勘查、开采登记系统和储量登记统计系统，组织工作人员利用公休日进行专题业务培训；派人参加国土资源部举办的国土资源电子政务培训班，国土资源部矿产资源储量空间数据库培训班，安徽省基础地理信息系统 GIS 软件培训班，参加省财政厅组织的国库集中支付网上查询申报审核系统和会计人员继续教育培训班，为开展电子政务工作和矿产资源储量信息化工作打下业务基础。参加厅组织的 11 个县（市）城镇地籍数据库和土地利用数据库的验收；参加国土资源部信息中心组织的《矿产资源登记统计数据库系统开发》项目招标的投标工作，取得较好社会影响。

第五节　省矿产资源储量评审中心

2003 年 7 月，经省编办批准，成立安徽省矿产资源储量中心（加挂安徽省地质调查与环境监测中心牌子），为省国土资源厅差额拨款事业单位，处级建制。核定事业编制 25 名（其中主人 1 名，副主任 2 名，专业技术人员 18 名，管理人员 3 名，工勤人员 1 名）。2004 年 4 月经省国土资源厅批准，中心内设管理机构 4 个：办公室、储量评审科、地质调查科和环境监测科。2004 年 2 月李建设任省矿产资源储量评审中心主任。

2007 年 5 月经省编办批准，将安徽省矿产资源储量评审中心与安徽省地质调查与环境监测中心分设，为省国土资源厅直属正处级差额拨款事业单位，处级建制。核定事业编制 15 名（其中主任 1 名，副主任 2 名，专业技术 11 名，管理人员 1 名）。2008 年 5 月经省国土资源厅批准，中心内设管理机构 4 个：办公室、储量评审一科、储量评审二科及技术服务科。2007 年 12 月姜波任省矿产资源储量评审中心主任。

主要职责

根据《中华人民共和国矿产资源法》和有关法律、法规的规定，承担全省矿产资源储量报告、矿产资源储量动态检测报告、闭坑地质报告、矿产资源注销报告、建设项目压覆的矿产资源储量调查评估报告的评审及论证工作。

参与各类矿产资源勘查、矿产资源储量评审有关的技术标准的拟定、修订工作；承担与矿产资源储量评审工作有关的新技术、新方法的推广应用与技术交流工作。

受委托承担对大型矿山企业年度动用、消耗资源储量的核查，核定实际回采率和确定回采系数。

提供有关矿产资源储量评审的技术业务咨询与服务，承办探矿权、采矿权出让中的技术、事物性工作。

承担省国土资源厅交办的其他事项。

主要工作

2007—2010 年年底，省矿产资源储量评审中心评审各类矿产资源储量报告 433 份。其中，矿产勘查类报告 155 份、资源储量核实类报告 211 份、建设项目压矿评估类报告

65份、矿山闭坑类报告2份。完成9个基金项目的资源储量评审工作。开展方解石、天然焦及钒矿勘查技术规程项目研究工作，制定全省矿业技术规程；完成储量利用调查与矿业权实地核查子项目工作。完成《安徽省矿产资源保障程度研究及省内企业境外资源活动调查》项目。与安徽省地质调查院合作开展《全省储量登记库及储量空间库更新》项目；完成矿产资源储量调查成果与储量库衔接的试点工作。

对全省所有探矿权人报检资料进行核审，截至2010年年底全省应检探矿权2906个，实际报检2806个，报检率达96.8%，建议注销的探矿权1个。对部、省发证的37个采矿权进行年检工作。

配合省厅矿产资源储量处做好全省矿产资源储量登记和统计年报工作。截至2010年3月中旬，储量登记库补充完善2007—2009年度省厅评审备案的勘查、核实及压覆类地质报告储量数据；2009年储量统计库汇总全省17个地市矿山储量当年数据，该统计数据于2010年4月底通过部储量司组织的数据审查并进行汇交，完成2009年全省储量表出版工作。

受省厅委托，承担了部、省两级发证的矿业权人培训工作。受9个市国土局的委托代办培训班，培训矿业权人和市县国土资源管理人员2000余人。协助省厅做好两权换证工作（包括所有经核查验收的探矿权和采矿权），共换证6949个，其中探矿权1719个，采矿权5230个，具体工作包括内容审查、数据更新、统一配号和许可证更换等。协助矿管处完成省厅发证的800余个采矿权审查换证工作；协助省厅储量处做好市级评审机构、评估员监管工作。

第六节　省地质博物馆

（省古生物化石研究所、省古生物化石博物馆）

2004年2月26日经省编办批准，在1986年成立的原安徽省地质博物馆基础上，组建安徽古生物化石博物馆（安徽省古生物化石研究所、安徽省地质博物馆），一个机构三块牌子，为省国土资源厅直属事业单位，处级建制，列入全额拨款事业单位管理序列，坐落在合肥市政务区嘉和路999号。2012年12月31日经省编办批准同意，更名为安徽省地质博物馆（安徽省古生物化石研究所、安徽古生物化石博物馆）。历任负责人夏炎、蒋立爱、胡雪松。

主要职责：

征集古生物化石、地质标本及其他代表地学前沿的科研标本。

负责馆藏品的鉴定、修复、建档及保管安全工作。

负责馆藏品的陈列和展出，做好日常的参观接待。

承担古生物化石、地质遗迹的调查与评价任务；开展古生物化石的发掘、研究、技术鉴定与评估以及保护工作；提供古生物化石、地质遗迹相关咨询服务。

承担古生物及相关地球科学的科研项目，开展国内外学术交流与合作。

利用馆藏资源开展多种形式的地学科普教育和宣传工作。

承办省国土资源厅交办的其他事项。

主要工作：

公共服务　该馆自成立后，一直免费向社会开放，特别是2012年10月新馆的运行，受到社会各界的广泛关注和认可，安徽电视台等媒体多次进行相关专题报导，各地单位团体和个人慕名前来参观者络绎不绝，日均参观人数近1500人次，单日最高值达7000人次。

标本征集　在广泛收集标本信息基础上，考察全国各地多处古生物化石、矿物晶体产地，通过捐赠奖励、协商转让、商业购买、拍卖购买、有偿调拨、补偿交换等方式，经专家严格论证、鉴定等程序，征集大量矿物岩石标本、化石标本。现有馆藏标本近5万件。

新馆建设　新馆投资近4亿元，总建筑面积26495平方米，馆藏标本43529件，工程分为待建工程和布展工程两个阶段。2008年4月1日开工建设，2012年10月新馆试运行免费对外开放，成为安徽省一座集博物展示、科普教育、科学研究、科技交流、休闲旅游等功能于一体的大型综合性、一流自然科学类文化场馆。

科学研究　先后承担并完成多个研究项目。其中，“宁国市胡乐地区奥陶系剖面及古生物化石等地质遗迹的调查与保护”和“安徽省休宁县兰田植物群化石地质调查和地质遗迹保护”项目成果入选2012年《安徽省地质成果集》。“安徽早三叠世巢湖鱼龙动物群化石多样性与古生态资源的调查与研究”项目取得突破性进展，新发现鱼龙等海生爬行类化石80余件，其中首次在该地区发现鳍龙类化石和双孔类化石。这一成果使巢湖地区成为国内外研究早三叠海生爬行类起源与演化的最重要化石产地。从国外引进专业化石修复设备，建成国内先进的气动化石修复实验室。

科普教育　每年围绕“4·22世界地球日”“全国科普日”“国际博物馆日”等纪念宣传日，依托实物展品开展丰富多彩的主题宣传活动。先后被国家和省有关部门授予全国科普教育基地、国土资源部国土资源科普基地、中国古生物学会科普基地、安徽省青少年科普活动基地等。

第七节　省化工地质勘察总院

安徽省化工地质勘查总院原名“安徽省化工地质矿山勘探大队”，于1973年10月经安徽省革委会及编制领导小组批准成立，正处级全额拨款事业单位建制，归属省燃化厅管理；1985年划归化学工业部地质矿山局管理，更名为“化学工业部安徽地质勘探大队”；1995年，化工系统撤“队”改“院”，变更单位名称为“化学工业部安徽地质勘查院”；1997年国务院机构调整，经化工部与省政府协商，实行属地化管理。2001年6月正式下放安徽省，归属省国土资源厅管理，更名为“安徽省化工地质勘查总院”。至

2010年，事业编制180人，院领导职数3人；实有职工413人，其中在职职工112人，离退休职工301；在职人员中各类专业技术人员68人，管理人员23人，工勤人员21人，院长胡爱国。驻地安徽省马鞍山市向山镇五里圃。

主要职责

负责安徽省内化工地质勘查，以及相关矿产地质、水文地质、工程地质、环境地质勘查和地质地形测绘，岩土、矿物、土壤和水质分析鉴定测试等技术服务工作。

工作业绩

1974—1984年，历经十年，在马鞍山市向山镇马山地区开展硫铁矿详细勘探工作，投入钻探工作量40000多米，探明硫铁矿资源储量1亿多吨，1984年6月正式提交《安徽省马山硫铁矿马山矿段详细勘探地质报告》，获化工部地质找矿二等奖。

1992—1995年重点在宣州地区茶园坪地区开展硫铁矿普查，探明硫铁矿资源储量6000多万吨，提交《安徽省宣州地区茶园坪硫铁矿普查地质报告》。

2003—2005年，重点在合肥市肥东县开展《肥东县汪小山石墨矿普查》工作，提交石墨矿矿石储量3000多万吨。

2000—2012年，在马鞍山市开展的"全国危机矿山和尚桥铁矿普查"中，工作成效显著，2011年10月荣获国土资源部"全国危机矿山接替资源勘查先进集体"荣誉称号。

2009—2012年在全省范围内开展公益性地质（科技）工作项目《安徽省固体矿山（非煤）绿色经济评价》。设计完成固体矿山（非煤）绿色经济评价系统，系统分为文件、数据管理、数据测算分析、专题图管理、权限管理、实用工具、帮助七大功能模块。各模块功能完善，组织有序，实用性较高，为矿山分析提供重要依据和可靠保障。

2011—2012年在全省开展公益性地质工作项目《安徽省化工矿产资源潜力评价》，在综合分析和研究的基础上，选择有利地区，重点开展全省磷矿、化工灰岩、岩盐等化工矿产资源评价，搜集硫铁矿成果资料，编制各项工作的基础和成果图件，摸清主要化工矿产资源情况及其空间分布。

2006—2013年，历时8年，重点在芜湖市南陵县开展《安徽省南陵牛山金铜矿普查》，投入钻探工作量20000多米，发现两条具有斑岩型成矿特点的金矿化带，具有中型矿产地的前景，探明金属量1.42吨。

第八节　省公益性地质调查管理中心

安徽省公益性地质调查管理中心（安徽省地质调查与环境监测中心），经省机构编制委员会办公室批准，于2008年1月成立，为省国土资源厅直属事业单位，正处级建制，列入全额拨款事业单位管理序列。经省国土资源厅批准，中心内设机构5个：办公室、财务部、综合研究部、地质调查与矿产勘查部、地质环境监测部。

人员编制

经省编办批准，核定安徽省公益性地质调查管理中心（安徽省地质调查与环境监测中心）事业编制45名（保留原有事业编制10名，新增事业编制35名），其中主任1名（正处级），副主任3名（副处级）。李建设任主任，殷世新、楼金伟、钱存超任副主任；

主要职责

开展全省地质工作发展战略和地质找矿科学技术研究；承担基础地质研究和重要矿产资源供需形势分析与潜力预测，以及相关的技术、质量、成果管理与服务工作。

参与全省矿产资源总体规划和地质科技、地质勘查、矿产开发、矿山地质环境保护、地质灾害防治、地质遗迹保护等专项规划及相关年度计划方案的研究和编制。

负责全省公益性、基础性地质调查与战略性矿产勘查项目的技术业务管理工作。

承担省财政出资开展的公益性、基础性地质调查和战略性矿产勘查项目立项论证、设计审查、组织实施、质量监管、成果审查验收工作；承担国家地质调查与矿产勘查、地质环境项目的申报工作，受委托实施项目监管。

承担全省地质环境与地质灾害调查与监测的技术业务管理工作；承担地质环境与地质灾害防治项目的技术业务工作；承担汛期地质灾害预测预警预报及信息编制与传送；承担地质灾害应急调查工作；承担地质灾害评估报告和矿山地质环境综合治理方案的审查业务；承担矿山地质环境治理的调查研究及相关技术服务；编制全省地质环境公报、年报。

承办省国土资源厅交办的其他事项。

主要工作

严格项目监管 推行项目价值管理。重点做好地质工作项目前期可行性论证及决策，认真开展调查研究，严格把好项目建议书、可行性研究报告、初步设计及预算的审查关，做好项目的可行性论证，建立健全项目库，做深做实项目前期工作，确保政府投资项目投向合理、程序合规。加强监督管理。根据相关项目管理要求，对项目监管工作明确分工，落实到人。充分发挥专家作用，确定重点项目重点管理，实行专家督导制和重点项目季度例会制，防止地质工作质量滑坡，及时发现新情况，及时解决新问题。强化日常管理。为切实加强地质勘查项目的日常监督管理力度，中心从项目立项、设计审查到野外检查、野外复核、成果验收等各个环节，均制定相应制度和办法。

地质工作成果

公益性地质（科技）项目调查和研究程度全面提高，为全省矿业经济发展提供重要科学数据。《深部矿体勘探钻探技术方法的研究》项目获得多项国家专利，刷新全国小口径钻机深度记录，达2706米，为拓展找矿空间提供技术支撑；《重磁数据处理关键技术研究及其在安徽省中深部找矿中的应用》在重磁场曲化平、向下延拓、场的分离等方面研究取得创新成果，达到国际先进水平。

省地勘基金项目成果喜人。“十一五”期间，省级财政出资的地勘基金项目提交大中型矿产地29处（包括姚家岭特大型铜铅锌矿、东源钨矿等大中型矿产地），新增资源储量煤炭13亿吨、铁矿3.6亿吨、铜99万吨、铅锌172万吨、钨钼43万吨、金50吨、水泥用灰岩38亿吨、石膏5亿吨、石盐1亿吨、化工用灰岩3亿吨。

危机矿山及中央基金项目成果丰硕。危机矿山接替资源勘查项目共15个，提交大型煤矿产地1处，中型铜铁矿产地2处，小型矿产地5~8处，总体经济效益和社会效益显著。尤其铜山铜矿资源接替勘查项目，新增铜20万吨，相当于再找一个铜山矿，为企业可持续发展提供资源接替保障，延长矿山服务年限10年以上。

地质环境保护

做好地质灾害防治工作，为政府科学决策、优化防治方案提供技术支撑。每年中心开展历时2个月的全省汛前地质灾害调查工作，协助省厅做好地质灾害与防汛工作督查，完成地质灾害隐患点的排查鉴定工作和矿山地质环境恢复治理项目的设计审查工作，为政府决策提供服务。

编制《安徽省地质环境公报》，增强公众地质环境保护和地质灾害防治意识。每年根据省厅要求，按时编制公报，反映全省地质环境综合状况，增强社会公众环境保护和地灾防治意识，提高地质灾害群测群防水平。

地质灾害应急调查迅速及时，保障群众生命财产安全。受省厅委托，在接到通知的第一时间，中心迅速派出专家赶赴受灾现场，2008年以来共开展18次地质灾害应急调查（含4次应急响应），如安庆地震灾区、宁国市宁墩镇滑坡、省地勘基金项目池州市西山钼矿灾害等地进行应急调查工作，及时提交报告，协助地方政府做好应急抢险工作，为政府决策提供科学的专业数据。

地质灾害危害性评估报告审查操作规范，为全省重大工程建设提供科学保障。做好地质灾害危险性评估报告的组织评审工作，项目涉及公路、水利水电、火力电厂及配套设施、管道、工民建、矿山等方面，近三年共评审262份报告。

全力以赴，支持西南抗旱打井，取得良好的社会经济效益。为响应省厅号召，中心组织有经验的水文地质专家组成小分队，增援抗旱打井行动。历经73天的野外一线工作，专家指导施工51口供水井，钻探总进尺5281.7米，日出水量9548立方米，解决190960人、15000头牲畜的饮用水问题，全面顺利完成抗旱打井任务。地环科科长吴泊人被国土资源部授予“国土资源系统西南抗旱找水打井先进个人”称号。

承担公益性项目

中心充分发挥技术优势，承担《庐枞地区找矿工程前期研究》《安徽省矿山地质环境保护与治理规划（2006—2015）》《安徽省重要矿产资源战略研究》《安徽省重要勘查项目区块（探矿权）设置方案》等十余项目。《庐枞地区找矿工程前期研究》部分成果纳入《长江中下游地质背景与深部作用》，获得2012年国土资源部科技进步一等奖；《安徽省重要矿产地质勘查项目区块（探矿权）设置方案》，为地质勘查及探矿权设置和整合提供技术依据，有效维护探矿权市场和地质勘查秩序，为政府决策提供技术支撑。其成果报告获省厅2011年度优秀地质报告一等奖;《安徽省矿业权设置方案》,是全国第一个完成编制的整装勘查区以外的高风险矿业权设置方案,已作为样板进行推广,同时也受到省厅的通报表彰。

中心各项工作均取得良好业绩,屡获嘉奖,荣获安徽省省直机关建功立业先进集体、省直机关首届五一劳动奖状、国土资源部“十一五”科技工作先进集体、全国危机矿山接替资源找矿先进集体等称号。

第三章　学会　协会

第一节　省土地学会

安徽省土地学会成立于1989年5月，是个多学科交叉的学会。学会现有中国土地学会会员336人，安徽省土地学会会员1636人，其中团体会员166人。该学会自1996年以来，各项工作都上一个新台阶。1997年被业务主管部门（省科协）授予“明星学会”，1999年、2001年、2003年、2005年、2007年先后被中国土地学会、省科协、省民政厅授予“先进集体”和“先进单位”。

机构性质

安徽省土地学会是由全省土地管理、土地科学技术和教育研究工作者自愿组成并依法登记的学术性、公益性、非营利性的法人社会团体，是普及土地科学知识、促进土地科学基础理论及应用技术研究和发展全省土地管理事业的重要力量。该学会业务主管部门是省科学技术协会，社团登记管理机关为省民政厅，接受省科学技术协会和省民政厅的业务指导和监督管理。挂靠安徽省国土资源厅，受省国土资源厅领导，同时受中国土地学会和省国土资源厅业务指导。

学会宗旨

遵守国家宪法、法律、法规和方针政策，遵守社会道德风尚；坚持理论与实际结合的原则，贯彻“百花齐放、百家争鸣”的方针，发扬学术民主，活跃学术思想，倡导献身、创新、求实、协作的精神；为不断提高土地管理科学技术水平、切实保护全省耕地、合理利用土地，促进全省土地资源和资产的持续利用和国民经济协调发展作出贡献。

业务范围

开展学术交流，组织科技考察，促进科技进步与创新。

普及土地科学知识，传播先进技术与经验，更新专业知识，提高科技水平。

加强咨询活动，提供技术服务，对土地勘测、规划、开发、利用、建设、权属等政策、法规和土地科学技术的重大问题，进行探讨研究，提出建议，当好领导的参谋。

接受委托，进行业务培训，开展继续教育，参与职称评审，进行科技项目论证和科技成果评审等工作。

负责组织全省土地规划乙、丙级机构评选推荐，外省市土地规划甲级机构备案管理工作。接收中国土地学会委托，负责组织本省土地规划甲级机构资质评选推荐申报工作。

编辑出版刊物，编写土地科技资料。

发现并推荐土地科技人才，表彰学会工作积极分子，奖励科研成果、科普作品和优秀学术论文等。

向党和政府反映广大会员的意见和呼声，维护会员的正当权益。

举办为会员和社会服务的有关事业和活动。

机构设置

学会选举产生理事会、理事长、副理事长、秘书长。

第一届理事会（1989 年 5 月）：理事长李长轮，副理事长卢卫峰、徐国健、周湖海、钱正伐，秘书长卢卫峰（兼），常务理事 11 人，理事 35 人。1989 年至 1996 年先后担任秘书长的有卢卫峰、李绍国、杨永荣、方西屏。

第二届理事会（1996 年 3 月）：名誉理事长陆子修、汪涉云，理事长方纯如，副理事长许高德、李长轮、卢卫峰、王道成，秘书长孙佩祥（兼），副秘书长高宏林，常务理事 12 人，理事 53 人。1996 年至 2007 年先后担任理事长的有方纯如、卢卫峰、郭思保、胡玉贤。

第三届理事会（2007 年 4 月）：顾问李长轮、卢卫峰、许高德、王道成、郭思保、王道富，理事长蒋学军，副理事长赵建明、袁启，秘书长袁启（兼），副秘书长高宏林，常务理事 40 人，理事 158 人。

学会内设工作机构：办公室和组织、学术、科普三个工作委员会；内设学术机构：国土资源规划、耕地保护、土地利用管理、地籍管理、土地经济、土地法学、土地开发复垦和土地信息与遥感八个专业分会。

主要工作

组织建设 健全内设机构，制订工作制度、会议制度和财务制度。每年召开 1 ~ 2 次常务理事会，研究部署工作。根据省民政厅的部署和要求，按照《社团登记管理条例》规定，修改学会章程，完成学会会员清理整顿和重新登记工作。开展学会年检，规范学会各项活动，接受监督管理。加强市县学会机构建设，多次发文和派人到市县指导，推动市县学会组织建设；至 2010 年，有马鞍山、芜湖、黄山、六安、淮南和安庆成立土地学会，未成立的市县也已确定学会工作联络员。

学术活动 开展学术交流，促进土地科技进步与土地管理事业发展。学会和各分会坚持以学术为本，依靠土地科技工作者，从安徽的省情出发，针对不同阶段土地管理的中心工作，围绕土地管理与土地科技发展中的重要问题，开展多层次、多种形式的学术活动。先后对耕地保护和基本农田建设、土地资源的节约与集约利用、土地开发复垦整理的途径和措施、地籍管理等业务的管理目标与技术路线和实施方法、土地利用规划的编制、土地资产管理和城市国有土地资本运营、农村集体建设用地流转和土地租税费政策体系、土地法制建设、土地产权制度与土地市场建设、土地管理队伍建设和土地科技人才培养、土地信息化管理和土地数据库建设等一系列问题，进行研讨。通过学术探

讨和交流，拓宽工作思路，提高科技水平。学会共举办、联办和参加省内外各类学术会、研讨会30余次，交流论文近1000篇，编印论文集2本，撰写建议、综述20余条，学术活动的水平和质量不断提高。

开展自然科学优秀学术论文评审。1994—2003年，省科协、省人事厅、省科技厅举行1994—1996年、1997—1999年、2000—2003年度三次自然科学优秀学术论文评选活动，学会组织会员响应参评。在1994—1996年度第二届自然科学优秀学术论文评奖活动中，收到会员参评论文24篇，上报8篇，获奖8篇，其中二等奖1篇，三等奖7篇；1997—1999年度第三届自然科学优秀学术论文评奖活动中，收到论文44篇，上报32篇，获奖29篇，其中二等奖2篇，三等奖27篇；2000—2003年度第四届自然科学优秀学术论文评奖活动中，收到会员参评论文53篇，上报9篇，获奖7篇，其中二等奖1篇，三等奖6篇。通过评审，一方面检验会员发表学术论文的情况，另一方面提高会员联系实际研究学术问题的积极性，推动学术活动的开展。

协办安徽省首届科技论坛。2000年省科协确定举办全省首届科技论坛，土地学会建议将“国土资源环境”作为一大主题，被论坛组织者采纳列为首项研讨课题。组织科技人员撰写论文，踊跃参加，参会人数最多。

土地科普宣传　注重省情国策的宣传。学会多次向省委和省政府有关部门建言献策，加强土地省情国策教育。利辛县土地科技人员还将这部分内容整理后，作为中小学的课堂学习内容。

做好土地日宣传。全省会员在每年一度的“6·25”土地日活动中都积极参加，学会先后围绕土地与国情、土地与改革、土地与经济、土地与市场、土地与法制、土地与发展、土地与未来、依法行政与合理用地、保护耕地—为了更好的明天、规划用地 利国利民、规范土地市场 促进经济发展、规划土地市场 促进可持续发展、坚持科学发展观 珍惜每一寸土地、节约集约土地 促进科学发展等主题，利用广播、电视、报纸杂志开展多种形式的宣传活动。

日常工作　在中国土地学会和省科协的指导下，学会先后组织地球日、土地日科普宣传活动、庆祝中国科协成立40周年和中国土地学会成立20周年活动，举办首届安徽土地科技夏令营活动，参与首届安徽科技论坛，协办安徽人口资源环境学术讨论会，参与首届安徽自然科学学术年会等一系列活动。

编辑出版《安徽国土资源》。2000年省国土资源厅机构改革基本到位时，学会及时向领导建议，创办《安徽国土资源》，该刊物由省国土资源厅主管，在学会办公室的基础上成立《安徽国土资源》编辑部，具体承办组稿、编辑、校对、出版、发行等工作。《安徽国土资源》不仅是指导全省国土资源管理工作、帮助国土资源管理部门干部职工学习掌握法律法规、加强上下联系与相互沟通的重要工具，也是开展学术交流、宣传推广土地科技成果的重要阵地。

组织会员科技考察。学会先后组织一批老土地科技工作者赴湖北、湖南等地学习考察，参观毛泽东、刘少奇故居；组织七批学会会员赴香港、澳门学习考察，参观香港土地发展展览中心，听取经营城市土地资产情况介绍；组织一批会员赴云南、广西学习考察。通过学习考察，增长知识，拓宽视野。

注重横向联系和学习交流。在省外，同上海、江苏、浙江、福建、广东、湖北、四川等20多个省市土地学会保持往来，先后派员参加他们举办的换届选举会、学术讨论会和论文征集等活动；在省内，与省地质学会、测绘学会、环境保护学会、灾害防御协会、农学会、林学会、水利学会等兄弟学会保持着良好协作关系。加强了解和信息沟通，加深感情，促进工作开展。

第二节　省古生物学会

1978年12月5日，由安徽省地质矿产局科技处牵头，联络淮南矿业学院、合肥工业大学、安徽省区域地质调查队、安徽省地质科学研究所及安徽省石油勘探指挥部的同行代表建立筹备小组，着手起草学会章程，酝酿理事人选及登记征收会员等工作。1979年1月16日召开第二次筹备会议。1979年4月6日在安徽省地质局隆重举行成立大会。有会员251人。安徽省古生物学会是依法登记的省级社会团体。是古生物研究、保护者和广大古生物爱好者自愿组织的行业性非营利社会组织，是发展国家古生物事业的重要社会力量。

学会机构

遵守国家宪法、法律、法规和国家政策，遵守社会道德风尚，在国家保护古生物化石的方针指引下，组织调动社会力量，通过广泛的宣传教育和科学普及活动，提高全省人民的古生物化石保护意识，加强同省内外涉及古生物学方面组织的交流与合作，促进古生物学研究事业的发展，作好省内古生物化石地调查、发现和发掘工作，保护好省内古生物化石资源，全面发挥其社会效益和经济效益，推动全省古生物化石研究事业与社会主义市场经济的协调发展。学会业务主管部门是安徽省科协，社团登记管理机关是省民政厅。接受省科协和省民政厅业务指导和监督管理。办事机构为秘书处，挂靠在安徽古生物化石博物馆。主要工作是组织调动社会力量，开展古生物化石调查、发掘、保护工作及国家有关方针、政策、法令的宣传教育；开展古生物化石的科学研究、学术交流、科学普及活动，组织省内外学术交流及合作。学会的最高权力机构是全省会员代表大会，全省会员代表大会审议学会工作报告、制定学会章程、选举理事。全省会员代表大会每届四年，全省会员代表大会每届最长不超过5年。因特殊情况需提前或延期换届的，须由理事会表决通过，报安徽省科协、安徽古生物化石博物馆并经省民政厅批准同意。但延期换届最长不超过1年。理事会是全省会员代表大会的执行机构，在闭会期间领导本会开展日常工作，对全省会员代表大会负责。理事会选举理事长、副理事长、秘书长、常务理事、理事。理事会所在的单位为理事单位。理事因工作变动等原因不宜履行其职责时，除本人继续从事科研工作的以外，可不再担任理事，理事单位应提出更换理事人选。理事会每年举行一次，必要时可提前或延期召开。特殊情况的，也可采取通讯形式召开。主要职权：执行全省会员代表大会的决议；决定学会阶段性工作规划方案；选举和罢免理事长、副理事长、秘书长；筹备召开全省会员代表大会；向全省会员代表大会报告工作和财务状况；

决定会员的吸收或除名；决定设立办事机构、分支机构、代表机构和实体机构；决定副秘书长、各机构负责人的聘任；领导本会各机构开展工作；制定内部管理制度；决定有关奖励及授予荣誉事项；决定其他重大事项。

理事会原则上须有2/3以上理事出席方能召开，决议须经到会理事2/3以上表决通过方能生效。如到会理事不到2/3，可用通讯形式征求未到会理事意见。常务理事会由理事会选举产生（常务理事人数不得超过理事人数的1/3），在理事会闭会期间行使理事会的职权，对理事会负责。常务理事会原则上须有2/3以上常务理事出席方能召开，决议须经到会常务理事2/3以上表决通过方能生效。如到会常务理事不到2/3，可用通讯形式征求未到会常务理事意见。由理事长或理事长委托的副理事长、秘书长召集，每年至少举行一次；情况特殊的也可采用通讯形式召开。理事会的办事机构是秘书处，受常务理事会和挂靠单位双重领导；秘书处设秘书长一人，负责组织秘书处的日常工作。秘书长由挂靠单位提名，经理事会选举，常务理事会批准后担任。

历届大会

第一次代表大会于1979年4月6日—8日在安徽省地质局成立。出席会议有来自全省科研、教学、地质队和矿山等38个单位86名代表。中国古生物学会代表王钰院士，省科委副主任李志明，省地质局局长邢浩、副局长巩水林到会讲话。江苏省古生物学会杨敬之教授、南京大学地质系俞剑华教授和安徽地质学会理事长柴登榜教授分别在会上宣读了贺信和贺词。大会收到学术论文16篇，其中古生物论文9篇，生物地层论文7篇，会上宣读了8篇。王钰院士和杨敬之教授分别作了题为《从古生物学到达尔文主义》《近年来我国晚古生代生物地层的进展》，中国科学技术大学杨纪珂副教授作了题为《一种研究人类起源的数学方法》等学术报告。会议经代表充分协商讨论和民主选举，产生新一届理事会。理事长：严坤元；副理事长：刘嘉龙、海恩慈、唐永成；秘书长：唐永成（兼）；常务理事（以姓氏笔划为序）：刘嘉龙、毕治国、严坤元、肖立功、沈后、汪贵翔、金福全、唐永成、海恩慈。

重要活动

中国古生物学会笔石专业学科组于1982年9月20日—26日在安徽省旌德县举行。这次会议由中国古生物学会笔石专业学科组与安徽省古生物学会共同筹办。参加这次会议的有来自23个省、市、自治区从事地层古生物工作的代表106人。中国笔石研究的老前辈尹赞勋教授和许杰教授赋诗祝贺。许作五言律诗：“笔石古生物，沧桑几亿年。分区异海域，划带显时迁。前进求真理，深钻写巨篇。科研建学租，盛会祝英贤”。尹和许原韵作七律一首“笔石专家集皖南，欣逢建祖二周年。寒武笔石石炭灭，奥陶盛世志留迁。生荣衰亡代谢律，亚欧美澳争鸣篇。笔石老家许翁在，承前启后有英贤”。安徽省古生物学会理事长、省地质局总工程师严坤元到会致词。会议期间代表们考察了宁国页岩、胡乐页岩和谭家桥页岩的层型剖面。重点讨论了奥陶系顶、底界线及分统建阶等问题。会议认为中国奥陶系的顶、底界线发育良好，类型齐全，地层连续，化石丰富，交通方便，再作些深入细致的工作完全有条件成为国际上寒武系与奥陶系及奥陶系与志留系界线层型的候选剖面。

中国古生物学会三叶虫学科组成立大会暨第一届学术研讨会于1982年9月13日—18日在安徽省青阳召开。参加这次会议的有来自25个省、市、自治区的有关科研、生产、高教部门代表60余人。中国科学院地学部和中国古生物学会派代表参加、指导会议。会议就三叶虫的分类、演化及器官构造，三叶虫动物群 的地理分区，含三叶虫地层的划分、对比及有关寒武系顶、底界线等进行了研讨。会议期间，代表们参观了含全国寒武纪南北过度类型三叶虫的青阳县青坑剖面。会议选举了以著名古生物学家、中国古生物学会副理事长卢衍豪教授为首的中国古生物学会三叶虫学科领导组。安徽省姜立富被选为领导组成员。领导组负责组织、协调和开展学术活动。

第二次代表大会于1983年5月5—7日在合肥召开。通过无记名投票差额选举产生第二届理事会。名誉理事长：严坤元；理事长：刘嘉龙；副理事长：李晶、唐永成、海恩慈、毕治国；秘书长：汪贵翔；副秘书长：沈后、王翠莲（聘请）。

第三次代表大会于1987年12月上旬在合肥召开。会议经代表充分协商讨论和民主选举产生第三届理事会。名誉理事长：刘嘉龙；名誉理事：毕治国、李恒昆；理事长：金福全；副理事长：周本和、姜立富、江汉铨；秘书长：汪贵翔；副秘书长：王翠莲。

第四次代表大会于1994年11月29日至12月1日在潜山县举行，选举产生第四届理事会。理事长：金福全；副理事长：黄步旺、江汉铨；常务理事：金福全、黄步旺、江汉铨、姜立富、唐永成、周本和、姚仲伯、沈后、马荣生；秘书长：姜立富。

第五次代表大会于1999年10月25—26日在中国科学技术大学召开，选举产生第五届理事会。理事长：洪天求；副理事长：徐小磊、李东平；秘书长：姜立富；副秘书长：胡远超。

第六次会员代表大会于2006年11月4—5日在合肥工业大学会议中心召开，选举产生六届理事会。理事长：洪天求；副理事长：蒋立爱、徐小磊、孙立广、陈萍、单华林、夏炎、姜松、胡欣民、陈萍、李建设、彭智；秘书长：姜立富；副秘书长：胡远超、贾志海。

鉴于副省长田维谦、化石捐赠者单勇、副秘书长余焰炉、厅长胡玉贤对省古生物事业的贡献，在2004年安徽省古生物学会五届六次理事会上，一致推举田维谦、单勇、余焰炉、胡玉贤为安徽省古生物学会名誉理事长。在2007年六届二次理事会上，推举省古生物学会第三、四届理事长合肥工业大学教授金福全为名誉理事长。2008年六届三次理事会上推举省国土资源厅长张庆军、副厅长兼总工项怀顺为名誉理事长。

第三节　省土地估价师协会

安徽省土地估价师协会经省民政厅批准成立于1994年12月，主管单位省国土资源厅。协会由合法取得土地估价资格并从事土地估价的组织和个人组成，是依法登记成立的非营利性的全省土地估价行业自律性社会团体。至2010年，协会有机构团体会员134家，个人会员666人。

协会宗旨

联合全省土地估价组织和土地估价人员进行自律管理；引导从业人员遵守国家的法律、法规，遵守土地估价执业道德，执行专业守则和估价规范，规范从业人员执业行为；促进土地估价师专门知识及专长技能的发展和深造；维护和支持从业人员独立、客观、公正执业，维护和支持土地估价师独特的专业特点地位及利益；增进会员和行业协会之间的交流；调解执业中产生的争议；维护国家、企业和个人在土地方面的权益，为社会主义市场经济服务。

业务范围

接受行政主管部门指导，配合行政主管部门搞好行业管理，制订会员行为规范和自律准则；完善有效的行业自律性管理约束机制。承办土地估价机构及土地估价师资格的审查、入会、注册、登记及年检工作；受业务主管部门委托承办土地估价师资格考试的考务工作。负责会员的管理，维护会员的合法权益；向政府主管部门反映会员的意见和要求，协调行业内外关系，维护提升行业地位及利益，保障土地估价师依法执业，代表会员向有关部门进行申述。组织土地估价理论、方法和政策的研究与交流活动，组织土地估价师继续教育和业务培训，向社会提供咨询服务，提升行业的整体水平。组织开展对会员职业道德、执业纪律、执业质量的教育、检查和监督；建立会员信用档案，受行政主管部门委托开展土地估价机构资信评级。受理社会对土地估价师和估价机构的投诉，惩戒违规人员，并向行政主管部门提出违规执业者的制裁建议。受托办理土地估价业务活动中发生纠纷的调解。开展有关土地估价的评比活动，表彰对协会发展做出贡献的团体和个人，提升行业的凝聚力和影响力。编辑印发土地估价书刊、资料，开展与国内外相关组织的合作、交流与宣传工作。承办主管部门或其他组织委托的技术性、事务性工作。

机构设置

安徽省土地估价师协会通过选举产生会长、副会长、秘书长、副秘书长、常务理事、理事。第一届理事会1994年：会长卢卫峰，秘书长何朝银。第二届理事会1997年：会长王道成，秘书长刘健，副秘书长李传殿。第三届理事会2003年：会长郭思保，副会长金德洪，秘书长王尔发，副秘书长李康、谢翠兰，常务理事5人，理事23人。第四届理事会2006年：会长陈良纲，副会长张华发，秘书长王尔发，副秘书长李康、谢翠兰，常务理事7人，理事91人。

第五届理事会2011年：会长张祖旺，副会长张华发、高国忠、何方，秘书长张华发（兼任），副秘书长胡萍、徐雯、谢翠兰、黄有贵，常务理事39人，理事159人。协会内设工作机构：秘书处和技术仲裁与争议调处、考试与教育工作、年检（注册）与会籍管理三个工作委员会。

主要工作

组织建设　1994年协会成立后，本着“内强自身、外树形象”，加强协会内部建设，建立各项规则制定，规范秘书处各项工作。制定协会章程、人事制度、财务制度、工作制度、会议制度、会费收支管理办法等。每年召开1次常务理事会、理事会，研究部署工作。组建以市为单位的土地估价行业联席会的区域自律组织并由新推选的负责人牵头不定期地开展交流活动；签订《安徽省土地估价中介机构诚信经营责任书》。

行业管理　省估协先后发布《安徽省土地估价中介机构注册年检办法》《安徽省土地估价师执业注册年检办法》《安徽省土地评估行业执业自律准则》《安徽省土地评估行业自律公约》《安徽省土地估价报告评审暂行办法》《安徽省土地估价报告评分细则》《安徽省土地估价方法评分细则》《安徽省土地估价行业违规处罚记分办法》和《安徽省土地评估机构资信评审办法》等一系列规范性文件。

解决突出问题　省估协对于会员在执业过程中所遇到的共性的突出问题极其重视，通过深入调查研究，向有关部门反映、汇报情况，寻求解决方案，解决行业发展中的突出问题。

协调提高土地估价收费标准。主动协助省物价局对全省部分土地估价机构、土地估价市场行为进行调查研究，根据全省土地估价机构服务性收费的实际情况，在国家规定的收费标准内，及时提高安徽省土地估价服务性收费标准。

开展抵押评估业务相关情况的调研。专门组织有关人员对土地估价机构与银行间抵押业务的相关情况开展调研。调研采取与机构负责人、部门负责人座谈、实地走访、问卷调查、电话问讯等方式，共调研合肥、芜湖、巢湖、淮北、黄山、淮南、铜陵等地涉及全国、全省及市县不同范围执业的30余家机构。通过调研全面掌握相关情况并以调研报告的形式向国土、银监部门及有关银行进行反映，为规范市场行为初步形成共识。

学习交流　通过不定期组织人员深入会员单位调查研究，了解基层会员心声，掌握行业实际情况。先后组织会员赴湖北、广东、广西、重庆、青海等省（区）土地估价师协会考察交流；前后走访省房地产、资产评估、饲料行业等省直协会，学习他们好的管理经验和做法，提升行业服务和监管水平。每年参加全国土地估价行业协会负责人联席会，了解土地估价行业的重点工作和发展方向，及时在全省范围内进行传达学习，并对下一年的工作进行谋划布局。

行业宣传　省估协一直致力于网站与会刊改造升级工作，通过完善版面形式、增加内容、加快更新频率等，及时将重要信息传达给会员单位和会员。《安徽土地估价》创刊出版。同时更新协会网站，加大网站信息更新频率、发布信息、强化宣传，为广大会员提供相关服务。会员和社会各界通过阅览协会网站、会刊，快速地了解协会活动信息、会员交流信息、国家政策法规、土地市场信息、动态及相关会员单位的情况，使协会与社会各界、协会与政府部门、协会与协会、协会与会员之间的相互交流更加方便。提高会员单位的市场竞争能力，提高协会的社会影响力、知名度。

日常工作　土地评估机构和土地估价师年检（注册）：根据国土资源部和中国估价师协会有关文件精神，结合全省关于年检（注册）通知的要求，每年开展土地评估机构和土地估价师年检（注册）工作。通过严格审查、社会公示、省国土厅审定等程序，截至2010年年底，全省共有机构134家，其中全国执业机构21家，全省执业机构47家，市县执业机构66家。已审核通过执业登记土地估价师666人。

全国土地估价师考试（安徽考区）考务：省估价师协会受省国土厅委托承办全国土地估价师资格考试（安徽考区）的考务组织工作，1992—2010年，组织15次考试。认真组织报名，为使全社会及时获悉报名信息，向市、县国土资源局、各会员单位及有关部门发出报名通知，同时在网站上发布信息。组织专人对考生的报名信息进行逐个校对，及时纠错，维护广大考生的权益。考试全程监管，维持考场秩序。

土地估价师继续教育培训：2000—2010年，全省成功举办近30期土地估价师继续教育培训班。通过不同层次、形式和内容的继续教育活动，不仅加强土地估价师队伍建设，更提高了土地估价行业核心竞争力。

第四节　省矿业评估师协会

安徽省矿业评估师协会于2006年11月开始筹备，2007年9月正式成立，现有协会会员125家。协会会员分单位会员和个人会员，个人会员分执业会员和非执业会员。2016年6月15日省民政部门依法注销。

机构性质

安徽省矿业评估师协会是依法登记的省级社会团体。协会由矿业权评估师、矿业权评估机构、储量评估师、矿产储量评审机构以及与其相关的矿山地质勘查、测量、矿产资源开发利用评价、地质灾害评估和从事上述专业研究、教学、管理的人员或机构，自愿组成的非营利性行业自律组织。协会业务接受业务主管部门（省国土资源厅）和社团登记管理机关（省民政厅）的指导、监督。

协会宗旨

联合相关评估人员和评估机构加强自律性管理，引导从业人员遵守行业职业道德，遵守评估规则和规范，规范从业人员的执业行为；促进评估师（员）专业知识、专业技能、专业素质的提高，保障从业人员坚持独立、客观、公正的为社会服务；维护评估师（员）、评估机构的合法权益，为会员提供法律、技术、信息等服务；调解执业中产生的争议；促进国内国际行业间的交流，发挥好联系政府、企业、机构和会员的桥梁与纽带作用，把协会建设成具有行业权威、享有诚信声望和公信力的行业自律组织。

协会职责

制定并组织实施评估行业发展目标和发展规划，指导和监督协会会员，在省内外开展探矿权评估和采矿权评估、矿产资源储量评审、矿山地质测量、矿业权交易咨询、矿产资源开发利用咨询与评价（方案编制）、勘查设计审查、地质灾害评估等业务活动。

根据业务主管单位的委托或授权，组织评估师（员）参加国家统一规定的执业资格考试、考核，对评估师（员）、评估机构注册登记和年检，开展评估师、从业人员业务培训和交流。

根据业务主管单位的委托或授权，制定本评估行业自律管理规范，开展行业自律监督检查，对会员违反行业自律规范的行为予以惩戒；受理相关评估纠纷的调解和仲裁，维护公平竞争。

维护会员的合法权益。

根据业务主管单位的委托或授权，协助业务主管单位进行评估行业管理。

开展相关评估理论、方法、政策的研究，制定评估准则、规则、标准或规范。

开展相关评估业务国内、国际交流。

承办业务主管部门和社团登记管理机关交办的事务。

协会机构

协会最高权力机构为会员代表大会，代表大会产生理事会、常务理事会、协会会长、副会长、秘书长。协会设会长1人，副会长若干人，秘书长1人，副秘书长2人。任期5年，可连选连任，但任期最长不得超过两届。

协会设立秘书处，为协会常设办事机构。协会理事会按照实际需要，设立专门委员会、专业委员会或其他分支机构。专门委员会是理事会履行职责的专门工作机构，对理事会负责。专业委员会负责处理行业发展中专业管理及专业技术问题，对理事会负责。

协会会长杨先静。常务副会长项怀顺。副会长徐小磊、魏振岱、于广陵、任勇、袁亮、李伟、吴玉华、李冬青、杨润全、杨裕官、曹月林。秘书长胡永胜，副秘书长李建设、王书远。

主要工作

建立机构　根据国土资源管理工作的需要，筹建省矿业评估师协会。建立健全协会秘书处和各专业委员会，选聘专职人员。建立行业信息公示制度及会员诚信档案公开制度，加强行业诚信建设，提高内部管理水平和执业质量。加强与中国矿业权评估师协会、各省协会之间的交流与合作。探索该协会与省级协会之间相互协调的工作机制，实行会员互认机制。

规范管理　制定《安徽省矿业评估师协会章程》《安徽省矿业评估师协会专门委员会及专业委员会工作规则》《安徽省矿业评估师协会会员管理办法》《安徽省矿业评

估师协会行业会费标准》《评估师及从业人员继续教育暂行规定》《安徽省矿业评估师协会财务管理办法》《安徽省矿业评估师协会工作规则》《安徽省矿业评估师协会秘书处任务职责及工作规则》《安徽省矿业评估师协会秘书处公文处理规则》和《安徽省矿业评估师协会印章管理规定》等制度。

业务培训　2008 年,举办矿业权评估师执业资格考试岗前培训班,委托中国地质大学(武汉)、吉林大学举办两期矿业权评估师及从业人员继续教育培训班,举办两期矿产资源储量评估师继续教育培训班。2010 年,举办全省大型矿山企业矿产资源储量管理业务培训班。

资质管理　聘请专家研究制定《矿业权评估报告质量检查办法和评分标准》,实施矿业权评估报告质量检查;开展矿产储量评审机构执业行为检查;协会收费情况的检查;协会年检等。规范资质资格管理,受理矿业权评估机构资质申请,完善评估师考试制度等。

学术交流　举办或联办相关方面的学术研讨会,采取走出去,请进来的方式,全方位地开展学术交流活动。依托会员单位的技术优势,于 2008 年申报《安徽省重要矿产资源发展战略研究》项目,2009 年年初编写完成项目设计书,2010 年底提交项目正式研究报告,通过审查,研究成果达到国际先进水平。

信息建设　利用协会网站平台,完善会员单位的服务功能,实现行业新闻、服务动态的实时发布,充实网站的内容。按照《专家库管理办法》规定的选取条件和程序遴选入库专家,及时更新、调整入库专家结构,实现评估师和评估结构信息的全面记录、实时监控和有效披露。完善各类管理、服务、咨询数据库建设,发挥服务会员、支持工作、提供社会查询的作用。

第五节　省土地登记代理人协会

为发展和完善土地市场,维护土地权利人的合法权益,根据人事部、国土资源部联合印发的《土地登记代理人职业资格制度暂行规定》和《土地登记代理人职业资格考试实施办法》有关规定,推行土地登记代理制度。2006 年 8 月 15 日省国土资源储备发展中心为联合全省土地登记代理机构和土地登记代理人员进行行业自律管理,规范土地登记代理行为,开展学术交流、不断提升代理人专业技术水平,保障从业人员独立、客观公正执业,维护从业人员的合法地位及权益,服务社会主义市场经济,申请发起成立安徽省土地登记代理人协会。2006 年 8 月 29 日,省国土厅批复同意并授权安徽省土地登记代理人协会职能:负责全省土地登记代理工作的行业管理,研究探索行业协会对土地登记代理人和代理机构实行有效管理的制度和方法,促进土地登记代理事业健康有序地发展。2006 年 9 月 4 日,省国土资源储备发展中心向省民政厅申请成立安徽省土地登记代理人协会。2007 年 1 月 25 日,省民政厅同意成立安徽省土地登记代理人协会筹备组并明确：安徽省土地登记代理人协会自筹备之日起，要接受业务主管单位省国土厅和登记管理机关（省民政厅）的业务指导和监督管理。2007 年 11 月 29 日，举行首届会员代表大会，会议审查通过《安徽省土地登记代理人协会章程》《安徽省土地登记代理人执业注册办法》《安徽省土地登记代理机构管理办法》《协会会员缴费标准》。选举产生理事、常务理事，选举产生领导成员，会长：张祖旺，副会长：刘键、王尔发、王海风，秘书长：孟宪林，副秘书长：李传殿。2007 年 12 月 18 日，省国土厅批复同意协会成立登记，明确省国土厅为本协会的业务主管单位、承担业务主管职责。2008 年 1 月 8 日，在省民政厅社会组织管理局注册登记，取得"社会团体法人登记证书"，业务范围：自律、协调、维权、交流、培训、咨询、服务。至此，完成协会成立工作，挂靠在安徽省国土资源储备发展中心。协会设有常务理事会、综合办公室、财务室，工作人员 6 人。

协会职能

协会是由具有土地登记代理资格和从事土地登记代理业务的组织，是依法登记、非营利性的行业自律性地方社会团体。接受安徽省国土资源厅业务指导，接受安徽省民政厅监督管理，人事、培训及资质管理上接受安徽省人事和社会保障厅领导与管理。协会的职能：

接受行政主管部门指导，建立各项自律性管理制度，配合行政主管部门搞好全省本行业管理，形成完善有效的行业自律性管理约束机制；

负责土地登记代理机构资质管理和土地登记代理人员的注册管理；

负责会员的管理及组织联络，维护会员的合法权益，反映会员的意见和要求，协调行业内外关系，保障全省土地登记代理人依法执业，代表会员向有关部门进行申诉；

组织土地登记代理理论、方法的研究与交流，组织会员进行业务培训、考核，向社会提供咨询服务，不断提升行业整体水平；

协同行政主管部门，组织开展对土地登记代理机构和执业人员执业质量的检查，按有关程序对违反土地登记代理行业执业准则和职业道德准则的协会会员进行相应处理；

调解土地登记代理业务活动中产生的纠纷；

开展土地登记代理机构的资信评级，推动行业诚信建设，开展各项有关土地登记代理的评比活动，表彰对协会发展做出贡献的团体和个人，提升行业的凝聚力和影响力；

编辑印发土地登记代理书刊、资料，开展与省内外各相关组织的合作、交流与宣传工作；

接受行政主管国土资源厅委托，承担全省行业管理的相关事务或其他工作。

协会发展

2008 年 3 月 6 日，省协会发出《关于启用协会公章的通知》，挂牌办公。全省 70 家土地登记代理机构获准成立，予以执业。第一批土地登记代理机构按执业区域分为：省级执业 27 家；市级执业 28 家；县级执业 15 家。省辖市国土局分管地籍工作的领导和厅属有关事业单位负责人为常务理事，各土地登记代理机构负责人为理事。2010 年会员单位 107 家，其中：全省执业 38 家，市、县执业 69 家。注册执业的土地登记代理人 272 人。

2010 年 3 月 19 日，经省国土厅和协会与省物价局商榷，省物价局下发关于土地登记代理服务费有关问题的函，确定代理服务佣金为协议收取。2010 年 4 月 8—10 日，厅及协会有关领导赴浙江杭州、绍兴进行考察，学习先进管理经验和做法。2010 年 5 月 7 日，根据《安徽省土地登记代理人协会章程》，省土地登记代理人协会 2010 年第一次常务理事会决定免去王海风的会员、常务理事、副会长职务，增补程从坤、黄志宏、杨京泉、梁修好、王玉斌、秦晓明、季兴善、杨干、徐祖海为协会会员、理事、常务理事；讨论通过《安徽省土地登记代理机构年检办法》。2010 年第二次常务理事会决定增补李传殿为副会长，徐亚明为副秘书长。2010 年 5 月先后到淮南市、肥东县、宁国市等地调研地籍管理和登记代理工作，总结推广“淮南模式”，推进全省土地登记代理行业健康有序发展。2010 年 8 月 2— 10 日，协会组织各市国土资源局分管地籍管理工作的领导一行 24 人赴台考察团，对台湾地区土地登记制度和土地登记代理人管理制度进行考察。省协会编制印发 6 期简报，宣传推广土地登记代理制度，反映行业发展动态，开展学术研究，引进先进经验和做法，加强和规范土地登记代理机构行业管理。

第四章　市县国土资源管理机构

第一节　市级机构设置

根据《中华人民共和国土地管理法》（简称《土地管理法》）和中共中央、国务院《关于加强土地管理、制止乱占耕地的通知》“县以上地方各级人民政府都要根据统一管理土地的原则，建立健全土地管理机构。机构设置，由各省、自治区、直辖市自行确定。乡镇一级，可由县人民政府委派土地管理人员。”的要求，省委省政府认真贯彻落实中央文件精神，积极推进土地管理机构组建工作，安徽省实施《土地管理法》办法明确规定“县级以上地方人民政府和行政公署设立土地管理机构，主管本行政区域内土地的统一管理工作。市辖区的机构设置由市根据实际情况确定。乡镇土地管理工作由乡（镇）人民政府负责，县级人民政府委派的土地管理员具体承办”。各地市按照省政府要求，抓紧组建土地管理机构，从1987年8月至1989年1月全省16个地、市，自宿县地区行署1987年8月率先成立宿县地区行署土地管理局后，有14个组建了直属行署或市政府土地管理局。马鞍山市土地管理局1988年初成立时隶属市建委，1993年5月从市建委中分立，成为市政府职能部门；池州市（原池州行署）也于1997年7月成立直属行署土地管理局（1997年前土地管理隶属池州行署建设局）；滁州市1992年撤地建市时于同年12月合并土地和房产局，组建土地房产管理局；黄山市于1989年1月成立土地矿产管理局，1993年10月矿产从土地局中分出挂靠市计委。地、市局行政编制为8至15人（合肥市局27人），随着业务的开展，编制都有所增加，1996年机构改革时，地、市局的行政编制增至15至30人（合肥市43人）；设置二级机构5到7个，管理体制为块块管理，人、财、物属于地、市，省厅负责业务指导。根据工作需要，地、市局相应设有土地监察支队、征地事务所、地价评估所、地产管理所等事业单位。

按照省政府关于机构改革的整体部署和要求，各市政府积极稳妥推进机构改革，进一步转变职能，理顺市对市辖区、县对乡镇的国土资源管理关系，抓好机构建设，担负起国土资源保护和合理利用的职责。全省17个市于2002年先后合并土地管理局、地质矿产局和测绘管理机构，组建国土资源局（亳州市2000年组建地级市，同年5月成立市国土资源局），市辖区国土资源主管部门作为市局的派出机构，管理体制属地方政府。行政编制为20至38人（合肥42人），2010年各市机构改革，行政编制增加为24至42人，设置二级机构7至11个。2004年贯彻落实中组部和省委组织部关于调整地方国土资源主管部门干部管理体制的精神，市国土资源主管部门领导干部由原地方党委管理为主，调整为省国土资源厅党组管理为主，地方党委协助管理。2011 年撤销巢湖市，巢湖市国土资源局同时撤销。各市局设有市土地储备发展中心、市土地复垦整理中心、市国土资源执法监察支队、市地质环境监测中心、市国土资源信息中心、地价管理事务所等事业单位。

第二节　县（区）机构设置

自 1986 年桐城县在全省率先成立县级土地管理局后，1986 年 12 月舒城县土地管理局组建，1987 年有 18 个县（市）土地管理局挂牌，全省大部分县市土地管理局于 1988 年先后成立，至 1993 年 2 月青阳县土地管理局列入政府组成部门，全省县（市、区）级土地管理机构全部组建完成。一些副科级局逐步升格为正科级局，人员编制不等，少的局编制 5 人，最多的局 15 人；二级机构的设置也各不相同；大部分县（市、区）的农业区划办相继划入土地局。随着业务的不断展开，人员编制都有所增加，二级机构也在逐步增设健全。

各地随着机构改革的推进，土地管理机构也有所变化，固镇县土地管理局 1993 年 3 月与县城建局合并为城乡建设委员会，设土地管理科，1999 年 6 月固镇县土地管理局单设，为正科级建制，县政府工作部门；五河县土地管理局 1996 年 1 月，与县环境保护局合并为县环境保护土地管理局，1999 年 6 月分为环境保护局和土地管理局，县土地管理局为正科级建制，县政府职能部门。

来安县 1997 年 7 月，将县房产局从县城建局划出并入县土地局，成立来安县土地房产管理局。明光市土地管理局（1994 年县改市前为嘉山县土地管理局）2002 年 8 月撤销，组建明光市国土资源和房产管理局，2010 年 5 月明光市国土资源和房产管理局将承担的房产管理等职能整合划入市住房和城乡建设局，更名为市国土资源局。全椒县 1993 年 3 月机构改革，县土地管理局与城乡建设委员会合署办公，1994 年 4 月县土地管理局从城乡建设委员会划出成为县政府职能局，2002 年 8 月机构改革，县土地局、县房产局、县矿产局三局合并为县国土资源和房产管理局，2010 年 9 月房地产管理局划出，更名为全椒县国土资源局。天长市 1993 年将房产管理职能划归土地局，成立土地房产管理局，2002 年 9 月不再保留土地房产管理局、地质矿产局，组建天长市国土资源和房产管理局。

寿县 1987 年 12 月成立县土地矿产资源管理局，为县政府工作部门，1996 年 8 月机构改革，撤销县土地矿产资源管理局，成立县土地管理局，对外挂“地质矿产局”牌子，2002 年 8 月县土地管理局更名为县国土资源局。霍邱县土地管理局 1992 年 2 月更名为县土地矿产资源管理局，1992 年 10 月又更名为县土地管理局，与县矿产资源管理局合署办公，一个机构，两块牌子，2002 年 8 月县机构改革，土地管理局、地质矿产局合并组建国土资源局。金寨县 1988 年 2 月成立县土地管理局，列入县政府工作部门，1988年7月县矿产管理办公室与县土地局合署办公，1989年6月矿产资源管理工作划归县计划委员会，2002年县机构改革组建金寨县国土资源局。叶集试验区国土资源局的前身为霍邱县叶集镇土管所，成立于1987年，隶属于霍邱县土地局，1993年叶集镇实行六安地区计划单列，叶集镇土管所更名为六安地区叶集镇土地局，与霍邱县土地局分离，隶属于行署土地局，1998年省委省政府批准设立叶集改革发展试验区，享受县级管理权限。1999年叶集镇土地局、规划局、建设局、环保局合并为叶集改革发展试验区国土规划建设局，2002年7月成立叶集改革发展试验区国土资源局。

宿松县1987年12月成立县土地管理局，与县城建局合署办公，两块牌子，1990年8月县政府决定县土地管理局与县城建局分开单列，1993年3月机构改革中县土地管理局与县城建局再度合署办公，两块牌子，1996年6月县城建局、土地局分开办公，2002年6月县机构改革，不再保留地质矿产局、土地管理局，组建县国土资源局。太湖县1988年3月成立县土地管理局，与县城乡建设环境保护局合署办公，一个机构，两块牌子，2002年成立太湖县国土资源局。望江县1988年2月成立县土地管理局，与城乡建设环境保护局合署办公，1989年8月县土地局从城建环保局划出单设，2002年组建县国土资源局。岳西县1987年12月成立县土地管理局，与县城乡建设环境保护局合署办公，一个机构，两块牌子，1989年7月县土地管理局分设，2003年6月在原土地管理局和原矿产资源管理办公室的基础上组建岳西县国土资源局。

石台县1988年4月成立县土地管理局，与县城乡建设环境保护局合署办公，一个机构两块牌子，1991年7月土地管理局从城乡建设环境保护局分出，独立行使职能，县农业区划办公室并入，2002年10月县土地管理局与县地矿局合并，组建石台县国土资源局。

旌德县1988年9月24日成立旌德县土地管理局，与县城建局合署办公，一个机构两块牌子，1989年6月土地管理局分立，为县政府职能部门，2002年4月不再保留土地管理局、矿产资源管理站，组建国土资源局。

黄山区1989年9月将区土地管理局改设为区土地矿产管理局，为区政府工作部门，2002年组建区国土资源局。徽州区1991年1月成立区土地管理局，1996年5月区地质矿产管理局，与区土地管理局一个机构两块牌子，1997年4月撤销区土地管理局、区地质矿产局，组建区土地矿产管理局，2002年9月，区土地矿产管理局更名为徽州区国土资源局。黟县1988年6月成立县土地管理局，1997年11月成立县土地矿产管理局，2002年8月县土地矿产管理局更名为县国土资源局。祁门县1987年10月成立县土地管理局，1989年地质矿产管理职能划入县土地管理局，更名为县土地矿产管理局，2002年8月组建县国土资源局。

改革开放不断深入，随着经济的快速发展，各地开发区、各类园区如雨后春笋，开发区（园区）土地管理机构也应运而生。2002年按照省政府关于机构改革的整体部署和要求，全省各县（市、区）在地方党委和政府的统一领导下，坚持在机构改革中，思想不散、秩序不乱、工作不断，转变职能，理顺关系的原则，先后合并土地管理局、地质矿产局，完成县（市、区）国土资源局组建工作。2004年，认真落实中组部和省委组织部关于调整省以下地方国土资源主管部门干部管理体制的精神，县（市）国土资源主管部门的领导管理体制实行双重管理，由地方党委管理为主调整为由市一级国土资源主管部门党组（党委）管理为主，地方党委协助管理。市辖区的国土资源主管部门调整为市国土资源局的派出机构，由市局统一管理。各县（市）局根据工作需要基本上都设有土地储备发展中心、土地复垦整理中心、国土资源执法监察大队、国土资源信息中心、地价评估事务所等事业单位。

第三节　乡镇机构设置与建设

机构沿革

组织保证是做好工作的先决条件。早在1987年省土地局成立伊始，根据安徽省实施《土地管理法》办法“乡镇土地管理工作由县级人民政府委派的土地管理员具体承办”的规定，就着手抓好机构建设，落实乡镇土地管理机构，配备土地管理人员，至1988年年底全省3500多个乡镇已组建乡镇土管所1869个，配备土管员2081人，其中专职869人，兼职1212人。1988年9月萧县13个区(镇)设立13个土地管理所，事业编制，股级单位，定编29人，从区（镇）行政人员和财政局财政所调剂16人，农业局农技站抽调13人，人、财、物县局统管，财政拨款，是全省最早实行基层土管所垂直管理财政供给的单位。随着全省土地管理业务的不断展开，各县（市、区）乡镇土管所相继建立，编制、人员逐年增加。乡镇土管所在各级地方党委、政府和国土资源部门的领导下，在贯彻落实土地管理法，强化乡镇土地管理，服务经济建设，服务群众等方面做了大量工作，发挥重要作用，取得明显成效。2002年市、县机构改革，撤销土地管理局、地质矿产局，成立国土资源局，承担国土资源、矿产资源保护和测绘管理等职能，各地土管所和矿管所也相继合并成立国土资源所。基层国土资源所是国土资源管理工作的前沿阵地，是国土资源系统的窗口和形象，担负着宣传和贯彻国土资源法律、法规和政策，开展土地、矿产、测绘行政执法，保护耕地，管理农村宅基地，调处土地权属纠纷和发现制止国土资源违法行为等基础性工作。

管理体制

乡镇土地管理所是从1986年年底开始逐步建立的，至2003年，全省1804个乡镇土地管理机构中，62%的所属于乡镇管理，46%的所只有1～2个编制，相当一部分乡镇只有1个土地管理员，有的甚至没有编制，960个所是自收自支单位，150个所为差额拨款。随着改革开放的不断深入，由于诸多原因，基层土地管理所面临的形势发生很大变化，在管理体制、经费供给、机构设置、人员编制等方面存在的问题日益突出。新的《土地管理法》取消了乡镇政府管理土地的职责，属乡镇管理的所，绝大多数是与别的部门合并为土地和村镇建设服务站、服务所、工作站等服务性机构，不具备土地执法主体资格；自收自支的所没有任何行政拨款和事业经费，差额拨款的所，财政补贴微乎其微，无法维持正常运转所需，特别是2001年省政府根据国务院五部委关于减轻农民负担文件规定，下发文件取消各项涉农收费，农民建房只收土地证工本费5元，这个文件下发后，工作经费实际上没有来源，导致大多数乡镇土地管理机构濒临瘫痪，人心不安，思想波动，工作停滞，再就是造成执法不公和巧立名目乱收费、“搭车”收费、乱罚款，严重损害执法的公正性和严肃性；乡镇管理的所为完成乡镇政府中心工作，本来就十分有限的土地管理人员还经常被抽调从事包村、计划生育、税费征收、社会治安、产业结构调整、科技兴农等工作，无精力履行国土资源管理职责，致使农民建房不能及时审查办证，破坏耕地、土地资产流失等土地违法现象时有发生而无人或无力问津；影响土地基本国策和土地管理法规和政策的落实，在省内部分地区出现土地无人管、无法管的状况，严重影响农村的社会稳定和发展，引起省委、省政府领导的高度关注和重视，要求省编办、省财政厅、省国土厅进行调研并提出意见，省国土厅先后配合省编办、省财政厅对全省乡镇土地管理问题进行深入调研，并及时向省政府、省编委写出报告。省编委从全省国土资源管理工作实际需要和乡镇机构改革实际情况出发，综合市县编制、财政、国土资源管理部门和乡镇政府等方方面面的意见，在机构设置控制十分严格的情况下，对全省乡镇国土资源管理机构设置、人员编制、经费供给、管理体制作出明确规定，省编办下发《关于乡镇土地管理体制调整有关问题的通知》，规定全省县（市、区）所辖乡（镇）设立国土资源管理（中心）所，为全额拨款事业单位，作为县级国土资源管理部门的派出机构，经费由县财政供给，依法履行辖区内土地、矿产资源和测绘等行政管理职能。体制的调整有利于国土资源管理的集中统一和权威高效，有利于管理部门的依法行政，为国土资源管理所公正履职提供经济保障，改变过去“无钱履职，履职为钱”的局面，促进了乡镇国土资源管理的各项职能全面到位。充分说明省委、省政府对国土资源管理工作的重视，表明省委、省政府贯彻落实中央人口、资源、环境工作座谈会要求“积极推进资源管理方式的转变，建立适应发展社会主义市场经济要求的集中统一、精干高效、具有权威的资源管理新体制”的决心，对加强全省国土资源管理，特别是乡镇国土资源管理工作产生深远影响。自2004年，全省在各级党委和政府的重视和支持下，基层国土资源所体制改革工作逐步到位，规范化建设得到加强。

规范化建设

省国土厅高度重视基层国土资源所的改革和建设，制定规划，采取一系列措施全力推进。组织考察组到山东省考察学习基层国土资源所改革建设工作经验。召开专题会议听取完善体制和基层国土资源所改革建设情况专题汇报，提出基层国土资源所“规范化、标准化、制度化”的“三化”标准。向省委、省政府有关领导专题汇报，积极与有关部门交流沟通，争取理解与支持。出台“一个指导意见”（基层国土资源所规范化建设指导意见）、“两个验收文件”（完善体制验收、基层国土资源所规范化建设验收）。

召开基层国土所规范化建设座谈会、现场会，带动基层国土资源所规范化建设。将基层国土所规范化建设作为重要内容纳入年度国土资源管理目标责任制考核。利用国土厅网站、刊物等设专栏，发简报，以典型引路大力宣传推动基层国土资源所规范化建设。2007年，为加快推进基层国土资源所规范化建设，省国土厅提出“三步走”战略，即：第一步是加强硬件建设，第二步是加强软件建设，第三步是加强文化建设。

硬件建设　2007年10月，省国土厅下发《关于加强基层国土资源所建设的意见》，要求从2007年下半年开始用3年左右时间，投入3亿元，完成基层国土所硬件建设任务，实现基层国土所“七个一”目标，即：一处独立的办公场所、一辆专用巡查车、一台测量仪器、一台微机、一台打印机、一部照相机、每人一套办公桌椅，彻底改善国土所办公条件和工作环境。2007年11月在安庆召开全省基层国土资源所规范化建设座谈会，传达省国土厅加强基层国土资源所建设意见，介绍基层国土资源所规范化建设标准和以奖代补办法，安庆、宣城、桐城三市国土资源局介绍基层国土资源所改革和建设经验。安庆市国土局的经验是地方党委政府大力支持，国土资源部门自身高度重视，注重多方协调争取。宣城市国土局的做法表明对基层国土资源所建设工作认识高、有远见、力度大。桐城市国土局的经验表现在国土资源管理体制改革、基层国土所建设全面到位，以出色的工作业绩赢得党委政府的重视和支持，体现了有为才有位的理念。2007年11月省国土厅下发《关于对基层国土资源所建设实行以奖代补的通知》，明确基层国土资源所规范化建设达标细则、评分标准、奖励金额和奖励对象等，完成基层国土资源管理体制改革且有独立办公场所的基层国土资源所；奖励标准：中心所（分局）奖励30万～40万元，一般所奖励20万～25万元；奖励程序：按以县为单位提出验收申请、组织审核验收、奖励兑现的程序进行，促使国土所规范化建设奖抓并举，有力推动国土所规范化建设。

2008年1月，省国土厅下发《关于对首批通过验收的基层国土资源所进行奖励的通知》，并组织8个验收组对首批申请验收的190个基层国土资源所进行审核验收，144个基层国土资源所通过审核验收，符合奖励条件，奖励资金4375万元。2008年7月组织第二批验收，省国土厅组织5个验收组对申请验收的127个基层国土资源所进行审核验收，127个基层国土资源所通过审核验收，符合奖励条件，奖励资金3675万元。2008年11月第三批验收，省国土厅组织7个验收组对申请验收的230个基层国土资源所进行审核验收，230个基层国土资源所通过审核验收，符合奖励条件，奖励资金8710万元。2009年7月第四批验收，省国土厅组织8个验收组对申请验收的305个基层国土资源所进行审核验收，264个基层国土资源所通过审核验收，符合奖励条件，奖励资金8685万元。2009年12月第五批验收，省国土厅组织5个验收组对申请验收的237基层国土资源所进行审核验收，237个基层国土资源所通过审核验收，符合奖励条件，奖励资金7610万元。2010年10月第六批验收，省国土厅组织3个验收小组对申请验收的61个基层国土资源所进行审核验收，61个基层国土资源所通过审核验收，符合奖励条件，奖励资金2035万元。至2010年年底，通过各地共同努力，基本完成全省乡（镇）国土所规范化建设第一阶段任务，取得明显成效。理顺了基层国土所管理体制，全省98%的基层国土所为上级国土资源部门派出机构，全额拨款事业单位，做到机构、编制、人员和经费"四落实"。

优化基层国土所设置，省厅在推进基层国土资源所改革，分流安置人员的同时，积极进行资源整合，将一些管辖人口较少、面积较少的一般所合并为中心所。在优化国土所设置中，全省基层国土所分流安置人员3000余人，归并国土所200多个。全省建有基层国土资源所1087个，其中，中心所（分局）547个（副科级211个），一般所540个。全省基层国土所在职职工6273人，平均每个所5.8人。基层国土所管理职能进一步拓展。全省绝大多数国土所组建了村级信息员队伍，加挂执法监察中队的牌子，一些地方还与公安部门建立联合执法办公室。通过加强基层国土所建设和职能的发挥，特别是基层国土所通过加大巡查力度，对国土资源违法问题做到早发现、早报告、早制止、早处理，促进了耕地保护。

软件建设　2009年10月，省国土厅下发《关于加快推进基层国土资源所规范化建设（第二阶段）的指导意见》，从2010年开始再用3年左右时间，着力抓基层国土所软件建设，实现"五有、三统一"目标，"五有"即：有一套健全的管理制度、有一个完善的工作流程和办事指南、有一支结构合理的职工队伍、有一个信息化办公系统、有一种优良的工作作风。"三统一"即：统一国土标识、统一上岗挂牌服务、统一工作文明用语。健全规章制度，规范内部管理。通过建立健全考勤、考核、学习、培训、财务管理、政务公开、依法行政、廉洁从政等一系列规章制度，使国土资源所的各项管理工作逐步纳入规范化、制度化的轨道。在土地出让、建房审批、登记发证等业务工作制度建设上，着重明确国土所受理、审查、报批的各个环节的工作职责和办事时限，完善办事程序和工作流程，使各项业务工作做到公正、透明、依法、高效。在考勤、学习、接待、车辆管理、会议、财务等内部管理制度建设上，着重促进国土所管理正规化，加强效能建设，提高工作效率。在政务公开、服务承诺、首问负责、责任追究等依法行政制度建设上，着重要求国土所以高效、便民为宗旨，严格依法行政，提高服务质量。在教育、监督等廉政制度建设上，着重提高国土所工作人员的廉洁自律意识，强化监督检查，促进正确行使权力，防止各种"吃、拿、卡、要"的现象。各项制度要求全部上墙公布，接受群众监督。不折不扣执行，凡有令不行、有禁不止、违反制度的，根据情节轻重，首次黄牌警告，再犯停职待岗，保证制度的严肃性。通过全省上下国土资源管理系统干部职工的共同努力，取得明显效果，涌现一批人民满意的先进国土资源所（分局）。

肥西县国土资源局在推进国土资源所体制改革和规范化建设中，认真贯彻落实省厅《关于印发省国土资源系统"先进基层国土所"创建活动实施方案的通知》，全面推进"先进基层国土所"创建工作，取得显著成效。肥西县2006年1月在全市率先实行基层国土所垂直管理，全县7个国土分局、9个国土所全部为县国土资源局统一管理、全额财政拨款事业单位，其中7个国土分局为副科级设置，全县国土所（分局）核定事业编制117人，共有研究生学历1人，本科学历26人，大专学历90人，拥有专业技术职称86人，其中中级职称8人。利用创建“先进基层国土资源所”平台，不断加大基层国土所建设力度，在硬件设施建设再上新台阶的同时，着力在“软件”上下功夫，大力开展文化建设，营造“和谐国土”氛围，全力打造与时俱进的基层国土所。县委县政府高度重视，明确要求各乡镇给予大力支持。县国土局采取购买、自建等形式为16个国土所（分局）解决独立的办公用房，每个国土所（分局）面积达600平方米以上，平均每个所（分局）投资达150万元。同时配套解决工作车辆、办公用品、工作设备等，使基层国土所（分局）达到“七个一”的标准，在此基础上逐步提高标准，每个所（分局）配置一台复印机、一部手持GPS、一套视频会议系统，微机达到人手一台，使办公用品配置达到“十个一”标准。并设有办公室、会议室、档案室、便民服务窗口、学习阅览室等工作学习场所。按照“三统一”的标准，统一制作国土标识，在国土所（分局）悬挂；统一上岗挂牌服务，制作岗位证，注明姓名、单位、岗位职务；统一工作文明用语，推行微笑服务。国土所（分局）办公区由县局统一进行绿化建设，美化、亮化环境。成为当地城镇规划建设中的一个亮点。为把国土所建成“机构健全、实施配套、环境优美、管理规范、作风优良、廉洁高效”的基层服务窗口，肥西县国土局全面开展基层国土所“管理规范化、所务公开化、办公自动化、人员素质化、作风优良化”的“五化”建设，丰富创建内涵，全面提升基层国土资源管理水平。

2011年4月，省国土厅下发《关于进一步推进基层国土资源所规范化建设的意见》，要求在抓好硬件和软件建设的基础上，再用2年时间大力开展国土文化建设，充分展示国土系统整体形象，全面提振国土系统人员精神状态，切实增强国土系统队伍凝聚力、战斗力。

第五章 队伍建设

第一节 领导干部教育培训

围绕中心，服务大局是干部教育培训的出发点和落脚点。厅党组十分重视抓好干部教育培训工作，制定干部教育培训规划、计划；成立培训中心，做好事务和后勤保障工作，保证培训任务的落实；完善制度体系，形成多层次、多渠道干部教育培训工作格局。根据省委组织部、省人事厅关于干部教育培训工作部署，以加强领导干部能力建设为重点，以提高干部队伍素质为目标，按照提高理论素养、开阔眼界、培养战略思维、加强党性锻炼、增强解决实际问题能力的要求，集中力量抓好各类干部教育培训。

2002年年初省国土资源厅制定下发“十五”干部教育培训规划及相关配套工作制度，对机关全体干部和二级机构处级干部“十五”期间的调研学习培训进行全面规划，具体分解，作出年度计划安排，落实到人。同时，为提高培训效率，保证培训效果，厅下发关于加强培训管理的若干意见，规范培训管理。保证干部教育培训工作落到实处。“十一五”期间，厅党组紧紧围绕省委、省政府中心工作，以科学发展观为指导，认真贯彻落实《干部教育条例》和《2006—2010年安徽省干部教育培训规划》，扎实开展干部教育培训，努力为国土资源事业科学发展提供智力支持和人才保证。

班子建设

完成国土资源工作各项目标任务，关键在队伍，核心在领导，各级领导特别是“一把手”，要切实负起责任，抓好班子，带好队伍，做出表率，才能充分调动大家的积极性和创造性。省以下国土资源主管部门干部管理体制调整后，厅党组十分重视加强领导班子建设，增强各级班子贯彻落实民主集中制的自觉性，提高班子战斗力，切实做到开展工作有激情，谋划工作有创新，推进工作有魄力，落实工作有力度；按照团结、开拓、廉洁、勤政的要求，从增进团结、改善结构、增强能力入手，加强思想政治建设，强化战略思维、创新思维、辩证思维，努力解决安于现状不想改，畏首畏尾不敢改，视野狭窄不会改的问题，增强各级领导干部的发展意识、全局意识、资源忧患意识和法制意识；促进各级领导班子提高驾驭全局、综合协调、开拓创新、推进工作的能力，保护资源、促进发展的能力，提升国土资源管理水平。着重抓好七个方面：加强民主集中制建设，增强领导班子的科学决策能力、凝聚力和战斗力；各级领导班子建立完善议事规则并切实落实，凡选人用人、资金审批、规划计划制定、行政事项审批等重大事项，一律实行民主决策。加强领导班子和领导干部的考核评价工作;制订出台领导干部考核评价办法,多方式、多途径,客观真实全面地反映领导班子和领导干部业绩等方面的情况,着力提高各级领导干部抓大事、谋全局的能力。加快建立完善干部管理制度,规范干部管理;加强班子成员党性修养,遇事多沟通、多商量,正职要发扬民主,倾听和吸收班子成员意见,放手支持副职开展工作,副职要摆正位置,全力支持配合一把手工作,使整个领导班子更加团结和谐,凝心聚力干事业。加强对干部的日常管理和监督,进一步完善干部监督工作机制;贯彻执行干部教育培训条例,落实部、省关于大规模培训干部的部署,建立健全干部教育培训制度,加强干部教育培训管理,创新培训方式,按需施教,着力提高干部素质做好领导班子的调整补充工作;不断优化班子的专业结构、知识结构和年龄结构,增强班子的整体功能,努力把班子建设成求真务实、开拓创新、懂国土资源管理、廉政勤政、团结协调的坚强领导集体,认真贯彻执行干部任用条例,坚持德才兼备、以德为先的正确用人导向,切实把那些业绩突出,群众公认,品德好,有能力,会干事的同志选拔到各级领导班子中来,充分调动广大干部的积极性。建立健全后备干部队伍,开展干部公开竞争上岗,建立领导干部任职规定及交流轮岗等制度,推进干部交流轮岗和挂职锻炼,加大干部交流轮岗力度,选派优秀干部上挂下挂,通过挂职锻炼增长才干,增强干部队伍活力。围绕中心做好党建工作,重点加强政治理论学习和正常组织活动,充分发挥基层党支部的战斗堡垒作用和共产党员先锋模范作用,努力保持党的先进性。

提高素质

在完善体制提高素质活动中,各级国土资源部门把集中教育培训当作重要抓手,认真谋划、精心组织、周密安排。根据形势和任务的要求,着力提高国土资源部门干部三方面的能力。提高依法行政、参与宏观调控的能力。树立大局意识,着眼全局,准确定位。要求各级领导干部特别是主要领导静下心来,多思考全局、多谋划大事。国土资源部门从事行政管理,履行公共权力,必须依法、秉公办事。每个干部都必须懂法、守法,强化依法办事意识,树立依法办事形象。勇于创新,必须针对工作中的新情况和新问题,创新管理方式,创新工作制度和机制,不断探索国土资源管理参与宏观调控服务经济发展的思路和方法,提出切实有效的对策建议。提高沟通协调、推进工作的能力。国土资源管理工作政策性强,面临的情况十分复杂,经常处于两难当中,压力很大,所以要不断地提高沟通协调能力。要有充分的思想准备,把问题想清楚,办法想妥帖,找好切入点、平衡点,争取双赢。态度诚恳,合法、合理、合情,诚恳待人,耐心细致,赢得理解、尊重和配合,争取最好的效果。平时多宣传,宣传国情、省情、市情,宣传所做的工作,引导舆论,创造良好的国土资源工作环境。提高清正廉洁、自我约束的能力,增强拒腐防变意识。作为国家公务人员必须树立正确的权力观、利益观,经得起考验,耐得住清苦,挡得住诱惑,管得住自己。要求领导干部算好五笔账。即政治、经济、亲情、自由、健康。加强自我修养,做到自重、自醒、自警、自励,树立正确的世界观、人生观和价值观,在思想上筑起牢固的防线。常修为政之德,常思贪欲之害,常怀律己之心,常抛非分之想。善待自己，洁身自爱。重视深入开展警示教育，用身边和系统内部已发生的违法违纪的人和事进行警示教育，从中吸取教训，受到教育。自活动开展以来全省系统共举办各类培训班190期，8300余人次参加学习培训。省厅通过集中授课、专题辅导、研讨班、业务培训等方式，重点抓重大方针政策、国土资源法律法规、党风廉政建设、依法行政以及业务技能等方面的学习培训工作。与此同时，各市国土资源部门结合各自实际，在系统内开展内容丰富、灵活多样的干部教育培训活动。安庆、六安等市局按照干什么学什么、缺什么补什么的思路，对中层干部着重开展以提高领导能力、管理能力为主的培训，对基层干部侧重相关法律知识，业务知识和工作技能的培训；阜阳市局开展“学党章、知荣辱、树新风、促崛起”活动；淮北市局通过专题辅导，开办“周末课堂”“与高校联合办学”等方式开展教育培训活动；宿州、黄山、宣城、巢湖等市局通过研讨交流、专题教育、看电教片等方式抓干部教育培训工作。通过积极有效的干部教育培训活动，更新广大干部的行政理念，提高政治理论素质和业务知识水平，增强依法行政、协调沟通、推进工作和自我约束的能力。

树立形象

结合省委、省政府开展的改进“两风”、增进“两情”，加强机关效能建设活动要求，全省国土资源系统把完善体制提高素质活动与开展作风建设、效能建设活动紧密结合，努力在完善体制提高素质活动中推进作风建设、效能建设，加强党风、政风和行风建设。围绕效能建设，省厅进一步改革审批制度，清理行政审批事项，精简审批程序。各市国土资源部门结合自身特点，在系统内有针对性的开展作风、效能建设活动。芜湖市局在全市国土资源系统组织开展“强化自身建设，提高行政效能”活动。通过作风建设、效能建设活动的有效开展，全省国土资源系统广大干部的服务意识有了进一步增强，工作效率有了明显提高，国土资源部门对外形象大有改观。

提高理论水平

抓好干部的政治理论学习工作，制定了处级及处级以下干部脱产学习计划，逐人安排，点名调学，并严格按计划实施，狠抓落实。省厅在完成各项调学任务的同时，还结合工作实际，经常采取中心组学习、上党课、专题报告会等形式加大对机关干部政治理论学习的培训力度，使政治理论学习在厅机关逐步深入，形成了浓厚学习氛围。紧密结合国土资源部门实际，加强思想作风、学风、工作作风、领导作风、干部生活作风建设，坚持勤奋好学、学以致用，心系群众、服务人民，真抓实干、务求实效，艰苦奋斗、勤俭节约，顾全大局、令行禁止，发扬民主、团结共事，秉公用权、廉洁从政，生活正派、情趣健康。有组织、有计划、分层次抓好干部教育培训工作。根据不同层次、不同岗位人员的不同需要，引导和鼓励广大干部加强经济、法律、科技、业务知识学习和提升学历层次的学习。建立完善干部学习教育培训的激励约束机制和制度，在全系统掀起学理论学政策学法规学技能的热潮，形成讲学习、钻业务的良好氛围。特别重视加强对基层干部的教育和培训。通过开展形式多样的教育培训活动，切实提高系统内广大干部的政策理论水平和业务工作能力，提升国土资源管理水平。

第二节 职工教育培训

全系统先后开展保持共产党员先进性教育活动、素质年教育活动，深入开展思想教育，提高广大党员的党性意识和宗旨意识，建立保持共产党员先进性长效机制；厅先进性教育活动办公室制订详细的学习培训方案，在学习时间、学习内容、学习方式上作了明确规定，确保每个党员集中学习时间在40学时以上。活动期间，全厅共有473名党员参加了集中学习，占党员总数的99.4%。同时，加大预备党员和入党积极分子的培训力度，凡是新党员和发展对象，都安排进行培训。

抓党风廉政建设，提高全体职工的廉洁自律意识和拒腐防变能力。根据国土部党组及省委对建立惩治和预防腐败体系的有关要求，结合形势，全省国土资源系统积极开展党风廉政建设活动。2006年10月厅党组部署在全省国土资源系统集中两个月时间开展党风廉政教育活动，围绕干部清正、队伍清廉、政治清明，加强反腐倡廉建设。全省国土资源系统组织开展了多种形式的廉政教育活动，教育和引导全体干部职工坚守信念防线、道德防线、法纪防线，严守廉洁从政准则。在金钱面前，多一分清醒，少一分侥幸；在权力面前，多一分原则，少一分随意；在人际交往面前，多一分人格正气，少一分江湖习气；一步一个脚印，走好每一步，过好每一关。始终保持坚定的党性、良好的品行、先进的表率，对党负责、对事业负责、对家庭负责、对自己负责。要求每名干部职工都能做到干事且干净、出色不出事。用制度约束人，靠制度引导人，规范运转，严谨高效。教育取得明显成效。

创诚信机关、做诚信公务员。2002年根据全省创建文明行业工作的总体部署，按照“诚信进万家”活动的要求，在厅党组的领导下，一个广泛开展创诚信机关，做诚信公务员，塑政府机关良好形象的学习教育活动，在全省国土资源系统扎实开展，厅党组书记、厅长胡玉贤同志亲自动员、部署、提要求：政府公信力，是衡量政府能否全面履行公共责任和公众是否认同的基本标准，政府公信力的流失，会使党和政府与人民群众之间产生无形的隔离。“得人心者得天下，失人心者失天下”。党的执政地位的取得，靠的是执政为民的政治优势，党的执政地位的巩固，同样靠的是执政为民的政治优势；要求系统内全体工作人员，人人为打造诚信机关出力，人人争做诚信公务员，人人为安徽富民强省目标的实现做贡献。认真剖析在诚信建设中存在的薄弱环节和突出问题，在教育活动中通过自查、互查，互相学习，互相促进，推进和深化诚信建设，以此为契机，着重在加强职业道德建设，纠正不正之风，落实优质规范服务，坚持依法行政上下功夫，着重解决在政务工作中，在国土资源管理中，在依法行政中，在同基层、同人民群众工作接触中存在的缺信、失信问题。开展诚信建设怎样从自身做起的大讨论，讨论如何弘扬民族精神与党的优良传统相结合，与纠正部门、系统不正之风相结合，与坚持依法行政相结合，认真查摆诚信问题，大力营造诚信氛围，引导广大干部职工自觉争创诚信机关，争做诚信公务员。在查摆本单位诚信建设中存在问题的同时，采取问卷调查的方式征求社会各界，特别是服务对象的意见，如在安徽投资的外商、私营企业、民营企业和17个市的国土资源部门以及省、市人大、政协等有关部门。全厅上下围绕存在的问题联系思想实际、工作作风实际和国土资源管理工作为经济建设服务的实际进行自我反省，开展“四查四摆”：查思想认识，看是否树立诚实守信的文明意识；查服务态度，看是否树立为人民服务的公仆意识；查工作作风，看是否在工作中树立热情服务，言而有信，依法按章办事的意识；查工作纪律，看是否净化了行为，树立廉洁从政的意识。对查摆的问题进行认真梳理，找出差距与不足，针对问题确定整改路线，修订完善工作制度，制订加强行风建设打造诚信单位的措施，即：加强学习，提高认识，增强诚实守信的服务意识；深入开展调查研究，找准存在的主要问题；认真抓好行政审批事项和各项收费的清理；全面推行窗口办文、政务公开制度；认真负责地做好用地报批工作，为全省经济建设提供优质、快捷服务；着力推进土地及矿业权市场建设；加强制度建设，完善内部监督约束机制；加强队伍建设，提高整体素质，打造诚信机关，人人做诚信公务员；加大对法律法规的宣传力度，严格依法按章办事。通过开展“诚信”活动，进一步加深了广大干部群众对“诚信”建设的重要意义的认识，大大激发了从自身做起，真抓实干、恪尽职守、态度热情、办事有章、言而有信、行而必果的自觉性，人人争做真心实意为群众办事，让人民放心诚实守信的公务员，在机关及全省国土资源管理系统兴起依法办事，优质服务，诚实守信的良好风气。省厅机关两次被确认为省直“三优”文明机关，省厅被省政府评为完成省政府目标任务2002年度优秀单位。

着力推进效能建设，在全系统全面开展“完善机制、提高素质”年活动，加强国土资源系统各级干部职工队伍建设；以开展反腐倡廉制度建设推进年活动为契机，抓好制度清理和完善，紧紧围绕土地、矿权出让和项目实施等重点领域和关键环节，对各项制度进行全面、系统清理。共清理出制度性文件166项，保留108项，修改22项，废止16项，新制定20项。深化行政审批制度改革，省厅原67项行政审批事项减并为26项。完善听证、复议程序。依法清理行政事业性收费。积极推进窗口办文、政务公开，实行一次性告之制度。将建设用地办理时限由30个工作日调减为20个工作日；探矿权、采矿权发证要求在40天内办结。建立“AB”岗工作制度，做到工作不间断，事情及时办。

组织开展国土资源业务培训。按照厅办培训班计划开展业务知识培训。厅组建以来，共举办包括国土资源法规政策，土地资源管理、矿产资源管理、测绘行政管理等多方面内容的培训班100多次，培训全省国土资源系统工作人员和相关人员10000多人次。加强国土资源业务培训基地建设，充分发挥基地师资和科研优势，多次与安徽农业大学、安徽师范大学、南京农业大学等高校的有关学院联合举办培训班，大力培训基层国土资源管理人员，并与有关高校建立了干部职工教育培训的长期合作关系。与省委组织部联合举办市级、县级党委政府领导干部国土资源法律知识培训班七期。

注重专业技术人员继续教育。认真实施《安徽省专业技术人员继续教育的规定》，有计划地对专业技术人员开展新知识、新理论、新技术等内容的培训。

加强更新知识培训。先后开展世界贸易组织知识培训、公务员英语培训、计算机应用能力培训和电子政务等培训。通过多形式、多渠道、多层次的培训，使广大干部掌握新知识，提高新技能。为更好地履行职责，提高工作效率打下基础。

鼓励职工参加在职教育。2007年省厅制定《关于印发鼓励厅机关工作人员参加学历学位教育暂行规定的通知》，引导和鼓励广大干部加强在职学习，加快知识更新。

加强基层国土资源所组织建设，提高人员素质。凡有3名以上中共党员的基层国土资源所应建立党支部，不具备建立党支部条件的要明确党员隶属关系，切实发挥基层党组织的战斗堡垒作用和党员先锋模范作用。通过竞争上岗等方式，选准配强基层国土资源所负责人，大胆使用德才兼备，在本职岗位上表现突出的优秀同志，加强培养和锻炼，提高他们的组织协调能力和业务工作水平。严格把好进人关，在核定编制数内吸收录用品德好、懂业务的年轻同志进入国土资源干部队伍。国土资源所的人员必须具有高中以上文化程度，新进人员通过公开竞争考试录用。坚持学习制度，通过在职培训，加强对国土资源所工作人员的政治素质、业务水平和工作能力的培训，做到持证上岗。鼓励工作人员参加各类自学考试、函授培训等学历教育，采取多种途径全面提高工作人员的业务水平和综合素质；建设一支政治可靠、业务精通、廉洁高效、群众满意的高素质国土资源队伍。认真落实基层国土资源所党风廉政建设责任制，加强对干部执行廉洁自律各项规定的检查监督。推进政务公开，设置监督台、政务公开栏等，自觉接受群众和社会监督。加强财务管理，严格执行“收支两条线”规定，规范票据管理和收入缴款程序，杜绝乱收费、乱罚款、打白条以及“吃、拿、卡、要”等现象的发生。强化对基层国土资源所工作人员的考核监督，对不称职、失职或违法违纪人员要按有关规定严肃查处，维护国土资源干部队伍的良好形象。

第三节　职称评定

根据省政府批准的省国土资源厅“三定”方案中有关“负责全省行业技术职称评审工作”的规定，2000年9月，省人事厅下发《关于同意组建安徽省地勘、土地工程专业高级工程师职务任职资格评审委员会专家库的复函》，2000年12月，批准省国土资源厅组建全省地勘、土地工程高、中级专业技术职务评审委员会，厅长胡玉贤任主任委员，中国工程院、中国科学院两院院士常印佛任副主任委员，负责全省地勘、土地、测绘行业高、中级专业技术职务评审工作。由厅长胡玉贤等48人组成首次安徽省地勘、土地工程专业高级工程师职务任职资格评审委员会专家库，负责全省地勘、土地工程专业高级工程师职务任职资格评审。

2002年10月，专家库部分成员退休及有关人员工作变动，评审委员会专家进行部分调整，调整后的专家库共有48人组成，由厅长胡玉贤任主任委员，常印佛院士任副主任委员。2003年12月，调整部分评审委员会人员，组员47人组成，由厅长胡玉贤任主任委员，常印佛院士任副主任委员。2006年12月，评审委员会人员调整后由48人组成，厅长胡玉贤任主任委员，常印佛院士、副厅长张祖旺任副主任委员。2008年12月，评审委员会再次进行调整，调整后的专家库共有53人组成，由厅长张庆军任主任委员，副厅长张祖旺、常印佛院士任副主任委员。2010年12月，从安徽省地勘土地测绘工程专业高级工程师任职资格评审委员会专家库中随机抽取19名专家，组成2011年度地勘土地测绘工程专业高级工程师任职资格评审委员会，厅政治部主任晏飞任主任委员。

厅党组高度重视职称评审工作，主要领导分别担任职称评审委员会主任委员、副主任委员。厅政治部注重把好材料接收审查关、材料会前预审关、评审材料进口关，有序推进评审工作的开展。评审前，评审委员会成员集中学习评审的文件、条款，坚持用同一标准"一把尺子"衡量每一位参评者。

评定依据及程序

2000年10月，省国土资源厅、人事厅联合发文《关于2000年度省地勘、土地工程专业技术中、高级职务任职资格评审工作的通知》，2005年1月，出台《安徽省专业技术资格评审委员会组织管理暂行办法》，2006年7月，省国土资源厅、人事厅联合发文《关于印发安徽省地勘土地测绘工程专业技术资格评审标准条件（试行）的通知》，明确适用范围：为全省地质调查与矿产勘查、水文地质、工程地质与环境地质、遥感地质、地球物理勘查、地球化学勘查、岩矿鉴定及岩矿分析、采矿及选冶加工试验、探矿工程、测绘、土地调查、土地勘测规划等工程技术人员；明确资格评审标准：基本条件、申报条件、能力业绩条件等。

专家组成员依据申报人的业务经历、报告、论文、专著等情况，全面、客观、公正地评价申报人的理论水平、业务能力以及工作业绩是否达到规定标准。

评委会对每一份申请材料，在听取人事部门审查意见和专家组评价审议意见的基础上相互交流，充分讨论和评议，采取无记名投票表决的方式产生评审结果。

经讨论审议形成专家组意见，专家组组长负责在每一份《专业技术人员资格评审表》中签署专家组意见，并将评审结果及时报省人事厅审批。

评审结果

省国土资源厅自2000年组建全省地勘、土地工程中高级专业技术职务评审委员会，每年正常部署开展职称评审工作。

2001—2010年，经安徽省地勘、土地工程专业高级工程师职务任职资格评审委员会评审报批，获高级工程师专业技术职务任职资格364人，获中级工程师专业技术职务任职资格210人。不断壮大全省地勘、土地、测绘工程专业技术队伍，有效调动广大专业技术人员积极性，培养造就一批国土资源专业技术人才，保障了国土资源事业的健康稳定发展。

第二篇　国土资源

第一章　土地资源

第一节　资源变化

安徽地理

安徽省简称“皖”,地处中国华东地区,位于北纬 29° 23′ ~34° 39′、东经 114° 52′ ~119° 39′近海的内陆省份,周围与江苏、浙江、江西、湖北、河南、山东 6 个省接壤。全省南北长约 570 公里,东西宽约 450 公里,总面积 14.014 万平方公里,约占中国国土面积的 1.45%。全省地形地貌呈现多样性,长江和淮河自西向东横贯全境,天然地把全省分为淮北、江淮、江南三大自然区域。淮北是一望无际的平原,江淮是岗峦起伏的丘陵,江南是重山叠嶂的山区。长江流经安徽南部,境内全长 416 公里,流域面积 6.6 万平方公里,水系湖泊众多,较大的有巢湖、龙感湖、南漪湖,其中巢湖面积 800 平方公里,为中国五大淡水湖之一;淮河流经安徽北部,在境内全长 430 公里,流域面积 6.7 万平方公里;新安江为钱塘江正源,境内干流长 240 公里,流域面积 0.65 万平方公里。主要有大别山、黄山、九华山、天目山,最高峰黄山莲花峰海拔 1864.8 米。人口 6152 万人,农业人口占 81%。安徽地处暖温带与亚热带过渡地区、华东腹地,气候温暖湿润,四季分明。淮河以北属暖温带半湿润季风气候,淮河以南为亚热带湿润季风气候。全省年平均气温在 14~17℃之间;平均日照 1800~2500 小时;平均无霜期 200~250 天;平均降水量 80~1800 毫米,主要集中在 6—9 月,年际降水量悬殊较大,洪、涝、旱、渍等自然灾害频繁。全省水资源总量约 680 亿立方米。重要水利工程有淠史杭灌溉工程和驷马山引江灌溉工程。全省耕地面积 5.89 万平方公里,占总面积 42%,土地肥沃,适宜各种农作物生长。林业用地 4.18 万平方公里,占总面积 30%,植物种类丰富,有木本植物 1500 余种,草本植物约 2100 余种;野生动物约 500 余种,其中国家重点保护动物 54 种,以扬子鳄、白鳍豚最为珍贵。安徽省是矿产资源大省,矿产种类较全,储量丰富,发现有用矿种 138 余种,探明储量 105 种,其中煤、铁、铜、硫、盐、石灰岩、明矾石为七大优势矿产。

耕地变化

安徽省具有悠久的国土资源开发与整治历史。考古资料表明:远在氏族社会,就有原始的生产劳动;夏商时代,皖北经济发展较快,东汉以后皖南的开发加速。早在 2000 多年前,就已经大规模地开展防御洪水、开沟浚渠、兴修水利等土地整治工作。春秋时期,寿县修建了芍陂（安丰塘）灌田万顷,为中国最早的人工水库。后来,历代劳动人民都不断兴修坡堰、圩田等水利工程，如茹陂、七门、吴塘诸堰和铜城堰闸（今含山境内）等，裨使安徽省农业生产得以灌溉之利。大汉王朝，人均耕地 0.64 公顷，人均有粮 320 公斤，盛唐年代，人均耕地 0.84 公顷，人均有粮达 500 公斤，直到明代，人均耕地占有量仍保持着唐代的水平，历史上的华夏古人，曾创造人均粮食占有量 650 公斤的辉煌纪录，在当今世界上，即便是发达国家的人均粮食占有量也不过 500 公斤左右。

中华人民共和国成立后，全省有计划地对各种资源进行开发和整治。水利建设，建成响洪甸、梅山、佛子岭、磨子潭、陈村、龙河口、港口湾等 11 座大型水库、4581 座中小型水库、90 万处塘坝和数万条沟河等各类蓄水工程和提水工程；尤其是淠史杭、驷马山、花凉亭、女山湖等大型灌区正常运营，使全省农田有效灌溉面积达 326.4 万公顷。土地开发利用，可谓“在前进中出现曲折，在曲折中吸取教训，通过教训总结经验，逐步探索符合本省实际土地开发利用路子”。

1949—1957 年，全省农村顺利完成土地改革，实现农业社会主义改造，农村由个体经济向集体所有制经济转变。1952 年全省耕地面积为 578.18 万公顷，人均耕地 0.195 公顷，为 1949—2010 年间人均耕地面积最高的年份；1957 年，全省耕地面积为 570.34 万公顷。这一时期，全省农垦事业经历开创和迅速发展时期，至 1957 年，全省共建立 12 个国营农场，垦殖面积为 2.43 万公顷，8 年生产粮豆 9.35 亿公斤。

1958—1962 年，受 1958 年掀起的“大跃进”和“人民公社化”运动影响，盲目追求高速度、高指标，造成瞎指挥和“共产风”，加上自然灾害袭击，使全省土地开发利用遭到严重挫折。1962 年，全省耕地面积减少到 489.81 万公顷，粮、油、棉大幅度减产；茶、桑、果面积和产量也大幅度下降；森林遭受严重破坏，有林地减少 40 万公顷，森林覆盖率降至10%左右，生态环境趋于恶化。这期间，全省刚发展起来的农垦事业也蒙受损失，5 年所开荒地面积 2.31 万公顷，因权属争议和水利方面等原因，实际仅保留 0.8 万公顷。

1963—1965 年，全省贯彻“调整、巩固、充实、提高”的方针，落实《农村人民公社工作条例》，积极采取恢复和发展农业生产一系列措施，土地开发利用出现新的转折，全省农业生产总值平均每年递增 12.95%，棉花、油料产量均大幅度增长。机械化生产具备一定规模，全省机耕面积达到 55.12 万公顷。这一时期，全省农垦事业发展势头较好，新增耕地面积 3429.67 公顷。

1966—1976 年，强调“以粮为纲”，限制多种经营生产，导致全省土地开发利用再次遭受挫折。农垦生产损失严重，亏损连年上升。1976 年全省主要农产品人均占有量，除粮食外，处于新中国成立后至 2010 年最低水平，1976 年全省人均收入只有 60 多元，30% 以上的生产队人均收入在 50 元以下，加之人口剧增，人地矛盾开始加剧。尽管这一时期受“左”倾错误思想的指导，建设一批违背自然规律的水利工程，浪费不少劳力、资金和土地，但就总体而言，水利建设事业还是有了较大的发展。1966 年与河南省共同开挖新汴河；1969 年冬，动工兴建驷马山引江灌溉工程和陈村、花凉亭灌区工程；1971 年后相继开挖全省最大的治淮工程茨淮新河和淮洪新河，续建淠史杭灌溉工程。

全省农田的有效灌溉面积由1966年的168.19万公顷增加到1976年的241.05万公顷，提高了抗御旱涝灾害的能力。

1978—1995年，全省经济进入大发展时期，城乡贯彻落实改革开放政策，社会经济出现全面、快速、持续、健康地发展势头，随着建设事业的发展，工农业争地矛盾突出，建设占地势头迅猛，各类建设用地不断增加，农用地特别是耕地不断减少，土地利用结构发生剧烈变化。安徽耕地待开发资源奇缺，土地利用率高达93.2%，仅靠“开源”已不能适应经济发展需要，人口增加，耕地减少，人地逆向发展趋势严重。1986年3月，中共中央、国务院发出《关于加强土地管理、制止乱占耕地的通知》，全国人大常委会通过《中华人民共和国土地管理法》，全省建立四级土地管理网络。土地开发利用逐步走上集中统一、依法管理轨道，开发质量和利用集约向高层次发展。1995年耕地面积达597.2万公顷。

1995年后加强土地管理，制订配套法规，编制土地利用规划，清查处理土地违法案件，改革土地使用制度，优化土地资源配置，加大土地开发复垦力度，划定基本农田保护区，稳定耕地面积，土地利用结构趋于合理。截至2010年年底耕地面积589.47万公顷，占全省总面积的42.1%，人均耕地0.086公顷，林地378.27万公顷，占27.0%，园地35.02万公顷，占2.5%，水域及水利设施用地186.33万公顷，占13.3%，交通用地30.82万公顷，占2.2%，城镇村及工矿用地155.51万公顷，占11.1%，草地8.41万公顷，占0.6%，其他用地16.81万公顷，占1.2%。

第二节　土地资源类型

安徽地貌的发育和演变受地质构造的控制，各地的大地构造单元不同，导致地貌类型复杂，有平原、丘陵、岗地、山地和山间盆地。复杂的地面类型，引起地表能量与物质的再分配，其中对热量与水分的重新分配起重要作用，其次表现在土壤母质的分配，地貌对土地利用有较大的影响，构成土地资源利用的基础。

地貌类型

淮北与沿淮平原　淮北平原除东北部萧县、淮北市、灵璧县与宿州市附近有小面积丘陵，部分地段有岛状石质残丘外，主要是受近代黄泛影响而形成的黄泛平原，自西北向东南缓缓倾斜。诸淮河支流将全区分割成若干地块，地形大致平坦，但中间分布着很多浅洼地。沿淮一带主要是淮河及其支流下游形成的岗地、平原、湖泊和湖滨平原，只有在蚌埠市、怀远县、淮南市等地有突起的丘陵。

沿江平原　全省长江两岸平原沿长江作南西—北东走向，地势平坦，海拔一般在15米左右，沿江地区海拔在10米左右，最低处海拔只有6米。在铜陵市以西因受大别山及皖南山地的夹峙，冲积平原不及铜陵市以东开阔，如安庆市附近宽仅为2.5千米。铜陵市以东，冲积平原顿显开阔，芜湖市附近宽度达25千米。地貌种类以岗地、湖泊和

冲积平原为主，沙洲亦甚普遍。沿江平原除洲地（河漫滩与江心洲）外，多为圩埂纵横、水网交织、一望无际的稻田，习称“沿江圩区”。长江中心的江心洲多沉积在江面较宽及支流会合之处，因流水缓滞、泥沙沉积而成。河漫滩分布于凸岸处，除江水泥沙沉积物外，还有支流带入的泥沙。

岗地 岗地（指海拔小于200米，相对高度为5~50米，地面特征是岗、冲相间，呈波状起伏地）在全省有较大的面积存在，主要为二级阶地经片流轻度切割形成，即地面先沉积，后因构造运动轻微抬升，再经片流剥蚀，由长岗状的梁地与浅沟交替分布组成。群众称梁地为岗，浅沟为冲，浅沟侧坡为塝或褶。岗、塝、冲地面的水源条件不同，农用地利用方式亦有差异。江淮地区中部与东部习惯上多称江淮丘陵地区，实际上包括低山、丘陵、岗地、湖滨与沿河平原等。在六安、肥西、合肥、长丰南部，肥东西部，霍邱与寿县南部及定远南部一带系广阔的波状剥蚀堆积岗地，由岗、冲交替分布组成。岗地多数平坦，横距较大，上面覆盖着深厚的第四纪沉积物，一部分岗地横距较小，沉积物覆盖亦较薄，甚至基岩裸露。明光东部与来安北部分布有玄武岩平岗，系玄武岩熔岩流上发育的剥蚀堆积岗地。沿巢湖一带为湖滨平原区，包括合肥以南、庐江以北、舒城以东地区，南北较窄，东西较长，四周为低山丘岗所包围，地势起伏甚小。

丘陵 丘陵（指海拔小于500米，相对高度不大于200米，起伏不大，坡度较缓的起伏地）在全省主要集中分布在江淮之间。淮阳山脉的东段作西南—北东向，自霍山以东，高度逐渐降低，主要是海拔200米左右的丘陵，只在部分地区如张八岭一带有海拔300 ~ 400米的突起，断续相连。在皖南和皖西两山地的外缘、沿江平原的北侧、皖东地区和淮北平原的濉河以北地区，丘陵面积近2万平方千米。

山地 全省山地只有低山（海拔500~1000米，地面坡度7°~10°的起伏地）和中山（海拔1000~3500米，地面坡度7°~10°的起伏地）两种。在地域分布上分别为大别山和皖南山区。大别山位于湖北、河南、安徽三省交界地区，绵亘千里，以安徽省境内面积为最大。其范围东起潜山，西至省界，南自太湖，北迄金寨，全区略呈三角形。大别山区为江淮分水岭地带，南北侧与丘陵、平原区相连接，主要由低山与中山组成，最高峰为霍山县白马尖，海拔1774米。海拔1000米以上的山地，由于受冰川与流水的侵蚀和岩石沿垂直节理风化的影响，多为悬崖峭壁，山顶多有尖峰耸立。沿主峰山脊向四周延伸，山形陡峭，坡度为30°~40°，有的超过50°。海拔800米以下的山地，由于受流水的切割和削平作用，山顶多呈浑圆形，坡度较缓。在接近外围的低山丘陵则更加平缓，往往呈馒头状。皖南的中部与南部属于皖南山区。呈南西—北东走向的三条近似平行的山脉九华山、黄山与白际、天目山斜贯该区，在三条平行山脉之间，分布着一系列的断陷盆地。黄山范围较大、群峰矗立，其中莲花峰海拔为1864.8米，为全省第一高峰。黄山号称天下奇山，素以奇松、怪石、云海、温泉蜚声中外，为世界著名旅游胜地。天目山分布在浙江省与安徽省交界处的清凉峰，海拔为1787米。九华山最高峰海拔为1341米（十王峰）。由于长期剥蚀及构造上的原因，在皖南山区也广泛分布着海拔低于1000米的低山丘陵，为中山与盆地的过渡地带。这些低山丘陵大多是山顶圆浑，无一定排列方向。

盆地　山间盆地多发育在断陷地区，再经流水作用而成。山间盆地或盆谷的底部由冲积平原和岗地组成，也零星分布有低丘，盆缘则由丘陵和低山环绕。从全省山间盆地的高程来看，可分两级，即海拔小于400米的一级，如屯溪区、休宁县、歙县、黟县、泾县和岳西县等，盆地规模较大，冲积平原较宽；另一级海拔大于400米，如九华街、青天畈、黄泥塘等，盆地面积小，冲积平原呈狭长状态。大别山区的盆地多属断陷盆地，以霍山、岳西、晓天等盆地较大。岳西盆地长20千米，宽8千米，是该区最大的一个断陷盆地。

地貌类型对农用地有较大的影响，如山地与平原，山顶与山麓，南坡与北坡，由于生物气候、土壤、水文等条件的差异，决定了农用地生产力的差异。平原地区，土层深厚，地势坦荡，多为良田沃壤，是粮、棉、油重要生产基地；岗地为波状起伏地，岗、塝、冲相间，多为水旱轮作地。丘陵高程相对较小，易产生水土流失，多辟成梯田，部分为坡耕旱地、小块园地或林地；山地则山高坡陡，石多土薄，除土层较厚的谷地可辟成梯田外，一般只能作林地。

土壤类型

土壤是农用地生产能力的源泉和核心。安徽地貌类型复杂，成土母质多样，农耕历史悠久，土壤类型繁多。据第二次土壤普查资料，共有13个土类，分别是红壤、黄壤、黄棕壤、黄褐土、棕壤、石灰（岩）土、紫色土、石质土、粗骨土、山地草甸土、砂姜黑土、潮土和水稻土；低产土壤面积大，占全省耕地总面积的82%，低产土壤主要是皖南区的红壤、沿江区的潜育型水稻土、江淮区的马肝土和澄白土、皖北区的盐碱化潮土和砂姜黑土等。受生物气候的影响，土壤分布的规律既有水平分布的不同，又有垂直分布的差异，在水平分布上，淮北北部、沿淮河及其支流两岸受黄泛冲积物的影响，分布有潮土类中的潮土亚类；在长江及其支流沿岸则分布有潮土类中的灰潮土亚类；潮土质地多较适中，肥力较高，生产潜力较大，适宜粮食和多种经济作物的生长。淮北的中部河间平原多分布砂姜黑土，其母质为古河湖相黄土性沉积物，砂姜层多在70厘米以下，土体胀缩性较大，吸收性能较好，钾素含量丰富，土壤肥力目前虽不高，但增产潜力较大，适宜发展旱作物，有水利条件地区，也宜改种水稻。淮河以南广大地区的丘陵属大别山余脉，由西南经中部向东北延伸，构成江淮分水岭；东部以丘陵为主，土壤类型主要是在多种母质上发育的黄棕壤，在利用上主要为林木，少数为旱地；中部以岗地居多，其成土母质为晚更新世黄土，发育成为黄褐土，土体深厚，保水保肥性较好，适宜种植薯类、花生、油菜、麦类等旱作物；在有水利条件地区的冲、塝上的黄褐土，因长期栽种水稻，发育成为水稻土。江南地区的红壤是中亚热带地区的地带性土壤，其成土母质为各种岩石的风化物及第四纪红色黏土；自然条件优越，适宜发展多种经济作物和粮食作物，潜力较大。分布于全省南北各地的水稻土，发育于多种母质，为全省面积最大的土壤类型，是一种人为土壤，长期在人为经营活动影响下，熟化程度和肥力水平都得到不断的提高，是全省粮、油生产的主要基地。

山地土壤随山体的增高，气温、植被的变化，土壤分布的规律也相应发生改变，以大别山为例，大别山坐落在安徽省西部，地处北亚热带，北部向暖温带过渡，西南部由于山体的屏障作用，又具有中亚热带的气候特征。在南坡的东面和东北面山麓，基带土壤是黄棕壤，海拔400~800米为暗黄棕壤，海拔800米以上为酸性棕壤和山地草甸土；在南坡山麓，基带土壤为红壤，海拔200（250）~450（500）米为黄棕壤，海拔450（500）~900（1000）米为暗黄棕壤（粗骨土、石质土），1000米以上为酸性棕壤（粗骨土、石质土）与山地草甸土。北坡海拔350米以下为黄棕壤，海拔350~800（850）米为暗黄棕壤，海拔800（850）米以上为酸性棕壤（粗骨土、石质土）。山地的黄壤、暗黄棕壤和酸性棕壤适宜各种林木和茶树、药材等特种经济林木的生长。

第三节 土地资源特点

土地资源分布

土地资源类型多样，人均占有量较低，受地貌等自然条件和社会经济条件共同影响，构成全省土地资源类型多样化，土地总面积占全国土地总面积的1.45%，位次低于湖北、江西、河南、山东等邻省。全省人均土地面积为0.22公顷（3.3亩），低于全国平均水平。需要因地制宜地合理开发利用土地资源。土地资源总体结构布局比较合理，有利于农林牧渔各业全面发展。农用地面积占全省土地总面积的80.15%，其中耕地数量在农用地中又居首位，构成农、林、牧、渔业生产专用地，是农业大省土地利用基本特征。土地利用结构与分布具有明显的地域差异，耕地主要分布在平原丘陵地区，其中淮北平原耕地面积比重较大，约占全省耕地的44%左右，沿江平原地区占16%，加上江淮丘陵岗地的耕地，三区合计约占全省耕地的89%。林地主要分布在皖南和皖西丘陵、山区，约占全省林地面积的80%以上。水面除水库外，多分布在沿江、沿淮地区，精养鱼塘则主要集中在城市郊区。非农用地除农村居民点外，一般均依托城市和工矿呈点片或网络状分布。农村居民点用地以淮北平原地区所占比重最大，人均占有面积也高于其他地区。现有农用地中，中高产田面积比重小，低荒面积大，根据1989—1991年安徽省“四低”“四荒”调查汇总材料，全省低、荒面积占土地总面积的48.1%，低产园地占园地面积的56.6%，低产水面占养殖水面的68.9%。低、荒面积大，农业深度开发有潜力；与此同时，农业用地重用轻养，山区林地大幅度减少，水土流失有增无减，绿化面积大幅度下降，有机肥投入不足，加上农村炊事燃料短缺，作物秸秆还田的比重普遍很低，化肥使用比例欠妥，土地质量呈下降态势。

耕地利用特点

耕地的分布受地形地貌等自然条件的影响而有较大的差异，淮北地区地势平坦，土地垦殖率高，耕地面积占全省的44%；皖西大别山区，耕地所占比重较小，只占3%；江淮丘陵岗地土地垦殖程度较高，占29%；沿江平原地区占16%；皖南山地丘陵区占8%；

耕地垂直分布从海拔15米到海拔1000米左右都有分布，垂直分布的上限在皖西大别山区，下限在沿江平原区；建设用地不断增多，人地矛盾日趋尖锐，1949—1995年的46年间，全省共减少耕地80余万公顷，平均每年净减少耕地1.7余万公顷，1996年后，耕地锐减少势头虽然得到一定程度的遏制，但各项建设特别是基础建设占用一定数量的耕地仍然不可避免，1996—2002年的6年间共减少耕地5.3万公顷，平均每年减少耕地0.89万余公顷，随着人口数量与耕地面积反向发展，人均耕地数量不断下降，1949年全省人均耕地面积为0.18公顷，1996年下降到0.099公顷，2002年又下降到0.093公顷，人地关系日趋紧张；耕地总体质量不高，中低产田比重较大，全省有低洼易涝、黏重板结、耕作层浅、多砾石、丘岗缺水易干旱和过酸过碱的耕地492余万公顷，耕地总体养分状况为有机质、全氮含量水平都不高，速效磷、速效钾也较缺乏，全省中低产田面积约占全省耕地面积的82%，且以淮北平原面积为最大，约占全省中低产田总面积的47.5%；其次为江淮丘岗地区，约占27.8%；沿江平原占15.4%，皖南山区占6.6%，皖西大别山区占2.7%；土地利用率高，耕地后备资源不足，安徽农业开发利用历史悠久，2002年全省农林牧渔业用地1069.3万公顷，占土地总面积的76%，在耕地垦殖率高的地区，开发后备耕地资源的潜力已受到限制，而耕地垦殖率低的地区多为山区、丘陵，大多成为植树造林的基地，开发成耕地资源的潜力更小，可以开垦的多为荒草地、沼泽地以及水域中的苇地和滩涂等，在这一部分未利用的土地中，除了要按国家的规定，进行生态退耕还湖、还林之外，能作为耕地后备资源开发利用的也为数不多，耕地后备资源不足，成为安徽省耕地资源开发利用中一个非常重要的问题。

第二章 矿产资源

安徽省矿产资源品种丰富，截至2010年年底发现矿产158种，据《2010年安徽省矿产资源年报》，列入年度资源储量统计96种（含铀、石油，不含地热、煤层气、矿泉水、地下水），已经开采利用的矿种95种。探明资源储量和未探明资源储量但实际已经开采的矿种126种。《安徽省矿产资源储量表》统计查明有资源储量的固体矿产地1820处（其中伴共生矿产477处，不含铀、石油、煤层气、地热、天然矿泉水）。资源储量规模达到大中型的530处，其中煤矿88处，铁矿67处（含共伴生8处），铜矿11处（其中共生3处），金矿7处（不含伴生金），硫铁矿23处（其中共生15处），水泥用灰岩90处，石膏矿17处。2010年，大中型矿产地实际增加48处（含共伴生12处），其中煤矿3处、铁矿4处、铜矿2处、镁矿（冶镁白云岩）1处、铅矿2处、锌矿3处、钨矿2处、钼矿3处、金矿1处，其他金属矿1处，非金属矿产26处。全省查明资源储量在全国居前3位的有：水泥用灰岩、冶金用白云岩、明矾石、方解石、硫铁矿、石膏、含钾岩石、玻璃用石英岩、电石用灰岩、铊矿等。查明资源储量在全国居4～10位的重要矿产有煤、铁、铜、钨、膨润土、高岭土；其他矿产有玻璃用石英岩、长石、陶瓷土、硅灰石、电石用灰岩等。省内矿产资源的特点，主要矿产分布相对集中，主要分布于两淮、沿江及铜陵、马芜、怀宁、贵池、庐江和霍邱地区；矿产资源品种较丰富，全国查明有资源储量的矿种227种，本省查明资源储量的矿种实际有126种；锰、铜、铅、锌、钨、锑等矿产资源不足；多组分共伴生矿床多，选冶成本高。非金属矿产种类较丰富，但部分勘查程度不高。

第一节 能源矿产

能源矿产已发现7种，有煤、石煤、石油、天然气、地热、铀、钍等。已探明工业储量的有煤、石煤、石油、铀4种。

煤炭

分布、种类与储量

安徽省煤炭资源丰富，分布范围相对集中，有利于集约化开发利用。全省含煤面积约1.79万平方公里，约占全省总面积的12.8%，其中-2000米以浅的含煤面积约9772平方公里；绝大部分资源储量集中在本省北部十余个县市内，少数分布在沿江、江南地区，习惯上称为淮北煤田、淮南煤田、皖南煤田。据《安徽省矿产资源储量表》统计，截至 2010 年年底，探明煤矿产地 225 处，其中大中型矿产地 88 处，小型 137 处，查明资源储量 310.0 亿吨，保有资源储量 286.4 亿吨，占全国第 5 位，位居华东之首。其中，淮北煤田 119.81 亿吨，淮南煤田 165.11 亿吨，皖南诸煤田 1.48 亿吨，两淮煤田探明的资源储量占全省探明总资源储量的 99% 以上。安徽省煤炭种类齐全，计有不黏煤、弱黏煤、气煤、1/3 焦煤、肥煤、焦煤、瘦煤、贫煤、无烟煤和天然焦等。各种煤类的地理分布为：淮北煤田南部、淮南煤田是气煤、1/3 焦煤、肥煤的主分布区；淮北煤田北部为多煤种区；其他地区则以贫煤、无烟煤为主，属无烟煤区。安徽省煤质优良，两淮煤田的气煤、1/3 焦煤和肥煤等，都属低 ~ 中灰分，低硫、低磷、高发热量煤，是良好的炼焦用煤，其他高变质的贫煤、无烟煤和天然焦等则可作为化工用煤和民用煤。皖南地区煤炭以高变质的贫煤、无烟煤为主，含硫量在 1.5% 以上，为限制或禁止开采煤层。

开发利用

开发现状。两淮煤田有 60 多年开采历史。截至 2010 年，两淮煤田矿产地 140 处，利用 89 处，占用保有资源量 228.1 亿吨，占保有资源储量的 83.4%。沿江江南煤田煤矿产地 85 处，规模皆为小型或小矿，大部分已开发。截至 2010 年年底，全省有煤炭生产矿井 125 对，实际生产能力 12688 万吨 / 年。全省原煤产量增幅较大，1990 年为 3205.4 万吨，2000 年为 4789.8 万吨，2010 年产煤炭 12662 万吨 (见下图)。

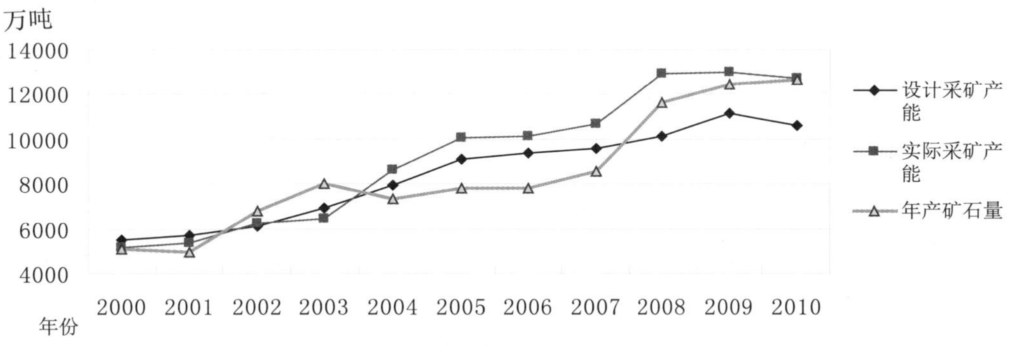

图 2-2-1　安徽省煤炭生产能力示意图

安徽省矿产采选业实现的利税一直保持稳定增长的势头。煤炭采选业实现的利税和利润在其中都占到 50% ~ 90% 之间，煤炭开采在安徽省矿业经济中占首要地位 (见下图)。

淮南、淮北、皖北煤电、国投新集四大煤炭矿业集团占开采量的主导地位。淮北矿区共有生产矿井 61 个，其中大中型煤矿 30 个，分属淮北矿业集团(20 个)，皖北煤电(10 个)；地方小煤矿 31 个；2010 年淮北矿区共生产原煤 4840 万吨，其中，淮北矿业集团 3061 万吨，皖北煤电 1438 万吨，地市煤矿 341 万吨。“十二五”期间，将对临涣、海孜、祁南、孙疃、杨柳、祁东、任楼、卧龙湖、钱营孜、恒源公司 10 个矿井进行改扩建。生产矿井至 2015 年、2020 年原煤产量分别将达到 5000 万吨和 5400 万吨。淮北矿区基建煤矿共

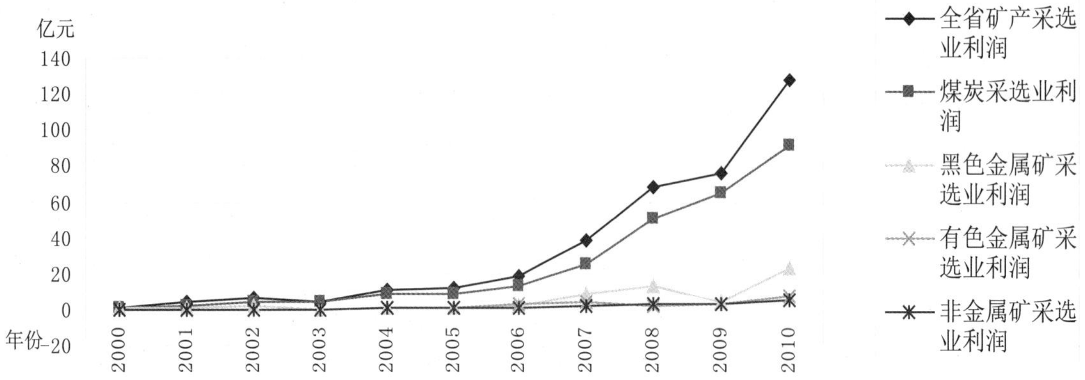

图 2-2-2 安徽省矿产采选实现利润示意图

6 个，开工规模 960 万吨 / 年：袁一矿（300 万吨，已试运转），青东矿（180 万吨，试运转）、花沟煤矿（300 万吨）、大段家（60 万吨）、金黄庄（60 万吨）和龙王庙（北部）（60 万吨）。淮南矿区共有生产矿井 16 个，核定生产能力 7586 万吨 / 年，其中淮南矿业集团 12 个，核定生产能力 6031 万吨 / 年；国投新集能源公司 4 个，核定生产能力 1555 万吨 / 年。淮南矿业集团"十二五"期间将改扩建 5 对矿井（潘一、张集、谢桥、顾桥和顾北）。改扩建后，淮南矿业集团公司目前 12 对在籍生产煤矿产量至 2015 年将达到 7150 万吨，至 2020 年将达到 7120 万吨。目前，淮南矿区在建矿井共有 6 个，设计规模为 2340 万吨 / 年。分别为：潘四东 240 万吨 / 年、朱集东 400 万吨 / 年、朱集西 400 万吨 / 年、板集矿 300 万吨 / 年、口孜东 500 万吨 / 年、杨村 500 万吨 / 年。

根据安徽省煤炭工业发展"十二五"规划，淮北矿区 2015 年产量达到 6455 万吨，2020 年达到 8470 万吨。根据《国家发展改革委关于淮南新集矿区总体规划的批复》，淮南矿区共划分为 28 对矿井（不包括小煤矿），5 个后备区，生产建设总规模为 9705 万吨 / 年。在 2010—2020 期间，淮北矿区规划新开工建设矿井 12 个，总开工规模为 1640 吨 / 年，在 2010—2020 年期间，淮南矿区新规划开工建设矿井 10 对，总开工规模为 3150 万吨 / 年，两淮矿区新建煤矿逐步投产后，预计 2015 年、2020 年全省煤炭产能分别达到 1.6 亿吨和 1.8 亿吨，满足全省经济发展需求。

石煤

分布、特征和储量

石煤主要分布在皖南休宁、歙县、宁国、黟县、石台、青阳、黄山、东至和泾县一带，长江以北的巢县、滁县、全椒及霍邱等地也有零星出露。石煤是一种形成在滨海环境下的沉积岩，由有机质和无机质两大部分组成。其中有机质约占 10%~15%，主要由低等生物转化而来；无机质主要由多种矿物组成。经光谱分析和部分样品的化学定量分析结果看，在含石煤层段里含有较多的微量元素，如铜、铅、锌、镍、钼、镓等 18 种，其中除五氧化二钒和五氧化二磷在一些地方形成石煤中的伴生矿产外，其他未达到边界工业品位的要求，石煤中的全硫普遍较高，达 2.5%~3.2%，为有害物质。经化验测定，石煤灰分达 75%~85%，发热量为 800~2000 卡 / 克。石煤所在的地层属寒武系下统，岩石地层单位名称随地层区划不同，有所区别，主要集中在荷塘组、黄柏岭组、黄栗树组、猴家山组等。截至 2010 年，上表矿区数 10 处，查明资源储量 1.9 亿吨，保有资源储量 1.84 亿吨。其中，黟县石山石煤矿探明与保有资源储量较大，为 8353.6 万吨，占保有资源储量的 45.4%，并有扩大远景。其灰份 83.7%，全硫 2.81%，挥发份 25.6。

开发利用

10 处石煤矿产地中，1 处计划近期利用，9 处已开发利用（停采 2 处），皆为小矿山，部分矿山对伴生矾矿用手选检选法进行回收。石煤产量近些年一直较平稳，2005 年产量为 48.5 万吨，2010 年为 49.9 万吨。石煤主要用作低值燃料，安庆地区水泥厂用石煤掺煤发电，并用烧渣做水泥混合材料。因石煤中含有硫、钒等有害物质，作为燃料使用易产生环境污染。

放射性矿

省内放射性矿产主要是铀，其次为钍，两者常共生。主要分布在庐江、枞阳、无为、霍山、金寨、歙县、绩溪、屯溪等地。铀、钍矿化主要有六种类型：碱性岩型、花岗岩型、碳硅泥岩型、砂岩型、火山岩型、伟晶岩型 。

石油

分布及储量

安徽省石油产地集中分布于天长地区古近纪盆地内，有 3 个南北向的含油构造带。生油及储油层为下第三系阜宁组、戴南组地层。共探明 3 个小型油田—王龙庄、安乐、小关油田，探明含油面积 22 平方公里，探明石油地质储量 1992 万吨，标定采收率 17.3%，可采储量 259 万吨。王龙庄油田探明含油面积 8.61 平方公里，探明石油地质储量 890 万吨，标定采收率 16.3%，可采储量 133 万吨，累积采油 79.5 万吨，剩余可采储量 53.5 万吨。安乐油田探明含油面积 10.47 平方公里，探明石油地质储量 858 万吨，标定采收率 19.4%，可采储量 119.6 万吨，累积采油 62.2 万吨，剩余可采储量 57.4 万吨。小关试采区探明含油面积 2.94 平方公里，探明石油地质储量 244 万吨，标定采收率 10.7%，可采储量 6.4 万吨，累积采油 0.78 万吨，剩余可采储量 5.62 万吨。

开发利用

截至 2010 年年底，王龙庄、安乐油田已投入开发，小关油田进行试采。动用含油面积 16.45 平方公里，动用石油地质储量 1495 万吨，注水储量 893 万吨，共有采油井 162 口，注水井 43 口，核实日产原油水平 199.7 吨，年产原油 7.7 万吨，累计产油 147.1 万吨，采出程度为 10.97%，综合含水 80.2%，平均单井核实日产油水平 1.4 吨。剩余可采储量 111.9 万吨。

开发中存在的主要问题：原油资源品位低，储量丰度为每平方公里 90.5 万吨，在低储量丰度油田的下限值（每平方公里 100 万吨）以下，储层物性差（多为低渗透），原油流度小，技术可采储量和经济可采储量低，影响原油的采收率。油田进入高含水期，采油带出的水量和液量增多，原油脱水和地面污水处理工作量急剧上升，给油田地面工程设备和建设提出更高要求，造成油田开发成本攀升，严重影响油田开发经济效益。

第二节 金属矿产

金属矿产是国民经济、国民日常生活及国防工业、尖端技术和高科技产业必不可缺少的基础材料和重要的战略物资。钢铁和有色金属的产量往往被认为是一个国家国力的体现。

分布、种类与储量

金属矿产主要包括黑色金属矿产、有色金属矿产、贵金属矿产、稀有及分散元素矿产。

黑色金属矿产 安徽省黑色金属矿产有铁、锰、铬、钒、钛 5 种，矿区数 324 处（含共伴生矿区数 65 处）。其中大中型矿区 74 处（含共伴生矿床 14 处）。主要为铁矿，其矿区数约占黑色金属矿的 87%。

铁矿

铁矿是安徽省优势矿种之一。共有矿区 281 处，其中大中型矿区 67 处（含共伴生 8 处）。截至 2010 年查明铁矿石资源储量 53.08 亿吨，保有资源储量 47.9 亿吨，居全国第 4 位。铁矿区 2010 年较上年增加 18 处，其中新增大、中型矿产地 4 处，即当涂县云楼铁矿（1077.6 万吨）、庐江县泥河铁矿（18379.8 万吨）、霍邱县刘寺铁矿（4157.1 万吨）、池州市黄山岭深部及外围钼多金属矿（伴生铁）（5374.5 万吨）。其他新增矿区为小型及小型以下。铁矿主要集中于马鞍山—当涂地区、庐江地区、霍邱地区、繁昌铜陵池州怀宁地区、淮北地区。富铁矿少，主要为需选矿的铁矿。

马鞍山—当涂地区铁矿：主要分布于宁芜火山岩盆地内，包括马鞍山、当涂、芜湖、无为、和县等地，长约 60 千米，宽约 20 千米范围内，呈北东向延入江苏省，是省内重要的铁矿基地。共有矿产地 62 处（含共伴生矿产地 4 处）。该地区铁矿主要和火山—次火山岩浆作用有关。含矿围岩主要为三叠纪沉积岩和早白垩世火山岩。早白垩世的火山岩与铁矿形成有关。矿床类型主要为玢岩型、火山—次火山气液型、接触交代—次火山气液型、矿浆型、火山沉积型等。主要铁矿床有：马鞍山市凹山铁矿、马鞍山市高村铁矿、当涂县姑山铁矿、当涂县白象山铁矿。

庐江地区铁矿：主要分布于庐枞火山岩盆地的北部。共有矿产地 12 处。有大型矿床 3 处、中型 3 处、小型 2 处、小矿 1 处。共生或伴生硫铁矿、硬石膏、铜、磷、钒等。成矿作用与火山、潜火山活动有关，受火山隆起构造控制。矿床成因类型可分为火山—潜火山气液型、沉积—热液叠加改造型和火山沉积型 3 种，以前二者最具经济价值，后者无工业意义。主要铁矿床有：庐江县泥河铁矿、庐江县罗河铁矿、庐江县龙桥铁矿床。

霍邱地区铁矿：主要分布于霍邱县西部，少数在颍上县境内。共有产地20处。包括大型矿床8处，中型3处，小型1处，集中分布在近南北向的弧形构造带内。矿床成因均为沉积变质型。矿体产于霍邱岩群吴集岩组和周集岩组片（麻）岩或大理岩中。矿体埋深一般300~500米以深。这类铁矿特点是分布集中，规模较大，品位较低，选矿较易，精矿质地纯净。主要铁矿床有霍邱县张庄铁矿、霍邱县周油坊铁矿、霍邱县周集铁矿、霍邱县吴集铁矿、霍邱县重新集铁矿等。

繁昌铜陵池州怀宁地区铁矿：共有产地117处，其中中型矿床6处，小型14处。繁昌地区的产地多是以铁为主的单一矿产，产地42处；铜陵地区的产地主要为铜和硫铁矿的共伴生铁矿，产地44处；池州地区的产地也主要为铜和硫铁矿的共伴生铁矿，产地18处；怀宁地区的产地也主要为铜和硫铁矿的共伴生铁矿，产地13处。铁矿成因主要为矽卡岩型，部分为风化淋滤型，少数为热液型。铁矿的形成主要与晚侏罗世石英闪长岩、闪长玢岩有关。含矿围岩有石炭系、二叠系、三叠系灰岩和砂页岩。矿石类型有铁矿石（包括磁铁矿、镜铁矿、褐铁矿）和含铜磁铁矿二种，后者铁为伴生组分。繁昌地区的铁矿主要是高炉富矿，少数为平炉富矿，含TFe45%~65%；铜陵、池州、怀宁等地的伴生铁矿TFe28%~35%，均属贫矿。

淮北地区铁矿：主要分布于濉溪县境内，少数在萧县。共有产地13处，其中中型矿床5处，小型6处，小矿2处。濉溪县前常、秦楼、刘楼等铁矿床还共（伴）生铜、金、银、钴矿。矿体埋深数十至百余米，乃至数百米。铁矿的形成与早白垩世闪长玢岩和石英闪长玢岩等有关，主要属接触交代（矽卡岩）型矿床。含矿围岩为上寒武统和下奥陶统碳酸盐地层。含TFe42%~52%。主要铁矿床有濉溪县徐楼铁矿。

其他地区铁矿：共有产地57处，小型矿床8处，其余均为小矿及零星资源。成因类型有沉积变质型、接触交代（矽卡岩）型、热液型及冲积型（砂矿）。主要有蚌埠市姜桥、团山，怀远县马头城，凤阳县东鲁山、大红山、小王庄、龙王山、大潘家，明光市对峨山，天长市老山、关塘，滁州市琅琊山，肥东县上份叶、尖山，宣城市铜山－荞麦山、溪口，南陵县犀牛山、水岭，泾县庄里及大别山区史河、淠河铁砂矿等。

锰矿：锰矿共有矿区15处。查明矿石资源储量278.7万吨，保有量248.8万吨。成因类型有沉积型、风化淋滤型及热液型。沉积型：分布于铜陵、池州一带。矿体赋存于地层时代孤峰组硅质页岩中，呈层状、透镜状与岩层产状一致，厚0.5~0.8米，埋深15~75米。矿石以碳酸锰为主，氧化锰次之。含锰20%~43%。规模以小型为主。如铜陵县新桥盛冲锰矿、新桥瑶山锰矿、池州灵芝锰矿、马牙锰矿、竹山锰矿等。在皖南宁国－绩溪一带的蓝田组，巢湖苏家湾一带陡山沱组底部也有锰矿沉积，为零星资源。风化淋滤型：矿体基本位于沉积锰矿床之地表氧化带，少数为含锰岩石的风化壳。呈似层状、透镜状。长226~2300米，厚0.5~2.5米。矿石由软锰矿、硬锰矿、锰土、褐铁矿等组成。呈土状、松散状、结核状构造。含Mn 20%~28.76%。如池州沙山锰矿、唐田锰矿、吴田锰矿、徽坑锰矿等。热液型：主要分布于宣城地区。其矿体产于灰岩及砂页岩中，矿床附近有闪长岩体出露，围岩蚀变较明显，有矽卡岩化、高岭土化、碳酸盐化等。矿体呈层状、透镜状、主矿体长70~100米。矿石矿物主要为软锰矿、硬锰矿、锰土等。呈致密块状，结核状和角砾状。含锰15%。矿床规模为小型，如宣城塔山锰矿、宁国壁坑－五里塔锰矿。

铬矿：铬矿极少，具有成矿地质背景的地区主要在大别山北部和皖南山区。前者含矿岩石为纯橄岩、斜辉辉橄岩、斜辉岩等，仅在霍山县任家湾发现铬铁矿，为零星资源。查明资源储量2.1万吨，尚未开发利用。矿区共有矿体（层）50个，其中最大者长60米，宽70米，厚0.6~2.2米，埋深0~100米。呈透镜状、串珠状等，含三氧化二铬10.1%。在皖南伏川含矿岩体为斜辉辉橄岩，矿化规模更小，亦为零星资源。

钒矿：钒矿共有矿区23处，查明五氧化二钒资源储量318.44万吨，保有量260.58万吨。钒矿均为伴生矿，可分两种类型，一种以类质同象赋存于陆相火山侵入型磁铁矿或赤铁矿中，钒与铁含量呈正相关，如马鞍山市南山铁矿、凹山铁矿、萝卜山铁矿、东山铁矿、丁山铁矿、向山硫铁矿、尖山铁矿、高村铁矿、和尚桥铁矿、当涂县钟山铁矿、白象山铁矿、中桥南铁矿、龙塘湾铁矿、庐江县泥河铁矿、罗河铁矿、和县金龙铁矿等；伴生钒规模以中、小型为主。另一种产于皖南早寒武世荷塘组黑色岩系中，属石煤的伴生元素，矿层厚2~20米，钒呈类质同象赋存于水云母中，含五氧化二钒0.5%~1.2%。如黄山市郭村钒矿、休宁县蓝田石煤矿、黟县石山石煤矿、东至县金甫湾钒矿、石台县龙岭钒矿，多为中型矿床，潜在资源较丰富。

钛矿：主要为金红石矿和金红石砂矿，金红石矿区1处，金红石砂矿区5处。查明金红石资源储量9.2万吨，尚未开发利用，保有量9.2万吨。金红石矿在岳西县碧溪岭，为单一矿产，变质矿床，金红石含量2.13%。金红石砂矿主要分布于大别山南麓潜山、太湖一带。矿体赋存于全新统及上更新统沙砾层中，呈带状沿河谷展布。如潜山县古井、张家冲、铁冶冲、跑马道，太湖县刘羊河等金红石砂矿。

有色金属矿产　有色金属矿产有铜、铅、锌、钴、钨、锡、钼、锑、镁、镍、铋、铝等12种。列入《2010年安徽省矿产资源储量表》的为前9种，矿区数343处（含共伴生矿区数160处）。其中大中型矿区35处（含共伴生矿床14处）。以铜为主，其矿区数约占有色金属矿的48%。

铜矿

铜矿是安徽的重要矿产资源。共有矿区166处，其中大中型矿区11处（含共伴生矿）。截至2010年查明铜金属资源储量664.1万吨，保有资源储量431.4万吨，居全国第5位。主要分布于长江沿岸，以铜陵最为集中，其次为怀宁、庐江、枞阳、池州、南陵、宣城等县（市），淮河流域和皖南山区也有部分产地。多数矿床非单一矿种，常为铁、硫的共伴生矿，并共伴生钼、钴、铅、锌、金、银等。

长江沿岸地区铜矿：长江沿岸铜矿资源丰富，查明铜金属资源储量约占全省的98%，其中铜陵地区占65%，铜官山、狮子山（冬瓜山）、凤凰山及新桥等大中型铜矿均位于此区。其次则分布于怀宁、池州、宣城、庐江、滁州、南陵等县（市），有怀宁西马鞍山（安庆铜矿）、月山、铜牛井，池州铜山、六峰山，宣城麻姑山，庐江铜泉山，南陵沙滩角、姚家岭，滁州琅琊山等中小型铜矿床。矿床成因类型主要为接触交代（矽卡岩）型，次为斑岩型、沉积－热液叠加改造型（系硫的共生矿产）、热液型、风化淋滤型。1、接触交代（矽卡岩）型：是最重要类型，铜陵、宣城、池州、怀宁的绝大多数矿床均属之。成矿母岩是晚侏罗世中酸性中浅成小侵入体。矿床的主要赋矿形式有三种：一为接触式。矿体呈不规则形态产于侵入体与围岩接触带上，即通常所称的矽卡岩型（接触交代）矿床。二为层控式。矿体呈层状—似层状或透镜状赋存于碳酸盐岩地层中的某一特定层位（或界面），形成别具特色的层控矽卡岩矿床。三为复控式。主要是接触式与层控式的复合作用，即矿床在平面分布上呈一圈一带，剖面上一部分矿体受接触带控制。2、斑岩型：重要的有庐江县沙溪铜矿、铜陵市舒家店和冬瓜山深部铜矿。矿体主要产于中酸性侵入体内，少量位于接触带或围岩捕虏体中。矿体主要呈透镜状，成群出现，厚度较大，品位较低，其规模可达中型以上。3、热液型：有以充填为主和交代为主的两类。热液充填矿床以怀宁县铜牛井铜矿为代表。矿体产于岩体中，受构造破碎带控制，矿体呈宽细相间的羽状复合脉。热液交代型矿床主要为共（伴）生矿产，规模都在小型及以下。如铜陵天山－马山硫金矿、宣城铜山－荞麦山铜硫铁矿、池州许桥银矿等，均为矿床中的共（伴）生铜矿。4、风化淋滤型：池州市六峰山铜矿为代表。原生矿为含铜黄铁矿，产于五通组顶部与黄龙组—船山组之间的构造角砾岩带内，经风化—淋滤作用，形成以次生富集硫化矿石为主的铜矿床。

其他地区铜矿：沿江地区以外的铜矿资源少而分散。濉溪县有6处铜矿产地，规模均在小型以下。主要是与接触交代（矽卡岩）型铁矿的共（伴）生矿。个别有岩浆熔离型铜矿化。矿石主要有含铜磁铁矿和含铜矽卡岩两类。含铜矿物为黄铜矿。含铜0.5%~1.44%。五河、蚌埠一带及灵璧地区有少数铜零星资源，均为含铜石英脉，规模均很小。歙县、绩溪和祁门、休宁地区也有少量铜矿零星资源，以中低温热液脉状铜矿为主。另外，怀宁县朱冲，定远县雨林集等地有含铜砂页岩，均属沉积型铜矿，规模小，工业意义不大。

铅矿：铅矿产地共56处，其中共伴生矿产地32处。有中型矿床4处，小型15处，小矿17处，零星资源16处。截至2010年查明铅资源储量107.77万吨，保有资源储量70.92万吨。铅的保有资源储量逐年递减，属资源缺少的省份。铅矿主要分布于沿江地区，其次在大别山区和皖南山区。沿江地区铅矿：主要分布于铜陵、池州、庐江、南陵，次为青阳、怀宁、繁昌等县（市）。成因类型有中低温热液充填交代型、矽卡岩型和热液型等。中低温热液充填交代型：以南陵县姚家岭锌金多金属矿和庐江县岳山银铅锌矿床为代表。南陵县姚家岭锌金多金属矿铅含量2.12%。查明铅资源储量20.16万吨，保有储量相同。矽卡岩型：矿体主要产于燕山期中酸性侵入体与碳酸盐岩接触交代矽卡岩内外及附近围岩中。其规模为中小型。以池州市黄山岭铅锌矿床为代表。热液型：

铜陵市野鸡冲银铅锌矿为代表。矿体赋存于石英二长岩体与下三叠统接触带及围岩层间滑脱带内。围岩蚀变主要有碳酸盐化、重晶石化、绿泥石化等。沿江地区以外的铅锌资源较少，且分散。主要分布于金寨、凤阳、休宁、绩溪、祁门等县。共有矿产地19处。成矿以热液充填为主，交代次之。

锌矿：锌矿产地共62处，多数为共伴生矿。截至2010年年底，查明铅资源储量266.22万吨，保有资源储量223.98万吨。锌的保有资源储量逐年递减，属资源缺少的省份。由于锌矿多与铅矿共生，产地多与铅矿名称相同，也是主要分布于沿江地区，其次在大别山区和皖南山区。沿江地区锌矿。主要分布于铜陵、池州、庐江、南陵，次为青阳、怀宁、繁昌等县（市）。成因类型有斑岩型、接触交代（矽卡岩）型和热液型等。以前二者为主。沿江以外的锌资源较少，且分散。主要分布于金寨、凤阳、休宁、绩溪、祁门等县。成矿以热液充填为主，交代次之。矿体呈脉状、透镜状、不规则状产于构造裂隙及破碎带中。品位中等、伴生组分有银、金、砷等。

钴矿：钴矿产地共7处，系铁、铜的伴生矿产。共有中型和小型矿床各3处。查明钴金属资源储量2.53万吨，保有储量2.19万吨。钴矿主要产于庐江、铜陵、和县、当涂、濉溪一带的铜矿和铁矿床中。

钨矿：钨矿产地11处，主要矿产和单一矿产9处，伴生矿产2处。2010年与上年相比增加5处，其中大中型3处，反映出“十一五”期间安徽省钨矿勘查取得的重要成果。查明钨资源储量28.24万吨，保有储量28.17万吨。主要产于黄山、祁门、绩溪、宁国、池州、青阳等县（市）。钨矿成因类型主要为斑岩型和接触交代（矽卡岩）型。斑岩型：以祁门县东源钨（钼）矿为代表，矿区位于城安—大历山二类复式花岗质岩体的南侧，岩性为花岗闪长斑岩，钨矿体主要呈面型分布在岩体的前缘部分。具有典型斑岩型矿床的特征。祁门县东源钨（钼）矿的发现实现了皖南地质找矿的重大突破。矽卡岩型：主要分布于青阳、池州、绩溪等县（市）。以青阳县高家塝钨钼矿和绩溪县际下钨矿为代表，查明WO3资源储量1.03万吨，保有储量相同。分别为大型和中型矿床。

锡矿：有锡矿（原生矿）产地2处，均为伴生矿产。查明锡金属资源储量306吨，保有储量221吨。主要在池州市梅山铅锌矿、绩溪县岭脚铅锌矿伴生锡，含锡矿物为锡石。锡品位0.04%，规模小，品位低。

钼矿：钼矿共有产地36处，主要为共伴生矿产。查明钼金属资源储量27.17万吨，保有储量24.47万吨。分布在贵池、青阳和金寨等地。矿床类型以矽卡岩型和斑岩型。前者可以黄山岭深部及外围钼矿床为代表，后者可以贵池马头和金寨沙坪沟钼矿床为代表。其余分布在南陵、铜陵、怀宁、宣城、泾县、黄山、绩溪等地，多为共伴生矿。

锑矿：锑矿共有产地5处，小型矿床3处，小矿1处。均为主要矿产和单一矿产。查明锑金属资源储量1.77万吨，保有储量0.67万吨。分布于青阳、东至、休宁、南陵等县。锑矿成因均为中低温热液型。

镁矿：有镁矿2处，均为炼镁白云岩。即巢湖市姥山冶镁用白云岩矿、巢湖市青苔山镁矿（冶镁白云岩）及冶金白云岩矿。矿体层状。查明矿石储量 12871.4 万吨。保有储量 12053.1 万吨。

贵金属矿产　列入《2010 年安徽省矿产资源储量表》的贵金属矿产主要是金、银 2 个矿种。金、银矿共有产地 205 处（含共伴生矿），其中大型矿床 5 处，中型 15 处，小型 57 处。

金矿

金矿分成岩金（独立金矿或以金矿为主采对象）、砂金、伴生金，共有矿产地 117 处。查明金资源储量 488 吨，保有量 316.4 吨。其中岩金产地 63 处，资源储量 163.8 吨，保有量 92.77 吨；砂金产地 3 处，资源储量 3.2 吨，保有量 3.1 吨；伴生金产地 51 处，资源储量 321 吨，保有量 220.6 吨。伴生金品位低，但规模大，占金的查明和保有资源总量分别为 66% 和 70%。金矿主要分布于长江沿岸及皖东、滁溪一带，大别山北缘及皖南地区也有分布。

沿江地区金矿：沿江地区金矿分布较集中，以铜陵地区最多，其次是池州、青阳、怀宁、滁州、宣城、南陵、马鞍山等县（市）。共有产地 75 处（含共伴生矿 35 处），占全省金矿产地的 64%。成因类型有热液型、铁帽型、矽卡岩型、斑岩型等。热液型：矿体产于构造破碎带及裂隙中，可分充填交代型和石英脉型 2 类，前者矿床规模中小型，个别大型，后者一般为小型。主要有南陵县姚家岭锌多金属矿（金为大型独立岩金矿，铅锌与金共生）、铜陵市天山—马山硫金矿、枞阳县天头山金铜矿、铜陵市黄狮涝山金矿、铜陵县新桥金银矿、铜陵县包村金矿。矽卡岩型铜矿床中的伴生金矿有著名的铜陵市狮子山（冬瓜山）铜矿、凤凰山铜矿、安庆铜矿及滁州市琅琊山铜矿等，其金含量虽然较低，但因铜矿资源储量大，故伴生金矿之规模有的可达大中型。

皖东及滁溪地区金矿：主要分布于蚌埠、五河、凤阳、全椒、定远、滁溪等县（市）。成因类型主要为变质热液型，其次为冲积型和矽卡岩型铁（铜）矿中的伴生金。变质热液型：矿体产于变质岩系破碎带蚀变岩及石英脉中，呈脉状、不规状，品位较高，共（伴）生铜、铅、锌、银。其规模小型以下。

大别山北缘金矿：分布于霍山、金寨及六安等地的早白垩世火山岩盆地中。含矿围岩为早白垩世毛坦厂组火山岩。矿脉为含金石英脉，属火山热液型。有霍山县东溪、南关岭、隆兴等金矿。此外，金寨县汞洞冲、陈家大庄、六安市社公庙等地金矿，均为零星资源。

皖南地区金矿：分布于休宁、泾县、绩溪、宁国等县（市），共有产地 7 处。成因类型有热液型和冲积型。热液型：有 3 处。矿体主要为含金石英脉。冲积型（即冲积砂矿床，也可以称冲积砂矿床型）：分布于绩溪县金沙 - 宁国市胡乐一带，含金层为全新统冲积层。

银矿

共有产地 88 处，以银为主的产地 3 处，其余均为伴生银矿。查明银资源储量 9289

吨，保有储量6237吨。主要分布于铜陵地区和池州地区，其次为怀宁、滁州、宣城、南陵、青阳、霍山、金寨、濉溪、凤阳、绩溪等县（市）。

独立银矿（单一或主要矿产）成因类型有热液型和矽卡岩型二种。热液型：以池州市许桥银矿为代表。矽卡岩型：仅有铜陵市鸡冠石银金矿床1处。赋矿围岩为周冲村组厚层含石膏假晶白云岩及白云质灰岩。晚侏罗世石英二长闪长岩呈小型蘑菇状侵入。

伴生银矿成因类型有矽卡岩型、沉积—热液叠加改造型、铁帽型热液型和斑岩型等。以前二者最重要。矽卡岩型银矿产地多矿床规模大，主要矿床有：冬瓜山铜矿伴生大型银矿，凤凰山铜矿、麻姑山铜钼矿、黄山岭铅锌矿等均伴生中型银矿。沉积－热液叠加改造型主要矿床有：新桥铜硫铁矿床伴生大型银矿。铁帽型主要矿床有：新桥金银矿黄狮涝山金矿、虎山硫铁矿等伴生中小型银矿。热液型有焦冲金矿、天山－马山硫金矿、姚家岭锌多金属矿、白岭金矿等均伴生小型银矿。斑岩型有铜泉山铜矿、岳山银铅锌矿的伴生银矿，其资源规模尚未作出评价。

稀有分散元素矿产　稀有分散元素矿产，截至2010年年底，《2010年安徽省矿产资源储量表》有锆、镓、铊、镉、硒、碲6个矿种，除铊外均为伴生矿产，产地11处，均查明资源储量，列入矿产资源储量表。主要分布于潜山、太湖、庐江、和县、祁门、铜陵、青阳等县（市）。

锆矿：锆矿（石英砂矿）产地5处。锆英石资源储量查明1.4028吨，保有储量1.4028吨。成因类型主要为第四系河流冲积或海滨砂矿床。均为伴生矿产，矿体特征多为简单。有一定的扩大远景。主要有潜山县黄铺古井金红石砂矿、潜山县张家冲金红石砂矿、潜山县铁冶冲金红石砂矿、潜山县跑马道金红石砂矿、太湖县刘羊河金红石砂矿。

镓矿：产地仅有庐江县大矾山明矾石矿1处，即庐江县大矾山明矾石矿东山、西山、小矾山矿段。伴生矿产，成因类型是低温热液交代矿床，明矾石矿含Ga 0.004%。镓资源储量查明1.2386吨，保有储量1.0795吨。有扩大远景。

铊矿：产地仅有和县香泉铊矿1处，单一矿产，属沉积—热液叠加改造型矿床。矿体产于下奥陶统仑山组。埋深0~92米。含铊矿物为黄铁矿。铊品位0.03%。查明铊资源储量328吨，保有量相同，属中型矿床。有扩大远景。

镉矿：产地仅有祁门县三堡铅锌矿1处，伴生矿产，为热液型铅锌矿伴生组分。含Cd 0.04%。查明镉资源储量1483吨，保有量301吨。有扩大远景。

硒矿：产地2处，一为铜陵市狮子山（冬瓜山）铜矿，伴生矿产，为接触交代矿床。铜矿中含硒0.01%，查明硒资源储量413吨，保有储量349吨。为中型矿床。另一为青阳县寺门口硫铁矿，伴生矿产，为热液矿床。含硒0.0013%，查明硒资源储量73吨，保有储量22吨。为小型矿床。

碲矿：产地仅有铜陵市铁头山铜矿1处，伴生矿产，为接触交代矿床。铜矿中含碲

0.0014%，查明资源储量 75 吨，保有储量 74 吨。为小型矿床。

开发利用

黑色金属矿产　截至 2010 年年底，全省黑色金属矿产规模矿山数有 161 个，从业人数 22193 人，年生产矿石量 2162 万吨，年工业总产值 592196 万元，综合利用产值 7432 万元。

铁矿：截至 2010 年年底，全省铁矿矿山数有 154 个，其中大型矿山 14 个、中型矿山 12 个、小型矿山 73 个、小矿 55 个。从业人数 22111 人，年生产矿石量 2161.68 万吨，年实际采矿能力 3038.8 万吨，年工业总产值 592140.13 万元，综合利用产值 7432.36 万元，矿产品销售收入 558044.57 万元，利润总额 140758.42 万元。

锰矿：截至 2010 年年底，全省锰矿矿山数有 6 个，其中小型矿山 5 个、小矿 1 个。从业人数 59 人，年生产矿石量 0.6 万吨，年实际采矿能力 3.3 万吨，年工业总产值 56.4 万元，矿产品销售收入 56.4 万元，利润总额 4.57 万元。

钒矿：截至 2008 年年底，全省只有 1 个矿山进行开发利用，从业人数 15 人，年实际采矿能 11.5 万吨。

有色金属矿产　截至 2010 年年底，全省有色金属矿产矿山数有 150 个，从业人数 13842 人，年生产矿石量 713 万吨，年工业总产值 389783 万元，综合利用产值 27057 万元。

铜矿：截至 2010 年年底，全省铜矿矿山数有 108 个，其中大型矿山 2 个、中型矿山 2 个、小型矿山 41 个、小矿 63 个。从业人数 12113 人，年生产矿石量 672.54 万吨，年实际采矿能力 875.84 万吨，年工业总产值 371012.15 万元，综合利用产值 24279.89 万元，矿产品销售收入 234544.59 万元，利润总额 59837.7 万元。

铅矿：截至 2010 年年底，全省铅矿矿山数有 14 个，其中小型矿山 7 个、小矿 7 个。从业人数 573 人，年生产矿石量 14.66 万吨，年实际采矿能力 35.62 万吨，年工业总产值 9429.75 万元，综合利用产值 25 万元，矿产品销售收入 4151.75 万元，利润总额 –561.9 万元。

锌矿：截至 2010 年年底，全省锌矿矿山数有 16 个，其中小型矿山 9 个、小矿 7 个。从业人数 593 人，年生产矿石量 14.44 万吨，年实际采矿能力 33.6 万吨，年工业总产值 6516.74 万元，综合利用产值 2604 万元，矿产品销售收入 5176.74 万元，利润总额 605.66 万元。

钨矿：截至 2010 年年底，全省钨矿矿山数有 2 个，其中小型矿山 2 个。从业人数 178 人，年生产矿石量 3.2 万吨，年实际采矿能力 10 万吨，年工业总产值 292.6 万元，综合利用产值 17 万元，矿产品销售收入 292.6 万元，利润总额 –99.32 万元。

钼矿：截至 2010 年年底，全省钼矿矿山数有 6 个，其中小型矿山 5 个、小矿 1 个。从业人数 355 人，年生产矿石量 7.78 万吨，年实际采矿能力 25.5 万吨，年工业总产值 2532 万元，综合利用产值 132 万元，矿产品销售收入 1600 万元，利润总额 20 万元。

锑矿:截至2010年年底,全省锑矿矿山数有4个,其中小型矿山1个、小矿3个。从业人数50人,年实际采矿能力0.6万吨,无任何经济效益。

贵金属矿产 截至2010年年底,全省贵金属矿产矿山数有36个,从业人数2814人,年产矿石量103.76万吨,年工业总产值52651万元,综合利用产值2395万元。

金矿:截至2010年年底,全省金矿矿山数有34个,其中大型矿山3个、中型矿山3个、小型矿山23个、小矿5个。从业人数2740人,年产矿石量102.66万吨,年实际采矿能力175.05万吨,年工业总产值52121万元,综合利用产值2395万元,矿产品销售收入38735.7万元,利润总额19260.7万元。

银矿:截至2010年年底,全省银矿矿山数有2个,即小型矿山2个。从业人数74人,年生产矿石量1.1万吨,年实际采矿能力2万吨,年工业总产值530万元,矿产品销售收入440万元。

稀有分散元素矿产 稀有分散元素矿产暂时没有开发利用。

第三节 非金属矿产

非金属矿产是经济建设中用途广、用量大的一类矿产资源。随着现代化建设和社会经济的发展,其应用广泛涉及工农业等各个领域,其增长速度大大超过金属矿产。

分布、种类与储量

非金属矿产根据其工业用途主要分为冶金辅助原料矿产、化工化肥原料矿产、陶瓷建材原料矿产、填涂料及其他矿产等四大类52个矿种,全省已查明的矿产地795处(共生矿产地114处),矿床规模为大型130处（共生矿产地11处),中型225处（共生矿产地36处),小型440处（共生矿产地67处)。其中,2000—2010年间新增冶金用脉石英、铸型用砂、含钾岩石、制灰用石灰岩、方解石、滑石、云母、绢云母、隐晶质石墨、绿松石、砚石用板岩等矿种11个;新增矿产地491处（共生矿产地54处),矿床规模为大型79处（共生矿产地3处),中型109处（共生矿产地15处),小型303处（共生矿产地36处)。

冶金辅助原料矿产 冶金辅助原料矿产主要包括矽线石、叶蜡石、菱镁矿、普通萤石、熔剂用石灰岩、冶金用白云岩、冶金用石英岩、冶金用脉石英、耐火黏土、铸型用砂、熔剂用蛇纹岩等11个矿种,全省查明的矿产地121处（共生矿产地12处),矿床规模为大型15处（共生矿产地1处),中型27处（共生矿产地5处),小型79处（共生矿产地6处)。其中,2000～2010年间新增冶金用脉石英、铸型用砂新矿种2个;新增矿产地89处(共生矿产地9处),矿床规模为大型4处,中型16处(共生矿产地3处),小型69处（共生矿产地6处)。

矽线石:截至2010年年底,查明矽线石矿产地1处,矿床规模为中型;累计查明矽线石矿资源储量:矿石量102.0万吨,矿物量144117吨;剩余保有矽线石矿资源储量:

矿石量 102.0 万吨，矿物量 144117 吨。该矿产为 2000 年前发现的矿产地和矿产资源。为钢铁冶炼工业耐火材料，主要用于耐火砖和不定形耐火材料原料。主要矿产地有岳西县回龙山矽线石矿。

叶蜡石：截至 2010 年年底，查明叶蜡石矿产地 1 处，矿床规模为小型；查明叶蜡石矿资源储量：矿石量 20.5 万吨；剩余保有叶蜡石矿资源储量：矿石量 17.3 万吨。该矿产地为 2000 年前发现的矿产地和矿产资源。为耐火材料、陶瓷原料、填料和密封材料，主要用于冶炼炉衬和耐火砖，陶瓷和玻璃原料，漂白粉、杀虫剂、化肥载体和饲料添加剂，橡胶、造纸、肥皂、塑料、颜料、涂料和绝缘材料的填料；光泽好、颜色美观的叶蜡石可做美术工艺品的雕刻原料。主要矿产地有郎溪县岗南叶蜡石矿。

菱镁矿：截至 2010 年年底，查明菱镁矿产地 1 处（共生矿产），矿床规模为小型；查明菱镁矿资源储量：矿石量 332.9 万吨；剩余保有菱镁矿资源储量：矿石量 332.9 万吨。居全国第 8 位。该矿产为 2000 年前发现的矿产地和矿产资源。为钢铁冶炼工业耐火材料矿物原料，主要用于耐火砖等耐火制品及砌筑炉窑原料。主要矿产地有霍邱县李老庄铁矿。

普通萤石：截至 2010 年年底，查明普通萤石矿产地 41 处，矿床规模为大型 3 处，中型 3 处，小型 35 处；查明普通萤石矿资源储量：矿石量 1562.8 万吨，氟化钙量 994.5 万吨；剩余保有普通萤石矿资源储量：矿石量 534.8 万吨，氟化钙量 296.6 万吨。居全国第 7 位。其中，2000 ~ 2010 年间新增普通萤石矿产地 35 处，矿床规模为中型 3 处，小型 32 处；新增查明普通萤石矿资源储量：矿石量 997.8 万吨；剩余保有普通萤石矿资源储量：矿石量 393.2 万吨。为冶金工业和化学工业矿物原料，主要用于冶炼工业助熔剂和化学工业制氢氟酸及衍生物；其次可用于玻璃、陶瓷、搪瓷等工业助熔原料和配料等。主要矿产地有庐江县鸭池山萤石矿、郎溪县姚家塔萤石矿、绩溪县胡家萤石矿、旌德县新桥萤石矿、旌德县凤形山萤石矿、宁国市瓦窑坪萤石矿、宁国市庄村萤石矿。

熔剂用石灰岩：截至 2010 年年底，查明熔剂用石灰岩矿产地 28 处（共生矿产地 2 处），矿床规模为大型 3 处，中型 12 处，小型 13 处（共生矿产地 2 处）；查明熔剂用石灰岩矿资源储量：矿石量 60157.1 万吨；剩余保有熔剂用石灰岩矿资源储量：矿石量 55050.0 万吨。其中，2000~2010 年间新增熔剂用石灰岩矿产地 20 处（共生矿产地 2 处），矿床规模为中型 7 处，小型 13 处（共生矿产地 2 处）；新增查明熔剂用石灰岩矿资源储量：矿石量 18837.8 万吨，剩余保有熔剂用石灰岩矿资源储量：矿石量 16231.8 万吨。为冶金工业辅助原料，主要用于冶炼生铁、钢、有色金属熔剂材料等。主要矿产地有怀宁县西峰尖矿区风景及杨家矿段熔剂用石灰岩及白云岩矿、巢湖市尖山熔剂用石灰岩矿、含山县花山熔剂用石灰岩矿、和县花山熔剂用石灰岩矿、池州市秀山熔剂用石灰岩矿等。

冶金用白云岩：截至 2010 年年底，查明冶金用白云岩矿产地 38 处（共生矿产地 7 处），矿床规模为大型 6 处，中型 8 处（共生矿产地 3 处），小型 24 处（共生矿产地 4 处）；

查明冶金用白云岩矿资源储量：矿石量118519.9万吨；剩余保有冶金用白云岩矿资源储量：矿石量113152.8万吨。其中，2000—2010年间新增熔剂用白云岩矿产地31处，矿床规模为大型4处，中型6处（共生矿产地3处），小型21处（共生矿产地4处）；新增查明冶金用白云岩矿资源储量：矿石量68329.1万吨；剩余保有冶金用白云岩矿资源储量：矿石量64469.4万吨。为冶金熔剂及耐火材料，主要用于转炉、电炉、化铁炉等炉衬和冶炼熔剂。主要矿产地有巢湖市汤山冶金用白云岩矿、无为县乌龙山矿区冶金用白云岩矿、和县大山冶金用白云岩矿、池州市双桥冶金用白云岩矿、东至县历山冶金用白云岩矿、青阳县大姚园冶金用白云岩矿、青阳县长龙岗冶金用白云岩矿。

冶金用石英岩：截至2010年年底，查明冶金用石英岩矿产地2处，矿床规模为大型1处、中型1处；查明冶金用石英岩矿资源储量（矿石量）5228.9万吨；剩余保有冶金用石英岩矿资源储量（矿石量）5177.0万吨。该矿产为2000年前发现的矿产地和矿产资源。为冶金熔剂材料，主要用于冶炼熔剂。主要矿产地有凤阳县的老绵山冶金用石英岩矿和石门山冶金用石英岩矿。

冶金用脉石英：截至2010年年底，查明冶金用脉石英矿产地2处，矿床规模为小型；查明冶金用脉石英矿资源储量：矿石量68.1万吨；剩余保有冶金用脉石英岩矿资源储量：矿石量矿石量63.3万吨。该矿产均为2000年后新增的矿产地和矿产资源。为冶金熔剂材料，主要用于冶炼熔剂。主要矿产地有潜山县五庙乡塘梨脉石英矿、池州市渡口脉石英矿。

耐火黏土：截至2010年年底，查明耐火黏土矿产地5处（共生矿产地2处），矿床规模为大型1处（共生矿产地），中型2处（共生矿产地1处），小型2处；查明耐火黏土矿资源储量（矿石量）2481.8万吨；剩余保有耐火黏土矿资源储量（矿石量）2327.5万吨。居全国第18位。其中，2000—2010年间新增耐火黏土矿产地1处，矿床规模为小型；新增查明耐火黏土矿资源储量：矿石量49.2万吨，剩余保有耐火黏土矿资源储量：矿石量49.2万吨。为冶金工业用耐火砖材料，主要用于烧制各种耐火砖及不定型耐火材料等。主要矿产地有淮北市烈山煤矿（共生矿产）、萧县白土镇耐火黏土矿、含山县花山熔剂用石灰岩矿（共生矿产）。

熔剂用蛇纹岩：截至2010年年底，查明熔剂用蛇纹岩矿产地1处，矿床规模为大型；查明熔剂用蛇纹岩矿资源储量（矿石量）105870.6万吨；剩余保有熔剂用蛇纹岩矿资源储量（矿石量）105870.6万吨。该矿产地为2000年前发现的矿产地和矿产资源。为冶金工业助熔剂，主要用于冶炼增加炉渣流动性和提高脱硫效果等。主要矿产地有歙县伏川熔剂用蛇纹岩矿。

铸型用砂：截至2010年年底，查明铸型用砂矿产地1处，矿床规模为小型；查明铸型用砂矿资源储量：矿石量10.7万吨；剩余保有铸型用砂矿资源储量：矿石量10.7万吨。该矿产为2000年后新增的矿产地和矿产资源。为冶金铸造工业型砂原料，主要用于配制铸钢件用型砂及砂芯等。主要矿产地有来安县顺达红砂矿铸型用砂矿。

化工化肥原料矿产　化工化肥原料矿产主要包括硫铁矿(伴生硫)、磷矿(伴生磷)、明矾石、芒硝、重晶石、电石用石灰岩、含钾岩石、化肥用蛇纹岩、泥炭、盐岩、砷矿等11个矿种,已查明的矿产地175处(共伴生矿产地56处),矿床规模为大型18处(共伴生矿产地6处),中型54处(共伴生矿产地14处),中型103处(共伴生矿产地36处)。其中,2000—2010年间新增含钾岩石矿种1个;新增矿产地81处(共生矿产地17处),矿床规模为大型6处(共生矿产地1处),中型17处(共生矿产地2处),小型58处(共生矿产地14处)。

硫铁矿:截至2010年年底,查明硫铁矿矿产地78处(共生矿产地44处),矿床规模为大型8处(共生矿产地4处),中型18处(共生矿产地11处),小型52处(共生矿产地29处);查明硫铁矿资源储量:矿石量86210.8万吨;剩余保有硫铁矿资源储量:矿石量77875.8万吨。居全国第2位。其中,2000~2010年间新增硫铁矿矿产地38处(共生矿产地15处),矿床规模为大型3处,中型3处(共生矿产地1处),小型32处(共生矿产地14处);新增查明硫铁矿资源储量:矿石量22035.1万吨;剩余保有硫铁矿资源储量:矿石量18278.0万吨。为制造硫酸及硫黄原料,主要用于化肥工业、有机化工、石油精炼等。主要矿产地有马鞍山市向山硫铁矿、马鞍山市尖山铁矿(共生矿产)、铜陵市狮子山(冬瓜山)铜矿(共生矿产)、铜陵县新桥铜硫铁矿、庐江县泥河铁矿(共生矿产)、庐江县罗河铁矿(共生矿产)、庐江县大鲍庄硫铁矿、庐江县何家小岭硫铁矿、庐江县黄屯硫铁矿等。

伴生硫铁矿:截至2010年年底,查明伴生硫铁矿矿产地42处,矿床规模为大型2处,中型12处、小型28处;查明伴生硫铁矿资源储量:矿石量143010.3万吨;剩余保有伴生硫铁矿资源储量:矿石量77875.8万吨。其中,2000—2010年间新增伴生硫铁矿矿产地29处,矿床规模为大型1处、中型5处、小型23处;新增查明伴生硫铁矿资源储量:矿石量59504.4万吨;剩余保有伴生硫铁矿资源储量:矿石量23901.6万吨。主要矿产地有马鞍山市凹山铁矿、马鞍山市和尚桥铁矿、铜陵市铜官山铜矿、铜陵市天山—马山硫金矿、铜陵市狮子山(冬瓜山)铜矿、铜陵市贵池铜山铜矿、铜陵市安庆铜矿、庐江县罗河铁矿、庐江县龙桥铁矿等。

磷矿:截至2010年年底,查明磷矿矿产地16处(共生矿产地2处),矿床规模为中型6处,小型10处(共生矿产地2处);查明磷矿资源储量:矿石量7702.9万吨;剩余保有磷矿资源储量:矿石量7100.1万吨。居全国第17位。其中,2000—2010年间新增磷矿矿产地1处,矿床规模为小型;新增查明磷矿资源储量:矿石量103.69万吨;剩余保有磷矿资源储量:矿石量71.6万吨。为制造磷肥及化工原料,主要用于制取磷肥、黄磷、赤磷、磷酸和其他磷酸盐类化合物等。主要矿产地有肥东县大横山磷矿、宿松县南冲磷矿、宿松县柳坪磷矿、宿松县长溪磷矿、宿松县北冲磷矿等。

伴生磷矿:截至2010年年底,查明伴生磷矿矿产地4处,矿床规模为大型2处,中型2处;查明伴生磷矿资源储量:矿石量56254.2万吨,五氧化二磷化合物681.8万吨;

剩余保有伴生磷矿资源储量：矿石量36493.4万吨，五氧化二磷化合物378.6万吨。其中，2000—2010年间新增芒硝伴生磷矿产地1处，矿床规模为中型；新增查明伴生磷矿资源储量：矿石量1224.5万吨，五氧化二磷化合物27.3万吨；剩余保有伴生磷矿资源储量：矿石量1224.5万吨，五氧化二磷化合物27.3万吨。主要矿产地有马鞍山市凹山铁矿、马鞍山市尖山铁矿、庐江县泥河铁矿、庐江县罗河铁矿等。

明矾石：截至2010年年底，查明明矾石矿产地10处（共生矿产地1处），矿床规模为大型1处，中型5处、小型4处（共生矿产地1处）；查明明矾石资源储量：矿石量20967.7万吨，矿物量8166.2万吨；剩余保有明矾石资源储量：矿石量19716.2万吨，矿物量7648.0万吨。该矿产均为2000年前发现的矿产地和矿产资源。其中，2000—2010年间减少磷矿矿产地2处，新增查明明矾石资源储量：矿石量5730.5万吨，矿物量1662.6万吨；剩余保有明矾石资源储量：矿石量5856.6万吨，矿物量1891.3万吨。为提取明矾、钾肥、硫酸和生产硫酸铝原料等，主要用于食品加工、医学、染色、皮革、印刷、造纸和磨擦剂、干燥剂、吸附剂、净水剂等。主要矿产地有马鞍山市大黄山明矾石矿、庐江县大矾山明矾石矿、庐江县天光山明矾石矿、庐江县雾天山明矾石矿、无为县三官山明矾石矿等。

芒硝：截至2010年底，查明芒硝矿产地2处（共生矿产地），矿床规模为大型1处，中型1处；查明芒硝资源储量：矿石量48926.9万吨，硫酸钠化合物量9457.0万吨；剩余保有芒硝资源储量：矿石量45294.0万吨，硫酸钠化合物量8963.6万吨。居全国第11位。其中，2000—2010年间新增芒硝矿产地1处，矿床规模为中型；新增查明芒硝资源储量：硫酸钠化合物量150.7万吨；剩余保有芒硝资源储量：硫酸钠化合物量342.7万吨。为制取硫酸钠、硫酸铵、硫酸及硫化钠等原料，主要用于纸浆、玻璃、洗涤剂工业及印染、油漆、橡胶等。主要矿产地有定远县东兴盐矿、定远县东兴盐矿外围石膏矿等。

重晶石：截至2010年年底，查明重晶石矿产地1处，矿床规模为小型；查明重晶石资源储量：矿石量20.9万吨；剩余保有重晶石资源储量：矿石量20.9万吨。居全国第21位。该矿产为2000年前发现的矿产地和矿产资源。为加工重晶石粉、制取钡化工产品及提取金属钡等原料，主要用于钻井泥浆，纸张、油漆、橡胶等填料，制取硫酸钡、碳酸钡、硝酸钡、氯化钡等含钡化学品。主要矿产地有绩溪县石榴村重晶石矿。

电石用石灰岩：截至2010年年底，查明电石用石灰岩矿产地11处（共生矿产地2处），矿床规模为大型3处（共生矿产地1处），中型5处（共生矿产地1处），小型3处；查明电石用石灰岩矿资源储量：矿石量49817.3万吨；剩余保有电石用石灰岩矿资源储量：矿石量48382.8万吨。其中，2000—2010年间新增电石用石灰岩矿产地10处（共生矿产地2处），矿床规模为大型2处（共生矿产地1处），中型5处（共生矿产地1处），小型3处；新增查明电石用石灰岩矿资源储量：矿石量46349.3万吨，剩余保有电石用石灰岩矿资源储量：矿石量45141.8万吨。为化学工业主要原料，主要用于制造电石。主要矿产地有巢湖市马脊山电石用石灰岩矿、无为县杨家岭水泥用石灰岩矿（共生矿产)、池州市曹村矿区电石用石灰岩矿、池州市双合矿区化工用石灰岩矿、池州市棠溪矿区化工用石灰岩矿、东至县笔架山化工用石灰岩矿、石台县泉坑化工用石灰岩矿等。

含钾岩石:截至2010年年底,查明含钾岩石矿产地1处,矿床规模为中型;查明含钾岩石资源储量:矿石量6688.4万吨;剩余保有含钾岩石资源储量:矿石量6688.4万吨。该矿产地为2000年后新增的矿产地和矿产资源。为化肥工业主要原料,主要用于研究制造钾肥。主要矿产地有南陵县丫头山矿区含钾岩石矿。

化肥用蛇纹岩:截至2010年年底,查明化肥用蛇纹岩矿产地2处,矿床规模为中型1处,小型1处;查明化肥用蛇纹岩资源储量:矿石量6633.2万吨;剩余保有化肥用蛇纹岩资源储量:矿石量6631.8万吨。其中,2000—2010年间新增矿产地1处,矿床规模为小型;新增查明化肥用蛇纹岩矿资源储量:矿石量6289.8万吨,剩余保有化肥用蛇纹岩岩矿资源储量:矿石量6288.4万吨。为化肥工业主要原料,主要用于制作钙镁磷肥及蛇纹岩粉肥等。主要矿产地有五河县黑石山含镍蛇纹岩矿、宿松县董家山蛇纹岩矿。

泥炭:截至2010年年底,查明泥炭矿产地1处,矿床规模为中型;查明泥炭资源储量:矿石量257.4万吨;剩余保有泥炭资源储量:矿石量257.4万吨。该矿产地为2000年前发现的矿产地和矿产资源。为化肥工业和化工工业原料,主要用于生产腐殖酸类肥料、营养土、植物生长刺激素及饲料添加剂,污水净化剂、石油吸附剂等。主要矿产地有繁昌县浮山泥炭矿。

岩盐:截至2010年年底,查明岩盐矿产地2处(共生矿产地1处),矿床规模为大型1处,中型1处(共生矿产地);查明岩盐资源储量:矿石量184805.4万吨,氯化钠化合物量131920.0万吨;剩余保有岩盐资源储量:矿石量166708.2万吨,氯化钠化合物量118709.7万吨。居全国第12位。其中,2000—2010年间新增盐岩矿产地1处,矿床规模为中型;新增查明岩盐资源储量:矿石量9539.1万吨,NaCl化合物量7651.1万吨;剩余保有岩盐资源储量:矿石量7952.9万吨,氯化钠化合物量5131.4万吨。为食品工业和化工工业原料,主要用于食品调味品、加工剂,合成纯碱化工原料,冶金工业铁矿石胶结剂、冶金熔剂、选矿浮选剂及脱水剂、染料载体等。主要矿产地有定远县东兴盐矿、定远县东兴盐矿外围石膏矿等。

砷矿:截至2010年年底,查明砷矿矿产地5处(伴生矿产地4处,共生矿产地1处),矿床规模为中型1处(伴生矿产地),小型4处(伴生矿产地3处,共生矿产地1处);查明砷矿资源储量:矿石量1806.8万吨,矿物量180596吨;剩余保有砷矿资源储量:矿石量1263万吨,矿物量114040吨。其中,2000—2010年间新增查明砷矿资源储量:矿石量1306.9万吨,矿物量112668吨;新增剩余保有砷矿资源储量:矿石量983.6万吨,矿物量74938吨。为提炼元素砷,制造砷酸和砷化合物原料,主要用于冶金工业熔炼砷合金和农业杀虫剂、除草剂、农药等。主要矿产地有铜陵市天山—马山硫金矿、铜陵市马山金硫矿北段、铜陵县焦冲金矿等。

陶瓷建材原料矿产　建材陶瓷原料矿产主要包括长石、透辉石、高岭土、陶瓷土、玻

璃用白云岩、玻璃硅质原料（石英岩、脉石英、砂）、水泥用石灰岩（石灰岩、大理岩、泥灰岩）、水泥用砂页岩、水泥用黏土、石膏、石棉、珍珠岩、沸石、制灰用石灰岩、饰面用花岗石（辉长岩、辉绿岩、正长岩、花岗岩）、饰面用大理石（大理岩、石灰岩）、建筑用石料等17个矿种，已查明的矿产地393处（共生矿产地41处），矿床规模为大型88处（共生矿产地4处），中型121处（共生矿产地16处），小型184处（共生矿产地21处）。2000~2010年间新增制灰用石灰岩矿种1个；新增矿产地232处（共生矿产地28处），矿床规模为大型62处（共生矿产地2处），中型56处（共生矿产地10处），小型114处（共生矿产地16处）。

长石：长石类矿产主要包括钾长石、瓷石等。截至2010年年底，查明长石矿产地11处，矿床规模为大型6处，中型5处；查明长石矿资源储量：矿石量166246.4万吨，矿物量16425.9万吨；剩余保有长石矿资源储量：矿石量165593.4万吨，矿物量16245.9万吨。其中，2000—2010年间新增长石矿产地9处，矿床规模为大型6处，中型3处；新增查明长石矿资源储量：矿石量165658.3万吨；剩余保有长石矿资源储量：矿石量165005.3万吨。为陶瓷工业和玻璃工业矿物原料，主要用于陶瓷、玻璃、搪瓷配料和造纸、涂料、油漆、橡胶、塑料、电焊条、耐火材料等填料或原料。主要矿产地有岳西县莲云矿区钾长石矿、岳西县温泉矿区钾长石矿、来安县石崮山矿区钾长石矿、来安县复兴矿区钾长石矿、萧县丁里矿区陶瓷原料用瓷石矿、郎溪县张树岭长石砂矿等。

透辉石：截至2010年年底，查明透辉石矿产地1处（共生矿产地），矿床规模为小型；查明透辉石矿资源储量：矿石量9.1万吨；剩余保有透辉石矿资源储量：矿石量9.1万吨。居全国第4位。该矿产地为2000年前发现的矿产地和矿产资源。为制陶原料，主要用于陶瓷和冶金保护渣。主要矿产地有广德县庙透辉石矿。

高岭土：截至2010年年底，查明高岭土矿产地16处（共生矿产地5处），矿床规模为大型2处（共生矿产地），中型3处（共生矿产地1处），小型11处（共生矿产地2处）；查明高岭土矿资源储量：矿石量8433.4万吨；剩余保有高岭土矿资源储量：矿石量8330.0万吨。其中，2000—2010年间新增高岭土矿产地13处（共生矿产地4处），矿床规模为大型2处（共生矿产地），小型9处（共生矿产地2处）；新增查明高岭土矿资源储量：矿石量8023.8万吨；剩余保有高岭土矿资源储量：矿石量7927.6万吨。为陶瓷、造纸、橡胶、玻璃化工等工业原料，主要用于陶瓷坯体和釉料，造纸填料和涂布，橡胶、塑料、油漆、油墨、颜料、化妆品、纺织、食品工业填料、增强剂，农药、化肥载体，石油钻井泥浆材料，冶金、建材等耐火材料。主要矿产地有萧县孟庄煤矿（共生矿产地）、淮北市朔里煤矿（共生矿产地）、繁昌县赭狮山矿区高岭土矿、马鞍山市大王山高岭土矿、淮北市房庄煤矿（共生矿产地）等。

陶瓷土：截至2010年年底，查明陶瓷土矿产地16处，矿床规模为大型2处，中型5处，小型9处；查明陶瓷土矿资源储量：矿石量3059.1万吨；剩余保有陶瓷土矿资源储量：矿石量2751.9万吨。其中，2000—2010年间新增陶瓷土矿产地7处，矿床规模为小型;新增查明陶瓷土矿资源储量:矿石量 495.7 万吨;剩余保有陶瓷土矿资源储量:矿石量 417.3 万吨。为硬质陶瓷原料,主要用于陶瓷材料。主要矿产地有太湖县螺蛳墩瓷石矿、宿松县凉亭河瓷石矿、祁门县庄岭瓷石矿、旌德县金竹子瓷石矿、宁国市朱木店陶土矿、凤阳县蚂蚁山瓷石矿、宿州市乾山瓷石矿等。

玻璃用白云岩:截至2010年年底,查明玻璃用白云岩矿产地2处,矿床规模为小型;查明玻璃用白云岩矿资源储量:矿石量 263.7 万吨;剩余保有玻璃用白云岩矿资源储量:矿石量 237.6 万吨。其中,2000—2010 年间新增玻璃用白云岩矿产地 1 处,矿床规模为小型;新增查明玻璃用白云岩矿资源储量:矿石量 74.4 万吨;剩余保有玻璃用白云岩矿资源储量:矿石量 48.6 万吨。为玻璃工业原料,主要用于玻璃生产配料,提高玻璃的化学稳定性和坚固性。主要矿产地有定远县鸭绿山玻璃用白云岩矿、东至县汤山北玻璃用白云岩矿。

玻璃硅质原料:玻璃硅质原料主要包括玻璃用石英岩、玻璃用脉石英、玻璃用砂岩。截至 2010 年底,查明玻璃硅质原料矿产地 38 处(其中:玻璃用石英岩 30 处,玻璃用脉石英 7 处,玻璃用砂岩 1 处),矿床规模为大型 19 处(玻璃用石英岩),中型 8 处(其中:玻璃用石英岩 6 处,玻璃用脉石英 2 处),小型 11 处(其中:玻璃用石英岩 5 处,玻璃用脉石英 5 处,玻璃用砂岩 1 处);查明玻璃硅质原料矿资源储量:矿石量 76608.2 万吨;剩余保有玻璃硅质原料矿资源储量:矿石量 75614.4 万吨。居全国第 2 位。其中,2000—2010 年间新增玻璃硅质原料矿产地 35 处(其中:玻璃用石英岩 29 处,玻璃用脉石英 5 处,玻璃用砂岩 1 处),矿床规模为大型 19 处(玻璃用石英岩),中型 6 处(玻璃用石英岩 6 处),小型 10 处(其中:玻璃用石英岩 5 处,玻璃用脉石英 4 处,玻璃用砂岩 1 处);新增查明玻璃硅质原料矿资源储量:矿石量 75483.8 万吨;剩余保有玻璃硅质原料矿资源储量:矿石量 74494.7 万吨。为玻璃工业原料,主要用于玻璃硅质原料。主要矿产地有凤阳县灵山～木屐山矿区玻璃用石英岩矿、凤阳县小溪河玻璃用石英岩矿、青阳县南阳乡管冲矿区脉石英矿等。

水泥用石灰岩:水泥用石灰岩主要为水泥用石灰岩(包括白水泥用石灰岩),其次为水泥用泥灰岩、水泥用大理岩。截至2010年年底,查明水泥用石灰岩矿产地139处(共生矿产地 8 处),矿床规模为大型 33 处,中型 57 处(共生矿产地 5 处),小型 49 处(共生矿产地 3 处);查明水泥用石灰岩矿资源储量:矿石量 1111656.9 万吨;剩余保有水泥用石灰岩矿资源储量:矿石量 1025102.3 万吨。居全国第 1 位。其中,2000—2010 年间新增水泥用石灰岩矿产地 68 处(共生矿产地 4 处),矿床规模为大型 22 处,中型 24 处(共生矿产地 3 处),小型 22 处(共生矿产地 1 处);新增查明水泥用石灰岩矿资源储量:矿石量 770309.9 万吨;剩余保有水泥用石灰岩矿资源储量:矿石量 698037.3 万吨。为建材水泥工业原料,主要用于水泥石灰质原料。主要矿产地有宁国市海螺山水泥用石灰岩矿、广德县牛头山水泥用石灰岩矿、广德县团山包水泥用石灰岩矿、宣城市大葛村水泥用石灰岩矿、宣城市小葛村水泥用石灰岩矿、繁昌县库山水泥用石灰岩矿、繁昌县小岭山水泥用石灰岩矿、繁昌县箬帽山水泥用石灰岩矿、铜陵市伞形山—敕山水泥用石灰岩、南陵县团山水泥用石灰岩矿、青阳县双合—阳山矿区水泥用石灰岩矿、青阳县东山水泥用石灰岩矿、东至县杨北寨水泥用石灰岩矿、池州市北山水泥用石灰岩矿、池州市乌石山矿区水泥用石灰岩矿、和县花山熔剂（水泥）用石灰岩矿、含山县柱山～项家山矿区水泥用石灰岩矿、无为县杨家岭水泥用石灰岩矿、庐江县东顾山矿区水泥用石灰岩矿、巢湖市犁头尖矿区水泥用石灰岩矿、枞阳县藕山矿区水泥用石灰岩矿、怀宁县马子山水泥用石灰岩矿、淮北市黄山矿区水泥用石灰岩矿等。

水泥用砂页岩：水泥用砂页岩主要包括砂岩、页岩。截至2010年年底，查明水泥用砂页岩矿产地34处（共生矿产地5处），矿床规模为大型10处，中型16处（共生矿产地4处），小型8处（共生矿产地1处）；查明水泥用砂页岩矿资源储量：矿石量66628.5万吨；剩余保有水泥用砂页岩矿资源储量：矿石量65035.0万吨。其中，2000—2010年间新增水泥用砂页岩石灰岩矿产地24处（共生矿产地3处），矿床规模为大型7处，中型10处（共生矿产地3处），小型7处；新增查明水泥用砂页岩矿资源储量：矿石量48074.5万吨；剩余保有水泥用砂页岩矿资源储量：矿石量46581.0万吨。为建材水泥工业原料，主要用于水泥粘土质、硅质配料。主要矿产地有繁昌县桃花尖矿区水泥配料用砂岩矿、铜陵市古圣水泥配料用砂岩矿、铜陵市棕叶山水泥配料用砂页岩矿、铜陵县小冲水泥配料用砂页岩矿、怀宁县小鞍山水泥配料用砂岩矿、巢湖市柴火山水泥配料用砂岩矿、无为县潘家大山水泥配料用砂岩矿、池州市姥山水泥配料用砂岩矿、池州市朱村水泥配料用砂岩矿、宣城市小葛村水泥配料用砂岩矿等。

水泥用黏土：截至2010年年底，查明水泥用黏土矿产地38处（共生矿产地3处），矿床规模为中型12处（共生矿产地1处），小型26处（共生矿产地2处）；查明水泥用黏土矿资源储量：矿石量17923.1万吨；剩余保有水泥用黏土矿资源储量：矿石量17089.9万吨。其中，2000—2010年间新增水泥用黏土矿产地6处（共生矿产地3处），矿床规模为中型1处（共生矿产地1处），小型5处（共生矿产地2处）；新增查明水泥用黏土矿资源储量：矿石量1415.1万吨；剩余保有水泥用黏土矿资源储量：矿石量1430.9万吨。为建材水泥工业原料，主要用于水泥黏土质配料等。主要矿产地有宁国市太平水泥配料用黏土矿、池州市毛冲水泥配料用黏土矿、芜湖县韩家山水泥配料用黏土矿、繁昌县八里岗水泥配料用黏土矿、含山县东关桑园水泥配料用黏土矿、濉溪县王庄水泥配料用黏土矿、宿州市大沟西水泥配料用黏土矿等。

石膏：石膏主要包括石膏、硬石膏。截至2010年年底，查明石膏矿产地23处（共生矿产地6处），矿床规模为大型13处（共生矿产地2处），中型4处（共生矿产地2处），小型6处（共生矿产地2处）；查明石膏矿资源储量：矿石量447984.0万吨；剩余保有石膏矿资源储量：矿石量444753.0万吨。居全国第2位。其中，2000—2010年间新增石膏矿产地10处（共生矿产地1处），矿床规模为大型5处，中型3处（共生矿产地1处），小型2处；新增查明石膏矿资源储量：矿石量327147.4万吨；剩余保有石膏矿资源储量:矿石量 324744.2 万吨。为建筑材料工业原料,主要用于水泥缓凝剂、石膏预制品、建筑业胶结材料、石膏模型及工艺品、工业用填料、土壤改良剂等。主要矿产地有定远县石膏矿、定远石庙王石膏矿、定远后李矿区石膏矿、定远八里张石膏矿、定远孙郢石膏矿、定远马厂石膏矿、定远寿陈石膏矿、定远凤凰山石膏矿、定远盐矿石膏矿（共生矿产地)、无为县汤沟石膏矿、含山县陶厂石膏矿、庐江县罗河铁矿（共生矿产地)、庐江县大包庄硫铁矿（共生矿产地)。

珍珠岩:截至 2010 年年底,查明珍珠岩矿产地 1 处,矿床规模为小型;查明珍珠岩矿资源储量:矿石量 334.0 万吨;剩余保有珍珠岩矿资源储量:矿石量 307.5 万吨。为 2000 年前发现的矿产地和资源储量。为建材工业原料,主要用于保温材料、防护材料、轻质填料、混凝土骨料等。主要矿产地有宣城市水东珍珠岩矿。

石棉:截至 2010 年底,查明石棉矿产地 3 处,矿床规模为小型;查明矿资源储量:矿石量 172.0 万吨,矿物量 2.2 万吨;剩余保有石棉矿资源储量:矿石量 41.0 万吨,矿物量 0.7 万吨。为建筑、纺制品、制动制品材料,主要用于水泥建筑材料、隔热防火材料、摩擦材料、绝缘材料等。主要石棉矿产地有桐城市滴水崖石棉矿、舒城县林河石棉矿、宁国市虹龙石棉矿等。

沸石:截至 2010 年年底,查明沸石矿产地 4 处（共生矿产地 2 处),矿床规模为中型 2 处（共生矿产地 2 处),小型 2 处;查明沸石矿资源储量:矿石量 2412.3 万吨;剩余保有沸石矿资源储量:矿石量 2196.6 万吨。其中，2000—2010 年间新增沸石矿产地 3 处（共生矿产地 1 处),矿床规模为中型 1 处（共生矿产地 1 处),小型 2 处;新增查明沸石矿资源储量:矿石量 1573.6 万吨;剩余保有沸石矿资源储量:矿石量 1357.9 万吨。为建材水泥工业原料,主要用于水泥混合材料等。主要矿产地有繁昌县峨山乡沙园沸石矿、繁昌县金玄沸石矿、宣城市水东珍珠岩矿(共生矿产地)、宁国市太平膨润土矿(共生矿产地)。

制灰用石灰岩:截至 2010 年年底,查明制灰用石灰岩矿产地 9 处,矿床规模为中型 2 处,小型 7 处;查明制灰用石灰岩矿资源储量:矿石量 839.6 万吨;剩余保有制灰用石灰岩矿资源储量:矿石量 790.3 万吨。均为 2000 年后新增的矿产地和矿产资源。为轻质碳酸钙原料,主要用于建筑业、冶炼生产配料等。主要矿产地有青阳县园艺场四板桥石灰岩矿、南陵县羊子山石灰岩矿、来安县舜山建材厂石灰岩矿、宣城市枣子沟石灰岩矿。

饰面用花岗石:饰面用花岗石主要包括辉长岩、辉绿岩、正长岩、花岗岩。截至 2010 年年底,查明饰面用花岗石矿产地 5 处,矿床规模为中型 1 处,小型 4 处;查明饰面用花岗石矿资源储量:矿石量 992.1 万立方米;剩余保有饰面用花岗石矿资源储量:矿石量 984.8 万立方米。其中，2000—2010 年间新增饰面用花岗石矿产地 4 处,矿床规模为中型 1 处,小型 3 处;新增查明饰面用花岗石矿资源储量:矿石量 942.1 万立方米;剩余保有饰面用花岗石矿资源储量:矿石量 934.8 万立方米。为建筑材料,主要用于花岗石饰面板材、工艺雕刻材料等。主要矿产地有六安市西峰寺饰面花岗石用正长岩矿、岳西县头陀镇小河口饰面花岗石用辉长岩矿、池州市许桥饰面用花岗岩矿、青阳县大虎形饰面用花岗岩矿等。

饰面用大理石：饰面用大理石主要包括大理岩、石灰岩。截至2010年年底，查明饰面用大理石矿产地10处，矿床规模为大型3处，中型2处，小型5处；查明饰面用大理石矿资源储量：矿石量14875.7万立方米；剩余保有饰面用花岗石矿资源储量：矿石量14389.2万立方米。其中，2000—2010年间新增饰面用大理石矿产地1处，矿床规模为大型；新增查明饰面用大理石矿资源储量：矿石量8328.7万立方米；剩余保有饰面用大理矿资源储量：矿石量8297.2万立方米。为建筑材料，主要用于大理石饰面板材、工艺雕刻材料等。主要矿产地有宿松县廖河饰面用大理岩矿、安庆市杨桥饰面用大理岩矿、广德县新杭饰面用大理岩矿等。

建筑用石料：建筑石料主要包括安山岩、玄武岩、花岗岩、大理岩、白云岩、石灰岩、砂岩。截至2010年年底，查明建筑石料矿产地43处（共生矿产地12处），矿床规模为中型4处（共生矿产地1处），小型39处（共生矿产地11处）；查明建筑石料矿资源储量：矿石量20208.9万立方米；剩余保有建筑石料矿资源储量：矿石量17038.0万立方米。其中，2000—2010年间新增建筑石料矿产地42处（共生矿产地12处），矿床规模为中型3处（共生矿产地1处），小型39处（共生矿产地11处）；新增查明建筑石料矿资源储量：矿石量18843.9万立方米；剩余保有建筑石料矿资源储量：矿石量15743万立方米。为建筑工程材料，主要用于混凝土骨料，铁路、道路辅助材料等。主要矿产地有肥东县浮槎山建筑用花岗岩矿、明光市官店花岗岩矿、和县石杨镇何洼砂厂白云岩矿、全椒县谭墩乡黑马山石灰岩矿、濉溪县高楼建筑石料用石灰岩矿。

填涂料及其他矿产　填涂颜料原料矿产主要包括方解石、硅灰石、滑石、凹凸棒石黏土、膨润土、云母、绢云母、石墨（晶质、隐晶质）、压电水晶、熔炼水晶、铸石用玄武岩、绿松石、砚石用板岩等13个矿种，查明的矿产地106处（共生矿产地5处），矿床规模为大型9处，中型23处（共生矿产地1处），小型74处（共生矿产地4处）。其中，2000—2010年间新增方解石、滑石、云母、绢云母、隐晶质石墨、绿松石、砚石用板岩矿种7个；新增矿产地89处，矿床规模为大型7处，中型20处，小型62处。

方解石：截至2010年年底，查明方解石矿产地52处，矿床规模为大型6处，中型16处，小型30处；查明方解石矿资源储量：矿石量40715万吨；剩余保有方解石矿资源储量：矿石量38333万吨。该均为2000年后新增的矿产地和矿产资源。主要用于橡胶、塑料、油漆、涂料、造纸、化妆品、牙膏、油墨、饲料业等。主要矿产地有青阳县来龙山矿区方解石矿、泾县中村矿区方解石矿、泾县郭村矿区方解石矿、泾县北贡矿区方解石矿；其次为池州市铜锣山方解石矿、青阳县白云山方解石矿、东至县洋湖方解石矿、广德县尖刀矿区方解石矿。

硅灰石：截至2010年年底，查明硅灰石矿产地5处（共生矿产1处），矿床规模为小型;查明硅灰石矿资源储量:矿石量 354.7 万吨;剩余保有硅灰石矿资源储量:矿石量 298.6 万吨。其中，2000—2010 年间新增硅灰石矿产地 2 处,矿床规模为小型;新增查明硅灰石矿资源储量:矿石量 161.8 万吨;剩余保有硅灰石矿资源储量:矿石量 132.2 万吨。为陶瓷工业节能原料和高性能工程复合材料的增强填料,主要用于油漆、造纸、橡胶、塑料、涂料、电焊条、黏合剂填料,摩擦材料、工程塑料、高分子复合材料的增强耐磨填料,冶炼净化剂,陶瓷原料等,部分优质硅灰石可作玉石材料。主要矿产地有繁昌县峨山乡沙园沸石矿（共生矿产地）、广德县庙西硅灰石矿、怀宁县雷山硅灰石矿等。

滑石:截至 2010 年年底,查明滑石矿产地 1 处,矿床规模为小型;查明滑石矿资源储量:矿石量 99.1 万吨;剩余保有滑石矿资源储量:矿石量 95.4 万吨。居全国第 16 位。该矿产地为 2000 年后新增的矿产地和资源储量。为填料原料矿产,主要用于油漆、造纸、橡胶、塑料、涂料等的填料。主要矿产地有宿松县江冲矿区滑石矿。

凹凸棒石黏土:截至 2010 年年底,查明凹凸棒石黏土矿产地 4 处,矿床规模为大型 2 处,中型 2 处;查明凹凸棒石黏土矿资源储量:矿石量 2599.5 万吨;剩余保有凹凸棒石黏土矿资源储量:矿石量 2361.9 万吨。其中，2000—2010 年间新增凹凸棒石黏土矿产地 1 处,矿床规模为大型;新增查明凹凸棒石黏土矿资源储量:矿石量 372 万吨;剩余保有凹凸棒石黏土矿资源储量:矿石量 143.9 万吨。主要用于石油钻井泥浆、油脂及环保脱色剂和吸附剂、化肥及杀虫剂载体等原料。主要矿产地有明光市官山凹凸棒石黏土矿、明光市清明山凹凸棒石黏土矿、来安县磨盘山凹凸棒石黏土矿。

膨润土:截至 2010 年年底,查明膨润土矿产地 21 处（共生矿产地 3 处）,矿床规模为大型 1 处,中型 4 处（共生矿产地 1 处）,小型 16 处（共生矿产地 2 处）;查明膨润土矿资源储量:矿石量 15159.6 万吨;剩余保有膨润土矿资源储量:矿石量 14732.0 万吨。其中,2000—2010 年间新增膨润土矿产地 17 处,矿床规模为中型 3 处,小型 14 处;新增查明膨润土矿资源储量:矿石量 2618.9 万吨;剩余保有膨润土矿资源储量:矿石量 2229.8 万吨。为悬浮剂、增稠剂、增塑剂、脱色剂、充填剂、催化剂、载体材料,主要用于炼油、造纸、塑料、涂料、染料和化学工业、冶炼工业等。主要矿产地有黄山市新潭膨润土矿、繁昌县黄浒膨润土矿、休宁县大山膨润土矿、宁国市太平膨润土矿等。

云母:截至 2010 年年底,查明云母矿产地 1 处,矿床规模为小型;查明云母矿资源储量:矿石量 22.5 万吨,工业原料云母 135 吨;剩余保有云母矿资源储量:矿石量 22.5 万吨,工业原料云母 135 吨。该矿产地为 2000 年后新增的矿产地和资源储量。为电气设备、电工器材绝缘和填料材料,主要用于电子管、电容器、整流器、电动机材料和塑料、橡胶填料等。主要矿产地有潜山县陶安白云母矿。

绢云母:截至 2010 年年底,查明绢云母矿产地 6 处,矿床规模为小型;查明绢云母矿资源储量:矿石量 183.2 万吨;剩余保有绢云母矿资源储量:矿石量 126.3 万吨。居全国第 4 位。其中，2000—2010 年间新增绢云母矿产地 5 处,矿床规模为小型;新增查明绢云母矿资源储量:矿石量 131.2 万吨;剩余保有绢云母矿资源储量:矿石量 118.4 万吨。为工业涂料、填料材料，主要用于橡胶增强剂、造纸涂料、陶瓷原料及添加剂、化妆品填料等。主要矿产地有滁州市南谯区珠龙宝塔山绢云母矿、滁州市大柳绢云母矿、全椒县三合绢云母矿等。

石墨（晶质）：截至2010年年底，查明晶质石墨矿产地1处，矿床规模为小型；查明晶质石墨矿资源储量：矿石量244.0万吨，晶质石墨17.1万吨；剩余保有晶质石墨矿资源储量：矿石量244.0万吨，晶质石墨17.1万吨。该矿产地为2000年前发现的矿产地和矿产资源。为耐火、材料、热金属成型材料、导电材料、耐磨材料、密封材料、隔热材料、环保材料等，主要用于摩擦、制动材料，耐腐蚀、耐高温和密封材料等石油、化工、火力发电、核电站工业。主要矿产地有怀宁县横山石墨矿。

石墨（隐晶质）：截至2010年年底，查明隐晶质石墨矿产地1处，矿床规模为小型；查明隐晶质石墨矿资源储量：矿石量10.9万吨；剩余保有隐晶质石墨矿资源储量：矿石量7.7万吨，晶质石墨17.1万吨。该矿产地为2000年后新增的矿产地和矿产资源。为耐火、材料、热金属成型材料、导电材料、耐磨材料、密封材料、隔热材料、环保材料等，主要用于摩擦、制动材料，耐腐蚀、耐高温和密封材料等石油、化工、火力发电、核电站工业。主要矿产地有宣城市旱家冲石墨矿。

压电水晶：截至2010年年底，查明压电水晶矿产地1处，矿床规模为小型；查明压电水晶矿资源储量：矿石量35.4万吨；剩余保有压电水晶矿资源储量：矿石量17.6万吨。该矿产地为2000年前发现的矿产地和矿产资源。为电子、光学材料等，主要用于电子、电讯工业。主要矿产地有绩溪县大会山压电水晶矿。

熔炼水晶：截至2010年年底，查明熔炼水晶矿产地3处（共生矿产地1处），矿床规模为小型；查明熔炼水晶矿资源储量：矿石量0.4万吨，矿物量66吨；剩余保有熔炼水晶矿资源储量：矿石量0.2万吨，矿物量44吨。该矿产地为2000年前发现的矿产地和矿产资源。为电子材料和新技术矿物原料等，主要用于制造石英玻璃、人造水晶、光学玻璃、医疗器皿等。主要矿产地有绩溪县大会山压电和熔炼水晶矿、绩溪歙县湖田山熔炼水晶矿、绩溪县小弯口熔炼水晶矿。

铸石用玄武岩：截至2010年年底，查明铸石用玄武岩矿产地1处，矿床规模为小型；查明铸石用玄武岩矿资源储量：矿石量110.0万吨；剩余保有铸石用玄武岩透辉石矿资源储量：矿石量95.0万吨。该矿产地为2000年前发现的矿产地和矿产资源。为铸型用砂材料，主要用于铅、铜镁等有色金属铸模具原料。主要矿产地有明光市韩山玄武岩矿。

绿松石：截至2010年年底，查明绿松石矿产地8处，矿床规模为中型1处，小型7处；查明绿松石矿资源储量：矿物量901吨；剩余保有绿松石矿资源储量：矿物量293吨。居全国第4位。该矿产地均为2000年后新增的矿产地和矿产资源。为玉石类矿物原料，主要用于雕刻工艺品和合成绿松石仿品原料，当达一定的块度和品质时，可用于高档首饰原料。主要矿产地有马鞍山市笔架山绿松石矿、马鞍山市大王山绿松石矿、庐江县砖桥冯店绿松石矿、马鞍山市殿庵山绿松石矿、庐江县矾山镇笋山绿松石矿。

砚石用板岩：截至2010年年底，查明砚石用板岩矿产地1处，矿床规模为小型；查明砚石用板岩矿资源储量：矿石量6.1万立方米；剩余保有砚石用板岩矿资源储量：矿石量6.1万立方米。该矿产地为2000年后新增的矿产地和矿产资源。为天然石砚用材料，主要用于制作石砚制品石材。主要矿产地有绩溪县洪坑地区（金牛场、到溪矿段）砚石用板岩矿。

开发利用

截至2010年年底，全省矿山数有1645个，规模为大型167个，中型150个，小型992个，小矿354个；从业人员45247人，年生产矿石量27567.3万吨，实际采矿能力33727.39万吨/年；工业总产值794810.08万元，综合利用产值160354.54万元，矿产品销售收入2177303.28万元，利润总额342228.42万元。

冶金辅助原料矿产

普通萤石：截至2010年年底，全省普通萤石矿山数有57个，规模为中型2个，小型52个，小矿3个；从业人员1166人，年生产矿石量17.21万吨，实际采矿能力62.99万吨/年；工业总产值4950.70万元，综合利用产值902万元，矿产品销售收入4707.20万元，利润总额295.10万元。

熔剂用石灰岩：截至2010年年底，全省熔剂用石灰岩矿山数有26个，规模为大型1个，中型6个，小型18个，小矿1个；从业人员数715人，年生产矿石量637.84万吨，实际采矿能力950.67万吨/年；工业总产值62567.29万元，综合利用产值3057.10万元，矿产品销售收入60802.8万元，利润总额1506.3万元。

冶金用白云岩：截至2010年年底，全省冶金用白云岩矿山数有28个，规模为大型3个，中型3个，小型19个，小矿3个；从业人员数707人，年生产矿石量476.79万吨，实际采矿能力676.40万吨/年；工业总产值19632.26万元，综合利用产值1490.60万元，矿产品销售收入15589.83万元，利润总额1231.10万元。

冶金用石英岩：截至2010年年底，全省冶金用石英岩矿山数有1个，规模为小型；从业人员数10人，实际采矿能力5.00万吨/年。

冶金用脉石英岩：截至2010年年底，全省冶金用脉石英岩矿山数有2个，规模为小型；从业人员数9人，年生产矿石量0.90万吨，实际采矿能力1.00万吨/年；工业总产值414万元，矿产品销售收入414万元，利润总额55万元。

耐火黏土：截至2010年年底，全省耐火黏土矿山数有2个，规模为小型；从业人员数18人，年生产矿石量1.50万吨，实际采矿能力2.00万吨/年；工业总产值360万元，矿产品销售收入60万元。

熔剂用蛇纹岩：截至2010年年底，全省熔剂用蛇纹岩矿山数有2个，规模为中型1个，小型1个。

化工化肥原料矿产

硫铁矿：截至2010年年底，全省硫铁矿山数有22个，规模为大型3个，中型1个，小型16个，小矿2个；从业人员4004人，年产矿石量179.37万吨，实际采矿能力321.62万吨/年；年工业总产值58742.35万元，综合利用产值830万元，矿产品销售收入35391.13万元，利润总额4388.71万元。

磷矿：截至2010年年底，全省磷矿山数有7个，规模为小型6个，小矿1个；从业人员45人，年产矿石量1万吨，实际采矿能力20万吨/年；年工业总产值100万元，综合利用产值0万元，矿产品销售收入100万元，利润总额5万元。

明矾石：截至2010年底全省明矾石矿山数有4个，规模为大型1个，小型3个；从业人数36人，年生产矿石量2万吨，实际采矿能力8.5万吨/年；年工业总产值20万元，矿产品销售收入20万元。

电石用石灰岩：截至2010年年底，全省电石用石灰岩矿山数有2个，规模为大型；从业人数92人，年生产矿石量96.52万吨，实际采矿能力397万吨/年；工业总产值1844.68万元，矿产品销售收入1844.68万元，利润总额127.40万元。

化肥用蛇纹岩：至2010年年底，全省化肥用蛇纹岩矿山数有1个，规模为小型。

盐矿：截至2010年年底，全省盐矿山数有3个，规模为大型；从业人数1115人，年生产矿石量152万吨，实际采矿能力272万吨/年；年工业总产值48557万元，综合利用产值1280万元，矿产品销售收入42720万元，利润总额1460万元。

陶瓷建材原料矿产

长石：截至2010年年底，全省长石矿山数有4个，规模为中型3个，小型1个；从业人员89人，年产矿石量9万吨，实际采矿能力23万吨/年；年工业总产值16万元，矿产品销售收入1460万元，利润总额18万元。

高岭土：截至2010年年底，全省高岭土矿山数有11个，规模为小型9个，小矿2个；从业人员79人，年生产矿石量13.45万吨，实际采矿能力20万吨/年；年工业总产值374.50万元，综合利用产值108万元，矿产品销售收入374.50万元，利润总额1.20万元。

陶瓷土：截至2010年年底，全省陶瓷土矿山数有7个，规模为小型；从业人员89人，年生产矿石量4.60万吨，实际采矿能力4.41万吨/年；年工业总产值162万元，矿产品销售收入138万元，利润总额48.01万元。

玻璃用白云岩：截至2010年年底，全省玻璃用白云岩矿山数有2个，规模为小型；从业人员39人，年生产矿石量20.62万吨，实际采矿能力40万吨/年；年工业总产值495.82万元，综合利用产值100万元，矿产品销售收入495.82万元，利润总额10万元。

玻璃用硅质原料：截至2010年年底，全省玻璃用硅质原料（石英岩、脉石英）矿山数有44个，规模为大型6个，中型16个，小型17个，小矿5个；从业人员816人，年生产矿石量247.34万吨，实际采矿能力292.04万吨/年；年工业总产值18133.86万元，综合利用产值1148万元，矿产品销售收入9549.75万元，利润总额636.18万元。

水泥用石灰岩：截至2010年年底，全省水泥用石灰岩（石灰岩、大理岩）矿山数有

116 个，规模为大型 35 个，中型 9 个，小型 68 个，小矿 4 个；从业人数 9309 人，年生产矿石量 12657.72 万吨，实际采矿能力 12395.93 万吨 / 年；年工业总产值 1658386.39 万元，综合利用产值 121143.35 万元，矿产品销售收入 1616485.76 万元，利润总额 263542.32 万元。

水泥用砂页岩（砂岩、页岩、脉石英）：截至 2010 年年底，全省水泥用砂页岩（砂岩、页岩、脉石英）矿山数有 25 个，规模为大型 2 个，中型 9 个，小型 12 个，小矿 2 个；从业人员 838 人，年生产矿石量 368.9 万吨，实际采矿能力 452.9 万吨 / 年；年工业总产值 129777.07 万元，综合利用产值 655 万元，矿产品销售收入 128896.19 万元，利润总额 40712.95 万元。

水泥用黏土（黏土、红土、黄土、泥岩）：截至 2010 年年底，全省水泥用黏土（黏土、红土、黄土、泥岩）矿山数有 12 个，规模为中型 1 个，小型 6 个，小矿 5 个；从业人数 404 人，年生产矿石量 107.33 万吨，实际采矿能力 135.80 万吨 / 年；年工业总产值 2691.39 万元，综合利用产值 400 万元，矿产品销售收入 2191.39 万元，利润总额 1197 万元。

石膏：截至 2010 年年底，全省石膏矿山数有 8 个，规模为大型 4 个，中型 3 个，小型 1 个；从业人数 966 人，年生产矿石量 1 万吨，实际采矿能力 293 万吨 / 年；年工业总产值 10236.82 万元，综合利用产值 1000 万元，矿产品销售收入 10232.32 万元，利润总额 308.5 万元。

珍珠岩：截至 2010 年年底，全省珍珠岩矿山数有 1 个，规模为小型；从业人数 33 人，年生产矿石量 0.73 万吨，实际采矿能力 0.73 万吨 / 年；年工业总产值 190.80 万元，矿产品销售收入 162.10 万元，利润总额 1 万元。

石棉：截至 2010 年年底，全省石棉矿山数有 1 个，规模为小矿；从业人数 50 人，实际采矿能力 0.02 万吨 / 年。

沸石：截至 2010 年年底，全省沸石矿山数有 4 个，规模小型 2 个，小矿 2 个；从业人数 68 人，年产矿石量 152 万吨，实际采矿能力 30 万吨 / 年；年工业总产值 500 万元，综合利用产值 100 万元，矿产品销售收入 500 万元，利润总额 10 万元。

制灰用石灰岩：截至 2010 年年底，全省制灰用石灰岩矿山数有 23 个，规模为中型 1 个，小型 16 个，小矿 6 个；从业人数 424 人，年生产矿石量 138.48 万吨，实际采矿能力 303.28 万吨 / 年；年工业总产值 5326.20 万元，综合利用产值 440 万元，矿产品销售收入 4075.20 万元，利润总额 544.70 万元。

饰面用花岗石：截至 2010 年年底，全省饰面花岗石（角闪岩、辉绿岩、辉长岩、闪长岩、二长岩、花岗岩、板岩）矿山数有 57 个，规模为大型 5 个，中型 3 个，小型 25 个，小矿 24 个；从业人数 852 人，年生产矿石量 43.43 万吨，实际采矿能力 137.48 万吨 / 年；年工业总产值 4110 万元，综合利用产值 481 万元，矿产品销售收入 3996.68 万元，利润总额 765.02 万元。

饰面用大理石：截至2010年年底，全省饰面用大理石（大理岩、石灰岩）矿山数有8个，规模为中型1个，小型7个；从业人数91人，年生产矿石量5.60万吨，实际采矿能力30.85万吨/年；年工业总产值386万元，综合利用产值0万元，矿产品销售收入375万元，利润总额35.50万元。

建筑用石料：截至2010年年底，全省建筑用石料（玄武岩、角闪岩、安山岩、闪长岩、花岗岩、凝灰岩、石灰岩、白云岩、大理岩、砂岩）矿山数有1035个，规模为大型92个，中型61个，小型600个，小矿282个；从业人数19961人，年产矿石量12127.18万吨，实际采矿能力16080.48万吨/年；年工业总产值221705.58万元，综合利用产值23281.19万元，矿产品销售收入208939.64万元，利润总额24617.57万元。

填涂料及其他矿产

方解石：截至2010年年底，全省方解石矿山数有80个，规模为大型3个，中型24个，小型48个，小矿5个；从业人数1592人，年生产矿石量1.1万吨，实际采矿能力636.8万吨/年；年工业总产值28630.07万元，综合利用产值2997万元，矿产品销售收入22332.11万元，利润总额988万元。

硅灰石：截至2010年年底，全省硅灰石矿山数有3个，规模为小型；从业人员13人，年生产矿石量3万吨，实际采矿能力3万吨/年；年工业总产值120万元，综合利用产值35万元，矿产品销售收入120万元，利润总额10万元。

滑石：截至2010年年底，全省滑石矿山数有2个，规模为小型；从业人数80人，年生产矿石量0.2万吨，实际采矿能力9万吨/年；年工业总产值70万元，矿产品销售收入70万元，利润总额6万元。

凹凸棒石粘土：截至2010年年底，全省凹凸棒石粘土矿山数有10个，规模为大型3个，中型1个，小型5个，小矿1个；从业人员660人，年生产矿石量7.1万吨，实际采矿能力56万吨/年；年工业总产值1830万元，综合利用产值21.3万元，矿产品销售收入1780万元，利润总额180万元。

膨润土：截至2010年年底，全省膨润土矿山数有18个，规模为大型3个，中型5个，小型10个；从业人数458人，年产矿石量27.18万吨，实际采矿能力51.41万吨/年；年工业总产值4979.1万元，综合利用产值885万元，矿产品销售收入2720.1万元，利润总额194.9万元。

云母：截至2010年年底，全省云母矿山数有8个，规模为小型7个，小矿1个；从业人数171人，年产矿石量1.86万吨，实际采矿能力4.85万吨/年；年工业总产值415.5万元，矿产品销售收入415.5万元，利润总额37.5万元。

石墨：截至2010年年底，全省石墨矿山数有1个，规模为大型；从业人数50人，年产矿石量1.1万吨，实际采矿能力1.1万吨/年；年工业总产值361.46万元，矿产品销售收入361.46万元，利润总额3万元。

压电水晶：截至2010年年底，全省压电水晶矿山数有1个，规模为小型；从业人员

45 人，年产矿石量 0 万吨，实际采矿能力 5 万吨 / 年。

宝石：截至 2010 年年底，全省宝石矿山数有 3 个，规模小型 2 个，小矿 1 个；从业人数 54 人，年产矿石量 60 万吨，实际采矿能力 3.11 万吨 / 年；年工业总产值 236.44 万元，矿产品销售收入 236.44 万元，利润总额 30 万元。

玉石：截至 2010 年年底，全省玉石矿山数有 3 个，规模小型 1 个，小矿 2 个；从业人数 96 人，年产矿石量 2.23 万吨，年工业总产值 1030.8 万元，矿产品销售收入 138 万元，利润总额 48.5 万元。

砚石：截至 2010 年年底，全省砚石矿山数有 1 个，规模为小矿；从业人数 3 人，年产矿石量 0.02 万吨，实际采矿能力 0.02 万吨 / 年；年工业总产值 4 万元，矿产品销售收入 3.5 万元，利润总额 0.5 万元。

第三章 地下水资源

第一节 地下水

地下水数量

1984 年，安徽省地质矿产局水文地质总站提交的《安徽省地下水资源评价阶段报告（安徽省地下水资源分布图说明书）》，在 1979 年以来地下水资源评价研究成果的基础上，对地下水天然资源、开采资源进行了系统计算，是全国第一轮水资源评价的组成部分。计算结果显示，全省地下水天然资源 177.43 亿立方米 / 年（其中孔隙水 131.68 亿立方米 / 年，裂隙水 21.10 亿立方米 / 年，岩溶水 24.65 亿立方米 / 年），开采资源 161.35 亿立方米 / 年（其中孔隙水 148.94 亿立方米 / 年，裂隙水 2.01 亿立方米 / 年，岩溶水 10.40 亿立方米 / 年）。

安徽省地质环境监测总站 2002 年进行新一轮地下水资源计算，计算了多年平均地下水天然补给资源量和可开采资源量。

地下水天然补给资源量：全省多年平均地下水天然补给资源量为 216.2534 亿立方米 / 年。其中，孔隙水 138.2015 亿立方米 / 年，裂隙水 47.8024 亿立方米 / 年，岩溶水 30.2495 亿立方米 / 年；淮河流域 96.8246 亿立方米 / 年，长江流域 109.8431 亿立方米 / 年，钱塘江流域 9.5857 亿立方米 / 年。按流域和县（市）分布情况分别列于表 2–3–1、表 2–3–2。

流域分区多年平均地下水天然补给资源量统计表

表 2–3–1　　单位：亿立方米 / 年

流域	流域分区	孔隙水	裂隙水	岩溶水	合计
长江	长江以北	31.0375	19.6813	4.7186	55.4374
长江	长江以南	16.2515	16.4755	21.6788	54.4058
淮河	淮河以北	69.4899	0.0066	1.5278	71.0242
淮河	淮河以南	20.7939	3.6085	1.3980	25.8004
钱塘江	新安江	0.6288	8.0305	0.9263	9.5857
总计		138.2016	47.8024	30.2495	216.2535

安徽省县（市）多年平均地下水天然补给资源量表

表 2–3–2　　单位:亿立方米 / 年

地（市）	县（市）	孔隙水	裂隙水	岩溶水	合计
安庆市	安庆	0.5784	0.0390	0.1445	0.7619
	枞阳	1.9146	0.2974	0.0184	2.2303
	怀宁	1.7647	0.3864	0.5711	2.7223
	潜山	1.0870	1.8727	0.0000	2.9598
	宿松	1.7760	0.9690	0.2628	3.0078
	太湖	0.4217	2.5395	0.0462	3.0074
	桐城	1.9340	0.9401	0.0000	2.8741
	望江	1.5533	0.0413	0.0528	1.6473
	岳西	0.0000	3.6349	0.0000	3.6349
蚌埠市	蚌埠	0.4678	0.0083	0.0000	0.4761
	固镇	2.6895	0.0000	0.0000	2.6895
	怀远	4.6510	0.0054	0.1168	4.7732
	五河	2.6823	0.0136	0.0000	2.6959
亳州市	亳州	3.4682	0.0000	0.0000	3.4682
	利辛	3.6504	0.0000	0.0000	3.6504
	涡阳	3.4299	0.0000	0.0000	3.4299
	蒙城	4.2020	0.0000	0.0000	4.2020
池州地区	东至	1.3700	2.2238	1.7152	5.3091
	贵池	1.3711	0.7940	3.0216	5.1867
	青阳	0.4572	0.4758	1.3020	2.2350
	石台	0.0097	0.6877	4.3927	5.0901
滁州市	滁州	0.6208	0.4287	0.6232	1.6727
	定远	2.1990	0.1590	0.4838	2.8419
	凤阳	1.0223	0.0666	0.3498	1.4387
	来安	1.4949	0.1308	0.0000	1.6257
	明光	1.2581	0.6708	0.0000	1.9289
	全椒	1.2100	0.1807	0.7004	2.0910
	天长	1.9540	0.0188	0.0000	1.9729

续表 2-3-2

地（市）	县（市）	孔隙水	裂隙水	岩溶水	合计
阜阳市	阜南	3.9126	0.0000	0.0000	3.9126
	阜阳	2.9637	0.0000	0.0000	2.9637
	界首	1.0160	0.0000	0.0000	1.0160
	临泉	3.5006	0.0000	0.0000	3.5006
	太和	2.7335	0.0000	0.0000	2.7335
	颍上	4.7720	0.0000	0.0000	4.7720
合肥市	长丰	2.0396	0.0011	0.0065	2.0472
	肥东	1.8507	0.0475	0.0000	1.8982
	肥西	1.9623	0.0508	0.0000	2.0131
	巢湖	1.2363	0.1046	0.7928	2.1337
	庐江	2.4972	0.3687	0.1028	2.9687
	合肥	0.4453	0.0004	0.0000	0.4457
淮北市	淮北	0.5699	0.0000	0.0858	0.6557
	濉溪	3.8539	0.0008	0.2124	4.0671
淮南市	凤台	2.4381	0.0030	0.0359	2.4770
	淮南	1.9008	0.0023	0.2155	2.1186
黄山市	黄山	0.2571	2.3379	0.5237	3.1186
	祁门	0.0000	2.6015	0.1968	2.7983
	歙县	0.2178	3.0275	0.2693	3.5145
	休宁	0.1539	2.7645	0.1113	3.0297
	黟县	0.0000	0.9569	0.7457	1.7026
六安市	霍邱	4.0240	0.0004	0.1402	4.1646
	霍山	0.1754	2.3216	0.0000	2.4970
	金寨	0.1618	4.3056	0.0000	4.4674
	六安	3.6731	1.0579	0.0000	4.7309
	寿县	3.6935	0.0024	0.0532	3.7491
	舒城	1.3355	2.2758	0.0000	3.6113
马鞍山市	当涂	2.1970	0.0806	0.0000	2.2776
	马鞍山	0.1377	0.0151	0.0652	0.2181
	含山	0.9466	0.1782	0.5217	1.6464
	和县	2.3014	0.0526	0.5277	2.8817

续表 2-3-2

地（市）	县（市）	孔隙水	裂隙水	岩溶水	合计
宿州市	砀山	2.4692	0.0000	0.0000	2.4692
	灵璧	3.8839	0.0000	0.1228	4.0067
	泗县	3.1465	0.0000	0.0292	3.1757
	宿州	4.3522	0.0006	0.4913	
	萧县	3.5433	0.0042	0.5398	
铜陵市	铜陵市	0.0125	0.0224	0.0838	0.1186
	铜陵县	0.7016	0.0952	1.1148	1.9116
芜湖市	繁昌	1.2039	0.0561	0.8084	2.0683
	无为	3.8928	0.1148	0.3972	4.4048
	南陵	1.4885	0.1442	0.6757	2.3083
	芜湖市	0.2063	0.0016	0.0000	0.2079
	芜湖县	1.6451	0.0130	0.0410	1.6991
宣城地区	广德	0.8475	1.5013	0.5215	2.8704
	绩溪	0.0000	1.3326	0.8117	2.1443
	泾县	0.5043	1.6514	1.5673	3.7231
	旌德	0.0000	1.0575	0.2277	1.2852
	郎溪	1.1379	0.2105	0.0000	1.3484
	宁国	0.2533	1.9724	3.5946	5.8203
	宣州	2.7079	0.4826	0.8150	4.0055
总　计		138.2015	47.8024	30.2495	216.2534

可开采量

全省（多年平均）地下水可开采资源量 135.2087 亿立方米 / 年(占天然补给资源量的比例为 62.52％)。其中,孔隙水 110.0240 亿立方米 / 年(占天然补给资源量的比例为 79.61％),裂隙水 11.9506 亿立方米 / 年(占天然补给资源量的比例为 25.00％),岩溶水 13.2341 亿立方米 / 年(占天然补给资源量的比例为 43.74％);淮河流域 72.5925 亿立方米 / 年,长江流域 59.8745 亿立方米 / 年,钱塘江流域 2.7417 亿立方米 / 年。分布情况分别列于表 2-3-3、表 2-3-4。

流域分区地下水可开采资源量统计表

表 2–3–3　　单位：亿立方米 / 年

流域	流域分区	孔隙水	裂隙水	岩溶水	合计
长江	长江以北	26.7175	4.9203	2.0644	33.7022
长江	长江以南	12.5690	4.1189	9.4845	26.1723
淮河	淮河以北	57.2124	0.0016	0.6684	57.8824
淮河	淮河以南	13.1964	0.9021	0.6116	14.7101
钱塘江	新安江	0.3288	2.0076	0.4053	2.7417
总　计		110.0241	11.9505	13.2342	135.2087

县（市）地下水可开采资源量表

表 2–3–4　　单位：亿立方米 / 年

地（市）	县（市）	孔隙水	裂隙水	岩溶水	合计
安庆市	安庆	0.5191	0.0098	0.0632	0.5920
	枞阳	1.7086	0.0743	0.0081	1.7910
	怀宁	1.6005	0.0966	0.2499	1.9470
	潜山	1.0177	0.4682	0.0000	1.4859
	宿松	1.6010	0.2423	0.1150	1.9582
	太湖	0.3792	0.6349	0.0202	1.0343
	桐城	1.7461	0.2350	0.0000	1.9811
	望江	1.3420	0.0103	0.0231	1.3754
	岳西	0.0000	0.9087	0.0000	0.9087
蚌埠市	蚌埠	0.3337	0.0021	0.0000	0.3358
	固镇	2.2268	0.0000	0.0000	2.2268
	怀远	3.8899	0.0014	0.0511	3.9423
	五河	2.2319	0.0034	0.0000	2.2353
亳州市	亳州	2.7133	0.0000	0.0000	2.7133
	利辛	2.9716	0.0000	0.0000	2.9716
	蒙城	3.4872	0.0000	0.0000	3.4872
	涡阳	2.7280	0.0000	0.0000	2.7280

续表 2–3–4

地（市）	县（市）	孔隙水	裂隙水	岩溶水	合计
池州地区	东至	1.0922	0.5560	0.7504	2.3986
	贵池	1.0671	0.1985	1.3220	2.5876
	青阳	0.3865	0.1189	0.5696	1.0751
	石台	0.0083	0.1719	1.9218	2.1020
滁州市	滁州	0.5028	0.1072	0.2727	0.8826
	定远	1.2095	0.0397	0.2117	1.4609
	凤阳	0.4321	0.0166	0.1531	0.6018
	来安	1.1863	0.0327	0.0000	1.2190
	明光	0.8204	0.1677	0.0000	0.9881
	全椒	0.9775	0.0452	0.3064	1.3290
	天长	1.2764	0.0047	0.0000	1.2812
阜阳市	阜南	3.2589	0.0000	0.0000	3.2589
	阜阳	2.3817	0.0000	0.0000	2.3817
	界首	0.7850	0.0000	0.0000	0.7850
	临泉	2.8932	0.0000	0.0000	2.8932
	太和	2.1273	0.0000	0.0000	2.1273
	颍上	4.1290	0.0000	0.0000	4.1290
合肥市	长丰	1.2089	0.0003	0.0028	1.2120
	肥东	1.3300	0.0119	0.0000	1.3419
	肥西	1.4254	0.0127	0.0000	1.4381
	巢湖	0.9907	0.0262	0.3468	1.3637
	庐江	2.1244	0.0922	0.0450	2.2616
	合肥	0.3484	0.0001	0.0000	0.3485
淮北市	淮北	0.4738	0.0000	0.0375	0.5113
	濉溪	3.0763	0.0002	0.0929	3.1694
淮南市	凤台	2.1132	0.0008	0.0157	2.1297
	淮南	1.5718	0.0006	0.0943	1.6666
黄山市	黄山	0.1348	0.5845	0.2291	0.9483
	祁门	0.0000	0.6504	0.0861	0.7365
	歙县	0.1131	0.7569	0.1178	0.9878
	休宁	0.0810	0.6911	0.0487	0.8208
	黟县	0.0000	0.2392	0.3262	0.5655

续表 2–3–4

地（市）	县（市）	孔隙水	裂隙水	岩溶水	合计
六安市	霍邱	2.6260	0.0001	0.0613	2.6874
	霍山	0.1560	0.5804	0.0000	0.7364
	金寨	0.1460	1.0764	0.0000	1.2224
	六安	2.7233	0.2645	0.0000	2.9878
	寿县	2.6054	0.0006	0.0233	2.6292
	舒城	1.1878	0.5690	0.0000	1.7567
马鞍山市	当涂	1.7129	0.0202	0.0000	1.7330
	马鞍山	0.0808	0.0038	0.0285	0.1131
	含山	0.8137	0.0445	0.2282	1.0865
	和县	2.0042	0.0132	0.2308	2.2482
宿州市	砀山	2.0617	0.0000	0.0000	2.0617
	灵璧	3.2131	0.0000	0.0537	3.2668
	泗县	2.5398	0.0000	0.0128	2.5526
	宿州	3.4502	0.0002	0.2150	3.6653
	萧县	3.0124	0.0010	0.2362	3.2496
铜陵市	铜陵市	0.0088	0.0056	0.0366	0.0511
	铜陵县	0.5332	0.0238	0.4877	1.0447
芜湖市	繁昌	0.9514	0.0140	0.3537	1.3191
	无为	3.4470	0.0287	0.1738	3.6495
芜湖市	南陵县	1.2286	0.0360	0.2956	1.5603
	芜湖市	0.1593	0.0004	0.0000	0.1597
	芜湖县	1.2667	0.0033	0.0180	1.2879
宣城地区	广德	0.5947	0.3753	0.2282	1.1982
	绩溪	0.0000	0.3332	0.3551	0.6883
	泾县	0.4190	0.4129	0.6857	1.5176
	旌德	0.0000	0.2644	0.0996	0.3640
	郎溪	0.7936	0.0526	0.0000	0.8463
	宁国	0.2060	0.4931	1.5726	2.2717
	宣州	2.0599	0.1206	0.3566	2.5371
总计		110.0240	11.9506	13.2341	135.2087

开发利用现状

1980 年后，安徽省水利部门先后开展数次水资源开发利用调查分析工作，分别调查统计了 1980、1986、1990、1993 年全省水资源开发利用量。1994 年以后逐年编制《安徽省水资源公报》，分别列出当年水资源的开发利用情况。2000—2010 年，据安徽省地质环境监测报告，地下水开采量见表 2-3-5。

2000—2010 年安徽省地下水开采量统计表

表 2-3-5　　单位：亿立方米

年　份	淮河以北	淮河以南	全省合计	资　料　来　源
2000	18.03	0.53	18.56	据 2000 年安徽省地质环境监测报告
2001	19.28	0.73	20.01	据 2001 年安徽省地质环境监测报告
2002	20.5	0.75	21.25	据 2002 年安徽省地质环境监测报告
2003	16.03	4.46	20.49	据 2003 年安徽省地质环境监测报告
2004	16.19	4.73	20．92	据 2004 年安徽省地质环境监测报告
2005	14.88	3.81	18.69	据 2005 年安徽省地质环境监测报告
2006	16.34	4.44	20.78	据 2006 年安徽省地质环境监测报告
2007	15.92	4.13	20.05	据 2007 年安徽省地质环境监测报告
2008	15.94	6.48	22.42	据 2008 年安徽省地质环境监测报告
2009	18.21	4.19	22.40	据 2009 年安徽省地质环境监测报告
2010	18.17	3.23	22.40	据 2010 年安徽省地质环境监测报告

淮北平原　淮北平原东北部有少量的震旦系与古生界的碳酸盐岩和碎屑岩地层出露，大部分被第四系和新近系松散岩类所覆盖。松散岩类厚度西厚东薄。地下水类型主要是松散岩类孔隙水和碳酸盐岩裂隙岩溶水，松散岩类孔隙水按其埋藏深度分为浅层孔隙水和深层孔隙水。松散岩类孔隙水中铁、锰、氟化物含量偏高，水质相对较差，多为 II、III 级水，地下水中超标组份主要是原生的铁、锰、氟化物。城镇周围出现 IV 级水，超标组份有原生的铁、锰、氟化物、化学需氧量、总硬度、溶解性总固体、亚硝酸盐、氨氮。碳酸盐岩裂隙岩溶水多为 I 级水，城区出现少量 IV 级水，地下水中超标组份为化学需氧量、总硬度、亚硝酸盐、氨氮。

浅层孔隙水：大面积分布着 II、III 级水，局部地区出现 IV 级水。IV 级水主要分布在砀山、界首、阜阳、宿州、蚌埠等城市周围及东部的淮河沿岸，地下水中超标组份为化学需氧量、总硬度、溶解性总固体、亚硝酸盐。III 级水分布于萧县、砀山和亳州、太和一带的黄泛区及阜阳东部的河间低洼处，地下水径流条件差，水交替强度弱，地下水中原生的铁、锰、氟化物含量较高，其中单项或两项组份含量达到 5 类水标准。II 级水遍布淮北平原中部和东北部地区，地下水中超标组份亦是原生的铁、锰、氟化物，其含量属4类。浅层孔隙水超标组份主要是铁、锰，超标率（相对于3类水标准，即生活饮用水质量标准，下同）大于50%；次为化学需氧量、总硬度、氟化物、溶解性总固体、亚硝酸盐，超标率大于10%（表2-3-6）。

深层孔隙水：超标率大于50%的组份为铁，超标率在10%～50%之间的有锰、氟化物、pH值、化学需氧量、氨氮。深层孔隙水大面积分布着III级水，局部地区出现II、IV级水。IV级水主要分布于砀山、蚌埠市周围，属污染所致。地下水中超标组份除原生的铁、锰、氟化物外，主要为化学需氧量、氨氮。II级水分布于界首—阜阳一带，地下水中原生的铁、锰、氟化物含量为4类。III级水遍布淮北平原，地下水中铁、锰、氟化物、pH值含量达到5类水标准（表2-3-7）。

岩溶裂隙水：主要分布在淮北平原北部萧县—淮北—灵璧一带低山丘陵区，多为质量较好的I级水。淮北市少数水样中总硬度、pH值、化学需氧量、硝酸盐、亚硝酸盐、氨氮含量达4、5类，最高值分别为565.51毫米/升、10.19、6.42毫米/升、100毫米/升、1.6毫米/升、0.35毫米/升。

江淮波状平原　江淮波状平原区广泛覆盖含水性很差的第四系中更新统黏性土，另有古近系、新近系红色碎屑岩及古老的变质岩分布，均为地下水贫乏地区。第四系全新统松散岩类仅分布在河流和湖泊周围，赋存孔隙水。石炭系、奥陶系和寒武系的碳酸盐岩赋存裂隙岩溶水，主要分布在定远县、凤阳县及淮南一带。该区地下水水质较好，普遍为I级水，III、IV级水零星分布。III级水位于西北部淮河沿岸，地下水类型为松散岩类孔隙水，超标组份为原生的铁、锰，其含量达到5类水标准。IV级水分布在东北部淮河沿岸及合肥市周围，地下水类型主要是松散岩类孔隙水和裂隙岩溶水，地下水中超标组份主要是氯化物、硫酸盐、硝酸盐、亚硝酸盐等，氯化物最高含量606.2毫米/升，超过饮用水标准2.4倍；硫酸盐最高含量1211.8毫米/升，超过饮用水标准4.8倍；硝酸盐最高含量130.03毫米/升，超过饮用水标准1.4倍；亚硝酸盐最高含量35.0毫米/升，超过饮用水标准500倍。

皖西山地　皖西山地地下水主要赋存于变质岩、岩浆岩和部分碎屑岩中，地下水类型属基岩裂隙水。本区含水层富水性能差，地下水交替强烈，地下水质量均为较好的I级水。

沿江丘陵平原　沿江丘陵平原地下水类型有全新统砂砾石层中的松散岩类孔隙水、三迭、二迭、石炭、奥陶、寒武和震旦系的碳酸盐岩中的裂隙岩溶水及少量的火山岩、变质岩、侵入岩和碎屑岩中的基岩裂隙水。降水补给充沛，循环交替强烈，地下水质量较好。主要为I、II级水，III、IV级水零星分布。I级水主要分布于本区南部和北部的丘陵区，地下水类型主要是基岩裂隙水和少量松散岩类孔隙水。II级水主要分布在长江沿岸，地下水类型主要是松散岩类孔隙水和少量的基岩裂隙水。含水岩层中富含铁、锰质矿物，地下水中原生的铁、锰含量偏高，含量值分别小于1.5毫米/升和1.0毫

米 / 升，属 4 类水。III 级水零星分布于宿松—望江、芜湖—马鞍山和庐江一带，地下水中原生的铁、锰含量一般大于 1.5 毫米 / 升和 1.0 毫米 / 升。南部宿松一带，pH 值偏低，最低值为 5.0，主要是原生的酸性环境所造成。IV 级水零星分于滁州北部、东部及马鞍山南部一带，地下水以松散岩类孔隙水为主，超标组份主要是氯化物、硫酸盐、硝酸盐、亚硝酸盐和氨氮。氯化物超标点主要集中在滁州东部及马鞍山南部一带，一般为 396.4 ~ 591.5 毫米 / 升，最高含量为 751.6 毫米 / 升，超过饮用水标准 3 倍以上。硫酸盐超标点集中在滁州北部一带，含量为 300 毫米 / 升左右，比饮用水标准略高。硝酸盐、亚硝酸盐和氨氮超标点遍布 IV 级水分布区，最高含量分别为 160.8 毫米 / 升、2.7 毫米 / 升和 9.4 毫米 / 升，超过饮用水标准 1.8、38.5 和 47 倍。此外，本区部分城市厂矿附近存在个别有毒组份超标。

皖南山地　皖南山地广泛出露长城—蓟县系浅变质结晶岩系、奥陶和志留系浅海相碎屑岩和侵入岩，中、上寒武统的碳酸盐岩在中部和东北部地区小范围出现，第四系的松散岩仅见于山间盆地和谷地中，本区地下水以基岩裂隙水为主，裂隙岩溶水和孔隙水次之。该区年平均降雨量最大，补给充沛，排泄迅速，循环交替强烈，地下水水质最好。适于饮用的 I 级水广泛分布于全区；仅在南部浅变质岩出露区出现少量的 II 级水，主要是原生的酸性环境造成地下水中 pH 值偏低，一般为 6.0 左右。此外，在黄山、休宁、绩溪等地区，因人为污染，有个别水点的亚硝酸盐和氨氮超标，最高含量分别为 0.52 毫米 / 升和 0.24 毫米 / 升。

总体上看，全省不同地域地下水质量差异较大。山区及丘陵区地下水质量优于平原区，人类生活相对集中地区的地下水质量劣于其他地区。适于生活饮用的 I 级水主要分布于江淮丘陵、沿江丘陵、皖西山地及皖南山地地区，适当处理后可供饮用的 II 级水主要分布于淮北平原区和沿江平原区，适于工农业用水的 III 级水主要位于淮北平原西部和沿江平原区的部分地区，不可直接利用的 IV 级水主要分布在淮河中下游两岸及人口较为集中的城填、矿区周围。

2001 年淮北平原浅层孔隙水水质状况表

表 2-3-6

评价参数	样本数（个）	检出限（毫米/升）	3 类水标准（≤毫米/升）	检出率(%)	超标率（%）	最大超标倍数（倍）	检出含量（毫米/升）
pH 值	55		6.5–8.5	100	1.82	1.19	6.82–8.69
总硬度	55		450	100	34.55	3.51	180.16–1578.42
溶解性总固体	55		1000	100	12.73	2.12	254.14–2116.82
硫酸盐	55	1.0	250	90.91	0		0.48–173.39
氯化物	55	1.0	250	100	3.64	2.70	3.9–675.68
铁	55	0.08	0.3	90.91	65.46	40.00	0.08–12
锰	55	0.05	0.1	100	61.82	19.08	0.006–1.908
化学需氧量（高锰酸盐指数）	55	0.5	3.0	100	36.36	2.65	0.98–7.94
硝酸盐	55	0.5	90	70.91	5.46	6.11	0.7–550
亚硝酸盐	55	0.004	0.07	60	18.18	12.86	0.004–0.9
氨氮	55	0.04	0.2	56.36	7.27	8.00	0.04–1.6
氟化物	55	0.05	1.0	100	21.82	2.00	0.2–2.0
酚	55	0.002	0.002	9.09	0		0.002
氰化物	55	0.002	0.05	50.91	0		0.002
汞	55	0.0001	0.001	27.27	0		0.0001
砷	55	0.007	0.05	1.82	0		0.024
镉	55	0.005	0.01				
六价铬	55	0.004	0.05	9.09	0		0.004

续表 2-3-6

评价参数	样本数（个）	检出限（毫米/升）	3类水标准（≤毫米/升）	检出率(%)	超标率（%）	最大超标倍数（倍）	检出含量（毫米/升）
铅	55	0.05	0.05				
备注	“3类水标准”及“检出含量”两栏“pH值”无单位						

2001年淮北平原深层孔隙水水质状况表

表 2-3-7

评价参数	样本数（个）	检出限（毫米/升）	3类水标准（≤毫米/升）	检出率(%)	超标率（%）	最大超标倍数（倍）	检出含量（毫米/升）
pH值	56		6.5–8.5	100	16.07	2.35	6.91–9.85
总硬度	56		450	100	3.57	1.47	21.92–662.1
溶解性总固体	56		1000	100	5.36	1.87	296.42–1867.27
硫酸盐	56	1.0	250	89.29	3.57	2.68	0.96–670.03
氯化物	56	1.0	250	100	0		1.06–233.26
铁	56	0.08	0.3	96.43	71.43	92.67	0.09–27.8
锰	56	0.05	0.1	94.64	41.07	40.16	0.006–4.016
化学需氧量（高锰酸盐指数）	56	0.5	3.0	98.21	14.29	2.8	1.02–8.4
硝酸盐	56	0.5	90	57.14	0		0.5–80
亚硝酸盐	56	0.004	0.07	37.50	5.2	4.00	0.004–0.28
氨氮	56	0.04	0.2	55.36	12.50	17.10	0.04–3.43
氟化物	56	0.05	1.0	100	35.71	2.80	0.2–2.8
酚	56	0.002	0.002	7.14	1.79	1.50	0.002–0.003

续表 2–3–7

评价参数	样本数（个）	检出限（毫米 / 升）	3 类水标准（≤毫米 / 升）	检出率(%)	超标率（%）	最大超标倍数（倍）	检出含量（毫米 / 升）
氰化物	56	0.002	0.05	35.71	0		0.002
汞	56	0.0001	0.001	37.50	0		0.0001–0.0002
砷	56	0.007	0.05	5.36	0		0.008–0.044
镉	56	0.005	0.01	0	0		
六价铬	56	0.004	0.05	8.93	0		0.004
铅	56	0.05	0.05	0	0		
备注	“3 类水标准”、“检出含量”两栏“pH 值”无单位						

第二节　地热水

类型

截至2010年研究成果表明，全省地热资源按其在热储中赋存相态，只有液相热水型地热资源一种类型。再据热水形成的地质作用及其所赋存的地质构造形态，可进一步划分为断陷盆地传导型和隆起带对流型两种地下热水。前者产出形成钻井，后者为温泉。省内已知热水温度均低90℃，依照《地热资源地质勘查规范》（GB/T11615-2010）温度分级，属低温地热资源。

全省地下热水显示点62处。其中：温泉16处，热水井42处，热水矿区4处。16处温泉中，水温大于60℃的热水3处；40℃～60℃的温热水8处；25℃～40℃的温水5处。温泉水温最高65.5℃。42处热水井中，水温40℃～60℃的水井6处，25℃～40℃的水井36处。4处热水矿区分别是：淮南潘集煤矿，水温为32℃～44℃；庐江罗河铁矿，水温为38℃～44℃；霍邱周集铁矿，水温为47.4℃～55.5℃；旌德萤石矿于地下290米巷道遭遇36℃的温水涌入。这些矿区赋存的温热水均作为热害进行勘查评价，矿床开采时进行疏排处理，故这部分热水本次不纳入地热资源范畴。

分布

地下热水分布受地质构造与岩层性质控制。前述断陷盆地传导型地下热水主要分布于亳州——阜阳断陷盆地，盆地内沉积厚1600米以上新生界胶结、半胶结碎屑岩类，上第三系馆陶组半胶结中、细砂岩、砂砾岩为热储层，赋存孔隙热水，受隐伏断块影响，埋深有所变化，上覆明化镇组砂泥岩厚450米以上，成为热储盖层，构成具较好封闭环境传导型地热田，热流值66~84毫瓦/平方米，略高于全国大陆地区热流平均值，具有热异常特征，6处热水深井均分布在热异常范围内，热储层均为馆陶组，仅埋深略有差异（表2-3-8），这种差异与基底起伏相一致，热流值亦有变化，亳州地区基底埋深较大，热流值66~70毫瓦/平方米，太和、阜南地区基低略有抬高，热流值增至84~95毫瓦/平方米。此外，6处热水深井还显示，700米以浅，地温梯度1.24℃～2.3℃/百米，属正常和偏低地区；750米以下，亳州、太和地区地热梯度2.1℃～2.3℃/百米，而阜阳、阜南地区则为3.5℃～4.4℃/百米，显然与热储北部较深、南部较浅有关。

亳州—阜阳盆地6处热水井，水温43℃～53℃，单井水量大多大于1000立方米/天，溶解总固体大都大于2.0克/升，水质类型自北至南呈现有规律变化。亳州丰水源井热水水质氯硫酸钠型，溶解总固体（TDS）12.3~14.8克/升，常量组份氯离子含量6800~7068毫克/升，硫酸根离子含量840~1810毫克/升，钠离子含量1725~2180毫克/升。标志组份溴化物达5.2毫克/升，已达医疗矿水命名标准，硼含量1.835毫克/升，碘含量0.8毫克/升。如此水质与热储埋深大（1172~1367米）、环境封闭好，水交替循环缓慢有关。属含溴硼咸热水，具理疗价值。

亳州交通局井至太和度假村井热储埋深略有抬高，虽水质类型不变，但氯离子、硫酸离子含量均有减小，分别为 1094~2350 毫克 / 升和 430~700 毫克 / 升；钠离子含量降至 974~1725 毫克 / 升，溶解总固体 2.8~6.5 克 / 升，溴、碘含量也低于丰水源井。

阜阳市区热水井热储埋深又有升高（730~915 米），水质类型不变，组份含量进一步减少，氯离子含量 1100~1220 毫克 / 升，硫酸根离子含量 240~350 毫克 / 升，钠离子含量 975~1040 毫克 / 升，TDS（溶解总固体）：2.5 克 / 升左右。标志组份溴：1.75 毫克 / 升，硼：1.315 毫克 / 升，碘：0.476 毫克 / 升。

阜阳热水井临近盆地边缘，热储埋深 700~815 米，处于半封闭环境，有降水入渗，水质变为重碳酸钠型水，碳酸氢根离子含量 413.7 毫克 / 升，钠离子：212.5 毫克 / 升，TDS（溶解总固体）：0.79 克 / 升，标志组份溴：0.122 毫克 / 升，硼：0.148 毫克 / 升，碘：0.067 毫克 / 升。

安徽省亳—阜盆地地热井情况统计表

表 2-3-8

位　置	井深（米）	水温（℃）	出水量（立方米 / 天）	水质类型	热储条件
亳州丰水源	1552.71	53	1252	氯硫酸钠型 pH7.4	馆陶组半胶结砂岩、粉砂岩，埋深 1172–1367 米
亳州交通局	1138	46	552	氯硫酸钠型 pH7.6	馆陶组半胶结砂岩、粉砂岩，埋深 914–1104 米。
太和度假村	1073	53	1258	氯硫酸钠型 pH8.0	馆陶组合砾粗砂岩，埋深 900–1053 米。
阜阳利源商城	1071	44.9	1258	氯硫酸钠型	馆陶组合砾粗砂岩，埋深 761–915 米。
阜阳商贸城	1162.2	44.2	2400	氯硫酸钠型	馆陶组合砾中粗砂岩，埋深 737–924 米。
阜南田集	832	43	1008	重碳酸钠型 pH8.4	馆陶组合砾岩，埋深 700–815 米。

亳州、太和、阜阳等地热水，均具不同程度的理疗价值。太和县度假村热水氡含量 652 贝克 / 升，达到氡水命名标准，理疗作用价值高。该区 32 处温水（26℃ ~ 30℃）井均用作普通生产、生活供水；合肥、肥东、定远等地的 4 处温水（31℃ ~ 33℃）井，2002 年前已作为饮用天然矿泉水勘查评价，并通过鉴定，故上述温水井不再纳入地热资源范畴。

隆起带是地下热水露头——温泉集中分布区。全省水温大于 25℃的温泉 16 处，分散在江淮、江南 12 个市（县、区），天然总流量 10567 立方米 / 天。温泉简况 (见表 2-3-8)。巢湖弯断褶隆起带分布有香泉、昭关、半汤、暖塘岗等温泉；东汤池、西汤池、山东里、上土市、汤池畈、溪佛、西庄和汤水湾等温泉分布在大别山断块隆起带内。巢湖隆起带岩层主要为碳酸盐岩和碎屑岩，大别山隆起带分布一套深变质混合结晶岩类，在地热状态上属地热梯度低值区，但活动断裂构造交织组合发育，在北北东与北西西向断裂交汇部位构成地下热水上涌通道，出露地表即成对流型温泉。江南台隆抬升历史悠久，地壳稳定性较好，活动性深大断裂不发育，故仅有黄山、张湾、狮石等少数温泉分布。

16 处温泉中，水温 25℃ ~ 40℃有 5 处，天然流量 571 立方米 / 天；40℃ ~ 60℃有 8 处，天然流量 5806 立方米 / 天；水温 60℃ ~ 65℃有 3 处，天然流量 4190 立方米 / 天（详见表 2–3–8）。表 2–3–8 显示，巢湖和大别山两个隆起带内温泉，绝大部分水温都在 40℃以上。巢湖隆起带热水水质类型为硫酸钙镁型水，大别山隆起带为硫酸钠或硫酸钙钠型水。两隆起带水质差异与其组成岩性不同有关。江南台隆除组成地层岩性有别于巢湖、大别山两个隆起带外，且降水充沛，故温泉水温少有超过 40℃者，TDS（溶解总固体）普遍小于 500 毫克 / 升，水质类型重碳酸钠钙型水或重碳酸钙镁型水（见表 2–3–9）。

安徽地热水资源研究程度较低，施工、测试水平有待提高，科学寻找地热资源，合理开发地热资源，任重而道远。

资源量

估算结果

断陷盆地。仅对有勘查、开发远景的亳州——阜阳断陷盆地地热资源量进行估算，结果是：42℃ ~ 50℃热水量赋存量 1.279 × 1011 立方米；采收率按贮存量的 25%、开采年限 100 年计算，42℃ ~ 50℃热水年开采量 3.2 × 108 立方米 / 年（折算成 45℃热水开采量 3.3 × 108 立方米 / 年）；相当地热能 3.8 × 1016 焦耳 / 年。

隆起带。大别山隆起带：该区 8 处温泉，其中舒城西汤池详查探明 60℃热水允许开采量 1.3 × 105 立方米 / 年，相当地热能 2.19 × 1013 焦耳 / 年；庐江东汤池钻孔涌水量 1973 年 3500 立方米 / 天，水温 65.5℃，30 年后衰减至 1536 立方米 / 天，水温 63℃，据此计算，63℃热水开采量 5.61 × 105 立方米 / 年，相当地热能 1.0 × 1014 焦耳 / 年。其余 6 处温泉地热资源量示于（见表 2–3–10）。大别山隆起带合计：热水允许开采量 1.53 × 106 立方米 / 年，相当于地热能 2.2 × 1014 焦耳 / 年。巢湖隆起带：该区温泉 4 处，巢湖半汤已探明 55℃热水允许开采量 3.85 × 105 立方米 / 年（1055.31 立方米 / 天），相当地热能 5.64 × 1013 焦耳 / 年。另 3 处温泉资源量（见表 2–3–11）。巢湖隆起带合计：热水允许开采量 1.44 × 106 立方米 / 年，相当于地热能 1.55 × 1014 焦耳 / 年。江南台隆：本区温泉 4 处，黄山宾馆温泉区已探：保留温泉条件下，ZK301 孔 40℃ ~ 45℃热水允许并采量 834 立方米 / 天（3.65 × 105 方米 / 年），相当地热能 3.69 × 1013 焦耳 / 年。其余 3 处资源量（见表 2–3–12）。江南台隆合计：热水允许开采量 5.65 × 105 立方米 / 年，相当于地热能 5.42 × 1013 焦耳 / 年。

安徽省温泉状况统计表

表 2-3-9

名　　称	水温（℃）	天然流量（立方米 / 天）	水　质　类　型	现　　状
巢湖半汤	58–61	610	硫酸钙镁型水	过量开采、泉点水量减小
和县香泉	47	1370	硫酸钙镁型水	钻孔开采、泉点水量减小
含山昭关	40.5	1150	硫酸钙镁型水	钻孔、泉群联通
庐江暖塘岗	37	250	重碳酸钙镁型水	未开发
庐江东汤池	65.5	3500	硫酸钠型水	钻孔涌水，泉点消失，涌水量衰减，水量降低
舒城西汤池	62–65	80	硫酸钠钙型水	钻孔开采，泉水量减小
舒城山七里	40	130	硫酸钠钙型水	钻孔抽水，泉水量减小
霍山上土市	47–53	113	硫酸钠型水	钻孔抽水、泉点消失
金寨西庄	44–48	117	硫酸钠钙型水	钻孔抽水，泉点消失
岳西汤池畈	54–58	2400	硫酸重碳酸钠型水	钻孔开采，泉水减小
岳西溪佛	32.5	53	硫酸钠型水	钻孔抽水，泉水锐减
黄山宾馆	40.2	166	重硫酸钙钠型水	过量开采
黄山松谷庵	28.5	107	重硫酸钙钠型水	未开发
太湖汤水湾	36	108	硫酸重碳酸钠钙型	钻孔涌水，泉点消失
东至张湾	47	360	重碳酸钙镁型水	未开发
歙县狮石	34	53	重碳酸钙镁型水	未开发

全省地热资源量 热水允许开采量总计 3.23 × 108 立方米 / 年。折算成 45℃热水允许开采量 3.368 × 108 立方米 / 年，相当于地热能 3.84 × 1016 焦耳 / 年，相当于标准煤 1.32 × 106 吨 / 年。

大别山隆起带温泉资源量表

表 2-3-10

温泉名称	热水允许开采量（立方米 / 天）	相当地热能（焦耳 / 年）	温泉名称	热水允许开采量（立方米 / 天）	相当地热能（焦耳 / 年）
舒城山七里	1.38 × 105	1.1 × 1013	岳西汤池畈	9.35 × 105	1.4 × 1014
金寨西庄	1.53 × 105	1.92 × 1013	岳西溪佛	1.92 × 104	2.68 × 1012
霍山上土市	4.65 × 104	6.03 × 1012	太湖汤水湾	3.2 × 105	3.88 × 1013

巢湖隆起带温泉资源量表

表 2–3–11

温泉名称	和县香泉	含山昭关	庐江暖塘岗
热水允许开采量（立方米 / 天）	5.0 × 105	4.2 × 105	9.1 × 104
相当地热能（焦耳 / 年）	5.64 × 1013	3.6 × 1013	6.5 × 1012

江南台隆温泉资源量表

表 2–3–12

温泉名称	和县香泉	含山昭关	庐江暖塘岗
热水允许开采量（立方米 / 天）	1.31 × 105	0.19 × 105	0.4 × 105
相当地热能（焦耳 / 年）	1.48 × 1013	0.11 × 1013	0.14 × 1013

开发利用

现状　开发利用现状可分过度开发、部分开发和未开发三种状况。

过度开发的有。巢湖半汤、黄山宾馆、庐江东汤池及和县香泉 4 个热水区。巢湖半汤温泉：利用历史悠久，自 20 世纪 70 年代后，各种形式的疗养院、招待所、培训中心、高级宾馆猛增，热水开采持续扩大，以致出现水温下降、疗效降低，部分泉点消失。黄山宾馆温泉：天然温泉口已为深坑泵房代替，保护“四绝”刻不容缓。庐江东汤池温泉：现有两个钻孔涌水，原有 5 个温泉口全部消失。除建有众多干休所、文化中心、高档宾馆外，还投资 10 亿元、占地 5000 亩兴建“金孔雀温泉旅游度假村”。钻孔自流量由 1973 年 3500 立方米 / 天、65.5℃，2007 年衰减至 1500 立方米 / 天、63℃。二氧化硅也由 83~100 毫克 / 升降至 62.63 毫克 / 升，热水过度开采迹象明显。和县香泉温泉：原两个温泉口分别供当地沐浴和洗涤。南京、芜湖开发商各自建度假村，并在村院内打井取水，开采量 1600 立方米 / 天，原温泉口濒临消失，影响当地群众用水。

部分开发的有。太和度假村：开发商建有集餐饮、洗浴、休闲于一体的休闲度假村，客房 50 间，床位 100 张，2007 年开业，用水未达允许开采量，而且没有发挥热水理疗作用。舒城西汤池：利用两个热水井供镇办洗浴中心和省民航休闲度假山庄洗浴用水。岳西汤池畈：民营宾馆利用部分热水，客源不多，利用率低。太湖汤水湾：利用钻孔开采热水，温泉已经消失。南京开发商经营休闲山庄，季节性强，客源不多。

未开发的有。含山昭关、庐江暖塘岗、霍山上土市、金寨西庄、岳西溪佛、歙县狮石、东至张湾和黄山松谷庵等温泉，以及阜阳利源商城和商贸城、阜南田集、亳州交通局等热水井。

问题　温泉区未经可行性勘查论证不宜贸然打井取水。已出现超量开采、过度开发的温泉区，应重新论证热水资源和开发方案。亳州、阜阳地区地下热水具有不同特色的医疗作用,缺少这方面的开发项目,不能充分发挥其独特价值。制约红层地区深部地热资源勘查、开发的深井成井工艺和洗井技术得不到保证,则难以突破中、新生代红层盆地找热问题。亳州—阜阳断陷盆地有待进一步开展地热地质工作,以保证地热资源合理开发利用。

第三节 矿泉水

沿革

矿泉水专指饮用矿泉水,即经过地下深循环、含有一定有益人体健康的矿物盐和微量元素、无原生和次生污染,经过勘查评价和鉴定认可,可直接饮用的优质地下水,其产出方式可以是天然露天（泉),也可是人工揭露（井孔),通称饮用天然矿泉水。

省内最早认定的矿泉水是省地质矿产局332地质队勘查评价，1985年省科委组织鉴定的黄山市黄山区肖黄山喷玉泉。1988年2月省科委组织鉴定淮南市八公山东玉露泉矿泉水。同年,地质矿产部对宁国小岭塘、萧县梅村、舒城柳抱泉、当涂县太白等矿泉水进行鉴定,颁发鉴定证书,对全省矿泉水工作发展有很大推动作用。

淮南市八公山玉露泉矿泉水鉴定会后,受安徽省食品工业协会会长、原副省长胡坦动议和支持,省地质矿产局联络省卫生、轻工、食品等相关部门协同,经筹备、申报,1988年9月20日省政府办公厅批准成立“安徽省饮用天然矿泉水技术评审鉴定小组”（1997年改委员会）。当年即评审鉴定青阳庙前六泉口、东至香口张湾两处矿泉水,成立三年鉴定矿泉水17处。1992—1998年7年间鉴定矿泉水10处,适应了矿泉水行业快速发展需要。1999年后矿泉水增幅锐减,至2004年年底仅鉴定矿泉水11处，2005年后,矿泉水数量未再增加。

全省1985—2005年,经省级和部级鉴定认可的矿泉水水源地137处。

省矿泉水鉴定小组（委员会）前期挂靠省地矿局,由地矿局归口管理，2000年以后转入省国土资源厅。

类型

安徽矿泉水依据达标组份多寡,可分单指标,双指标和多指标水三大类。

单指标水　即单项组份达到界限指标的矿泉水。水质类型均为重碳酸钙型水或重碳酸钠型水,而且大部以泉水形式产出,利用方便。共35处,占矿泉水总数（137处）的25.5%。按达标项目可划分为三种:锶矿泉水,共20处,占单指标矿泉水的57%。锶含量多数0.21~0.86毫克/升,少数1.07~1.76毫克/升。锶是人体必需的微量元素,有强壮骨骼、防治心血管病之功效;偏硅酸矿泉水,共14处,占单指标矿泉水的40%,偏硅酸（H2SiO3）含量25~59毫克/升,对动脉硬化、高血压、心脏病和强壮筋骨等具有一定医疗保健作用;碘矿泉水,仅界首市区1处,碘（I）含量0.22~0.31毫克/升,对地甲病和心脏病有防治功效。

双指标水　有两项组份达到矿泉水界限指标。这类矿泉水 87 处，占矿泉水总数的 63.5%。其中偏硅酸锶矿泉水 82 处，占双指标水的 94.2%，是省内优势矿泉水品种。偏硅酸含量 22~45 毫克 / 升，锶含量一般 0.20~0.75 毫克 / 升，少数矿泉水（长丰吴山庙、合肥市委党校、巢湖半汤干疗），锶含量达 2.24~3.24 毫克 / 升），水质类型：重碳酸钠钙型水和重碳酸钙镁型水。品质优良，有益人体健康。碘、锶矿泉水 3 处，碘锶含量分别为 0.21~0.26 毫克 / 升和 0.22~0.28 毫克 / 升，重碳酸钠型水，具开发前景。锌·锶矿泉水和锶·溶解总固体矿泉水各 1 处。前者锌含量 0.67~1.39 毫克 / 升，锶含量 2.03~4.09 毫克 / 升，重碳酸钙镁型水，是省内仅有的一处含锌矿泉水。锌是人体必需微量元素，具有重要生理功效和营养价值；后者锶含量 0.214~0.234 毫克 / 升，溶解总固体 1.1~1.2 克 / 升，可称微咸锶矿泉水。水质类型：重碳酸氯化钠型水。

多指标水　包括三项组份达标 11 处，四项达标 2 处，五项达标 2 处，共 15 处，占矿泉水总数的 11%。三项达标矿泉水可分：偏硅酸·锶·溶解总固体矿泉水 5 处，溶解总固体大于 1（1.0~1.3）克 / 升为主要特征，微咸。偏硅酸、锶类同于双指标含量，可称咸味矿泉水，水质重碳酸硫酸钙钠型水和重碳酸钙镁型水；碳酸·偏硅酸·锶矿泉水 3 处，含二氧化碳 257~463 毫克 / 升为其主要特征，水质重碳酸钙镁型水，可谓“天然汽水”；碘、锶、溶解总固体矿泉水 3 处，碘、锶含量类同于双指标水，TDS（溶解总固体）：1.11~1.37 克 / 升，水质氯硫酸重碳酸钠型水，属咸味矿泉水，珍稀品种。四项达标矿泉水 2 处：分别是锂·锶·偏硅酸·溶解总固体矿泉水和碘·锶·偏硅酸·溶解总固体矿泉水。前者为涡阳高炉酒厂供水井，后者系庐江白湖阀门厂供水井。高炉酒厂井的含碘和溶解总固体大于 1 克 / 升为特征，重碳酸氯化钠型水。阀门厂井则以含锂为突出特征，为省内唯一含锂矿泉水。锂具有调节中枢神经、改善造血功能，提高免疫水平等作用，十分可贵，水质类型硫酸重碳酸钙钠型水；2 处 5 项达标矿泉水分别位于太和和淮南，5 项指标中以含溴为突出特征，溴含量 1.64~2.48 毫克 / 升，有调节神经系统的功能，属珍稀矿泉水品种。

分布

137 处矿泉水中，泉 28 处，钻孔 109 处。钻孔主要分布于淮北地区和江淮地区；泉半数在江南，半数在江淮和大别山区。按行政区域，矿泉水分布 16 个地市（调整后的行政区划）63 个县（市、区）。

矿泉水成因类型和空间分布受地质构造、地质岩性和水文地质条件制约。

单指标矿泉水　主要分布于皖南山区、皖西山地和沿长江丘陵等构造隆起区，并多以泉水形式产出。其中偏硅酸水大多赋存于酸性侵入岩及变质结晶岩类地区；锶水赋存碳酸盐岩和碎屑岩地区。碘水则仅现于淮北平原中深部第四系下更新统和上第三系砂、层（岩）、砂砾层（岩），因处于半封闭环境，碘元素得以保留。隆起区断裂构造发育，北东向和北西西向深大断裂控制温泉分布，近南北向与北西向次级断裂则与 21 处矿泉水水泉的形式、分布有直接关系。泉水水质均为重碳酸盐水，溶解总固体绝大多数 0.1

~ 0.45 克 / 升与泉水所处开放环境和降水充沛不无关系。

双指标矿泉水　分布比较广泛。除碘、锶水 3 处，锶、溶解总固体水仅见于亳州、阜阳沉积盆地外，82 处偏硅酸、锶水几乎所有构造单元和岩类均有分布，以江淮丘陵平原中、新生代红层、蚌埠变质结晶岩类分布区和皖东隐伏玄武质熔岩区为最，与江苏盱赋连片，成为大片矿泉水田。水质类型为重碳酸盐水，溶解总固体小于 1（0.5 ~ 0.8）克 / 升。合肥（红层）蚌埠（结晶岩）两地区，断裂密集交错，形成“构造网络型矿泉水田”，值得加强保护和开发利用。

多指标矿泉水　突出特征：少而分散，15 处矿泉水分布在 11 个县（市）；含锶、碘、溴、锂等特殊组份，溶解总固体大于 1（1.1~1.3）克 / 升；水质类型多样，计有氧化物水和氯化物质、硫酸盐水、硫酸盐水和重碳酸、硫酸盐水、重碳酸、氯化物、硫酸盐水和氯化物、硫酸盐、重碳酸盐水；产出背景复杂，有产自第三系、第四系松散沉积层，也有中生界红色碎屑岩和火山岩系以及古生界碳酸盐岩。尤其芜湖大桥镇含碳酸矿泉水和庐江白湖阀门厂含锂矿泉水的形成机制，值得深入研究。

资源量

矿泉水资源量即单井、单泉的可开采量。全省矿泉水可开采总量 56069 立方米 / 天（18.66 × 106 立方米 / 年）。各行政区域的矿泉水资源量分布如下（见表 2–3–13）。

单指标矿泉水　全省有单指矿泉水 35 处，可开采量 14361 立方米 / 天（5.24 × 106 立方米 / 年），占矿泉水可开采量的 25.6%。其中：锶矿泉水：20 处，可开采量 10157 立方米 / 天；偏硅酸矿泉水：14 处，可开采量 3104 立方米 / 天；碘矿泉水：1 处，可开采量 1100 立方米 / 天。

双指标矿泉水　全省双指矿泉水 87 处，可开采量 28558 立方米 / 天（10.32 × 106 立方米 / 年），占矿泉水可开采量的 54.9%。其中：偏硅酸·锶水：82 处，可开采量 25458 立方米 / 天；锶·碘水：3 处，可开采量 2600 立方米 / 天；锌·锶水：1 处，可开采量 50 立方米 / 天；锶·溶解总固体水：1 处，可开采量 450 立方米 / 天。

多指标矿泉水　全省有多指矿泉水 15 处，可开采量 13150 立方米 / 天（4.70 × 106 立方米 / 年）。其中：三指标水 11 处，可开采量 10230 立方米 / 天；四指标水 2 处，可开采量 1720 立方米 / 天；五指标水 2 处，可开采量 1200 立方米 / 天。

安徽省矿泉水分布情况统计表

表 2–3–13

地市名称	矿泉水数（处）	可开采量（立方米 / 天）	
合肥市	22	4670	含巢湖、庐江
芜湖市	8	3670	含无为
蚌埠市	17	4775	

续表 2-3-13

地市名称	矿泉水数（处）	可开采量（立方米 / 天）	
淮南市	11	7745	
马鞍山市	5	3817	含和县、含山
铜陵市	2	200	
安庆市	6	790	
六安市	10	1525	
阜阳市	11	9330	
亳州市	7	6200	
宿州市	4	2650	
淮北市	1	600	
滁州市	16	7700	
池州市	3	247	
宣城市	5	620	
黄山市	9	1510	
合计	137	56069	

开发利用

20 世纪 90 年代，安徽省地质学会与安徽省饮用天然原水技术评审鉴定小组，于 1993 年 5 月联合举办“饮用天然矿泉水培训讲习班”，部分矿泉水持有单位和企业负责人，以及地质勘查评价单位相关人员参加培训。举办培训班前，全省鉴定确认较早的喷玉泉、太白、玉露泉、大蜀山六泉口、高安、胡乐、岗集、小黄山等矿泉水办有矿泉水厂。举办培训班后，办厂热潮逐渐兴起，至 2005 年，全省矿泉水厂达 55 家。

矿泉水厂生产规范多为年产 1000~3000 立方米，少数 6000~20000 立方米，全省矿泉水开采总量 30 万立方米 / 年左右，占矿泉水可开采资源的 16.8%。古井、高炉、焦坡、明光、五河等酒厂使用的原水即矿泉水，本次未计入矿泉水开采量。

大多数矿泉水生产企业生产规模小、成本高，工艺较落后，缺乏知名品牌，营销能力不强，效益较差，大部分企业关闭或转产。至 2008 年，全省参加水源地年检的企业仅 18 家。2010 年，变更采矿权 12 家，延续 4 家，新立 7 家，全省合计 23 家。

在矿泉水管理上，水行政主管部门与国土资源行政主管部门交叉重叠，中编办 1998 年有关在矿泉水、地热管理的职责分工，尚未得到充分明确地贯彻执行，生产企业既要交纳资源补偿费，又要掏付水资源费。于是许多企业不再延续采矿权，转而生产桶装水或纯净水，省去了资源补偿费和年检手续，矿泉水市场趋向萎缩。此外，尚需加大宣传力度，科学引导消费者认知饮用矿泉水的益处，制订扶持矿泉水行业政策，尽早将矿泉水资源优势转化为经济优势。

第三篇　土地管理

第一章　规划管理和综合统计

第一节　土地利用总体规划

土地利用总体规划是对土地的开发、利用、整治、保护在空间和时间上做总体的战略安排，是国民经济和社会发展规划的重要组成部分，是按照一要吃饭、二要建设、三要改善环境的基本要求，根据生态效益、经济效益、社会效益相统一的基本原则，对城乡土地和国民经济各部门用地进行统筹规划，协调各部门对土地资源的需求，充分发挥土地利用的总体功能，为管好用好土地提供科学依据。土地利用总体规划是实行最严格土地管理制度的纲领性文件，是落实土地宏观调控和土地用途管制，规范城乡建设和统筹各项土地利用活动的重要措施。土地利用总体规划由各级人民政府依法组织编制，国土资源行政主管部门具体承办。1987 年省土地管理局成立，土地利用规划工作开始起步，向各级下达编制土地利用总体规划任务，并在六安地、市两级进行土地利用总体规划编制、评审工作试点，以点促面。要求省级规划于 1992 年年底前完成，地、市级规划于 1993 年底前完成，县、乡级规划于 1995 年年底前完成。根据《中华人民共和国土地管理法》规定，省级土地利用总体规划分为省、市、县、乡（镇）四级。上下级规划必须紧密衔接，上一级规划是下级规划的依据，并指导下一级规划；下级规划是上级规划的基础和落实。安徽省土地利用总体规划编制工作是 1986 年成立国家土地管理局，《土地管理法》首次颁布后开始的。1990 年、1997 年和 2004 年先后编制三轮土地利用总体规划。

第一轮　《安徽省土地利用总体规划》（1990—2000 年），以保护耕地、保障建设用地为核心，规划基期年为 1990 年，规划目标为 2000 年。《安徽省土地利用总体规划（1990—2000 年）》，于 1993 年 10 月编制完成，1995 年 5 月通过原国家土地管理局评审，1996 年国务院审查批复。全省市、县及有关乡镇也编制了《土地利用总体规划（1990—2000 年）》。第一轮土地利用总体规划的实施，对加强全省土地利用宏观控制，制止乱占滥用耕地、违法批地、浪费土地起到重要作用，扼制了耕地面积锐减势头，促进了全省国民经济持续、快速、健康的发展。由于受当时主客观条件的制约，第一轮规划也存在一定的局限性，主要表现在：土地资源基础资料没完全运用土地详查成果；未能体现耕地总量动态平衡的要求，耕地面积仍呈递减趋势；缺少基本农田保护规划内容。

第二轮　《安徽省土地利用总体规划（1997—2010 年）》，是在贯彻落实中共中央

《关于进一步加强土地管理切实保护耕地的通知》和新修订的《中华人民共和国土地管理法》（1998年），建立社会主义市场经济体制背景下，为实现社会主义现代化建设第二步战略目标发展要求，以耕地总量动态平衡为核心编制的。安徽省于1997年开始省、市、县、乡四级第二轮土地利用总体规划编制。1997年8月4日，省政府决定将土地利用总体规划修编工作纳入省土地管理工作领导小组领导，并增补领导小组成员单位。1997年9月12日，省土地管理工作领导小组召开第一次会议，研究部署规划修编工作，审议通过《安徽省土地利用总体规划修编工作方案》和《安徽省土地利用总体规划修编技术方案》，开展《安徽省土地利用现状分析》《安徽省土地供需平衡分析》等专题研究，制定《安徽省基本农田保护区规划》《安徽省土地整理、复垦和开发规划》两个专项规划。1998年4月24日，《安徽省土地利用总体规划（1997—2010年）》初稿经省土地管理工作领导小组第二次会议审议通过。1999年7月29日，国务院批复《关于安徽省土地利用总体规划的批复》。1999年9月27日，省政府办公厅印发实施《安徽省土地利用总体规划（1997—2010年）》。第二轮土地利用总体规划，确定了指标加分区土地利用模式，发布土地利用规划编制相关规程和土地利用规划审批办法等，加强规划管理。由于规划基础工作和前期研究不足，加上规划实施期间，加强生态建设、加快城镇化步伐、实施区域发展战略等一系列新的重大举措出台，规划指标多被突破。

第三轮 《安徽省土地利用总体规划（2006—2020年）》，是在中共十六大提出全面建设小康社会奋斗目标、十六届三中全会作出《关于完善社会主义市场经济体制若干问题决定》，十六届六中全会提出构建和谐社会重大举措及国务院作出《关于深化改革严格土地管理决定》背景下开展的。本轮规划以严格保护耕地为前提，以严控建设用地为重点，以节约和集约用地为核心，要求编制出具有“历史性、危机性、战略性”的新一轮土地利用总体规划。规划编制中，贯彻“政府组织、专家领衔、部门合作、公众参与、科学决策”的工作方针，主要体现以下特点：切实加强规划修编前期专题研究工作，建立包括约束性指标和预期性指标在内的土地利用规划指标体系；强调土地利用生态环境保护和建设，体现可持续发展思想；研究统筹区域原则下的区域土地利用政策，走向空间管制；探索土地利用规划标准，增强规划规范性；将地理信息系统技术应用于规划编制和管理实践，提高规划技术能力。

前期准备 2004年8—10月，组建规划修编领导小组，成立规划机构和部门联络，确定规划修编承担单位，制定修编工作计划及工作方案，落实编制经费，进行技术培训，广泛收集基础资料。2004年10月—2008年3月，开展“四查清、四对照”和其他补充调查工作，整理核实有关基础数据。开展安徽省耕地保护及基本农田保护目标与对策研究、安徽省农村居民点用地问题及对策研究、安徽省城镇化发展趋势及其用地需求研究、安徽省土地利用与区域协调发展研究、安徽省建设用地节约与集约利用研究、安徽省土地利用与生态建设和环境保护协调发展研究、安徽省土地利用规划实施保障措施研究等专题研究。

规划编制　2008 年 3 月 29 日，国土资源部办公厅《关于安徽省土地利用总体规划修编前期工作成果审查意见的函》通过对前期工作成果审查。2008 年 5 月 15 日，在合肥召开《安徽省土地利用总体规划（2006—2020 年）》土地利用主要调控指标座谈会。2008 年 7 月 28 日，在合肥举行安徽省土地利用总体规划大纲编制人大代表、政协委员座谈会。2008 年 10 月 31 日，省政府召开省土地利用总体规划修编工作领导小组第一次会议，审议通过《安徽省土地利用总体规划大纲（2006—2020 年）》。2008 年 12 月 30 日，国土资源部办公厅下发《安徽省土地利用总体规划大纲审查意见的函》。2010 年年初编制完成《安徽省土地利用总体规划（2006—2020 年）》。

规划审批　2010 年 7 月 3 日，国务院下发《关于安徽省土地利用总体规划的批复》。2010 年 10 月 12 日，省政府印发实施《安徽省土地利用总体规划（2006—2020 年）》。

第二节　土地利用专项规划

基本农田规划

编制依据　2006 年全国净减少耕地 30.68 万公顷。2006 年 9 月 6 日，国务院第 149 次常务会议决定，要求从长计议，编制一个历史性、危机性、战略性的土地利用总体规划。明确提出，在未来一个更长的时期内，要保住 18 亿亩耕地。2007 年，国务院总理温家宝在十届全国人大五次会议上宣布，一定要守住 18 亿亩耕地这条红线。根据国务院办公厅转发《国土资源部关于开展土地利用总体规划修编前期工作的通知》要求，2007 年安徽省开展土地利用总体规划修编工作，针对安徽耕地资源实际，在全省耕地资源现状及潜力分析的基础上，结合国家和安徽社会经济发展战略要求，对安徽省土地利用总体规划进行修编，提出耕地保护及基本农田保护目标和永续利用对策措施，通过土地开发整理，对田、水、路、林、村进行综合治理，增加耕地及其他农用地的有效面积，确保耕地总量动态平衡。加强农田水利基础设施建设，提高耕地质量等级，改善土地生态环境，增强土地利用的综合效益。

编制原则　安徽省耕地资源状况基本与全国相似，北多南少，分布的地域差异很大。主要分布于淮北平原、江淮丘陵岗地和沿江平原。淮北平原占 48% 左右，江淮丘陵岗地约占 23%，沿江平原约占 19%，大别山区和皖南山区仅占 10% 左右。水田主要分布于沿江平原，江淮丘陵岗地和皖南、皖西两大山区。旱地则主要分布于淮北平原、江淮丘陵岗地及皖南、皖西两大山区。自然条件优越，土地自然生产力较高；位于暖温带向亚热带的南北过渡地带，土地类型众多；国家重视耕地资源的保护和人居环境的建设；建立和完善了法规制度和管理措施；为耕地有效利用和保护提供了有利条件。耕地减少面积主要包括农业结构调整、建设占用耕地面积、灾害损毁耕地面积、生态退耕面积等方面。在保护耕地、严格控制建设用地总量的前提下，按照“管住总量，控制增量，盘活存量，布局优化，集约高效”的要求，加大宏观调控和制度创新的力度，积极探索新形势下保障土地供应的新机制和新思路，注重内涵挖潜，合理安排城乡建设用地，整合土地资源，优化土地利用结构与布局，努力缓解土地供应对经济发展的瓶颈制约，保障经济发展合理的用地需求。

保护目标　根据《中华人民共和国土地管理法》各地基本农田保护率不得低于80%的明确规定，依据国家本轮规划修编的前提是基本农田面积保持不变的要求，参考全省各区域耕地实际情况，提出安徽省耕地保有量和基本农田保护目标，即耕地保有量到2010年保持在542.96万公顷，2020年保持在511.65万公顷；到2010年基本农田面积达470.98万公顷，到2020年全省基本农田面积达458.46万公顷（见表3-1-1）。

保护措施　规划的核心在落实，为此，提出了一系列对策和措施。节流开源，建设用地是耕地减少的主要原因，严格控制建设用地，开发后备土地资源，增加耕地面积，加强农田水利建设，改善农田生态环境，改造中、低产田，提高耕地质量。合理调整优化耕地利用结构，发展高产、优质、高效农业，使有限的耕地资源产出较高的经济效益。完善耕地保护管理机制，以土地利用总体规划为龙头，实行严格的土地用途管制，地方各级人民政府要对土地利用总体规划确定的本行政区域内的耕地保有量和基本农田保护面积负责，政府主要领导是第一责任人，要承担耕地保护及基本农田保护的直接责任。要建立相应的工作制度，采取多种形式，确保耕地保护及基本农田保护目标落实到基层。要把耕地保护及基本农田保护与领导干部的政绩挂钩，建立健全领导任期目标责任制和一票否决制，对工作作得好的要给予表彰和奖励，对工作不负责任、造成耕地继续减少的要给予处分，直至撤职查办。严格执行《土地管理法》以及《安徽省基本农田保护条例》等法律法规，对违法占用耕地的行为严厉查处，退地还耕。建立信息化的耕地动态监测体系，借鉴国内外先进的技术方法和成功经验，制订长期土地利用规划，实现耕地的可持续利用。

安徽省耕地保有量规划统计表

表3-1-1　　　　单位：公顷

区　域	2005年耕地面积	2010年耕地面积	2020年耕地面积
合　计	5734586.84	5429600.00	5116500.00
合肥市	376470.61	356448.49	335893.75
芜湖市	141599.56	134068.76	126337.64
蚌埠市	373636.72	353765.32	333365.30
淮南市	141808.95	134267.02	126524.46
马鞍山市	81275.08	76952.57	72515.07
淮北市	179674.84	170119.06	160309.08
铜陵市	19955.64	18894.32	17804.78

续表 3-1-1

区　域	2005 年耕地面积	2010 年耕地面积	2020 年耕地面积
安庆市	370867.33	351143.21	330894.40
黄山市	63371.82	60001.47	56541.46
阜阳市	633043.20	599375.59	564812.36
宿州市	622174.80	589085.21	555115.38
滁州市	703770.32	666341.17	627916.35
六安市	650359.71	615771.14	580262.46
宣城市	263000.88	249013.51	234654.05
巢湖市	391686.93	370855.55	349470.02
池州市	123188.47	116636.85	109910.94
亳州市	598701.97	566860.75	534172.51

开发复垦规划

编制过程　编制土地开发整理规划是一项政策性、技术性和综合性较强的工作，为了使规划具有较强的科学性、可行性和可操作性，本规划编制经历五个阶段。准备阶段（2002 年 7—8 月）：成立安徽省土地开发整理规划工作领导小组，分管副厅长任组长，厅办公室、财务处、规划处、耕保处、整理中心等部门的负责同志为成员，领导小组负责定期和不定期地召开有关会议，审定工作方案，落实编制经费，协调部门关系，解决规划中的重大问题，审查规划方案等；成立规划编制课题组，安徽省土地开发整理专项规划由国土资源厅以文件形式下达任务，安徽省土地勘测规划院具体承担编制，规划院抽派 5 名技术骨干组成专项规划编制课题组，制定《安徽省土地开发整理规划编制工作方案和技术方案》，并报领导小组审查通过，筹措规划编制专项经费，购置工作所需办公用品和设备。

资料收集阶段（2002 年 8—9 月）：收集全省自然和社会经济条件资料，全省及各市、县 2000 年土地资源变更调查资料，全省各市土地利用总体规划资料，各市、县土地开发复垦整理项目库资料，1997—2000 年全省及各市县耕地占补情况资料以及土地有关税费征收情况资料等；还收集了农、林、水、城建、规划、环保等部门的相关资料。调查研究阶段（2002 年 9—10 月）：对安徽省 2000 年土地变更调查资料进行认真研究，分析全省土地开发整理的现状及存在问题，以县为单位分析评价土地后备资源利用潜力、投入规模和效益，起草完成《安徽省土地开发整理利用现状及背景条件分析》和《安徽省土地开发整理潜力分析》两个专题研究报告。拟定规划方案阶段（2002 年 10—12 月）：制订规划目标，拟定重点区域，确定重点工程和重点项目，提出开发整理措施，编制土地开发整理规划图。论证、评审和报批阶段（2003 年 1 月）：将《安徽省土地开发整理规划》（征求意见稿，简称《规划》）成果分送省直有关部门征求意见，组织规划编制领导小组成员和有关专家召开规划论证会，根据省直有关部门意见和专家意见，对《规划》各项成果进行修改完善，形成《规划》（预审稿）；按照有关规定，申请国土资源部对《规划》（预审稿）进行预审和评审，根据预审和评审意见，进一步完善规划成果，最后报国土资源部审批。

编制依据　有关法律、法规：主要有《中华人民共和国土地管理法》《中华人民共和国环境保护法》《中华人民共和国水法》《中华人民共和国水土保持法》《中华人民共和国防洪法》《中华人民共和国农业法》《中华人民共和国森林法》《中华人民共和国土地管理法实施条例》《安徽省实施〈土地管理法〉办法》《土地复垦规定》等。有关文件：主要包括国土资源部《关于认真做好土地整理开发规划工作的通知》《关于印发〈土地开发整理规划管理若干意见〉的通知》《关于印发〈省级土地开发整理规划编制要点〉和〈县级土地开发整理规划编制要点〉的通知》和安徽省国土资源厅《转发关于认真做好土地整理开发规划工作的通知》《关于编制安徽省土地开发整理规划的通知》等。有关计划和规划：主要有《安徽省国民经济和社会发展"十五"计划和2010年远景目标纲要》《安徽省土地利用总体规划（1997—2010年）》《全国土地开发整理规划（2001—2010年）》等。有关专题研究：主要有《安徽省土地开发整理现状及背景条件分析》《安徽省土地开发整理潜力分析》等。其他有关资料：主要有安徽省土地后备资源调查资料，2000年土地变更调查资料，历年耕地占补情况资料以及国民经济和社会发展统计资料等。

指导思想和原则　指导思想以《安徽省土地利用总体规划（1997—2010年）》和有关法律、法规、规章为依据，认真贯彻"十分珍惜、合理利用土地和切实保护耕地"的基本国策和"在保护中开发，在开发中保护"的方针，坚持以增加农用地特别是耕地面积，提高耕地质量，改善生态环境为目的，以内涵挖潜为重点，充分发挥市场机制的作用，依靠科技进步和制度创新，提高土地开发整理水平，确保安徽省土地利用总体规划目标的实现。编制原则是坚持专项规划服从总体规划的原则，本规划编制必须服从安徽省土地利用总体规划提出的各项控制指标，尤其是总体规划确定的补充耕地目标必须予以落实；坚持因地制宜的原则，安徽省地域分区规律很强，平原、丘陵、山地分异明显，社会经济发展历史长期形成的农业用地区、城镇用地区和工矿用地区相对较为集中，安排土地开发、复垦、整理内容，调整土地利用结构和布局，要遵循这些规律；坚持科学性和实用性相结合的原则，本专项规划即要有高度的科学性，又要避免纯理论性，要寻找好科学性和实用性的结合点，不仅要考虑各市县的用地需求，而且还要考虑各市县的社会经济状况和土地开发整理潜力，做到经济上可行，社会上接受，生态环境上可持续；坚持政府决策和公共参与相结合的原则，土地开发整理关系到农民的切身利益，也关系到社会经济的发展和环境条件的改善，只有在广泛听取公众意见和建议的基础上，才能使规划方案既科学、又可行；坚持综合效益的原则。

规划编制 土地开发整理潜力分析。规划采用的土地开发整理潜力数据是在省国土资源厅统一组织与指导下，以2000年土地利用变更调查和耕地后备资源调查评价资料为基础，专门发文到各市，以县市区为单位，采取固定表格格式，问卷调查的方法测算而得。耕地整理潜力，2000年全省耕地总面积5962448.89公顷，根据问卷调查结果，结合安徽省社会经济发展状况，测算全省整理耕地面积2580640.71公顷，占全省耕地总面积的43.28%；由于安徽省地形、地貌、气候南北差异明显，各地的耕地状况也相差很大，根据各地耕地的旱、水比例、坡耕地比例、地块规模、田坎系数等几个因素确定各县（市、区）的增加耕地系数；全省增加耕地系数平均为3.14%，通过耕地整理共增加耕地面积80913.97公顷。农村居民点整理潜力，由于受传统生产、生活方式的影响，全省农村居民点点多面广，占地量大，农村建房缺乏统一规划，功能不配套、设施不完备，农村居民点普遍存在"外紧内松"和"脏、乱、差"现象；2000年全省农村居民点人均用地达205.03平方米/人，大大超出国家规定的定额标准，根据《安徽省土地利用总体规划》的要求；到2010年，农村居民点人均用地调整到159.37平方米/人，农村居民点面积将减少38.42万公顷，除城镇化因素而将一部分农村居民点直接转为城镇用地外，尚有23.44万公顷的农村居民点可整理为农用地，根据全省以往的农村居民点整理经验分析确定，在待整理农村居民点中，新增耕地率可达34.31%，总面积达131817.14公顷。土地复垦潜力，安徽是全国重要的能源生产基地，又是自然灾害较为频繁的省份，在生产过程中造成了大量废弃地和灾毁土地，如沿江沿淮地区，两淮（淮北、淮南）地区、铜陵、马鞍山矿区等；据全省土地后备资源调查结果显示，全省待复垦土地总面积达82353.20公顷，其中可增加耕地36350.72公顷，增加耕地率44.14%。土地开发潜力，2000年全省未利用总面积1198531.60公顷，其中可供开发的未利用土地主要是荒草地，面积为211151.31公顷，其次还有一定规模的盐碱地、沼泽地、沙地、裸土地、苇地和滩涂，面积为200767.36公顷，其中一部分也可开发利用，考虑到未利用土地的开发难易程度和资金条件的限制，测算出全省土地开发潜力为171831.51公顷，可新增耕地67643.25公顷，增加耕地率39.37%。

规划目标确定。规划目标确定的依据，主要是以土地开发整理潜力分析结果为基础，按照《全国土地开发整理规划》确定的安徽省土地开发整理补充耕地目标，遵循《安徽省土地利用总体规划》关于"积极组织对田、水、路、林、村的综合整治，增加有效耕地面积，提高耕地质量；有计划地复垦废弃土地和开发土地后备资源"的方针，结合近几年总体规划的实施情况，最后确定规划的各项目标。总体安排，规划的总体目标是坚持新增耕地与非农建设占用耕地平衡有余的原则，按照《全国土地开发整理规划》确定的安徽土地开发整理补充耕地目标7.60万公顷进行安排，2001—2010年安徽非农建设占用耕地总面积为58740.67公顷，所以规划安排全省规划期间新增耕地总体目标是75959.00公顷。指标分解，全省17个市的指标分解首先按照新增耕地与非农建设占用耕地平衡的原则，把总体规划确定的各市非农建设占用耕地指标扣除1997—2000

年的非农建设占用耕地的实际面积，测算出2001—2010年各市非农建设占用耕地的控制指标，以各市补充耕地数量不少于非农建设占用耕地控制指标为原则，再结合近几年各市补充耕地数量情况，将全省补充耕地指标进行分解（见表3-1-2）。与总体规划的衔接，规划的编制首先坚持专项规划服从总体规划的原则，总体规划中制定的目标、方针和措施，专项规划必须予以执行和落实，其中对土地开发复垦整理补充耕地目标，在扣除因生态退耕部分后，坚持土地开发复垦整理补充耕地与非农建设占用耕地相平衡，对各市的土地开发复垦整理补充耕地指标分解，也坚持这一原则，通过专项规划的实施，落实总体规划确定的全省耕地总量动态平衡的总体目标。

安徽省土地开发整理规划指标分解表

表3-1-2　　单位：公顷

名　称	土地整理增加		土地复垦增加		土地开发增加		合　计	
	农用地面　积	其中耕地面积	农用地面　积	其中耕地面积	农用地面　积	其中耕地面积	农用地面　积	其中耕地面积
合肥市	8665.63	6604.33	1686.98	834.59	262.28	123.31	10614.89	7562.23
芜湖市	4908.33	3095.14	588.92	285.71	78.65	47.71	5575.90	3428.56
蚌埠市	4246.24	2808.61	1510.40	732.75	201.72	122.37	5958.36	3663.73
淮南市	4072.36	2693.61	1448.56	702.74	193.46	117.36	5714.38	3513.71
马鞍山	2182.22	1443.40	776.23	376.57	103.67	62.89	3062.12	1882.86
淮北市	4244.20	1334.67	2905.08	1993.18	351.00	248.73	7500.28	3576.58
铜陵市	2342.58	1549.46	833.26	404.24	111.28	67.51	3287.12	2021.21
安庆市	9293.19	6109.04	3016.39	1463.36	402.84	244.38	12712.42	7816.78
黄山市	3049.30	1935.40	503.02	244.04	67.17	40.75	3619.49	2220.19
阜阳市	8180.04	5259.69	1753.87	850.49	234.55	142.29	10168.46	6252.47
宿州市	4996.70	3229.29	1198.86	581.61	160.11	97.13	6355.67	3908.03
巢湖市	7753.93	4939.46	1311.86	636.43	175.19	106.28	9240.98	5682.17
六安市	9125.44	5922.31	2378.18	1153.75	317.60	192.67	11821.22	7268.73
亳州市	4390.93	2903.79	1560.69	757.51	208.11	126.25	6159.73	3787.55
池州市	3699.90	2371.53	737.55	357.82	98.49	59.75	4535.94	2789.10
宣城市	7390.15	4698.85	1182.47	573.66	157.92	95.80	8730.54	5368.31
滁州市	7001.93	4475.46	1303.00	637.88	170.53	103.45	8475.46	5216.79
合　计	95543.07	61374.04	24695.32	12586.33	3294.57	1998.63	123532.96	75959.00

重点区域、重点工程和重点项目的确定。土地开发整理重点区域的确定是在对土地开发整理潜力进行分析和等级评价的基础上，以不打破县级行政区域为前提，按土地

开发整理方向一致、重点突出、集中连片、潜力等级较高、有利于保护和改善区域生态环境的原则进行；全省共确定土地整理重点区域3个，土地复垦重点区域2个，土地开发重点区域2个。土地开发整理重点工程主要是在重点区域内确定，仍以不打破县级行政区域为前提，按照土地开发整理集中连片、规模较大、效益较好、能够明显改善区域生态环境、方便管理、便于分期实施的原则进行；全省共确定土地开发整理重点工程10个，其中土地整理重点工程2个，土地复垦重点工程6个，土地开发重点工程2个。土地开发整理重点项目一般是在重点区域、重点工程范围内确定，每个重点项目以在一个县级行政区域内为条件，按照潜力大、基础条件好、具有一定规模、预期投资效益明显、在地方上具有较强的示范带动作用为原则选取的；全省确定重点项目的规模标准（见表3–1–3。）

安徽省土地开发整理重点项目规模标准表

表3–1–3

地貌类型＼项目		土地整理	土地复垦	土地开发
丘陵山区	面积（公顷）	100 ~ 1000	50 ~ 400	50 ~ 400
	项目区内小片规定	5片以内，每片20公顷上以	5片以内，每片10公顷以上	5片以内，每片10公顷以上
平原区	面积（公顷）	200 ~ 2000	100 ~ 1000	100 ~ 2000
	项目区内小片规定	10片以内，每片20公顷以上	10片以内，每片10公顷以上	10片以内，每片10公顷以上
净增耕地率（%）		7	40	60

规划实施措施。为了保障本规划能够得到全面的实施，在规划的最后分别从行政、法规、经济、技术等几个方面拟定九条实施规划的措施，这九条实施措施是结合全省实际，针对全省土地开发整理工作现状和存在问题而拟定的，是在近期通过努力能够采用和实现的。

第三节　基础测绘规划

无论是确定发展战略和经济布局、国土资源开发利用和保护、能源交通建设、环境自然灾害监测、制定城市规划和土地规划，还是工程项目的规划、设计选址、重要活动的安排和举办等，都需要测绘信息支撑。基础测绘是为经济建设、国防建设和社会发展提供基础地理信息的基础性、公益性事业，关系国家主权、国防安全和国家秘密，实现经济社会可持续发展的基础条件和重要保障。基础测绘的主要任务是建立全国统一的测绘基准和测绘系统，进行基础航空摄影，获取基础地理信息的遥感资料，测绘和更新国家基本比例尺地形图、影像图和建立、更新基础地理信息系统。加强全省基础测绘工作既是经济建设和社会快速发展的需要，也是贯彻落实科学发展观，实现可持续发展和构建和谐社会的需要。根据国家测绘局和省政府的要求，省厅于2001年和2006年编制了两轮基础测绘规划。

“十五”规划

规划目标　形成适应社会主义市场经济体制的测绘管理体制和运行机制，全面应用遥感、全球定位系统、地理信息系统等现代测绘高新技术，加速对传统测绘技术改造，加快省级数字化测绘生产基地建设，实现测绘生产数字化，测绘产品形式多样化，测绘基础设施和工艺流程系统化，基础地理信息服务网络化。加速省级基础地理信息系统数据库及其网络体系的建设，构建“数字安徽”的地理空间基础框架。建立基础地理信息定期更新机制和测绘基础设施建设的稳定经费投入机制，使安徽省基础测绘事业步入健康发展的轨道，基本满足全省国民经济和社会发展对基础地理信息服务的需要。

规划期任务　进一步完善测绘管理体制和运行机制。建立健全职责清晰、行为规范、运转协调、办事高效的测绘行政管理体系。进一步明确各级政府在测绘行政管理方面的职责权；理顺测绘行政管理的运行机制，完善市、县级测绘管理机构，强化测绘行政管理职能，推进测绘管理政务公开制度，有效提高测绘行政主管部门在行政管理、行政执法与公共服务等方面的能力和水平。建立一支高效精干、装备精良、管理科学的基础测绘队伍；按照数字化测绘技术体系及其工艺流程的要求，加快生产组织结构调整，要加强以基础地理数据管理、维护及开发应用服务为主要职责的基础地理信息中心的建设，形成以数字化测绘生产基地与基础地理信息中心有机结合基础测绘保障体系；并运用现代管理方式，采用现代高新技术，增强技术创新能力，提高基础测绘队伍的实力和水平。按照社会主义市场经济规律的要求，进一步加强测绘市场的管理力度，培育和规范测绘市场；引导行业内测绘经营单位与测绘中介服务机构的健康发展；进一步加强测绘行业管理，加强测绘产业政策研究及测绘质量监督检验，严格执行测绘资格审查、测绘任务登记、地图审批、测绘成果目录汇交等制度；严肃查处非法编制出版地图，严厉打击地图盗版、复制等侵权行为，为测绘事业的发展创造良好的条件。

加强基础测绘的管理力度。进一步完善全省基础测绘的分级管理体制，合理划分各级政府对基础测绘的职责范围，充分发挥各级测绘主管部门在基础测绘工作中的规划、组织和管理作用，充分调动各方面的积极性，大力推进基础测绘工作。加快建立和完善基础地理信息更新机制，建立基础地理信息经费投入与更新周期、计划管理、生产能力等条件相匹配的基础地理信息更新机制；尽快制订出台安徽省基础测绘管理办法，以法规的形式确定全省基础地理信息的更新周期，并建立稳定的基础测绘投入机制，从根本上改变安徽省基础测绘工作滞后国民经济和社会发展的现状；要积极推进全省基础地理信息共建、共享机制的建立，加强测绘部门和各经济建设部门之间的协作，避免重复测绘，提高政府投资的效益。

加快建立“数字安徽”地理空间基础框架。加快航空、航天遥感影像数据信息的获取、更新与应用；“十五”期间，根据全省社会发展和经济建设及重点工程建设的实际需要，编制年度航空摄影计划；根据城镇地籍测绘、土地变更调查、环境监测和各专业部门的实际需要，摄制和提供多尺度、多品种的航摄影像资料和影像信息数据；积极开展遥感数字影像的应用研究，运用遥感技术开展国土资源利用状况的动态监测，并为社会各界提供基础地理信息服务。加速省级基础地理信息系统数据库及其网络体系建设；“十五”期间，争取国家和省政府的配套投入，在现有数字化测绘技术装备的基础上，提升航空影像专题数据的处理和规模化生产能力，尽快建立航天遥感专题数据的处理和生产系统，完善基础地理信息数据生产技术体系和管理服务体系，2005 年完成省级基础地理信息系统数据传输网络体系的建设，初步形成基础地理信息的网络化服务能力。全面完成淮河、长江流域及省内经济发展重点地区 1∶10000 基本比例尺地图数字化更新测绘工作，计划更新测绘 6 万平方公里，确保全省经济发展重点区域基础地理信息的现势性，为建设“数字安徽”地理空间基础框架提供基础数据，为全省国民经济和社会发展提供测绘保障。全面开展多尺度、多品种的各类基础地理信息数据库的建设，对现有 1∶250000 全要素地理信息数据库进行更新和完善，并根据各专业部门和社会经济发展的需要，开发各类专题数据库；配合国家测绘局做好 1∶50000 基础地理数据库的建设，2002 年年初完成 1∶50000 地名数据库安徽省地名数据的采集工作，到 2005 年基本完成全省 1∶50000 基础地理信息数据库的建设；全面开展安徽省 1∶10000 基础地理信息数据库的建设；全省 1∶10000 基础地理信息数据库是“数字安徽”地理空间基础框架的重要组成部分，包括数字栅格地图数据库、数字高程模型数据库、数字正射影像数据库、核心要素（或全要素）数字线划地图数据库、地名数据库及大地数据库等；2005 年完成全省数字高程模型数据库、数字正射影像数据库、地名数据库及大地数据库的建设；2004 年完成全省大中城市 1∶10000 全要素数字线划地图数据库（面积约 6000 平方公里）的建设，2005 年完成省内淮河流域 1∶10000 全要素数字线划地图数据库（约 3 万平方千米）及长江流域的 1∶10000 核心要素数字线划地图数据库（约 2 万平方千米）的建设；积极推进省辖市城市大比例尺基础地理信息数据库、综合地理信息数据库建设，完成全省县城以上地籍管理信息系统及部分小城镇地籍管理信息系统的建设；在各类数据库的建设中采取边建设、边应用、边更新的原则。建立覆盖省内重点地区和经济发达地区的三等 GPS 三维空间大地控制网；“十五”期间，利用 GPS 技术对省内重点地区和经济发达地区的三等平面、高程控制网进行修测、复测和改造，建立统一平差的高精度基础控制网，到 2005 年完成三等 GPS 控制点 1000 个。继续开展省内测量标志的普查、维护和管理工作。测量标志是测绘工作的重要成果，是测绘工作必不可少而且是需要长期使用的基础设施，是国家的宝贵财富，在各项经济建设中有着重要的作用；省内测量标志在长期的使用过程中，受到自然和人为因素的破坏，损毁非常严重，“十五”期间借鉴兄弟省的先进经验，积极开展测量标志的普查、维护和管理工作，以确保测量标志的尽可能完好，并对新建的三等GPS网点进行有效的托管。

开创数字化基础地理信息服务和应用的新局面。积极推进安徽省综合省（市、县）情地理信息系统（9202）的建设步伐，为各级政府提供以高新技术为支撑的科学决策工具，并与气象、地震、水利等有关部门密切配合建成安徽省防灾减灾信息服务系统等专题地理信息系统，更好地为省委省政府及各部门指挥决策做好保障服务工作。在各专业信息系统的建设中要充分发挥测绘高新技术的优势，实现多媒体、多尺度的基础地理信息数据库和相应专业数据库的有机结合，积极开发研究动态高分辨率的遥感数字正射影像模块，仿真数字三维综合应用模块，实现专业数据在可视三维数字景观模型支持下的动态分析和综合应用，形成有效运行的专业管理信息系统。大力推广3S等测绘高新技术，围绕全省加快城市化进程的步伐及国土整治、能源交通、城镇地籍、行政区域界线勘测等重点工作，全力做好测绘保障；在省内重大工程中充分发挥测绘工作的重要作用，确保重大工程对测绘的急需，及时提供各种基础地理信息数据、成果和资料；与环保部门密切合作，为巢湖及环境污染控制区和环境重点治理区的环境保护与监理工程提供基础地理信息支持和技术服务，并积极参与合肥等大中城市的环境地理信息系统的建设；结合国土资源管理的需要，积极参与土地利用遥感动态监测和"数字国土"工程的建设。努力为人民群众提供丰富多样的地理信息服务，大力开发地图新产品，繁荣地图市场，有计划地研编出版一批有价值的地图品种；鼓励和引导地图编制单位引进新技术、新工艺，加大高附加值的地图新产品的开发力度，增加各类数字地图、电子地图和多媒体地图的种类，为人民群众提供喜闻乐见、方便实用的地理信息产品；使用数字化技术和多媒体合成技术进行《安徽省经济地图集》编制，并研究制作成电子地图集的形式，更好地服务于各行各业；积极开展基础地理信息的网络化服务，在国家有关标准和政策指导下，大力推进测绘服务业的信息化建设，建立测绘部门与相应政府部门之间的基础地理信息数据传输网络，建立和完善地理信息的网络查询系统，实现地理信息产品的网上分发服务，为经济社会和人民群众提供更加便捷的地理信息服务。

保障措施　加强测绘法制建设是测绘事业适应社会主义市场经济体制的要求，也是测绘事业改革和发展的重要保证。"十五"期间，积极参与国家测绘有关法律法规的修订工作，并根据安徽社会和经济发展及测绘工作的实际情况，对全省现有的测绘法律法规进行修订和补充。积极参与《中华人民共和国测绘法》的修订工作。完成《安徽省测绘管理条例》的修订工作。尽快制订《安徽省地图编制出版管理规定》。完成《安徽省基础测绘管理办法》的制订工作。制定《安徽省地籍测绘管理办法》。

根据测绘工作的实际需要，通过建立以测绘单位为主体的测绘技术创新机制，提高技术创新水平，推动测绘事业更快发展。围绕构建数字安徽地理空间基础框架的发展要求，加快测绘基础设施建设，加大测绘科技的投入力度，改善测绘单位整体技术装备水平；加速测绘新技术的运用，不断改善测绘生产工艺，提高测绘技术创新水平，提高测绘科技对测绘事业发展的支撑能力，推动整个行业全面进步。

发挥测绘人才优势是促进测绘事业发展的重要保障条件，“十五”期间，通过深化测绘单位人事制度和干部制度改革，逐步建立起人才培养、引进和使用相协调的良好运行机制，加强测绘人才队伍建设，特别是注重青年人才的选拔和培养，全面提升测绘队伍的整体素质。加强测绘行政管理人才队伍的建设，促进各级测绘行政管理部门管理水平的提高。加快专业技术和经营管理人才队伍建设，建立起多层次、多渠道的人才培养体系和优秀人才激励机制，加强科技带头人和技术骨干的重点培养，改善用人环境，积极吸引各类高层次人才，形成科学合理的人才队伍结构。强化继续教育和岗位培训，促进专业技术人员的知识更新，提高各类人员的创新能力和适应能力。

加强社会主义精神文明建设和思想政治工作是进一步提高测绘队伍素质的重要保证。“十五”期间，认真学习邓小平理论和江泽民同志“三个代表”重要思想，搞好精神文明建设，进一步提高测绘队伍素质。在广大测绘干部职工中树立起讲政治、讲学习、讲正气的良好风尚，提倡科学精神，反对伪科学，帮助职工树立起正确的世界观、人生观、价值观。开展职工职业道德教育，爱国主义、集体主义、社会主义教育，大力弘扬爱祖国、爱事业、艰苦奋斗、无私奉献的测绘精神，加强测绘舆论宣传，不断增强职工队伍的凝聚力。

“十一五”规划

规划目标　到2010年，基础测绘体制机制基本健全，“数字安徽”地理空间框架基本建成，基础测绘公共服务体系较为完善，基础测绘保障能力和服务水平全面提升，较好地满足经济建设和社会发展对基础地理信息资源的需求。经过5年的努力，实现各项目标：基础测绘建设的法规基本配套，管理体制基本健全，基础测绘信息更新机制基本建立，基础测绘计划与项目管理水平明显提高。建成新一代高精度的省级大地平面和高程控制网，按国家标准统一全省测绘基准；建设覆盖全省的卫星定位连续运行基准站，初步建成多功能、高精度的大地基准数据获取、处理、实时提供服务的动态测绘基准体系。获取覆盖全省多尺度、多分辨率的航空摄影和卫星遥感资料；建成新一代高精度的省级大地平面和高程控制网，统一全省测绘基准；完成覆盖全省多尺度、多分辨率正射影像数据；完成覆盖全省多功能、全数字的基础图的更新；初步建成全省基础地理信息数据库系统；与国家测绘局合作完成1∶250000、1∶50000国家基础图的更新工作；完成《安徽省地图集》的编制。测绘自主创新能力和科技支撑能力明显提高，基础地理信息获取、处理、存储、传输、应用与管理的技术、装备全面提升。测绘公共产品获得有效开发，基础测绘成果得到广泛应用，形成一批种类多样、内容丰富、影响力广泛、渗透力强的基础测绘公共产品；基础地理信息资源的现势性、可靠性、适用性与标准化程度明显提高；基础测绘建设与经济社会发展结合更加密切，在管理社会公共事务、处理经济社会发展重大问题、提高人民群众生活质量等方面发挥越来越重要的作用。

规划期任务

大地空间定位工程。“十一五”期间，建立省级统一的高精度平面与高程基准，建立市县级平面与高程控制网，建立全省统一的高精度空间大地控制网数据库系统。逐步形成新一代多功能、全覆盖、高精度、动态测绘基准体系。

完成省级GPS C级大地控制网的测绘工作，配合国家测绘局完成GPS A、B级点的大地控制网测量和整体平差工作。完成省级GPS C级网902个点的测量和整体平差工作，精度符合国家标准；并做好控制点的维护和委托地方政府保管工作，确保控制点的长期利用。同时初步完成GPS A、B、C级大地控制网成果的数据库建设。

完成省级三等水准网改造工作，配合国家测绘局完成国家一、二等水准网测量和整体平差工作。完成省级三等水准线路6200公里的测量和整体平差工作，初步完成一、二、三等水准网成果的数据库建设，精度符合国家标准，并做好标志维护托管工作。

完成安徽省大地测量成果数据库，包括大地控制点成果（三角点、GPS点、导线点）、高程控制点成果（水准点、三角高程点）、GPS/水准点成果、重力点成果，包括点名称、数据、等级、点位略图、经纬度、大地高、正常高以及各点的元数据（包括设计、观测、平差、条件、位置、精度等相关描述性数据）。数据库建成后，使全省测绘档案之大地测量成果的管理、分发、服务逐步进入信息化。

配合国家卫星定位连续运行基准站的实施同步开展安徽基准站研建工作，新一代多功能、全覆盖、高精度、动态测绘基准体系，需要地面卫星定位连续运行站的支持。国家测绘局"十一五"期间在全国建设国家级卫星定位连续运行基准站。借此契机，由国土资源厅、发改委牵头，政府立项，开展建设覆盖全省范围的省级卫星定位连续运行基准站工作，先在每个省辖市建设1座卫星定位连续运行基准站，抓住时机使全省卫星定位基准站能与国家基准站并网运行。以满足测绘、国土、地震、气象、水利、环保、城建、交通等不同行业的用户对精确定位、实时定位以及移动目标导航的要求。

1∶10000基础图更新工程。"十一五"期间，完成全省空间地理信息基础平台1∶10000地图数字产品的更新工作，即完成1∶10000数字正射影像图（DOM）、数字线划图（DLG）、数字高程模型（DEM）、数字栅格图（DRG）数据以及相应元数据。实现1∶10000数字地图全省覆盖。

全省1∶10000数字正射影像图的更新，数字正射影像图（DOM）是指具有一定影像分辨率并经过投影差改正的影像地图，它能准确详尽地反映地表现状，数字正射影像具有精度高、信息丰富、直观真实易读等优点，可作为背景控制信息，评价其他数据的精度、现势性和完整性；可从中提取自然资源和社会经济发展信息，为减灾防灾和公共实施建设等应用提供可靠依据。"十一五"期间，完成1∶10000数字正射影像图（DOM）3414幅更新工作，实现全省覆盖，同时安排卫星遥感彩色数字正射影像图的试点工作。

全省1∶10000数字线划图更新，数字线划图（DLG）是现有地形图基础要素的矢量数据集，且保存各要素间的空间关系和相关的属性信息。它较全面的描述了地表目标，并可满足各种空间分析要求，可随机地进行数据选取和显示，与其他信息叠加可进行空间分析、辅助决策。"十一五"期间，完成全省1∶10000数字线划图（DLG）3414

幅更新工作,实现全省覆盖,并进行利用卫星遥感数据更新的试点工作。

全省 1∶10000 数字高程模型更新,数字高程模型(DEM)是地表格网节点高程的数据集,它真实地描述了地表形状,实现立体化的地图产品,数字高程模型可派生等高线、坡度、坡向等地貌信息,可与其他专题数据叠加,用于与地形相关的分析应用。在国民经济各部门特别是军事、水利、交通、城建等部门中的应用非常广泛。“十一五”期间,完成数字高程模型(DEM)3414 幅更新工作,实现全省覆盖,同时研究 DEM 数据应用推广工作。

全省 1∶10000 数字栅格地图更新,数字栅格图(DRG)是与模拟地形图相似的图像格式,不需要专业软件支撑,便于计算机浏览使用。“十一五”期间,完成全省数字栅格地图(DRG)3414 幅更新工作,实现全省覆盖,以满足一般用户的应用。

17 个省辖市 1∶10000 基础图周期更新,随着城镇化建设的迅猛发展,城市区域扩大迅速,原有测绘成果资料已远不能满足要求,“十一五”期间优先安排合肥、芜湖、马鞍山等经济发达城市基础图更新。在规划时,每座城市平均按 50 幅 1∶10000 图范围进行更新,具体实施时,根据城市的发展需要确定测绘区域。

1∶50000 地形图编绘、1∶250000 地形数据更新,按照国家测绘局要求,用更新的 1∶10000 基础地理信息数据资料,对 1∶50000 国家基础地形图进行缩编工作,“十一五”期间,配套国家测绘局完成 1∶50000 地形数据更新一次,并配合国家测绘局完成涉及安徽省范围的 1∶250000 地形数据逐年更新工作。以满足整个国民经济建设和社会发展的需要。

遥感影像数据获取工程。“十一五”期间,完成新一轮覆盖全省航空摄影工作,完成覆盖全省卫星遥感影像的获取工作,建立全省航空航天影像数据库。

航空摄影及影像数字化工作,“十一五”期间,陆续完成用于 1∶10000 基础地理信息更新的航空摄影工作,计划完成 9.5 万平方公里,并进行相应的影像数字化工作。按照国测国字〔2006〕36 号文通知,“省级测绘主管部门要配套投入相应经费,加大基础航空摄影项目力度。”“各省申报列入国家计划、用于 1∶10000 成图的项目,地方应配套 10%~20% 的经费,高于 20% 的,优先安排”,因此,在省级基础测绘项目中,须编制配套的航空摄影项目。需完成部分高分辨率航空摄影获取工作。“十一五”期间完成 1/3 馆藏航空摄影胶片的数字化工作。

卫星遥感影像数据获取,利用卫星遥感影像数据资料,充分发挥卫星影像数据时间快、覆盖范围广的特点,建立快速更新体系,及时为安徽省社会、经济等各方面服务。“十一五”期间,获取覆盖全省分辨率为 1~10 米的彩色卫星遥感影像数据,开展卫星遥感影像立体测绘试验工作,同时,做好相应的数据处理、数据分析应用工作。并结合全省实际,培育卫片数据共享环境,尽可能地降低数据获取成本。

城市高分辨率航空航天影像获取,“十一五”期间,在重点城市的城区,获取不少于 1 次覆盖的彩色航空或遥感影像数据,分辨率为 0.6~2.5 米,同时,做好相应的数据处理、数据分析应用工作。利用获取的高分辨率卫星影像数据，制作城市 1∶5000 卫星影像 DOM。

1∶10000 基础地理信息数据库工程。完成全省 1∶10000 基础地理信息数据库建设任务。在 1∶10000 基础地理信息数据更新的基础上，推进基础地理信息数据库建设，构建“数字安徽”地理空间框架，为各部门各行业和全社会提供可靠的空间地理信息平台。

继续进行空间数据库关键性技术的研究、应用与实验，着力自主创新，开展地理空间信息数据交换和服务体系研究；进行应用体系和应用工程设计与建设、相关软件开发，完成空间地理信息基础数据库示范工程。

完善全省数据库整体设计，“十一五”期间，完善全省 1∶10000 基础地理信息数据库的整体设计：包括数据存储、数据交换和网络环境建设，数据库管理软件和 GIS 软件的选取和配置，库体结构、技术路线和工作流程的设计。进行安徽省基础地理信息数据库更新方案的研究、设计、试点等。

基本完成全省基础地理信息数据库建设，“十一五”期间，完成覆盖全省辖区的基础地理信息数据库建设。

完成全省 1 米分辨率（1∶1 万）数字正射影像数据的建库工作；完成全省 1∶10000 数字线划图数据 (DLG) 的建库工作；完成全省格网间隔为 5 米和 12.5 米（1∶1 万）数字高程模型 (DEM) 数据的建库工作；完成全省 1:10000 数字栅格地图 (DRG) 数据的建库工作。同时完成相应的地名数据库、相关基础地理信息的元数据的建库工作。建成以 1∶250000、1∶50000、1∶10000 数据为主体的全省多尺度、多分辨率、无缝的空间地理信息数据库。

基本完成全省基础地理信息数据库管理与功能开发及系统集成工作，“十一五”期间，基本完成数据库管理和维护功能开发。功能主要包括：用户管理、日志管理、视图管理、数据导入、数据查询、数据导出、数据更新、数据转换和输出打印等。基本完成数据库的系统集成，将数据库建设涉及的基本流程进行整体集成，包括数据入库检查、数据处理、数据入库、数据更新以及数据库管理与维护的基本功能，建立基础测绘服务平台，增强测绘保障服务能力。

基础测绘设施建设工程。“十一五”期间，合理引导投资方向，实施项目带动，立足技术进步，鼓励和支持采用先进生产技术，淘汰落后生产方式，注重对引进技术设备的消化和吸收，逐步实现测绘装备现代化、生产过程智能化和测绘生产管理信息化。到 2010 年完成固定资产投资不少于 2000 万元。

基础地理信息生产基地的技术装备，按照地理信息获取实时化、处理自动化、产品知识化、服务网络化和应用社会化的方向，在地理信息数据获取与处理、管理与服务、开发与应用等若干前沿技术领域获得新的突破，形成拥有自主知识产权的科技成果。“十一五”期间，加大基础地理信息生产基地技术装备投入，注重提高各市的基础测绘单位的技术装备水平。至 2010 年，平均每年基础测绘单位的技术装备投入增长 18%，

5 年完成固定资产投资较“十五”期间翻一番。

基础地理信息管理与服务机构的技术装备,数字化的基础地理信息产品的管理与服务是一个新课题,其管理与服务的方式、内容发生了根本的改变。鉴于目前基于传统的现状,“十一五”期间要加大投资力度,建成基础地理信息管理信息化、传输网络化、服务优质化的现代技术装备体系,并初步联通覆盖全省各市和重点县区的基础地理信息管理与服务机构,形成既满足保密要求,又满足信息传输、供给需要的测绘信息服务的技术体系。

测绘数字档案馆建设,“十一五”期间,启动基础测绘成果档案存储与服务设施建设项目,建设省级测绘数字档案馆。建立一个安徽基础测绘的网站作为全省基础测绘信息发布的窗口,在地理信息数据获取与处理、管理与服务、开发与应用等若干技术领域获得新的突破,基本实现互联网环境的基础测绘综合信息采编、数据汇交、存贮、维护管理、测绘信息发布审批管理、测绘资料档案管理、测绘成果提供为一体的“安徽省基础测绘信息网上发布交换系统”,彻底改变安徽省测绘信息发布目前基于传统模式的局面,使测绘产品资料存储数字化、分发服务信息化,达到省级测绘数字档案馆标准。

基础地理信息存储使用安全研究,按照国家的要求,对基础地理信息数据库等国家重要地理空间数据,必须强制实施异地存储、备份,以防不测。开展研究数据永久存储技术和制定相应的管理规定和技术规定,建立基础测绘成果异地(500 公里以外)存储备份机制,建立成本低但非常有效的基础地理信息快速恢复系统。按照依法使用测绘成果,切实保障国家安全要求,根据国家信息安全有关规定,开展“安徽省空间地理信息基础数据安全研究”。应用数字水印、密码术对密级数字成果进行密级标识保护,采用身份鉴别、访问控制、审计跟踪等技术,提高对密级数据的安全保护。

安徽省地图集编辑出版工程。“十一五”期间,以全省地形数据库和社会经济信息为基础,完成 8 开本的“安徽省地图集”的编辑工作,填补安徽地图集的空白。认真做好图集的立项、技术设计、资料搜集和编辑出版等各项工作。在完成印刷版的同时,做好使用方便的电子版出版工作。同时与有关部门协作,利用基础测绘成果和相关的信息编制出版经济图、工业图、地理图、资源图、政区图等专题地图等。

为新农村建设提供测绘保障工程。落实国家测绘局《关于做好社会主义新农村建设测绘保障服务的意见》,首先满足安徽“千村百镇”新农村建设试点用图需要,为实现一乡一图提供保障,以适应乡镇规划、村庄规划的需要。充分利用基础地理信息数据资源,加快县(市)大比例尺地形图的测绘,利用航空和卫星影像制作影像地图资料和配合第二次全国土地资源调查,为乡村饮水、道路、能源、电力、农田水利等乡村基础设施建设和土地整理、小流域综合治理以及农业结构调整、精细农业、农村现代化流通体系建设等提供测绘保障。

应急信息平台工程。公共应急系统包括:防汛抗旱应急、公共卫生应急、突发公共事件应急、公共安全应急、应急指挥、应急救援、城市应急、应急联动、建设应急、地震应急、自然灾害救助应急、粮食应急等等。政府的应急处置需要得到基础地理信息的支持，各种应急系统离不开地理空间定位，因此，公共应急系统基础地理信息平台是公共应急系统的支撑体系。充分利用全省基础测绘数据资料，采用信息处理高新技术，按照应急预案要求，整合多种信息资源，建立统一标准的公共应急系统基础地理信息平台，为突发事件防范与处置提供科学依据。

市县级基础测绘工程。“十一五”期间，完成市县基础测绘队伍的技术改造，建立全数字化测绘的生产体系，保障市县经济建设对大比例尺基础地理信息数据图件的需求。

市县基础测绘设施的技术改造，“十一五”期间，加快市县基础测绘队伍的技术改造，提升技术含量和测绘能力，促进高新测绘信息技术在各行业的应用，适应数字化、网络化、智能化的趋势。到2010年，生产设备数字化、生产过程智能化等固定资产投资年均增长18%。

建立市县城市平面高程控制网，在国家和省级大地控制网框架下，充分考虑市县已有控制网的情况，布设符合国家标准规范且满足城区国土测绘和工程测绘特需的平面和高程控制网，避免重复建网。逐步建立各市、县级大地控制网数据库。有条件的城市，积极建立覆盖城市规划范围及相关地区的全球导航卫星系统连续运行参考站网，以满足城乡规划、测绘、交通、环保、气象、移动通讯等不同行业的需求。

完成新一轮城市城镇大比例尺基础图的数字化更新，“十一五”期间，完成全省城镇建城区的1∶2000地形图的数字测绘工作，实现数据采集、编辑处理、数据存储、数据发放供给的数字测绘体系。到2010年，完成重点城镇建城区的1∶1000、1∶500地形图的数字测绘工作，形成数字时代的基础测绘保障体系。

初步完成县城以上城市大比例尺基础地理信息数据库的建设，“十一五”期间，初步完成全省县城以上城市辖区的基础地理信息数据库的建设。主要包括：初步完成高分辨率数字正射影像数据的数据库建库工作；初步完成大比例尺数字线划图数据的建库工作。同时完成相应的地图地名数据库、相关基础地理信息数据库的元数据库的建库工作。

规划保障措施

基础测绘组织领导。基础测绘工作事关经济社会发展全局，也是长期而艰巨的任务。各级政府要高度重视基础测绘工作，切实加强组织领导，完善管理制度，建立组织实施工作机制；实行基础测绘项目法人责任制、合同管理制和质量全程监理制；严格立项决策，加强对项目实施的技术设计、计划执行和成果质量的监管；保证基础测绘规划的科学性和计划执行的严肃性，正确处理好基础测绘项目与其他测绘项目的关系。

创新科技。科技创新是提高测绘生产水平的源泉，加强原始创新，集成创新，引进消化吸收再创新，以创新引领未来，提高测绘科技竞争力。加强数字航空摄影测图和卫星影像测图实用技术的研究，提高基础测绘的更新速度，缩短更新周期。加强基础测绘地理信息数据关键技术的研究，开展数据库更新试验，逐步建立基础地理信息数据快速更新技术体系。引进、吸收并开发应用基础地理信息网络化服务和地理信息专题应用平台关键技术，满足全省信息化建设和经济社会发展对测绘保障服务的需求。发挥学会、协会等社会团体的桥梁和纽带作用，调动各级部门测绘科技人员的积极性，整合科技资源，提升科技水平，形成产、学、研相结合的测绘科技创新体系。支持鼓励和促进测绘生产单位增强技术创新能力；加快生产组织结构调整和科技成果的应用，提高基础测绘成果的科技含量和科技竞争能力。积极推进以卫星定位连续运行基准站为基础，以面向多行业、多部门及社会提供动态定位和导航服务为目标的数据处理、监控和信息发布的综合服务系统建设；建立地理信息数据交换网络体系，实现地理信息服务网络化，建立完善基础测绘资料、档案管理信息系统，实现基础测绘成果管理服务的自动化；实施安徽省地图集的编制等。

稳定基础测绘经费投入。《中华人民共和国测绘法》第十四条规定“县级以上人民政府应当将基础测绘纳入本级国民经济和社会发展年度计划及财政预算”。建立项目实施和项目经费相配套的基础测绘经费投入机制。建立稳定的省级基础测绘经费政府财政投入机制。各市县应将基础测绘经费纳入到本级国民经济和社会发展年度计划及财政预算，探索建立以各级政府财政投入的测绘工作分工协作机制。根据城乡规划建设对基础测绘的需要，确定合理的基础测绘专项经费，以保障基础测绘规划项目的实施。坚持依法理财，建立和完善财政资金监督和绩效评价机制，提高政府投资效益。对于经营性测绘领域，充分运用市场手段，鼓励和引导社会力量进行投资，开拓商业资本、民间资本等进入测绘市场的渠道，逐步形成多元化测绘事业发展投入机制。

测绘成果管理。依法使用测绘成果，切实维护国家安全，是促进测绘成果广泛应用的基础。按照国家有关法律、法规的规定，在推进基础地理信息资源开发利用、共建共享的进程中，采取必要的保密措施，保障测绘成果的安全。采取防病毒、防黑客入侵、密码审查、电子认证、灾难恢复等安全措施，确保密级数据安全，促进基础测绘成果广泛应用，满足社会对测绘保障服务的需求。

基础测绘队伍建设。建设一支高效、精干、装备精良、布局合理、管理科学、作风过硬的基础测绘队伍。要以提高职工的综合素质为目标，继续弘扬“爱祖国、爱事业，艰苦奋斗，无私奉献”的测绘精神，加强职工队伍政治思想素质和作风的培养。加强测绘队伍的专业技术培训和继续教育，鼓励和支持生产、科研和教学围绕测绘中心工作，精练实用型科技人才。加强管理，完善制度、稳定队伍，提高生产单位实施基础测绘工作的能力和水平。

第四节　土地年度计划和综合统计

土地利用计划

中国人多地少，耕地尤其不足。为保障经济建设和农业生产需要，必须认真贯彻十分珍惜、合理利用土地和切实保护耕地的基本国策。1986 年 3 月 21 日，《中共中央、国务院关于加强土地管理、制止乱占耕地的通知》明确规定："今后必须严格按照用地规划、用地计划和用地标准审批土地"。根据中央的指示，1987 年 10 月 15 日，国家计划委员会和国家土地管理局发布《建设用地计划管理暂行办法》，正式建立土地计划管理制度，开始编制年度建设用地计划。当时建设用地计划管理的内容有三项：国家建设用地、集体用地和农村个人建房用地。1988 年在非农建设占用耕地指标计划的基础上，增加农业建设用地和占用非耕地指标，扩展为"建设用地计划"并正式纳入国家计划序列。1989 年在建设用地计划的基础上增设土地开发计划，组成土地利用计划。特别是 1998 年新修订的《土地管理法》颁布实施后，改革用地审批制度，依据土地利用总体规划，下达年度建设用地计划，严格执行建设用地审批程序，控制建设用地总量。1999 年 2 月 24 日国土资源部第 4 次部务会议通过《土地利用年度计划管理办法》，并于同年 3 月 2 日以国土资源部令第 2 号发布。作为土地政策参与宏观调控的重要手段之一，土地利用计划工作在土地管理中的地位日益突出，2004 年 10 月 29 日，国土资源部第 9 次部务会议通过对原《土地利用年度计划管理办法》进行的修订，并于同年 11 月 1 日以中华人民共和国国土资源部令第 26 号发布，2006 年 11 月 20 日，国土资源部第 5 次部务会议审议通过对《土地利用年度计划管理办法》进行的再次修订，并于同年 12 月 19 日以中华人民共和国国土资源部令第 37 号公布实施。从 1987 年初国家计划委员会和国家土地管理局共同下达全国非农业建设占用耕地计划（后名称为：土地利用年度计划）至 2010 年，国家连续 24 年下达土地利用年度计划。1987 年后，安徽省每年遵照国家年初下达的年度计划和《土地利用年度计划管理办法》，根据国民经济和社会发展计划、国家和省的产业政策、土地利用总体规划以及建设用地需求和土地利用实际状况，因时而宜，采取多因素加权法初步测算出应下达给各市的计划指标，结合省委省政府发展战略和国家土地管理政策，科学合理编制土地利用年度计划，按照"管住总量、控制增量、盘活存量、节约集约"的原则严格执行。国家历年下达安徽省计划和执行情况：

1988 年至 1998 年，国家下达安徽省建设用地计划指标 11.34 万公顷，其中耕地 6.68 万公顷，非耕地 4.66 万公顷。全省执行建设用地计划 7.44 万公顷，其中耕地 5.14 万公顷，非耕地 2.3 万公顷。节余建设用地计划 3.9 万公顷，其中耕地计划 1.54 万公顷。1999 年至 2005 年，国家下达安徽省农用地转用计划 6.28 万公顷，其中建设占用耕地计划 4.37 万公顷。全省执行农用地转用计划 5.68 万公顷，其中建设占用耕地计划 4.56

万公顷。节余农用地转用计划 0.6 万公顷，超用建设占用耕地计划 0.19 万顷。1988—2005 年，安徽省协调保障发展与保护耕地资源的关系，在严格控制建设用地总量的前提下，科学合理安排土地利用年度计划，各年所执行的土地利用计划总量没有超过国家下达的计划指标，为全省经济社会又好又快发展和全面建设小康社会做出应有贡献。

综合统计

1999 年 12 月，为履行国土资源的规划、管理、保护和合理利用的职能，满足政府决策和社会公众对国土资源综合信息的需求，国土资源部印发《关于下达国土资源综合统计报表制度的通知》，自 1999 年起组织执行。同时，国土资源部下发《国土资源综合统计报表制度》，主要内容：国土资源行政主管部门和部直属事业单位概况、国土资源调查完成情况、土地资源状况及土地资源行政管理、矿产资源状况及矿产资源行政管理、海洋资源开发利用及行政管理、地质环境管理及地质灾害防治、国土资源管理的行政复议、科学研究以及国土资源管理干部培训等。2003 年 10 月，国土资源部下发文件，下达新的《国土资源综合统计报表制度》。按照新形势下国土资源管理发展的需要，对统计报表制度的统计范围、统计指标、统计分类标准、统计报表周期等进行修改。2005 年 11 月，经国家统计局审核同意，国土资源部下发《关于编报 2005 年国土资源综合统计年报及 2006 年定期报表制度的通知》，2005 年国土资源快速年报及 2006 年定期报表仍执行《国土资源综合统计报表制度》。2008 年 1 月，为贯彻落实科学发展观，加强和改善宏观调控，根据国土资源管理形势分析工作的有关要求及统计改革工作安排，国土资源部印发《关于试行 < 国土资源管理形势分析调查统计制度 > 和 < 国土资源统计季报制度 > 的通知》，自 2008 年 1 月开始试行。2008 年 8 月，为加强和规范国土资源统计工作，保障统计资料的准确性和及时性，发挥统计在国土资源管理中的重要作用，国土资源部印发《国土资源统计工作管理办法》。2009 年 2 月，国土资源部对原统计报表制度的统计调查范围、统计指标、统计报告周期、报送方式等进行修改，并按照国家统计局规定的规范样式进行重新编排，国土资源部办公厅下发《关于印发 < 国土资源统计报表制度 > 的通知》，自 2009 年起执行。省厅自 2000 年开始，根据部统一部署和要求，开展国土资源综合统计工作，在规定时间内，有质有量地完成了全省国土资源综合统计各项工作。

第二章　地籍管理

地籍即土地户籍，是记载土地位置、界址、数量、质量、权属和用途等基本情况的簿册。地籍管理是国家为掌握土地信息、管理土地权属、保护土地所有者和使用者的合法权益而采取的行政、经济、法律和技术的综合措施体系。地籍管理主要内容是土地资源调查、地籍调查、土地登记、土地统计和土地分等定级。

第一节　土地调查

土地详查

安徽省首次土地利用现状调查（简称土地详查）工作以县级为单位，始于1981年5月，止于1997年7月，历时16年。在省委，省政府领导下，在国家土地管理局和全国土地资源调查办公室业务指导下，遵循“加强领导，宣传发动，技术指导，确保质量”等十六字方针进行，大体上可分为三个阶段：初始准备试点阶段，从1981年至1988年，主要是做好准备工作和试点、培训人员及摸索经验并完成24个单位；县级土地详查阶段，1984年至1995年前后107个县级详查单位相继开展及全面结束县级详查；地(市)、省级土地详查汇总阶段，从1993年7月至1997年7月，历时三年多，地（市）级和省级土地详查全面完成。工作方案如下：

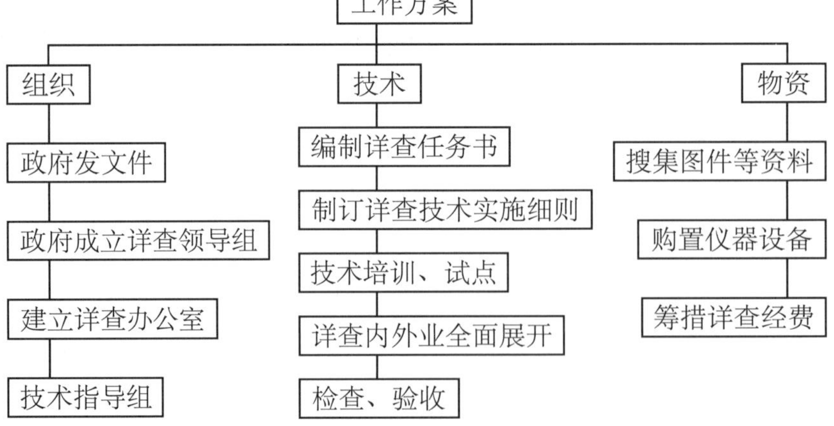

图3-2-1　安徽省土地详查工作方案图

土地详查准备　组织准备:早在1981年由省农业区划办主持在繁昌县开展土地详查试点,于1982年结束。1984年安徽省政府将《转发国务院批转农牧渔业部国家计委等部门关于进一步开展土地资源调查工作报告的通知》下发各地、市县,省政府于1988年成立安徽省土地资源调查登记发证领导小组,在省土地管理局设省土地资源调查办公室(1988年以前由农业区划办承担土地详查工作,未成立组织),负责主持全省土地详查的组织协调和业务管理工作。根据省政府文件要求各市、县均成立相应组织,负责落实第一次土地详查工作。技术准备:为确保土地详查质量,省在1988年成立土地利用现状调查技术指导组(设在安徽省土地勘测规划院),具体负责全省土地详查工作的技术指导、培训、检查验收等工作。聘请有关部门、科研、院校的专家、教授、技术人员作顾问,对有关技术规程未明确的技术问题进行研究探索。同时全省各地市县(市、区)也都成立相应机构。1989年2月颁发经国家土地管理局批准的《安徽省土地利用现状调查技术规范》。从1982年至1995年先后举办四次较大规模的技术骨干试点培训班,培训技术骨干400多人次,各县(市)在省、地市指导下相继举办土地详查培训班,为土地详查和土地管理培养2000多名技术人才。资料、仪器准备:省土地资源调查办公室积极与有关部门和有关单位协调,争取他们的支持,解决全省土地详查工作所需航片、图件的供应问题和土地详查有关的仪器工具问题,收集有关部门图件和文献资料。资金准备:为支持土地详查工作的顺利开展,省财政下拨800多万元配套补助经费,分年度列入财政预算安排下拨。各地、市、县政府财政也予以配套。经费基本上满足土地详查工作开展。

县级土地详查　全省1988年全面铺开,到1989年,各级领导机构、技术指导机构、经费、图件,航摄资料基本落实。省政府文件要求各地(市)在试点基础上积极开展,从1984年开始到1993年,全省陆续开展土地详查工作。全面查清土地类型、权属、数量、分布和利用状况,并作出科学评价。具体要求“以行政村和国营农、林、牧、渔场、垦殖场等基层单位为基本统计单位,查清各种土地利用分类的面积数量、分布和利用状况。各级政府遵照国务院和省政府文件精神作出部署。并认真组织,精心实施,在工作程序上扣住准备、培训、试点、外业、内业、成果上报等六个环节。为保证质量,采用三级检查两级验收制度严把质量关。到1993年12月,全省107个县级土地详查单位,在自查、互查基础上先后通过省级检查验收。

地(市)级土地详查　土地详查地(市)汇总是在县级详查成果基础上,进行系统的整理、归纳、概况、统计分析,按照科学方法揭示出地市辖区内各类土地面积、分布、权属及利用现状,是继续深化和提高的过程,并对土地利用作出科学分区。全省16个地市于1993年先进行数据汇总,接着在合肥市先行开展图件汇总,1995年1月,举办土地详查地市汇总技术骨干培训班,省邀请全国土地资源调查办公室两位专家指导地市级详查图件、文字汇总工作,并现场观摩合肥市图件汇总成果,交流各地详查准备工作和经验,经过一年努力,滁州市、马鞍山市汇总全面完成,通过国家和省土地管理局联合验收，其成果质量都达到优秀水平，全省其余 14 个地市通过认真组织实施，至 1997 年 7 月陆续完成地（市）级汇总任务，并通过省级检查验收，其成果都达到优良水平。

省级土地详查　省级汇总，1995 年 12 月编制《安徽省土地利用现状调查省级汇总实施方案》并报国家土地管理局批准进行。为确保任务尽快完成，没有等全省所有地市级验收之后，在地市级三项主要成果基本出来后就开始了，时间上和地市交叉进行。为了使这项工作顺利进行，成立以省政府分管领导挂帅的详查汇总领导小组（与土地管理工作领导小组一致）和详查汇总工作办公室（设在省土地管理局），解决汇总经费，落实职责及人员，收集大量资料，联系并选定协作单位。省政府高度重视，省财政拨出汇总专项经费近 200 万元，按照国家《土地利用现状调查省级汇总技术规程》要求，通过参加汇总人员紧张工作，克服困难、加班加点、团结奋进，至 1997 年 7 月底，全面完成省级土地详查汇总任务，按规定提交数据（12 个表）、图件（4 种图）和文字（2 个报告，1 个专著）成果，自检达到优秀水平。

安徽省土地详查经过 16 年的艰苦工作，投入土地详查工作 16 万人次。总耗工 1051762 天，直接投入资金 2100 万元；查清全省土地长期不清的家底，省级土地详查数据统计汇总，全省土地总面积为 1401 万公顷（21018.8 万亩）。其中：耕地面积 622.6 万公顷（9340 万亩）；园地 28.1 万公顷；林地 332.9 万公顷；牧草地 6.4 万公顷；居民点及工矿用地 118.6 万公顷；交通用地 22.1 万公顷；水域 193 万公顷；未利用土地 76.6 万公顷。土地详查耕地面积比 1993 年统计局年报数增加 191.1 万公顷，增加 44.3%，土地结构发生较大的变化，基本形成三山一水四分田，一分道路和庄园。

第一次安徽省土地利用现状调查，县级成果获全国成果奖 35 项（国家土地局）；省级成果顺利通过国土资源部验收并获安徽省科技进步三等奖。

二次土地调查

按照国务院统一部署，自 2007 年 7 月至 2009 年 12 月，全面完成安徽省第二次土地利用现状调查（简称二调）任务。

目标任务　全国二调的总体目标，采用先进技术方法，在现有土地调查基础上，按照统一技术标准，全面查清全国范围内土地利用现状，建立和完善土地调查、土地统计和土地登记制度，实现土地资源信息社会化服务，满足经济社会发展及国土资源管理需要。全国二调主要任务包括：开展农村土地调查，查清全国农村各类土地的利用状况；开展城镇土地调查，掌握城市建成区、县城所在地建制镇建成区的土地状况；开展基本农田状况调查，查清全国基本农田状况；建设土地调查数据库，实现调查信息的互联共享。在调查基础上，建立土地资源变化信息的调查统计、及时监测与快速更新机制。

建立组织　2007 年 8 月成立以省政府分管副省长为组长、省政府副秘书长余焰炉、安徽省国土资源厅厅长张庆军为副组长、省直有关部门负责人为成员的安徽省二调领导小组，下设办公室，安徽省国土资源厅副厅长张祖旺任办公室主任，并从相关事业单位抽调 10 名专业技术人员充实到办公室。全省共组建市、县级领导小组和办事机构各

111个，抽调474名专业技术人员专门从事土地调查工作。落实调查经费3.7亿元，其中省级调查经费1.5亿元、市级落实1.04亿元，县级落实1.16亿元。

宣传发动　各地充分利用报纸、广播、电视和网络等新闻媒体以及采用印发工作简报等形式，宣传二调工作目的意义。《安徽日报》、安徽电视台和安徽人民广播电台作专题宣传，全省有60多家地方报纸设立宣传专栏，安徽省二调领导小组办公室在安徽省国土资源厅网站上开辟宣传专栏。各级土地调查办编发工作简报约210期，及时发布土地调查相关信息。

遴选队伍　安徽省二调领导小组办公室会同安徽省采购中心在全国范围内，采用招标形式确定12个专业队伍承担全省33个县（市、区）农村土地外业调查工作。其他72个县（市、区）农村土地外业调查工作由各地组织开展。在本省范围内采用招标形式，确定具有地理信息系统工程（GIS）测绘资质、承担过土地利用数据库建设、建设成果通过省级国土资源管理部门验收的20个专业队伍，承担全省县级农村土地调查数据库建设工作。全省17个地级市辖区、63个县级政府所在地相关部门组织开展城镇土地调查及数据库建设。安徽省二调领导小组办公室举办5期规模较大的业务培训班，分别对专业调查队伍技术人员、全省各市级、县级土地调查办业务骨干进行农村土地调查业务培训，对20个农村土地调查数据库承建单位部分技术人员进行数据库建设软件培训。省级各类培训人数达800多人次。各市县两级土地调查办公室举办143期（次）农村土地调查业务培训班，培训人数近4000人次。

规程标准　依据国务院全国二调领导小组办公室制定的《土地调查条例》《第二次全国土地调查总体方案》《第二次全国土地调查实施方案》《第二次全国土地调查技术规程》《土地利用现状分类》《第二次全国土地调查工作底图生产技术规定》《第二次全国土地调查基本农田调查技术规程》《第二次全国土地调查标准时点统一更新实施方案》《关于在第二次全国土地调查中增加可调整地类的通知》《土地利用数据库标准》《城镇地籍数据库标准》《第二次全国土地调查数据库建设技术规范》《第二次全国土地调查成果检查验收办法》《第二次全国土地调查成果汇交办法》等技术规程和标准，结合全省实际，安徽省二调领导小组办公室制定《安徽省农村土地调查技术补充规定》《安徽省农村土地变更调查技术补充细则》《安徽省农村土地外业调查成果质量评价暂行办法》《安徽省田坎系数测算技术规定》《基本农田调查试点方案》《正射影像图与原土地利用现状数据套合试点方案》和《安徽省农村土地外业调查成果省级预检方案》等。

质量管理　农村土地调查利用影像分辨率为1米的航空摄影资料、及影像分辨率分别为0.5米或2.5米的遥感影像资料制作1:10000比例尺标准分幅正射影像图作为调查底图，实地查清每块土地的地类、位置、范围、面积分布和权属等情况，将基本农田保护地块（区块）落实到土地利用现状图上，建立农村土地调查数据库。城镇土地调查利用GPS接收机、全站仪等仪器设备进行全数字化地籍测量，掌握每宗土地的界址、范围、界线、数量、面积和用途，建立城镇地籍管理信息系统。全省按照四级检查制度，即：调查队伍内部检查、县级自查、市级复查和省级预检的措施，全程掌控调查成果质量。同时，安徽省第二次土地调查领导小组办公室成立三个技术指导组分片负责相关县（市、区）农村土地调查工作的业务指导、进度监管和过程检查。对农村土地调查数据库建设进行全程质量监理和预检。

主要成果　县级调查底图及《农村土地调查记录手簿》；各级城镇土地调查地籍平面控制测量、地籍测量原始记录；土地权属调查有关成果；田坎系数测算成果；图幅理论面积与控制面积结合图表；省、市、县三级农村土地调查数据库成果；地级市市区、县级政府所在地城镇土地调查数据库成果；各级土地利用现状一级分类面积汇总表；各级土地利用现状二级分类面积汇总表；各级土地利用现状一级分类面积按权属性质汇总表；各级耕地坡度分级面积汇总表；1∶10000 比例尺标准分幅土地利用现状图；乡级、县级、市级、省级土地利用现状图；1∶500 比例尺标准分幅地籍图、任意比例尺宗地图；1∶10000 比例尺标准分幅基本农田分布图；乡级、县级、市级、省级基本农田分布图；各级工作报告、技术报告、成果分析报告及有关专题报告；县级、市级、省级第二次土地调查成果集等。

第二节　地籍调查

城区地籍调查，自 1990 年合肥市进行城市地籍调查开始，至 2007 年底，全省 71 个市、县完成城区地籍调查，完成率 88.8 %，50 个市、县完成城区地籍信息数据库建设。在安徽省第二次土地调查领导小组的领导和部署下，全省 16 个地级市辖区、64 个县级政府所在地相关部门利用 GPS 接收机、全站仪、GIS 软件等先进技术手段组织开展城镇土地调查及数据库建设工作，查清城镇内部每宗土地的界址、范围、界线、数量、面积和用途等，全省共建立了 80 个城镇地籍数据库。截至 2010 年年底，全省城市市区地籍调查面积为 1773.3482 平方公里，占应完成面积的 95.2%；全省 787 个建制镇完成地籍调查面积 1462.6482 平方公里，占应完成面积的 61%。

第三节　土地登记发证

初始登记

1988 年，原国家土地管理局下发《关于扩大土地登记发证试点和开展城镇国有土地使用权申报工作的通知》和《关于加快城镇国有土地使用权申报工作的通知》，决定在全国范围内全面开展城镇国有土地使用权的申报工作，拉开全国范围内开展土地登记工作的序幕。城镇土地登记发证、证书年检工作深入进行，以土地登记发证为主要内容的产权制度建设得到加强，2002 年 9 月 12 日，安徽省国土资源厅和安徽省省直机关事务管理局联合发文要求开展全省省直和中直驻肥单位用地及其职工所购公有住房用地登记发证工作,并针对职工所购住房上市交易问题,安徽省人民政府制定《安徽省职工所购公有住房上市交易管理暂行办法》,为职工所购公有住房上市交易提供法律依据。2008 年 4 月 8 日,国土资源部在《关于贯彻实施土地登记办法进一步加强土地登记工作的通知》中要求全国各地继续推进城镇住房用地登记发证工作,全省城镇居民住房土地登记及职工所购公有住房土地登记工作稳步推进,截至 2010 年年底全省完成国有土地使用权初始登记宗地 141 万宗,登记率 75.8%,已发国有土地使用权证 225 万本,发证率为 75.7%;保护了土地权利人的合法权益。

集体土地登记

农村集体土地确权和登记发证工作从 1988 年开始,在凤阳县试点基础上全面推开,至 2008 年发证率达 95% 以上。2001 年 11 月国土资源部发出《关于依法加快集体土地所有权登记发证工作的通知》,决定在已有的基础上,进一步加大力度,全面开展全国集体土地所有权登记工作。2008 年 4 月国土资源部在《关于贯彻实施土地登记办法进一步加强土地登记工作的通知》中要求,各地要结合第二次全国土地调查,加快推进农村集体土地所有权登记发证工作。2008 年 7 月国土资源部发出《关于进一步加快宅基地使用权登记发证工作的通知》,要求各地加快工作进度,努力完成宅基地使用权的登记发证工作。2009 年 8 月安徽省人民政府召开全省农村集体土地确权和登记发证工作电视电话会议。2009 年 9 月安徽省人民政府办公厅下发《关于开展农村集体土地确权和登记发证工作的通知》,要求在全省范围内开展集体土地所有权、集体建设用地使用权和宅基地使用权的登记发证工作,全省新一轮农村集体土地宗地统一编码确权和登记发证工作全面展开。2010 年 7 月,省国土厅制定《关于农村集体土地确权和登记发证若干问题的处理意见》,为全省农村集体土地确权和登记发证工作提供政策依据。截至 2010 年年底,全省集体土地所有权发证 1.98 万本,发证率 95.1%;宅基地使用权发证 1012 万本,发证率为 77.1%。

变更和他项登记

在初始登记基础上,全面开展土地变更登记、土地证书年检和土地权属登记换证工作。随着土地市场的繁荣,土地交易行为的频繁,全省土地变更登记工作量不断加大,各级土地管理部门积极推广土地登记代理制度来作为日常土地登记制度的补充。

土地他项权利是指土地所有权和土地使用权以外与土地有密切关系的权利。针对社会经济的发展,土地他项权利的设定、变更的频繁,以及形式也呈多样化,为适应社会对土地的权属管理和土地使用制度改革要求,促进土地所有权和使用权各项权能分离,省国土资源管理部门参与制订相关政策,建立制度,规范权利形式和范围,完善土地他项权利登记。

第四节 日常地籍管理

制订政策

2001 年 3 月省国土厅出台《关于进一步加强城市房地产交易中土地权属管理的意见》;2001 年 5 月省国土厅为指导和规范全省 1∶1 万土地利用现状建库工作,印发《关于印发 <1∶1 万土地利用现状建库管理办法 > 的通知》;2001 年 6 月省国土厅为规范全省城镇地籍调查测量成果验收,制定《安徽省城镇地籍调查测量成果检查验收办法（施行）》;2002 年 1 月省厅为指导安徽省“十五”期间地籍管理工作,促进地籍管理法制化、规范化和现代化,制定《安徽省地籍管理“十五”计划纲要》;2002 年 7 月省国土厅为推进全省地籍管理信息化建设工作,印发《关于进一步加强地籍管理信息系统建设管理工作的通知》;2004 年 5 月省国土厅为进一步加强地籍基础业务建设工作,制定《关于进一步加强地籍基础业务建设工作的若干意见》;2004 年 10 月省国土厅为指导和规范全省城镇地籍数据库建设工作,制定《关于进一步完善城镇地籍数据库建设工作的意见》;2006 年 11 月省国土厅为指导和规范全省土地利用更新调查工作,制定《关于土地利用更新调查有关地类认定的补充规定》;2007 年 3 月省国土厅为加强土地登记行业管理,规范土地调查和土地登记代理行为,制定《安徽省土地登记代理机构管理办法（试行）》和《安徽省土地登记代理人登记注册管理办法（试行）》;2007 年 7 月省国土厅为保证全省第二次土地调查工作顺利开展,制定《安徽省第二次土地调查实施方案》;2007 年 10 月省国土厅为规范全省农用地转用、土地征收、建设用地置换报批和土地开发复垦整理项目的立项、验收和确认等工作中涉及的土地权属管理和地类认定问题,印发《关于进一步加强农用地转用、土地征收、建设用地置换和土地开发复垦整理等工作中土地权属和地类管理的通知》;2010 年 6 月省国土厅为指导全省农村集体土地确权和登记发证工作,针对全省各地在登记发证工作中涉及的政策问题,印发《关于农村集体土地确权和登记发证若干问题的处理意见》。

调处权属纠纷

1989 年 7 月,安徽省人民政府出台《安徽省土地权属争议处理办法》,1994 年 2 月,安徽省八届人大常委会第八次会议通过《安徽省土地权属争议处理条例》,为调处土地权属争议工作提供法律依据。1994 年成立安徽省土地争议调处中心,各市、县（市、区）国土资源部门也都成立相应的机构,土地权属纠纷协调处理工作从机构和人员上得到落实。截至 2010 年底,全省共受理各类土地权属争议和土地利益诉求案件 500 余起,处理结案率 95% 以上,没有发生因土地权属争议而引发的恶性事件。

第三章　耕地保护

第一节　耕地省情

农用地尤其是耕地是珍贵的资源,凝结着千百年来人们大量的物化劳动和活劳动,必须十分珍惜并加以特殊保护。20 世纪末中国用占世界 7% 的耕地,养活占世界 22% 的人口,人均耕地 0.106 公顷,只相当于世界人均耕地的 43%,在这有限的耕地中,缺乏水源保证、水土流失、污染严重的耕地占相当大比例,这就是中国耕地的国情。

安徽是对土地高度依赖的农业大省,土地资源可概括为“三少”,即人均耕地少、高质量的土地少、可开发的后备资源少。1952 年全省耕地 578.18 万公顷,人均耕地 0.195 公顷, 2005 年实有耕地 573.79 万公顷,人均耕地仅为 0.088 公顷。由于地域自然环境的差异,全省耕地分布极不平衡,主要集中在皖北平原,占全省耕地总面积的 56.2%,皖西大别山区和皖南山区耕地面积极少,分别占全省耕地总面积的 6.1% 和 6.2%。耕地面积最大的是阜阳市,占全省耕地总面积的 13.8%,耕地面积最小的是铜陵市,仅占全省耕地总面积的 0.6%。全省耕地面积中现有 25 度以上的陡坡耕地 5.33 万公顷, 15 至 25 度坡耕地 8.71 万公顷,坡耕地 3.27 万公顷,耕作条件差,土质贫瘠,容易导致水土流失。需要退耕还湖、退耕还林的耕地近 10 万公顷。耕地总体质量不高,中低产田占耕地总量 60% 左右。耕地质量退化显露,农业在大量使用农药和化肥增加产量的同时,也改变土壤的农业地质环境,降低有机质成分,加剧盐碱化和环境污染,使农作物对化肥依赖增强,农产品质量下降。全省水土流失面积达 290 万公顷,其中剧烈强侵蚀和强度侵蚀分别达 0.58 万公顷和 9.3 万公顷,是水土流失较重省份之一。工业废水排放污染较重。因采煤塌陷、煤矸石和粉煤灰压占造成土地破坏、耕地被毁、村庄搬迁。冶金矿山废弃物压占土地数量也较大,而且污染大气、水和土壤,使区域生态环境趋于恶化。

安徽省土地资源开发利用程度高,土地利用率高达 93.2%,比全国平均数 72.9% 高出 20.3 个百分点,未利用地 74.91 万公顷,只占全省面积的 5.3%,大大低于全国 27.1% 的平均水平。未利用地中宜农荒草地只有 21.18 万公顷,仅占全省未利用地的 28.3% ,耕地后备资源所剩无几。从省内区域耕地开发前景来看,平原区基本已到开垦极限,潜力不多。沿江沿淮湖泊再也不应随意围垦。丘陵岗地部分宜农荒地因水源限制,暂也不宜农耕。山区一些地方还要停垦还林。荒滩地又是农水相争之地,不宜农耕。因此,全省耕地资源紧张状况,在相当长的时间内难以改变。人口持续增加、耕地总量减少和人民生活水平提高对粮食需求量的增长等三个“不可逆转”的因素，对全省耕地承载力构成压力，加强耕地特殊保护和土地开发复垦整理势在必行，江泽民强调“保护耕地就是保护我们的生命线”。

第二节　基本农田保护

基本农田是粮食生产的重要基础，保护基本农田是耕地保护工作的重中之重，对保障国家粮食安全、维护社会稳定、促进经济社会全面、协调、可持续发展具有重要作用。党中央、国务院一直高度重视耕地保护工作，特别强调要确保基本农田总量不减少、用途不改变、质量不下降。省政府对耕地保护特别是基本农田保护工作每年都有部署，保护力度逐年加大。并深入、持久地开展土地国情国策的宣传教育，努力提高全社会特别是各级领导干部对保护耕地极端重要性的认识。1999 年 1 月实施新的《土地管理法》，建立以耕地保护为核心、以土地用途管制为手段的适应社会主义市场经济体制需要的新型土地管理制度，采取世界上最严格的土地管理措施，切实解决中国的粮食安全和经济社会可持续发展问题。全省耕地保护工作取得显著成效，当年首次实现耕地占补平衡。

划定基本农田

根据《安徽省土地利用总体规划（1990—2000 年）》确定的基本农田保护目标，1990 年全省在肥东召开现场会，开展基本农田保护试点工作。1992 年 7 月，召开全省基本农田保护工作会议，这项工作由点到面在全省全面展开。到 1995 年底，全省划定基本农田保护区工作全部结束，划定基本农田保护区 539 万公顷，基本农田保护率 91%。1996 年年底，省政府组织有关部门对全省基本农田保护区划定工作进行检查，整体质量较好。中共中央（中发〔1997〕11 号）文件下发后，根据国家统一部署，全省及时开展土地利用总体规划的修编工作。省政府根据国务院批准的《安徽省土地利用总体规划（1996—2010 年）》，将全省 507.6 万公顷基本农田保护目标层层分解，下达控制指标，保护率 85% 以上。到 2000 年下半年，省、市、县（市、区）、乡（镇）四级土地利用总体规划全部报经批准实施。省规划确定基本农田保护面积 507.6 万公顷，相对于 1996 年耕地面积（597.2 万公顷）的保护率 85%，相对于 2003 年耕地面积（575.87 万公顷）的保护率 88%；2001 年调整划定基本农田保护面积 513.03 万公顷，2003 年底落实到图表册及地块的基本农田保护面积 508.98 万公顷，大于规划确定的基本农田面积，小于 2001 年调整划定的基本农田面积。全省划定基本农田保护地块 127.2557 万片，竖立保护标志牌 6.5948 万个，基本农田保护责任书签订到村 28647 个，占应签的 96%。2003 年末，全省基本农田保护面积 508.98 万公顷的组成结构：耕地 493.18 万公顷（占 96.9%），林地 11.12 万公顷（占 2.18%），园地 2.41 万公顷（占 0.47%），牧草地 0.5 万公顷（0.1%），其他农用地 1.77 万公顷（占 0.35%）。在 493.18 万公顷耕地中约有10%质量较差，属于坡耕地和贫瘠地（皖南山区和大别山区）。全省基本农田保护工作在数量、质量、地块、保护责任、用途管制五方面得到落实。受到国土资源部表彰和奖励，2009年、2010年分别奖励安徽省487公顷（7300亩）和227公顷（3400亩）的用地计划指标。

保护措施

严控占用　严格执行《土地管理法》和《基本农田保护条例》的有关规定，除国家能源、交通、水利和军事设施等重点建设项目外，其他非农业建设一律不得占用基本农田。符合法律规定确需占用基本农田的非农建设项目，必须按法定程序报经国务院批准农用地转用和土地征收。加强对涉及占用基本农田建设用地的审查。严格执行占用基本农田听证和公告制度，加强基本农田的社会监督。依法批准或经法定程序通过调整规划占用基本农田的，征地补偿按法定的最高标准执行，对以缴纳耕地开垦费方式补充耕地的，缴纳标准按当地最高标准执行。规范基本农田补划行为。符合法律规定确需占用基本农田的非农建设项目，要先补划后报批，严格执行新增建设用地占一补一的规定。省级国土部门和农业部门对补划的基本农田进行验收，保证补划的基本农田落到地块，确保基本农田数量和质量的平衡，防止占优补劣。占用前要将耕作层进行剥离，用于新开垦耕地或其他耕地的土壤改良，并要落实水土保持方案的要求。

示范区建设　全省有5个县（区），经国土资源部批准为国家级基本农田保护示范区，总规模6.7万公顷（100万亩）。省级基本农田保护示范区设立工作稳步推进，设立省级基本农田保护示范区30个，总规模26.7万公顷（400万亩）。集中精力搞好国家与省级基本农田保护示范区建设，确保达到"基本农田标准化、基础工作规范化、保护责任社会化、监督管理信息化"的要求，让国家资金投进来，地方资金配到位，示范区农田建起来。通过示范区"四化"建设，为全省基本农田建设提供经验，发挥示范作用，带动基本农田保护面上工作。

监管用途　严格执行《国务院关于坚决制止占用基本农田进行植树等行为的紧急通知》要求的保护基本农田"五个不准"，确保基本农田的规定用途不改变。绿色通道建设不得超过《紧急通知》规定的范围。基本农田上的农业结构调整应在种植业范围内进行，任何单位和个人不得签订在基本农田上造林的合同，不准在基本农田内挖塘养鱼和进行畜禽养殖，以及其他破坏耕作层的生产经营行为。已在基本农田上进行农业结构调整的，仍要按基本农田进行保护。对耕作层和农田基础设施造成破坏的，要限期恢复，确保基本农田数量不因农业结构调整而减少，质量不因农业结构调整而降低。进一步加大对违法违规骗取批准、占用和破坏基本农田行为的执法力度。对有令不行、有禁不止的，按照《土地管理法》和《基本农田保护条例》有关规定坚决制止，责令纠正，情节严重的从严查处，依法追究责任人的法律责任，构成犯罪的依法追究刑事责任。省政府每年与各市签订耕地保护责任书，制定《各市政府耕地保护目标考核办法》。从2009年起，省市耕地保护责任书改由省政府主要负责人与各市政府主要负责人签订。

在省政府对各市的年度综合考评中，国土指标占6分。全省初步形成“政府负总责，国土部门具体落实，各部门配合联动，群众广泛参与”的耕地保护格局。

提高质量　大力开展基本农田土地整理。各级政府投资的土地整理项目向基本农田保护区，特别是国家粮食主产区（主产县）和商品粮基地的基本农田保护区倾斜，落实基本农田土地整理任务。基本农田土地整理新增加的耕地划为基本农田。生态脆弱地区在陡坡地和严重沙化地退耕的同时，加大对平坝和缓坡耕地的整理力度，加大坡改梯、淤地坝以及对出现沙化趋势耕地的建设和治理力度，使当地保有足够数量的基本口粮田。加大基本农田质量建设力度。采取各种有效措施提高耕地产出水平，推广绿肥种植、秸秆还田技术，加大对使用有机肥料的支持力度，培肥基本农田地力，大力推广应用配方施肥、保护性耕作、地力培肥、退化耕地修复技术，提升基本农田地力等级。加大对基本农田保护区农田水利建设的投入，改造和配套水利灌溉排水设施，增加基本农田的有效灌溉面积。建立基本农田建设集中投入制度。加大公共财政对粮食主产区和主要农业生产基地基本农田保护区建设的扶持力度，农田水利建设、农业综合开发、土地开发整理、耕地质量建设、农业林网建设等资金，按照地方政府统一规划、分步实施、部门管理、项目运作的原则，向基本农田保护区倾斜，制定扶持政策，积极鼓励农民自愿投资投劳，建设高标准的基本农田，切实提高基本农田的生产能力。

动态监测　完善基本农田保护基础性工作。省、市、县（市、区）、乡（镇）四级基本农田档案做到图件、数据齐备，可核可查，作为监督、检查、审核、补划、变更基本农田的依据。结合土地变更调查建立基本农田信息管理系统，准确掌握分析基本农田利用和变化情况。组织开展基本农田地力分等定级，自2003年，历时5年查清全省农用地类型、面积、分布及理化性状，完成农用地分等定级工作并通过国土资源部验收，为全省农用地定级与估价、土地利用规划、耕地占补平衡、国土整治、区域开发、农田建设等提供科学依据；安徽耕地面积占全国耕地面积的比例为4.73%，全国耕地自然质量等别、利用等别和经济等别都是1~30等，安徽耕地自然质量等别在9~25等之间，利用等别和经济等别在8~25等之间，耕地自然质量等别面积主要分布在14~17等，占全省耕地面积比例都在14%以上，其中面积比例最大的是15等，占18.6%，全省高、中、低等质量耕地所占比例分别为6.06%、93.58%、0.36%，耕地自然质量处于全国的中等偏上水平，耕地利用等别和经济等别以中等地为主，在全国处于中等水平；开展土壤肥力和环境动态监测及耕地地力调查与质量评价工作，结合耕地地力调查与质量评价建立基本农田质量档案；加强基本农田的动态监管，建立省、市、县（市、区）、乡（镇）、行政村五级基本农田监管网络，开展基本农田动态巡查、动态监测和信息管理系统建设，利用卫星遥感手段，定期对基本农田保护区进行监测，重点对集中连片、优质高产以及城镇周边、交通沿线的基本农田保护区进行巡查和监测，及时发现、纠正和查处非法占用基本农田行为。完善耕地质量动态监测体系，及时掌握耕地质量变化情况，定期发布质量监测信息。各地每年根据动态监管的结果，汇总基本农田保护情况，逐级上报。建立基本农田保护定期通报制度。在各地动态监管的基础上，国土资源部门和农业部门定期对全省基本农田保护情况和相关数据进行核查和通报，对问题突出的地区提出警示并督促整改，对基本农田没有达到土地利用总体规划确定的保护目标的要责令限期补划。

落实责任　按照《基本农田保护条例》的规定，建立基本农田保护责任制。将耕地和基本农田保护工作纳入政府领导任期目标考核的内容，签订责任书，明确由地方各级人民政府对土地利用总体规划确定的耕地保有量、基本农田保护面积和质量负责，定期进行目标考核并兑现奖惩措施。国土资源部门和农业部门及有关部门按照部门职责，认真做好基本农田保护的有关工作，并注意调动社会各方面的积极性。以行政村为单位与乡政府签订基本农田保护责任书，通过在土地证书和农村土地承包经营权证书标注的形式落实到承包农户，确认基本农田面积、位置和质量，明确承包农户保护基本农田的责任、权利和义务。探索建立基本农田保护经济激励机制。国家和地方有关的农业补贴向基本农田保护任务重的地区倾斜。国家投资土地开发整理项目和其他支农项目向基本农田保护成效突出的地区倾斜。基本农田保护基础性工作、动态监测及信息系统建设和维护经费，按照有关规定，由同级财政部门在年度部门预算内统筹安排。对基本农田保护先进单位和个人进行保障和奖励。

第三节　土地开发复垦

开展土地开发复垦整理是增加耕地的有效途径。全省自土地管理法实施以来，不断加强土地开发复垦整理工作，通过实施一大批土地开发、复垦和整理项目，实现耕地占补平衡的目标。土地开发复垦整理项目的实施，改变农村面貌，改善农村生产条件，增加耕地面积，提高耕地质量，增加农民收入。

土地管理局成立伊始就把土地开发复垦整理工作摆上议事日程，部署节地挖潜，开展土地开发复垦整理。1990 年，六安市霍邱县以改造中低产田为中心，推行对田、林、路、渠、宅、塘、墓等实行“八位一体”的综合整治，被全国推为“霍邱模式”。1992 年，阜阳市以村庄建设用地整理为突破口，科学规划，划定村界，控制村庄外延，消灭空心村，鼓励村界外住户搬迁到村界内建房，将旧宅基地开发复垦，这种做法在全国被称为“宅基地革命”。宿县地区 1995 年率先组织农村集体“四荒地”土地使用权拍卖，面积 3.13 公顷，协议收益 7000 多万元。挖掘土地利用潜力，推动全省土地开发复垦整理节地挖潜的进程。以淮北市煤炭塌陷地综合治理为代表的工矿废弃地复垦模式，闯出工矿废弃地复垦整理新路子，被原国家土地局批准为全国“煤炭塌陷地综合治理示范区”之一。淮北市年产原煤 2500 多万吨，每万吨煤塌陷土地面积在 4.5~5.5 亩之间，造成大面积良田沦为水域、坑洼地。市政府坚持“谁破坏谁复垦，谁治理谁受益”的原则，组织多专业、多学科技术人员对塌陷地进行综合评价分析，制定科学依据，对塌陷地进行全方位、多层次的综合治理，按照塌陷区农业自然资源和地形地貌的相对一致性、塌陷区社会经济条件的相对一致性、塌陷区治理发展方向的相对一致性、塌陷区关键性治理措施的相对一致性等四条基础依据，把全市现有的塌陷区划分为二大层次、三大类型，即：多层煤回采的深层塌陷区和单层煤回采的浅层塌陷区；治理区种植型、基建型和养殖型。在治理实践中逐步形成“七种模式”：已经稳定的以开挖精养鱼塘为主结合发展养殖业的深层塌陷区治理模式；已稳定的以复土造田为主农牧渔业综合发展的浅层塌陷区治理模式；已稳定的以粉煤灰充填复土造林绿化环境治理模式；已稳定的深层塌陷区以煤矸石回填兴建矿、镇和生产、生活及文体中心基地模式；深浅煤层交错，尚未稳定的实行鱼鸭混养、果蔬间作利用模式；利用塌陷区水面大、水体深、水质好的自然资源优势，兴建水上公园模式；利用煤电副产品——煤矸石、粉煤灰作建材原料替代黏土、水砂生产砖、瓦、水泥等模式。经过十多年的不懈努力，取得显著效果，截至2000年底，淮北市复垦利用塌陷地0.71万公顷，使塌陷区土地复垦利用率达50.9%，兴办省、市级高科技农业示范园24个，安置无地农民就业8万人，建材业每年“吃掉”煤矸石200万吨，粉煤灰70万吨，每年节电10万度，节约标准煤58.85万吨，实现资源综合利用产值20多亿元，复垦区形成固定资产原值5亿元，工农业总产值11.8亿元，复垦土地上新增粮食2500万公斤，“菜篮子”工程建设连续11年全省夺冠，连续7年成为国家复垦示范区。复垦治理率达到世界中等国家水平。治理区栽植各种树木1500多万株，条类1400多万墩，花草170公顷，使大地变绿，环境变美，昔日满目苍凉的荒水、荒滩、灰场、石堆；如今绿树成荫，花草遍地，畜禽满圈，鱼塘成方，许多地方还成为工矿、城镇居民闲暇时光休息娱乐的场所。

1999年，成立省土地开发复垦整理中心，各项土地开发复垦整理配套政策措施陆续出台，使土地开发复垦整理工作步入科学化、制度化、规范化管理轨道。建立土地开发复垦整理预备项目库，入库项目达7000多个。全省实施国家和省级投资耕地开发复垦项目152个，建设规模11.33万公顷，总投资25.3亿元。国土资源厅成立后，土地开发复垦整理工作进一步得到加强，成绩显著。2000~2005年，全省批准和实施土地开发项目2958个，新增耕地30562.97公顷。批准土地复垦项目3632个，新增耕地21612.58公顷。国土资源部批准投资土地开发复垦整理55个项目，总投资5.82亿元，总建设规模2.85万公顷，新增耕地4518公顷。省级投资土地开发复垦整理10个项目，总投资5386万元，总建设规模1675.49公顷，新增耕地270.75公顷。投资8个工矿废弃地复垦项目，总投资5946.24万元，其中中央投资2050万元，省级投资402.2万元，地方投资275.5万元，自筹资金3504.81万元。建设规模1730.5公顷，新增耕地1232.37公顷。全省批准农村土地整理项目632个，新增耕地4011.77公顷。2000年至2005年全省补充耕地58592.02公顷。自1999年，连续12年实现耕地占补平衡有余。

安徽省将土地开发复垦整理和挂钩置换工作有机结合，探索形成整村推进的农村土地整治模式。合肥市积极响应，组织项目抓落实。2007年12月，安徽省委常委、合肥市委书记孙金龙要求，把土地整理和新农村建设结合起来，与省会郊县农业产业化、农业观光旅游结合起来，与加强乡镇、村组织建设结合起来，发挥土地整理的规模效益，节约管理成本，提高农民收入，展现新农村的新景象。2008年6月《合肥市土地及宅基地整理和新农村建设项目实施意见》明确提出“整村推进”的指导思想，即以土地整理为抓手，把土地整理、宅基地整理与新农村建设结合起来，整合各级各类支农惠农政策和资金，集中力量打好“组合拳”，促进土地节约集约利用，完善农村基础设施，改善农民生产生活环境，推动农业产业结构调整，实现城乡统筹、共同发展。在项目实施过程中，合肥市根据“示范带动、政策组合、因地制宜、惠农惠民、规模发展”的原则，在项目推进方式上，将整个项目分解为若干个子项目，以土地整理项目或宅基地整理项目为统筹，按各类子项目的原审批渠道、资金用途、实施办法进行审批，实现整个项目统一推进；在资金投入上，由市新农办会同市财政局负责牵头整合市级各项支农资金，各县、区政府以分解后的各子项目为载体，争取国家和省等各级各类支农惠农资金，加大投入；在补助资金标准和使用范围上，农户拆旧建新部分，宅基地整理新增耕地每亩补助5万元，各部门的支农资金按“资金分配权和分配渠道不变、资金用途不变”的原则，配套跟进，不足部分由县配套资金补齐；在工作经费上，乡镇和村的工作补助经费从土地整理专项资金中列支，控制在市补助资金总额的3%以内，专项用于新村建设测绘、规划设计、地质勘探等管理性支出；在新增建设用地指标分配方面，为鼓励试点县加大资金投入，根据县实际投入资金的1∶1.5换算成县设定投入资金，再按市实际投入资金和县设定投入资金的比例分配置换的建设用地指标。长丰县造甲乡宋岗村陈刘土地及宅基地整理和新农村建设整村推进项目是合肥市首批示范项目，涉及自然村庄20个，农户1295户，人口3978人，实际拆迁1267户，涉及土地面积1468公顷。通过农田和宅基地整理，可新增耕地168公顷，其中宅基地整理新增耕地111公顷。在项目实施中，新村建设、土地整理和农业产业规划同步推进，通过“统一项目规划设计，统一委托代建新房，统一基础设施建设、统一公共设施建设、统一村庄复耕整理”，将20个自然村庄撤并为一个中心村、两个居住点。通过市、县土地整理和20多个部门的支农资金、村民自筹资金整合投入的融资方式，以旧房拆迁补助相抵，大多数农户只需补上一万元左右就能住进道路、电网、上下水、电信、有线电视基础设施配套齐全，学校、医疗卫生机构、敬老院、村级综合服务设施和体育等公共服务设施统一兴建的现代化居民小区。通过合肥市举办的产业与土地整理对接会等平台。园味园食品公司与宋岗村签订协议，投资2000万元建立1000公顷无公害蔬菜基地，该公司负责人说，由于整理后的耕地农田水利配套设施完善，适宜规模化经营和机械化生产，给公司节省不下2000万元的基础设施投入，大大降低经营风险。公司生产的无公害蔬菜经速冻后主要销往国外，一年就能收回投资，宋岗村与园味园食品公司的合同期为10年，公司主要提供技术、流通和销售渠道，并通过示范片建设，对农民进行培训，带动农户进行标准化生产，农户与公司签订返租倒包协议和用工合同，除收取土地租金，还根据市场价格，按劳取酬。老百姓算了一笔经济账：通过土地流转，有几大块收入，一是拿租金，二是在企业打工挣工资，三是利用宅基地整理出的111公顷新增耕地发展现代生态农业观光点获取分红，四是通过中心道路两旁规划建设的商业门面房出租收入逐步建立社会保障。有信心通过整村推进，三年内农民收入翻一番，突破8000元。

2006年底《安徽省建设用地置换暂行办法》颁布后，定远县2007—2008年11月实施8个批次建设用地置换项目，得到安徽省国土资源厅的高度评价，邻县的农民自发组织起来到定远参观学习建设用地置换和土地整理经验。定远县建设用地置换的内涵是以建设用地置换为抓手，在为城市开发、工业园区发展、小城镇和新农村建设提供用地保障的同时，更好地保护耕地，改善农民生产生活条件和农村基础设施，加快新农村建设步伐，不仅仅为获得建设用地指标，而是站在节约集约用地的高度，把经济建设可持续发展和坚守18亿亩耕地红线结合起来作置换。为把村庄整合、宅基地整合和新农村建设结合起来，定远成立由县委主要负责人任政委、县政府主要负责人任指挥的建设用地置换工作指挥部，下设综合办公室、由相关部门成立土地置换组、安置复垦组、资金保障组、社会保障组和督查组，乡镇组建相应的工作班子，乡党委书记为建设用地置换工作的第一责任人，部门联动，上下协调，推进置换工作。科学确定土地置换项目拆旧复垦区和拆迁安置区、被置换用地规模和范围，开展农村居民点用地现状调查，科学制定置换工作方案，将年度建设用地置换指标任务分解细化到乡镇，纳入乡镇岗位目标责任制，签订责任状，通过统一规划，统一标准，统一建设，统一用地，集中建房，高标准实施土地复垦和新农村建设。切实保护农民利益，妥善安置被拆迁农民，由他们自主选择货币或实物补偿方式，对需要安置的农民，由乡村和有关部门为其办理用地建房等相关手续，由其根据规划和安置方案自主建设；对被征地农民，足额兑现补偿费用，并将征地后人均耕地低于一定数量且年满16周岁以上的被征地农民纳入养老保险范围，涉及房屋拆迁的，由县政府统建安置楼进行安置。严格置换资金管理，建立专户存储和管理，专款专用的县级置换专项基金制度，从土地出让收益和涉农资金整合等方面筹措6000万元用于建设用地置换工作。同时，实行建设用地置换指标有偿使用制度，每使用一亩建设用地置换指标，县财政补助1万元，根据置换工程进度分期拨付。以奖代补，培育土地置换示范区，将10个置换潜力较大的项目区拆迁安置点作为新农村建设示范点，进行统一规划，配套建设，整体推进，由各相关部门在充分征求农民意见的基础上规划实施，示范点建设合格后，按实际入户数，县财政采取以奖代补的方式，按每户1万元补贴乡镇，专项用于安置点基础设施配套建设。保证置换工作实施质量，制定建设用地置换工作考评细则，实行岗位目标管理，严格奖惩制度。每年年底县委县政府对置换工作完成情况进行综合考评，对先进乡镇进行表彰并优先下达年度用地指标；对未完成任务的乡镇负责人进行诫勉谈话，采取相应组织措施；对因工作不负责任造成上访及土地复垦未通过验收的，追究党纪政纪责任。2007年实施的5个批次14个项目区，置换土地91.4634公顷，新增耕地面积39.2512公顷。对整理后的耕地，根据农民意愿，愿意流转的，集中连片划定规模经营区；愿意自己耕种的，以就近方便的原则，划定承包地。通过宅基地整理的新增耕地也根据农民意愿,采取规模经营或分给农民耕种。开展建设用地置换,一些偏远乡镇的农民逐步向交通便捷、基础条件好的集镇集中,不仅改善生产生活环境,增加耕地面积,还使一批工业、旧城改造项目和公益事业、民生工程落地,促进经济又好又快发展。

2009 年,省委理论学习中心组专题研究推进农村土地整治工作,全省形成“政府主导、农民主体、国土搭台、部门合作、乡镇实施”的农村土地整治新局面。2010 年,国土资源部批准安徽省为先行开展整体推进农村土地整治示范建设省。省领导高度重视,省委书记张宝顺批示“此事意义重大,关系发展大局,务必精心组织,稳妥推进,把握政策,以收全功”,省长王三运亲自进行动员部署。“十一五”期间,全省实施国家和省级投资土地整理复垦开发项目总投资 53.79 亿元,建设规模 21.73 万公顷,新增耕地 1.06 万公顷;地方各级政府实施的补充耕地项目新增耕地 7.18 万公顷;全省批准实施置换挂钩土地复垦 4.46 万公顷。

组织开展采煤塌陷区综合治理,2009 年省政府成立采煤塌陷区综合治理工作领导小组,分管副省长任组长,办公室设在省国土资源厅。按照“统一规划、综合治理,先搬后采、土地置换,征转有别、依法补偿,试点先行、保障应急,整合资金、配套政策,项目推进、明确责任”思路积极推进。2010 年皖北采煤塌陷区涉及 25.5 万人的村庄搬迁应急工程基本完成,全面转入先搬后采阶段,采煤塌陷区综合治理项目实施后,后湖、泉大等项目显现成效。

第四章 建设用地管理

建设用地是指建造建筑物、构筑物的土地。包括城乡住宅和公共设施用地、工矿用地、交通水利设施用地、旅游用地、军事设施用地等。建设用地从用地性质上分为农业建设用地和非农业用地。直接为农业服务的建设用地，如农田水利渠道、田间道路等称为农业建设用地，其他建设用地为非农业建设用地。本章所述为非农业建设用地管理，主要记述国家建设用地和乡镇村建设用地。

第一节 建设用地管理沿革

管理体制变革

1949年5月安徽全境解放，成立皖北、皖南行署，1952年两行署合并成立安徽省。解新中国成立初期，有关土地管理方面的工作由民政部门负责，在此期间主要是开展部分土地权属登记，后转为建设用地征拨和一些土地权属纠纷的处理。“文化大革命”期间，建设用地征拨工作，由省民政厅移至省革命委员会生产指挥组。1975年省革命委员会生产指挥组撤销，建设用地的征拨职能又转回到民政厅。1979年7月，建设用地的征拨工作由省民政厅移交到省基本建设委员会（后改为城乡建设环境保护厅）。

1985年7月，省政府决定成立安徽省土地管理局（处级），隶属省农牧渔业厅领导，归口管理全省土地，负责调查、规划、立法登记、统计等工作，参与城市（市、县城、建制镇、工矿区）规划范围的商定，负责城市规划区和国家重点建设项目以外土地的征用、划拨以及农村（含非建制镇）建设用地的审批事宜。省城乡建设环境保护厅负责管理城市（市、县城、建制镇、工矿区）规划区范围内的土地，办理国家重点基建项目土地的征用、划拨、审批工作。各部门使用的土地由各部门自己管理，城市地籍管理由城市房地产管理部门负责，荒山荒地的垦殖由省林业厅负责，村镇建房由省城乡建设环境保护厅负责 。

1986年11月，安徽省人民政府决定成立省土地管理局，统一管理全省土地。根据省编委《关于成立安徽省土地管理局的通知》，1987年6月安徽省土地管理局挂牌办公，为副厅级机构。1994年省级机构改革中升格为正厅级机构。建设用地管理得到加强。

2000年7月，根据党中央、国务院批准的安徽省机构改革方案精神，组建安徽省国土资源厅，主管土地资源、矿产资源等自然资源的规划、管理、保护与合理利用及测绘行政管理。内设 3 个土地管理业务处，4 个地质矿产管理业务处，1 个测绘管理处和 7 个综合处（室），后增设 1 个土地开发复垦整理处。建设用地管理由耕地保护处和土地利用处具体负责。2009 年，经调整后征地管理处负责统一管理城乡土地征收、农用地转用工作，统一审核征收征用建设用地；承办报国务院、省政府审批的各类建设用地审核、报批工作。土地利用管理处承担城乡建设用地和土地市场管理工作。

使用制度变革

无偿供地　长期以来安徽土地和全国一样，一直实行无偿、无限期、无流动使用制度，这一阶段从新中国成立一直持续到 1988 年。1982 年 10 月 15 日安徽省人民政府发文公布安徽省人大常委会议批准的《安徽省国家建设征用土地实施办法》和《安徽省村镇建房用地管理实施办法》。随着国家两个《条例》和省两个《实施办法》的贯彻实施，对国家建设用地申请书作全面修改，按照基本建设程序规定，规范建设用地征用手续和审批程序，堵住无建设项目批准文件征地漏洞，扼制肆意占地势头。废除以总建筑面积 2.5 倍指标供地，以国家规定各类工程建设项目用地定额指标供地。对农民建房用地强调统一规划原则，规定每户农民建房宅基地标准和审批条件、手续要求。马鞍山、淮南、淮北、安庆、合肥等几个用地量较大的省辖市，相继成立征地拆迁安置办公室，全省建设用地乱占滥用现象开始有所好转。为解决重点工程建设征地难问题，1983 年，淮北开始实施征地包干。首先从淮北、淮南两淮煤矿建设、塌陷征地以及村庄搬迁开始，逐步在全省推开。1986 年下半年，遵照省政府指示，按照中共中央、国务院《关于加强土地管理、制止乱占耕地的通知》要求，对全省 1982 年以来各种违法用地进行全面清理，使全省乱占滥用耕地的现象，得到有效抑制。由于当时仍为部门兼管，只对单一的建设用地采取应急措施，对土地的全面管理、使用制度改革和发展、各项基础建设、立法和执法等远不能适应形势发展需要。

有偿供地　这一阶段始于 1991 年，持续到 2001 年，2002 年 7 月 1 日开始实行的国土资源部 11 号令，即《招标拍卖挂牌出让国有土地使用权规定》，要求对商业、旅游、娱乐和商品住宅等经营性用地，必须以招标拍卖挂牌（简称招拍挂）的方式出让，结束了经营性用地协议出让的历史。1991 年，省政府批准在芜湖市进行土地使用制度改革试点，标志着全省土地使用制度改革工作开始起步。1994 年，省人民政府出台《关于批转省土地管理局关于进一步加强土地资源和资产管理报告的通知》，深化土地使用制度改革，培育和规范土地市场。要求各地按照《中华人民共和国城镇国有土地使用权出让和转让暂行条例》和《安徽省城镇国有土地使用权出让和转让实施办法》规定，改革建设用地供应方式，扩大国有土地使用权出让范围，使各项建设用地逐步向市场配置方向过渡。对商业、金融、旅游、服务业、商品房屋和涉外工程用地，全部实行土地使用权出让方式供应。县级以上人民政府依法高度垄断国有土地使用权出让，同级土地管理部门认真组织实施。出让国有土地使用权必须与建设项目相结合，不得盲目成片出让；积极推行招标、拍卖出让，减少协议出让，以利公平竞争。土地使用权转让、出租、

抵押等，必须到土地管理部门办理土地登记，依法确认权属。同时，要加强对划拨土地使用权管理，将土地自发交易行为纳入法制轨道。各市、县人民政府按照国家产业政策和企业盈利情况，制定合理地价政策，开展土地分等定级工作，确定当地城镇基准地价，既要保证级差地租收归政府所有，又要有利于促进改革开放和经济建设协调发展。土地管理部门按照土地市场运作规律，健全地价评估制度，代表政府发布市场指导地价，逐步建立科学、合理土地市场调控管理体系。农村在坚持土地集体所有和不改变使用性质前提下，农用集体土地使用权可以依法转让、出租和抵押。到1995年，全省土地使用权出让范围扩大到除法律和政策规定可以划拨以外的其他新增用地。全省出让国有土地使用权幅数占非农业建设用地60%左右。基本实现经营性用地全部实行有偿使用，市场配置土地机制基本形成。土地使用权出让方式是协议、招标、拍卖多种形式并存，拍卖出让日益增多。市、县人民政府垄断土地使用权出让，转让行为趋于规范。土地收益在全省各级财政中的比重达10%以上。阜阳地区1995年土地直接收益4亿元，约占财政总收入的20%。土地要素在深化改革、扩大开放、促进经济建设、加快发展中的作用日益突出。促进小城镇建设，加快城乡一体化进程，全省一大批小城镇走出以地生财、加快小城镇发展新路子。服务于“外向带动”战略，促进招商引资，芜湖市积极筹建地产市场，组织地产交易会，为新一轮开发开放服务；合肥、马鞍山、阜阳、安庆等地开展以地招商活动。促进农村土地使用权流转，发展农村经济，宿州市（宿县地区）率先组织“四荒”地拍卖，拍卖“四荒”地3.13万公顷，协议收益7000多万元，兑现3500多万元。促进企业盘活存量土地资产，转换经营机制，支持企业改革。全省完成上万家企业、4万宗土地、1.07亿平方米建筑物、108亿元资产总额的土地资产评估任务。蚌埠市将企业长期闲置土地收回拍卖，提高土地利用率，增加财政收入，给企业注入新的活力。1994年全国土地使用制度改革工作会后，组织召开全省地改工作会议，贯彻落实全国会议精神。提出本省目标、任务，从全省经济建设大局出发，不断研究新情况、新问题，提出深化改革新思路、新措施，重点抓地改在四个方面的突破：小城镇地改，在调研总结阜阳、六安、宣城、芜湖、合肥等地以地生财、以财建镇、以镇兴业、以业富民实践经验基础上，确定小城镇地改要成为地方政府发展经济和小城镇建设突破口的指导思想，明确小城镇地改应坚持土地资源与资产并重管理，实行有偿使用，有利于经济发展等原则，制定全面推进建设用地“五统一”管理等措施。因势利导，召开全省小城镇地改工作座谈会，指导小城镇地改在深度和广度上健康发展。强化外商投资企业建设用地管理，召开省会城市、沿江开放4市和有关地、市外商投资企业建设用地座谈会，研讨制定措施，为引进外资发展外向型经济做好用地管理、服务工作。规范荒山、荒地资源拍卖，召开全省“四荒地”拍卖工作座谈会，总结推广宿州市（宿县地区）的经验，提出荒山、荒地资源必须搞好规划、计划，加强土地权属管理，确定用途和期限等政策性措施，使这项工作逐步走上规范化。开展企业土地资产清产核资工作，省清产核资领导小组召开专门会议进行部署，在明确企业土地使用权和土地资产价值量前提下，依法处置，支持企业盘活土地资产，严防国有土地资产流失。

市场供地　1990年5月国务院以第55号令发布《中华人民共和国城镇国有土地使用权出让和转让暂行条例》，对城镇国有划拨土地有偿出让、转让作规范化法律规定。随着城市土地有偿出让办法的出台，全省城市国有土地配置方式开始发生重大变革，先后在相关领域进行配套改革。涉及的方面有：对建设用地市场进行计划管理，土地管理部门根据社会经济发展计划和基建投资计划编好年度土地供应计划，规定各幅土地用途及开发建设总投资额。计划部门从宏观上控制基建投资规模和投资结构，并有一定弹性，以适应土地市场变化，同时修改项目管理和基建审批程序。城市规划部门制定好城市详细规划，在出让之前规定供应土地的用途、建筑密度、容积率、建筑层高、公共设施配置、基础设施覆盖等经济参数。土地管理部门进行地价评估，建立完善土地登记、发证制度。税务部门改革税收制度，设立相应税种，将国家所得土地收益收归国家财政，在中央、地方之间合理分配。金融部门开办地产抵押贷款业务，支持土地开发建设。政府加强集中统一领导，实行统一规划、统一征用、统一开发、统一出让、统一管理。政府土地管理部门发挥土地统一管理作用。规范国有土地使用权出让行为，建立公开、公平、公正土地市场秩序，市场配置土地资源。2001年，制定《安徽省国有土地使用权招标拍卖管理办法》，规定全省范围内商业、旅游、娱乐、豪华住宅和其他经营性房地产项目用地，必须通过公开招标拍卖方式出让土地使用权。市、县人民政府土地行政主管部门会同有关部门，根据国民经济和社会发展规划、产业政策、城市规划、年度用地计划和土地市场状况，编制招标拍卖年度计划。经同级人民政府批准后，由市、县土地行政主管部门具体落实。2003年省国土厅出台《关于进一步做好国有土地使用权招拍挂工作的通知》，规范招拍挂出让土地程序，加强对土地市场监督管理。2004年省制定《关于印发土地市场管理制度（试行）的通知》，标志着全省土地市场管理真正进入规范化、制度化建设时期。

小城镇土地使用制度变革　1993年土地使用制度改革逐步从沿海向内地、从大中城市向小城镇推进。农村一部分先富起来的农民积累一些资金，要求进小城镇务工经商，乡镇企业要求向基础设施完善、交通便捷的小城镇集中，对小城镇工商业和住宅用地需求增加；小城镇基础设施建设因长期缺乏资金来源严重滞后，推动小城镇土地使用制度改革。全省小城镇土地使用制度改革的特点：土地市场买方主要是先富起来的农民；以100~200平方米的小宗地出让为主，适应农民购买力和实际需要；出让形式以拍卖为主，透明度高，公平竞争，受农民欢迎；与户籍制度改革相结合，不论城乡户口都可以到城镇置地，安居兴业；农民得到土地以自有资金进行建设，不用开发商插手，建设周期短，一般半年多即可投入经营，绝少土地闲置。出让土地由县（市）土地管理部门组织，实行统一规划、统一征地、统一开发、统一出让、统一管理；同时进行配套服务，办理土地使用证，代办规划、施工许可证等。土地管理部门掌握“非饱和供地”政策，有节制地向市场投入土地、维持卖方市场，避免土地大片出手。进行非法土地隐形市场清理，疏堵并举，成立地产交易中心，建设公开土地市场。1996年1月国家土地管理局与国家体改委联合下发《关于小城镇土地使用制度改革若干意见的通知》（简称《通知》）。根据《通知》积极发展小城镇、依法保护耕地、节约用地和积极培育规范土地市场的精神，全省小城镇土地开发和建设按照土地利用总体规划、城镇建设规划和年度建设用地计划稳步推进。通过科学规划和有偿使用，开发不适合农业的坡地劣地，挖掘旧城土地利用潜力，严格控制占用耕地，节约用地，优化配置土地资源，提高土地利用率，有重点、有选择、分期分批进行，防止一哄而起，形成“开发热”“圈地热”；妥善解决被征地农民安置问题；加强集体土地和行政划拨土地进入市场管理，发挥土地资产效益，促进小城镇建设。

第二节　征地审批

建设用地审批大体可分为：新增用地审批和补办用地审批两种类型；1953—1982年、1982—1998年和1999—2010年三个阶段。

审批程序

新征用地　1982年前征（拨）用地程序。从1953年国务院颁布《国家建设征用土地办法》，到1982年《国家建设征用土地条例》公布施行，审批程序为：由建设单位持项目批准文件向民政部门申请，再由民政部门（文化大革命期间由革委会生产指挥组）报有批准权的人民政府批准核拨土地。

1982—1998年征（拨）用地程序。申请用地，用地单位持经批准的建设项目设计任务书或上级主管部门的有关批准文件，向拟征地的县（市）土地管理部门申请用地；在城镇规划范围内的土地，应征得城镇规划管理部门的同意。签订征地协议，用地单位将征地文件和资料，报送土地管理部门审查，拟定土地补偿安置方案，由所在县（市）土地管理部门组织用地单位和被用地单位，签订征地协议，交付征地税、费。批准用地，县级以上人民政府土地管理部门，对建设单位报送的征（拨）用地文件资料进行审查，复核用地计划指标，核定用地面积，提出审查意见，报有批准权的人民政府批准。划拨用地，征（拨）用地依法批准后，由土地管理部门通知建设单位，在按协议和有关规定支付征（拨）用地各项费税、落实安置方案后，向建设单位下达《建设用地通知书》，划拨用地。颁发土地使用证，建设项目竣工验收后，用地单位向县（市）土地管理部门申请登记，在其建设内容、占地面积、占地范围等均符合批准文件，经土地管理部门审核、注册登记后，颁发土地使用证，作为使用土地的法律凭证。1986年前报件由城乡建设环境保护部门负责受理、审查、报批，1986年后由土地管理部门负责。1990年后，逐步推行包干征地，由土地管理部门与被用地单位签订征地协议后，再与建设单位签订用地协议，进行审查报批。1994年深化土地使用制度改革，培育规范土地市场，政府垄断土地一级市场，实行统一征地、统一规划、统一开发、统一出让、统一管理，由土地管理部门代表政府征地后,进行出让或划拨。

1999—2010年征(拨)用地程序。1998年《土地管理法》做出重大修改,新《土地管理法》规定土地由限额审批改为用途管制,核心是保护耕地。建设用地报批方式发生重大变化。新的报批方式分为分批次建设用地报批和单独选址项目用地报批两种类型。分批次建设用地是在土地利用总体规划确定的城市和村庄集镇建设用地规模范围内进行选址建设的用地(简称圈内用地),单独选址项目用地是确需在土地利用总体规划确定的城市和村庄集镇建设用地规模范围之外进行选址建设的能源、交通、水利、矿山、军事设施等建设项目用地(简称圈外用地)。

圈内建设用地。为实施城市规划,市、县人民政府按照土地利用年度计划拟订农用地转用方案、补充耕地方案、征收土地方案,分批次逐级上报有批准权的人民政府审批。农用地转用方案、补充耕地方案和土地征收方案经批准后,由市、县人民政府组织实施,并将批准征地机关、批准文号、征收土地的用途、范围、面积以及征地补偿标准、农业人员安置办法和办理征地补偿的期限等,在被征收土地所在地的乡(镇)、村进行公告。由土地管理部门办理征地补偿登记。土地管理部门根据经批准的征收土地方案,会同有关部门拟订征地补偿、安置方案,在被征地所在地的乡(镇)、村进行公告,听取被征地的农村集体经济组织和农民的意见。征地补偿、安置方案报市、县人民政府批准后,由土地管理部门组织实施。征地的各项费用在征地补偿、安置方案批准后3个月内全额支付清,并监督被征地集体经济组织将被征地的补偿费用的收支状况进行公布。建设项目用地单位持建设项目的有关批准文件,向土地管理部门提出申请,由土地管理部门进行审查,拟订供地方案报县人民政府批准。建设项目划拨使用国有土地的,由土地管理部门核发国有土地划拨决定书;建设项目有偿使用国有土地的,由土地管理部门与用地者签订国有土地有偿使用合同。土地使用者依法申请土地登记。

圈外建设用地。建设项目可行性研究论证时,由土地管理部门进行审查,提出建设项目用地预审报告。建设单位持建设项目有关批准文件,向市、县人民政府土地管理部门提出建设用地申请,由土地管理部门审查,拟订农用地转用方案、补充耕地方案、征收土地方案和供地方案,经市、县人民政府审核同意后,逐级上报有批准权的人民政府批准后,由市、县人民政府组织实施。建设项目有偿使用国有土地的,由土地管理部门与用地者签订国有土地有偿使用合同;划拨使用国有土地的,由土地管理部门核发国有土地划拨决定书。土地使用者依法申请土地登记。并由县人民政府组织实施征地补偿安置,实行两公告一公布,落实征地补偿、安置方案。

补办用地　根据安徽省土地清查领导小组文件(土清字〔1986〕第003号)精神,未经批准擅自占用土地属非法占地,均需补办征地手续。国家建设单位、城市(包括建制镇)集体所有制单位占用集体土地的,办理征用手续;国家建设单位、城市集体所有制单位与农民联营办企业占用集体土地的,办理征用手续;农民进建制镇务工经商和国家干部、职工、居民建房占用集体土地的,由政府统一办理征用手续。其他的办理使用土地手续。补办手续分为三个阶段:1966年5月16日之前占地的为第一阶段。在尊重历史承认现实的原则下,由用地单位和被用地单位双方出具证明,经土地管理部门审查核实予以认可,不在办理审批手续。1966年5月16日至1982年5月14日占地的为第二阶段。建设用地单位持原用地协议书,非法占地书面检查,用地现状平面图,坐落位置地形图,向土地管理部门提出补办征地手续申请,经土地管理部门审核后,报县政府审批或报上级政府审批。1982年5月14日至1986年占地的为第三阶段。用地不影响城乡规划和环境保护而又合理利用的,按有关规定进行处罚后,再按第二阶段的程序补办征用手续。《土地管理法》实施后的违法用地,经依法处理后按新征建设用地程序办理。

审批权限

新征建设用地　1982年5月14日至1986年,征用耕地、园地1000亩以上,其他土地10000亩以上,报国务院批准。征用耕地、园地10亩以上,林地、草地20亩以上,其他土地40亩以上,报省政府批准。征用耕地、园地3亩以上,林地、草地10亩以上,其他土地20亩以上,报行署或市政府批准。征用耕地、园地不足3亩,林地、草地不足10亩,其他土地不足20亩的,由县政府批准。1987年至1998年,征用耕地1000亩以上,其他土地2000亩以上的报国务院批准。征用耕地10亩以上1000亩以下,其他土地20亩以上2000亩以下的,报省政府批准。征用耕地3亩以上10亩以下,其他土地10亩以上20亩以下的,报行署(省辖市)批准。征用耕地3亩以下,其他土地10亩以下的,报县政府批准。征用塌陷区土地200亩以下的报行署(省辖市)批准;200亩以上的报省政府批准。1998年《土地管理法》修改后,征地审批权限作了重大调整。征收基本农田、基本农田以外的耕地超过35公顷和其他土地超过70公顷的,报国务院批准。国务院批准权以外的土地征收由省人民政府批准。具体建设项目使用征地范围内的土地报县人民政府批准。使用规划范围内的国有未利用地,除依法报国务院批准的外,超过4公顷的,报省人民政府批准,不超过4公顷的,报土地所在地的市、县人民政府批准。农用地转用审批,省人民政府批准的道路、管线工程和大型基础设施建设项目、国务院批准的建设项目占用土地,涉及农用地转为建设用地的,由国务院批准;在土地利用总体规划确定的城市和村庄、集镇建设用地规模范围内,为实施该规划而将农用地转为建设用地的,按土地利用年度计划分批次由原批准土地利用总体规划的机关批准;以上规定以外的建设项目占用土地,涉及农用地转为建设用地的,由省人民政府批准。

补办建设用地　1966年5月16日至1982年5月14日占地的审批权限,5亩以下(不含5亩),报县政府审批,5亩以上50亩以下(不含50亩),经县政府审核后报行署(市政府)审批,50亩以上的,逐级上报省政府审批。1982年5月14日以后占地的审批权限,按同期土地管理法律规定的权限审批。

第三节　建设用地审批管理

建设用地管理是土地管理的一项重要内容。自1987年省土地管理局成立伊始第一件大事，就是贯彻中央〔1986〕7号文件，在全省开展非农业用地清查，刹住乱占滥用耕地的歪风，变分散管理为集中统一管理，为建立建设用地新秩序打下基础。1997年，中央11号文件要求“进一步严格建设用地的审批管理”，冻结非农业建设项目占用耕地一年。全省开展“冻结”和“清查”工作。在农用地审批冻结前依法报批用地，为各地发展储备一批土地。1999年，新《土地管理法》实施后，建设用地由限额审批变为用途管制，建设用地管理进入一个新的阶段，促进全省经济又好又快发展。围绕“861”行动计划、东向发展、开发园区用地、县域经济发展等开展一系列调研，引导各地依法科学用地。用足用活政策，及时研究制定建设用地置换、城镇建设用地增加与农村建设用地减少挂钩、用好未利用地、对不改变地类的旅游用地和采煤塌陷地只征不转等政策，指导节约集约用地。经国土资源部批复同意，将全省149个项目区列入城镇建设用地增加与农村建设用地减少挂钩试点项目区，并下达挂钩周转指标0.2万公顷，有效的缓解建设用地供求矛盾。争取国家在用地计划及违法用地处理上对安徽省的支持，对历史遗留用地1.08万公顷依法处理到位。严格执行土地供应政策、工业建设项目控制指标、划拨供地目录、工业用地最低价标准，进一步优化用地结构。推进土地节约集约利用，省政府出台《关于加强土地节约集约利用工作的通知》，制定节约集约用地评价考核办法，强化供地管理，盘活存量土地，加大闲置土地处置力度，及时总结推广各地节约集约用地经验。全省共消化闲置土地0.14万公顷、批而未供土地1万公顷。合肥市“十一五”期间将节约集约用地作为“立市之本”，在土地管理方面，进行一系列积极探索和创新，初步形成“节约土地、集约建设、持续发展”的土地利用模式，在创新节约集约用地新机制上取得显著成效，如：成立高规格的土地市场管理委员会，创新建立集体决策机制；实施用地指标按项目分配，创新建立精细化供地机制；实施用地单位项目建设和政府服务效能约束，创新建立“双向约束”土地监管机制；采取统一标准、每周调度、现场核查、责任“倒逼”等方式，创新建立“铁腕”清理闲置土地长效机制；打造“阳光地产”市场，创新建立项目规划优选机制；以大规模土地整理为抓手，整合所有支农项目和资金，打“组合拳”，创新建立土地整理、宅基地整理、新农村建设、土地流转和农业产业化结合机制等等，这些创新举措，重点突出城乡统筹、工业集聚、农业产业化、老城区有机更新、新城区紧凑建设等节地建设模式，特别是滨湖新区通过综合交通布置、城市立体开发等创立的六种节地模式，在全国都是最新成果，被国土资源部批准为节约集约用地国家试点城市。工业用地投资强度逐年提升，2008年全省新开工工业项目平均每亩投资120万元。

盘活存量土地

耕地要保护，建设要用地，是摆在各级政府和国土部门面前同等重要的两项任务，土地供需矛盾突出成为各界普遍关注的话题，破解这一矛盾只有坚持科学合理的用地方式，通过旧城改造，盘活存量土地，提高土地利用率，才是解决和缓解用地矛盾的有效途径。全省城镇人均占地面积100多平方米，大大超过国家规定的标准，特别是一些老城区，土地利用率低，基础设施差，而且大量的危旧房存在着安全隐患，通过旧城改造，不仅改变城市面貌，改善市民居住条件，还可节约大量土地。六安市通过对近3平方公里的旧城改造，新增建筑面积200余万平方米，节约用地150多公顷，同时为城市基础设施提供土地60多公顷，为政府增加土地收益4.8亿元。合肥市对20个项目，涉及近4000户城市居民的危旧房进行改造，不仅使被拆迁户人均住房面积由原来的不足15平方米提高到25平方米，增加经营性用地60公顷，而且为政府增加近2亿元土地净收益。淮北市对一些生产经营管理不善但具有市场前景的企业，采取机器设备、土地、厂房整体出售的方式，盘活土地面积200余公顷。宁国市5年旧城改造面积67公顷，拆除旧房20余万平方米，新建各类建筑面积100万平方米，节约城郊耕地40多公顷，同时显化城市土地资产2亿元。来安县一些企业因经营不善土地厂房长期闲置，而另一些急于上马的企业却无地可用，面对这一矛盾，采取“向倒闭、关停企业要土地，向闲置厂房、场地要土地，向企业嫁接重组要土地，向提高投资强度要土地”的“四要”方法，大力挖掘企业用地潜力，2003—2005年盘活存量土地35公顷，引进企业10多家，引进项目资金近亿元，安排职工就业2210人，产生巨大经济效益。芜湖经济技术开发区加强批后监管，坚持依法对闲置土地一律收回，2002—2005年收回土地40多公顷，最大限度提高土地收益。

重点工程用地

为国家和省重点工程做好用地服务。始终将保障发展放在第一位，着力破解用地难题，千方百计保障发展，有效化解建设用地困局，探索形成有效保障科学发展的用地机制。省厅主动到交通、水利、矿山及项目单位进行调研和现场办公，了解重点用地部门发展规划和用地需求，超前介入，主动服务，会同省发改委下发《关于进一步加强重点建设项目用地管理的通知》，坚持“有保有压、区别对待、保障重点、急事急办”的原则，加强项目用地预审关口前移，认真开展建设项目用地初审、预审，及时召开重大项目用地现场办公会、报批调度会，实行定期通报制度，提高审批效率，确保国家和省重点工程项目用地顺利落地，为经济社会发展用地提供有力支撑。“十一五”批准建设用地10.65万公顷。及时跟进省重大战略决策部署。围绕县域经济发展、“861”行动计划实施、皖江示范区建设、合芜蚌试验区建设、加快皖北地区发展振兴等省重点工作部署，迅速跟进配套政策措施，提供服务和保障。国土部与省政府签订支持皖江示范区建设的省部合作协议，依据这个协议，国土资源厅出台20项支持政策措施跟踪服务。

为加强建设用地审批管理，提高用地审批工作效能，2001年省厅下发《关于印发简化用地报批程序资料、提高用地审批工作效能、保障全省经济建设有关政策措施的通知》。精简材料。取消建设项目批准文件或征地的依据（享受国家、省有关优惠政策的建设项目用地应提供）；取消拟占用土地的1/万分幅土地利用现状图；取消新增建设用地土地有偿使用费复印件和原件；取消新增建设用地土地有偿使用费复印件和原件；取消边补边占需附的补充耕地方案及缴纳耕地开垦费凭证；先补后占并经省厅验收确认的，补充耕地位置图简化为局部相关复印件（在1/万分幅土地利用现状图上标注）；省辖市批准农用地转用的，简化为一书一方案（即建设用地呈报说明书、征用土地方案）上报；不进行地质灾害危险性评估。严格效能管理。实行建设用地报件初审制度；用地报件报至服务“窗口”，由服务“窗口”全面审查把关，个别材料不符合要求需补充完善的，转有关业务处室进行初审并提出具体意见，由服务“窗口”收集汇总后及时反馈给报件单位，报件单位应在接到通知后20个工作日内将所需材料报送国土资源厅，经审查，对符合条件、材料齐全的用地报件，服务“窗口”正式受理。实行建设用地报件限时责任制。省厅有关业务处室按照职能分工、各司其职的要求，在1个工作日内对建设用地报件进行审查，并提出具体的审查意见报服务“窗口”汇总；需补充完善的材料由有关业务处室负责跟踪督促落实。实行会签和会审制度。省厅有关业务处室全部会签同意的用地报件，由耕地保护处在3个工作日内提出审查意见，直接报送分管厅长签发，报省人民政府批准；有不同意见的，在5个工作日内由窗口办主任报经分管厅长同意，召集涉及报件材料的有关业务处室实行会审，有关业务处室接会审意见抓好落实。实行特事特办制度。对省政府交办的国家和省重点建设项目、招商引资、企业改制、公司上市等项目，采取特事特办、急事急办的办法，报经省政府同意，可以先期动工建设，在规定的时限内完善用地报批手续。需经省政府批准的圈内建设用地，须在建设用地报批前，按规定足额缴纳各种税费，以便及时办理报批手续。明确责任。授权市人民政府批准的农用地转用用地报件，市土地行政主管部门应对资料的真实性、合法性和准确性负责，并认真组织批后实施管理。各地要严格执行省国土厅《关于建立建设用地审批情况备案制度的通知》有关规定，对具体项目供地情况及时按季上报备案，省国土厅将对其实行监督检查。凡发现弄虚作假、擅自改变用途的，一经查实，将依法撤销其用地批准文件，并对有关责任单位和责任人进行通报批评；情节严重的，将依法追究责任。2004年，安徽省人民政府《关于深化改革严格土地管理有关问题的通知》明确规定：按建设项目审批批次用地。在符合土地利用总体规划、不突破土地利用年度计划的前提下，实行批次用地与具体建设项目相挂钩。凡未落实建设项目的批次用地原则上不予批准。从严控制用于收购储备的批次用地。严禁将单个建设项目拆分立项或将单个项目建设用地拆分审批。2008年省国土厅出台《关于进一步严格规范建设用地申请审查报批工作的通知》，严格建设用地报批程序，规范建设用地报批行为，落实建设用地报批责任，提高建设用地报批效率。明确市县国土资源部门，在组织建设用地报件前要按规定完成拟报地块的实地勘测、实地调查确认、征地补偿安置社保情况公告、征地听证笔录或不要求听证的证明、落实社保资金与措施等工作；要严格履行征地报批程序，确保被征地村组和农户的知情权。同时各审查会签处室，要按各自职能认真落实《建设用地报件材料审查分工意见表》，谁审查谁负责，谁会签谁负责；要落实AB岗工作制，保障工作日审查会签人员不离岗；要遵守效能建设规定，落实20个工作日限时办结制，会签处室审查人员、审核把关负责人会签时限各为1天，超期视为同意。落实相关部门审查责任，厅窗口办负责用地报件电子和纸制材料的初审把关、符合条件的予以受理；负责报件受理后1个工作日内及时送达主办处室；负责将各审查会签处室提出需补充完善材料意见汇总并及时传真报件联系人，限5个工作日内补齐，超期退件，补充完善材料时间不计入承诺办结时间；负责报批规费核费单的传真通知和税费缴清后用地批复的邮寄送达。驻厅监察室负责用地受理审查报批的效能监察。厅法规处负责用地受理审查报批的依法行政指导监督并制定相关制度。厅信息办、信息中心负责建设用地网上审查报批的协调督促和技术指导服务。2010年8月，省国土厅再次改进建设用地审查报批工作，下发《关于进一步改进建设用地审查报批工作的通知》，完善建设用地报批会签会审制度，规定每周二上午、周四下午为省国土厅集中会签时间，会审会原则上每周一次。对国家、省重点项目用地或急需用地报件，实行特事特办、一事一议，经有关处（室、局）会签并报经厅领导同意后，可先履行签批上报程序，再上会审会审查。简化建设用地报件材料，一是减少报国务院批准城市用地申报实施方案材料。城市申报实施方案材料由原来的9项减少为6项。二是改进报省政府批准批次用地审查方法。报省政府批准批次用地材料相应由14项减少为9项。设区市国土资源部门应对履行征地报批前期程序情况、社会保障措施落实情况、对拟征土地权属、地类和勘测定界审核情况及规划用途等，提出书面审查意见，随征地报批材料一并上报。简化勘测定界审查程序，由设区市国土资源部门审查把关。省国土厅加强对各地征地报批和批后实施情况的监督检查和核查，通过检查和核查落实各级责任。1999—2010年，全省共批准批次项目用地86256.73公顷。

1999—2010年安徽省批次项目用地批准情况统计表

表3-4-1　　单位：亩

年度	批准用地总面积	年度	批准用地总面积
1999	526	2000	9801
2001	21263	2002	49124
2003	221578	2004	181135
2005	101387	2006	159716
2007	128018	2008	138445
2009	131992	2010	150866

开发区用地

改革开放后，依照国务院规定，批准兴办经济、科技、工业等各类开发区，在改善投资环境、引进外资、促进产业结构调整和发展经济等方面，起到积极的辐射、示范和带动作用。但一些地方和部门擅自设立各类开发区，严重脱离实际，划定面积过大，部分开发区不履行报批手续，多占少用，占而不用，造成土地浪费。1992 年国务院下发《关于严格制止乱占、滥用耕地的紧急通知》，强调加强对开发区建设用地的管理。1993 年全省开展开发区建设用地清理整顿，对无项目、无资金、无效益，盲目设立的开发区予以撤销，退地还耕。对未依法履行用地报批的、占用土地面积过大的，分别予以补办手续、核减面积。全省共撤销各类开发区 108 个，退地还耕 1.4 万多公顷。针对开发区建设用地出现的问题，召开专门会议，并依照以项目带开发的原则，制定具体办法，加强管理，使开发区建设用地秩序趋于好转。2003 年 7 月，国务院办公厅发出《关于清理整顿各类开发区加强建设用地管理的通知》，要求对擅自设立名目繁多的各类开发区，随意圈占大量耕地和违法出让、转让土地，越权出台优惠政策，导致开发区过多过滥，明显超出实际需要，严重损害农民利益和国家利益，必须进行全面清理整顿。省政府转发国务院办公厅通知，明确要求加强对开发区建设用地的集中统一管理。开发区建设用地必须符合土地利用总体规划并纳入土地利用年度计划，选址必须纳入城市统一规划管理。凡是违法下放农用地转用、土地征用和供地审批权，违法下放规划管理权的，必须立即纠正，废止有关文件。严格按照法定程序征用土地，并按法定标准给予农民合理补偿和妥善安置，严禁拖欠、截留和挪用被征地农民的补偿费用。严禁低价协议出让土地，协议供地必须提前公布供地方案。协议出让的土地改变为经营性用地的，必须先经城市规划部门同意，由国土资源行政主管部门统一招标拍卖挂牌出让。禁止将以征用方式取得的农民集体所有土地用于农业园区开发。按照国务院和国土资源部统一部署，在省政府领导下，省厅将土地市场秩序治理整顿作为全年中心工作来抓，通过扎实有效的工作，取得明显成效。查清开发园区基本情况，撤销 106 个开发区（园区），核减掉保留开发区中不符合规划用地 4.5 平方公里。省政府同意设置的 111 个开发区全部通过国家验收并整合为 89 个。理顺开发区管理体制，纠正分散管地、多头供地做法。

水利用地

1985 年 8 月 30 日省人民政府制定出台《安徽省水利水电工程建设征用土地及安置移民办法》规定，一切水利水电工程建设，包括行蓄洪区庄台建设，都应按照节约用地、合理用地的原则，进行规划、设计和施工。并按照国家规定的程序办理征地手续。严禁乱占滥用土地。水利水电建设单位应根据批准的移民安置规划和方案，与承担移民安置任务的地方人民政府签订协议，由地方人民政府保证按期完成征地和移民安置任务，水利水电建设单位按时拨付资金和材料给移民安置主管机构包干使用。制定征地涉及土地补偿费、青苗（鱼苗）补偿费、房屋补偿费、其他地上附着的补偿费、安置补助费标准。1992 年 12 月 3 日，省政府第 43 次常务会议决定，对《安徽省水利水电工程建设征用土地及安置移民办法》第八、九、十条等作适当修改，提高补偿标准。2001 年 11 月 2 日，国土资源部、国家经贸委、水利部下发《关于水利水电工程建设用地有关问题的通知》，进一步明确水利水电工程建设项目用地预审要求，并对水利水电工程用地须符合土地利用总体规划作出具体要求，凡未纳入规划的，原则上不得提供建设用地。水利水电工程建设项目法人、地方人民政府土地行政主管部门、移民主管部门要通力配合，共同做好水利水电工程用地申请、审查、报批工作。同时规定水利水电工程用地，可分别按不同类型用地组织报批：坝区、库区用地按单独选址建设项目用地报批；移民迁建用地应在经批准的城市或村庄、集镇土地利用总体规划确定的建设用地范围内安排，按城市（村庄、集镇）分批次建设用地报批；专项设施迁建用地，可按单独选址建设项目用地报批要求，另行报批。对水利水电工程征地补偿安置问题、关于耕地占补平衡提出更具体要求。

乡（镇）村用地

乡（镇）村建设用地，包括乡镇企业用地、乡（镇）村公共设施和公益事业用地以及农村村民住宅用地。都属于集体所有的土地。《土地管理法》规定，乡镇村建设应当坚持合理布局、节约用地的原则，符合规划要求，履行报批手续。1987 年国家土地管理局发布《关于加强乡（镇）村建设用地管理工作的通知》，强调加强乡（镇）村建设用地的管理是有效控制建设用地、保护耕地的重要环节。1988 年 3 月安徽省实施《土地管理法》办法施行，要求乡（镇）村建设用地在规划指导和计划控制下合理利用土地，严格履行申请、审核、报批程序，制定乡（镇）村各类建设用地定额指标，依法管好用好土地。对管好乡（镇）村建设用地起到重要的规范作用。1999 年实施的新《土地管理法》规定："乡镇企业、乡（镇）村公共设施、公益事业、农村村民住宅等乡（镇）村建设，应当按照村庄和集镇规划，合理布局，综合开发，配套建设；应当符合乡（镇）村土地利用总体规划和土地利用年度计划，并依照……规定办理审批手续。"

审批制度

为做好建设用地审批工作，加快建设用地报批速度，提高建设用地报批效率，保障经济社会发展及时用地，建立完善各项制度：规划管理制度，年度用地计划管理制度，土地用途管制制度，占用耕地补偿制度，土地有偿使用制度，窗口办文制度，报批会审制度，全程监管制度，备案报告制度等。

安徽省划拨用地总量逐渐减少，有偿用地总量逐渐增加；协议出让方式逐渐缩小，"招拍挂"出让比例逐步扩大。市场机制在国有土地资源配置中已经占据主导地位。促进土地资源的保护和节约集约使用，土地资源利用效率显著提高。30 年来，全省通过推行土地使用制度改革和征地制度改革，加大耕地占用成本，促使用地者形成内在约束机制，为保护耕地、节约集约用地奠定长期有效的制度基础。开展单位 GDP 和固定资产投资规模增长与新增建设用地消耗指标考核工作，加大低效利用和存量建设用地的盘活使用力度，依法处置闲置土地。随着土地市场化程度提高，安徽省单位 GDP 和固定资产投资规模增长消耗的新增建设用地逐步降低。全省国有土地资产化进程为经济社会发展提供有力资金支持。土地收益成为地方政府推进基础设施建设和城市建设重要资金来源,全省城市面貌迅速改变,小城镇如雨后春笋般涌现,投资环境得到改善,增强了对外商投资的吸引力,适应经济发展和改革开放的需要。在企业改革中,通过依法处置国有土地资产,盘活存量土地,激发企业活力,推动现代企业制度建立。庞大的土地资产注入,增大国有资本总量,壮大国有经济。在国有企业改制中,土地资产变现成为解决国有困难和破产企业问题的重要途径,推动国有企业战略性改组和国有经济布局调整。

第四节　被征地农民权益保障

《土地管理法》规定,国家为了公共利益的需要,可以依法对土地实行征收或者征用并给予补偿。征地补偿是做好征地工作的焦点和难点。坚持依法征地合理补偿,保障被征地农民的合法权益是关键。

征地补偿标准

《土地管理法》出台前 《安徽省国家建设征用土地实施办法》规定:

土地补偿费标准:征用水田、旱地、药材地,鱼塘、藕塘、苇塘、菱角塘,柴山、草山、林地等按其年产值的5倍补偿。有砍伐任务的用材林地,比照当地水田或旱地年产值的5倍补偿。征用专业菜地、果园、茶园、桑园按其年产值的6倍补偿,未曾收获的园地,按照当地水田或旱地年产值的5倍补偿,另加补偿园苗培育费用。征用3年以内的开荒地不予补偿, 3年以上的熟荒地按当地同类土地的补偿标准补偿。青苗补偿费标准:粮食、油料和蔬菜青苗,能收获的不予补偿,不能收获的按该作物当季产值补偿。烟、麻、藕、糖料。搭香、药材等经济作物,能收获的不予补偿,不能收获的按该作物年产值补偿。鱼苗放养两年以上的不予补偿,不足两年的按放养鱼苗费的2至3倍补偿。有砍伐任务的用材林,主干平均直径在20厘米以上的成材,按征用时实有材积价值的10%至20%补偿。主干平均直径在5厘米至20厘米的,按征用时实有材积价值的50%至80%补偿。木材分品种按当地国家牌价予以收购。主干平均直径在5厘米以下的小树和不能砍伐的竹林,由市、县制定补偿费标准。社员房前屋后的零星树木,能移栽的,由用地单位负担移栽费。确实无法移栽的,由市、县按低于用材林的补偿费标准规定补偿数额。生产队在国有土地上种植的林木补偿费,按以上规定的办法办理。埋设各种电杆、电缆等占用的土地,一般只补偿青苗损失。个别占地较多的,酌情征用。因施工、钻探等临时用地,不给土地补偿费,按实支付青苗补偿费。国家建设征用土地需要拆迁集体或社员的房屋时,原则上由生产队或房屋所有者自拆自建。拆迁补偿费标准由市、县按房屋的质量和当地房屋的修缮费用水平、材料价格制定。水井、猪圈、厕所、简易搭盖等辅助附着物的补偿,由市、县制定补偿费标准。安置补助费标准:需要安置的农业人口数按被征地单位征地前从事农业的人口和耕地面积的比例及征地数量计算。征用专业菜地和水田、旱地，藕塘、苇塘，柴山、草山、竹林地等，每一个农业人口的安置补助费标准，为该地每亩年产值的3倍。有砍伐任务的用材林地，比照当地水田或旱地的标准付给。征用果园、茶园、鱼塘、药材地等经济价值高的土地，其每一个农业人口的安置补助费标准，为该地每亩年产值的2倍。因征用土地，房屋需要易地重建另占用土地时，按重建房屋占用的土地付给各种补偿费用，原宅基地不再给予补偿。收回社队耕种的国有土地，不给土地补偿费和安置补助费，只付青苗补偿费。社队耕种时间在10年以上而收回后直接影响社员生活的，可给予困难补助费，其标准不高于安置补助费。

《土地管理法》出台后　安徽省实施《土地管理法》办法规定：土地补偿标准：征用耕地、菜地、按其征用前3年平均年产值的5至6倍补偿。征用鱼塘、藕塘、苇塘、菱角塘、灌丛、草地、林地、药材地等，按其前3年平均年产值的5倍补偿。征用果园、茶园、桑园等，按其前3年平均年产值的6倍补偿；未曾收获的园地，按照当地水田或者旱地前3年平均年产值的5倍补偿，另加苗木培育费用。征用耕地不满3年的开荒地，按其当年平均年产值的2至3倍补偿；耕种3年以上的按耕地补偿。开始协商征地后突击抢栽的树苗、抢建的建筑物等，不予补偿。在已列入开采计划的压煤区地面上能否进行非农业建设和植树造林，由市、县（市）人民政府具体规定。安置补助费标准：征用耕地、菜地、园地、药材地、林地，每一个需要安置的农业人口的安置补助费标准，为该耕地、菜地、园地、药材地、林地每亩前3年平均年产值的3倍。征用鱼塘、牧草地等，为该鱼塘、牧草地每亩前3年平均年产值的2点5倍。征用藕塘、苇塘、灌丛、草山等，为该藕塘、苇塘、灌丛、草山每亩前3年平均年产值的2倍。依照本办法支付的土地补偿费和安置补助费，尚不能使需要安置的农业人口保持原有生活水平的，经省人民政府批准，可以适当增加安置补助费。但是，土地补偿费和安置补助费的总和不得超过被征用土地每亩前3年平均年产值的20倍。青苗补偿费标准：被征耕地的青苗补偿费标准按当季作物的产值；多年生作物按其年产值；无苗的，不予补偿。鱼苗放养两年以上的，不予补偿；不足两年的，按放养鱼苗费的2至3倍补偿。用材林，主干平均胸径20厘米以上的成材，按征用时实有材积价值的10%至20%补偿；主干平均胸径5厘米至20厘米的，按征用时实有材积价值60%至80%补偿；主干平均胸径5厘米以下的小树和未成材的竹林的补偿费标准，由市、县（市）人民政府规定。公民在国有土地上种植的林木和房前屋后的小片零星树木，能移栽的，由用地单位负担移栽费；无法移栽的，其补偿费标准由市、县（市）人民政府规定。

《土地管理法》修订后　征用耕地以外的其他土地的土地补偿费标准：征用鱼塘、藕塘、苇塘、灌丛、药材地等，为其被征用前3年平均年产值的6倍。征用果园、茶园、桑园等，为其被征用前3年平均年产值的7倍；未曾收获的，为其同类土地前3年平均年产值的6倍。征用耕种不满3年的开荒地，为其所在村（组）耕地前3年平均年产值的3至4倍；耕种3年以上的，按照耕地补偿。征用农民集体所有的建设用地，为其所在村（组）耕地前3年平均年产值的4至5倍。征用其他土地的，为其所在村（组）耕地前3年平均年产值的2至3倍。征用林地的土地补偿费标准，按照有关法律、法规规定执行。征用耕地以外的其他土地，每一个需要安置的农业人口的安置补助费标准：征用农用地的，为其前3年平均年产值的3至4倍；征用农民集体所有的建设用地，为其所在村（组）耕地前3年平均年产值的2至3倍。征用荒山、荒地的，不支付安置补助费。依照本办法规定支付土地补偿费和安置补助费，尚不能使需要安置的农民保持原有生活水平的，经省人民政府批准，可以增加安置补助费。但是，土地补偿费和安置补助费的总和不得超过土地被征用前3年平均年产值的30倍。省人民政府根据社会、经济发展水平，在特殊情况下，可以提高征用耕地以外的其他土地的土地补偿费和安置补助费的标准。因采矿造成塌陷需要征用土地的补偿费标准和村庄搬迁、农民安置办法，由省人民政府另行制定。被征用土地上的青苗和附着物的补偿费标准：被征用耕地上的青苗，按照当季作物的产值补偿；多年生作物，按照其年产值补偿；无青苗的，不予补偿。鱼苗放养两年以上的，不予补偿；不足两年的，按照放养鱼苗费的3至4倍补偿。用材林、防护林、特种用途林主干平均胸径大于20厘米的，按照其实有材积价值的10%至20%补偿；主干平均胸径5至20厘米的，按照其实有材积价值的60%至80%补偿。苗圃苗木、经济林、薪炭林按照其被征用前3年平均年产值2倍补偿；尚无产值的，按实际造林投资2倍补偿。幼龄林、新造林按实际投资2倍补偿。房屋及其他附着物的补偿费标准，由省人民政府规定。非农业建设经批准使用国有农、林、牧、渔场的土地的，应当参照以上规定，给予补偿。农村集体经济组织兴办企业或者以土地使用权入股、联营等形式与其他单位、个人共同兴办企业，使用土地的补偿标准参照征用土地补偿标准的低限执行。乡（镇）村公共设施、公益事业使用土地，应当对原土地使用权人给予补偿，除地上附着物和青苗补偿费全额支付外，其他补偿费按照前款规定的标准减半执行；使用本集体经济组织所有的土地，已经调剂相应的土地给原土地使用权人的，可以不予补偿。收回农民耕种的国有土地，不支付土地补偿费。有青苗的，支付青苗补偿费；本办法实施前，已经耕种10年以上，收回后直接影响农民生活的，按照安置补助费的标准支付困难补助费。因建设需要埋设电线杆、电线塔、电缆、管道等设施占用土地的，只补偿青苗损失；占地较多的，应当依法征用土地。

补偿安置执行

征地补偿费　省政府制定的土地管理各项政策法规都明确规定，要依法征地合理补偿。省国土资源部门坚持依法征地，做好征地补偿安置工作，落实建设用地报批前的告知、确认、听证、征地方案和依法批准后的公告、登记程序，将听证、确认情况作为报批必备材料上报认真予以审查，把征地协商环节提到征地报批之前，充分征求被征地农村集体经济组织和农户的意见，保障被征地农民知情权、财产权，减少征地方案批准后的扯皮。严格执行“两公告一登记”制度，提高透明度和办事效率，自觉接受社会和群众监督。省土地管理部门会同有关部门制定重点工程征迁安置补偿标准，参与指导、协调征迁安置补偿工作。通过建设用地预审，确保征地补偿安置费用足额纳入工程概算。逐步提高征地补偿安置标准，省政府《关于深化改革严格土地管理有关问题的通知》规定，省辖市城市规划区内不低于被征地前3年平均年产值的16倍，其他地区不低于14倍，土地补偿费的70%以上要用于被征地农户的生产生活和社会保障。高速公路、铁路、水利等重点项目建设用地的补偿标准均不断提高。高速公路征地补偿标准由1996年的0.5万元/亩左右，逐步提高到2005年的1.85万元/亩左右。一些市县政府根据实际情况也提高了征地补偿标准，调整幅度平均在40%以上，最高的达1倍多。全省逐步提高农村土地征用补偿标准，征地两项补偿费，2008年较2004年亩均提高62.5%。制订全省征地统一年产值标准和区片综合价，2010年全面实行征地统一年产值标准和区片综合地价，征地补偿标准约提高16%，并解决了同地不同价、随意性较大的问题。省政府出台《安徽省征地补偿准备金管理办法》，规定申请用地单位必须依法将征地补偿费用足额预先存入征地补偿费用预存专户，确保征地补偿及时足额兑现。省国土厅明确规定，土地补偿的70%以上和安置补助的全部支付到被征地农民个人账户。全省在开展农村土地整治，实施建设用地增减挂钩试点中，坚持以维护群众利益、尊重群众意愿为基础，土地整治置换出的建新指标首先满足农村建设需要，结余指标收益必须用于农村土地整治，反哺农民。管好征地补偿费是解决征地难的重要环节，1991年省土地局会同一委一局和建设银行下发文件（皖土建字〔1991〕22号），要求征地补偿费实行县管村用，在建行专存，土地局管理，分村立户，专款专用。由村组申请，乡政府审核，土地管理局批准。主要用于发展生产，安置剩余劳动力，收到明显效果。2004年通过开展对拖欠、截留、挪用被征地农民补偿费情况的清理，省国土厅下发或者会同有关部门下发《关于开展征地农民集体所有土地补偿费管理使用情况的专项检查意见的通知》等6个文件，4次组织10个检查组对17个市、50多个县（市、区）进行重点检查，共清理出全省拖欠征地补偿费4.02亿元，截留挪用4.13亿元，全部清欠完毕。通过查处土地违法案件，增加被征地农民补偿费1.5亿元。

劳动力安置 被征地农民剩余劳动力的安置，主要为货币安置、用地单位安置、培训就业安置、留地安置、农业安置、养老保险或城市低保安置等途径。2004年省国土资源厅组织调研组对被征地农民补偿安置情况进行深入调研，形成专题调查报告送省委、省政府，并就做好被征地农民补偿安置工作提出建议。省政府下发《关于做好被征地农民就业和社会保障工作的指导意见》，将土地被全部征完、征地后不具备基本生产生活条件或者人均耕地不足0.3亩、在农村集体经济组织范围内自愿调剂后不再占用农用地、且当地政府无法给予异地移民安置的农业户口列入就业和社会保障对象。并将劳动和社会保障部门对失地农民参加社保的意见，作为农用地转用审批重要依据。在全省逐步建立被征地农民就业和社会保障制度，被征地农民养老保险制度，从制度上保障被征地农民长远生计。从2005年开始，各市陆续出台《被征地农民养老保险办法》，为被征地农民办理社会养老保险，全省保障标准每人每月80~215元不等，截至2008年

年底,全省参加养老保险的被征地农民达131万人,筹集保障资金16.5亿元,资金筹集渠道主要为,政府承担一部分,土地补偿费中支出一部分,农民自筹一部分,有效解决了被征地农民的后顾之忧。落实就业安置和社会保障措施,使48万被征地农民纳入社会保障体系。部分市县还探索以市场为导向的多途径安置方式。积极探索保障被征地农民利益长效机制。

无地“农转非”

根据《国家建设征用土地条例》和《安徽省国家建设征用土地实施办法》的规定:生产队土地已被征完,又不具备迁队、并队条件的其原有的农业人口,由当地征地管理、公安、粮食、民政等部门审查,报省人民政府批准,转为非农业户口或城镇户口。《中华人民共和国土地管理法》第31条规定:被征地单位的土地被全部征用的,经省、自治区、直辖市人民政府审查批准,原有的农业户口可以转为非农业户口。经安徽省人民政府同意,1985年8月省建设厅、省公安厅、省粮油食品局联合印发《关于报批征地转户问题的通知》,1987年6月省土地管理局成立后,接续开展这项工作,1988年10月省土地管理局、省公安厅、省粮油食品局联合下发《关于征地转户若干问题的通知》,各地的执行情况是好的,使土地被征完的农民得到妥善安置。1987年办理土地被征完农民的“农转非”33个村民小组,审查上报省政府11295户、35401人,其中当年批准7080户、9974人。1988年审查上报省政府183个村民小组、15948户、61845人,其中当年批准149个村民小组、12733户、50896人。

第五章　土地使用制度改革

土地使用制度改革是经济体制改革和对外开放的客观要求。改革开放前，城镇国有土地实行单一行政划拨制度，国家将土地无偿、无限期提供给用地者，土地使用权不能在土地使用者之间流转。改革开放和经济快速发展，极大地解放和发展生产力。各行各业对土地利用和配置方式提出新的要求。改革旧的土地使用制度，使土地这一重要生产要素作为特殊商品进入市场，就成为历史的必然。土地使用制度改革，正是顺应经济体制改革和对外开放需要发展起来的。1992 年邓小平同志视察南方重要讲话和中共十四大确立经济体制改革目标，以经济建设为中心，建立社会主义市场经济体制，加速了土地使用制度改革的步伐和土地市场培育进程。中共十四届三中全会决定把土地使用制度改革作为整个经济体制改革的重要组成部分，并且明确规定规范和发展土地市场内容和要求。1994 年 7 月颁布《城市房地产管理法》；1998 年 8 月修订《土地管理法》，12 月发布《土地管理法实施条例》，至此，土地使用制度改革和土地管理法律体系初步形成。2001 年，国务院下发《关于加强国有土地资产管理的通知》，通知就加强国有土地资产管理、防止国有土地资产流失、深化土地使用制度改革、建立完善土地市场、规范土地审批行为等重大问题，全面而有针对性地提出一系列制度性措施。这是国家从 1987 年启动土地有偿使用制度改革以来出台的第一个纲领性的文件，文件提出的制度措施，全面深入具体，操作性强，突破点多，是进一步加强管理和合理利用国有土地，推进土地市场建设进而推进社会主义市场经济的重要依据和强有力的保证，其意义深远。

第一节　国有土地有偿使用

1987 年 1 月 1 日宪法和《土地管理法》实施，在实施前土地都是禁止出租、转让的。到 1988 年宪法修改，增加“土地使用权可以依照法律规定转让”，同时《土地管理法》也删除“禁止出租土地”的内容，加上“国有土地和集体所有的土地使用权，可以依法转让”。至此，土地使用制度改革，从法律上扫除了障碍。国家依法实行国有土地有偿使用制度，从“三无”（无偿、无期限、无流动）到“三有”（有偿、有期限、有流动）。安徽省城镇国有土地使用制度改革起步较早，1991 年省政府批准在芜湖、合肥两市进行国有土地使用权出让试点，1992 年省政府出台《城镇国有土地使用权出让和转让实施办法》,土地使用制度改革在全省展开。加快小城镇土地使用制度改革,促进小城镇建设健康发展,对于加快农村奔小康步伐,推动农村工业化、城镇化和农业现代化具有重要的现实意义。各级政府加强领导,积极探索小城镇土地使用制度改革的新经验,提高土地利用率,进一步发挥土地资产效益,促进全省经济持续、快速、健康发展。安徽省人民政府办公厅转发省土地管理局关于加快小城镇土地使用制度改革意见的通知。2000年,国土资源部批准在马鞍山市开展国有土地资本运营试点。2001年,又批准芜湖、铜陵、宁国、祁门等10个市县开展国有土地资本运营试点。此后全省各市、县紧紧围绕实施城镇化战略以及经济结构调整、国有企业改革,积极开展国有土地有偿使用工作。

存量有偿使用

中国实行的是世界上最严格的耕地保护政策,在耕地严格保护的背景下,城市的发展用地不可能再占用大量的耕地,主要应从调整土地利用结构,优化土地资源配置,盘活存量土地,充分发挥土地综合效益入手,结合城市改造进行土地使用制度改革来实现。大力推进旧城改造和企业改革,通过大量的危旧房改造,解决城市用地几十年没有解决的问题,深受群众欢迎,促进了社会稳定。随着社会主义市场经济的建立,公平竞争、优胜劣汰的市场机制,把国有企业推上风口浪尖,在大力推进企业改革,建立现代企业制度的进程中,土地作为国有企业最基本的生产要素和重要的国有资产,在企业经营机制的转换以及企业资产的重组盘活中有着举足轻重的作用。利用级差地租,为企业结构调整和转换经营机制提供宝贵的启动资金,推动企业“资产增值、产业转移、职能转变、机制转换、职工分流”综合配套改革。国有企业在改革过程中,土地资产处置方式主要有国有土地出让、租赁、作价出资(入股)、授权经营和保留划拨用地。企业用地制度改革的目的,在于优化土地资源配置,盘活土地资产,提高土地利用效益。各级土地管理部门作为国有土地的产权代表,担负着保证国有土地资产保值增值,防止国有土地资产流失的责任,在企业改革中积极支持,主动参与,努力盘活土地资产,量化价值,明晰产权,加强管理,优质服务。在搞好地籍调查的基础上,对改制企业的土地权属、界限、来源、性质等问题界定清楚,及时登记发证,确保企业的合法权益。结合企业的清产核资,参照各地的基准地价,显化土地资产价值量,依法审核确认经具有地价评估资格的机构评估的地价,作为企业处置土地资产的依据。按照一厂一策的原则,合理确定企业土地资产的处置方式,盘活土地资产,增强企业活力。

蚌埠市强化土地资产管理为企业改革与发展服务,强化城区企业土地资产的集中统一管理。在调查研究的基础上,市政府下发文件,集中、统一管理企业土地资产处置,城区所有企业在存量土地处置上都必须先向市土地部门提出申请,由市土地部门提出审核意见,报经市政府批准后,根据新的规划用途和条件,依法实施招标、拍卖、协议出让或划拨给其他单位使用;在一二级地类中的企事业单位申请处置存量土地,原则上安排用于经营用地,实施招标、拍卖。在国有、集体和乡镇企业改制、改革中,对竞争性行业全面实施“国退民进”“公退民进”。为确保政府能通过土地资产有效处置促进企业改制，企业通过改制实现土地产权明晰，坚持“有利于改制、让利于企业”的指导思想，根据中小企业的现状，土地管理部门拟定《关于国有企业改制中土地资产处置的若干意见》，经市政府批准发文执行。为降低企业改制成本，文件从四个方面体现“低门槛”政策：对企业改制后使用土地原则上以租赁方式供给，年租金标准按1998年市政府100号文件规定标准的低限执行；对企业改制后要求以出让方式配置土地的，出让金计算标准按宗地评估价格40%执行；在企业改制过程中涉及土地处置的各项收费一律执行政府规定的减收50%的标准；对企业改制中以出让方式配置土地所涉及的契税经批准后实行缓征。文件中强化财经纪律，企业土地资产处置收益，必须实行收支两条线，先交市财政专户，后按市政府确定的比例返还企业，专项用于职工安置。在具体运作过程中，对有净资产（含土地出让金）余额的企业，允许以出让金抵扣带入，凡出让金不足以抵扣带入所需资金的，出让金可全数返还企业。蚌埠市是以加工业为主的老工业城市，许多中、小企业在市场竞争中由于生产经营困难而背上沉重的债务和人员包袱，实施“国退民进”“公退民进”有相当的难度，改制企业土地资产处置方式坚持因企制宜，“一厂一策”，总的原则是：对破产企业的土地，坚持由政府依法收回土地使用权后，按规划用途另行处置，处置收益的大部分用于破产企业职工安置。1999年将6家破产企业28.3公顷土地使用权收回，另行处置后收益1.23亿元，专项用于安置职工8000余人。对上市企业兼并中、小企业用地，坚持以出让方式或以带人抵扣出让金方式处置土地资产，2000年将上市企业丰原集体周围9个小厂20公顷土地出让给该企业，作为高新技术项目用地，丰原集体投资4400万元安置9个厂职工1300余人，异地安置拆迁户500余户，即实现企业低成本扩张，土地利用更加合理、有效，又解决困难企业职工生活和就业困难。市货运物流公司是个国有老商业储运企业，2000年被市政府确定为首批“国退民进”改制试点，经国资部门确认，该企业清盘后（不含土地）尚有200万元净资产，由于是老国有企业，人员负担较重，离退休、在职职工加起来700多人，改制阻力较大，在改制中将土地以出让方式配置，确定缴纳的出让金以带人方式折扣，应交出让金为529万元，按市政府规定政策安置职工873人，安置费用496.8万元，从出让金中抵扣安置费用后，向政府缴纳出让金余额32万元，办理土地出让手续。对零资产改制，承债式收购改制以及分立重组企业，坚持按租赁方式配置土地，并在租金收取标准上给予低限照顾。灵活土地资产处置方式，解开企业改制中土地产权问题的结扣，推进各类企业的改制、改革。在企业改制中建立工作机制，严格办事程序，明确部门责任，加强协调沟通，实现企业改制和土地管理双赢。

推行土地年租制，依法征收土地租金。根据马克思主义地租理论，地租是土地所有者凭借其对土地的所有权对直接生产者所创造的超额利润的占有，对土地所有权在经济上得以实现的形式；土地年租制是政府以土地所有者的身份将国有土地使用权出租给土地使用者，并向土地使用者每年收取租金的行为，是与国有土地使用权出让相并列的政府有偿供地的方式；随着市场经济体制的建立和完善，单一的土地出让制度已越来越难以适应市场经济的需要，日益表现出其局限性和不足，特别对城镇不流动的原划拨土地更为显现，全国城镇现有存量国有土地，绝大多数为原划拨土地，约占城镇国有土地总量的90%以上，而占用划拨土地数量最多的单位是国有大中型企业，这些土地使用者没有自我约束机制，导致土地粗放利用，浪费土地资源；在市场经济条件下，竞争是经济发展的动力，企业之间的竞争应是平等的，由于出让和划拨得到的土地使用权代价不同，导致企业之间的不平等竞争，造成企业之间的压力和心态不平衡，不利于市场经济体制的建立和规范发展；补办出让手续，要求用地者（大多是工业企业）在短期内缴纳几十年的出让金，给以自用地为主的工业企业的经营活动带来巨大压力；在市场经济条件下，国有土地的不断增值，尤其是位于沿街、邻路的地段，用地者纷纷将厂房、住房改建成门面房或其他经营性用房进行经营或出租，获取巨额土地收益，其中很大一部分应归土地所有者，却流入了单位和个人手里，划拨土地的长期无偿使用，造成大量国有土地资产流失；在土地有偿使用方式上需要大胆探索、继续突破、广开途径，对于大量的划拨土地而言，从无偿、低偿使用过渡到有偿、足偿使用，最有效、最切合实际的当属推行土地年租制。1993年省局作出部署，要求全省加强对原划拨土地使用权的管理，大胆探索，因地制宜，推行土地年租制，逐步将城镇原划拨土地使用权纳入有偿使用轨道；亳州市从1993年开始，在清理经营性门面房工作中，收取土地租金年平均120万元；萧县1998年下半年开始推行土地年租制，县政府下发文件组织发动，仅第四季度就收取土地租金44万元；太和县决定在城区，对原以划拨方式取得的土地使用权除法律规定外，全面征收土地租金，经过多方面的共同努力，2000年共征收土地租金224万元；祁门县大力推行土地年租制，2001年1—4月，办理土地使用权登记1075宗，面积12.48公顷，收取土地年租金110万元。推行土地年租制是个系统工程，受到很多因素的制约，举步维艰；需要深入研究和探讨，从法律层面明确土地的租赁关系，而且涉及地方和中央的利益分配及免税范围，还需要税制、财政、企业改制、房地产管理等多方面综合改革，随着改革的深入，土地年租制将更具生命力。

土地资本运营

城市国有土地资本运营是城市人民政府围绕城市经营战略，将国有土地按市场经济规律统一进行筹划、运作经营，充分挖掘城市土地的巨大潜力，满足城市建设和发展对土地的需求，实现城市土地保值增值，集聚城市建设资金，促进城市建设和经济发展。开展国有土地资本运营是顺应土地使用制度改革和市场经济发展要求而进行的制度创新，是对传统计划体制供地方式的重大变革，是加强国有土地资产管理的重要内容。安徽省城市国有土地资本运营从试点到全面铺开，经过10多年的努力取得显著成效。

试点探路　2000年初国土资源部在马鞍山市进行城市国有土地资本运营试点，为加强国有土地资本运营试点工作的领导，马鞍山市成立以市委书记为组长，市长、分管副市长为副组长，马钢、计委、建委、财政、国土资源等部门负责人为成员的国有土地资本运营试点工作领导小组，市政府成立以市长为主任，分管副市长为副主任，市有关部门负责人为成员的国有土地资本运营管理委员会，统一指导、协调、监督国有土地资本运营工作。为规范国有土地资本运营工作，在大量调查研究的基础上，制定《马鞍山市国有土地资本运营试点方案》《马鞍山市国有土地资本运营管理办法》，并报国土资源部批准实施。市委、市政府下发《关于建立国有土地资本运营机制有关问题的通知》，市国有土地资本运营管理委员会制定《国有土地资本运营具体运作程序》《国有土地资本运营试点工作计划》，下发《关于国有土地资本运营有关事项的通知》等文件，使国有土地资本运营试点工作有了组织保证和政策依据。坚持政府垄断土地一级市场，规范用地行为。妥善解决历史遗留用地，对存量土地集中统一管理；新增用地统一征用，统一开发，统一供地，最大限度的发挥土地资产效益。依据《试点方案》制订国有土地资本运营3年试点工作计划和每年工作重点；规范工作程序，制订集体土地征用程序，国有土地使用权有偿收回程序，土地储备程序，招标、拍卖、挂牌出让供地程序，划拨或协议出让供地程序等，消除扯皮推诿，提高办事效率；按照适度从紧的原则制定年度经营性供地计划；通过与同济大学、南京农业大学开展的《马鞍山市国有土地资本运营研究》《马鞍山市土地潜力评价与储备、供应机制研究》课题研究，为国有土地资本运营提供科学依据；完成土地地籍及土地价格调查，建立国有土地资本运营信息管理平台；超前编制拟供地块的规划设计条件，实现成片规划成片开发；建立和完善土地储备库，完善土地储备库的信息收集、调阅、查询功能，实现对全市储备土地的动态管理。

马鞍山市国有土地资本运营试点工作，自2000年年初开始，经过3年的实践和探索，取得显著成效。3年招标拍卖挂牌出让土地22宗，面积72.84公顷，收取土地收益5.4亿元。政府真正实现了垄断土地一级市场，经营性土地实行招标、拍卖、挂牌出让，改变了传统的土地供应方式和手段，公开、公正、公平竞争的有形土地市场，使土地隐形交易得到有效遏制，优化了投资环境。改变过去城市土地外延扩张粗放经营模式，着眼盘活城市存量土地，集约利用优化配置城市土地资源，耕地得到有效保护。保证了土地利用总体规划和城市总体规划的落实。国有土地资本运营，实现土地资产效益最大化，为财政增加了收益，为城市建设集聚了资金。土地资产的变现，为国企改制和社会稳定提供巨额资金，使土地资产成为国企改革的“靠山”，为19家企业注入1.26亿元资金，加快了国企改革步伐。2000年安徽省又相继把试点范围扩大到芜湖、安庆、铜陵和宁国、祁门等10个市、县。

齐抓共管　省委、省政府一直高度关注土地问题，坚决贯彻落实党中央、国务院关于土地市场建设的方针政策，按照国土资源部的要求，坚持把治理整顿土地市场秩序与改革土地使用制度、培育发展土地市场相结合，取得明显成效。2001年11月，省委书记王太华在全省加快城镇化发展座谈会上指出：加快城市建设，首先要经营好土地，加强国有土地资产管理，在坚持政府垄断土地一级市场的前提下，强化土地收购储备制度，严格实行土地竞价拍卖，组织土地开发。只有这样做才能最大限度的以地生财，才能杜绝城市房地产开发中腐败现象的滋生。政府垄断土地一级市场,这是毫无商量的。城市国有土地资本运营可以全面推开,哪个地方的领导不这样干,要问个为什么,你不这样干,就是想搞腐败。各地要积极推进规划工作科学化、民主化、法制化进程,保证规划的权威性,使好的规划真正得以充分落实,市长不能随便改规划。2003 年 7 月,省长王金山在全国治理整顿土地市场会议上作典型发言,介绍安徽加强国有土地资产管理,培育土地市场的做法。省委、省政府在处理经济发展和资源保护的关系上,始终坚持从省情出发,坚持依法办事,按规划用地,充分发挥市场配置土地资源的基础作用,规范土地市场秩序,推进城市国有土地资本运营。要求全省各地认真吸取原阜阳市负责人利用职权干涉土地市场,非法谋取个人私利,造成国有土地资产大量流失的典型案件的教训。省政府建立由主要负责同志负总责,分管领导具体抓,国土资源部门具体实施,有关部门分工协作、齐抓共管的领导体制和工作机制。省政府每年召开一次全省性会议,研究土地管理工作,并将其纳入各级政府工作目标管理考核体系。省人大、省政协也对这项工作给予高度关注,省人大为此还定期开展执法检查。突出重点抓落实,强化对国有土地的集中统一管理,实行总量控制,促进结构优化。坚持土地利用统一规划、统一征用、统一供地、统一管理。抓住经济结构调整的有利时机,对存量建设用地实行“易位、易用、易主”的调整改造,提高土地利用效率。建立土地收购储备制度,加强政府对土地市场的统一调控,做到“一个渠道进水,一个池子蓄水,一个龙头放水”,实现国有土地资产价值的最大化。大力推行土地使用权的招标、拍卖和挂牌出让制度,充分发挥市场机制配置土地资源的基础性作用。全省对商业、旅游、娱乐和商品住宅等经营性用地全部采取招标、拍卖、挂牌方式出让,对有两个以上意向用地者的其他用地,也一律以招标、拍卖或挂牌方式出让。

全面推开　全省国有土地资本运营工作,省委、省政府高度重视,在总结各地试点经验的基础上,多次召开专题会议进行动员部署,主要负责同志作出批示,就一些重要问题提出明确要求,省政府专门下发文件,结合全省实际强化有关措施,国有土地资本运营工作在全省普遍推开。各级政府和有关部门认真落实省委、省政府的部署,扎实有效地开展工作,把国有土地资本运营工作不断引向深入,经过十年的大胆探索和不断创新,全省国有土地使用实现了“两个转变”:即由无偿、无限期、无流动向有偿、有限期、有流动转变;由单一的协议出让向招标、拍卖、挂牌出让,以市场配置为主的方式转变,土地收益逐年增加,由 2000 年的年收益 10 亿元增加到 2011 年的年收益 1085 亿元,促进了安徽经济社会的发展。政府垄断土地一级市场,引入土地市场竞争机制,实现城市土地资产最大化,为城镇建设提供巨大资金来源,推动城市经济“退二进三”“退市进园”战略实施,城镇建设步伐加快,基础设施大大改善,无论是合肥市的变大变美,还是芜湖市的快速发展,以及诸多小城镇的崛起,国有土地资本运营功不可没。国有土地资本运营支持了国企改革,国有企业通过显化土地资产,增大资本总量,提高了经济实力和竞争力;困难企业通过依法变现土地资产,从获得的土地收益中用于职工的安置和转

产，使国有企业改革得以顺利实施，维护了社会稳定。通过土地使用权招标拍卖挂牌出让，使外商和本地企业处于平等竞争地位，引进一批有实力的开发商，随着土地市场的不断完善，以地招商发挥越来越大的作用，促进了招商引资。全省各市县均已成立国有土地资本运营领导机构，建立土地收购储备制度和土地有形市场，健全交易规则，规范交易程序，完善服务功能，土地交易趋于公开、规范、有序，净化了土地市场环境，减少人为因素的干扰，有效的从源头上遏制土地批租领域的腐败滋生，树立起党和政府的良好形象。国有土地资本运营促进基础业务工作开展，加快城镇地籍调查，推进土地登记发证，明晰土地产权，减少国有土地资本运营中的土地权属纠纷；全省建立基准地价定期更新和公布制度，建立以标定地价为核心的省级、市级地价动态监测系统，编制地价指数，随时反映并引导地价变动状况，通过制订科学合理的地价政策，发挥地价对土地市场的调控作用，确保土地市场健康稳定发展；建立建设用地信息发布和土地登记可查询制度，土地供应总量、土地出让年度计划、土地使用权交易信息、政府供地限制目录、供地结果、土地登记结果等在土地交易市场或媒体上向社会公布，供社会查询。

第二节　土地市场

随着社会主义市场经济体制的逐步建立，土地作为基本的生产要素必然要进入市场，加速发展和培育土地市场，是市场经济体制改革的重要内容之一，是社会经济发展的客观要求；健全土地市场调控机制，完善管理法规，规范土地市场行为是土地管理工作的重要任务；建立、完善社会主义土地市场是一项艰巨复杂的社会系统工程，涉及经济基础和上层建筑的许多领域，需要通过深化改革来解决。改革开放30年，初步形成以国有建设用地使用权为核心的产权制度，形成由一系列法律规范构筑的土地权利体系。其中核心是由土地所有权派生的土地使用权，是依法对一定土地加以利用并取得收益的用益物权，而且是可以买卖、租赁、继承和抵押的物权。明晰的土地产权，奠定了土地市场基础，成为土地在流转中得以合理配置的最基本条件。土地一级市场反映的是政府出让、租赁国有土地使用权的交易过程，确立协议、招标、拍卖、挂牌出让制度，从制度上对政府土地出让行为进行严格规范。土地二级市场反映的是土地使用者将土地使用权再转移的自主交易过程，主要形式有转让（包括出售、交换与赠予）、出租、抵押、作价出资等。土地一级市场需要政府垄断运营，土地二级市场日趋活跃，“流动”的土地可以实现土地资产增值，而不规范的土地“流动”也可以造成国有土地资产的严重流失，建立规范有形的土地市场，使国有土地使用权出让、转让、出租、抵押、作价出资（入股）等交易行为进入市场运作势在必行。

花大力气清理整顿隐形土地市场，营造有利于土地市场建设，规范土地市场秩序的良好环境。1993年、1997年、1999年和2001年，全省先后4次开展大规模的土地市场清理工作，查处一大批非法转让土地案件，对一些阻碍土地市场建设的典型予以果断处理，2001 年上半年省厅处理马鞍山劳动就业局非法转让土地案,在马鞍山市引起很大震动,促进了土地市场建设。2003 年 10 月安徽省人民政府办公厅印发《关于进一步治理整顿土地市场秩序加强土地管理工作的通知》,进一步规范土地市场秩序，2004 年 8 月省政府组织 5 厅局对全省进行督查,并把督查组发现和需要整改的问题,及时反馈各市、县政府限期整改,各地通过深入开展土地市场秩序治理整顿,实现全省土地市场秩序根本好转。在清理整顿土地市场的同时,加强土地有形市场建设,建章立制,出台一系列规范性文件，2004 年 10 月省政府下发《安徽省国有土地储备办法》,省国土厅和监察厅联合印发《 安徽省国有土地使用权招标拍卖和挂牌出让管理办法》,各市、县相继出台规范土地市场的各项规范性文件,土地市场运行基本制度初步确立,多层次的土地市场体系基本形成,结束了过去土地交易有市无场的局面。各市、县分别建立土地储备发展中心,受政府委托承担土地收购、储备和经营运作;建立土地收购储备制度,通过财政拿一点、土地收益出一点、银行帮一点的方法筹集土地发展资金,建立适度规模的国有土地储备库;根据土地利用总体规划、城市规划和土地利用年度计划,科学编制城市建设用地计划,按照经济发展目标的要求和一级土地市场的供求行情,适时的投放市场,同时积极探索土地收购储备经营规律,提高储备土地的资产利用率和资金周转力,努力降低土地储备成本,实现经济、社会、环境效益三统一;建立完善了土地市场公开、公平、公正的交易制度,经营性用地一律实行招标、拍卖、挂牌方式出让供地,规范交易程序,完善服务功能;建立了基准地价定期更新和公布制度,建立以标定地价为核心的省级、市级地价动态监测系统,编制地价指数,及时反映和引导地价变动状况,制定科学合理的地价政策,发挥地价对土地市场的调控作用,加强中介机构建设管理;建立建设用地信息发布制度和土地登记可查询制度,土地供应总量、土地出让年度计划、土地使用权交易信息,供地结果、政府供地限制目录等,都在土地交易中心或媒体上定期或不定期向社会公布,与土地登记结果等一并供社会查询。形成以供给、需求、价格管理为主要内容的土地市场监管体系,推进土地有形市场建设。1999—2000 年,合肥、芜湖、安庆、六安、淮南、铜陵、黄山等市相继开展土地收购储备和招标拍卖工作。

合肥市以建立规范有序的土地市场为目标,以控制增量、盘活存量为主线,在深化土地使用制度改革的道路上不断创新,完善市场运作机制,规范土地交易行为,全面推进土地有形市场建设。2000 年成立合肥市土地市场管理委员会,由市主要领导和相关领导分别担任主任、副主任,市国土资源局等有关部门为成员单位,土地市场管理委员会定期召开会议,研究解决涉及全市土地管理、土地出让、土地收购储备方面的重大事项。2002 年 5 月,率先建立土地有形市场,出台《合肥市土地储备实施办法》《合肥市土地使用权收购补偿办法》《合肥市土地储备和出让资金管理暂行办法》《合肥市土地交易规则》《土地招标程序》和《合肥市国有土地使用权招标拍卖挂牌办法》等政策,对建设用地总量控制、土地收购储备、规划选址、招标拍卖、征地拆迁、耕地占补平衡和资金使用环节作出明确规定,确保政府对一级土地市场的高度垄断,实现城市规划区内所有建设用地，由市政府依法实行统一规划、统一征用、统一储备、统一开发、统一供地；为加大服务力度、实施阳光操作，合肥市土地交易市场不仅为土地交易、洽谈、招商等交易活动和招标拍卖提供场所，还为社会提供代办土地二级市场交易手续、土地价格评估、矿业权交易、信息咨询、资料查询、有关政策法规及业务咨询等各项服务，场外交易的一律不予办理有关审批手续；按照土地市场运作的内在要求，在政策规定和具体的操作中，实行“五公开”，即供地信息公开、供地程序公开、供地方式公开、供地结果公开、供地监督电话公开，交易大厅配备等离子大屏幕彩色显示屏、多媒体升降式银幕和电子触摸屏等先进设备，及时公布土地收购储备的有关政策规定以及土地收购征用程序、土地交易、供地程序，房地产开发、商业、旅游、娱乐等经营性用地供应信息在土地市场挂牌公示，并在新闻媒体上公布，为各方客户提供全方位、多层次、大容量的市场信息，并随时为客户提供信息、资料查询，为土地交易营造良好的市场环境；健全地价评估确认体系和制度，做好政策咨询、交易登记、中介代理等有关服务，交易大厅内设立比较健全的管理机构和业务机构，建立一整套工作运行机制和内部管理制度，拥有一支业务精湛、高效廉洁的管理队伍，坚持“公开、公平、公正、诚信”的原则，充分保障交易各方的合法权益。成立后的当年收储土地 21 宗，供地 20 宗，成交价 3.62 亿元，政府净收益 1.58 亿元，招标拍卖的平均价格比底价高出 30% 以上，为城市建设聚集了资金。“十一五”期间，全省国有土地出让价款为 2699 亿元，其中招拍挂出让 2527 亿元，有力地支持了地方建设和发展。

第三节　集体建设用地流转

集体建设用地有偿使用是指集体土地所有者在一定年限内将集体建设用地使用权以出让、租赁、作价出资（入股）、联营等形式让与土地所有者，由土地使用者向集体土地所有者支付土地有偿使用费的行为。集体建设用地使用权流转是指有偿取得集体建设用地使用权的土地使用者以转让、出租、抵押等形式处分集体建设用地使用权的行为。

宅基地有偿使用

村民宅基地有偿使用，全国始于 1988 年年初，山东省首先在德州地区试行农村宅基地有偿使用。此后，山东全省及部分省市相继试行。1990 年 1 月国务院批转国家土地管理局《关于加强农村宅基地管理工作的请示的通知》，有力地推动了这项工作的开展。省土地管理局拟定安徽省农村宅基地有偿使用试点方案，报经省政府同意后，会同省农经委以皖土（籍）字〔1990〕第 137 号文件下发，要求全省各地积极开展这项工作。1990 年宿州市埇桥区（原宿县）3 个乡 43 个村率先实行宅基地有偿使用后，出现争退多余宅基地，利用废弃地建房的好势头，形成节约使用宅基地的自我约束机制。全省各地市积极稳妥地进行试点，试点面由 1991 年的 21 个县（市）、324 个村、83982 农户扩大到1992年的31个县（市）、408个村、25.8万多农户，一些试点乡镇反映，实行宅基地有偿使用后退出的多余宅基地，可满足15年内人口增长对宅基地的需求。

农村宅基地有偿使用的程序为：宅基地丈量、调处纠纷、登记、绘图、填表发证、公布结果、收取费用。丈量宅基地是实行有偿使用实质性的第一步工作，在丈量宅基地时，采取村干部、户主、四邻到现场，乡村工作人员当面准确丈量，随后打桩定界，凡有争议的地方，由乡村工作人员会同村组干部和争议双方，本着既尊重历史又面对现实的原则协商解决。需要收回的多余空闲宅基地，由工作人员会同户主和四邻丈量清楚埋桩定界，交村民小组入册收回，留待以后统一安排建房。丈量结束后张榜公布，登记绘图，填表发证，收取费用。农村宅基地有偿使用的收费形式主要有两种，直接收费法，即按照文件规定的收费标准直接收缴，标准面积以内的按标准收取，超占的按超占部分的多少累进收取，体现少占少收，多占多收，合法少收，违法多收，促进合理节约用地。这种收费形式简单明了，易于操作。与集体提留挂钩法，在人少地多，经济基础比较差的乡村，也有采取与集体提留挂钩收费办法的，即以行政村为单位，将全年集体提留总数中划出30%~40%，由宅基地负担。算出每亩宅基地负担数，分午秋两季收费，这种办法由于宅基地与耕地相比，宅基地均负担比例较大（一般为耕地的5~6倍），有利于控制宅基地面积，制止乱占滥用土地，但是容易混淆集体提留与宅基地有偿使用的概念，群众不易接受，也不利于村庄规划实施，采用的比较少。村民宅基地有偿使用费按照“取之于民，用之于村”的原则使用。多数市县规定80%留给村，5%上交乡（镇）政府，15%上交土地管理部门。留村部分主要用于村庄规划、村庄内基础设施建设和公益事业。上交部分主要用于管理指导。使用费留村部分采取乡（镇）政府和土地管理所管理，村使用的办法，由乡（镇）土地管理所按村立户存入银行，专款专用，主要用于村庄规划、村内基础设施建设和公益事业。使用时按规定用途，经村民大会讨论，由村集体经济组织或村委会写出报告，经乡（镇）土地管理所实地考察，报乡（镇）政府批准后，乡（镇）土地管理所拨款使用，村集体经济组织或村委会定期张榜公布账目，村民代表大会有权检查有偿使用费的收缴和使用情况，让农民受益，让群众放心。

1993年6月党中央、国务院从当时整个农村形势出发，认为农民负担问题已相当严峻，解决不好，不仅会影响整个国民经济的发展，而且会影响全国的政治稳定，作出重大决策，取消37项涉及农民负担的集资、基金和收费，其中包括宅基地有偿使用费。正如国务院领导同志所指出的：“目前农村经济状况不允许，农民难以承受。”要小道理服从大道理，小局服从大局，在思想认识和行动上自觉同党中央、国务院保持一致，切实把减轻农民负担工作当作一项政治任务完成。为贯彻落实党中央国务院决策精神，全省于1993年下半年全部停止农村宅基地有偿使用工作。实行农村宅基地有偿使用的时间虽然不长，但充分显示了在管好用好土地、发展农村经济、建设社会主义新农村等方面的积极作用。冲破宅基地私有观念，不少村民认为宅基地是“老爷奶奶撇下的”，承包地姓公，宅基地姓私，祖宗遗留的“领地”谁也不能侵占。实行宅基地有偿使用，才知道宅基地也姓公，不该占的，占了也没有便宜，自觉的按宅基地规定面积标准使用。遏制乱占滥用土地的现象，通过有偿使用，村民不是争着占宅基地，而是主动退出超占宅基地，自觉利用村内空闲地建房，有的自愿填沟平塘建房，还有的退地还耕，回到村规划内建房，促使宅基地合理利用。宅基地“分配不公”的问题有所缓解，以前多数村宅基地使用不公，有权的仗势占，有钱的买着占，拳头硬的抢着占，无能的没得占，宅基地面积差距过大，严重影响党在农村的威信，造成干群关系紧张，破坏安定团结，有偿使用后，多占的多拿钱，少占的少拿钱，超占的退地，需要的给地，干部群众一个样，村民心里服气，促进干群关系改善。减少村民宅基地纠纷，村民宅基地纠纷是农村民事纠纷的大头，过去因宅基地纠纷打架斗殴的不断，致伤致残时有发生，闹得四邻不安，干部头痛，发证后界址清楚，四邻签字，登记入册，这种纠纷就很少发生，使多年不和的邻里也和好了，促进农村精神文明建设。为农村基础设施建设注入资金，过去因缺少资金，村庄规划无法落实，很多村内是道路不通，弯弯曲曲，宽窄不一，高低不平，污水横流，通过有偿使用，利用有偿使用费落实村庄规划，有的村民主动让出宅基地修路，路通了，水畅了，村庄整齐美观，村民笑了。不少村干部说：“宅基地有偿使用如果早搞几年，我们的村庄也像个样子了。”

流转试点

随着土地使用制度改革的深化，作为要素市场之一的土地市场的培育和发展，对集体建设用地使用权市场提出越来越高的要求。长期以来，集体建设用地使用权不允许进入市场，市场发育不完善，不健全，与国有土地市场相比，显得相对滞后。只要存在土地级差地租，集体建设用地使用权必然要进入市场，参与经济活动，谋求更多利益。全国各地都注意到集体建设用地流转中存在的问题，并对集体建设用地使用权市场进行规范和引导。实践证明，发展集体建设用地使用权市场，可以将处于闲置、半闲置的土地或土地利用率不高的集体建设用地，以有偿转让的方式提供给急需使用土地者，从而提高土地利用率，减少占用新增土地，既有利于经济建设，又有利于耕地保护。培育和发展集体建设用地使用权市场，是丞待解决的重要问题。

点上先试　1999 年 11 月芜湖市第一个经国土资源部批准，并在其直接领导下进行集体建设用地流转试点的城市。2000 年 2 月国土资源部对芜湖试点方案的复函中，就芜湖试点的重要性作出过如下表述：“芜湖市农民集体所有建设用地使用权流转试点是国土资源部批准的第一个农民集体所有建设用地使用权流转的试点，试点的成功与否直接关系到我国农民集体所有建设用地制度的改革。”“通过农村集体所有建设用地流转的试点，探索在社会主义市场经济和贯彻新《土地管理法》确立的各项制度的条件下，农民集体所有建设用地流转的条件和形式，管理方式和程序，以及土地收益分配制度等，从而建立起农民集体所有建设用地流转的运行机制和管理模式。”芜湖市制定了《农民集体所有建设用地使用权流转实施细则》，对农民集体所有建设用地流转进行细化和延伸。首先在 5 个镇进行封闭运作，后经报请省厅同意并报国土资源部备

案，将流转试点扩大到14个镇。芜湖市的试点工作始终本着“改革、创新、规范、有序”的要求，精心求证、规范操作、深入探索、着力创新，进行有益的尝试，取得明显的社会效益和经济效益，达到试点的预期目标。

引导和规范集体建设用地使用权流转是一项全新的开创性工作。为保证试点工作稳定、健康、有序地进行，国土资源部、省国土资源厅和芜湖市委、市政府做了大量工作。精心拟定试点方案。在国土资源部政策法规司、省国土资源厅的具体指导下，芜湖市集中力量精心组织有关人员拟订《芜湖市农民集体所有建设用地使用权流转试点方案》和《芜湖市农民集体所有建设用地使用权流转管理办法》，并报经国土资源部批准实施。5个试点镇结合各镇实际，制定具体实施方案和实施细则。加强对试点的组织领导，市里成立以分管市长为组长、市直19个相关部门的一把手为成员的试点工作领导小组，下设办公室；各县（区）和五个试点镇相应成立专门组织机构。进行深入动员、宣传和培训。市委、市政府召开全市试点工作动员大会，正式启动试点工作；分级举办培训班，分别对参与试点工作的相关人员进行业务培训；编印下发3册《芜湖市农民集体所有建设用地使用权流转试点资料汇编》和13期《试点工作动态信息》简报，交流各试点镇开展流转试点的情况和做法。

切实加强流转的基础性工作。高起点修编、实施土地利用总体规划和村镇建设规划。为了适应加快城镇化建设和经济发展的需要，由各试点镇聘请同济大学、清华大学等高校的规划专家先后对1996年编制的土地利用总体规划和村镇建设规划进行修编。芜湖市委、市政府决定，从市级财政拨出87万元专项资金，给予补助。在规划修编过程中，各试点镇召开村民代表会议、有关人员座谈会，广泛听取对规划修编和实施的意见。召开乡（镇）人民代表大会，提请审议两个规划。明确规定：规划一经批准必须严格实施，确需修改的，要再次提请乡（镇）人民代表大会审议，并报市政府批准。坚决纠正一届政府一个调，一位书记搞一套，使规划成为“纸划”的状况。加大规划实施的宣传力度，将经过批准的规划印制成册，发到各行政村，同时将规划绘制成巨幅图板，置放在公共场所，进行公示，接受社会监督、群众监督和舆论监督。确定土地等级，进行地价评估，在试点全面启动前，市试点办公室委托市土地评估所分别对各试点镇的农用地和建设用地的地价进行统一评估，确定土地等级和基准地价，有效地防止流转试点中地价的随意性，规范土地流转市场，保护农民利益。明确集体土地产权，明确凡在土地承包过程中未打破村民小组（原生产队）的土地权属界线，不论是以行政村名义还是以村民小组的名义与农民签订承包合同，其土地所有权都确定给村民小组；凡在土地承包过程中已经打破了村民小组的土地权属界线，由村民委员会统一发包给本村集体经济组织成员承包经营的土地，承认这部分土地的现状，将该土地的所有权确定给村集体经济组织，并开展土地所有权的登记发证。打开了集体土地抵押权实现的通道，针对集体土地抵押贷款前置条件多、抵押价值低、手续繁琐的问题，主动和人民银行联系，下发《关于芜湖市集体土地使用权抵押的若干意见》，进一步明确集体土地的抵押权，为集体建设用地流转获得抵押贷款扫除障碍。

加强政府对流转的宏观控制。明确流转试点条件和范围，通过严格的规划实施来控制建设用地流转，必须符合土地利用总体规划和村镇建设规划，不符合的不允许流转；权属合法，四址清楚，没有纠纷；已经依法批准作为集体建设用地的；对于新增建设用地的，必须是在土地利用总体规划确定的建设用地范围内，并严格按照法律规定办理农用地转用手续。坚持计划，控制建设用地总量，实行计划控制，各试点镇依据土地利用总体规划、村镇建设规划、国民经济和社会发展计划，编制年度土地利用计划报市试点领导小组审批后施行；实行用途管制和审批控制，主要是对农民宅基地、公益事业用地、乡镇企业用地、民营企业用地等分类逐项下达指标；对试点镇流转用地计划实行单列，不得突破年度用地计划。

立足于盘活存量集体建设用地。通过“拆一还一”盘活存量集体建设用地，如繁昌县三山镇于2000年充分利用流转试点政策，采取“拆一还一”方式，实施旧镇改造，盘活集体建设用地39亩，成功改造一条长500米，建筑面积达2万多平方米的兴隆街，安置120名下岗职工，补偿村民资金400多万元。通过招标、拍卖盘活存量集体建设用地，如芜湖县清水镇运用市场运作方式，2001年土地实行公开拍卖，底价为50万元，最终芜湖三阳公司以100.6万元的最高价购得该宗土地的使用权，除按规定支付各类补偿费用和城镇基础设施建设外，其余资金全部返还村委会，收到良好的社会效益和经济效益。

加强耕地保护工作，确保实现占补平衡。促进集约用地，提高土地利用率，减少占用耕地的数量，是开展集体建设用地流转的目的之一，在试点中通过多种措施来切实保护耕地。明确责任，加大投入，将实现耕地占补平衡的任务落到实处，市人民政府每年初都要同县（区）人民政府签订实现耕地占补平衡和土地执法责任状，实行年中跟踪监察、年底进行考核，扎扎实实地抓好耕地占补平衡工作。各试点镇上报流转项目用地时，县（区）政府同时上报实现耕地占补平衡的书面承诺；没有能力完成占补平衡的，按4000元/亩的标准缴纳开垦费，由市国土资源局统一安排，在全市范围内造地，确保全市实现耕地占补平衡。通过居民向小城镇集中，撤村建居，将旧村庄复耕，有效增加耕地面积，根据规划要求，加大对镇区和中心村基础设施建设的投入，提升农民住宅的品位，创造良好的居住环境，吸引农民进集镇、中心村居住；停止规划以外的住宅用地审批；对不按规划建住宅或严重超面积建房的农户，限期自行拆除，对于旧村庄和旧宅基地，由行政村统一收回，进行开发复垦，并按照拆迁标准对农户进行补偿，积极稳妥地组织实施拆小村，并大村，消灭空心村，建好中心村，重点建设小城镇工程。

通过土地置换方式，鼓励农民退宅还耕。对于符合规划要求，通过土地置换方式进行流转而占用耕地的，经市试点领导组批准，签订占补平衡合同，可以在占用后一年内补足等量等质的耕地。为鼓励农民进小城镇、中心村居住，规定进小城镇或中心村居住的农民可以通过置换方式，将原宅基地进行复耕，宅基地复耕后增加的耕地，可以由复耕者承包耕种。

合理确定和分配土地收益。做好集体土地流转工作,其核心和最敏感的问题就是如何确立合理的利益分配机制。除按照各镇流转试点方案的规定,支付被流转承包土地的农户安置补偿费外,还根据芜湖的地理位置和经济发展程度等因素,确定各镇的土地使用者以每平方米 3 元的标准向市、县(区)、乡(镇)、集体经济组织四级分成,分成的比例为 1∶2∶5∶2。2002 年,又明确规定市级不参加分成,并将县(区)、乡(镇)、集体经济组织分成比例调整为 1∶4∶5。拟逐步将流转土地收益和土地增值收益的绝大部分留给土地所有者,主要用于解决农民的长远生计。而县(区)、乡(镇)分得的流转收益金,主要用于城镇基础设施建设。

采取多种形式切实保护农民的长远利益。允许农民入股分红,确保农民的长远利益,鸠江区官陡镇在农民自愿的前提下,首先将每亩土地折价入股,按其农业年产值 850 元乘以 30 倍即每亩按照 25500 元确定,一次性支付农民安置补助费和青苗补偿费 6400 元 / 亩,余额 19100 元 / 亩除以承包剩余的时间,每年按照 440 元 / 亩的标准支付给农民,使农民有保底收入;镇办工业园如若盈利,再按股份进行分红,如若亏损农民不承担风险;由镇工业园同土地所有者签订入股协议,并进行司法公证,确保农民利益不受侵害。建立社会保障体系,妥善解决弱势群体农民利益,建立农村社会保障体系,按照城市标准建立最低生活保障线。在中心镇、小城镇新建一批门面房,按照建设成本价卖给流转土地后的农民,农民如有经商能力则用门面房进行经商;没有经商能力的则将门面房进行出租,定期收取租金。使流转土地后的“呆”收益变成“活”收益,较好地解决弱势群体农民的长远生计困难。

规范程序,依法办事。严格按照试点方案及相关实施细则进行操作,试点方案和相关实施细则对流转的程序作具体细致规定,保证试点始终沿着规范程序、依法办事的轨道向前推进。农民集体建设用地首次流转时,首先应当由土地所有者与流转方签订流转协议;其次,流转双方签订流转合同,无论涉及多少农户,都要尊重农民的自主权,逐户签订同意流转土地协议;再由土地所有者和流转双方向市、县土地行政主管部门办理流转手续;最后,流转经批准后,缴纳有关费用并办理土地登记。农民集体建设用地再次流转的,持土地使用权证、前次流转合同、本次流转合同、地上建筑物证明等文件向市、县政府土地行政主管部门申请办理土地变更登记或租赁、抵押登记手续。加强监督,确保规章制度落到实处,试点领导小组委托国土资源局的 5 名成员到各试点镇,担任联络员,指导各镇规范运作,发现问题及时纠正;聘请 8 名民主党派和工商联人士担任执法监察专员,每年组织一到二次专项视察,进行社会监督;针对重点领域,制定严格的专项规定;为使流转收益实收到位,使用合理,防止乡(镇)截留、挪用,市试点办公室委托各县、区试点办公室在试点镇所在的农业银行可设专户,凡发生的每笔土地流转收益均要缴入专户,市政府收到开户行的资金入库单后,方可批地。镇政府若使用该项资金,必须列项报告,经县(区)试点办审批,行文批复,试点镇凭批复,方能动支,真正做到专款专用。

面上推进 2002年是安徽省集体建设用地使用权流转试点和立法试验工作全面启动的一年，为培育集体建设用地使用权市场，规范集体建设用地使用权流转行为，在总结芜湖市农民集体所有建设用地使用权流转试点和借鉴外省市经验的基础上，2002年10月安徽省人民政府制定出台《安徽省集体建设用地有偿使用和使用权流转试行办法》，为全省集体建设用地使用权流转试点提供依据。按照《试行办法》要求，在全省确定51个乡镇进行集体建设用地使用权流转试点，为贯彻好《试行办法》，国土资源厅印发《集体建设用地使用权流转试点方案》和《关于规范安徽省集体建设用地有偿使用和使用权流转试行办法有关问题的通知》，对学习、贯彻《试行办法》提出具体要求，促进试点规范、有序、健康运行。各级国土资源主管部门和试点乡（镇）紧抓机遇，积极做好试点的各项准备工作，全省17个市35个县（市、区）和51个试点乡镇适时启动流转试点，均成立集体建设用地使用权流转试点领导组织，进行宣传发动和人员培训，制定镇集体建设用地使用权流转试点方案和镇集体建设用地使用权流转管理办法或实施细则，部分试点乡镇修订了乡镇土地利用总体规划和集镇建设规划，制定集体农用地和建设用地基准地价，制定一系列配套措施以及集体建设用地使用权流转文书表格；淮南市国土资源局进行驻点指导，重点帮助镇政府分析问题的原因及寻找解决问题的突破口，对过去已经发生的流转事实进行规范，对正在进行的交易建立审批办理绿色通道，按《办法》的规定完善手续，对今后将要发生的交易，进入市场规范化运作，顺利地打开流转试点的工作局面。

国土资源厅对全省实行流转试点工作动态管理制度，从集体建设用地使用权流转试点实际需要出发，对少数试点乡镇进行适当调整，将固镇县王庄镇调整为该县连城镇。增加肥东县龙岗镇、肥西县小庙镇、长丰县岗集镇和包河区义城镇为集体建设用地使用权流转试点单位；适应全省流转试点工作的需要，及时召开集体建设用地使用权流转课题研讨会，加强理论研究，邀请省委政研室、省政府研究室、南京农业大学土地管理学院、省社会科学院法学所、安徽大学法学院专家、教授和本系统长期从事该项工作实践者就集体建设用地使用权流转问题进行专题研讨；组织起草国土资源部关于集体建设用地使用权流转立法试验课题和省城镇化发展有关课题研究报告，在集体建设用地使用权流转理论研究方面，取得阶段性成果；开展集体建设用地使用权流转试点调研，对试点中的问题进行收集整理并分解到各有关业务处研究解决；指导芜湖市局进行集体建设用地使用权流转试点总结，参加国土资源部第三次土地制度创新座谈会和温州集体建设用地使用权流转法律制度研讨会，提交了《搞好立法试验促进制度创新》的论文。

规范集体建设用地使用权流转行为，促进土地资源优化配置和小城镇建设，截至2000年年底，全省流转用地154宗，面积513.87公顷，土地纯收益2000多万元，引进资金9.7亿元，取得良好经济效益和社会效益。坚持“三个集中”原则，即：农民向小城镇集中,工业向园区集中,土地向规模经营集中,较好地解决发展用地问题,降低用地成本,简化用地手续,吸引大量外来资金兴办工业企业,迅速提升地方经济发展和小城镇建设地位,促进城镇土地集约利用和耕地保护,促进农民增收和农村人口向城镇的转移,事实证明,农民在集体建设用地使用权流转试点中受益最大。三山镇对流转土地补偿每亩达 6500 元,相当于农民每亩净收的 20 倍。

着力解决流转中突出问题,针对试点中出现的问题及时进行纠正,进一步提高认识,增强集体建设用地使用权流转试点工作紧迫感和责任感,正确处理好发展与保护的关系,全局与局部的关系,创新与依法行政的关系,国家、集体和土地使用者三者利益关系,合理分配土地收益,加强理论研究,开拓创新,扎实做好集体建设用地使用权流转试点各项基础工作。

第六章 测绘管理

第一节 基础测绘

基础图更新

省国土资源厅成立后，全省基础测绘工作在各级政府的重视下，获得长足发展。截至2005年，全省基础测绘经费投入7500万元，其中省级基础测绘专项经费投入在3500万元以上。地方各级政府对基础测绘的投入也明显增加，特别是在城市基础图测制及更新方面加大投入，拨出专项经费进行城市大比例尺地形图、地籍图的测制和更新。

为促进“十五”期间全省测绘事业发展，加快基础测绘更新，做好与国家测绘局测绘事业发展“十五”计划衔接，结合本省实际，在认真总结“九五”期间测绘事业发展成就和经验的基础上，省厅制定全省测绘事业发展“十五”计划，勾绘建设“数字安徽”地理空间基础框架和基础测绘的定期更新计划。编制《安徽省基础测绘“十五”规划》，对主要大中城市和规划发展区、沿淮、沿江和“两山一湖”地区等区域做优先安排，使基础测绘在“十五”规划中更为具体、便于实施。2004年，省厅根据省政府“861”计划和建设“数字安徽”的会议精神，向省政府提出加快基础测绘更新工作的请示，同时编制上报安徽省1∶10000空间地理信息基础平台建设项目总投资概算。配合省发改委会同有关部门召开“安徽省基础测绘更新工作方案和资金测算”审查会。省发改委向省政府上报加快基础测绘工作实施意见：建议用五年时间完成剩余的1∶10000比例尺地形图3246幅（4D模式），并同步建立1∶10000比例尺基础地理数据库，每年再增加专项资金1000万元。根据国家测绘局于2005—2006年启动“华东、华中区域大地水准面精化”项目，省厅编制“安徽省大地水准面精化技术实施方案”，建立全省GPS－C级控制网和三等水准网，从厅自有资金安排600万元用于该项目，2006年年底完成。

至2005年9月底，完成省级基础测绘项目1:10000比例尺地形图2200幅，占全省总数的42%。完成1∶10000至1∶500比例尺4D产品26307幅。市级基础测绘工作也有较快发展，各市国土资源部门重视基础测绘工作，按照测绘法的要求，通过各种方式积极争取政府财政对基础测绘项目的投入。蚌埠市250平方公里1∶500至1∶1000城市基本比例尺地形图更新和测绘项目完成，并通过省级验收。合肥市600平方公里1∶500至1∶1000比例尺的地籍地形基础图的测绘项目全面展开，一期100平方公里测绘成果通过验收。黄山市155平方公里基础测绘三四等GPS控制测量及其中心城区1∶500比例尺32平方公里、歙县城区1∶500比例尺60平方公里数字地形图测绘完成并通过省验收。宿州市城区1∶500比例尺60平方公里数字地形图测绘业完成。淮南、滁州、马鞍山、阜阳、桐城市和和县、无为等县大比例尺数字化地形测量开始实施。

“数字安徽”建设

“十五”期间，加强“数字安徽”地理空间基础框架建设，各测绘单位投入大量财力，先后购置众多的现代化测绘仪器设备，特别是在国家测绘局的领导下，省测绘总院于2001年9月至2003年4月完成“安徽省基础测绘设施单位工程建设”。加大基础测绘设施项目场地建设和软硬件设备的投资，对有关技术人员和业务骨干进行培训。完成数字化生产基地和信息中心用房的改造，增添全数字摄影测量系统等设备，改造和扩大局域网。开展航空数据处理技术研究项目和数据采集与建库工作，形成年生产“4D”产品1720幅的规模化生产能力。“数字安徽”地理空间基础框架建设不断推进。按照规划，突出抓基础数据体系和应用示范工程的建设，坚持“基础先行，抓好示范”的原则，编写1∶10000CAD数据建库前的数据处理与转换程序，更新完善省1∶10000基础地理信息库。省测绘局对自主开发的数据采集软件进行升级服务，五年向各测绘单位更新和提供软件262套（件），推进高新技术的应用与科技创新，加速全省测绘行业传统测绘技术向现代化测绘技术的转变。完成1∶10000矢量地形数据库建库程序的开发，为1∶10000矢量地形库建库生产提供技术支撑。完成全省1∶250000基础地理数据库的更新工作，完成省1∶10000基础图建库预处理共1400幅，完成全省1∶50000地名数据整理393幅，建立数据库5个（1396幅）。

服务社会

2001年以来，行业内各测绘单位先后完成高速公路、长江大桥、全省土地资源详查、安徽省防汛地理信息系统、安徽省公路地理信息系统等工程建设测绘工作。省测绘系统积极向社会提供测绘服务。为配合黄山申请成为国家级地质公园，制作多幅黄山风景区景点地质风景图；为省军区、省旅游局和淮北市制作专题GIS系统；为黄山、九华山和太平湖地区旅游规划开发制作数字地形图等。完成《安徽省地图》《安徽省行政区划图》《合肥市影像地图集》等大中城市、地区性的交通旅游图（册）的编制和印刷工作，以及其他地图产品的生产任务。各测绘单位积极参与测绘市场竞争，开拓测绘服务领域，协同各有关部门进行勘界测绘、城镇地籍测绘、房产测绘，承接完成芜湖、淮南、淮北、马鞍山等测区数字化地籍测绘和房产测绘；为农林、水利、交通、通讯、环境、能源、城建、国土资源和扶贫开发等诸多行业部门提供测绘保障。先后承接完成江苏、上海、深圳等省市部分数字化地形图、地籍图测绘。编制出版各种地图、专题图171种620幅（册）。测绘单位积极主动地为各级政府部门决策和社会提供基础地理信息服务，满足社会各界对基础地理信息的需要，测绘保障能力进一步加强。

“十五”期间，全省测绘行业完成测绘服务总值近11.8亿元。省测绘档案资料馆为社会各界提供各种比例尺地形图 53017 张，大地点成果 21024 点，利用档案资料 1485 卷，航摄像片 11256 张，航空航天影像数据 8441 片（盘），提供基础地理信息数据 4557 幅。

第二节　测绘资质管理

为了确保测绘资质复审换证工作的顺利进行，统一标准和尺度，严把资质审查质量，根据《测绘资质管理规定》《测绘资质分级标准》等规定，完善持证测绘单位测绘质量保证体系和测绘成果及资料档案管理情况的考核工作。省厅制订《安徽省测绘单位测绘技术、质量保证体系考核标准》和《安徽省测绘单位测绘成果及档案管理考核标准》。据此对各等级资质持证测绘单位进行考核和资质审查，乙级以上测绘单位由省厅负责，丙、丁级测绘单位由市级国土资源（测绘行政主管）部门负责。经对持证测绘单位的考核和资质审查，完成安徽省第一测绘院等 14 个甲级测绘资质单位复审换证材料的审查和申报工作。截至 2005 年 9 月底，全省持有“测绘资质证书”的单位由 2000 年年底的 177 个增加到 286 个（其中甲级 14 个、乙级 53 个、丙、丁级 219 个）。

对部分重大测绘项目实行招投标管理。近几年，全省根据测绘法，加强对测绘市场管理，按照社会主义市场经济运行机制办事，对部分重大测绘项目实行招投标管理。凡参与投标的测绘单位必须具有相应的测绘资质，并经验证确认。多数项目招投标活动由省厅相关业务处室参与，实施监督。

第三节　地图管理

建立整顿和规范地图市场秩序工作组织和国家版图意识宣传教育协调组织。2002 年，为保证整顿和规范地图市场秩序工作的顺利进行，根据国务院办公厅（国办发〔2001〕79 号）、省政府办公厅（皖政办〔2001〕95 号）关于整顿和规范地图市场秩序工作的文件精神，省厅制定《安徽省整顿和规范地图市场秩序实施意见》，组成由省政府副秘书长负责、省国土资源厅、省工商行政管理局、省新闻出版局、省外经贸厅、合肥海关和省外办等部门参加的整顿和规范地图市场秩序工作联席会议，成立省整顿和规范地图市场秩序工作办公室。各地相应制订工作方案或实施意见，成立由市政府领导及有关部门领导参加的整顿和规范地图市场秩序工作领导组织或办公室。2005 年，根据国务院办公厅转发国家测绘局等部门《关于加强国家版图意识宣传教育和地图市场监管意见的通知》精神，省国土厅与省委宣传部、省外办、省教育厅、省商务厅、合肥海关、省工商局、省新闻出版局联合向省政府提出全省贯彻国务院办公厅（国办发〔2005〕5 号）文件的意见，成立安徽省国家版图意识宣传教育和地图市场监管协调指导小组和办公室，对开展版图意识教育和地图市场监管工作做出部署。

加强培训、宣传与指导,认真开展地图市场执法检查。为了提高地图市场执法检查人员依法行政的能力与水平,开展地图市场执法检查人员培训。及时编发工作简报或派员指导各地开展工作。为提高全民的国家版图意识,省国土资源厅在《安徽日报》(2005 年 6 月 10 日)上向社会发出公告,公布国家测绘局、外交部制定的《中国地图——标准画法示意图》。征订下发《中国国家版图知识宣传册》、《地图市场违法案例汇编》等 4000 余本。

2002 年后,各级国土资源局联合工商、新闻出版、旅游、外办、教育等部门积极开展工作,在执法检查中,各部门、各单位相互配合,密切协作,坚持依法行政,形成整体合力,加强地图市场的综合性管理力度。对地图产品生产、经营的每个环节按照有关法律法规进行管理,狠抓地图市场违法行为的查处。合肥、黄山、淮北、蚌埠、滁州、阜阳、芜湖、安庆、宿州、六安、巢湖、池州、天长岳西等一些市县在整顿地图市场过程中,严格把关,认真执法,对假冒伪劣、粗制滥造的无编制单位、无出版单位、无地图审图号的“三无”地图产品和非法从事地图产品的加工和经营者,依法进行查处;对带有政治性问题和有损国家民族尊严的地图,予以收缴或责令拆卸和查处。2004 年,侧重对合肥、黄山和九华山等重点城市和旅游区进行整治,加大对“问题地图”的查处力度,防止各种问题地图反弹。2005 年继续加强地图市场监管,重点开展电子地图的专项清理与整治。

2002—2005 年,检查各新华书店、商场、个体文具商店出售的各种挂图、地图册、地球仪 75 种。查封或收缴“三无”地图 20000 余份;查出以中国地图图形为背景的户外广告牌 30 余块,墙壁瓷质地图 4 幅;不符合规定或不合格地球仪 169 个,停止销售不合格地球仪 7 种;查缴违法地图宣传品 550 余件;查封有严重政治问题的地图产品及书刊、笔记本插附图 327 件,并对销售源头进行了跟踪查处。

严格地图编制审批工作。在总结整顿和规范地图市场秩序基础上,与省新闻出版局、省工商行政管理局联合出台《安徽省地图编制出版管理规定》,进一步规范地图编制出版管理,改进地图审核工作,提高工作效率和服务水平。对所有公开出版的地图都按照程序,严格进行审核。截至 2005 年 9 月底,已通过审查给予审图号的图件有 151 件,协审 21 件,电子地图 8 件。

第四节 质量成果管理

测绘质量管理

2000 年以来,全省测绘产品质量的监督管理得到加强,特别是新测绘法的实施,对测绘产品质量的监督管理力度进一步加大。为保障技术标准的统一性和完整性,对基础测绘项目和重大测绘项目实行技术设计报批制度,没有技术设计不准测绘。在管理上,实行行政管理与技术管理的有机结合。对重大测绘项目产品质量试行由专门的质检机构进行全过程监督检验;测绘行政主管部门对最终产品质量进行评审或确认。测绘产品质量监督实行关口前移，有效地保证测绘产品质量。先后对省内基础测绘项目和合肥、蚌埠、淮南、滁州、马鞍山等市的大比例尺数字化地形图测绘项目开展全过程质量检验。与此同时，定期或不定期地开展测绘产品质量监督检查和执法检查活动，不断加大对测绘产品质量的监督管理力度。根据国家测绘局《关于开展全国测绘产品质量监督检查活动的通知》《关于开展房产测绘质量专项检查的通知》精神，2003年和2004年在全省开展测绘质量和房产测绘质量监督检查活动，省厅专门下发通知，制订相应的监督检查实施方案，重点是测绘质量管理和测绘产品质量两个方面，主要检查2001—2003年完成的测绘项目成果。各市国土资源局都十分重视，研究具体实施方案，做到领导亲自抓，专人负责，确保监督检查活动落到实处。在各单位自查和各市检查的基础上，省国土厅对全省持证测绘单位按10%的比例，确定近30家单位作为省测绘质量专项检查抽检单位。侧重检查重点工程建设的测绘成果质量，严查与人民生活密切相关的测绘产品质量，如长江护岸加固工程测绘。对于房产测绘中存在的无证测绘、不执行国家房产测量规范、提供虚假房产测绘成果等问题进行重点检查。处理几起开发商与房产主管部门在房产测绘面积计算上的矛盾纠纷。

测绘成果管理

开展测绘成果保密检查。为认真贯彻落实《中共中央关于加强新形势下保密工作的决定》，结合测绘保密工作的实际，处理好新形势下测绘成果保密与社会需求的关系，更好地发挥测绘保密工作在国防安全和经济建设中的保障作用。与省国家保密局联合发文在全省范围内开展保密检查。全省共检查索取使用测绘成果的单位有2891个，涉及保密测绘成果共44201幅（其中1:10000地形图31435幅，1:50000地形图12766幅）。查处丢失机密地形图的违法案件，并对在测绘成果保密工作中做出突出成绩的17个先进集体和26名先进个人进行表彰。

规范全省测绘成果管理保密期限、管理权限和使用制度。根据国家测绘局、国家保密局《关于印发测绘管理工作国家秘密范围的规定的通知》，省国土厅与省国家保密局对测绘成果资料的密级进行界定，对保密期限、控制范围作具体规定。明确基础测绘成果资料和各专业部门测绘成果资料的保管部门和单位。对使用省级馆藏测绘成果资料的，实行测绘成果专用函和审批制度。对境外提供国家秘密范围内测绘成果，均须报省测绘行政主管部门批准，未经批准，任何单位和个人一律不得擅自向外提供。

开展测绘成果目录、副本的汇交和相对独立坐标系统的调查摸底工作。依据测绘成果管理的规定，省国土厅下发《关于汇交测绘成果目录或副本的通知》。"十五"期间已汇交测绘成果目录或副本33个种类：四等以上导线点1128个，二、三、四等GPS点569个，四等以上水准点943个，各种地形图11800余幅。2005年开展对全省独立坐标系统建立情况的调查摸底工作，为下一步进行独立坐标系统的清理工作做好准备。

第五节　测量标志保护

为了做好测量标志保护工作,自 2002 年以来,省国土厅每年都落实专项经费、安排测量标志普查工作。2004 年在滁州、淮南、淮北和宿州开展测量标志普查工作，4 市根据各自的不同情况,分别对参加普查人员进行动员和技术培训,认真进行普查和资料整理,完成测量标志普查任务,并进行重新委托保管和普查资料整理上报工作。2005 年黄山市 3 区 4 县完成测量标志普查和重新托管工作。在标志保护方面,处理 3 起毁坏测量标志事件;依法查处 1 起人为毁坏芜湖市区域内的永久性测量标志事件。2005 年,开展对大地水准面精化标志点的保护工作,统一由全省各级国土资源部门管理,完成委托由乡镇国土所保管 A、B、C 级 GPS 控制点和三等以上水准点标志工作。

第四篇　矿产资源管理

第一章　规划管理

第一节　矿产资源总体规划

首轮总体规划

省国土资源厅于2000年启动编制《安徽省矿产资源总体规划（2000—2010年）》（以下简称《规划》）工作，于2002年完成编制。《规划》通过国土资源部审批、省政府办公厅发布实施，《规划》于2005年6月荣获国土资源部优秀成果一等奖。《安徽省矿产资源总体规划（2000—2010年）》是全省新中国成立以来的第一部矿产资源规划，为全省实施规划管理奠定了坚实基础。

规划内容

基础地质调查。《规划》开展重要成矿远景区1∶5万与1∶25万区域地质调查和土壤化探测量；开展全省矿山生态环境、地质遗迹、大江大河、西气东输管线地质环境综合调查；开展重要和短缺矿产及地热资源调查评价；完成新一轮全省地下水资源评价。进一步提高全省地质工作研究程度，建立健全全省地质灾害监测和预警分析系统。按照公益性地质调查与商业性矿产勘查分体运行机制，国家和省财政实施公益性地质调查工作，为矿产资源规划和管理决策提供依据，为商业性矿产资源勘查提供基础信息；商业性矿产资源勘查，坚持市场化，提高政策引导和扶持力度，逐步形成商业性矿产勘查为主体的地质矿产勘查市场，实现公益性地质调查与商业性矿产资源勘查双向互补和良性循环的新格局。

矿产资源调查。能源矿产：开展两淮煤田成矿区环保煤、煤层气的调查评价；在全省范围内开展地热调查评价；在新生代盆地及其下伏古生代生油层成矿远景区开展油气调查评价。金属矿产：在有找矿潜力的铜陵、贵池、滁州、淮北等矿化富集区和重要成矿区带开展铜、金、银调查评价，其次在有找矿前景且工作程度较低的新区，如东至—石台、青阳—泾县、休宁—祁门、绩溪—宁国和广德、巢湖等成矿远景区开展铜、金、银调查评价；在繁昌隆坳过渡带成矿区开展富铁调查评价；在贵池区内与下二叠统孤峰组有关的向斜构造地区开展富锰调查评价；在贵池、金寨成矿远景区，以及工作程度较低且有找矿远景的蚌埠—凤阳、东至—石台地区开展铅锌（银）、钼矿调查评价。非金属矿产：在青阳、贵池、东至和怀宁地区开展优质方解石调查评价，在宣城和黄山等地开展膨润土、珍珠岩、沸石调查评价，在凤阳山区开展优质石英岩调查评价，在明光、来安地区开展凹凸棒石黏土调查评价，在大别山区等开展饰面用花岗岩调查评价。水气矿产：完成全省新一轮地下水调查评价，重点在淮北和江淮分水岭地区。

商业性勘查工作部署。鼓励和加强商业性矿产勘查工作，预期提交大中型矿产地3~5处。大力加强油气资源勘查，加快两淮地区煤层气勘查开发。依据市场机制，鼓励国内、外企业投资矿产资源勘查。加强对商业性矿产资源勘查的支持、规范、引导，发挥市场对资源配置的基础调节作用，促进矿产勘查的市场化进程，理顺矿业权各主体之间的经济关系，改善矿业投资环境，实行有偿勘查。鉴于矿业权市场和矿业资本市场尚不发育的现状，应对普查工作经费给予必要的政策扶持。要及时公布矿产资源调查评价成果，积极组织矿权招投标工作，培育和发展矿业权市场，促进商业性矿产勘查工作有序、健康、持续发展。1.勘查规划分区。共划分各类勘查区51个，其中，鼓励勘查区24个，限制勘查区14个，禁止勘查区13个。2.重点勘查矿种和地区。能源矿产重点勘查矿种：煤、石油、天然气；重点勘查地区为：两淮煤田。地热重点勘查地区为：合肥、阜阳、安庆、芜湖、界首、亳州市及定远县等地。重点勘查的金属矿种：包括金、银、铜、铅锌、富铁、富锰等；重点勘查地区沿江地区。重点勘查的非金属矿种有：优质石英岩、优质方解石、凹凸棒石黏土、膨润土、珍珠岩、沸石、金刚石、水泥石灰岩及配料、熔剂灰岩、熔剂白云岩、耐火级白云岩等；重点勘查地区为：凤阳、青阳、贵池、泾县、明光、来安、屯溪、休宁、灵璧、泗县、沿江地区等。重点勘查的水气矿种包括地下水、矿泉水；地下水重点勘查地区为：阜阳、亳州、淮北、宿州、蚌埠和淮南市等地及江淮分水岭地区。矿泉水重点勘查地区为：皖西北、天长市和庐江县、定远县等地。

矿产资源开发利用。矿产资源开发利用方式实现由粗放型逐步向集约型转变。基本做到矿山开采规模与储量规模相适应。小型矿山实施最低开采规模要求，基本扭转大矿小开、一矿多家开采的现象。两淮煤矿最低开采规模不小于9万吨/年，铁、铜矿不小于5万吨/年，石灰岩不小于30万吨/年。矿山"三率"指标严格执行有关技术质量指标要求。固体矿产采选综合回收率和共伴生矿产综合利用率进一步提高。固体废弃物（废渣、矸石、尾砂）资源二次开发利用水平有所提高。

开采总量调控。全省矿产品开采总量与全省经济总量增长相适应，实施矿产资源可持续供应战略。提出矿产品总量年均增长2%~3%，矿业总产值及进出口贸易额年平均增长8%。鼓励开采资源丰富、有市场前景的矿产；限制开采供过于求的、战略安全储备的、开采条件差易产生严重浪费的，以及国家政策规定限制的矿产；禁止开采对环境破坏严重的矿产。对出口优势矿产实行总量控制，限产保值。能源矿产：鼓励开采两淮地区煤炭，调控煤炭开采总量，"十五"期末，控制为5500万吨。保持稳定的能源供应；鼓励两淮地区煤层气的开发利用，形成生产规模；鼓励地热资源的开发利用；鼓励天长原油生产挖潜，延长服务年限。限制开采沿江、皖南含硫量大于1.5%的富硫、高灰煤，严格控制现有开采总量。禁止新建含硫量大于3%的高硫、高灰的煤矿。金属矿产：鼓励开采铁、铜、铅、锌、金、银、锰等矿产；限制钨、锑、钼矿开采总量，控制新建矿山。鼓励规模开采大型低品位铁矿和小而富的铁、铜等金属矿产。非金属矿产:鼓励开采水泥用、电石用、熔剂用石灰岩,冶金、玻璃用石英岩,以及岩盐、石膏、凹凸棒石粘土、膨润土、方解石、沸石、硅灰石、陶瓷土、耐火黏土及饰面花岗岩、辉长岩等矿产。限制开采普通萤石、重晶石、石棉等矿产,严格控制现有矿山开采总量。控制硫铁矿、磷矿开采总量,暂不新建硫铁矿山。水气矿产:鼓励含碘、锶、锌、硒、锂等微量元素的优质矿泉水开发。

矿业结构调整与优化。1. 矿山规模结构调整。勘查业、采掘业和冶炼加工制造业的结构进一步调整、优化。确保煤炭和金属矿产开发重点,推进非金属精细加工业发展;遏制对外依存度大的重要金属矿产冶炼能力的扩张;实现规模经济,压缩小型矿山总数1500 家。大、中型矿山开采规模与矿床(区)储量规模相适应,小型矿山开采遵循规模经济原则。关停布局不合理、严重浪费资源、严重污染环境、严重破坏土地植被的小型矿山;引导布点过密的小型矿山联合办矿,集约化开采,形成规模经济。中、大型矿山与矿山总数的比例从目前 1.3% 提高到 3%~5%。新办矿山实施准入制度。2. 采、选、冶结构调整。调整重要矿种采、选、冶比例,改变以原矿生产为主的单一产品结构,加大选矿总量,增加高档次、高科技产品的比重,从总体上提高产品的竞争能力。煤炭矿山洗选量从目前的 26% 提高到 75%,并加大动力煤洗选量,争取达到总洗选量的 60%。要对地方高硫高灰煤生产矿山进行整顿,采取降硫降灰措施,关闭不符合条件的小矿山;铁、铜、金、银、多金属矿山,要调整与采矿规模不相适应的选矿能力。对分散而符合最低经济规模开采的小矿山,分片集中建设选矿厂,提高综合利用水平。新建矿山要建设与其规模相适应的选矿厂。3. 矿产品结构调整。改变矿产品单一状况,进一步提高优质矿产品比重,初级产品份额由 75%~85% 下降到 65%~75%,选矿和精深加工优质矿产品比例提高 8%~10%,进一步提高非金属超细纳米技术产品、改性系列产品份额,煤炭入洗率达到 75%。提高金属矿产品质量和增加新品种,优质金属矿产品比重有所上升。非金属矿产品着力研制环保建材,重点发展精深加工技术,开发新材料,新型建材比重有所上升;凹凸棒石黏土、方解石、膨润土、石英岩、沸石、高岭土、硅灰石、绢云母等矿产品,生产超细粉体材料或纳米材料、改性材料和特种用途材料等系列产品。水泥生产向高标号、特种水泥方向发展。限制传统砖瓦黏土生产,提倡新型节土产品。饰面板材要重视开发优质品种,生产薄型、异型石材。石膏、岩盐、硫、磷、萤石、明矾石等矿产品加大技术开发力度,生产系列化产品,扩大用途,提高资源效益。4. 矿山技术结构调整。调整矿山的技术结构,提高全省矿山的技术水平。逐步改变小型矿山的装备、技术水平落后状况,推广先进适用的采、选、冶技术、设备、工艺和方法,应用率达到 60%。推广大中型煤矿综采、放顶煤技术,小煤矿采用正规采矿方法,配备与开采规模相适应的技术人员和装备;金属矿山大力推广采选冶新技术和综合利用技术;非金属露采矿山采用正规的台阶采矿方法和工艺,井采矿山采用先进的采矿方法和工艺。淘汰落后的采矿方法与工艺。禁止小煤矿独眼井及自然通风方式开采。

矿产资源开发利用布局。1. 规划分区。依据国家法律法规以及全省资源分布、区域经济、重点矿区现状、新材料矿物的开发与应用、市场预测和环境保护等综合因素，对现有矿产资源开采利用进行规划分区，《规划》共划分各类开采区39个。其中划分11个鼓励开采区，包括两淮煤炭、沿江铁、铜等开采区；17个限制开采区，包括皖南与沿江高灰、高硫煤、皖南石煤、大别山低品位磷矿、沿江低品位硫铁矿等开采区；11个禁止开采区，包括黄山、齐云山、九华山、皇藏峪、琅琊山等地质公园、风景区和保护区。2. 布局调整。共划分5个矿业经济区：两淮煤—煤化工矿业经济区、马鞍山—庐江—霍邱黑色冶金矿业经济区、铜陵—池州—安庆有色冶金矿业经济区、皖东多金属和非金属矿业经济区、大别山矿业经济区。全省建设6个非金属矿产原料开发基地：水泥石灰岩及配料基地、玻璃石英岩原料基地、凹凸棒石黏土原料基地、膨润土原料基地、岩盐、石膏原料基地、方解石原料基地。

矿山环境保护与治理。1. 总体原则。《规划》坚持矿产资源开发与生态环境保护并重的原则，加强矿产资源勘查、开发、闭坑的生态环境治理与恢复的全过程的监督管理。建立和健全适应省情和市场经济体制的矿山生态环境保护的管理体系，出台《安徽省矿山地质环境保护管理条例》，研究制定矿山生态环境恢复的技术标准；坚持预防为主、保护优先的方针，遵循地质环境规律，重点控制次生地质灾害的发生，加强矿山环境保护的科技研究与国际合作，以科学技术为先导，防治结合，达到资源开发与保护的良性循环，实现社会效益、经济效益、资源效益及生态环境效益的统一；坚持“谁开发、谁保护，谁破坏、谁治理，谁受益、谁补偿”的原则，明确开发主体的权益和责任，正确处理局部与全局、当前与长远的关系，使矿产资源开发与环境保护协调发展；开展全省矿山生态环境调查，逐步建立和完善矿山生态环境动态监测体系，重点治理淮北、宿州、淮南、马鞍山、铜陵5个地区的矿山生态环境，治理复垦土地面积43.5平方公里。全省矿山生态环境逐步好转；法制建设配套健全，监督机制完善，矿山环境管理到位，矿山土地复垦面积7500公顷，新增耕地面积2000公顷，生态环境恢复治理率达到25%以上，生态环境严重的矿山治理率达到60%，不再新建破坏生态环境且不可恢复利用的矿山，矿山次生地质灾害得到基本控制。2. 新建矿山环境保护。新建、改建、扩建的矿山建设项目，必须严格执行矿山环境评价报告制度，把编制矿产资源开发利用方案、矿山生态环境影响报告书和建设用地地质灾害危险性评估报告，作为采矿权申请人申办采矿许可证和矿山建设项目审批的必备依据，实行矿山建设和生态环境保护同步规划、同步实施。严格审查矿山企业对矿山生态环境保护、恢复与治理规划方案，落实矿山生态环境保护责任制，把矿山生态环境保护纳入矿山企业经常性的工作任务。建立矿山生态环境补偿机制，采取经济手段，通过建立矿山环境保护与土地复垦履约保证金制度，规范矿山企业开采和保护生态环境行为，履行矿山生态环境治理与保护的义务。3. 生产和闭坑矿山环境保护与治理。生产矿山必须严格按“三废”排放标准进行排放和监测，尤其要控制堆淋小金矿数量，预防氰化物对水体的污染。建立多元化、多渠道的环境保护投资机制，推进矿山环境保护工作。各级政府要采取措施对历史上因采矿造成的矿山生态环境破坏进行治理与恢复；对矿山开发时间长，或已接近停产，企业无力承担治理的，采取多种办法进行生态治理与恢复工作，力争使矿山复垦达到矿山开采前的土地利用价值；已闭坑的矿山应积极探索生态环境恢复与土地复垦、开发、租赁相结合，实现环境恢复与土地开发双赢。组织实施矿山生态环境治理与恢复示范性项目，开展实用技术研究。优先抓好老矿业基地、已经废弃的无主矿山和大型国有矿山，首选淮北、淮南、宿州煤矿，马鞍山铁矿，铜陵多金属矿等5个地区的矿山生态环境治理与恢复。选择有典型性、代表性的地区和矿种，开展技术、规范、标准研究工作。

规划中期评估

首轮安徽省矿产资源总体规划实施以来，全省公益性地质调查与矿产勘查取得了积极成果。基础地质调查评价安排项目22个已基本完成；商业性矿产勘查逐步规范化，矿业权市场初步建立，有效探矿权、采矿权数量逐年增加，勘查投入逐步多元化，私营地质勘查投入增长50.61倍，新增矿产地51处，矿产资源总量累计增长14.58%。

矿产资源开发利用稳步发展，开采总量调控初见成效，开发布局和结构不断优化，矿山已占矿产地总数的80%左右，基本实现“十五”规划目标提出的各项任务。2007年矿石总量达3.48亿吨，2001—2007年矿石总量年均增长9.2%；其中，原煤达8556.1万吨，年均增长7.6%；铁矿石达1785万吨，年均增长11.93%；铜矿石达619.13万吨，年均增长6.34%；水泥用灰岩矿石达6063.91万吨，年均增长15.8%；进出口贸易总额达55.64亿美元，年均增长28.9%；矿山总数5906家，年均减少2.75%；2007年矿山环境治理面积11685公顷，治理率达22.6%。由于矿产资源的综合开发利用，形成了产值超百亿元的淮南矿业、淮北矿业、皖北煤电、新集能源、铜陵有色、马钢集团、海螺水泥等七家以矿产资源开发利用为主的大型矿业集团，矿业已成为全省国民经济重要的支柱产业之一。

矿山地质环境治理取得一定成效，矿山地质环境逐步好转。首轮规划期间，重点对淮北、宿州、淮南、马鞍山、铜陵等地区加强了矿山地质环境治理，两淮地区煤矿塌陷区治理投入资金5790万元，复垦土地3129.25公顷；铜陵地区新桥和铜官山矿山地质环境治理投资2801万元，开展塌陷区、废水、尾砂库治理，保护了矿山地质环境。

2007年全省发现各类矿产138种（含亚矿种），列入年度资源储量统计的矿产82种；采矿业总产值459.5175亿元，较2005年年均增加7.5%和6.5%；全省国有及规模以上非国有企业，包括矿产采选业、相关能源与原材料加工制品业产值达3687.82亿元，占全省工业总产值的47.0%；利税总额达到185.77亿元；矿产品进出口贸易额为55.64亿美元，占全省进出口贸易总额35.8%。

二轮总体规划

为全面贯彻落实科学发展观，促进安徽省矿业经济又好又快发展，加强矿产资源调查评价与勘查、开发利用与保护的宏观调控，促进矿产资源开发利用方式的根本转变，提高矿产资源对国民经济的保障能力，依据《中华人民共和国矿产资源法》《全国矿产资源规划（2008—2015 年）》《安徽省国民经济和社会发展第十一个五年规划纲要》《关于开展第二轮矿产资源规划编制工作的通知》，安徽省国土资源厅委托安徽省地质调查院编制《安徽省矿产资源总体规划（2008—2015 年）》（以下简称《规划》）。《规划》于 2007 年开始编制，2010 年完成编制，通过国土资源部审批、发布实施，并荣获国土资源规划优秀成果一等奖。

规划内容

“十一五”规划目标。《规划》以提高安徽省国民经济和社会可持续发展对矿产资源需求的保障能力为目标，分为约束性指标和预期性指标两类：

1. 约束性指标，是确保实现的政府责任目标。主要包括公益性地质调查和矿产资源勘查、矿产资源开发利用、矿山地质环境保护与恢复治理指标。公益性地质调查指标：重要成矿带 1∶50000 区域地质和矿产调查面积 1.36 万平方千米；开展全省重要矿种资源潜力评价；重要成矿远景区开展 1∶50000 地球物理、地球化学和遥感地质调查，开展沿江成矿带 1∶250000 航磁测量。加强重大基础地质问题及深部找矿手段的综合研究。实现 1∶100000 地质灾害调查与区划工作覆盖全省；开展 1∶250000 淮河流域农业地质调查；开展重点城市地质调查和矿山地质环境调查工作。矿产资源开发利用指标：2010 年全省矿石总量达到 4.32 亿 ~4.38 亿吨，年均增长 6%~8%；采矿业总产值达到 547.3 亿 ~578.9 亿元，年均增长 6%~8%。主要限产矿种总量（金属量）调控指标：钨 570 吨；钼 70 吨；锑 459 吨。矿山地质环境保护与恢复治理指标：全省矿山地质环境规划治理面积 13730.66 公顷，治理率达 40%，土地复垦面积 10877.56 公顷，土地复垦率为 40%；新建矿山环境治理率和土地复垦率 100%。矿山采选（洗）的“三废”达标排放率和综合利用率达到全国平均水平。历史遗留矿山地质环境治理率和土地复垦率为 25%。

2. 预期性指标，是在导向性基础上期望达到的发展目标。内容涉及矿产资源勘查和开发利用以及矿山地质环境保护管理等内容。矿产资源勘查指标：预期提交可供进一步勘查的大中型矿产地 10~15 处，其中包括煤、铁、铜等矿产地 5~8 处。新增 333 及以上资源储量：煤 10 亿吨，铜 40 万 ~60 万吨，铁 3 亿 ~5 亿吨，水泥用灰岩 20 亿 ~30 亿吨。为危机矿山提供新增煤炭资源储量 3 亿 ~5 亿吨、铜 30 万 ~50 万吨、金 20~30 吨、铅锌 20 万 ~30 万吨。矿产资源开发利用指标：主要矿种矿石产量 2010 年调控指标：煤 1.2 亿吨；铁 2376 万吨；铜 737 万吨；方解石 293 万吨；水泥用灰岩 8519 万吨；冶金用白云岩 544 万吨；玻璃用石英岩 236 万吨。减少小型矿山企业总数 1600 家，矿山企业数量控制在 5000 家左右。中、大型矿山比例从 3.03% 提高到 9%。共伴生矿产资源综合利用率进一步提高，矿山企业综合利用率提高 5%~10%；固体废弃物（废渣、矸石、尾砂）资源二次开发利用水平有所提高，矿山废弃物综合利用率达到 60%。固体矿产选矿回收率比“十五”期间提高 3~5 个百分点。煤炭洗选量从目前的 26% 提高到 80% 以上，动力煤洗选量争取达到总洗选量的 60%。逐步关闭不符合生产和安全、环保条件的小矿山。

“十二五”规划目标。

1. 约束性指标。公益性地质调查指标:加强战略性矿产资源调查评价、基础性、公益性地质调查。实现2015年1∶250000区域地质调查覆盖全省的目标。以1∶5万矿调为重点,加强区域矿产地质、环境地质、城市地质和农业地质调查力度。加强重点成矿区成矿规律及深部找矿综合研究。加强地下水开发利用的监督管理。基本防止因地下水开采引起的地面塌陷和地面沉降,建立地下水动态监测、地下水污染监测和预报系统。矿产资源开发利用指标:2015年全省矿石总量达到5.82亿吨,年均增长6%左右,采矿业总产值2015年达到827.35亿元,年均增长8%。主要限产矿种总量(金属量)调控指标:钨629吨;钼78吨;锑791吨。矿山规模结构进一步调整,压缩小型矿山总数的20%,矿山总数控制在4000家左右。中、大型矿山比例提高到12%。矿山地质环境保护与恢复治理指标:全省矿山地质环境规划治理面积20120.73公顷,治理率达60%,土地复垦面积15068.99公顷,土地复垦率为60%;新建矿山环境治理率和土地复垦率100%。历史遗留矿山地质环境治理率为35%,土地复垦率为30%。

2. 预期性指标。矿产资源勘查指标:在重要成矿远景区初步实现深部找矿和新类型、新矿种的找矿突破,完成大宗支柱性矿产地的详查－勘探5~8处,其中包括煤、铁、铜矿产地3~5处。争取发现一批可供普查的大中型矿产地,提交334资源量的大中型矿产地8~10处。新增333及以上资源储量煤10亿吨,铜50万~80万吨,铁4亿~6亿吨,水泥用灰岩40亿~50亿吨。矿产资源开发利用指标:主要矿产矿石总量调控目标为:原煤16706万吨;铁3827万吨,铜987万吨,铅41.95万吨,锌22万吨,金142万吨;水泥用灰岩15013万吨;方解石限产保值,年增长率为4%。限制开采普通萤石、石煤、重晶石、石棉、建筑石料、砖瓦用黏土等矿产,严格控制现有矿山开采总量。控制低品位硫铁矿、磷矿的开采总量,禁止新建低品位硫铁矿矿山。矿山地质环境保护与恢复治理指标:进一步健全矿山环境保护与恢复治理的制度体系和行政监督管理体系,对矿产资源勘查、开发以及闭坑矿山的地质环境治理与恢复实施全过程的动态监督管理,加强历史遗留矿山环境治理,实现全省矿山环境的根本好转。

“十三五”展望期目标。《规划》提出继续完成重要成矿远景区1∶5万区域地质调查、区域矿产地质调查、土壤化探测量;开展重要成矿区带金属和非金属矿产资源调查评价,提高地质矿产勘查程度,主要矿种包括煤、铁、铜等。坚持“立足省内、扩大合作”,使矿产资源的可供性和保证程度进一步提高;应用GIS技术完善矿产资源评价系统、水工环地质评价信息系统。全省矿石量保持稳定增长,采矿业总产值保持持续增长,矿产品精深加工比例进一步提高,进出口贸易进一步扩大。矿产资源开发利用方式得到根本性好转,严格控制小矿山数量,进一步增加大中型矿山比例。健全完善省内矿业权市场、矿业资本市场等矿业生产要素体系,矿政管理规范化、制度化,进一步发展壮大具有国内外市场竞争力的矿业集团,形成以商业性地质矿产勘查为主体的新格局,提高省内对外依存度大的矿产资源的可供性。矿山地质环境状况有根本改善。重点矿山地质环境得到有效治理，大力加强历史遗留废弃矿山地质环境治理和土地复垦。

规划中期评估

依据国土资源部要求，安徽省国土资源厅进行《规划》实施情况的中期评估。资料区间为2008—2010年。主要概况如下：

公益性地质调查进一步加强。规划实施，提高基础性地质调查程度，开展基础地质调查项目计50项。完成合肥市、六安市、蚌埠市等3幅1:250000区域地质调查，完成调查面积47768平方公里；开展1:50000区域地质调查图幅14幅，累计完成填图面积4974平方公里；开展1:50000区域矿产地质调查项目66幅，其中已经完成24幅。1:50000水系沉积物测量面积1822平方公里；开展1:250000区域地球化学调查，完成区域化探面积2000平方公里；开展多目标地球化学地质调查项目8项，累计完成调查面积65719平方公里；开展城市地质调查项目2项。完成调查面积2941平方公里；开展矿产资源调查潜力评价与预测项目2项。按照国土资源部统一的技术要求，开展安徽省矿产资源潜力评价项目工作，目前项目正在进行之中。已完成主要矿种的资源潜力评价工作，成果评为优秀；完成安徽省庐枞地区陆相火山岩型铁矿典型示范工程，成果评为优秀；铜陵地区隐伏—深部矿资源潜力调查与综合找矿预测，在铜陵店门口、焦冲、泉塘冲等地开展1:1万构造化探工作，为该区深部找矿进行探索性试验工作。开展冬瓜山（层控热液叠改型）、新桥（层控热液叠改型）、铜官山（复控式矽卡岩型）、凤凰山（接触交代矽卡岩型）等典型矿床（矿田）综合研究工作，分别建立不同类型成矿模式与预测标志；其他公益性项目：开展信息数字工程项目7项，其中国家项目3项，省厅项目4项，各项目正在开展中；安徽省1:50000数字地质图空间数据库项目已完成百幅的地质图空间数据库。重点科研工作进一步加强。开展科学研究与技术方法创新项目14项，项目正在实施过程中。完成安徽省煤炭资源有效供给及找矿潜力调查评价、安徽省1:500000系列地质图更新及地质图数据库。全省各县市的1:100000地质灾害调查与区划工作基本完成，积极推进江淮分水岭地区和淮北地区地下水资源勘查，全省共有国家地质公园6处，世界地质公园2处。

矿产勘查管理更加完善。鼓励和支持商业性地质勘查工作，促进勘查资金投入多元化，商业性地质勘查主体逐步形成；通过培育和规范矿业权市场，探矿权市场不断壮大和发展，矿产资源勘查工作呈现投入增长、储量增长、新发现矿产地增长的新局面，在逐步缓解资源紧缺的态势中起到重要作用。全省制定“安徽省重要矿产地质勘查项目区块（探矿权）设置方案”，并发布实施。“十一五”期间以来，省内地质找矿实施基金管理方式，组织引导和拉动大量社会资金进入地质勘查风险领域，有效减轻国家和省级财政的投入不足。积极探索公益性地质调查和商业性地质勘查衔接的途径，创建“公益先行、商业跟进”为核心的“泥河模式”，在政府引导、公益性地质调查与商业性矿产勘查有机衔接、整装勘查、探采结合以及国有地勘单位与大中型企业之间强强合作等方面，起到示范作用。规范矿业权市场。全省2010年主要矿种保有有效探矿权1369

个,批准登记勘查面积 17390.81 平方公里,其中国有企业约占 38.71%,非国有企业约占 61.07%,外资企业约占 0.22%。矿业权市场保持稳定发展,招拍挂和协议转让探矿权逐步规范化、有序化。

勘查成果显著。截至 2010 年年底,共提交大中型矿产地 56 处,其中煤矿 10 处、铁矿 14 处、铜矿 5 处,钨钼矿 7 处,水泥用灰岩 14 处。提前完成提交 10~15 处大中型矿产地的规划目标。全省 2006~2010 年,合计煤炭新增资源储量 85.03 亿吨;铁新增资源储量 8.13 亿吨;铜新增金属储量达到 99.89 万吨;上述数字表明二轮规划至 2010 年预期煤新增 10 亿吨、铁新增 3 亿 ~ 5 亿吨、铜 40 万 ~ 60 万吨目标已超额完成。规划重点勘查区针对全省具有战略意义的煤、铁、铜矿产实现地质找矿的重大突破。两淮煤炭资源勘查取得新进展,沿江铜铁成矿带金属矿产勘查取得新突破。一般勘查区地质找矿取得新进展,霍邱成矿区铁矿勘查成果显著,金寨县沙坪沟钼矿、祁门县东源钨矿找矿取得新进展。限制勘查区提高勘查准入条件,加强限制勘查矿种的管理,严格把关,审慎投放探矿权,使探矿权数量明显下降。禁止勘查区规划把关,不批探矿权,重点保护了国家地质公园、地质遗迹和各类保护区,为发展绿色矿业提供了保障。

开发利用结构优化。2010 年,安徽省已开发利用的矿种 96 种(含亚矿种),各类经济类型矿山 4285 家,其中,部发采矿许可证 42 家,省发采矿许可证 635 家,市县级发采矿许可证 3608 家。其中大型矿山 225 家,中型矿山 193 家,小型矿山 3867 家,大中型矿山占矿山总数的 9.75%,已超额完成 2010 年规划预期大中型矿山达到 9% 的目标,2010 年预期矿山控制总数达到 5000 家左右的目标已经实现。全省截至 2010 年,矿山总数与规划基期 2007 年相比,矿山数量减少 1621 家,压缩率为 27.45%;矿业从业人数不断下降,矿山规模结构取得明显改观,大中型矿山比例达到 9.75%。矿山总数减少、从业人数下降,矿石量明显增加,矿业产值大幅增长,充分反映全省矿业结构调整和矿山整合力度加强所取得的显著成效。大中型矿山年产矿石量占全省矿石总量的 60%,产值占全省采矿业总产值的 87.35%,年利润总额占全省采矿业总利润的 88.35%。

矿石总量、产值和总量调控。全省截至 2010 年,矿业从业人数 36.94 万人,年产矿石量达到 4.87 亿吨,产值达到 1042.89 亿元,利润总额达到 98..26 亿元。与二轮规划制定的 2010 年指标相比,矿石量已提前完成 4.32 亿 ~ 4.38 亿吨和年增长率 6%~8% 的目标,年增长率达到 12%。采矿业产值与二轮规划制定的 2010 年指标相比,已提前完成 547.3 亿 ~ 578.9 亿元和年增长率 6%~8% 的目标,年增长率达到 27.8%。全省截至 2010 年年底原煤年产矿石量 12661.65 万吨。与二轮规划煤 2010 年调控指标 12021 万吨和年增长率 12% 相比,年增长率达到 13.6%,已提前超额完成预期指标。截至 2010 年全省铁矿年产矿石量 2161.68 万吨,与二轮规划提出的铁矿石 2010 年调控指标 2376 万吨和年增长率 10% 相比,尚未完成,大多数铁矿山企业的年产量普遍低于设计采矿能力,其原因与国际金融危机有关,新开矿山投资不足,明显加剧了安徽省铁矿石供需矛盾。截至 2010 年全省铜矿年产矿石量 672.54 万吨,与二轮规划 2010 年调控指标

737万吨和年增长率6%相比，尚未完成。其原因可归结为：大型矿山资源危机的状况没有明显改变，大多数矿山企业的年产量普遍低于设计采矿能力；受金融危机影响，新开矿山投资不足。保护性矿产钨、钼、锑、萤石等矿产的总量调控严格按照国土资源部总量调控指标开展开发利用，其中钨矿设计采矿能力10万吨，实际采矿能力2.63万吨，年产矿石量3.2万吨；钼矿设计采矿能力39.1万吨，实际采矿能力34.1万吨，年产矿石量7.78万吨；普通萤石设计采矿能力117万吨，实际采矿能力65.07万吨，年产矿石量17.21万吨。随着全省钨、钼资源储量的不断增加，其开采规模应进行适当调整，萤石矿产全省保有资源储量呈现逐年下降趋势，开采规模应严格控制。

矿山地质环境保护与治理。不断加大矿山地质环境保护与恢复治理工作力度，建立健全矿山地质环境保护与恢复治理制度体系和行政监督管理体系。为贯彻实施《安徽省矿山地质环境保护条例》和《安徽省矿山地质环境治理恢复保证金管理办法》，夯实管理工作的基础，全省组织制定矿山地质环境管理的配套制度和相关技术规范、规程。主要包括《安徽省矿山地质环境保护与综合治理方案编制管理办法》《安徽省矿山地质环境治理恢复工程验收管理办法》《承担安徽省矿山地质环境保护与治理业务单位资质备案管理办法》《安徽省矿山地质环境监测管理办法》《安徽省矿山地质环境治理恢复保证金缴存使用管理办法》等5个管理办法，制定《安徽省矿山地质环境保护规划编制指南》《安徽省矿山地质环境调查技术规程》《安徽省矿山地质环境保护与综合治理方案编制技术要求》《安徽省矿山地质环境监测技术规程》《安徽省矿山地质环境治理恢复工程验收标准》等5个技术规程，下发一系列文件。全力推进市、县级矿山地质环境保护与综合治理规划和矿山地质环境保护与综合治理方案的编制工作，截至2010年，合肥、淮北、淮南等8市的矿山地质环境保护规划已完成编制，全省1200余家矿山企业完成了方案的编制。严格执行矿山地质环境保证金制度，截至2010年年底，全省共1200余家各类矿山企业办理了保证金缴存手续，共缴存保证金6.39亿元，其中，部、省厅发证矿山企业缴存5.16亿元。加大矿山地质环境治理资金投入，认真组织重点治理项目，三年来，全省实施矿山地质环境治理工程54项，总投资近9亿元，其中国家矿山地质环境治理项目17个，中央财政补助资金3.61亿元；省级矿山地质环境治理项目37个，省级财政补助资金4400万元。加强对矿产资源勘查、开发以及闭坑矿山的地质环境治理与恢复实施全过程的监督管理，实现全省矿山地质环境的基本好转。截至2010年年底，全省矿山地质环境治理面积3300公顷，治理率达30%；新建矿山环境治理率和土地复垦率达45%。矿山采选（洗）的“三废”达标排放率和综合利用率达到全国平均水平。历史遗留矿山地质环境治理率和土地复垦率为30%。

市县级规划

首轮规划编制　根据国土资源部颁布的《矿产资源规划管理暂行办法》，安徽省国土资源厅发布《关于开展市、县级矿产资源规划编制工作的通知》《安徽省市、县级矿产资源规划编制技术规程》《安徽省市县级矿产资源规划成果要求》，于2002年启动市县级矿产资源规划编制工作，2004 年全部通过评审。全省 17 个市、61 个县先后完成市县级矿产资源规划编制。部分市辖区也开展了规划编制工作，全省市县（市、区）级矿产资源规划编制总数达到 105 个。

首轮规划获奖 2005 年 6 月国土资源部办公厅下发《关于表彰全国矿产资源规划优秀成果和先进个人的决定》，安徽省市、县级矿产资源总体规划有 6 个获得一等奖，11 个获得二等奖（见表 4–1–1）。10 人获得矿产资源规划工作先进个人奖。

安徽省市、县级首轮矿产资源总体规划获奖一览表

表 4–1–1

等次	获奖成果名称	编制单位
一等奖6个	铜陵市矿产资源总体规划	铜陵市国土资源局、中国地质大学（武汉）
	淮南市矿产资源总体规划	淮南市国土资源局、安徽理工大学
	淮北市矿产资源总体规划	淮北市国土资源局、中国地质大学（武汉）
	濉溪县矿产资源总体规划	濉溪县国土资源局、中国地质大学（武汉）
	安庆市矿产资源总体规划	安庆市国土资源局、省地勘局 326 地质队
	合肥市矿产资源总体规划	合肥市国土资源局、安徽省地质调查院
二等奖11个	桐城市矿产资源总体规划	桐城市国土资源局、省地勘局 327 地质队
	宿州市矿产资源总体规划	宿州市国土资源局、省地勘局 325 地质队
	萧县矿产资源总体规划	萧县国土资源局、省地勘局 325 地质队
	滁州市矿产资源总体规划	滁州市国土资源局、省地勘局 327 地质队
	六安市矿产资源总体规划	六安市国土资源局
	巢湖市矿产资源总体规划	巢湖市国土资源局、省地勘局 327 地质队
	亳州市矿产资源总体规划	亳州市国土资源局、安徽省地质调查院
	芜湖市矿产资源总体规划	芜湖市国土资源局、安徽省地质调查院
	黄山市矿产资源总体规划	黄山市国土资源局、安徽省地质调查院
	凤台县矿产资源总体规划	凤台县国土资源局、省理工大学资源与环境工程系
	阜阳市矿产资源总体规划	阜阳国土资源局、省地勘局第一水文工程地质勘查

全省矿产资源规划工作先进个人名单：殷世新、何基松、张震、王正卿、郑树东、董荣、胡志荣、李素萍（女）、李杰、程实。

二轮规划编制 安徽省国土资源厅根据全省各地的资源分布情况确定 17 个设区市和 33 个县（市、区）编制二轮矿产资源总体规划，32 个县（市、区）编制矿产资源开发利用实施方案。为规范和推进市、县矿产资源规划的编制审批工作，省国土资源厅下发《安徽省市县第二轮矿产资源规划报批工作方案》《安徽省县级矿产资源开发利用实施方案编制要求》《关于切实加快县级矿产资源总体规划（开发利用实施方案）报批工作进度的通知》等文件。编制工作从2007年启动，截至2011年底，全省市级二轮矿产资源总体规划全部完成编制工作并通过审批，经省政府审查同意发布实施；县级矿产资源规划（开发利用实施方案）全部通过国土资源厅审批，发布实施。

二轮规划获奖　2012年国土资源部下发《国土资源部关于表彰第二轮矿产资源规划优秀成果和先进个人的通报》，对第二轮矿产资源规划编制中形成的规划优秀成果及涌现的先进个人进行表彰。省级矿产资源总体规划被评为全国矿产资源规划优秀成果奖；全省市县级矿产资源总体规划共16个规划被评为"全国矿产资源规划优秀成果奖"，其中一等奖8个，二等奖8个（见表4-1-2）；杨秀贵等10人被授予"全国矿产资源规划工作先进个人"称号。

2008–2015年安徽省市、县级矿产资源总体规划获奖一览表

表4-1-2

等次	获奖成果名称	编制单位
一等奖8个	淮北市矿产资源总体规划	淮北市国土资源局、中国地质大学（武汉）
	淮南市矿产资源总体规划	淮南市国土资源局、安徽理工大学
	铜陵市矿产资源总体规划	铜陵市国土资源局、中国地质大学（武汉）
	宣城市矿产资源总体规划	宣城市国土资源局、安徽省地质调查院
	安庆市矿产资源总体规划	安庆市国土资源局、省地质矿产勘查局326地质队
	亳州市矿产资源总体规划	亳州市国土资源局、省地质矿产勘查局325地质队
	居巢区矿产资源总体规划	居巢区国土资源局、安徽省地质调查院
	霍山县矿产资源总体规划	霍山县国土资源局、省地质矿产勘查局313地质队
二等奖8个	六安市矿产资源总体规划	六安市国土资源局、省地质矿产勘查局313地质队
	池州市矿产资源总体规划	池州市国土资源局、省地质矿产勘查局324地质队
	铜陵县矿产资源总体规划	铜陵县国土资源局、中国地质大学（武汉）
	宿州市矿产资源总体规划	宿州市国土资源局、省地质矿产勘查局325地质队
	合肥市矿产资源总体规划	合肥市国土资源局、安徽省地质调查院
	芜湖市矿产资源总体规划	芜湖国土资源局、省地勘局第二水文工程地勘院
	阜阳市矿产资源总体规划	阜阳国土资源局、省地勘局第一水文工程地质勘查
	青阳县矿产资源总体规划	青阳县国土资源局、省地质矿产勘查局324地质队

全省矿产资源规划工作先进个人名单：杨秀贵、唐义兵、顾洪桂（女）、蒋来祥、黄白莲、夏玲（女）、高本祥、李文魁、刘晓东、朱宁。

专项规划编制

矿产资源专项规划是矿产资源规划体系的重要组成部分，安徽省相继编制《安徽省地质勘查规划（2005—2010年）》《安徽省地质勘查规划（2011—2015年）》《安徽省危机矿山调查与接替资源勘查规划（2005—2010年）》《安徽省矿山地质环境保护与治理规划（2006—2015年）》《安徽省废弃矿井治理规划（2009—2015年）》《安徽省钨钼等矿产勘查专项规划（2010—2015年）》《安徽省霍邱铁矿区专项规划（2011—2015年）》等。

第二节　地质勘查规划

安徽省地质勘查规划是安徽省矿产资源总体规划的专项规划，是在矿产资源总体规划的基础上，进一步细化落实基础地质调查和矿产资源勘查任务，对全省地质调查和矿产勘查工作进行具体部署。

首轮地勘规划

为落实《全国矿产资源规划》和《安徽省矿产资源总体规划》，提高矿产资源对国民经济和社会发展的保证程度，为全省各级国土资源行政主管部门对所辖行政区内的地质勘查进行宏观调控和监督管理提供依据，依据《中华人民共和国矿产资源法》《国务院关于加强地质工作的决定》《矿产资源规划管理暂行办法》《全国地质勘查总体规划（200—2010年）》《关于开展省级地质勘查规划编制工作的通知》等有关文件，安徽省国土资源厅委托安徽省地质调查院编制完成《安徽省地质勘查规划（2005—2010年）》（以下简称《规划》）。编制工作始于2004年4月，国土资源厅于2005年12月初审，国土资源部勘查司会同规划司于2006年2月进行了预审。国土资源部于2008年5月批复，安徽省国土资源厅发布实施。《规划》通过国土资源部地质勘查司专家评审，认定为“一份优秀的规划报告”。

规划内容

《规划》提出逐步建立和完善适应社会主义市场经济要求的政府宏观调控与市场运作相结合的地质勘查体制，确立企业在商业性地质勘查中的主体地位，形成公益性地质调查与商业性地质勘查分体运行的新局面。加强公益性地质调查工作，提高基础地质调查程度，强化地质环境调查与监测，提高地质工作社会服务水平。加强能源矿产勘查和非能源重要矿产勘查，增加资源储量，提高矿产资源保证程度。

区域地质调查。《规划》提出，完成已开展的蚌埠幅、六安幅、合肥幅1∶250000区域地质调查，规划完成阜阳市幅、淮北市幅、灵璧县幅区域地质调查，调查面积47844平方公里（其中约12200平方公里为邻省），实现1∶250000区域地质调查覆盖全省的目标。《规划》明确，争取在2010年前1∶50000区域地质调查基本覆盖大别山区、皖南山区和长江中下游基岩区，重点开展皖南空白区调查，规划调查面积13600平方公里，完成图幅31幅。

区域地球物理调查。《规划》指出，在具有成矿远景的华北地台南缘和沿江成矿带开展1∶250000航磁测量，面积27740平方公里。

区域地球化学调查。《规划》确定在江淮流域多目标地球化学调查的基础上，开展淮北平原、皖东及皖南等地区的1∶250000多目标地球化学调查，调查面积65000平方公里。配合金属矿产勘查和1∶50000区域矿产调查，开展贵池东南部1∶50000地球化学调查，面积2219平方公里。

区域遥感调查。《规划》开展安徽长江流域地质环境遥感调查。进行1∶50000～1∶250000遥感地质调查。开展沿江成矿带及两淮地区矿山环境遥感调查工作。

地质勘查信息系统建设。《规划》提出，逐步建立全省地质勘查信息共享和服务系统，向全社会提供公益性地质调查成果，发布全省矿产勘查和开发信息，为引导商业性地质勘查和经济建设社会发展提供地质信息服务。

综合研究。《规划》确定的基础地质研究方向：安徽省1∶500000系列地质图（包括水工环）编制；全省矿产资源潜力评价和重要成矿带1∶50000矿产区划；深部矿产勘查、隐伏矿产勘查及浅覆盖区矿产勘查综合方法研究；淮北地区地下水开采与地面沉降关系研究；皖南山区、大别山区突发性地质灾害成因趋势与防治技术研究。

矿产资源勘查。加强重点矿种和重要成矿区带的矿产勘查，进一步摸清资源家底，初步实现深部找矿、新类型和新矿种找矿突破，重要矿产资源储量有较大幅度增长，重要矿产储采比有明显改善，矿产资源的可供性和保障程度有所提高。开展大中型危机矿山接替资源勘查，控制或探明一批对安徽省骨干矿山有重大影响的后备资源基地，为危机矿山提供新增原煤资源储量3亿～5亿吨、铜金属储量30万～50万吨、金金属储量20~30吨、铅锌金属储量20万～30万吨。预期提交可供进一步勘查的大中型矿产地10~15处，其中包括煤、铁、铜等矿产地5~8处。规划期增加333及以上原煤资源储量10亿吨，铜金属储量40万～60万吨，铁矿石储量2亿吨，水泥用灰岩资源储量20亿～30亿吨。建立以GIS技术为平台的矿产资源评价系统。

预期提交可供进一步勘查的大中型矿产地10~15处，其中包括煤、铁、铜等矿产地5~8处。规划期增加333及以上原煤资源储量10亿吨，铜金属储量40万~60万吨，铁矿石储量2亿吨，水泥用灰岩资源储量20亿～30亿吨。建立以GIS技术为平台的矿产资源评价系统。

矿产资源勘查工作部署。《规划》确定，全省矿产资源勘查的主要矿种为：煤、铁、铜、金、银、铅、锌、钼、钨、锰、铀以及水泥用灰岩、方解石、石膏等，其中煤、铁、铜是省内重点规划勘查的重要矿种。全省重要矿产资源勘查优先规划安排国家急缺的矿产资源勘查项目；规划一批传统大宗矿产和优质高效新型非金属矿产勘查项目；立足于寻找大中型矿床为主；实现新类型、新矿种和新地区的找矿突破；加强对清洁能源的资源调查评价；开展安徽省特色和有良好开发前景的非金属矿产资源勘查。全省重要矿产资源勘查的主要任务是:开展全省矿产资源潜力评价,加强重点矿种及重要成矿区带的矿产资源潜力预测,摸清矿产资源家底,为国家、地方政府对矿产资源规划、管理、保护与合理利用提供信息服务和决策支持,为商业性地质勘查提供矿产地质信息;开展重点成矿区带重点矿种、大–中型矿床的勘查工作,提交可供进一步勘查或基本查明一批具有重要开发价值的矿产地,提高矿产资源对经济、社会可持续发展的保障能力。

区域矿产调查。重点开展沿江成矿带庐—枞盆地、铜陵地区两大重要成矿区空白部分的 1∶50000 矿产调查,在九华山—西天目山成矿带和皖浙赣成矿带(安徽皖南成矿带)部署 1∶50000 矿产调查,进一步总结成矿地质背景特点,规划调查面积 13200 平方公里,完成图幅 30 幅。

成矿远景区划研究。系统开展成矿远景区划研究。重点开展全省及主要成矿区带的成矿地质背景调查和研究,基本查明成矿地质条件、成矿规律和找矿远景,为制定全省勘查规划和安排年度勘查计划提供技术支撑。不断积累有关矿产资源信息,建立不同矿种数据库,编制矿产资源相关图件,为政府宏观决策提供理论依据。

资源潜力评价。进行全省重点矿种的潜力评价,完成煤、铀、铁、锰、铜、铅、锌、金、银、钨、钼、锑、磷、硫、萤石、菱镁矿、重晶石、金刚石等 18 种矿产成矿规律及预测研究工作。充分应用现代矿产资源预测评价的理论方法和 GIS 评价技术,建立以 GIS 为平台的矿产资源评价系统。

勘查规划区划分。全省勘查规划区总面积 48840 平方公里,规划勘查区 11 个,其中重点勘查规划区 5 个,一般勘查规划区 6 个。

重点勘查规划区:淮北—宿州煤、煤层气、铜、铁、金、铅、锌勘查规划区,规划区面积 9279 平方公里,其中煤为国家规划的“两淮”亿吨煤炭基地、煤盐化工基地和火电基地之一,是本省能源矿产勘查的重点地区。淮南—蚌埠煤、煤层气、金、铅、锌、铁、优质石英岩、石膏勘查规划区,规划区面积 9584 平方公里,其中煤为国家规划的“两淮”亿吨煤炭基地和火电基地之一,也是本省能源矿产勘查的重点地区。巢湖—庐江—怀宁铜、铁、水泥(化工)用灰岩勘查规划区,规划区面积 5603 平方公里。马鞍山—铜陵铁、铜、铅、锌、锰勘查规划区,规划区面积 3947 平方公里,主要集中于长江中下游成矿区带,围绕国家危机矿山接替资源找矿计划、国土资源大调查中资源保障工程等重大项目进行安排,实现在矿山深部、周边地区的找矿突破。贵池—东至铜、铅、锌、钨(钼)、锰勘查规划区,规划区面积 1940 平方公里。

一般勘查规划区:霍邱铁矿勘查规划区,规划区面积 965 平方公里。滁州—全椒—巢湖铜(金)、凹凸棒石黏土勘查规划区,规划区面积 5426 平方公里。金寨—舒城—岳西铅、锌、金、银、蛇纹岩、花岗石勘查规划区,规划区面积约 12128 平方公里。宣州铜(钼)、金、膨润土、珍珠岩、沸石、硅灰石、萤石勘查规划区,规划区面积 1457 平方公里。青阳—泾县—宁国金、银、铅、锌、钼、锑、优质方解石勘查规划区,规划区面积 5804 平方公里。宁国—绩溪—休宁铅、锌、锰、膨润土勘查规划区,规划区面积 9530 平方公里,该区位于皖南山区，勘查程度较低。

危机矿山地质勘查。安徽省危机矿山接替资源包括煤、铁、铜、金、铅、锌等6种矿产，54家煤、铁、铜、金、铅、锌等国有大中型矿山企业中有27家矿山存在不同程度的资源危机。煤危机矿山14家，其中严重危机矿山9家，中度危机矿山3家，轻度危机矿山2家；金属矿山（铁、铜、金、铅、锌）危机矿山13家，其中严重危机矿山8家，中度危机矿山2家，轻度危机矿山3家。《规划》划定相应的勘查区块作为解决危机矿山接替资源的勘查区。除国家和危机矿山企业投资勘查以及地勘单位、国家和省地勘基金与危机矿山合资合作勘查的除外，不允许市场项目进入危机矿山勘查区块。能源矿产包括：濉萧煤田勘查区，主要解决张庄、朔里、袁庄、岱河、石台煤矿接替资源；恒源煤电勘查区，主要解决刘一矿接替资源；新集煤田勘查区，主要解决新集二、三矿的接替资源等。金属矿产包括：马鞍山当涂铁、铜勘查区，勘查矿种为玢岩型、热液型铁、铜；繁昌桃冲铁、铅锌勘查规划区，勘查矿种主要为热液型、矽卡岩型铁矿、铅锌；铜陵铜金勘查规划区，勘查矿种主要为矽卡岩型、层控热液叠改型铜、金；安庆铜、铁勘查区，勘查矿种主要为矽卡岩型铜、铁及热液型铅锌；滁州铜勘查规划区，勘查矿种为矽卡岩型铜、金、铅锌；铜山铜勘查区，勘查矿种为矽卡岩型铜；黄山岭铅锌、钼勘查区，勘查矿种主要为矽卡岩型铅锌、深部的斑岩型钼等。从2005—2010年，全省27个危机矿山接替资源勘查项目的实施，预期新增原煤资源储量3亿～5亿吨、铜金属储量30万～50万吨、金金属储量20~30吨、铅锌金属储量20万～30万吨。

地质环境调查与监测。完成全省中低山及丘陵区市、区、县1∶100000地质灾害调查与区划工作，建立并完善群专结合的地质灾害防治体系，完善地质灾害气象预报系统。完善地下水监测网络，开展全省地下水污染及地面沉降监测。开展淮河流域多目标地球化学调查。推进城市地质调查和矿山环境地质调查工作。

地质资料开发利用。加快实物地质资料库和成果地质资料馆藏建设，建立健全地质资料信息共享和社会化服务体系。严格执行资料汇交制度，推进地质资料的研究开发，充分发挥现有地质资料的作用，避免工作重复和资料浪费。实行成果地质资料汇交电子文件，加快地质资料数字化进程，公益性地质资料和全省地质资料目录提供网上查询利用，推进地质资料依法及时向社会提供信息服务。

执行情况评估

《安徽省地质勘查规划（2005—2010年）》发布实施以来，结束省内地质勘查管理工作无规划可依的历史，标志全省适应社会主义市场经济体制要求的地质勘查宏观调控机制的初步建立，规划成为依法管理地质勘查的重要依据。《规划》实施取得的成效列举如下：

公益性地质调查。规划实施以来，全省开展基础地质调查项目计67项，提高了基础性地质调查工作程度。1∶250000区域地质调查累计完成8幅，约占全省土地面积的63.66%；“十一五”期间完成蚌埠、六安、合肥等3幅，调查面积47768平方公里。

1∶50000 区域地质调查，累计完成 173 幅，约占全省国土面积的 52.96%；“十一五”期间开展填图 32 幅，完成填图面积 6804 平方公里。全省累计完成 1:5 万区域矿产地质调查 69 幅，约占全省国土面积的 20.7%；“十一五”期间开展填图 30 幅，完成填图面积 5687 平方公里。地球物理地球化学调查。全省累计完成 1∶200000 重力调查面积 110910 平方公里，约占全省国土面积的 79.80%；完成 1∶100000 重力调查面积 15750 平方公里，约占全省国土面积的 11.33%；完成 1∶50000 重力调查面积 12470 平方公里，约占全省国土面积的 8.98%；完成 1∶200000 航磁调查面积 53000 平方公里，约占全省国土面积的 38.13%；完成 1∶25000~50000 航磁调查面积 84600 平方公里，约占全省国土面积的 60.87%。全省累计完成 1∶250000 地球化学调查面积 65000 平方公里，约占全省国土面积的 46.77%；完成 1∶200000 地球化学调查面积 83000 平方公里，约占全省国土面积的 59.72%；完成 1∶50000 地球化学调查面积 50892 平方公里，约占全省国土面积的 36.62%。全省开展了以多目标地球化学调查为主要技术手段的调查项目 8 项，累计完成调查面积 72901 平方公里，约占全省国土面积的 52.45%。开展城市地质调查项目 2 项。完成调查面积 2491 平方公里，其中，合肥城市地质完成调查面积 2329 平方公里。黄山城市地质调查完成面积 162 平方公里。

矿产资源潜力评价。安徽省主要矿产资源潜力评价全面推进，已预审通过煤、铜、金、铅锌、钨、锑、稀土资源潜力评价，其余矿种潜力评价正在进行中。开展了铜陵地区隐伏—深部矿产资源潜力调查与深部找矿的探索性试验工作，开展了冬瓜山、新桥、铜官山、凤凰山等典型矿床（矿田）综合研究工作，建立了不同类型成矿模式与预测标志。

信息数字工程。开展全国岩石数据库（安徽）、全国同位素地质年龄数据库（安徽）、全国矿产地数据库（安徽）及全省 1∶500000、1∶200000、1∶50000 的区域地质图空间数据库、1∶200000 水文地质图空间数据库等信息数字工程项目 7 项，其中中国地质调查局项目 3 项，省公益性地质项目 4 项。

科学研究与技术方法。开展了重点成矿区带成矿地质背景、成矿规律和典型矿床研究，为探边摸底，深部及外围找矿提供了思路。开展了隐伏地区及典型矿床的深部找矿方法试验和深部钻探研究，提高了勘查技术水平，特别是深部钻探技术水平。

地质勘查管理。设置地质勘查规划区，地质勘查宏观调控能力得到加强。重点勘查区用于部属中央财政和省地质勘查基金项目，通过加大地质找矿投入，实现了煤、铁、铜等重要矿产的找矿突破。一般勘查规划区通过积极扶持和引导，地质勘查投入增加，勘查项目显著增多，地质勘查工作得到加强，钨、钼等多金属矿勘查成果显著，发现了一批新矿产地，为进一步普查找矿提供了依据。限制勘查区设置限制勘查矿种，制定准入条件，严格探矿权审批，限制勘查区管理得到强化。禁止勘查区不批探矿权，重点保护国家地质公园、地质遗迹和各类保护区，为发展绿色矿业提供保障。全省制定“安徽省重要矿产地质勘查项目区块（探矿权）设置方案”，并发布实施。首轮规划实施期间，省内设立省地质勘查基金，在引导和拉动商业性地质勘查、促进勘查资金投入多元化方面发挥了积极作用:“十一五”期间,全省地质勘查资金投入41.3亿元,年均8.26亿元,达到规划预计的5亿～8亿元的目标,其中中央投入约占6.36%,地方财政投入约占15.15%,社会资金投入约占73.39%,专项投入5.1%,社会资金已成为地质勘查投入的主体,实现勘查资金投入的多元化。积极探索公益性地质调查和商业性地质勘查衔接的途径,创建了“公益先行、商业跟进”为核心的“泥河模式”,通过国有地勘单位与大型企业之间的强强联合,创造了大型矿床勘查的“泥河速度”。该模式受到国土资源部重视,在全国范围推广。规范矿业权市场:2010年保有有效探矿权1369个,“十一五”期间增加874个。其中金属矿产保有有效探矿权1184个,约占保有有效探矿权总数的86.48%。矿业权市场保持稳定发展,招拍挂和协议转让探矿权逐步规范化、有序化。

地质找矿成果显著。规划实施以来,全省主要矿产资源储量有了较大幅度的提高,煤炭新增资源储量85.03亿吨;铁新增资源储量8.13亿吨;铜新增金属量达到99.89万吨;铅新增金属量20.16万吨;锌新增金属量164.15万吨;钨新增WO3资源储量26.07万吨;钼新增金属量23.23万吨;金新增金属量98.92吨;银新增金属量2648.59吨;硫铁矿新增资源储量1.39亿吨;水泥用灰岩新增资源储量52亿吨;石膏新增资源储量42亿吨。首轮规划主要矿产预期目标已超额完成。规划实施以来,新发现矿产地86处,其中大中型矿产地56处,超额完成了“十一五”规划目标发现10~15处大中型矿产地的目标任务。

地质信息服务能力。加强地质资料数据库建设,利用现代信息网络系统,进行矿产资源信息管理、信息发布和信息安全机制建设,依法向社会提供地质勘查信息服务,提高地质勘查信息服务能力,为地质成果资料集群化产业化奠定了良好基础。

境外勘查成果。全省国有地勘单位和大中型企业竞相“走出去”勘查矿产资源,境外地质勘查迈出坚实步伐。省地质矿产勘查局成立了海外投资有限公司,在加拿大、澳大利亚、秘鲁等国家直接取得12个矿业权,控股取得矿权15个,投资5000多万元。中铁建铜冠投资有限公司,取得了厄瓜多尔Corriente铜矿带矿业权,有望提交铜金属量1000万吨以上。安徽省外经建设集团有限公司取得了津巴布韦马尼卡兰金刚石砂矿勘探与开发权,已探明大型金刚石矿床1处。

二轮地勘规划

为全面落实安徽省矿产资源总体规划确定的“十二五”地质调查和矿产勘查的目标和任务,提高全省地质调查程度,发现可供进一步勘查的矿产地,新增资源储量,实现全省找矿的重大突破,提高地质勘查为国民经济和社会发展的服务水平,提高矿产资源对国民经济的保障能力,科学、合理部署全省地质勘查工作,依据《中华人民共和国矿产资源法》及其实施细则、《全国矿产资源规划（2008—2015年）》《全国地质勘查规划（2006—2010年）》《安徽省国民经济和社会发展第十二个五年规划纲要》《安徽省矿产资源总体规划（2008—2015年）》《关于开展二轮省级地质勘查规划编制工作的通知》等，2010年5月省国土厅委托安徽省地质调查院编制完成《安徽省二轮地质勘查规划（2011—2015 年）。

规划目标

《规划》提出的总体目标是：加强公益性地质调查，提高基础地质调查程度，强化地质环境调查与监测，拓展地质工作新领域，提高社会服务水平；加强紧缺矿产资源勘查，实现重点勘查区、整装勘查区、老矿山深部及外围、新设勘查区找矿突破；强化保护性矿产的适度勘查和开发，加强资源储备，提高矿产资源保证程度。

约束性指标。1. 基础地质调查。提高基础地质调查程度，开展 1∶250000 区域地质调查 3 幅；新开 1∶50000 区域地质调查 30 幅和重要成矿区带 1∶50000 区域矿产调查 39 幅；继续推进全省矿产资源潜力评价；重要成矿远景区配合区域地质矿产调查开展 1∶50000 地球物理、地球化学和遥感地质调查，开展沿淮覆盖区 1∶25000 航磁、地磁、重力测量；开展淮北地区水文地质调查；开展亳州—淮北地区、阜阳地区、六安东北部及皖南屯溪盆地多目标地球化学调查。加快地质图文数字化更新，为社会提供有效快捷的信息服务。加强综合地质研究工作，提高地质研究水平和矿产勘查水平。2. 地质环境调查与监测。积极推进皖南山区、大别山区和沿江丘陵地区 1∶50000 地质灾害详细调查与区划。完善地下水监测网络，开展全省地下水污染及地面沉降监测，积极推进城市地质调查。3. 地质资料信息服务集群化产业化。加快实物地质资料库和地质资料馆藏建设，健全地质资料信息共享和社会化服务体系。实现地质成果资料的全程动态管理，推进地质资料信息服务集群化产业化，创建地质成果资料管理新体制。加快馆藏地质成果资料数字化进程，不涉密的公益性地质资料和地质资料目录提供网上查询利用，推进地质资料依法及时向社会提供信息服务。

预期性指标。《规划》提出地质勘查主攻矿种有：煤、铁、铜、铅、锌、金、钨、钼、铀、地热，兼顾方解石、玻璃用石英岩、金刚石等优质非金属矿产等。强化重点矿种和重要成矿区带的矿产勘查，进一步摸清资源家底，基本实现深部找矿、新类型、新地区和新矿种的找矿突破，重要矿产资源储量有较大幅度增长，重要矿产储采比有明显改善，矿产资源的可供性和保障程度有所提高。预期提交可供进一步勘查的矿产地 50~60 处，其中大中型矿产地 15~20 处。重点开展“两淮”煤、煤层气调查评价，“两淮”地区预期新发现矿产地 8~10 处，新增煤资源量 30 亿 ~ 40 亿吨。实现霍邱地区、庐枞地区、马芜地区南部、沿淮地区铁矿整装勘查重大突破，新发现矿产地 10~15 处，新增铁矿资源储量 5 亿 ~ 6 亿吨。重点加强铜陵地区、庐枞地区以及安庆铜矿外围铜矿整装勘查，力争在沿江铜矿深部及外围和庐枞沙溪外围地区铜矿勘查突破，预期新发现矿产地 10~15 处，新增铜金属量 80 万 ~ 100 万吨。加强钨、钼大中型矿床勘查，控制或查明 3~5 处对全省有重大影响的后备资源基地，提交 WO3 资源储量 20 万 ~ 30 万吨、钼金属量 150 万 ~ 200 万吨。加强稀土、稀有、稀散元素矿产的调查评价与勘查，主攻离子吸附型稀土矿产和铅锌矿床中的伴生稀有、稀散矿产。开展全省地质碳汇潜力研究，推进二氧化碳地质储存调查，加强浅层地热能、地热等清洁能源调查与研究。建立以 GIS 技术为平台的矿产资源评价系统。

规划内容

基础性地质调查。开展1∶250000区域地质调查 规划新开阜阳市、淮北市、灵璧县3幅，调查面积46558平方公里（其中约12200平方公里为邻省），实现1∶250000区域地质调查覆盖全省。1∶50000区域地质调查基本覆盖大别山区、皖南山区和长江中下游基岩区，新开图幅30幅，调查面积13200平方公里。

区域地球物理调查。开展安徽省西北部1∶25000和1∶50000地磁、重力测量，面积6912平方公里。开展蒙城—固镇—怀远地区1∶25000和1∶50000地磁、重力测量，面积1291平方公里。开展1∶50000大关、庐江、孔城、矾山镇幅综合物探调查，面积1760平方公里。开展安徽沿江成矿带区域重、磁、电深部地质矿产调查，面积2000平方公里。

区域地球化学调查。重点开展亳州－淮北地区、阜阳地区、六安东北部及屯溪盆地1∶250000多目标地球化学调查，调查面积35497平方公里。探索土壤碳汇规律，积极推进土壤碳汇调查。1∶50000地球化学普查，配合金属矿产勘查和1∶50000区域矿产远景调查，新开30个图幅，面积13200平方公里。

区域遥感调查。开展安徽省国土资源遥感综合调查与监测、安徽省矿山开发遥感调查与监测。配合安徽沿江地区及大别山和皖南山区矿产资源勘查，进行1∶50000~1∶25000万遥感地质调查。

地质勘查信息系统建设。逐步建立全省地质勘查信息共享和服务系统，向全社会提供公益性地质调查成果，发布全省矿产勘查和开发信息，为引导商业性地质勘查和经济建设社会发展提供地质信息服务。

综合研究。依据地质工作现状，结合涉及省内的重要基础地质和主要矿产勘查问题，围绕找矿突破的总体目标，确定以下基础地质研究方向：安徽沿江地区深部地质结构及控岩控矿构造研究；郯庐断裂带构造特征及其与成矿作用关系；大别山区和皖南山区的基础地质研究；安徽省斑岩型钨、钼矿床成矿规律与综合预测研究；安徽省主要矿产资源潜力评价；安徽省重要矿集区深部立体地质填图与示范研究；庐枞地区深部探测方法研究；安徽沿江示范区深部找矿方法研究；皖北金刚石成因及找矿方向研究；淮北地区地下水开采与地面沉降关系研究；全省岩溶、土壤、矿物碳汇潜力研究；皖南、大别山区突发地质灾害预防技术研究。

区域矿产调查。重点开展安徽沿江成矿带空白部分的1∶50000区域矿产调查，开展北淮阳成矿带和皖南成矿带1∶50000区域矿产调查，开展皖北金刚石1∶50000区域矿产调查，规划调查面积16280平方公里，新开图幅39幅。

成矿远景区划研究。系统开展成矿远景区划研究。重点加强安徽沿江成矿带、北淮阳成矿带、皖南成矿带的成矿地质背景调查和研究，基本查明成矿地质条件、总结成矿规律、综合找矿模式、明确找矿远景，为年度勘查部署提供技术支撑。

资源潜力评价。继续开展全省重点矿种的潜力评价，完成煤、铀、铁、锰、铜、铅、锌、金、银、钨、钼、锑、磷、硫、萤石、菱镁矿、重晶石、金刚石等18种矿产成矿规律及预测研究工作。充分应用现代矿产资源预测评价的理论方法和GIS评价技术,建立以GIS为平台的矿产资源评价系统。

勘查规划分区。开展两淮煤炭、加强沿江、庐枞、霍邱地区金属及非金属、大中型矿山深部、周边及外围地区勘查,扩大资源储量。适度开展北淮阳、皖南祁门大型钨、钼矿床勘查,为建立钨、钼开发基地提供资源保障。鼓励在具有成矿远景的宿州地区、蚌埠—凤阳地区、大别山区、皖南地区、江南过渡带勘查金属矿产和非金属矿产。全省矿产资源勘查总体部署在6个成矿区带中。全省设立重点勘查规划区8个,一般勘查规划区8个,总面积88236.61平方公里。重点勘查规划区:淮北—淮南煤、铁、铜重点勘查区,面积21567.17平方公里,其中煤为国家能源矿产勘查规划区,是省规划的"两淮"亿吨煤炭基地、煤化工基地和火电基地;阜南—霍邱铁矿重点勘查区,面积3656.13平方公里,是安徽"十二五"期间重点开发的铁矿基地;金寨沙坪沟—汞洞冲钼、铅锌重点勘查区,面积5050.97平方公里;巢湖—庐江—怀宁铜、铁、镁重点勘查区,面积6716.74平方公里,庐南铁矿是省内"十二五"期间重点开发的铁矿基地,庐枞地区铁、铜、多金属勘查区实行整装勘查;马鞍山—芜湖—铜陵铁、铜、金、水泥用灰岩重点勘查区,面积3875.77平方公里,马鞍山、铜陵地区实行整装勘查,和县隐伏区铁矿勘查区是找矿突破新区;贵池—东至铜、铅锌、钨、钼、锰、金、锑、方解石重点勘查区,面积2253.35平方公里;宁国—绩溪钨、钼、铅、锌、银、萤石重点勘查区,面积2103.01平方公里;祁门—黟县钨、钼、铅、锌、银重点勘查区,勘查区面积1181.35平方公里。一般勘查规划区:泗县—灵璧金刚石一般勘查区,面积3475.20平方公里;蚌埠—凤阳金、铁、玻璃用石英岩、石膏一般勘查区,面积5375.77平方公里;滁州—庐江铜(金)、凹凸棒石黏土勘查区,面积5899.96平方公里;金寨-岳西钼、铅、锌、花岗岩建材一般勘查区,面积12557.19平方公里;宣城铜、钼、金、萤石一般勘查区,面积896.45平方公里;青阳—泾县—广德钨、钼、铅、锌、金、优质方解石一般勘查区,面积9002.03平方公里;祁门—休宁钨、钼、铅、锌、银、锑一般勘查区,面积1892.23平方公里;歙县—休宁金、铅、锌、膨润土一般勘查区,面积2733.31平方公里。加强区内稀有、稀散元素勘查。限制勘查高灰高硫煤、石煤、低品位硫、磷等矿产。

勘查规划区块设置。《规划》设置的勘查规划区块依据安徽省矿产资源总体规划设置的勘查规划区块和勘查规划项目区块实施方案列入A类的项目区块,是全省"十二五"期间优先投放的勘查规划区块。《规划》共设置勘查规划区块226个:其中,"两淮"重点勘查区设置勘查规划区块33个,其中煤23个、金属8个、地热2个;阜南—霍邱重点勘查区设置铁勘查规划区块13个,其中金属12个,地热1个;北淮阳重点勘查区设置勘查规划区块20个,其中金属18个,非金属2个;巢湖—庐江—怀宁重点勘查区设置勘查规划区块15个(包括铁、铜);马鞍山—芜湖—铜陵重点勘查区设置勘查规划区块25个,其中金属23个,非金属2个;池州—东至重点勘查区设置勘查规划区块 17 个，金属 16 个，非金属 1 个；宁国—绩溪重点勘查区设置勘查规划区块 14 个；祁门—黟县重点勘查区设置勘查规划区块 8 个。一般勘查区设置勘查规划项目区块 81 个。按矿种统计，煤勘查规划区块 23 个，地热勘查规划区块 7 个，铁勘查规划区块 55 个，锰勘查规划区块 4 个，铜勘查规划区块 22 个，铅锌多金属勘查规划区块 7 个，钨钼多金属勘查规划区块 61 个，锑勘查规划区块 4 个，金、银勘查规划区块 23 个，金刚石勘查规划区块 4 个，非金属矿产勘查规划区块 16 个。

境外勘查。充分利用“两种资源，两个市场”，加强境外地质勘查。鼓励国有地勘单位、矿山企业以及民营企业到省外、国外勘查、开发矿产资源。勘查矿种包括安徽省对外依存度较大的矿产等，加强勘查工作的支持力度，加强勘查成果的监督和管理。

第三节 地质灾害防治规划

地灾防治规划（2003—2020 年）

依据《地质灾害防治条例》、国土资源部《地质灾害防治工作规划纲要》《安徽省地质灾害防治管理办法》《安徽省国民经济和社会发展第十个五年计划纲要》，由安徽省地质环境监测总站牵头，安徽省第二水文地质工程地质勘查院合作完成《安徽省地质灾害防治规划（2003—2020 年）》。《规划》以 2003 年为基准年，近期到 2005 年，中期到 2010 年，远期到 2020 年。规划资料依据截止到 2002 年。2002 年 6 月 27 日，安徽省国土资源厅会同财政厅组织有关专家评审通过《安徽省地质灾害与防治区划及预警试点研究》项目建议书；2003 年 2 月 17 日，根据《关于调整安徽省地质灾害防治区划项目设计任务的函》将项目更名为《安徽省地质灾害区划》；2003 年 7 月 10 日，成立由常印佛院士为顾问、安徽省国土资源厅厅长胡玉贤为主任的安徽省地质灾害防治规划编制委员会；2003 年 8 月 5 日，根据《关于安徽省地质灾害防治区划项目设计变更的复函》项目更名为《安徽省地质灾害防治规划（2003—2020 年）》。2003 年 10 月 13 日，《规划》通过省国土资源厅审查。2003 年 11 月 18 日，《规划》通过国土资源部审查。2005 年 1 月 6 日，经安徽省人民政府批准，安徽省人民政府办公厅印发《关于做好安徽省地质灾害防治规划实施工作的通知》。2007 年《安徽省地质灾害防治规划》获安徽省地质矿产勘查局地质科学技术一等奖。主要成果如下：

划分地灾易发区　基于对安徽省地质灾害综合分析，根据地质灾害形成和发育程度受自然因素（地形、地貌、岩性、地质构造、气候等）和人为因素（主要是人类经济活动）共同影响，按主要灾种将安徽省地质灾害易发区划分为六个易发区（带）和一个不易发区。分别为：

崩塌、滑坡、泥石流易发区。分布于皖南山地、皖西山区和江淮波状平原等地，面积 4.91 万平方公里 。地貌类型以中山、低山、丘陵为主，地形起伏较大。地层岩性主要为砂岩、页岩、千枚岩，残坡积厚度大于 0.5 米。人为作用和强降水是诱发崩塌、滑坡的主要原因，每年汛期（6—7 月）是崩塌、滑坡发生高发期。

岩溶塌陷易发区。分布于铜陵、安庆、淮南、巢湖、池州市东至、淮北、宿州市灵璧等部分地段，面积 0.13 万平方公里。地貌类型为丘陵、平原。下伏地层主要为二叠纪栖霞组、三叠纪南陵组、东马鞍山组、奥陶纪和石炭纪太原组灰岩；松散层覆盖厚度小于 35 米，地下水富水性较好。区内矿山采掘业发达，采、排岩溶地下水强烈，形成铜陵小街、新桥硫铁矿、安庆月山铜矿、叶家湖水源地，淮南土坝孜等塌陷区。

采空塌陷易发区。分布于两淮煤田、马鞍山、安庆市宿松、宣城市广德、六安市霍邱、滁州市定远等地，面积 0.57 万平方公里。主要由于井下开采煤、铁和石膏矿产所引起。煤系地层为石炭—二叠纪砂岩、页岩、泥岩，顶板基岩厚 123~600 米，松散层厚度 20~850 米；金属矿（铁矿）地层主要为太古界变质岩和燕山期的岩浆岩（闪长岩），石膏矿地层为第三纪红色泥岩。

地面沉降易发区。分布于淮北平原的阜阳等地，面积 2.60 万平方公里。松散层厚度大于 150 米，含水砂层发育且具多层结构和压缩层，地下水资源丰富，不合理布井和过量开采松散孔隙水，产生地面沉降。

膨胀土灾害易发区。分布于江淮波状平原、淮北平原和沿江丘陵平原的部分地区，面积 2.80 万平方公里。主要由于黏性土中多含有蒙脱石和伊利石等亲水矿物，具吸水膨胀、失水收缩和反复胀缩变形特点，使低层建筑物、道路、水利设施等遭受破坏。

江（河）湖崩岸易发带。分布于长江、淮河、巢湖沿岸。发生在以砂性土和裂隙发育的黏性土为主地段，结构松散，抗侵蚀能力差，在汛期遇洪水极易发生崩岸。

不易发区。分布于安庆、芜湖、宣州、宿州市泗县、灵璧县北部、六安市霍邱、寿县部分地区，面积 2.93 万平方公里。地貌类型为平原、丘陵，地形起伏较小，工程地质条件一般较好，地质灾害不发育，危害较小。

划分地灾重防区 依据地质灾害的发育状况、危害程度及经济与社会发展规划等主导因素安徽省划分为 5 个地质灾害重点防治区、3 个次重点防治区和 6 个一般防治区。分别为：

淮北平原地面沉降重点防治区。分布于阜阳市城区，面积 678.68 平方公里。过量开采深层地下水和不合理布井，造成地下水急剧下降，引发地面沉降。防治措施为合理布置开采井，调整地下水的取水层位，严格控制深层地下水开采量，稳定地下水水位，采用分质供水、优质优用、合理开采地下水资源，遏制地面沉降进一步发展。

淮北平原地面塌陷重点防治区。包括淮北市区及濉溪县、亳州市的涡阳县、宿州市的部分地区，面积 6563.38 平方公里。区内煤炭资源丰富，强烈开采煤炭资源，造成大面积采空地面塌陷灾害。防治措施为加强矿山企业管理，加大矿山生态环境恢复治理力度，采用科学先进的采矿技术，使采空地面塌陷地质灾害造成的损失减少。

淮北平原地面塌陷重点防治区。包括淮南市区及凤台县、阜阳市的颍上县、利辛县等地，面积 2754.66 平方公里。区内煤炭资源丰富，是国内重点煤炭基地之一。长期采矿已形成大面积采空地面塌陷，采矿疏干排水和开采岩溶水，淮南市区产生多处岩溶地面塌陷。防治措施为加强矿山管理，改进采矿工艺，减轻采空地面塌陷造成的损失；加大矿山生态环境恢复治理力度，因地制宜，综合治理，常年积水的深塌陷坑发展水产养殖业，浅塌陷坑回填复垦为种植用地，最大程度地恢复地面生态环境。

皖西山地沿江丘陵崩塌、滑坡、泥石流、岩溶塌陷重点防治区。包括六安市的金寨、霍山、舒城，安庆市的太湖、岳西、桐城、潜山、怀宁等县（市）地区，面积15872.42平方公里。该区是安徽省降水量较多的地区之一，主要地质灾害为崩塌、滑坡、泥石流、岩溶塌陷。防治措施为开展地质灾害调查，加大地质灾害防治知识的科普宣传教育，建立群测群防网络；对重大地质灾害隐患实施勘查治理或搬迁避让。

皖南山地崩塌、滑坡、泥石流、岩溶塌陷重点防治区。包括黄山市和池州市、马鞍山市、宣州市大部分地区和铜陵市区及繁昌县、芜湖市，面积29989.14平方公里。该区是安徽省降水量最多的地区，主要地质灾害以崩塌、滑坡、泥石流、岩溶塌陷为主。防治措施为加强地质灾害动态调查与监测工作，建立完善群测群防体系；对重大地质灾害隐患进行勘查治理或搬迁避让。加大矿山治理力度，城市、工矿、交通等基础建设项目应进行地质灾害危险性评估，保障城市主要工程建设和矿山安全。

淮北平原地面沉降次重点防治区。包括阜阳市界首、临泉、太和、颍上和亳州市及利辛县等大部分地区，面积14716.3平方公里。界首、亳州市区出现地下水降落漏斗。防治措施为编制地下水开发利用规划，合理布置开采井，调整地下水的取水层位，严格控制深层地下水开采量，在城镇建设时，应考虑地面沉降因素，制定相应的措施。

江淮波状平原、沿江丘陵平原膨胀土、滑坡、崩塌灾害次重点防治区。包括六安市、合肥市、滁州市定远、凤阳、全椒、巢湖市居巢区、庐江、无为、含山、安庆市纵阳等县（市）大部分地区，面积16874.9平方公里。地质灾害以膨胀土灾害和崩塌、滑坡为主。防治措施为开展膨胀土灾害危害程度的调查工作，查明其形成条件、采取相应的治理措施；加强巢湖市矿山管理，整顿矿业秩序，禁止乱采滥挖，取缔无证开采，保护矿山地质环境、减少崩塌、滑坡灾害的发生。

沿江丘陵平原地面沉降次重点防治区。分布于天长市城区，面积1280平方公里。天长市区过量开采深层地下水，造成地下水水位急剧下降，已出现地下水降落漏斗，引发地面沉降。防治措施为合理开采地下水资源，科学布置开采井，严格控制深层地下水开采量，稳定地下水水位，避免地面沉降发生。

淮北平原宿州地面沉降一般防治区。包括宿州市砀山、萧县大部分地区，面积2215.23平方公里。以不合理开发利用地下水资源而可能诱发地面沉降为主。防治措施为合理开采地下水资源，科学布置深层开采井，避免地面沉降发生，建立地下水位动态监测网和地面沉降预警系统。

淮北平原地面沉降为主一般防治区。包括亳州市蒙城、宿州市灵璧、泗县、蚌埠市五河、怀远、固镇等部分地区，面积12075.68平方公里。以开发中深层地下水可能诱发的地面沉降为主。防治措施为合理开发地下水，加强地质环境监测。

江淮波状平原膨胀土一般防治区。包括蚌埠市区、滁州市凤阳、天长、全椒、六安市霍邱等县（市）大部分地区，面积17336.74平方公里。地质灾害以膨胀土灾害为主。防治措施为开展膨胀土灾害危害程度调查工作。

沿江丘陵平原膨胀土一般防治区。包括六安市的舒城、巢湖市的庐江、安庆市的桐城、纵阳、怀宁部分地区，面积6422.54平方公里。地质灾害以膨胀土灾害为主。防治措施为开展膨胀土灾害危害程度的调查工作。

沿江丘陵平原崩塌、滑坡地质灾害一般防治区。包括巢湖市和县、无为、安庆市枞阳、望江、池州市东至等县（市）部分地区，面积9821.82平方公里。地质灾害以崩塌、滑坡为主。防治措施为开展地质灾害调查工作。

沿江丘陵平原崩塌、滑坡地质灾害一般防治区。包括芜湖市南陵、芜湖县、宣城市郎溪、广德等县（市）部分地区，面积2798.40平方公里。地质灾害以崩塌、滑坡为主。防治措施为开展地质灾害调查工作。

地灾防治任务《规划（2003—2020年）》规划部署多项主要工作任务：制订市、县（市、区）地质灾害防治规划，完成省级、17个市级和部分县（市、区）地质灾害防治规划编制工作；开展县（市、区）地质灾害调查与区划，完成受地质灾害威胁较严重的35个县（市、区）的地质灾害调查与区划工作，初步查明安徽省地质灾害隐患，掌握地质灾害的发育规律、分布状况、危险性、危害程度，划分地质灾害易发区和危险区，建立地质灾害信息系统和地质灾害群测群防网络；监测重点地区地面沉降，建立阜阳市地面沉降监测示范区，查明地面沉降与地下水开采时间、位置、层次（位）的“三集中”关系，建立地面沉降信息系统。分析地面沉降的规律和特点，拟定控制地面沉降发展的措施，为安徽省淮北平原防治地面沉降提供示范；实施搬迁避让工程，皖南山地、皖西山地交通不便和经济落后，地质灾害危险性大，不适合居住、生活和生产，实施治理工程不可能或不经济地区，实施以搬迁避让工程为主，工程治理为辅，有步骤地分期、分批进行搬迁避让，使受地质灾害威胁和危害的村民下山脱贫致富；实施治理工程，严重威胁城镇、集中居民点、矿山、交通干线、重要工程设施安全的地质灾害隐患点实施工程治理；实施地质灾害监测预报预警工程，建立覆盖地质灾害多发区群测群防群专结合的监测网络，收集利用全省地质灾害资料，建立全省地质灾害数据库，与气象部门合作，开展暴雨特点、雨强量级与崩塌、滑坡、泥石流的相关性研究，共同建立安徽省地质灾害气象预报预警模型和信息系统；建设地质灾害信息网络，建立基于GIS系统的地质灾害信息系统，建立主要地质灾害的空间数据库；开展地质灾害风险区划，开展安徽省1:50万地质灾害综合风险区划研究；推广应用地质灾害治理工程技术研究，分析区域灾害比重，重点进行综合治理滑坡地质灾害防治工程研究和城市地质灾害防治工程研究；建设地质灾害应急反应系统，建立省级突发性地质灾害应急指挥机构和应急处置队伍，发现险情或接到险情报告快速赶到现场，进行应急救援和处置工作。

地灾防治措施《规划（2003—2020年）》提出六项防治措施。

建立和完善领导责任制，实行各级政府对本地区地质灾害防治工作负总责，各级国土资源管理部门负责本地区地质灾害防治的组织、协调、指导和监督工作，建设、交通、水利、气象等有关部门按照各自职责负责相关地质灾害防治工作；健全工作机构，各市国土资源主管部门设置地质环境管理机构和地质灾害专业监测机构，专人负责地质灾害防治工作。

根据国家有关法律、法规和国务院《地质灾害防治条例》，修订《安徽省地质灾害防治管理办法》促进地方法规建设。

充分利用现代科学技术方法和手段，提高地质灾害防治的综合能力和地质灾害综合勘查、评价和评估水平。加强地质灾害监测预报，建立灾害防治信息共享机制，加强地质灾害防治的科学技术研究，解决地质灾害防治中关键性的技术问题、难题，提高群测群防科技含量，加强省际合作和交流，吸收先进地质灾害防治理论和技术方法。

建立地质灾害防治工作经费的投入机制。地质灾害防治工作，纳入国民经济和社会发展计划。因自然因素造成的地质灾害以政府出资为主，大型以上地质灾害以省财政为主，市、县财政为辅，争取中央财政支持，中型以市财政为主，县财政为辅，小型以县财政为主，鼓励企业和社会各界及个人资助；地质灾害监测、基础调查与区划工作由各级政府财政出资；县级以上人民政府应根据辖区地质灾害防治工作实际，安排相应的经费用于地质灾害监测、调查和防治，落实汛期地质灾害应急调查和应急治理资金；建立稳定的投入保障机制，调动社会各方面积极性，建立多元化、多渠道投入机制。

加大宣传教育的力度，提高全民防灾减灾意识，普及地质灾害基础知识，调动广大群众防治地质灾害积极性，增强全社会抵御地质灾害能力，提高全民防灾减灾意识。

完善建设用地地质灾害危险性评估制度，在地质灾害易发区内进行工程建设应在可行性研究阶段进行地质灾害危险性评估，地质灾害易发区内的城市总体规划、村庄和集镇规划时，应对规划区进行地灾危险性评估；健全地质灾害预报制度，汛期坚持地质灾害气象预报预警临灾预报，年度地质灾害防治方案依据气象趋势预测，对地质灾害做出短期预报；完善地质灾害年度防灾预案和应急预案制度，国土资源部门会同建设、水利、交通等相关部门，每年开展地质灾害汛前调查，编制年度地质灾害防治方案，汛期突发性地质灾害应急调查与处置，必要时启动突发性地质灾害应急预案；完善地质灾害报告制度，保证信息畅通和有关部门及时采取应急措施，发现地质灾害险情和灾情的单位和个人应向当地人民政府或国土资源主管部门报告。完善奖惩制度，在地质灾害防治工作中做出突出贡献的单位和个人，由人民政府给予奖励，违反《地质灾害防治条例》有关规定的，依法给予处罚。

地灾防治效果　规划的实施，使得安徽省地质灾害防治工作取得明显成效。

完善地质灾害防治制度。建立健全地质灾害调查制度、地质灾害速报与月报等制度、建设用地地质灾害危险性评估制度、24小时专人值班制度及领导带班制度、地质灾害气象预警预报制度等。

加大地质灾害宣传与培训力度。充分利用“4·22”地球日、“5·12”防灾减灾日、“6·25”土地日等开展多形式、多内容地质灾害宣传工作。

提高地质灾害调查精度。全面完成县（市、区）地质灾害调查与区划工作，全面完成地质灾害隐患点排查鉴定与再排查工作及大型以上地质灾害点的核查工作。

提高气象预警预报精度。2005—2010 年，省级成功预报 120 余次，各市、县成功预报 170 余次，地质灾害气象预警预报的开展避免人员伤亡 6800 余人，避免财产损失 2.50 亿元。

完善地质灾害群测群防体系。2010 年安徽省 5727 处地质灾害隐患点中，5021 处为群测群防点，占隐患点总数的 87.7%，有群测群防人员 4259 名。全省各市县（区、市）按照“有组织、有经费、有规划、有预案、有制度、有宣传、有预报、有监测、有手段、有警示”十有目标，积极开展地质灾害群测群防“十有县”创建，2009 年 12 月，黄山市黄山区、歙县、绩溪县、泾县、霍山县、岳西县被国土资源部授予全国第一批地质地质灾害群测群防“十有县”称号；2011 年 1 月，东至县、青阳县、旌德县、郎溪县、广德县、宁国市、枞阳县、桐城市、休宁县、黟县、黄山市屯溪区、黄山市徽州区、金寨县、舒城县被国土资源部授予全国第二批地质灾害群测群防“十有县”称号。

加大地质灾害防治工程投入。2005—2008 年，省财政专项投入 2.2 亿元，完成全省 133 个重地质灾害隐患点的避让搬迁和工程治理工作，使得 4791 户 21911 人摆脱地质灾害威胁；省、市、县三级及群众自筹、企业自筹共投入 3.87 亿元，实施防治工程 1573 处，避免人员伤亡 74597 人，避免财产损失 10.1 亿余元。

地质灾害应急预案演练以及快速反应的应急体系建立与完善。2003—2010 年，安徽省各市、县（市、区）组织突发性地质灾害应急预案演练 46 次，参加应急演练人数达 9300 余人次。省、市、县三级根据《安徽省突发地质灾害应急预案》分级进行地质灾害应急工作，由各级应急机构相应派出应急工作人员赴现场进行应急抢险工作，2005—2010 年，省地质环境调查与监测中心作为省级地质灾害应急机构完成 30 余次地质灾害应急工作。2000—2010 年间，除 2005 年，因台风“泰利”的影响（2005 安徽省共发生地质灾害 8548 起，直接经济损失 96800 万元，造成 30 人死亡，1 人失踪），2008 年，因冰雪灾害影响（2008 安徽省发生地质灾害 556 起，直接经济损失 8753.2 万元，造成 2 人死亡），安徽省地质灾害从发生次数、人员伤亡到经济损失，整体上均呈下降趋势。

二轮规划（2011—2015 年）

2010 年，安徽省国土资源厅公益性地质工作项目立项，开展《安徽省地质灾害防治“十二五”规划（2011—2015 年）》编制工作。2010 年 11 月，成立以安徽省公益性地质调查管理中心为牵头单位，安徽地质调查院、安徽省地质环境监测总站为协作单位的规划编制小组。《规划（2011—2015 年）》以 2010 年为基期，规划期为 2011—2015 年，远期到 2020 年，设《〈安徽省地质灾害防治规划（2003—2020 年）〉执行情况评估》《安徽省中型以上地质灾害点核查》《安徽省地质灾害防治应急管理体系建设》《安徽省地质灾害防治工程与技术研究》《地质灾害防治规划与相关专业规划衔接研究》《安徽省地质灾害防治省级管理平台建设》《安徽省地质灾害监测》《安徽省地质灾害预警预报体系建设》《安徽地质灾害防治规划数据库建设》九个专题。

市级规划编制

截至2010年年底，全省17市均已完成市级地质灾害防治规划编制工作，除马鞍山市未经审批实施外，其余16市均经审查后批准实施。

第二章　地质勘查管理

第一节　地质勘查行业管理

地质勘查行业管理是对从事地质勘查活动的规划和行为进行调控、规范和监督管理，并为地质勘查行业发展提供服务，是国土资源管理的重要职责。

体制与机构设置

地勘管理沿革　1986年3月19日首部《中华人民共和国矿产资源法》颁布，1996年8月29日发布修改后的新《中华人民共和国矿产资源法》，矿法规定由国务院地质矿产主管部门履行地质勘查行业管理职能，安徽省是由安徽省地质矿产局履行全省地质勘查行业管理工作。1999年国家政府机构进行改革，对全国地质勘查体制进行同步改革，安徽省的地质勘查管理体制同样进行了改革，地质矿产部安徽地质矿产勘查局（安徽省地质矿产局）、冶金工业部华东冶金地质勘查局、煤炭工业部安徽煤田地质局进行了属地化改革，由原地质矿产部、冶金工业部、煤炭工业部的直属管理，改为由安徽省人民政府管理，分别改名为安徽省地质矿产勘查局、华东冶金地质勘查局、安徽煤田地质局（后又改为安徽省煤田地质局）。2000年省政府机构改革，由安徽省土地管理局、安徽省地质矿产局、安徽省测绘局组建成安徽省国土资源厅，省人民政府办公厅《关于印发安徽省国土资源厅职能配置、内设机构和人员编制规定的通知》明确，由省国土资源厅依法实施全省地质勘查行业管理的政府职能。安徽省地质矿产勘查局、华东冶金地质勘查局、安徽省煤田地质局为省政府管理的事业单位。

管理体制及机构设置

安徽省地质矿产勘查局，是安徽省政府直属正厅级财政供给事业单位。负责直属事业单位的宏观管理和行业指导。组织实施国家、省国土资源大调查任务，为全省矿产资源规划、管理、保护和合理利用提供资源信息资料，为安徽省的经济建设和社会发展提供资源储备和地质服务。负责经营管理全局国有资产，发展多种经营，对全局国有资产保值增值实施监督。

华东冶金地质勘查局，是安徽省政府直属正厅级事业单位。主要承担国家和安徽省基础性公益性战略性地质勘查任务，管理全省冶金地质勘查队伍。

安徽省煤田地质局是安徽省政府直属正厅级财政供给事业单位，主要职责是：负责全省煤田地质行业管理和技术管理，编制全省煤田地质发展规划，组织和实施全省煤炭资源调查、勘查和评价，煤矿业开发、开拓多种经营、落实队伍改制措施，推进煤田地勘单位逐步走向企业化。

行业管理体系。行业管理主要面向全省的国有地质勘查单位，有省地质矿产勘查局、华东冶金地质勘查局、省煤田地质局所属各地质勘查单位，省化工地质勘查总院、中国建筑材料工业地质勘查中心安徽总队等国有地勘单位，以及持有地质勘查资质的其他地勘单位。省国土资源厅地质勘查处是负责全省地质勘查行业管理的职能处室。市、县国土资源管理部门协助省级国土资源管理部门做好本地区的地勘行业管理工作。省国土资源厅所属的三个事业单位，分别承担涉及地质勘查行业具体的技术业务管理。省公益性地质调查管理中心（省地质调查与环境监测中心），受省国土资源厅、省财政厅委托主要承担省级财政出资的公益性地质、国土资源科学研究、省地质勘查基金项目，以及中央财政出资的危机矿山接替资源勘查等日常监督管理工作；省国土资源信息中心（省地质资料馆）负责地质资料汇交管理工作；省矿产资源储量评审中心负责矿产资源储量评审认定工作。地质勘查行业内的学术团体、行业协会、社团组织，在政府与各类地勘单位之间起到桥梁、纽带作用，主要有安徽省地质学会、安徽省空间遥感学会、安徽省地球物理学会、安徽省古生物学会、安徽省矿业评估师协会、安徽省矿业协会、安徽省宝玉石协会、安徽省观赏石协会等。

公益性地质工作管理体系。为满足国民经济和社会发展对矿产资源和公益地质资料的需求，2001 年省级财政设立地质勘查专项费，用于省级公益性基础性地质工作以及矿产勘查项目。2007 年，分成公益性地质工作经费与地质勘查基金，公益性地质工作仍按财政预算办法执行，省国土资源厅、省财政厅分别制定《安徽省公益性地质工作管理暂行办法》和《安徽省地质勘查基金管理暂行办法》，实行公益性地质工作与矿产勘查分体运行。中央财政出资的国土资源大调查等公益性、基础性地质工作项目，由国家公益性地质调查机构—中国地质调查局组织实施，项目直接下达到省地质调查院、省地质环境监测总站、省勘查技术院等地勘单位，由其承担项目任务，由南京地质调查中心会同省国土资源厅负责项目的监管。省级财政出资的省公益性地质工作项目、国土资源科学研究项目，由省国土资源厅、省财政厅批准立项，通过设计审查，一般在省内择优选择项目承担单位。

地质勘查基金管理体系。中央地质勘查基金项目，由地勘单位或探矿权人向中央地质勘查基金中心申报，经批准后实施；项目由中央地质勘查基金中心负责管理，由华东项目监理机构负责日常管理。省级地质勘查基金项目由省国土资源厅、省财政厅立项，允许地勘单位、国有大中型矿山企业合作勘查；承担项目的地勘单位一般应具备甲级固体矿产勘查资质。

商业性地质工作管理体系。其他由社会投资人出资开展的商业性地质工作，一般通过市场方式配置，由矿业权人和勘查单位以合同方式约定，由于矿业权市场的逐步繁荣，商业性地质工作得以较快发展，省厅通过加强探矿权监管、勘查施工方案审查等方式,实施对商业性矿产勘查的监督管理。

行业管理政策措施

2006年7月,省政府印发《关于贯彻落实国务院加强地质工作决定的实施意见》,文中明确提出全省新时期地质工作的主要任务,要进一步完善地质工作体制机制。其中,对于国有地勘单位的问题,文中提出要进一步落实国务院关于地质勘查队伍管理体制改革的方案,积极稳妥地推进国有地勘单位改革。按照事业单位改革的统一部署和有关规定,落实国有地勘单位离退休人员和在职职工社会保障政策,落实住房改革所需经费,解决职工住房和基础设施建设欠账问题。积极推进分离地勘单位办社会职能的改革。各级政府和省直有关部门要积极支持国有地勘单位的改革和发展,切实落实国家和省有关政策措施。国有地勘单位要进一步解放思想,深化改革,转变机制,不断提高竞争能力,促进自身加快发展。

2006年12月,国土资源部印发《关于加强地质勘查行业管理的通知》,文中提出加强地质勘查行业管理的总体要求,明确地质勘查行业管理的重点任务,主要是健全地质勘查市场准入机制,完善地质勘查行业技术标准、规范、规程。加强对地质勘查调拨的引导与监管。推进地质勘查行业技术进步与创新,促进地质勘查行业的交流与联系,制定地质勘查规划和行业发展战略,制定促进地质勘查行业发展的政策措施。强化地质勘查行业信息服务。省国土资源厅转发该通知,并提出四点贯彻意见:充分认识加强地质勘查行业管理工作的重要性和必要性;明确全省地质勘查行业管理的工作重点,保障和促进地质勘查行业发展;依法加强地勘行业监管,规范地质勘查行为;加强行业统计和信息服务。

地勘行业概况

2000年,全省地质勘查行业各部门取得地质勘查资格的单位48个。其中:省地勘局21个,华东冶勘局8个,煤田局10个,归口国土资源厅直接管理的国有地勘单位1个:安徽省化工地质勘查总院,直属中央管理的国有地勘单位1个:中国建筑材料工业地质勘查中心安徽总队,有色1个,石油1个,其他5个;国营单位46个,集体企业1个,私营企业1个;共有职工30821人(不含三个地勘局机关及其下属非地质勘查单位),其中:在职职工18550人,离退休人员12271人。在职职工中,地质勘查职工9446人,其中工程技术人员3826人,管理及服务2340人。共有资产116397.07万元,其中:净资产52135.62万元,人均净资产1.69万元。

到2010年,全省地质勘查行业各部门取得地质勘查资质的单位共有77个,地勘行业继续保持以三个地勘局为主,随着地质勘查业的发展,同时地质勘查资质向社会放开,因而,民营地质勘查单位的数量有很大增长。除国有地质勘查外,其他地勘单位39个,其中36个为私营企业。

全省地勘行业共有在职职工46616人(含铜陵有色公司非地勘人员26425人),离退休人员39683人(含铜陵有色公司离退休人员23580人)。在职职工中:地质勘查人员11005人，占23.6%；工程勘查与施工人员2812人，占6.03%；矿产开发人员25077人，占53.8%；其他人员7722人，占16.6%。在地质勘查人员中：各类地质技术人员6213人，占在职职工总人数的13.3%，占地质勘查人员的56.46%。在各类地质技术人员中：高级技术人员1701人，占技术人员总数的27.38%；中级技术人员2621人，占技术人员总数的42.19%。

全行业平均人年劳动报酬3.9万元，离退休人年费用2.46万元，总资产605.53亿元，总负债441.71亿元，负债率72.97%，净资产163.59亿元，占总资产的27.03%。总资产中：地质专用仪器设备原值8.03亿元，占总资产的1.3%，占净资产的4.9%；地质专用仪器设备净值4.66亿元，占总资产的0.77%，占净资产的2.85%。

属地化地勘单位

人员情况　到2010年，安徽省实行属地化管理的三个地质勘查局：安徽省地质矿产勘查局、华东冶金地质勘查局、安徽省煤田地质局是全省地勘行业的主力军，加上安徽省化工地质勘查总院，共有职工31062人。其中：在职职工16095人，离退休人员14967人，离退休占职工总数的49%。在职职工中，地质勘查人员9373人，占58.2%；工程勘察与施工人员2235人，占13.9%；矿产开发人员198人，占1.2%；其他人员4289人，占26.6%。地质勘查人员中，技术人员5163人，占55%。其中，高级技术人员1334人，占技术人员总数的26%，占地质勘查人员总数的13%；中级技术人员2106人，占技术人员总数的41%，占地质勘查人员总数的22%。

安徽省地质矿产勘查局共有职工17448人。其中：在职职工8283人，离退休人员9165人。在职职工中，地质勘查人员4821人，占58.2%；工程勘察与施工人员1113人，占13.4%；矿产开发人员136人，占1.6%；其他人员2213人，占26.7%。地质勘查人员中，技术人员3016人，占62.6%。其中，高级技术人员810人，占技术人员总数的26.9%，占地质勘查人员总数的16.8%；中级技术人员1095人，占技术人员总数的36.3%，占地质勘查人员总数的22.7%。

华东冶金地质勘查局共有职工4891人。其中：在职职工2188人，离退休人员2703人。在职职工中，地质勘查人员1178人，占53.8%；工程勘察与施工人员435人，占19.9%；矿产开发人员62人，占2.83%；其他人员513人，占23.4%。地质勘查人员中，技术人员957人，占81.2%。其中，高级技术人员241人，占技术人员总数的25.2%，占地质勘查人员总数的20.5%；中级技术人员500人，占技术人员总数的52.2%，占地质勘查人员总数的42.4%。

安徽省煤田地质局共有职工8281人。其中：在职职工5472人，离退休人员2809人。在职职工中，地质勘查人员3242人，占59.2%；工程勘察与施工人员667人，占12.2%；其他人员1563人，占28.6%。地质勘查人员中，技术人员1075人，占33.2%。其中，高级技术人员230人，占技术人员总数的21.4%，占地质勘查人员总数的7.1%；中级技术人员449人，占技术人员总数的41.8%，占地质勘查人员总数的13.8%。

资产情况　2010年,属地化管理的地勘单位共有资产113.43亿元,其中:负债68.66亿元,负债率60.5%;净资产44.77亿元,占总资产的39.5%。

安徽省地质矿产勘查局共有资产45.03亿元,其中:负债32.50亿元,负债率72.2%;净资产12.53亿元,占总资产的27.8%。

华东冶金地质勘查局共有资产10.08亿元,其中:负债8.14亿元,负债率80.8%;净资产1.95亿元,占总资产的19.2%。

安徽省煤田地质局共有资产58.11亿元,其中:负债27.92亿元,负债率48.0%;净资产30.19亿元,占总资产的52.0%。

收入与支出

收入情况。属地化管理的地勘单位2010年总收入65.02亿元,其中:中央资金1.73亿元(中央财政地勘费拨款0.66亿元。中央地质专项拨款1.07亿元),占2.66%;地方财政地勘费拨款9.11亿元,占14.01%;地方财政地质专项拨款2.83亿元,占4.35%;地质勘查劳务收入12.32亿元,占18.95%;工程勘察施工收入24.51亿元,占37.70%;其他收入14.26亿元,占21.93%。分别为:

安徽省地质矿产局2010年总收入307706.99万元,其中:中央资金15840.58万元(中央财政地勘费拨款6567.58万元,中央地质专项拨款9273万元),占5.15%;地方财政地勘费拨款51457.7万元,占16.72%;地方财政地质专项拨款21232.76万元,占3.90%;地质勘查劳务收入73886.57万元,占24.01%;工程勘察施工收入119137.82万元,占38.72%;其他收入23763.81万元,占7.72%。

华东冶金地质勘查局2010年总收入71566.4万元,其中:中央地质专项拨款137万元,占0.19%;地方财政地勘费拨款16229.7万元,占22.68%;地方财政地质专项拨款4124.9万元,占5.76%;地质勘查劳务收入4387.5万元,占6.13%;工程勘察施工收入40292.3万元,占56.30%;其他收入6395万元,占8.94%。

安徽省煤田地质局2010年总收入270555万元。其中:中央地质专项拨款1277.7万元,占0.47%;地方财政地勘费拨款22796.3万元,占8.43%;地方财政地质专项拨款2969.2万元,占1.10%;地质勘查劳务收入44911.6万元,占16.60%;工程勘察施工收入85464万元,,占31.59%;其他收入111136.2万元,占41.08%。

支出情况。属地化管理的地勘单位2010年总支出61.94亿元,总收入大于总支出3.08亿元。其中:地质勘查(项目)支出170479.69万元,占27.5%;矿产开发支出1193.17万元,占0.2%;自有资金用于地质勘查支出42377.34万元,占6.8%。

安徽省地质矿产局2010年总支出30.08亿元,总收入大于总支出6866.92万元。其中:地质勘查(项目)支出119249.5万元,占39.6%;矿产开发支出1193.17万元,占0.40%;自有资金用于地质勘查支出36742.84万元,占12.21%。

华东冶金地质勘查局2010年总支出69940.7万元,总收入大于总支出1625.7万元。其中:地质勘查(项目)支出8151.49万元,占11.65%;自有资金用于地质勘查支出 4018.3 万元，占 5.75%。

安徽省煤田地质局 2010 年总支出 246473.51 万元，总收入大于总支出 24081.49 万元。其中：地质勘查（项目）支出 42423.9 万元，占 17.21%；自有资金用于地质勘查支出 1616.2 万元，占 0.66%。

第二节 地勘单位资质管理

地勘资质管理

2000—2010 年，全省地质勘查资质管理政策经历二个主要阶段。2005 年的地质勘查资质集中注册登记。2008 年国务院发布《地质勘查资质管理条例》后，地质勘查资质进入法定程序管理阶段。

2003 年 6 月 24 日，国土资源部发布《地质勘查资质注册登记办法》，2005 年 4 月 29 日，国土资源部印发《关于开展地质勘查资质注册登记的通知》，文中明确地质勘查资质专业分类和注册登记条件，安徽按照此文件要求，于 2005 年年底完成全省地质勘查资质注册登记工作。此次注册登记后，安徽省各地质勘查单位所持原“地质勘查资格证书”自颁发新的“地质勘查资质证书”之日起自行失效。

2008 年 3 月 3 日，国务院公布《地质勘查资质管理条例》，该《条例》自 2008 年 7 月 1 日起施行，至此，地质勘查资质管理具有了政府规章的依据，使资质管理进入法定管理程序的新阶段。为做好该《条例》的学习宣传和贯彻实施工作，2008 年 6 月 21 日，国土资源部印发《关于贯彻实施〈地质勘查资质管理条例〉有关问题的通知》，依据《条件》及国土资源通知，省国土厅制定《安徽省 2008 年度地质勘查资质集中受理审批工作方案》。2008 年下半年，部和省级国土资源管理部门各集中受理审批一次，海洋地质调查、石油天然气矿产勘查、航空地质调查资质和其他甲级地质勘查资质由部审批；部审批范围以外的乙级、丙级地质勘查资质，由省级国土资源部门审批。到 2008 年年底，全省全面完成资质的审批工作，通过此次集中受理、审批，原有 2005 年集中注册登记的地质勘查资质有效期终止。根据国土资源部总体安排和要求，从 2009 年开始部、省每年 4 月和 10 月分别集中受理、审批 2 次。

地勘资质概况

2010 年，全省具有地质勘查资质的单位共 77 个。其中：甲级资质的单位 35 个，占 46%；乙级资质的单位 8 个，占 10%；丙级资质的单位 34 个，占 44%。

在 77 个单位中，共有资质 311 个，其中：甲级资质 90 个，占 29%；乙级资质 122 个，占 39%；丙级资质 99 个，占 32%。

在 90 个甲级资质中，区域地质调查 5 个，占 6%；水工环地质调查 11 个，占 12%；固体矿产勘查 30 个，占 34%；液体矿产勘查 6 个，占 7%；气体矿产勘查 3 个，占 3%；地球物理勘查 4 个，占 4%；地球化学勘查 3 个，3%；遥感地质勘查 1 个，占 1%；地质钻（坑探）22 个，占 24%；地质实验测试 5 个，占 6%。

在 122 个乙级资质中，区域地质调查 11 个，占 9%；水工环地质调查 14 个，占 11%；固体矿产勘查 11 个，占 9%；液体矿产勘查 9 个，占 7%；气体矿产勘查 5 个，占 4%；地球物理勘查 18 个，占 15%；地球化学勘查 4 个，占 3%；遥感地质勘查 1 个，占 1%；地质钻（坑探）12 个，占 10%；地质实验测试 37 个，占 30%。

在 99 个丙级资质中，水工环地质调查 12 个，占 12%；固体矿产勘查 33 个，占 33%；液体矿产勘查 6 个，占 6%；地球物理勘查 14 个，占 16%；地球化学勘查 9 个，占 9%；地质钻（坑探）25 个，占 25%。

第三节　地质矿产勘查

《安徽省地质勘查规划（2005—2010）》经国土资源部批准予以实施。《安徽省地质勘查规划（2005—2010）》明确规划期内全省地质勘查的指导思想、目标和原则，提出地质勘查的各项任务，是指导和规范地质勘查活动的重要依据，也是宏观调控和监督的重要手段。

基础地质调查

区域地质调查

1∶250000 区域地质调查（修测）在“十五”期间完成 3 幅，“十一五”期间完成 3 幅，至 2010 年完成太湖县、安庆市、宣城县、合肥市、六安市、蚌埠市等 6 幅，调查面积 95644 平方公里，覆盖全省面积的 68.51%。尚未开展淮北、阜阳、灵璧等 3 幅。

1∶200000 区域地质调查累计完成图幅 22 幅，调查面积 39600 平方公里，覆盖比例 100%。

1∶50000 区域地质调查和区域矿产调查：“十五”期间完成图幅 8 幅，调查面积为 3213.5 平方公里，分别为金寨县幅、苏仙石幅、青阳县幅、包村幅、诸佛庵幅、霍山县幅、五城幅、大汊口幅区域矿产调查。“十一五”期间开展填图 31 个图幅，完成 16 个图幅区域矿产调查，调查面积为 5295 平方公里，分别为 1∶50000 汀王殿、乔亭、宁国市、胡乐司幅、河沥溪、宁国墩、杭圩镇（省内）、仙霞（省内）、丁香、南村、石坝（南半幅）、张八岭、南溪，七邻（南半幅）、张广河（省内）、达权店（省内）；正在实施的区域地质和区域矿产调查 15 个图幅，计项目 5 个，分别为 1∶50000 誓节渡、广德县、独树街、芦村幅区调；1∶50000 和县、当涂、运漕、无为、姚沟区域地质调查；1∶50000 祁门、黟县区域矿产调查；1:50000 庙首、七都区域矿产调查；1∶50000 周潭、牛埠区域矿产调查，调查面积 5590 平方公里。

全省完成 179.25 个图幅的地质调查，1∶50000 区域地质调查完成 173 个图幅，调查面积 73602 平方公里，覆盖比例 52.72 %。并已出版 1∶50000 地质图及说明书。

完成安徽省地质勘查研究程度及数字化工程，安徽省 1∶500000 系列地质图更新及地质图数据库建设。

矿产资源调查评价 主要开展安徽省矿产资源潜力评价，安徽省煤炭资源有效供给及找矿潜力调查评价、安徽省主要非金属矿产找矿潜力调查评价 、郯庐断裂桐城－太湖一带、宣州市白果树－铜山地区、休宁西南部地区、枞阳官桥地区、含山－香泉地区矿产资源调查评价工作。重点对安徽江南过渡带、皖南地区、庐枞火山岩盆地、怀宁盆地、蚌埠地区、淮北地区进行矿产资源调查评价工作。

区域地球物理、化学调查 据国土部遥感中心 2003 年统计，全省航空磁测完成面积 1∶100000~1∶200000 面积约 13 万平方公里，1∶50000 面积约 6 万平方公里，1∶25000 面积约 4.4 万平方公里。至 2010 年全省航空物探基本覆盖，重点成矿区开展过航空（电 / 磁）和航空伽能谱综合测量，成果资料为地面物探工作开展提供了信息。全省完成 1∶200000 区域重力调查面积 11.09 万平方公里，1∶100000 区域重力调查面积 1.575 万平方公里，1∶50000 区域重力调查面积 1.2470 万平方公里（据 2002 年安徽省区域重力数据库）。全省完成 1∶250000 地球化学调查面积 65000 平方公里；完成 1∶200000 地球化学调查面积 83000 平方公里；完成 1∶50000 地球化学调查面积 50892 平方公里。2000—2010 年主要开展重要成矿带 1∶50000 水系沉积物测量，完成 26 个区域地质调查图幅，测量面积为 6927 平方公里；开展 1∶50000 宁国东南部狮桥—仙霞地区地球化学普查，调查面积 350 平方公里，完成安徽省地球物理地球化学卫星遥感图集编制及解译。完成安徽沿江地区物化探二次资料开发。开展蚌埠地区综合物化探方法试验及找矿。

矿产资源勘查 到 2010 年年底，全省已对已经发现的 93 处矿产地进行不同程度的勘查，从 2000—2010 年，全省地勘费总投入：中央财政 31037.012 万元，地方财政 80563.5 万元，社会投资 420121.84 万元，钻探 5378825.53 米，坑探 52730.95 米。

煤炭勘查：主要勘查集中在省内两淮、宿州、亳州等地区，共开展 17 个勘查项目：勘探 1 个、详查 2 个、普查 13 个、预查 1 个。

铁矿勘查：对全省铁矿进行规模较大的勘查工作，2008 年编制《全省新一轮铁矿勘查方案》，主要是以霍邱矿田、马鞍山—芜湖地区、庐江—枞阳地区、繁昌地区为重点，共开展了 16 个勘查项目：勘探 1 个、详查 4 个、普查 11 个。

铜矿勘查：重点勘查庐江县沙溪地区、铜陵市凤凰山、贵池地区、滁州地区等。共开展 8 个勘查项目：详查 1 个、普查 7 个。

金矿勘查：主要集中铜陵、绩溪等地区。共对 4 个矿床进行普查。

铅锌矿勘查：南陵地区铅锌矿找矿取得重要进展，姚家岭铅锌矿床为特大型金锌矿，并对其进行普查。对凤阳县中家山、东至县兆吉口地区、铜陵白牡岭地区进行普查。

钨矿勘查：在省内皖南地区取得重要进展，祁门东源、青阳高家深部及外围、百丈岩为大型钨矿，对其进行普查。其后对绩溪县逍遥、宁国市竹溪岭地区进行普查。

钼矿勘查 ：在省内大别山区取得突破性进展，发现超大型金寨沙坪沟钼矿，在池州

黄山岭地区也发现大型钼矿，分别对其进行勘查

硫铁矿勘查：主要集中在庐枞和马芜地区。

盐矿勘查：对定远盐矿外围盐矿等进行详查。

石膏矿勘查：对定远盐矿外围石膏矿等进行普查。

石灰岩勘查：在省内池州、青阳、繁昌、广德、怀宁等地勘查大型、特大型优质石灰岩矿床。

勘查主要成果

基础地质调查成果

区域地质成果。通过区域地质调查工作，对全省地层、构造、岩浆岩、矿床（点）地质特征及其他地质体进行系统总结和调查研究，提高对全省基础地质、成矿地质条件的认识，圈定综合异常160多处，成矿远景区近70多处。

区域地球物理调查、区域地球化学调查及资料开发成果：开展了全省霍邱、蚌埠—凤阳、宁国东南部等地区的区域地球物理调查、区域地球化学调查工作。安徽省霍邱铁矿外围磁异常查证工作初步选出16个有找矿意义的异常；完成霍邱县大刘台子—西梢、堰沿、颍上县尹台子、耿庄4处1∶10000磁异常地面查证和钻探验证，在颍上县耿庄、霍邱县大刘台子—西梢、堰沿3个查证区见工业铁矿体。《蚌埠—凤阳地区浅覆盖区综合物化探找矿》首次开展的大面积1∶50000金属动态测量，为全国首次示范，发现一批化探异常，在全区划分7个成矿远景区和20个找矿靶区，新发现5个激电异常，圈定44个局部化探异常，施工验证钻孔3个，有2个钻孔发现了金矿化和晶质石墨矿体。对安徽省宁国东南部狮桥—仙霞地区进行了1∶50000地球化学普查，圈定了单元素异常228处，综合异常9处。划分3处地球化学找矿远景区：进一步优选出地球化学找矿靶区5处。开展了安徽省沿江地区物化探资料二次开发，对获得的12条MT剖面资料，结合重、磁资料进行综合解释，对7个重点矿床地质、物化探特征进行综合研究，优选40处重点物化探异常，提出6个重点深部找矿靶区。

资源调查评价成果

安徽省矿产资源潜力评价：自2007年4月国土资源部地勘司组织召开的长沙会议启动“全国重要矿产资源潜力评价”项目以来，安徽省矿产资源潜力评价历经6年工作；开展庐枞地区火山岩型铁矿资源潜力评价示范工作；完成全省煤炭、铜、铅、锌、金、钨、锑、磷、稀土等9个矿种的资源潜力评价工作；预测全省铁矿在2000米以浅的334类资源量102亿吨；预测全省煤矿2000米以浅资源量446.2亿吨；铜矿预测资源量为：500米以浅556.54万吨，1000米以浅1030.10万吨，2000米以浅1295.83万吨。预测钨资源量为：500米以浅86.65万吨、1000米以浅158.88万吨、2000米以浅176.37万吨；预测金矿资源量289.52吨；预测铅锌矿资源量：500米以浅的铅锌矿预测资源量各为165.64万吨、213.7万吨，1000米以浅的资源量各为304.9万吨、388.0万吨，2000米以浅的资源量各为329.24万吨、642.38万吨。

安徽省煤炭资源有效供给及找矿潜力调查评价：对全省煤矿产地的找矿潜力作出了全面评价；对今后的勘查工作提出建议。全省共提出潜力评价区(预测区)54个区块，预测–2000米以上资源量467亿吨。

安徽省铀矿资源调查评价：将铀矿化类型划分为7个大类14个亚类。综合各类矿化信息，将安徽省划分了金寨—西汤池、沿江和广德—屯溪3条铀成矿远景带，并进一步划分7个铀成矿远景亚带和22个铀成矿远景区，优选14个找矿靶区。

安徽省主要非金属矿产找矿潜力调查评价：对全省16个主要非金属矿产进行成矿单元划分，划分出Ⅳ级成矿远景区22个，Ⅴ级成矿预测区29处，对14个矿种分别进行资源量预测。

在全省潜力评价的基础上，对含山－香泉地区、池州地区、宁国市东南部、桐城－太湖一带、宣州市白果树—铜山地区、休宁西南部地区、淮北市前常－徐楼地区、怀宁地区等重点地区进行矿产调查评价工作，发现各类异常94处，对26处找矿靶区进行查证或评价，发现17处矿点或矿化点。其中《淮北市前常－徐楼地区铁铜矿产资源预查及覆盖区综合找矿方法研究》，是在全国率先开展覆盖区综合找矿方法研究工作中，取得的主要创新成果，建立了物探与地质紧密结合的"区域研究选区、重磁扫面定靶、综合勘查定位、钻探测井定性"一选三定四阶段反复循环的覆盖区综合找矿模式，适应于华北地块"邯邢式"铁（铜）矿等其他金属矿勘查工作。

矿产资源勘查成果

查明一批新矿床。共计22个矿种、93个矿床，其中大型矿床24处，中型矿床29处，小型矿床40处，这批新查明的矿床中，以煤炭、铁矿、铜矿、铅锌矿、钨钼矿、水泥用灰岩的数量最多，特别是发现和查明一批大中型煤、铁、铜、铅锌、钨钼矿床，为安徽的地方经济发展作出了贡献。在省内大别山区发现沙坪沟超大型钼矿、皖南山区发现东源大型钨矿，改写了两大山区无大矿历史。

查明一大批矿产资源储量。煤炭新增资源储量85.03亿吨（333及以上，下同）；铁新增资源储量8.13亿吨；铜新增金属量达到99.89万吨；铅新增金属量20.16万吨；锌新增金属量164.15万吨；钨新增三氧化钨资源储量26.07万吨；钼新增金属量23.23万吨；金新增金属量（含伴生）98.92吨；银新增金属量2648.59吨；硫铁矿新增资源储量1.39亿吨；水泥用灰岩新增资源储量52亿吨；石膏新增资源储量42亿吨。

新区开拓取得找矿进展。皖西北地区找矿成果突出的是罗集－西贾庄地区，预查找矿阶段西贾庄ZK01孔验证西贾庄磁异常，见两层视厚度共27.22米磁铁矿体，含铁岩系初步定为太古界五河群庄子里组。该区这一成果为皖北找铁提供了重大线索，是皖西北地区找矿的重大突破。皖东北地区金刚石找矿取得重大进展，在省内及全国产生了影响。2010年已完成的重砂样品中发现3颗原生金刚石。皖南荆州银多金属矿普查是皖南地区找铜的重大突破 。

深部找矿取得重大进展。深部勘查工作主要集中在省内长江中下游金铜铁多金属成矿带，取得的重大进展：庐枞矿集区泥河铁矿的发现是安徽省利用深部物探方法，在低缓异常区见到的大型铁矿床，该矿床的发现在地质界创造了泥河模式，开创了全国深部找矿的先河。马芜矿集区在当涂县白象山铁矿外围开展铁矿普查，有望达到大型矿床规模，对钟姑矿田找矿具有指导意义。铜陵矿集区在狮子山矿田深部开展深部勘查，有望提交铜、金、钼三个中型矿床。南陵姚家岭、铜陵狮子山矿田深部、贵池黄山岭深部及外围等地，铜钼多金属矿的发现及铜陵舒家店和庐江沙溪深部斑岩铜矿进一步扩大，拓宽了沿江地区深部找矿前景。

危机矿山接替资源找矿成果。

2004 年国务院 63 次常务会审议通过《全国危机矿山接替资源找矿规划纲要（2004~2010 年）》，从国家战略性矿产资源着想，解决危机矿山接替资源，延长矿山服务年限，确定 18 个主攻矿种，主要为煤、铁、锰、铜、铝、铅、锌、钨、锡、钼、锑、镍、金、磷等。安徽省是矿产资源大省，优势矿种有铁、铜、煤等。省国土资源厅积极响应，及时委托省公益性地质调查管理中心在充分了解和分析全省各大中型矿山保有资源储量和资源潜力的基础上，编制《安徽省危机矿山调查与接替资源勘查规划 (2005—2010 年）》。经组织专家论证确定金属类（铜、金、铁）有 13 个危机矿山，分别是铜陵有色金属集团所辖的铜官山铜矿、凤凰山铜矿、金口岭铜矿、铜山铜矿、天马山金矿、安庆铜矿；马钢集团所辖的姑山铁矿、凹山铁矿、东山铁矿、桃冲铁矿；以及铜陵县黄狮涝金矿、黄梅山铁矿、池州黄山岭铅锌矿；能源矿产（煤）有 14 个矿山存在危机，分布在两淮煤田区，分别是淮北矿业集团、皖北煤电、恒源煤电和淮南煤田区国投新集、淮南矿业集团所辖的几家大中型煤矿。自 2005 年开展危机矿山工作开始至今，共实施矿产勘查项目 12 项，成矿预测项目 3 项。

危机矿山工作开展 5 年来，投入勘查资金 12293 万元，其中中央财政 6147 万元，省财政匹配 607 万元，企业自筹 5540 万元；投入的主要实物工作量有钻探 117400 米、坑内钻探 11000 米、坑探 2000 米、槽探 2200 立方米，物探磁法测量 120 平方千米，地震点 4900 个。全省危机矿山接替资源找矿成果突出，到“十一五”计划末，在老矿山的深部、外围或邻区已经新增一处大型和一处中型煤炭矿产地，共获得新增煤资源量约 24904 万吨，天然焦 2072 万吨，并投入开发利用；已经新增 2 处中型铁矿产地和一处中型铜多金属矿产地，共获得新增铁矿石资源量 8484 万吨，铜金属量 22 万吨；另预期可新增铜、金和铁中型矿产地 3 处，小型矿产地 5 处，预期可获得新增铜 13 万 ~ 15 万吨，金 12 吨左右和铁 3000 万 ~ 3500 万吨。在较短的工作时间内，取得的成绩喜人，为全省资源濒临枯竭的矿山提供宝贵的接替资源，取得良好的经济和社会效益。

整装勘查有序推进。

庐枞铁铜矿整装勘查：作为国家首批找矿突破战略行动 47 个整装勘查区之一的庐枞铁铜矿整装勘查区，在探索地质找矿新机制上创造了全国有名的“泥河模式”。2004 年常印佛院士提出“庐枞地区找矿工程”，2007 年发现泥河铁矿，中国地质调查局，安徽省国土资源厅、安徽省地矿局，中国五矿集团签署“四方协议”，2009年5月国土资源部部长徐绍史到泥河视察指导，2010年列入国家级首批整装勘查区，庐枞地区地质找矿工作一步一个台阶。

国家和省财政一直重视该区地质找矿工作，“十一五”期间，投入2.52亿元。按照2007年“四方协议”，庐枞地区工作整体方案部署和分工，国家和省财政加大了投入力度，国家侧重面上矿产资源调查评价；省基金侧重于矿产勘查项目，在成功预测靶区的基础上，省地勘基金选定沙溪地区、罗河南部地区、庐枞南东部作为找矿突破口，以斑岩型铜矿、玢岩式铁矿、砂岩铀矿为主攻类型，启动庐江县沙溪地区深部与外围铜金矿，庐江县泥河铁矿外围铁矿，庐江县小包庄地区铁、硫矿，庐江县黄寅冲地区铁矿、枞阳县黄梅尖铀矿等普查项目。为了落实地质找矿大讨论成果，2010年庐枞地区被划为国家47个整装勘查区之一，为了加快找矿突破，省国土厅又安排了一批基金项目：沙溪地区铜金矿整装勘查、无为蔚山地区铁铜矿普查、安庆市宜秀区花山—枞阳县石矶地区铁矿普查等。

2008年后在国家和省级专家指导下，集中各方面技术和各单位力量，综合各种找矿信息，不断优化庐枞地区地质找矿技术方案，先后三次编写或修编总体技术实施方案，发挥总体技术方案在选区选点、矿产勘查工作部署方面的指导作用 。按国土资源部的要求，2010完成总体技术实施方案和矿业权方案的编制工作。并上报国土资源部，国土资源部批复了方案。

通过勘查工作，取得重要进展与找矿突破，提交大中型铜产地1处，有望提交大中型矿产地4处。

第三章　矿产资源储量管理

第一节　资源储量评审与监管

2000 年前储量管理

矿产储量审批机构　安徽省矿产资源储量的管理机构，由省地质局于 1958 年首次提出设立，经省政府同意设立的机构名称几经变更，依次为安徽省地质局储量委员会、安徽省矿产储量委员会（简称省储委）、安徽省矿产资源委员会（简称省矿资委），其机构确定的时间分别为 1958 年 10 月 7 日、1959 年 8 月 14 日、1998 年 5 月 21 日。委员会下设办公室，编制最多时 18 人，实际工作人员高峰期 11 人，2000 年低潮期 3 人，办公室负责矿产储量审查、批准的具体日常工作，行使省人民政府矿产储量行政审批职能。上述三个委员会名称不同，但行使的行政职能大体一致，行使的行政职能主要是审批供矿山开发立项、设计利用的矿产储量报告以及矿山闭坑地质报告，审查由办公室在职工作人员承担，必要时临时聘请外单位熟悉相关专业的技术人员参与。矿产资源储量报告审查，由办公室主任指定审查人员，审查人员各自提出书面意见，经办公室内部讨论、统一认识，现场考察，召开评审会议，听取报告编写等单位的意见，由主审人撰写评审意见书、审批决议书。单点、单井水气矿产或个别矿体赋存地质条件简单、小型规模的非金属矿产储量报告，不召开正式的审查会议。审批文件签发，由委员会中负责常务工作的副厅级负责人签发生效。

2000 年前，全国矿产储量管理机构由国家、省（直辖市、自治区）两级设立。1998 年 5 月 21 日，由安徽省矿产储量委员会更名而来的安徽省矿产资源委员会成立，主任黄岳忠，副主任诸宗智、胡玉贤，委员有李朝东、黄月华、周建强、张文起、赵锡琨、周开才、苏聪福、任兆祥、陶成群、王道成、陈文浩、宋巨明、黄樟苗、邓志铜、郑为文、汪斌、张援朝、宋广平、柳淮夫等 19 名同志。办公室设置在省地矿局，柳淮夫同志任办公室主任。

储量报告审查　矿产储量审批目的，是保证国家在部署规划开发矿业、进行矿山建设设计和生产时，有可靠的矿产储量和地质资料。审查地质储量报告时，重点从矿床勘探研究程度、勘探和实验研究的工作质量、矿石质量、矿床开采技术经济条件等方面进行审查，以保证制定合理的开采方案。对供矿山设计、开采利用的地质勘探报告进行审查，就探明的矿产储量的数量、质量，及其能否作为矿山建设的依据进行审查；矿床储量可靠、矿石质量能够保证、开采经济技术条件可行、开发后有较好的经济效益和社

会效益的报告，方可批准。

储量报告审批　自1959—2000年8月23日，安徽省矿产储量委员会、安徽省矿产资源委员会办公室，审查各类矿产储量报告383份。其中，大型52份、中型101份、小型139份。固体矿产292份、水气矿产91份。固体矿产储量报告中，能源矿产67份（煤66份、石煤1份），有色金属20份（铜矿16份、钴矿1份、钼矿1份、白钨矿1份），贵金属7份（金矿6份、银矿1份），黑色金属55份（铁矿49份、锰矿4份、金红石钛矿2份），冶金辅助材料非金属22份（熔剂灰岩矿12份、白云岩6份、熔剂硅石矿1份、萤石矿2份、菱铁矿1份），化工原料非金属矿46份（硫铁矿18份、磷矿14份、明矾石矿7份、电气石灰岩矿3份、钠盐矿1份、硫与伴生磷矿1份、大理岩矿2份），建筑材料非金属矿75份（水泥灰岩矿46份、水泥配料粘土矿11份、玻璃硅质岩矿8份、石膏矿5份、花岗岩1份、水泥硅质原料矿1份、瓷石矿1份、凹凸棒石矿1份、长石矿1份）。2000年度，安徽省矿产资源委员会办公室在8月23日之前审查各类矿产资源储量报告9份，审批的报告，其中勘查类报告8份、矿山闭坑报告1份。勘查类报告，按矿床储量规模、矿种、勘查地质阶段分，中型铁矿勘探1份，大型熔剂白云岩矿详查1份，大理岩矿中型详查1份、小型详查1份，大型水泥灰岩矿详查1份，矿泉水勘探大、中、小型各1份。

2000年后储量管理

评审机构管理　2000年8月23日后，因机构改革，安徽省地矿局矿政管理职能并入安徽省国土资源厅，安徽省矿产储量委员会被撤销，全省矿产资源储量管理行政职能由省国土资源厅行使，具体部门是矿产资源储量处。省内从事矿产资源储量评审具体业务的单位，分省、地级市两级，有全额拨款事业单位、差额拨款单位、自筹自支的事业单位，以及民办企业单位，省级的矿产资源储量评审机构仅有安徽省矿产资源储量评审中心及其前身安徽省矿产资源储量评审中心（筹），安徽省矿产资源储量评审中心于2003年9月正式成立。市级评审机构至2010年年底计有17个，即淮北矿安地质监测中心、蚌埠市山水矿产资源储量评审中心、安徽中安房地产评估咨询有限公司、安庆振兴矿业咨询服务有限公司、安庆市矿产资源储量评审中心、芜湖市银湖矿产资源评估有限公司、池州国光矿业技术咨询服务有限公司、淮南市嘉华地产评估咨询有限责任公司、安徽金地土地登记代理有限公司、宿州市华源地产评估有限责任公司、黄山市金山矿业评估有限公司、铜陵市科磊矿业技术服务有限责任公司、铜陵天元房地产评估经纪有限责任公司、六安市金地矿产资源储量评审有限公司、宣城市矿产资源储量评审中心、巢湖华夏地产评估所、马鞍山金土地勘测评估有限公司。

评审人员资格管理　至2010年年底，全省取得国家级矿产储量评估师资格的人员计32名（其中1名未参加培训，未予注册），其执业资格由国土资源部、人事部确认；由国土资源部、人事部联合确认的人员，第一批18名、第二批7名，由国土资源部确认的第三批人员7名。省级矿产储量评估员资格由省国土资源厅确认，计151名。省级矿产评估员资格一般 2 年调整一次。

评审业务范围管理　根据 1999 年 7 月 15 日国土资源部、国家计委、国家经贸委、中国人民银行、中国证监会等 5 个部门联合颁发的《关于颁布 < 矿产资源储量评审认定办法 > 的通知》规定，石油、天然气、煤层气和放射性矿产的资源储量，以矿产资源勘查、开发项目公开发行股票时依据的矿产资源储量，外商投资勘查、开采的矿产资源储量，领海及中国管辖的其他海域的矿产资源储量，跨省、自治区、直辖市的矿产资源储量，前 5 项以外的矿产资源储量规模在大型以上的，由国土资源部管理评审和认定，除上述规定以外的由省国土资源厅管理评审，评审过程具体工作由省矿产资源储量评审中心办理。市级评审机构的业务范围执行省国土资源厅 2003 年 7 月 23 日《关于印发 < 关于矿产资源储量管理的若干意见 > 的通知》有关规定，资源储量和矿床规模中型及以上用作普通建筑材料的砂、石、黏土的矿产资源储量（称乙类矿产），由市级评审机构评审。小型的乙类矿产由县矿产资源储量评审机构组织评审；市、县未设矿产资源储量评审机构的由市、县国土资源局组织矿产储量评审专家评审。

评审专家构成管理　省矿产资源储量评审机构的专家聘请，遵照《矿产资源储量评审认定办法》的要求执行，需聘请国家注册的矿产储量评估师担任，矿产资源储量规模大型以上，聘请 5~7 名；中型的，不少于 3 名；小型的，1~2 名。在评审时间短促时，聘请少量评估员参与评审专家组，人数不超过 2 名。市、县矿产资源储量评审机构评审，执行《关于印发 < 关于矿产资源储量管理的若干意见 > 的通知》要求。即市矿产资源储量评审机构评审，评审专家组不少于 3 人，专家组组长必须由国家注册矿产储量评估师担任，专家组其他成员一般是评估员；县矿产资源储量评审机构组织评审，专家组不少于 3 人，专家组一般由评估员组成。评审专家专业构成根据所评审的报告确定，主要有地质矿产、水工环、物化探、采矿、选矿等方面的专家。

取消评审结果认定和审批　国土资源部《关于加强矿产资源储量评审监督管理的通知》，要求做好取消行政审批项目后的矿产资源储量评审监督管理。国土资源厅下发的《关于矿产资源储量管理的若干意见》“深化矿产资源储量评审管理改革”中的第 3 条明确取消矿产资源储量评审结果的政府认定；第 4 条明确取消矿产工业指标的政府审批，并要求勘查矿产资源“凡高于规定工业指标要求的，探矿权、采矿权人必须提供论证报告，在矿产资源储量评审前进行审查，由探矿权人、采矿权人报省国土资源厅备案，否则矿产资源储量不予评审”。省矿产资源储量评审机构评审出具的评审意见书送省国土资源厅，省国土资源厅 2000 年 8 月—2002 年底采用“矿产资源储量认定书”（评审意见书作附件）行文；2003 年以后实行备案制，2003 年 3 月—2004 年 4 月 7 日，以行文方式下发评审意见书，2004 年 4 月 7 日—2010 年底采用“矿产资源储量备案证明”（评审意见书作附件）行文。

评审业务培训　2002 年 12 月 10 日—14 日，省国土资源厅组织了第二批矿产储量评估师的培训（机构改革前的 2000 年上半年，省矿产资源委员会办公室和省地矿局资料处联合组织第一批矿产储量评估师的培训）。2004年，省国土资源厅举办两期《固体矿产资源勘查规范总则》国家标准和《铁、锰、铬地质勘查规范》等19种规范的培训班，国土资源管理、地勘行业、矿山、开采设计单位共334人参加培训。2009年7月，组织了第三批矿产储量评估师培训。

评审机构和人员考核　2004年，国土资源部矿产资源储量评审中心委托省国土资源厅矿产资源储量处，对首批16名矿产储量评估师进行第1次考核注册。2008年7月，国土资源部组织由部矿产资源储量评审中心、矿业权评估师协会对省矿产资源储量评审中心的评审业务考核。省国土资源厅组织矿产资源储量处、省矿产资源储量评审中心，对省矿产储量评估员进行考核，考核不合格的，取消其资格。至2010年年底，列入合格的人员116人。

第二节　矿产资源分析研究

规划纲要研究

为编制安徽省2001—2015年国民经济和社会发展规划纲要使用，2000年3—7月，开展《2001—2015年安徽省矿产资源总体规划纲要（草案）》研究。项目成果：文字报告1份，附图4张：矿产资源分布图、矿产资源开发利用现状图、矿产资源勘查规划图和矿产资源开发利用与保护规划图。

矿产战略研究

2001年2—10月，开展《安徽省重要矿产资源若干战略问题的报告》研究。报告分5个专题进行研究，并在此基础上撰写总体报告。报告从矿产资源供给、勘查、开发、矿山环境、地下水开发利用、矿产管理体制与对外开放、利用外资等七个方面分析全省矿产资源形势；从资源全球化角度和安徽今后5年、10年发展的需求形势出发，提出资源市场、结构调整、集约利用、提高科技水平、合理开发地下水、矿山环境保护等六条矿产资源战略，以及为实施战略，必须采取的加大战略性矿产资源调查评价、培育矿业权市场、鼓励“走出去”勘查开发矿产资源、建立和完善矿产资源规划体系、推进依法行政完善法制体系等五个方面的措施。省政府办公厅在《政务参阅》(2002年第6期）中将该报告主要部分印发全省。

资源保障研究

2003年，根据生态省建设领导小组的布置，参加《土地、矿产资源保障程度及对策》专题研究和《全省生态功能区划》部分内容研究。2004年，根据《安徽生态省建设总体规划纲要》，编制完成《安徽省国土资源可持续利用规划（2003—2020年）》。2005年，经省生态省建设领导小组办公室审查同意，作为确保实现生态省建设目标的重要措施，印发《安徽省国土资源可持续开发利用规划》（下称《规划》）。《规划》以2003—2020年为规划期，分为三个阶段：起步阶段（2003—2007年），全面建设期（2008—

2015 年），提高完善期（2016—2020 年）。《规划》从调查基本现状入手，在对全省国土资源可持续开发利用环境分析的基础上，确立总体目标和实施步骤，明确了规划的主要任务和保证规划实施的主要措施。

建储量数据库

2004—2005 年，根据国土资源部的统一部署，完成矿产资源储量空间数据库的建库工作，上表矿区 643 个。2005 年经国土资源部验收通过。此库的建成，全面掌握矿区与矿体的空间形态，为科学设立采矿权和确定矿区空间范围提供技术手段，为提高矿政管理奠定了一定的基础。

制定基准价

2004 年，根据矿政管理的实际需要和省厅的要求，开展非金属矿采矿权出让、转让基准价的研定工作。经过对各市的调研和相关情况的了解分析，初拟 19 种非金属矿采矿权出让、转让基准价的讨论稿。在多次征求意见修改后，经省法制办审定，于 2005 年 2 月下发《关于印发 < 实施部分非金属矿采矿权、探矿权出让价款评估基准价的意见（试行）> 的通知》，规范两权的出让行为。

研编省资源报告

2000—2010 年省国土资源厅每年编制出版《安徽省矿产资源报告》，该报告全面反映安徽省矿产资源及其勘查、开发利用和矿业发展实况的综合性年度报告，其目的是为省政府和有关部门的决策、规划、管理提供矿产资源方面的有关信息。年度报告内容共分七章，以文字叙述为主，辅以必要的数据表格。从 2002 年起名称改为《安徽省矿产资源年报》，内容章节有所调整和压缩，以数据表格为主，辅以必要的文字叙述，印制由原先的黑白改为彩色印刷。

非金属矿研究

安徽省把非金属矿产资源深加工作为全省"十五"规划重点发展的四大支柱之一，2002 年 3—5 月，根据省内非金属矿产资源潜力状况，开展《安徽省非金属矿开发、利用前景及相关对策研究》，在调查全省非金属矿开发、利用与深加工现状及存在问题的基础上，对非金属矿开发利用市场前景与产业发展趋势进行分析，提出加快全省非金属矿开发与深加工的指导思想、发展重点、目标以及发展对策与措施。

补偿费减免规定

为加强全省矿产资源补偿费减免监督管理，规范和统一矿产资源补偿费减免工作，实现减免工作规范化、标准化和制度化，2008 年 10 月—2010 年 10 月，在对省内大中型矿山矿产资源补偿费征收实地调研的基础上，研究制定 3 个规范性文件：《安徽省矿产资源补偿费减免申请规定（暂行）》《安徽省矿产资源补偿费减免核实规定（暂行）》《安徽省矿产资源补偿费减免审查规定（暂行）》。安徽省国土资源厅、安徽省财政厅于 2010 年 11 月发文执行。

第三节　资源储量登记统计

储量表编制

编制年度矿产资源储量表是国家掌握资源家底及年度资源利用情况的一项政府管理工作。1955 年 9 月 8 日国务院《根据国家工业建设需要进行全国矿产储量统计及编制矿产储量平衡表工作的指示》，当时国家计划委员会颁发《矿产储量表填报规定》，1995 年 1 月 3 日地质矿产部第 20 号令发布《矿产储量登记统计管理暂行办法》。国土资源部成立后，加强了矿产资源储量的登记统计，推行与矿产资源开发利用统计二合一，扩大矿产资源勘查、开发利用信息服务，2004 年 1 月 9 日国土资源部第 23 号令发布《矿产资源储量登记统计管理办法》，2004 年 2 月 20 日印发《关于开展矿产资源储量登记工作的通知》，通过探明、占用、压覆矿产储量登记统计，编制全省矿产储量表报送国家和省级机关。矿产资源储量表分“能源矿产、黑色金属矿产、有色金属矿产、贵金属及稀有分散元素矿产、建材及其他非金属矿产、化工原料非金属矿产、冶金辅助原料矿产”7 类，发布的面由原报上级机关，扩大到面向省级政府有关部门和各级国土资源管理部门及地质勘查、矿业开发主管单位，更广泛提供矿产资源储量信息服务。2010 年度全省矿产资源储量表，上表矿种 93 种（不包括国土资源部上表的铀、石油、煤层气和未上表的地热、矿泉水、地下水），矿产地达 1835（含共伴生矿产地，下同）处，2000 年省上表矿种 63 种，2010 年比 2000 年增加 30 种，增长 47.62%；2000 年省上表矿产地 753 处，2010 年比 2000 年增加 1082 处，增长 147.21%。

储量套改

1999 年 6 月 8 日颁布并于当年 12 月 1 日实施的《矿产资源储量分类》国家标准（GB/T17766 — 1999），是全国矿产资源储量分类管理并与国际资源储量管理接轨的一次重要改革。为适应新的国家标准要求，准确摸清全国矿产资源家底，国土资源部下发《关于开展矿产资源储量套改工作的通知》，通知要求各省（市、区）国土资源厅（局），开展矿产资源储量套改工作，将原有《矿产储量表》中的矿产资源储量数据按照新标准进行全面套改。省国土资源厅及时成立由厅长担任组长，10 个省直部门参加的套改领导小组，下设套改办公室和 3 个工作项目小组。经过 2000 年、2001 年两年的努力，省国土资源厅共完成列入矿产储量表 63 个矿种 584 个矿区（共伴生矿区 753 个）的各种矿产、各种类型和级别的储量套改任务。形成 511 份矿山调查表、584 份矿产资源储量套改结果说明书和 584 份批准书、套改工作总结、套改结果分析报告和三种套改结果汇总表、套改数据库，对套改成果进行汇集成册《安徽省矿产资源储量套改成果报告》。这些成果为全省矿产资源战略研究和正在编制的矿产资源规划、矿业权市场建立起到重要的基础作用。省国土资源厅被国土资源部评为“全国矿产资源储量套改先进集体”。

动态管理

国土资源部提出要在“十五”期间“建立全国矿产资源储量动态检测管理机制、建立全国矿产资源储量变化动态检测体系”，接着召开全国矿产资源储量管理工作会议，部署全国开展试点工作。省国土资源厅调研拟定方案，2004年2月6日下发《关于开展矿产资源储量动态监测试点工作的通知》，选择滁州、宿州、淮南、宣城、安庆等5个市国土资源局，开展矿产资源储量动态检测工作试点。同时下发《矿产资源储量动态监测试点工作方案》《矿产资源储量动态监测管理若干规定（试行）》《矿产资源储量动态监测机构管理若干规定（试行）》《矿产资源储量动态监测技术指南（试行）》《矿产资源储量动态监测报告编写指南（试行）》。认定9家矿产资源储量动态检测机构，其中试点地区7家，非试点地区2家。试点市当年对95个矿山进行矿产资源储量动态检测，共提交检测报告95份。按规模分，大型矿山1家，其余均为小型矿山；按矿种划分，煤矿3家，其余均为露采非金属矿山。

2005年4月8日，在总结动态监督管理工作试点的基础上，召开扩大试点工作会议，要求各市都要开展矿山储量动态检测试点工作，提出扩大试点工作的基本目标是：通过动态检测，准确掌握矿山的资源储量占有情况、年度资源储量消耗和变化情况，对矿山进行有效监督管理，为企业所需要的技术服务提供有效渠道，为矿产资源补偿费征收提供依据，促进科学合理与节约利用矿产资源，提高资源利用率。会后下发关于《矿产资源储量动态检测扩大试点工作方案》的通知。在扩大试点中，采取办理采矿权延续、转让、变更要求提交矿山储量检测报告，推进试点工作。2006年，矿产资源储量动态监测全面铺开，转发《国土资源部关于全面开展矿山储量动态监督管理的通知》，提出落实国土资源部关于全面开展矿山动态监管工作，先后出台《安徽省矿山储量动态监督管理暂行办法》《关于进一步加强矿山储量动态监管和补偿费征收工作的通知》《关于考核矿山储量检测机构的通知》，开展省厅直接征收矿产资源补偿费的大型矿山（煤炭、金属、非金属）以邀标形式确定承担矿山储量年报核查工作，批复各核查单位的核查方案，对核查报告编写提纲提出要求。出版《矿山储量动态监督管理文件汇编》，规范矿山动态监管和从事矿山储量检测机构的行为。2008年全面推进动态监督管理工作进一步深化，出台《关于推进矿山储量动态监管全面到位的通知》，将矿山储量动态监管落实到所有矿山、建立统一完善的矿山储量检测市场、严格矿山储量动态监管工作考核等要求，及时地对矿山储量动态检测机构技术人员进行业务讲解培训。至2010年年底，经批准成立的检测机构达到63家，矿山储量动态监督管理覆盖全省所有矿山，实现矿山储量动态监督管理常态化，成为矿产资源有效利用监督管理和矿产资源补偿费征收与资源消耗挂钩管理的重要手段。解决了1998年国家机构改革撤销工业部委后矿山企业资源利用无部门管理的状态。

第四节　地质资料管理

管理制度

2000年上半年省人民政府机构改革前，全省地质资料管理实行政事合一的管理体制，由安徽省地质矿产局矿产资源管理处（又名：安徽省地质资料处，一个机构两块牌子）承担。2000年4月成立安徽省国土资源厅，全省地质资料管理职能划入省国土资源厅，实行政事分开的管理体制。即全省地质资料的行政管理职能由安徽省国土资源厅负责，地质资料的库房管理及具体业务性工作由拟新建的安徽省国土资源厅直属事业单位安徽省地质资料馆承担。安徽省地质资料馆筹建期间，地质资料的库房管理及具体业务性工作由安徽省国土资源厅矿产资源储量处负责和组织。2003年7月28日，安徽省机构编制委员会办公室以（皖编办〔2003〕100号）文件批准成立安徽省国土资源信息中心（加挂安徽省地质资料馆牌子），为安徽省国土资源厅直属正处级全额拨款的公益性事业单位，编制15人。

2002年3月19日国务院令第349号公布《地质资料管理条例》和国土资源部第16号令发布的《地质资料管理条例实施办法》规定："全国地质资料馆，省、自治区、直辖市国土资源行政主管部门的地质资料馆和地质资料保管单位，依法保存、管理汇交的地质资料，为社会提供地质资料服务，履行下列职责：受国土资源行政主管部门的委托，接收、验收汇交的地质资料；建立健全馆藏地质资料保管、利用制度，按规定整理，保管地质资料；建立和维护地质资料信息服务系统；开展地质资料综合研究，依法为社会提供地质资料服务；法律、法规规定的其他职责。" 地质资料管理包括成果地质资料汇交管理及原始地质资料、实物地质资料管理工作。安徽省地质资料馆主要是负责成果地质资料汇交、接收管理、地质资料的催交和检查验收、登记整理入库、库房管理、借阅服务。由于管理条件的限制，原始地质资料、实物地质资料无法统一实行管理，都存放在各地勘单位，国土资源主管部门主要负责督促、检查管理制度和相关管理规范落实和执行情况。

资料汇交

安徽省地质资料馆在筹建期间，就1999年度各有关单位的地质资料汇交情况进行通报，对欠交的地质资料进行督促、催交，至2003年年底，历年来41个汇交单位欠交的300种地质资料已全部按要求进行补交，完成部下达的清欠任务。特别是已上省矿产储量表矿产地地质资料的补交，满足探矿权、采矿权市场建设对地质资料的需求。2004年上半年地质资料馆正式挂牌，地质资料汇交管理步入正常轨道。及时对全省以往勘查登记的714个地勘项目地质资料汇交情况逐一进行核对，对正在施工或未汇交资料的地勘项目分门别类登记造册，以进一步督促其汇交；对新勘查登记的地勘项目，在申报的材料中，规定必须附有探矿权申请人汇交地质资料的承诺书，通过这一措施，既宣传国务院《地质资料管理条例》,又有利于提高探矿权申请人的汇交意识。通过探矿权、采矿权登记会审,督促追交 74 种应汇交的地质资料,其中采矿权登记会审追交 47 种,探矿权登记会审追交 27 种。2000—2010 年接收成果地质资料 3095 档(种)(见表 4-3-1),占馆藏地质资料 9141 档(种)33.89%。2010 年年底,馆藏汇交成果地质资料 9141 档(种),按地质资料类别划分,各种比例尺区域地质矿产调查资料 366 档(种);矿产地质资料 5086 档(种);其中油气矿产地质资料 160 档(种),水气矿产地质资料 118 档(种);水文地质、工程地质和环境地质资料 606 档(种);物探、化探、遥感地质资料 1145 档(种);地质科研资料 1866 档(种);其他资料 72 档(种)。

2000—2010 年安徽省地质资料成果汇交统计表

表 4-3-1　单位:种

年份	当年汇交数(合计数)	区域地质(汇交数)	矿产地质(汇交数)	水工环(汇交数)	物化遥(汇交数)	地质科研(汇交数)	其他地质资料(汇交数)
2000	19		19				
2001	41	1	40				
2002	166	2	164				
2003	200	1	199				
2004	328	2	287	15	2	22	
2005	399	3	336	14	11	35	
2006	399	3	336	14	11	35	
2007	471	2	428	12	10	19	
2008	362		336	1	2	2	21
2009	457		388	35	4	6	24
2010	253	1	231	4	2	3	12
总计	3095	15	2764	95	42	122	57

资料数字化

2001 年 8 月 24 日国土资源部印发《关于开展地质资料目录数据库建设和地质资料数字化的通知》,及时制定《地质资料图文数字化项目实施方案》《地质资料图文数字化光盘质量验收规定》,部署开展成果地质资料目录数据库的建设,配置计算机等现代化的设备,经过数据加工,馆藏 9141 档(种)地质资料已全部编制“成果地质资料目录数据库著录表”,并录入安徽省地质资料目录数据库,在安徽省国土资源厅网站上网公开地质资料目录。馆藏成果地质资料图文数字化制作 2005 年前完成 845 种(档),新汇交的成果地质资料依据国土资源部的规定要求进行电子文件汇交。

社会化服务

馆藏地质资料按规定分为保密性地质资料、公益性地质资料和保护性地质资料三大类。为贯彻国土资源部、国家保密局《加强地质资料社会化服务的若干规定》，安徽省国土资源厅和安徽省国家保密局联合制定实施意见，开展全省保密地质资料的全面清理工作。通过地质资料涉密定密工作，在馆藏地质资料中清理出涉密地质资料3188档（种），涉密地质资料总件数15503件。清理结果经安徽省国土资源厅和省国家保密局联合组织验收。对属保密性地质资料按规定履行报批手续后提供社会使用。

公益性地质资料。根据国土资源部2000年《关于发布公益性地质资料范围的公告》规定发布：比例尺小于1:50000（含1:50000）区域地质调查资料；比例尺小于1:200000（含1:200000）区域矿产地质调查资料；比例尺小于1:200000（含1:200000）区域地球化学调查资料；比例尺小于1:200000（含1:200000）区域地球物理调查资料；比例尺小于1:200000（含1:200000）航空物探资料；比例尺小于1:200000（含1:200000）区域水文地质调查、区域工程地质调查资料；比例尺小于1:50000（含1:50000）县（市）水文地质、工程地质、环境地质、灾害地质调查资料；比例尺小于1:50000（含1:50000）遥感区域地质调查资料；比例尺小于1:200000海洋区域地质调查、综合性海洋地质、矿产、地球物理、地球化学调查资料、海洋（含海岸带）环境地质、工程地质、灾害地质调查资料；大洋矿产资源调查和研究资料；地质调查参考资料；地质环境监测成果资料。馆藏所有的公益性地质资料目录在安徽省国土资源厅网站（www.ahgtt.gov.cn）上网公布，以满足不同借阅者的需求，可凭有效证件，广泛提供社会化服务。

保护期的地质资料。根据《地质资料管理条例》规定，两类地质资料可设保护期，探矿权人、采矿权人汇交的地质资料，在勘查许可证、采矿许可证有效期内（包括获准延期的矿业权）予以保护，自矿业权届满之日起30日内，由地质资料馆予以公开；汇交人汇交地质资料时，需要保护的，通过申请并获准办理保护登记手续的地质资料。保护期自办理保护登记手续之日起，不得超过5年；需要延期保护的，在保护期满前30日内办理延期保护手续、延长期限不得超过5年。地质资料保护期届满之日起30日内，由地质资料馆予以公开。保护期内的地质资料只公开地质资料目录。保护期内的地质资料可以有偿使用，具体方式由利用人与地质资料汇交人协商确定。因救灾等公共利益需要，政府及其有关部门可以无偿利用保护期的地质资料。

同时，制作馆藏地质资料目录查询检索方式有书本式“安徽省地质资料目录”、卡片式“专业、地区编制两套目录卡片”目录、安徽省地质资料管理与服务多媒体触摸屏查询系统、计算机目录检索网络系统（安徽省国土资源厅网站）等四种服务形式，方便社会各界借阅地质资料。2000—2010年接待社会各界借阅地质资料14138人次（见表4-3-2），平均每年接待达1285人次。

2000—2010 年省地质馆藏资料接待借阅统计表

表 4–3–2

年 份	接待借阅人次	借阅资料份次	借阅资料件次
2000	269	352	2130
2001	274	1134	4032
2002	852	3100	11410
2003	1280	3608	25657
2004	1062	2272	39496
2005	1074	1791	38655
2006	1389	4104	56169
2007	1377	9659	162545
2008	676	3651	51653
2009	1365	6122	91218
2010	4524	3247	28870
总计	14138	39040	511835

资料库筹建

国务院《地质资料管理条例》实施,安徽省国土资源厅加强馆藏成果地质资料管理和社会化服务工作,开展全省新中国成立以来实物地质资料的调研工作。安徽国土资源厅成立初期进行一次调研, 2009 年 8 月至 2010 年 3 月进行第二次调研,查明查清存放实物地质资料的基本情况,向国土资源部提交调研报告。全省有 23 个地勘单位和矿山企业存放实物地质资料保管库房 98 处,库存钻孔岩心 1228491.89 米,岩屑 814 袋,库存副样 370474 件,岩矿石标本 3044 件,库存光薄片 6915 件。还有露天存放实物地质资料 14 处,岩矿心 29687 米,实物地质资料埋藏点 23 处,埋藏岩心 102253 米,埋藏副样 14998 件。省人民政府非常重视全省实物地质资料的存放与利用, 2007 年 10 月 26 日,省政府副秘书长余焰炉受副省长田维谦委托主持召开专题会议,研究实物地质资料(库)馆建设问题,形成会议纪要:省国土资源厅抓紧编制项目建议书,按程序报发展改革委论证、审批;明确建设资金,由省发展改革委和省财政厅适当安排,其余部分从省矿业权价款和矿产资源补偿费中解决;明确了请合肥市政府按照公益性项目建设的有关政策支持选址和土地征用。经过积极紧张的工作,安徽省实物地质资料库,建设项目论证批准,征用土地 10.15 公顷,建设规模 50000 平方米(包括实物地质资料库、原始地质资料库、成果地质资料库、科普展示房、数据中心、综合办公房),项目总投资 5.4 亿元。2009 年年底开工建设,成为安徽省成果地质资料、原始地质资料、实物地质资料现代化管理基地、现代化开发利用与科普服务基地、现代化国土资源调查与地质科学研究基地。

第五节　资源补偿费征收管理

2000年上半年政府机构改革前，安徽省矿产资源补偿费征收管理职能由安徽省地质矿产局矿产开发管理处承担。2000年上半年政府机构改革后，组建安徽省国土资源厅，矿产资源补偿费征收职能由厅矿产开发管理处承担。征收原则按照属地化原则，征收制度实行年初核定任务、年终结算的目标管理制度，征收方式为下达矿产资源补偿费征收指标方式征收（国土资源部下达征收指标2800万元），2000年，安徽省矿产资源补偿费征收工作没有受到机构变动的影响，当年入库3246.19万元，征收率55%，入库率62%。

2001年，安徽省矿产资源补偿费征收入库3454.23万元，征收率47%，入库率77%（国土资源部下达征收指标3200万元）。

2002年，安徽省矿产资源补偿费征收入库4480.7万元，征收率52%，入库率67%（国土资源部下达征收指标3600万元）。2002年安徽省矿产资源补偿费征收工作在征收体制、方式上进行了改革，3月12日以省政府第143号令的形式修改了《安徽省矿产资源补偿费征收管理实施办法》，为大型矿山企业矿产资源补偿费由省级人民政府地质矿产主管部门负责直接征收在法律上提供了依据；2002年6月26日，安徽省国土资源厅出台《关于加强矿产资源补偿费征收管理工作有关问题的通知》，规定"从2002年1月1日起，省大型矿山企业（淮北矿业集团有限责任公司等10个）的补偿费由安徽省国土资源厅会同安徽省财政厅直接征收，大型矿山企业所在地市、县国土资源管理部门予以协助。其他矿山企业的补偿费征收入库仍按原规定执行"。在征收制度上，除继续下达征收指标外，开始实行矿产资源补偿费申报和分阶段缴费制度，即矿山企业按照年度入库任务额制定年度缴款计划，征收机关按照企业缴款计划分季开具缴款书并送达，企业按缴款书所列额度将补偿费就地解缴入库。

2003年，安徽省矿产资源补偿费征收入库8694.19万元，征收率68%，入库率81%（国土资源部下达征收指标4000万元）。由于省各级征收机关名称在机构改革后已经变更，对征收资格管理、征收返还和征收部门经费补助进行政策调整，2003年2月28日，安徽省国土资源厅出台《关于矿产资源补偿费征收管理工作有关问题的通知》，对征收资格证进行换发，并规定，省级征收机关直接征收的矿产资源补偿费留成部分，从2002年度开始全部由省级征收机关被规定用途使用，即主要用于地质勘查、资源保护和征收部门经费。2003年4月23日，经请示省政府同意，对于小型矿山企业矿产资源补偿费减免审批，由省授权各市国土资源局会同市财政局审批，并报省主管部门备案。同时安徽省国土资源厅和安徽省财政厅联合印发《关于加强和改进矿产资源补偿费减免工作的通知》,对如何办理减免手续做出规定。2003 年 6 月 24 日,省国土资源厅出台《关于做好矿产资源开采利用水平与征收矿产资源补偿费数额挂钩的通知》,规定“自 2003 年开始,对省国土资源厅直接征收矿产资源补偿费的矿山企业,实行矿产资源开采利用水平与征收矿产资源补偿费数额挂钩的管理办法,即根据矿山企业实际开采回采情况,在该矿山企业年度补偿费缴纳任务总额 10% 的范围内上下浮动”。从而初步建立起全省“矿山企业开采回采率系数的形成和上报”制度。2003 年,财政部对安徽省 1999—2002 年上半年矿产资源补偿费征收工作进行专项核查,为进一步规范安徽省矿产资源补偿费征收工作提供了很好的意见和建议。

2004 年,省矿产资源补偿费征收入库 9534.65 万元,征收率 71%,入库率 83%(国土资源部下达征收指标 4400 万元)。为规范矿产资源补偿费征收奖励补助机制,安徽省国土资源厅与财政厅共同出台《关于印发〈矿产资源补偿费征收部门经费补助及奖励暂行规定〉的通知》,确定“补偿费征管部门经费补助及奖励,与征管部门的征收工作和征收实绩挂钩,在年度考核的基础上确定补助及奖励数额”的原则。并选择 2 个矿山企业进行据实征收试点。

2005 年,省矿产资源补偿费征收入库 13328.1 万元,首次突破亿元大关,全省各市直接征收平均征收面 98%,征收率 93%,入库率 87%(国土资源部下达安徽省征收指标 4800 万元)。对于安徽省国土资源厅直接征收的大型矿山企业,在 2004 年试点的基础上,从 2005 年开始,全部实行据实征收,直收的大型矿山企业增加至 15 个,对于直收大型矿山企业采取按季节申报缴费的方式征收,直收企业入库额占全省入库额的 80% 以上。2005 年,开始推行补偿费征收与储量消耗挂钩试点工作。

2006 年,省矿产资源补偿费征收入库 18252.6 万元,全省各市直接征收平均征收面 98%,征收率 95%,入库率 90%(部下达任务 5200 万元)。省厅于 2006 年 5 月 19 日召开“全省矿产资源补偿费征收暨矿产储量动态检测工作座谈会”。出台《转发国土资源部关于全面开展储量动态监督管理的通知》《转发国土资源部关于加强矿产资源补偿费征收管理促进煤矿回采率提高的通知》,规定从 2006 年开始对煤炭矿山企业的生产过程实行储量动态检测,并鼓励有条件的非煤矿山也实行储量动态检测,实现煤炭矿山的矿产资源补偿费征收与储量消耗挂钩。根据国土资源部要求,转发《国土资源部关于加强矿产资源补偿费征收管理的通知》,在全省范围内组织各市局对 2004 年以来矿产资源补偿费征收管理情况,开展矿产资源补偿费欠缴情况、减免情况、票据使用情况三项清理工作,从严规范矿产资源补偿费的减免程序。

2007 年,省矿产资源补偿费征收入库 21869 万元 ,全省各市平均征收面 100%,征收率 98%,入库率 97%。从 2007 年开始,取消下达入库任务制度,代之以据实征收,应收尽收。在 2006 年开展煤炭矿山储量动态监测工作的基础上, 2007 年又扩大到所有非煤矿山,并把动态监测结果运用到矿产资源补偿费的征收上来。细化减免要求,规范完善减免程序和报件,首次要求申请减免企业必须要有甲级资质的地勘单位编制相应的文字报告，对减免报件进行规范和完善，并委托中介机构进行实地审核，并依据审核结果确定减免额。

2008年，省矿产资源补偿费征收入库28664.4万元，全省各市平均征收面100%，征收率99%，入库率89%。对储量年度报告的核查扩大到铁矿、铜矿、硫铁矿、水泥用灰岩等省厅直收补偿费的所有矿山企业，核查计算的回采率系数用于下年度补偿费计征。关于矿产资源补偿费减免审查，出台配套的管理办法和可供操作的规范性技术要求，完善减免程序，即先由符合条件的企业请有甲级资质的地勘单位编制相应的技术报告，安徽省财政厅会同安徽省国土资源厅通过招标方式选取有相应资质的单位对该技术报告和现场分别进行核实，形成核实报告，核实报告经专家评审后，报送两厅，两厅再根据专家评审意见共同确定减免额。

2009年，省矿产资源补偿费征收入库32813.2万元，全省各市平均征收面100%，征收率99%，入库率89%。着手进行《安徽省矿产资源补偿费减免申请及审查相关规范研究》工作，研究内容:《安徽省矿产资源补偿费申请减免文本编写规范》《安徽省矿产资补偿费减免核实程序与要求》《安徽省矿产资补偿费减免审查程序与要求》《安徽省××矿矿产资源补偿费减免解释与说明》。

2010年，省矿产资源补偿费征收入库50457.6万元万元，全省各市平均征收面98%，征收率99%，入库率96%。完成《安徽省矿产资源补偿费减免申请及审查相关规范研究》工作，出台《关于印发安徽省矿产资源补偿费减免申请、核实、审查等三个暂行规定的通知》，文件强化减免审批的要求，促进征收管理工作的规范化。

第四章　矿产资源开发管理

第一节　采矿权管理

权限登记

安徽省国土资源厅成立前,全省矿产资源开发及其矿产开采登记行政许可管理工作归属安徽省地质矿产局,内设矿产开发管理处履行管理职责。2000年,安徽省国土资源厅成立,安徽省地质矿产局矿产开采登记行政许可职能划归安徽省国土资源厅,由矿产开发管理处承担矿产资源开发管理。从1986年3月19日《中华人民共和国矿产资源法》公布,全省各类矿山企业采矿补登记工作全面展开。1998年2月12日国务院令第241号发布《矿产资源开采登记管理办法》,1998年4月10日安徽省人民代表大会常务委员会第65号公布《安徽省矿产资源管理办法》,根据新的法规规定,采矿权登记审批权限由原来按矿山企业所有制性质划分,调整为按开采矿种和矿床规模确定部、省、市、县四级国土资源主管部门颁发采矿许可证权限。其中,34个重要矿产由部级办理采矿权审批登记。

国土资源部《关于规范勘查许可证采矿许可证权限有关问题的通知》,为进一步规范采矿权登记审批管理,对国务院国土资源主管部门和授权省级人民政府国土资源主管部门审批登记采矿许可证权限作出规定:石油、烃类天然气、煤成(层)气、放射性矿产由国土资源部颁发采矿许可证;对34个重要矿产中,煤(煤井田储量1亿吨(含)以上,其中焦煤井田储量5000万吨(含)以上)、油页岩矿床储量规模为大型(含)以上的,由国土资源部颁发采矿许可证,其余授权省级人民政府国土资源主管部门颁发采矿许可证;钨、锡、锑、稀土矿床储量规模为中型(含)以上的,由国土资源部颁发采矿许可证,其余授权省级人民政府国土资源主管部门颁发采矿许可证;金、银、铂、锰、铬、钴、铁、铜、铅、锌、铝、镍、钼、磷、钾、锶、金刚石、铌、钽矿床储量规模为大型(含)以上的,由国土资源部颁发采矿许可证,其余授权省级人民政府国土资源主管部门颁发采矿许可证;二氧化碳气、地热、硫、石棉、矿泉水的开采,授权省级人民政府国土资源主管部门颁发采矿许可证;海域(含内水)、跨省、自治区、直辖市开采矿产资源的,由国土资源部颁发采矿许可证;外商投资开采矿产资源,应符合外商投资产业指导目录的有关规定,按照本通知对内资企业发证的权限颁发采矿许可证。并明确:在此之前省级人民政府国土资源主管部门已经颁发的勘查许可证、采矿许可证,凡与本通知规定不符的,在办理延续、转让、变更时，由省级人民政府国土资源主管部门提出意见后，将审批登记资料报部办理；省级人民政府国土资源主管部门对国土资源部授权其审批登记颁发采矿许可证的权限不得再行授权。根据国土资源部的要求，省国土资源厅收回之前委托市级国土资源主管部门颁发部分小型及以下重要矿产采矿许可证。

根据国土资源部关于审批登记采矿许可证管理权限的调整和《安徽省矿产资源管理办法》规定，34个重要矿产以外矿产储量规模为小型的矿产资源，由设区的市人民政府国土资源主管部门审批、颁发采矿许可证。矿产储量规模为小矿、零星和只能用作普通建筑材料的砂、石、黏土矿产资源的，由县级人民政府国土资源主管部门审批、颁发采矿许可证。矿区范围跨两个以上行政区域的，由所涉及行政区域共同的上一级人民政府国土资源主管部门审批和颁发采矿许可证。

规范登记

全省首次开展采矿补登记共颁发采矿许可证11008个。1998年6月，采用全国统一的采矿权管理信息系统，开始全面换证工作，取缔违法违规矿山，注销不合规采矿许可证，至2001年换证工作结束，通过审查批准换发采矿许可证7400个，比首次颁发采矿许可证11008个减少3608个；2008年开展采矿权实地核查，并通过第二次换发采矿许可证，全省换发采矿许可证4637个，比前次又减少2763个。采矿权的管理工作从无证到补证，经历二次换证，进入了依法逐步规范管理的过程。

采矿权管理是国土资源主管部门的一项日常管理工作，安徽省国土资源厅制定《采矿登记发证会审办法》和申报材料目录、办事公开程序等一系列管理制度，所有采矿权申请（新立、延续、转让、变更、注销）采取会签会审办法审批。矿业权申请由安徽省政务中心统一受理，集中办文，有关部门实施效能监督。根据《中华人民共和国行政许可法》要求，对采矿权取消下级机关初审、复核程序，由申请人直接向发证机关提出申请，方便申请人。取消委托市级颁发部分金属矿产小矿采矿许可证规定，强化采矿权登记审查。矿产资源规划设定的禁采区，矿产资源储量不清的，开采规模与资源储量规模不相适应的，安全、环保不符合有关部门要求的，一律不设新采矿权。加大小矿山关闭整合力度，全省采矿权总数逐年减少，规模开采矿山不断增加，开采水平不断提高。2007年以后，结合国土资源部有关规定和本省实际，为进一步完善矿业权管理有关制度，先后下发《关于进一步规范探矿权采矿权管理的通知》《安徽省矿业权出让转让管理办法》《安徽省国土资源厅矿业权出让转让受理审批工作制度》《关于市县办理采矿许可证统一配号问题的通知》《关于持短期许可证期间禁止探采活动的通知》《关于进一步规范采矿权管理的通知》等文件，对矿业权出让转让、矿业权受理审批程序、短期采矿许可证发放管理等矿政管理等方面做出规定，进一步规范全省日常采矿登记管理行为。全省2000—2010年各年度颁发采矿权数（含新立、延续、变更、注销采矿权数）见表4-4-1。

2000—2010 年全省颁发采矿许可证基本情况一览表

表 4-4-1

年份	当年批准登记发证数（个）																批准登记面积（平方千米）
	合计	能源矿产					黑色金属矿产		有色金属矿产	贵金属矿产		稀有、稀散稀土矿产	非金属矿产			水气矿产	
		小计	煤	煤层气	石油天然气	地热	小计	铁矿		小计	金矿		小计	水泥灰岩	化工矿产		
	1	2	3	4	5	6	7	8	9	10	11	12	13	14	15	16	17
2000	480	28	24			2	35	33	43	7	6		364	13	5	3	457.38
2001	691	29	27				29	26	33	13	13		584	16	8	3	177.75
2002	1252	229	216			1	37	37	60	7	7		915	29	17	4	265.21
2003	1524	184	175			1	39	37	36	6	6		1257	30	15	2	844.96
2004	1869	140	121			5	79	76	85	17	17		1542	37	18	6	507.33
2005	2526	159	136			1	72	68	50	11	10		2229	41	17	5	552.32
2006	2255	82	60			3	46	44	52	10	9		2058	27	15	7	5668.97
2007	2352	71	54			8	60	59	86	14	14		2118	25	17	3	5416.92
2008	3062	84	68			1	71	68	51	14	13		2838	27	21	4	1777.68
2009	2257	96	86			3	59	56	81	13	13		2001	24	12	7	279.23
2010	4533	139	107			11	129	127	165	33	30		4054	69	36	13	698.25

说明：当年发证数包括新立、延续、变更、注销批准数

实地核查

2008年9月安徽省国土资源厅转发《国土资源部关于开展全国矿业权实地核查工作的通知》，这是一次重要的国情、省情调查，对全省范围内矿业权现状进行实地核查，核准矿业权实际范围，摸清矿业权分布现状及规律，及时纠正核查中发现的问题，更新矿业权登记数据库，提升矿业权管理水平。国土资源部成立领导小组，省国土资源厅成立矿业权核查专题工作组，按照“统一组织、统一方法、统一标准、统一进度”的要求，在全省各级国土资源主管部门及矿业权核查项目承担地勘单位的共同努力下，通过矿权数据整理、实地实测核实、采矿范围核对、处理纠正差错、坐标转换换证等程序手段，历时2年完成采矿权数据库中4637个采矿权的实地核查工作。查明发现开采范围位移88个，矿业权界线交叉重叠601个，越层越界开采1731个，一般数据项不一致4637个。为全省国土资源主管部门依法开展矿产资源开采监督管理工作提供翔实依据，为采矿权登记数据更新及第二次换发采矿许可证工作打下坚实基础。依据国土资源部《关于印发 < 矿业权登记数据更新与换证工作方案 > 的通知》要求，针对矿业权实地核查中发现的采矿权越界、漂移、重置、过期等各类问题，按照国土资源部矿业权核查规定原则，制定《关于全省矿业权实地核查中发现有关问题的处理意见》《关于印发 < 安徽省矿业权换证工作方案 > 的通知》《关于印发 < 安徽省采矿权登记数据更新与换发采矿许可证工作指导意见 > 的通知》，部署指导核查发现问题的处理和全省矿业权换证工作。至2010年年底，对所有采矿权原1954北京坐标统一转换为1980西安坐标，全面完成全省4637个采矿权登记数据更新与换证工作。

矿产经济

2010年年底，全省开发利用的矿产96种，各种经济类型矿山4285个，全省共有大型矿山225个，中型矿山193个，小型矿山1471个，小矿2396个，矿业从业人数36.94万人，年产矿石量4.87亿吨，工业总产值1042.89亿元，矿产品销售收入849.1亿元，利润总额达98.26亿元。全省大中型矿山占矿山总数的1/10，其年产矿石量占总量的62%，年工业总产值和矿产品销售收入分别占到总量的85%，年利润总额达到全省利润的92%以上。产值超百亿元的淮南矿业、淮北矿业、皖北煤电、新集能源、铜陵有色、马钢集团、海螺水泥等七家以矿产资源开发利用为主的大型矿业集团，成为安徽国民经济重要的支柱产业之一。2000—2010年矿产资源开发利用情况见表4-4-2。

矿产资源开发利用情况按能源矿产、黑色金属、有色金属、贵金属、冶金辅助原料非金属、化工原料非金属、建材及其他非金属和水气矿产等8大类矿种划分情况见表4-4-3。全省矿产资源开发利用情况分行政区汇总情况见表4-4-4。

2010 年安徽省小型及小型以下矿山占矿山总数的 90%，建筑用砂石黏土矿山数量占矿山总数的 83.1%。集体和私营经济类型的矿山企业在矿山数量上占绝对多数，达 80.26%。大中型矿山企业在全省矿业经济中仍占主导地位，大中型矿山数量仅占全省矿山总数的 10%，其年工业总产值、综合利用产值、销售收入和利润总额分别占相应总量的 85.7%、84.3%、86.4%、和 93.1%（见表 4-4-5 和图 4-4-1、图 4-4-2）。

2000—2010 年安徽省矿产开发利用情况统计表

表 4-4-2

年份	矿山数（个）	从业人数（万人）	年产矿石量（亿吨）	工业总产值（亿元）	利润总额（亿元）
2000	7283	50.17	1.87	141.00	6.10
2001	7500	47.41	1.89	150.25	8.78
2002	7389	47.09	2.31	197.00	18.38
2003	8021	50.87	3.02	235.74	28.62
2004	6384	44.42	2.83	307.68	37.09
2005	6624	45.52	2.97	364.21	43.13
2006	6808	44.95	3.24	434.55	24.91
2007	5908	42.41	3.73	460.44	47.62
2008	5679	39.66	4.12	705.32	87.45
2009	5130	37.58	4.37	748.57	58.82
2010	4285	36.94	4.87	1042.89	98.26

2010 年安徽省矿产资源开发利用情况（八大类矿产）统计表

表 4-4-3

矿　类	矿山（个）	从业人员（人）	年产矿石（万吨）	年工业总产值（万元）	综合利用产值（万元）	工业增加值（万元）	利润总额（万元）
总计	4285	369413	48738	10428905	213997	8491061	982660
能源矿产	203	210151	12960	6862584	2505962	6862584	387146
黑色金属矿产	162	22193	2162	592196	7432	307465	140763
有色金属矿产	150	13842	713	389783	27057	564378	59802
贵重金属矿产	36	2814	103.76	52651	2395	24768	19260
冶金辅助原料非金属矿产	118	2625	1134	87924	5449	8708	3087
化工原料非金属矿产	40	5295	430.89	109264	2110	17070	5981
建材和其他非金属矿产	3561	116697	31412	2443766	156506	422050	368914
水气矿产	15	165	26	186	0	71	–118.31

2010 年度安徽省矿产资源开发利用情况分行政区统计表

表 4-4-4

行政区名称	矿山数（个）	从业人数（个）	年产矿石量（万吨）	工业总产值（万元）	综合利用产值（万元）	销售收入（万元）	利润总额（万元）
合计	4285	369413	48738	10428905	213997	8491061	982660
合肥市	253	7022	503.04	25646	285	23007	2113.3
芜湖市	153	6636	4222.4	106359.4	42756.46	101922.01	9737.05
蚌埠市	192	9098	285.93	26388.73	1602.4	22290.73	1366.65
淮南市	55	87938	7749.83	4372487.78	8870.14	3024578.91	121832.04
马鞍山市	85	11013	1386.85	185094.02	633.7	168852.84	11949.25
淮北市	76	78586	3847.85	1473095.98	28009.43	1344232.34	129688.06
铜陵市	145	16096	3458.04	696492.32	18671.65	526619.98	132871.81
安庆市	269	5997	3225.43	604667.68	5655	595686.32	152453.95
黄山市	104	1276	269.47	6113.71	667.1	4809.13	287.2
滁州市	270	13721	1725.45	171106.65	6366.53	121177.43	4814.1
阜阳市	576	25125	2191.17	517147.24	0	510179.91	135705.25
宿州市	455	36355	3294.79	472213.99	206	376005.03	6619.05
巢湖市	316	14196	5841.81	382260.08	60341.79	378366.11	68642.21
六安市	457	24746	3109.14	384090.14	2791.2	336806.15	83492.96
亳州市	129	12899	1031.61	257324.79	463.5	228403.38	33646.98
池州市	241	5318	2703.38	423023.4	23727.3	410952.29	35173.21
宣城市	509	13391	3892.46	325393.99	12950.1	317171.98	52267.8

2010 年安徽矿产资源开发利用按经济类型统计表

表 4-4-5

经济类型	矿山数（个）	从业人数（人）	年产矿石量（万吨）	工业总产值（万元）	销售收入（万元）	利润总额（万元）
总计	4285	369413	48738.65	10428905.89	8491061.54	982660.9
国有企业	117	165018	12784.69	6082491.43	4501329.53	212402.4
集体企业	690	33696	2394.84	149143.2	139625.91	12300.11
股份制企业	85	6741	828.73	138690.05	103701.93	50223.3
私营企业	3222	158840	31729.78	3991462.75	3682549.98	697892.8
合资、外资企业	24	1692	198.84	43519.69	42818.67	5132.16
其他企业	147	3426	801.77	23598.77	21035.52	4710.11

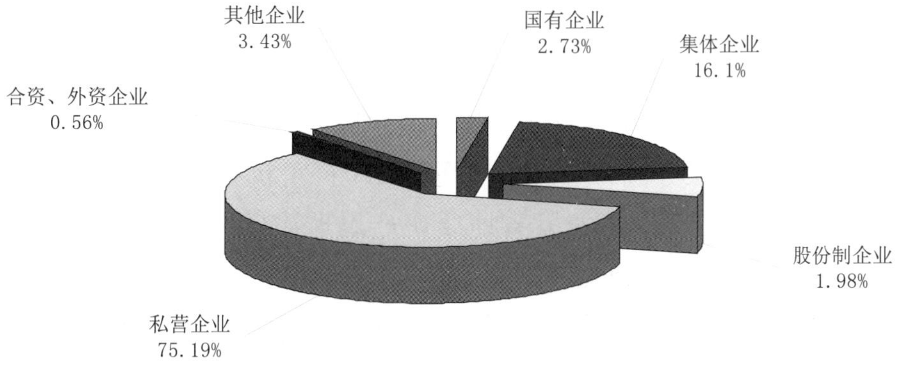

图 4-4-1　矿山企业类型比例图

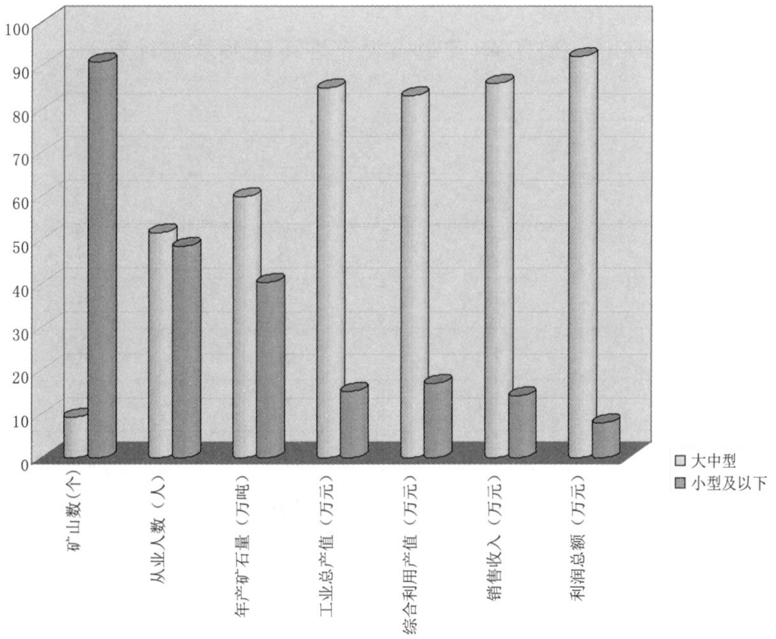

图 4-4-2　大中型矿山与小型及小型以下矿山经济指标占总量百分比对照图

第二节 探矿权管理

统一登记

1998 年 2 月 12 日国务院颁发《矿产资源勘查区块登记管理办法》，1998 年 6 月 26 日，国土资源部印发《关于开展勘查许可证、采矿许可证换证工作有关规定的通知》，安徽省矿产资源勘查登记工作由安徽省地质矿产局地质勘查计划管理处承担，于 1998 年 7 月 3 日印发《关于贯彻实施国土资源部矿产资源勘查登记有关规定的通知》，成立安徽地质矿产局勘查许可证采矿许可证换证工作领导小组，部署全省勘查许可证和采矿许可证登记换证工作。勘查许可证换证后首次设立时间一律从 1998 年 2 月 12 日开始计，全国统一换证截止日期为 1999 年 12 月 31 日，未办理换证的，原勘查许可证自行废止。2000 年 4 月安徽省国土资源厅成立，内设地质勘查处，继续履行矿产资源勘查登记管理工作，2005 年下半年，矿产资源勘查登记管理工作职责划入省国土资源厅矿产开发管理处。全省 2000—2010 年颁发勘查许可证的情况见表 4–4–6。

2000—2010 年安徽省勘查许可证颁发统计表

表 4–4–6

年份	发证情况				
	总数	新立	变更	延续	保留
2000	60	44	8	8	0
2001	150	105	13	29	3
2002	219	158	30	30	1
2003	230	141	37	46	6
2004	384	216	100	60	8
2005	570	375	120	69	6
2006	362	96	130	124	12
2007	488	33	112	324	19
2008	1012	554	132	315	11
2009	615	90	156	344	25
2010	982	48	160	746	28

实地核查

按照国土资源部《关于开展全国矿业权实地核查工作的通知》要求和统一部署，在全省各级国土资源主管部门及矿业权核查项目承担单位共同努力下，通过制订统一布设基础控制网、分测区开展矿区实测、统一坐标转换的总体技术路线、工作流程的技术方法，历时 2 年的全省探矿权实地测量和实地调查工作共完成全省 1428 个探矿权的实地核查工作。查明发现矿业权界线交叉重叠的探矿权 650 个，地理坐标与直角坐标造成重叠的探矿权 708 个，一般数据项不一致的探矿权 1428 个，还发现其他问题的探矿权 225 个。查明全省矿产勘查和开拓工程空间分布，获得探矿权人勘查活动的二维或三维坐标，并与勘查登记套合对比，核实探矿人实际勘查活动情况，为全省国土资源主管部门依法开展矿产资源勘查监督管理、提高工作水平提供翔实依据。通过实地核查，建立探矿权核查数据库，为按新要求换发勘查许可证奠定基础。针对实地核查中发现的探矿权越界、漂移、过期和探矿权采矿权相互重置、交叉等各类问题，按国土资源部规定的核查有关原则，安徽省国土资源厅出台《关于全省矿业权实地核查中发现有关问题的处理意见》，为全省探矿权登记数据更新及换发证工作打下坚实基础。根据国土资源部的统一部署与要求，探矿权的换证工作先对探矿权数据库进行更新，对所有探矿权原 1954 北京坐标统一转换为 1980 西安坐标，探矿权的换证随着勘查许可证的到期延续和变更同时换发勘查许可证。

规范管理

2000 年以后，安徽省国土资源厅根据《中华人民共和国矿产资源法》《中华人民共和国矿产资源法实施细则》《矿产资源勘查区块登记管理办法》《矿产资源监督管理暂行办法》《安徽省矿产资源管理办法》等法律法规，以及国土资源部的规章制度的规定要求，制定《进一步加强和规范探矿权采矿权管理的通知》《做好探矿权采矿权延续审批登记工作有关问题的通知》《关于进一步规范探矿权管理有关问题的通知》等一系列的实施操作办法，规范勘查登记管理行为。

进入“十五”中期，地质勘查由低潮开始升温，进入矿产资源勘查的社会投资随之涌进，矿产资源勘查登记个人申请形成无序状态，矿产资源勘查区块布局不合理问题不断暴露。2005 年开始实行勘查区块预留制度，保证财政出资勘查。之后又实行勘查登记暂停，2005 年 4 月省国土资源厅出台《关于暂停受理矿产资源勘查登记申请的公告》，除中央和省级财政出资勘查、已批准的矿区接续资源和大中型危机矿山接替资源勘查、已列入省“861”行动计划的矿产资源勘查项目外，在全省范围内暂停受理矿产资源勘查登记申请。这一措施的出台，短期内缓解新立探矿权管理的压力，同时社会要求开放勘查准入的呼声也很强烈。省国土资源厅出台《安徽省国土资源厅政务中心窗口受理新立探矿权申请的实施方案》，于 2007 年 7 月—9 月集中开放一次勘查登记，通过集中申报，随机摇号方式选择取得者进入勘查登记探矿权，共受理新立探矿权申请报件 1588 宗，最终批准新立探矿权 555 个，新登记勘查面积超过 2500 平方公里，这些探矿权设置的科学合理性很难得到保障。

2008 年通过省级财政立项，开展《安徽重要矿产地质勘查项目区块（探矿权）设置方案》，2010 年年底通过专家审查，报国土资源部备案。方案设立各类勘查区块（探矿权）475 个，对其进行分成五类，根据类别提出实施指导思想。按照急缺矿产优先，整装勘查区优先，鼓励勘查区块和矿种优先，资源危机矿山企业优先的原则，对设置的勘查区块分类分期实施。同时制定《关于加强探矿权投放管理的通知》。此后，按照矿业权设置方案与布局合理的要求，实行探矿权总量控制和发展需要与市场需求对接，通过矿业权有形市场有序有计划的投放，使探矿权无序申请登记过渡到有序竞争取得登记，调整了勘查区块布局不合理、缺乏地质依据和一些不规范的运作。

委托合肥煤炭设计院编制淮南、淮北两个国家煤炭规划区矿业权设置方案，报国土资源部组织专家审查，批准实施。布置省级和市级矿业权设置方案的编制工作。

利用调查

矿产资源利用现状调查从2007年10月启动，安徽省国土资源厅成立安徽省矿产资源利用现状调查领导小组，下设办公室，明确安徽省国土资源厅信息中心为利用调查项目组织实施单位；成立省级技术委员会，负责全省项目的技术指导与审查；各市国土资源局也相应成立领导小组，明确负责人和工作人员，选定项目承担地勘单位并成立项目组，由技术骨干担任项目负责。

安徽省国土资源厅信息中心组织编制全省矿产资源利用现状调查实施方案，根据国土资源部明确开展核查矿种为17个，并及时上报全国项目办。2008年3月，国土资源部项目办在重庆组织召开评审会议，2008年5月下达对“安徽省矿产资源利用现状调查实施方案”的审查意见，认为：安徽省实施方案内容完整、目标任务明确、组织机构落实、工作部署合理、技术路线合理、工作方法可行、保障措施有力，符合全国矿产资源利用现状调查总体实施方案的要求。

2008年5月，安徽省国土资源厅项目办组织召开全省工作部署及开展试点矿区核查的动员大会，全省地市国土资源管理部门、地勘单位主管局领导、地勘单位的主要负责人及总工、大型矿业集团相关部门负责人到会。会上厅项目办进行工作部署，并确定开展煤、铁、铜3个矿种5个矿区的试点工作，分别由地矿、煤田、冶金3个地勘局的5个地勘单位承担。

根据国土资源部项目办下发的核查技术要求，组织技术委员会专家开展全省矿产地的分析研究，对规定17个矿种的核查矿区进行划分，在保持与上表矿区基本一致，核查矿区与储量登记统计数据库衔接，全省确立823个核查矿产地，其中煤：239个，铁：208个，铜：139个，钨：5个，钼：7个，锰：15个，锑：5个，铬：1个，铅：27个，锌：17个，金：72个，银：4个，硫铁矿：39个，磷：16个，萤石：28个，重晶石：1个，菱镁矿为共生矿产（与铁矿共生）。提出核查矿区核查任务落实到各地勘单位的安排意见，为全面开展工作做好了准备。

2009年3月，安徽省国土资源厅项目办组织召开全省工作部署会议，对全省地市国土资源管理部门、28个项目参加单位进行项目实施总动员，布置核查任务，将全省823个核查矿区任务按矿区核查、单矿种综合汇总、专题研究、全省项目综合汇总及成果报告编制等分解成36个子项目，与省财政厅联合下达到承担单位；各承担单位根据会议精神及核查技术要求迅速组织编制各核查工作实施方案并上报，经专家审查并报省国土资源厅批准实施。省财政支持矿产资源利用现状调查项目经费 5110 万元，2008 年度落实经费 100 万元，2009 年度落实经费 5010 万元，经费全部下达至核查工作承担单位。

在项目进行中，省国土资源厅项目办在铜陵、淮南两市召开南北片工作座谈会，部项目办有关专家、全省地市国土资源管理部门、项目承担单位主管局领导及单位主要领导与项目负责、省大型矿业集团的主要分管领导参加。会上建立奖惩制度与半月报制度。先后组织开展数据库技术要求、煤炭技术要求等的技术培训与研讨会。省技术委员会专家按矿种分成 4 个工作组，分工负责，指导承担单位开展核查工作。设立项目联络人制度，并在国土资源部项目办开设的网络交流中专门申请开设省级群，设立专门联络信箱，联络人负责上传下达有关项目通知、技术解读及工具软件等，并在网上进行技术答疑、组织交流讨论等。

安徽省国土资源厅项目办结合全省实际，及时印发《安徽省矿产资源利用现状调查成果报告审查验收分工验收意见》，明确规定厅信息中心组织技术委员会负责小矿及零星资源矿区资源储量核查成果报告审查验收；厅矿产资源储量评审中心组织矿产资源储量评估师负责小型及以上矿区资源储量核查成果报告审查验收。分别编制《矿区资源储量核查成果报告审查验收意见》。从 2010 年 4 月开始，全省各项目承担单位陆续进入提交成果评审验收阶段；2010 年 7 月省国土资源厅项目办组织承担汇总任务的地勘单位参加全国项目办举办的汇总技术要求培训；2010 年 11 月省国土资源厅项目办组织召开部分矿种汇总工作汇报会和全省矿产资源利用现状调查成果汇总工作会议，组织项目承担单位加快成果汇总和核查成果数据库的修改完善工作，2010 年年底基本完成全省矿产资源利用现状调查任务。

第三节　矿业权市场管理

出让试点

1998 年 2 月 12 日国务院令 242 号颁发《探矿权采矿权转让管理办法》，对合法取得的探矿权采矿权经批准可以相互转让，使矿业权二级市场有法规依据。根据新的法规规定，矿业权人申请国家出资勘查并已经探明矿产地的矿业权，必须缴纳矿业权价款，矿业权可以通过招投标方式有偿取得。

2001 年经省人民政府同意，确定在矿业较集中的池州市进行矿业权市场试点，省国土资源厅制定矿业权市场试点指导意见，决定除国家投资勘查项目外，在池州市境内停止用行政审批办法出让金、银、铜、铅、锌、锰、方解石、石灰岩、白云岩等 9 个矿种的矿业权，一律改用招标、拍卖或挂牌等市场办法配置矿产资源。在试点工作中，省国土资源厅出台《安徽省矿业权出让转让暂行办法》和《关于培育和规范矿业权市场的意见》

等文件规范试点工作。《国土资源部关于探矿权采矿权招标拍卖挂牌管理办法（试行）》下发后，省人民政府办公厅转发《省国土资源厅关于加快安徽省探矿权采矿权市场建设意见的通知》。安徽省国土资源厅首次对庐江龙桥铁矿的采矿权进行公开招标，成功出让，出让价款3600万元，对全省矿业权市场的试点和矿业领域招商引资产生重要影响。及时在池州召开全省矿业权市场试点工作现场会，改革矿业权出让方式，扩大市场配置矿业权范围，要求各市尽快制定和培育规范矿业权市场实施方案，推动全省矿业权市场建设工作。制定《关于印发实施部分非金属矿采矿权、探矿权出让价款评估基准价的意见（试行）的通知》，凡两个或两个以上申请人申请同一勘查、开采区块和建筑用沙石黏土等适宜用市场方式配置矿产资源的矿业权应当在媒体上公开出让信息，在公共场所以招标、拍卖、挂牌等市场方式出让矿业权；对以往通过行政审批无偿获得国家投资勘查形成的采矿权，在申办延续手续时应依法对采矿权价款进行评估处置。

有序推进

在试点的基础上，省国土资源厅出台《关于进一步规范探矿权采矿权市场建设若干规定的通知》和《关于加强矿业权评估管理的通知》，矿业权评估、公开选择评估机构、矿业权出让、转让始终坚持在公开、公平、公正及制度轨道内运行。2006年，省国土厅转发《国土资源部关于进一步规范矿业权出让管理的通知》，按照矿产资源的高风险、低风险、无风险三类出让矿业权，属高风险矿产资源的勘查以协议方式出让探矿权，低风险的矿产资源勘查开采一律以招标、挂牌、拍卖方式出让矿业权，无风险的矿产资源以招标、挂牌、拍卖方式出让采矿权，并结合安徽实际，将方解石划为可按招标拍卖挂牌方式出让探矿权类矿产。在安徽省国土资源储备发展中心搭建“土地矿产市场”，采取拍卖方式出让青阳县百丈岩钨钼矿详查探矿权，成交价款1.87亿元。通过徽商大会平台向外推介矿业权，成功拍卖霍邱县重新集和周油坊两宗铁矿勘探探矿权，成交价款分别达11.09亿元和16.6亿元，创下全省单宗矿业权出让价款新高纪录。

2001—2010年省级有偿出让探矿权201个，出让价款886785.49万元；省级有偿出让采矿权9个，出让价款10637.03万元；办理审查批准探矿权转让509个，转让交易额305798.14万元。

取消双轨制

2007—2008年，为进一步深化全省矿产资源有偿取得制度改革，安徽省国土资源厅组织开展全省煤炭资源有偿使用制度改革试点工作和全省非煤探矿权采矿权的有偿化清理及处置。对有偿取得和无偿取得的探矿权与采矿权进行全面清理，对清理的有偿取得的探矿权和采矿权价款的缴纳进行清理，清理时全省煤矿探矿权86个，其中：有偿取得11个，价款转增国家资本金2个，无偿取得6个，无偿取得发生转让7个，无偿取得属国家和省财政出资勘查已形成矿产地14个；煤矿采矿权257个，其中：有偿处置200个，价款转增国家资本金13个，无偿取得的44个；非煤探矿权无偿取得10个；非煤采矿权无偿取得1327个，其中：市、县级发证1256个（绝大多数为砖瓦用黏土和建筑用灰岩与石料),省国土资源厅发证71个。全面清理后,对无偿取得的探矿权和采矿权,按照发证权限进行有偿化处置,开展矿产资源储量的核实审查和矿业权价款的评估,按政策规定补办补缴矿业权价款;对符合转增国家资本金的矿业权办理转增批准手续;对已有偿取得的矿业权未缴清或未按规定缴纳的,按规定催交和处理;从此全省矿业权出让全面进入矿业权有偿取得,矿业权的出让由双轨制改革调整为单轨制。

建立有形市场

2009年,安徽省国土资源厅制定印发《安徽省矿业权出让转让管理办法》和《安徽省国土资源厅矿业权出让转让受理审批工作制度》,推进矿业权出让、转让管理和矿产资源勘查开发有序健康发展。编制《安徽省重要矿产地质勘查项目区块(探矿权)设置方案》,制定探矿权年度投放计划,实行探矿权总量控制,在本省行政区域内实行按计划有序出让探矿权,矿业权出让和转让一律进入省级矿业权有形市场公开交易。2010年,按照国土资源部关于建立健全矿业权有形市场的要求,在原土地矿产交易场所,报省编办批准正式成立安徽省土地和矿业权交易中心,承担全省探矿权采矿权出让转让信息公开和交易工作。

第四节 矿产开发秩序管理

专项整顿

按照国土资源部《关于维护正常矿业秩序加强矿产资源保护和合理开发管理工作的通知》《关于加强矿产资源勘查开采监督管理工作的通知》和安徽省人民政府办公厅转发《省国土资源厅关于维护正常矿业秩序加强矿产资源保护和合理开发管理工作实施意见的通知》要求,经过专项整治,皖浙两省交界浙江长广公司煤矿区、皖苏两省交界冶山铁矿塌陷区、铜陵狮子山、大通、铜官山三大铜矿区、合肥巢湖交界铁矿区、马鞍山向山硫铁矿塌陷区和池州贵池唐田锰矿区等重点矿区非法开采以及宿州灵璧石乱采,繁昌黄宕铁矿、李店铁矿、池州灰山铁矿非法开采,繁昌棕冲铁矿、南陵金山铜矿非法越界开采,濉溪土型北煤矿非法转让,安庆月山镇境内非法开采铜矿、萧县白土镇境内非法开采煤矿等影响较大长期存在的混乱问题得以解决。

安徽省国土资源厅会同江苏省国土资源厅对江苏义安煤矿越界开采安徽萧县资源共同查处,并对仙人冲矿业有限公司与南陵县两家相邻矿山、枞阳大壕与西壕两铜矿、铜陵冬瓜山铜矿与铜陵枫华矿业公司以及五松硫铁矿与青山硫铁矿等省内矿界纠纷问题进行调处。

集中整治河道采砂、采矿场和砖瓦窑厂开采秩序,全省关闭、撤除砂石、粘土矿山1100多处,小矿布局不合理和开采混乱局面得以改善。

制定贯彻《国土资源部关于加强煤炭资源勘查开采管理的通知》清理整顿方案,清理全省煤炭两权分布、开采情况,编制全省煤炭资源勘查开采规划,做好各大矿业集团资源接续的审查报批工作，加大小煤矿整治，严格小煤矿采矿权审批。凡安全措施不符合规定的，不予办理采矿权延续或变更手续；对有一定资源的小煤矿，督促其采取改造等方式扩大生产规模；对资源枯竭及开采边角、残留煤炭资源的小矿，严格限定其矿区范围和开采期限。淮南市加大本地小煤矿整合力度，促进煤炭资源的规模化开采和集约化经营，凡在大矿周边的小煤矿一律建立由大矿定期对小矿进行测量，小矿定期向大矿交换采掘图纸的制度。

2001—2005 年上半年，全省查处无证采矿 1425 起，持勘查许可证非法采矿 2 起，越界开采 128 起，责令停产整顿矿山 1377 家，关闭整顿不合格矿山 1220 家，注销采矿许可证 1009 个，吊销采矿许可证 206 个，查处非法转让采矿权 100 起，罚款 371.9 万元。通过持续治理整顿，有力维护正常矿业秩序，使矿业开发成为全省“861”战略计划的重要组成部分，两淮地区煤矿和马鞍山、霍邱、庐枞地区铁矿以及沿江地区石灰石矿实现大规模开发，池州市以矿业权市场造势，吸引海螺、国风、宝钢、马钢等国有大型矿业集团以及香港韦确、比利时禄思伟等一批高素质外资企业投资开发该地区丰富的非金属矿产资源。

全面整顿

2005 年 8 月，国务院下发《关于全面整顿和规范矿产资源开发秩序的通知》。省政府成立由分管省长任组长、省直有关部门和单位负责人为成员的领导小组，办公室设在省国土资源厅，全面启动全省整顿和规范矿产资源开发秩序工作。各市、县政府也相应成立领导小组和办事机构，确保整顿和规范矿产资源开发秩序工作正常开展。2005 年 12 月，安徽省政府办公厅转发省国土资源厅等 11 部门制定的《安徽省全面整顿和规范矿产资源开发秩序实施方案》，明确指导思想和目标任务，并提出整顿、规范的内容和要求以及工作安排和职责分工，强调各市、县人民政府是整顿和规范矿产资源开发秩序的责任主体，负责本辖区内整顿和规范矿产资源开发秩序工作。在整顿和规范矿产资源开发秩序工作中，省整顿和规范矿产资源开发秩序领导小组召开六次会议听取有关部门汇报，研究部署各阶段工作，组织督查组对全省各市和 34 个重点县（市、区）开展现场检查。

重点整顿煤矿、砂、石、黏土矿和独立选（洗）矿厂。在整顿期间，停止审批小煤矿及砂、石、黏土矿采矿权，从严控制采矿权扩界审批。2006 和 2008 年，2 次对各种违法勘查开采矿产资源行为进行全面排查，针对重点矿区和突出问题，集中开展各种专项整治工作。安徽省商务厅、国土资源厅加强保护性开采特定矿种的管理，依法处罚 1 家钨矿企业的超量开采问题。省各级安监、环保部门联合对全省 422 座尾矿库进行清查，关闭 110 座不符合安全和环境要求的尾矿库。全省公安部门检查各类涉爆矿山 3220 个，收缴炸药 9197 公斤。各级监察部门清理纠正国家机关工作人员和国有企业负责人参与办矿 25 人，撤资 386 万元。对列入国家重点整顿的巢湖散兵地区采石区、凤阳石英岩矿区、青阳南阳方解石矿区、淮南煤矿区和马鞍山丁山铁矿区，当地政府组织力量，坚持动态巡查，加大打击力度。开展了巢无路、合裕路、合巢芜高速沿线和半汤温泉度假区范围内采矿活动专项整治行动，筹措资金300万元，拆除36台破碎机，关闭影响景观的20家矿山。开展铁路沿线采矿活动专项整治，对铁路部门提供的沿线48处由采矿活动引发的安全隐患进行全面排查，对9处违规采矿点依法进行取缔。对各市交界地区采矿活动进行逐一排查，建立市际联合执法工作机制，并采取设立隔离带、禁采区、警示牌等措施，使交界地区矿产资源开发秩序得到改善。

省政府制定全省小煤矿整顿关闭工作实施意见。2007年年底，所有3万吨及以下小煤矿全部关闭，全省小煤矿数量由2005年年底的262家减少到149家，减少43%。针对全省非煤矿山“多、小、散、乱”现状，省政府出台加强非煤矿山安全整顿工作意见，明确规定对2006年6月底前未取得安全生产许可证的非煤矿山一律关闭；对存在14种安全隐患之一的矿山一律停产整顿。2007年，省政府决定淘汰年产10万吨以下小采石场，并建立小型露天采石场整顿关闭工作联席会议制度。2008年，省政府又决定对非正规开采工艺和落后的小型地下矿山实施整顿关闭。安徽省国土资源厅制定24个矿种最小开采规模标准，凡达不到最小规模的矿山不得批准新立，凡在最小规模以下的已设小矿必须在规定时间内关闭或整合扩大生产规模。及时制止非法开采行为。2006—2007年，全省取缔无证（含持过期采矿许可证）采矿行为1354处，查处越界勘查开采和非法转让矿业权行为126起，关闭不合格选矿厂93家，吊销或注销采矿许可证1403个，注销勘查许可证131个，没收矿产品51.6万吨，没收非法所得414万元，罚款729.9万元，追究刑事责任11人，有力地维护好全省矿产资源开发秩序。全省矿山总数由2000年的11000多个减少到2007年年底的5765个，整顿工作开展两年共减少小矿1100多个。同时，矿山安全生产条件得到改善，2007年矿山事故和死亡人数同比分别下降15.6%和15.9%。

巩固成果

2008年3月，全国开展整顿和规范矿产资源开发秩序“回头看”行动，安徽省整顿和规范矿产资源开发秩序领导小组立即召开电视电话会议，对全省“回头看”行动进行动员和部署，制定“回头看”工作实施方案。省整顿和规范矿产资源开发秩序领导小组各成员单位按照职责分工，围绕打击无证开采、超层越界、以采代探、非法转让矿业权等违法违规行为和加快资源整合工作要求，认真组织开展工作。省国土资源厅利用遥感技术，加强对重点矿区矿产资源开发秩序的动态监管，对发现的问题调查核实并加以解决。省公安厅组织对民用爆炸物品进行认真清查，各地公安机关与1984家重点单位签订安全责任书。省安监局明确关闭年产10万吨以下小采石厂和小型地下矿山的具体意见。省工商局组织对无证无照非法开采矿产资源行为进行取缔，对违规开采矿产资源的企业注销或吊销营业执照。安徽煤监局对一证多井的小煤矿进行专项整治。省政府与各市政府签订目标责任书，明确工作责任和考核要求。有关部门按照“谁排查，谁签字，谁签字，谁负责”的原则开展排查行动，责任落实到人。各市政府主要负责同志对“回头看”工作亲自组织检查督促，确保工作到位。国土、公安、安监、环保等部门，对停产窑厂擅自恢复生产等违法违规行为予以处罚、取缔，选择典型违法案例在网站及地方媒体曝光。在“回头看”行动中，各地通过排查发现并处理各类违法违规行为705起，其中无证或持过期失效证件采矿395起、越界开采119起、非法转让矿业权30起，污染破坏环境和不符合安全生产条件的矿山152处，越权审批矿业权9起，罚款96.97万元，刑事拘留15人，一批矿产资源违法违规案件得到严肃查处，矿产资源开发秩序整顿工作成果得到有效巩固。

常态监管

2009年10月国土资源部《关于健全完善矿产资源勘查开采监督管理和执法监察长效机制的通知》的出台，标志着整顿矿产资源开发秩序工作由集中治理整顿转向常态化监督管理。全省上下已基本形成政府统一领导，国土资源、发展改革委、经济和信息化委等十三部门共同参与的联合执法机制。安徽省国土资源厅“三定”方案对执法监察、矿产资源规划、矿业权、资源储量、地质勘查、矿山地质环境、土地复垦等内设机构职能做了重新调整与划分，形成执法监察机构主管，矿政管理机构协作配合的机制，新设立资源恢复整治处，负责全省矿山地质环境恢复治理和采煤塌陷区综合治理。各市国土资源局均建立国土资源执法监察支队，各县（市、区）国土资源管理部门也建立执法监察大队，乡镇国土资源（中心）所加挂执法监察中队牌子或成立矿山动态巡查队，配备专门人员和设备力量，形成市、县国土资源局，乡镇国土资源（中心）所和国土资源信息员的四级管理网络，建立起“任务到矿、责任到人”的监管责任体系。2009年，全省发生无证勘查开采案件60起，较2008年389起减少329起，减少84.58%；发生矿业权人违法违规案件90起，案件发生率仅为1.49%，较2008年下降1.09%，矿产资源勘查开采活动日常监管工作得到切实加强。

开展2010年度土地矿产卫片执法检查工作，首次对矿产资源勘查开发卫片监督检查。根据2010年卫片遥感监测数据，全省2010年矿产卫片执法工作有226处涉嫌违法违规的勘查开采活动疑似图斑，涉及115个县（区）。各级国土资源主管部门在进行实地核查中对实际存在违法违规勘查开采行为的86个矿山进行立案查处，罚款316万元、没收违法所得1228万元、没收违法采出矿产品552万吨，处分相关人员3人，并申请强制执行12件。对16起破坏性开采矿产资源行为进行立案查处，移交司法机关处理。

资源整合

在专项整治和全面整顿中，按照国务院办公厅《转发国土资源部等部门对矿产资源开发进行整合意见的通知》要求，省整顿和规范矿产资源开发秩序领导小组组织编制《安徽省矿产资源开发整合总体方案（第一轮）》（下称《方案》），于2007年5月经省长办公会议批准后报国家发展改革委和国土资源部备案。《方案》确定煤、铁、铜、石灰石和方解石矿为全省整合的重要矿种，同时将铅锌矿、磷矿、玻璃用石英岩、冶金用白云岩、凹凸棒石黏土和普通建筑材料用石料等6种矿种列为部分市整合矿种。全省共划定 68 个重点整合矿区，作为第一批整合任务正式实施。2008 年 4 月，省政府与各市政府在芜湖繁昌全省矿产资源开发整合现场会上签订责任状，明确凡不能完成整合任务的地区，停止矿业权的审批。2006—2009 年，省财政和地方财政分别预算 1.2 亿元和 2.1 亿元专项用于资源整合工作的资金补助。

通过各级政府和有关部门的共同努力，省级第一批 68 个重点整合矿区内小矿山数量大幅度减少，整合区内采矿权数从整合前的 849 个减少到 261 个，减少 588 个，压减率达 69.26%。整合后，矿石产量从 2005 年年底的不足 7000 万吨提高到 10798 万吨，增加 54%；矿业产值从 40 亿元提高到 68.85 亿元，提高 72%；利税从 4 亿元增加到 11.24 亿元，增加 181%。池州市 75 个方解石采矿权整合为 20 个，引进安徽海螺、马钢、国风以及比利时禄思伟、香港韦确、法国英格瓷等一批国内外知名企业精深加工，方解石产量由 40 万吨提高到 120 万吨，白云石产量由 80 万吨提高到 150 万吨，上缴税费由 9000 万元提高到 1.6 亿元。淮南市小煤矿由最多时的 200 多家减至 37 家，解放大量边界煤柱，提高煤矿生产能力和资源利用率，矿井安全和抗灾能力明显提高，大小煤矿之间的开采关系得以理顺。宣城市以矿业权市场为纽带，整合后矿业权均公开出让并择优引进广德三狮水泥集团、钱塘集团、旌德中萤等一批投资亿元以上的新项目，全市大中型矿山由 2005 年的 7 个增加到 30 个，分别占全市矿业产值的 43%、利润的 62%。芜湖、安庆、宣城等五市共关闭 260 余家小采石场，由海螺集团等大型水泥企业新建 22 条日产 2500 吨以上的水泥熟料生产线，优化矿山布局，实现矿产资源的集约开采和规模利用。经过资源整合和布局调整，全省大中型矿山数由 2000 年年底的 96 个增加到 2007 年年底的 428 个，规模效益得到充分体现，矿业经济实现快速发展。全省第一轮矿产资源开发整合工作中，还涌现出巢湖市钱家山石灰岩矿、安徽省涡阳县石弓山建筑石料用灰岩矿和宣城市狸桥镇金云村三岔路采石厂等全国第一批矿产资源开发整合先进矿山，获得国土资源部通报表扬。

2008 年 10 月，省整顿和规范矿产资源开发秩序领导小组第五次会议确定：继续保持各级整规工作领导机构、办事机构和人员的稳定，继续保障工作经费和工作条件。各级领导小组成员单位继续保持各负其责、密切配合、齐抓共管、联合执法的工作机制，共同维护矿产资源开发秩序，推进和做好矿产资源开发整合工作。2009 年 10 月，国土资源部等 12 部委召开全国矿产资源开发秩序整顿规范总结表彰暨进一步推进整合工作部署电视电话会议，通报表扬整顿和规范矿产资源开发秩序工作先进集体和先进个人，总结历时 3 年多的整顿规范工作，动员部署进一步推进矿产资源开发整合工作。按照国土资源部等 12 部委《关于进一步推进矿产资源开发整合工作的通知》要求，《安徽省矿产资源开发整合实施方案（第二轮）》，经省整顿和规范矿产资源开发秩序领导小组第 6 次会议审议，并经省政府批准同意后，第一个报国土资源部备案。《方案》中明确 2010 年年底必须实施完成的 45 个矿产资源开发整合项目全部完成，矿业权由整合前的 15 个探矿权（不含局部参与整合的）和 220 个采矿权变为整合后的 6 个探矿权和99个采矿权，压减55.32%；总生产规模由整合前的约2140万吨，提高到整合后的约3415万吨，提高59.58%；矿产资源的利用率提高3%~5%。整合区内大矿小开、一矿多开等历史遗留问题得到解决，矿山开发布局趋于合理，矿产资源勘查开发规模化、集约化程度提高，推动矿产资源向优势企业集中，矿山安全生产状况、生态环境也得到改善。加快推进集约节约资源，发展绿色矿山。

第五章　地质环境管理

第一节　地质灾害防治

地质灾害种类

安徽省地质灾害种类主要有崩塌、滑坡、泥石流、地面塌陷、地面沉降、膨胀土6类地质灾害。

地质灾害特征

安徽省地跨中朝准地台、秦岭地槽褶皱系和扬子准地台三个一级构造单元，地势北低南高，地貌类型复杂多样，山地、丘陵、平原俱全，区域差异明显，地质灾害呈现如下特征：

地质灾害时空分布总体状况。皖南山区和大别山区主要分布有与暴雨（或强降水）有关的滑坡、崩塌和泥石流等地质灾害；沿江丘陵平原主要是与地下水开采或疏干有关的岩溶塌陷和与降雨有关的小规模崩塌、滑坡和泥石流等地质灾害；江淮波状平原主要是与特殊土分布有关的膨胀土和与降雨有关的小规模崩塌、滑坡等地质灾害。淮北平原主要是与地下水开采有关的地面沉降和与矿产资源开采有关的地面塌陷。

在时间上，崩塌、滑坡、泥石流地质灾害主要集中在雨季，资源开发引起的地面沉降和地面塌陷的发生相对滞后于资源开采时间。崩塌、滑坡和泥石流是安徽省地质灾害主要灾种，主要分布于皖南山区和大别山区，人为作用和汛期强降水是诱发崩塌、滑坡、泥石流的主要原因，每年的汛期（5—9月）是地质灾害高发期。

地面塌陷包括岩溶地面塌陷和采空塌陷。开采（或疏干）岩溶水而引起的岩溶塌陷，主要分布于铜陵、淮南、安庆等地；矿山开采引起的采空塌陷，主要分布于两淮煤田地区。由于常年大量抽采地下水，阜阳地区发生地面沉降，2010年，阜阳市地面沉降中心沉降量1.57米。

膨胀土灾害主要发生在江淮波状平原的定远、合肥、六安和淮北平原的阜南、利辛、固镇一带，沿江丘陵平原的芜湖、郎溪、无为、庐江等地亦有分布。这些地区黏性土中多含有蒙脱石和伊利石等亲水矿物，具吸水膨胀、失水收缩和反复膨胀变形的特点，给各类工程建筑物带来危害。

地灾易发区

安徽省地质灾害划分为六个易发区（带）和一个不易发区。

六个易发区（带） 分别为:崩塌、滑坡、泥石流易发区,分布于皖南山地、皖西山区和江淮波状平原等地,面积 4.98 万平方公里。

岩溶塌陷易发区。分布于铜陵、安庆、淮南、巢湖、池州市东至、淮北、宿州市灵璧等部分地段,面积 0.13 万平方公里。

采空塌陷易发区。分布于两淮煤田、马鞍山、安庆市宿松、宣城市广德、六安市霍邱、滁州市定远等地,面积 0.58 万平方公里。

地面沉降易发区。分布于淮北平原的阜阳等地,面积 2.60 万平方公里。

膨胀土灾害易发区。分布于江淮波状平原、淮北平原和沿江丘陵平原的部分地区,面积 2.71 万平方公里。

江（河）湖崩岸易发带。分布于长江、淮河、巢湖沿岸。

一个不易发区 分布于安庆、芜湖、宣州、宿州市泗县、灵璧县北部、六安市霍邱、寿县部分地区,面积 2.94 万平方公里。

地灾重防区

安徽省划分 5 个地质灾害重点防治区、3 个次重点防治区和 6 个一般防治区。

5 个重点防治区

皖西山地六安、沿江丘陵平原安庆以崩塌、滑坡、泥石流、岩溶塌陷为主重点防治区。包括六安市的金寨、霍山、舒城,安庆市的太湖、岳西、桐城、潜山、怀宁等县（市）地区,面积 15872.42 平方公里。

皖南山地黄山—宣城—池州、沿江丘陵平原铜陵－马鞍山以崩塌、滑坡、泥石流、岩溶塌陷为主重点防治区。包括黄山市和池州市、马鞍山市、宣州市大部分地区和铜陵市区及繁昌县、芜湖市,面积 29989.14 平方公里;淮北平原阜阳以地面沉降为主重点防治区。分布于阜阳市城区,面积 678.68 平方公里。

淮北平原淮北以地面塌陷为主重点防治区。包括淮北市区及濉溪县、亳州市的涡阳县、宿州市的部分地区,面积 6563.38 平方公里。

淮北平原淮南以地面塌陷为主重点防治区。包括淮南市区及凤台县、阜阳市的颍上县、利辛县等地,面积 2754.66 平方公里。

3 个次重点防治区

淮北平原亳州—界首以地面沉降为主次重点防治区。包括阜阳市界首、临泉、太和、颍上和亳州市及利辛县等大部分地区,面积 14716.3 平方公里。

江淮波状平原六安—合肥、沿江丘陵平原滁州—巢湖以膨胀土、滑坡、崩塌灾害为主次重点防治区。包括六安市、合肥市、滁州市定远、风阳、全椒、巢湖市居巢区、庐江、无为、含山、安庆市纵阳等县（市）大部分地区,面积 16874.9 平方公里。

沿江丘陵平原滁州以地面沉降为主次重点防治区。分布于天长市城区,面积 1280 平方公里。

6 个一般防治区

淮北平原宿州以地面沉降为主一般防治区。包括宿州市砀山、萧县大部分地区，面积 2215.23 平方公里。

淮北平原宿州—蚌埠以地面沉降为主一般防治区。包括亳州市蒙城、宿州市灵璧、泗县、蚌埠市五河、怀远、固镇等部分地区，面积 12075.68 平方公里。

江淮波状平原六安—蚌埠—滁州以膨胀土灾害为主一般防治区，包括蚌埠市区、滁州市凤阳、天长、全椒、六安市霍邱等县（市）大部分地区，面积 17336.74 平方公里。

沿江丘陵平原安庆—巢湖以膨胀土灾害为主一般防治区。包括六安市舒城、巢湖市庐江、安庆市桐城、纵阳、怀宁部分地区，面积 6422.54 平方公里。

沿江丘陵平原巢湖—安庆—池州以崩塌、滑坡地质灾害为主一般防治区。包括巢湖市和县、无为、安庆市枞阳、望江、池州市东至等县（市）部分地区，面积 9821.82 平方公里。

沿江丘陵平原芜湖—宣州以崩塌滑坡地质灾害为主一般防治区。包括芜湖市南陵、芜湖县、宣城市郎溪、广德等县（市）部分地区，面积 2798.40 平方公里。

地灾危害程度

2000—2010 年间，安徽省发生 13420 余起地质灾害，因灾直接死亡人数 84 人，直接经济损失近 144528.38 万元。（见表 4–5–1）

2000—2010 年安徽省地质灾害发生数及直接经济损失统计表

表 4–5–1

年　份	2000	2001	2002	2003	2004	2005	2006	2007	2008	2009	2010	总计
灾害数（起）	151	1605	147	587	465	8548	360	314	556	349	338	13420
死亡人数（人）	16	4	16	1	0	31	3	3	2	2	6	84
经济损失（万元）	8278.6	2682	2654	5800	3658	96800	3700	7486.6	8753.2	2179.3	2536.7	144528.4

防治法规制度

1999 年 7 月，安徽省人民政府发布《安徽省地质灾害防治管理办法》（简称《办法》），全省地质灾害预防、地质灾害治理等均依据《办法》，标志着安徽省地质灾害防治法规体系基本建立。《办法》规定：对本省行政区域内地质环境进行调查，划定地质灾害易发区。各市、县（区、市）也分别建立地质灾害调查制度，并积极开展地质灾害调查工作，安徽省进行的地质灾害调查工作有 1∶10 万地质灾害调查与区划、地质灾害汛前调查、汛期巡查、汛后核查、突发地质灾害应急调查、地质灾害排查鉴定、地质灾害再排查等一系列调查工作。

2003 国务院发布《地质灾害防治条例》（简称《条例》。根据《条例》规定，安徽省建立和逐步完善省、市、县三级国土资源行政管理部门地质灾害防治行政管理体系，制订地质监测、险情巡查、地质灾害预报、编制年度地质灾害防治方案、地质灾害危险性评估、地质灾害应急等制度。

2004年根据国土资源部《关于加强地质灾害报告制度的通知》要求，安徽省建立地质灾害速报和月报制度，2006年安徽省国土资源厅转发国土资源部《关于进一步完善地质灾害速报制度和月报制度的通知》，进一步完善安徽省地质灾害速报制度和月报制度，各市、县也逐级落实。安徽省国土资源厅设置专人负责灾情速报的接收和上报工作，每月26日前，由专人负责统计月报结果并上报。2007年，安徽省国土资源厅再次转发国土资源部办公厅《关于切实做好地质灾害灾情和险情速报的通知》，并按要求做到地质灾害报送渠道的畅通，建立健全24小时专人值班制度及领导带班等制度。

地灾防治机构

2003年安徽省成立以分管副省长为组长，省政府副秘书长和省国土资源厅长为副组长，安徽省民政厅、财政厅、经信委、公安厅、交通厅、水利厅、林业厅、卫生厅、环保厅、气象局、省地震局、教育厅、安监局、广电局、电力公司、通信管理局、地勘局、旅游局、华东冶金地勘局、住建委、煤田地质局等单位主要负责人或分管负责人为成员的地质灾害防治领导小组，领导小组下设办公室，由省国土资源厅分管副厅长任办公室主任，具体负责对地质灾害防治相关工作进行组织、协调、指导和监督，并于每年汛前根据各成员单位人事变动及时调整小组成员名单。自2003年以后全省各市、县（区、市）政府也相继成立市、县（区、市）级地质灾害防治工作领导小组并下设办公室，落实相关职责。

2006年，省地质环境监测总站在全省17个地级市均分设了地质环境监测分站，专业技术人员主要由省地质环境监测总站及各市所在地的地质勘查队伍派驻，每站3~5人，共计63人，在各市国土资源局统一组织领导下，开展地质灾害调查与专业监测等相关工作。鉴于市级国土资源部门缺乏专业技术人员，2008年起省国土资源厅聘请各市地质环境监测分站技术人员为市级应急专家队伍成员，聘用经费每年350万元，纳入财政预算支出。

地质灾害调查

全省各市、县在每年汛前均开展汛前调查工作，根据调查结果编写汛前地质灾害调查报告，分析年度地质灾害发展趋势，明确年度地质灾害重点防范期和重点防范区域，明确各部门的防治责任，各市、县在汛前调查的同时还向群众发放防灾、避险明白卡，进行地质灾害防治知识的宣传。

每年汛期，在即将出现或出现极端恶劣天气或持续性强降雨时，省地质灾害防治领导小组即组织相关人员，分组分赴各地质灾害重点防治区进行地质灾害巡查，各市、县国土资源局也组织相应专家队伍进行巡查。汛期结束后各市、县国土资源局对地质灾害隐患点进行复查工作。各市、县根据复查结果，对本年度的地质灾害防治工作进行总结和分析，研究地质灾害隐患点的搬迁避让与工程治理等防治建议。

自1999年开始，安徽省1:100000县（市、区）地质灾害调查与区划工作在石台县开始试点。此后，经过近十年的努力，1:100000县（市、区）地质灾害调查与区划工作全面铺开,对各县(市、区)城镇、厂矿、村庄、风景名胜区、重要交通干线和重要工程设施等区域地质灾害进行调查,并对地灾险情、规模、引发因素、潜在危害等进行评价;划定各县(市、区)地质灾害易发区;协助建立地质灾害群测群防网络;对有关人员进行地质灾害防灾减灾知识培训;指导地质灾害监测与预警工作;开展地质灾害防治区划;建立县(市、区)地质灾害信息系统,基本查清安徽省地质灾害隐患点基本情况。安徽省各县(市、区)地质灾害调查与区划工作全部完成,完成调查总面积14.02万平方公里,完成数据库录入灾害点6480处。按类型分:崩塌(含不稳定斜坡)3227处,滑坡(含不稳定斜坡)2660处,地面塌陷397处,泥石流192处,地面沉降4处;按规模分:巨型7处,大型112处,中型211处,小型6150处;纳入群测群防体系的隐患点共计3437处,占隐患点总数53%。

2008年,省国土资源厅、财政厅将《安徽省1∶100000县(市、区)地质灾害调查与区划成果集成及数据库建设》项目任务下达给安徽省地质环境监测总站,省地质环境监测总站完成全省67份县(市、区)地质灾害调查与区划报告成果的收集整理编制成册;建立全省地质灾害数据库;编制相应的图件。

2009年,根据安徽省国土资源厅《关于开展地质灾害隐患排查鉴定工作的通知》,安徽省13个市67个县(市、区)开展地质灾害隐患点排查鉴定工作以及大型以上地质灾害点核查工作。

2010年,根据省国土资源厅《关于开展汛期地质灾害隐患再排查紧急行动实施方案的通知》,全省开展地质灾害隐患再排查紧急行动,对安徽省人员集中地以及重要交通干线和重要工程建设活动区的地质灾害隐患点进行全面再排查、再巡查、再复查工作。截至2010年,全省有地质灾害隐患点5727处(含高陡边坡隐患点2008处)。分布在全省各市,其中黄山市1918处,安庆市1393处,宣城市940处,池州市427处,六安市384处,滁州市157处,芜湖市156处,铜陵市69处,合肥市60处,马鞍山市54处,蚌埠市43处,巢湖市31处,亳州市32处,宿州市25处,淮南市19处,淮北市15处,阜阳市4处。按地质灾害类型分不稳定斜坡2276处,滑坡1601处,崩塌1469处,地面塌陷242处,泥石流136处,地面沉降3处;按地质灾害险情等级分特大型点15处,大型点16处,中型点187处,小型点5509处(其中安庆市怀宁县月山镇原4处小型地面塌陷发展为1处区域型特大型点);按责任部门分交通部门649处,矿山企业187处,水利部门175处,教育部门73处,旅游部门41处。5727处地质灾害隐患点中群测群防点5021处,有群测群防员4259人,共威胁29292户、165307人,威胁财产461315.25万元。

地灾防治工程

自2005年起,省财政投入2.2亿元,完成全省133个重地质灾害隐患点的避让搬迁和工程治理工作,使得4791户21911人摆脱地质灾害的威胁,安全隐患基本消除。省、市、县三级及群众自筹、企业自筹投入3.87亿元,实施防治工程1573处,避免人员伤亡

74597人，避免财产损失10.1亿余元。防治工程中搬迁避让工程677处，其中安庆市559处，六安市101处，淮北市95处，黄山市51处，宣城市40处，池州市36处，芜湖市9处，滁州市9处，淮南市4处，合肥市2处，铜陵市2处，马鞍山市2处，巢湖市2处，蚌埠市1处。投入搬迁避让资金20242.60万元。防治工程中治理工程885处，其中安庆市234处，六安市273处，黄山市157处，池州市72处，合肥市38处，滁州市31处，淮南市23处，宣城市20处，巢湖市19处，马鞍山市7处，蚌埠市6处，淮北市2处，芜湖市2处，宿州市1处。投入工程治理资金17584.08万元。

气象预警预报

2003年9月，安徽省国土资源厅和省气象局联合签署《安徽省国土资源厅安徽省气象局联合开展地质灾害气象预警工作协议》，2004年5月，省国土厅和气象局联合发文《关于地质灾害气象预报预警工作有关问题的通知》，启动安徽省地质灾害气象预报预警工作。2005—2010年，省国土资源厅联合省气象局发布Ⅲ级以上预警195次（含Ⅳ级预警26次），发出地质灾害预警预报信息10余万条，并通过安徽电视台、安徽日报、省国土资源厅网站及手机短信、传真等方式，向社会和可能遭受地质灾害威胁的地方政府、地质灾害点监测人发布预警信息。黄山、安庆、池州、宣城、六安、芜湖、合肥、淮南等市和部分县也相继开展地质灾害气象预警预报工作，2003—2010年期间各市发布Ⅲ级以上预警2000余次。省级成功预报120余次，各市、县成功预报170余次，地质灾害气象预警预报的开展避免人员伤亡6800余人，避免财产损失2.50亿元。

监测预警网络

2010年年底，安徽省地质灾害隐患点中，群测群防点占隐患点总数的87.7%，省、市、县三级对群测群防人员进行多次地质灾害基本知识、群测群防基本知识培训，全省共培训群测群防人员7500余人次。基本建立专业监测与群测群防相结合的监测网络体系，阜阳地区在充分收集、利用以往地质工作成果的基础上，采用遥感(InSAR)解译、大地水准测量等技术，结合1:5万地面调查，查明阜阳区域地面沉降的现状（地面沉降影响范围、沉降量及其危害程度），并初步建立阜阳市地下水监测网和地面高程监测网框架，提出地面沉降灾害防治对策的建议。但安徽省对突发性地质灾害的专业监测还很少，还处于试行阶段，各市、县的重要灾害点主要还是进行群测群防，辅以安置简易的专业监测仪器、配备少量专业人员进行不定期的监测，监测方式主要以目测、测量、埋设监测桩为主，重大灾害点安装简易监测设备如滑坡预警伸缩仪、滑坡裂缝报警器等。各市、县根据隐患点的多少选择具有一定文化程度，能够较快掌握简易测量方式，责任心强，热心公益事业，长期生活在当地，对当地环境较为熟悉的群测群防员，并对群测群防人员及监测人员进行培训和补助，使其能按时保质的做好监测点的监测记录，并根据群测群防和群专结合的监测结果，在监测点出现异常时，能及时上报并通知附近群众做好避让准备，发布相应的预警信息。

地质灾害应急

2005年9月，安徽省发布《突发性地质灾害应急预案》，应急预案规定各级国土部门要会同本级地质灾害防治指挥机构成员单位，依据地质灾害防治规划，于每年汛前编制年度地质灾害防治方案，并遵循分级响应程序，根据地质灾害等级适时启动应急响应，建立应急响应制度。2005—2010年安徽省各市县共发布三级以上应急响应240余次。

2006年安徽省国土资源厅成立省突发地质灾害应急工作办公室，由省国土资源厅分管副厅长任办公室主任，办公室成员由省国土资源厅地环处、矿管处、地勘处、储量处、执法局及厅属事业单位地质调查与环境监测中心和信息中心等相关负责人组成，省突发地质灾害应急工作办公室下设综合组、调查与救灾组、信息与宣传组并规定其相关职能职责。

2008年安徽省国土资源厅根据省政府应急工作的需要，建立省级专门处置突发地质灾害应急事件专家队伍，专家组有应急专家80名，均为工程地质、水文地质、环境地质、应急管理、基础地质、岩土工程及相关领域高级职称人员组成。

省级地质灾害应急工作主要由安徽省地质环境调查与监测中心承担，2005—2010年，安徽省地质环境调查与监测中心完成30余次地质灾害应急工作。

地灾危险性评估

安徽省严格按照《地质灾害防治条例》及2004年国土资源部《关于加强地质灾害危险性评估工作的通知》的要求，凡在地质灾害易发区进行建设工程的，必须进行地质灾害危险性评估。地质灾害评估工作按照建设项目的重要性和地质环境条件的复杂程度进行分级；对承担地质灾害危险性评估工作的单位实行资质管理制度，严禁不具备相应资质条件的单位从事地质灾害危险性评估工作；评估单位组织具有资格的地质灾害防治专家对提交的地质灾害危险性评估报告进行技术审查并由专家组出具书面审查意见；加强对地质灾害易发区内的各种工程建设活动的监督管理，避免因不合理人类工程活动诱发的地质灾害隐患。安徽省三级地质灾害危险性评估主要由各市国土资源局组织评审，一二级地质灾害危险性评估由省地质环境与监测中心组织评审。2004—2010年间，安徽省省、市有485个一级、44个二级、1294个三级评估项目通过评审并进行备案。见表4–5–2。

地质灾害危险性评估年度评估次数统计表

表4–5–2

年度	2004	2005	2006	2007	2008	2009	2010	总计
一级评估		74	81	61	63	98	108	485
二级评估			14	8	8	4	10	44
三级评估	48	96	183	178	195	285	309	1294

防灾预案与宣传

安徽省地质灾害易发区市、县（市、区）组织多次突发性地质灾害应急预案的演练，

2003—2010 年全省各市、县（市、区）共组织突发性地质灾害应急预案演练 46 次，参加应急演练人数达 9300 余人次。

安徽各市、县（市、区）充分利用“4·22”地球日、“5·12”防灾减灾日、“6·25”土地日等开展多形式、多内容地质灾害宣传工作。在进行地质灾害宣传教育同时，从国土资源部到各市、县组织开展多次培训活动，以授课、大会、讲座、现场调研、实地演练等多种形式对基层国土部门人员、群测群防人员等进行防灾减灾知识、群测群防知识、地质灾害防治“五到位”等培训。

第二节 矿山地质环境保护与治理

安徽是矿产资源大省，矿产资源种类繁多，开采历史悠久、开采范围广、强度大、效益好。矿产资源的开采对自然环境的影响日益加大，加之一些粗放式的开发，使得矿山地质环境日趋恶化，矿山地质环境问题逐渐增加。主要表现在：引发矿山地质灾害，严重威胁矿区人民群众生命、财产安全。破坏植被和生态环境，大量露天开采活动毁坏地表植被和地貌景观，水土保持能力大大下降，许多山青水秀的地方现在成千疮百孔的荒山、荒地，损毁土地。污染环境，矿产资源开采堆放的大量废渣和尾矿，成为周边环境的污染源。破坏矿区地下水均衡，有些地方因采矿导致区域性地下水位下降，形成大面积地下水疏干漏斗，造成井、泉干枯和地面塌陷。这些矿山地质环境问题的产生原因除自然背景、地质构造环境条件外，主要原因是人类工程、经济活动对矿山地质环境的破坏。截至 2010 年年底，全省因矿山开采而损毁土地面积约 64000 公顷，仅两淮地区就因煤炭开采塌陷土地近 4 万公顷；矿山开采引发地质灾害 102 处，主要分布于两淮煤田及铜陵等地的采空地面塌陷 57 处；分布于铜陵、安庆、淮南等地的岩溶塌陷 21 处；地下水资源受影响严重的地区为两淮煤田和沿江成矿带，抽取的地下水为孔隙水和岩溶裂隙水；全省矿山年排放废水 1.5 亿吨和废渣 5.4 亿吨，仅部分得到综合利用，现有近 30 亿吨的废渣堆放在矿区周围。针对破坏日益严重的矿山地质环境，安徽省国土资源厅在省委、省政府的领导下，在省人大常委会的监督和支持下，开展大量的矿山地质环境保护与治理工作。

地环法规体系

2007 年 6 月 22 日经省人大常委会审议通过《安徽省矿山地质环境保护条例》（以下简称《条例》），自 2007 年 12 月 1 日起施行。《条例》是全国第一部矿山地质环境保护方面的地方性法规，条例在立法指导思想、立法原则、制度设定、监督管理、保障措施、法律责任等方面较为适合现阶段经济社会发展对矿山地质环境保护的总体要求。2007 年 11 月 26 日经省人民政府第 59 次常务会议审议通过《安徽省矿山地质环境治理恢复保证金管理办法》（以下简称《办法》），自 2008 年 1 月 1 日起施行。《办法》规范了全省矿山地质环境治理恢复保证金的缴存、使用和管理。《条例》和《办法》为全省矿山地质环境保护与治理恢复提供了法律依据。

地环工作领导

2007年年底,安徽省国土资源厅成立贯彻落实《条例》领导小组,厅长任组长,分管矿政、地环和法规的3位副厅长任副组长,全力推进《条例》和《办法》的实施。2008年,安徽省国土资源厅将17个市地质环境监测站纳入各市国土资源局管理以加强各市矿山地质环境管理力量,承担地质灾害和矿山地质环境日常管理工作。2009年3月,为推进皖北采煤塌陷区综合治理工作,省政府成立以分管副省长为组长,皖北5市市长、省直18个部门、4大煤矿集团负责人为成员的省采煤塌陷区综合治理工作领导小组。2010年,省国土资源厅将矿山地质环境管理职能从地质环境处划出,单独设置资源恢复整治处,编制4人,主要职责承担全省矿山地质环境管理和采煤塌陷区综合治理工作。近年来各市、县加强矿山地质环境管理的力量,有的市县还增设机构。

地环保护规划

安徽省国土资源厅对全省近7000个矿山的地质环境现状进行初步调查,编制《安徽省矿山地质环境保护与治理规划》,并报国土资源部审核,省人民政府颁布实施,落实矿山地质环境分级治理原则及治理目标,全面部署全省废弃矿山、在建矿山的近远期治理工程,通过这些治理工程的实施,有效改善全省矿山地质环境。淮北、合肥、淮南、亳州、阜阳、芜湖、宣城、六安、蚌埠、巢湖、黄山、池州等12个市编制的矿山地质环境保护与治理规划通过省国土资源厅审查,并报当地市政府颁布实施,还有部分市的矿山地质环境保护规划在编制。2004年2月,安徽省地质调查院完成《安徽省霍邱铁矿资源规划(2002—2020年)》,经省国土厅批准实施。该规划是全国首个单一矿种资源规划。2006年1月,安徽省地质调查与环境监测中心、安徽省地质环境监测总站、安徽省地矿局第一、第二水文工程地质勘查院完成《安徽省矿山地质环境现状调查评价》工作,通过国土资源部、中国地质环境监测院组织的专家组验收。2007年11月,由安徽省地质调查与环境监测中心牵头编制《安徽省矿山地质环境保护与治理规划(2006—2015年)》,通过国土资源部组织的成果验收。2008年11月,安徽省人民政府批准《安徽省矿山地质环境保护与治理规划(2006—2015年)》,自2009年3月1日起施行。2010年9月,安徽省国土资源厅组织编制《安徽省废弃矿井治理规划(2009—2015)》,通过国土资源部审查。

制度和技术标准

2008年,为贯彻实施《条例》和《办法》,安徽省国土资源厅组织制定矿山地质环境管理的配套制度和相关技术规范、规程。主要包括《安徽省矿山地质环境保护与综合治理方案编制管理办法》《安徽省矿山地质环境治理恢复工程验收管理办法》《承担安徽省矿山地质环境保护与治理业务单位资质备案管理办法》《安徽省矿山地质环境监测管理办法》《安徽省矿山地质环境治理恢复保证金缴存使用管理办法》等5个管理办法,制定《安徽省矿山地质环境保护规划编制指南》《安徽省矿山地质环境调查技术规程》《安徽省矿山地质环境保护与综合治理方案编制技术要求》《安徽省矿山地质环境监测技术规程》《安徽省矿山地质环境治理恢复工程验收标准》等5个技术规程，使全省矿山地质环境在管理上有章可循，在技术上有规可依。2008年5月，安徽省国土资源厅印制《安徽省矿山地质环境综合治理方案编制规程汇编》。

保护与治理方案

在矿山地质环境管理中，要求矿山企业编制矿山地质环境保护与综合治理方案，并将方案编制和保证金缴存，作为矿山企业办理新立、延续、变更矿权等事宜的必备报件材料，严把市场准入关。截至2010年，全省1211个矿山编制矿山地质环境保护和综合治理方案，通过部、省国土资源厅或当地国土部门组织的审查。

地环治理保证金

自2008年开始实施《矿山地质环境治理恢复保证金制度》以来，截止到2010年年底，全省缴存保证金6.29亿元。其中，国土资源部颁发采矿许可证和省国土资源厅颁发采矿许可证的大型矿山及省属国有矿山缴存保证金5.06亿元，省国土资源厅发证中小型矿山和市县发证矿山缴存保证金1.23亿元。累计支取、返还保证金4795.4万元，保证金制度的建立有力促进矿山企业开展矿山地质环境治理工作。2008年下半年，为帮助企业度过国际金融危机，按照省委、省政府的要求，安徽省国土资源厅暂缓采矿权2010年年底以后到期的矿山保证金缴存工作，缓解矿山企业的资金压力。根据省政府的批示，2011年全面恢复保证金的缴存工作。

地环治理工程

自2005年开始实施国家矿山地质环境治理项目以来，安徽省累计实施矿山地质环境综合治理项目115项，共投入资金约23.2亿元，完成治理面积近42平方公里。其中国家财政支持项目39项，投入资金9.34亿元，其中中央财政补助4.396亿元，项目所在市、县政府配套资金1.6465亿元，矿山企业投资1.9182亿元。省级矿山地质环境治理项目76个，省级财政投资9720万元，市、县财政配套资金8331万元，矿山企业和社会投资940万元。矿山地质环境治理项目的实施，消除治理区地质灾害隐患，恢复废弃多年的土地利用，改善矿区的生态环境，有力地促进矿业经济的可持续发展。治理项目通过各级政府验收的有20个，治理面积6.27平方公里。

探索治理新模式

通过保证金调节手段，采用采矿方式影响系数，有效促进矿山企业保护矿山地质环境。在政策上，积极鼓励民间资本投入矿山地质环境治理，谁治理谁受益，引导多种治理模式。废弃露采矿山可充分利用矿山剩余资源，将剩余资源储量变为矿山地质环境治理投入的“开采式治理”；矿山废弃场地治理后可以作为建设用地的，在办理相关手续后转为建设用地。

创新管理手段

2009—2010年开发《安徽省矿山地质环境管理信息系统》，为矿山地质环境管理提供新的平台。通过逐级培训，逐步实现省、市、县三级矿山地质环境管理信息的交换，提高矿山地质环境管理工作的效率。2010年开展矿山地质环境监测工作，从省公益性地质勘查费中投入150万元在淮南煤矿区和铜陵有色金属矿区开展矿山地质环境监测试点。

国家矿山公园

首批国家矿山公园　2005年淮北市申报首批国家矿山公园，并进行公园建设规划设计，完成矿山公园博物馆、主碑、雕塑园等建设，进行公园揭碑开园。2005年8月，经国土资源部批准，淮北国家矿山公园开工建设，建设总面积16平方公里，由南湖沉陷地休闲娱乐区、东湖矿业文化雕塑园区、相山地质遗迹区和中湖采煤沉陷生态恢复区等四大景区组成。2011年5月，淮北国家矿山公园揭碑开园。

第二批国家矿山公园　2010年，铜陵市、淮南市申报第二批国家矿山公园，下一步也将开展矿山公园建设。

虽然全省矿山地质环境保护做了大量工作，取得一些效果，但是随着矿产资源更大规模的开采，矿山地质环境恶化的趋势仍在加剧，有些老问题仍未完全解决，新问题又出现了；有的点上得到治理，面上又被破坏，矿山地质环境保护和治理工作任重道远。全省将认真贯彻执行《国土资源部矿山地质环境保护规定（部长令）》《条例》和《办法》，规范矿山地质环境管理，一方面按照省、市矿山地质环境保护规划，加大矿山地质环境治理力度，重点治理已关闭或者废弃的无主矿山，建立矿山地质环境治理项目资金投入机制，逐步还清历史欠账。另一方面严格执行矿山地质环境治理恢复保证金制度，足额收缴保证金，杜绝新的矿山地质环境欠账，实现既开采金山银山，又留住绿水青山，建设生态安徽。

皖北塌陷区治理

安徽省两淮煤炭矿区是全国重要的煤炭生产基地，煤炭资源储量约276亿吨，面积1.5万多平方公里，涉及淮南、淮北、宿州、亳州、阜阳和蚌埠六市。多年来的煤炭开采在满足国民经济需求的同时，也导致了矿区土地塌陷，农田锐减，大量房屋和基础设施损毁，群众生产、生活和生态环境受到较大破坏。截止到2010年年底，共形成塌陷区约400平方公里。预计到2020年还将塌陷690平方公里。塌陷区村庄搬迁安置、塌陷地治理、群众的生产生活和社会保障等问题日益凸显，社会矛盾加剧，极大地影响皖北地区的经济社会发展。2008年以前安徽省采煤塌陷区综合治理和村庄搬迁由省发改委负责。2009年为推进繁荣、和谐、生态安徽建设，省委、省政府高度重视皖北采煤塌陷区综合治理工作，对采煤塌陷区综合治理进行专题研究，专门成立领导组，并将该项工作委托省国土资源厅负责，探索走出一条关注民生、突出特色、促进皖北加快发展的新路子。

完善机制　2009年3月，省政府成立以分管副省长为组长，由各省直部门、皖北五市领导和大型矿业集团领导为成员的采煤塌陷区综合治理工作领导小组，确立“政府主导，企业主体，市场运作，各负其责”的治理原则，建立有关部门分工负责、市县（区）政府会同采煤企业具体负责的综合治理管理机制，制定出台“统一规划，综合治理，先搬后采”“征转有别，依法补偿”“矿权价款支撑”“区片地价补偿”“以奖代补”等科学有效的政策措施。安徽省国土资源厅作为领导小组办事机构，于2010年新一轮机构改革中专门设立资源恢复整治处。各有关部门密切协作，在各类项目和资金上全力支持，在塌陷区村庄搬迁安置点建设一批交通、环保、水利、电力、学校等基础设施。煤矿企业勇于负责，投入了大量资金和人力物力，开展村庄搬迁和塌陷区的综合治理。两年来全省仅采煤塌陷区村庄搬迁共投入资金30多亿元。

科学规划　省、市、县（区）协同开展采煤塌陷区综合治理规划编制工作。淮北、淮南、亳州、宿州、阜阳等市的规划已编制完成并颁布实施，省级规划已经完成。各级规划以科学发展观为指导，对采煤塌陷区范围进行科学预测，对村庄搬迁进行合理安排，对塌陷后土地进行适宜性评价，按照宜耕则耕，宜村则村，宜水则水，宜林则林的原则，实行“田、水、路、林、村”综合治理，一个目标明确、布局合理、重点突出、措施有力，与土地利用总体规划、矿产资源开发利用规划、村镇建设规划相协调的采煤塌陷区综合治理规划体系初步形成，展现了塌陷区新农村建设和农村经济社会持续发展的美好蓝图。

狠抓搬迁　将实施采煤塌陷区村庄应急搬迁工程作为重中之重。2009年以来，规划并实施对历史遗留、急需异地搬迁的110个安置点，420个村庄涉及近26万人，经过省、市、县各级各部门的不懈努力，截至2011年10月底，在建和完工的搬迁安置新村104个，涉及403个自然村23.5万人，占需搬迁人口总数的94%，其中已建成安置点75个，涉及279个自然村16.5万人。2011年以后皖北采煤地区将全面转入“先搬后采”的新阶段。各地在村庄搬迁安置实践中，因地制宜，创造各种特色的搬迁模式。淮北市将搬迁安置点建设与城镇建设、新农村建设、工矿建设相结合，采取“城郊社区型、依镇建村型、矿村结合型、中心集聚型”四种不同的搬迁模式。淮南市采取集中式搬迁安置，将全市规划为若干个安置点，形成“毗邻矿区大门、拓展乡村集镇、依托政务中心、再建安置新城”四种搬迁安置模式。宿州市确立“依镇建村、中心集聚、跨行政区调整、老村址复垦整理、基础配套齐备”的搬迁整治思路。淮北仁和、淮南顾桥、宿州朱仙庄、亳州许疃等成为矿区新农村建设的典型。

维护权益　各市、县先后出台了采煤塌陷区搬迁补偿安置办法，建立了以人口补偿为主、据实补偿为补充的补偿模式，大幅度提高居民搬迁补偿标准，并根据经济和社会发展水平适时调整。省政府安排8亿元资金通过“以奖代补”形式支持安置点建设，并推动相关资金投入，促进安置点道路、绿化、供电、给排水、垃圾处理、公共服务等基础设施建设，提升建筑品位，改善村容村貌和群众居住品质。与此同时，狠抓失地农民增收、就业和社会保障问题。各地积极开展被征地农民技能培训，被征地农民的养老保险制度正在加快建立。淮南市大力推进农民工业园、创业园建设，实施失地农民就业援助行动，三年投资6000万元对失地农民进行就业培训，2010年搬迁农民就业率达到

80%。淮北市对主城区附近的塌陷村庄，按城市居民住宅小区标准建设农民新村，把失地农民纳入城市居民社保范畴。各地坚持以“复垦、造地、增粮、增收、改善农业生产条件”和提高人民生活水平为目标，大力发展种植业、养殖业、林果业、蔬菜业、旅游休闲业等生态产业，实行多业并举，增加农民收入。

综合治理　积极制定新的政策，用好用足国家相关政策。通过建设用地置换、集体建设用地流转、耕地保护、矿山保护、新农村建设等，不断整合塌陷区内土地复垦整理、矿山地质环境治理、农业综合开发、农村土地整村推进等项目，对采煤塌陷区开展综合治理，形成合力。近 5 年，皖北采煤塌陷区获得中央财政和省级财政补助的矿山地质环境治理项目 28 个，投入资金 3.7 亿元，治理面积 12.4 平方公里。2008 年以来，国家和省级投资实施土地整理复垦项目 73 个，投入资金 26 亿元，整理农用地规模 119135.8 公顷。淮北市塌陷治理率已达 42%，并在实践中探索形成六种治理模式，其经验在全国煤炭城市推广应用，2010 年该市又争取国家矿山地质环境治理恢复项目资金 1 亿元。淮南市把塌陷区综合治理与生态环境修复、农业产业结构调整、发展第三产相结合，创新和实施了“泉大”“后湖”“鑫森”等治理模式，走出一条“集中式搬迁、发展式安置、开发式治理”的新路子。宿州埇桥区积极进行集体土地流转、政策和资金整合、治理方式创新等方面的尝试，启动采煤塌陷地地质环境恢复（沱河生态长廊）工程项目。淮北的杨庄、淮南的大通塌陷区建成了集旅游、休闲、娱乐于一体的大型湿地公园和国家矿山公园。

第三节　地质遗迹

地质遗迹分布

截至 2010 年年底，安徽省范围内查明重要地质遗迹 119 处，包括古生物遗迹 10 处，层型地质剖面与构造形迹 18 处，地质地貌景观 66 处，水体景观 24 处，地学人文景观 1 处，古采矿冶炼一级 2 处。其中，产于和县、巢湖市银山猿人化石遗迹、淮南市八公山区的淮南生物群后生动物化石、黄山地区白垩纪红层中的恐龙骨骼化石及其恐龙蛋化石、脚印，巢湖市平顶山下三叠统地层剖面等，是一批具有典型性和代表性的珍贵地质遗迹，巢湖市平顶山下三叠统地层剖面被国际印度阶－奥伦尼克阶工作组接受并列为首选剖面。

根据安徽省地质调查院 2006 年 8 月提交的《安徽省地质遗迹调查评价与区划》成果报告，安徽省地质遗迹开发保护区划分为 5 个大区 11 个亚区，分别为：皖北地区地质遗迹分布区（包括淮北北相地层单一型地质遗迹亚区，灵璧县灵璧石单一型地质遗迹亚区）；皖中地区地质遗迹分布区（包括淮南后生动物群化石主次型地质遗迹亚区，凤阳山区溶洞地质遗迹亚区，明光市古火山机构单一地质遗迹亚区，合肥是古火山机构单一型地质遗迹亚区）；沿江地区多种类地质遗迹分布区；大别山多种类地质遗迹分布区；皖南多种类地质遗迹分布区（包括池州－石台县溶洞群地质遗迹亚区，九华山－黄山地貌多种类地质遗迹亚区，齐云山丹霞地貌地质遗迹亚区，清凉峰火山岩地貌单一地质遗迹亚区，广德－南陵溶洞群地质遗迹亚区）。

地质遗迹保护

安徽省地质遗迹保护工作开始于1988年，由安徽省地质矿产局着手开展。1990年，地质矿产局第二水文工程勘察院提交《安徽省地质地貌景观及地质遗迹考察报告》，1997年，安徽省地质矿产局组织开展《安徽省地质遗迹保护规划》。

2000年　安徽省国土资源厅成立，地质遗迹保护、地质公园申报和建设成为地质环境管理的重要工作内容。

2001年　精选具有代表性的地质遗迹申报国家地质公园。黄山、淮南八公山、枞阳浮山、休宁齐云山均成功申报获批国家级地质公园。

2002年　安徽省国土资源厅起草《安徽省地质遗迹保护管理办法》和申报省级地质公园的一系列规范性文件，启动省级地质公园建设。2002年9月14日淮南八公山国家地质公园揭碑开园，10月28日枞阳浮山国家地质公园揭碑开园。淮南八公山和枞阳浮山申报地质遗迹保护项目。

2003年　黄山、齐云山国家地质公园揭碑开园。黄山申报首批世界地质公园，在国家评审中排名第一。休宁齐云山、黄山申报地质遗迹保护项目。实施八公山地质遗迹保护项目。

2004年　2月13日，在巴黎召开的联合国教科文组织会议上，黄山地质公园被批准为首批世界地质公园。7月4日黄山世界地质公园揭碑开园，联合国专家、省、部领导参加了黄山世界地质公园的揭碑开园。实施黄山、齐云山、浮山地质遗迹保护项目，批准建设石台县溶洞群、明光市女山为省级地质公园。牯牛降国家地质公园获得国土资源部的批准。2004年安徽省地质公园建设投资781万元。2004年黄山的旅游接待人数突破160万人；牯牛降国家地质公园游客接待量首次超过10万人，总收入1000余万元，拉动了地方旅游经济收入，增加2000余人员就业。2004年开展全省地质遗迹资源调查，摸清安徽省地质遗迹资源家底。开展黄山花岗岩国际对比研究项目，建立花岗岩地貌分类体系

2005年　9月19日，大别山（六安）、天柱山获批省级地质公园。黄山世界地质公园地质博物馆进行重新布展。组织实施牯牛降地质遗迹保护项目。11月8日，牯牛降国家地质公园揭碑开园。

2006年　9月底召开了大别山（六安）国家地质公园建设规划评审会。对石台县溶洞群地质公园的建设情况进行现场监督检查，并指导其做好揭碑开园的前期相关工作。各地质公园完成建设规划编制工作，并按照规划要求实施公园建设，管理机构和管理制度也已经基本建立。巢湖市国土资源局加大对周边矿山采场的整治力度，禁止在平顶山剖面保护区内一切从事矿山开采、石料加工等危及剖面和破坏生态的生产经营

活动，切实保护巢湖“金钉子”剖面。

2007 年　安徽省财政安排省级地质遗迹保护项目 2 项，分别是黄山花岗岩系列研究项目和南陵县丫山花海石林旅游区地质遗迹保护项目，投入资金 150 万元。安徽省国土资源厅对全省地质遗迹保护项目实施监督检查。大别山（六安）国家地质公园和天柱山国家地质公园分别于 5 月和 11 月揭碑开园。南陵丫山获批省级地质公园。巢湖市禁止在平顶山剖面保护区内一切从事矿山开采、石料加工等危及剖面和破坏生态的生产经营活动，切实保护巢湖珍贵的地质遗迹。继续筹建安徽古生物化石博物馆，落实人员，对馆藏的古生物化石进行修复、整理和展示，积极配合省发改委筹建新的古生物化石博物馆。选址工作已完成，位于合肥市经济开发区繁华大道 302 号。

2008 年　安徽省国土资源厅及时转发国土资源部《关于加强世界地质公园和国家地质公园管理工作通知》，印发《关于认真组织实施地质遗迹保护项目加强地质公园建设与管理工作的通知》，指导和推进各地地质公园的规范化建设与管理。2008 年 6 月，黄山世界地质公园参加在德国奥斯纳布吕克市召开的第三届世界地质公园大会。黄山世界地质公园于 11 月接受并顺利通过联合国教科文组织的中期评估工作，获得高度评价。2008 年明光女山、南陵丫山两个省级地质公园先后揭碑开园。2008 年 1 月、10 月组织召开 2 次省级地质公园评审会。广德太极洞、九华山、繁昌马仁山被批准为省级地质公园，启动安徽大别山（天柱山）世界地质公园申报工作。2008 年，实施地质遗迹保护项目 3 项，其中国家地质遗迹保护项目 2 项，争取资金 500 万元，地方投入地质遗迹保护资金 503 万元。安徽古生物化石博物馆新馆主体工程封顶，进行内外装饰和布展。

2009 年　广德太极洞和九华山省级地质公园先后揭碑开园。按照国土资源部的要求对辖区内 7 处揭碑开园的国家地质公园建设状况进行自查。申报国家地质遗迹保护项目 3 个，获补助资金 1110 万元。下达省级地质遗迹保护项目 5 个，省级财政资金 500 万元。

2010 年　安徽天柱山入选国家向联合国教科文组织推荐的 2011 年世界地质公园备选名录。申报各项准备工作有序推进。根据部关于国家地质公园建设和验收的有关要求，积极督促各地质公园加强建设和管理，确保按期完成建设并揭碑开园。10 月下旬，省国土资源厅组织在天柱山召开全省地质遗迹保护和地质公园建设座谈会，全省 14 家地质公园管委会的负责同志及相关市、县国土资源局的同志参加会议，共同交流探讨安徽省地质遗迹保护和地质公园建设的有关问题。天柱山、九华山、韭山国家地质遗迹保护项目通过评审，成功申报国家地质遗迹保护项目，共获补助资金 1530 万元。组织完成 5 个省级地质遗迹保护项目的立项审查；按照国土资源部统一要求，完成全省地质遗迹保护项目自查工作。

2010 年，安徽省古生物博物新馆土建工程结束，进入布展工作阶段。新馆展陈设计方案通过省政府审定。该馆北面的建筑单体为古生物展区，南面则是地质矿物岩石展区。安徽古生物化石博物馆总建筑面积26495平方米。馆藏标本藏品43529件，主要由省地质博物馆原有的馆藏标本和省政府移交的单勇先生捐赠的化石标本以及新征集标本等组成，其中古生物化石标本38381件。安徽古生物化石博物馆设有地球厅、生命演化厅、恐龙厅、矿物岩石厅等六个常设展厅，附设4D科普影院、功能学术报告厅等配套设施，新馆大量采用数字化、仿生、虚拟现实等技术，让观众在浓郁的科学氛围中，通过亲眼目睹、亲手操作和亲身体验，轻松步入精彩纷呈的地学空间。

地质公园建设

地质公园指以具有特殊地质科学意义，稀有的自然属性、较高的美学观赏价值，具有一定规模和分布范围的地质遗迹景观为主体，并融合其他自然景观与人文景观而构成的一种独特的自然区域。是地质遗迹景观和生态环境的重点保护区，地质科学研究与普及的基地。截至2010年，安徽省有各级地质公园14处，其中世界地质公园1处，国家地质公园8处，省级地质公园5处。地质公园总面积145774公顷，其中国家级地质公园面积133924公顷（含世界级地质公园），省级地质公园面积11850公顷。地质公园的类型包括地质地貌景观、古生物化石、地质构造、地层剖面等。安徽省世界、国家、省三级地质公园网络基本形成（见表4–5–3）。

黄山世界地质公园　2001年，黄山风景区批准建设国家级地质公园，2004年获批成为省内首家世界地质公园。黄山雄踞于风光秀丽的皖南山区，面积约1200平方公里，其中黄山世界地质公园面积154平方公里，是以中生代花岗岩地貌为特征的地质公园。黄山以雄峻瑰奇而著称，千米以上的高峰有72座，峰高峭拔、怪石遍布。山体峰顶尖陡，峰脚直落谷底，形成群峰峭拔的中高山地形。黄山自中心部位向四周呈放射状地展布着众多的“U”形谷和“V”形谷。山顶、山腰和山谷等处，广泛地分布有花岗岩石林石柱，特别是巧石遍布群峰、山谷。主要类型有穹状峰、锥状峰、脊状峰、柱状峰、箱状峰等。区内奇峰耸立，巍峨雄奇；青松苍翠，挺拔多姿；峭石嶙峋，如雕如塑；云海浩瀚，气势磅礴；温泉水暖，喷涌不歇。在距今约1.4亿年前的晚侏罗世，地下炽热岩浆沿地壳薄弱的黄山地区上侵，大约在6500万年前后，黄山地区的岩体发生较强烈的隆升。随着地壳的间歇抬升，地下岩体及其上的盖层遭受风化、剥蚀，同时也受到来自不同方向的各种地应力的作用，在岩体中又产生出不同方向的节理。自第四纪（距今175万年）以来，间歇性上升形成三级古剥蚀面，终于形成今天的黄山。黄山以奇松、怪石、云海“三奇”和丰富的水景以及它们的相互组合表现其特质，古桥、古登道、摩崖石刻与黄山山水画又赋予黄山底蕴深厚的文化内涵。渗透在雄奇秀美的自然山水之中。其中黄山画派在中国画坛上占有重要位置，总之，黄山地质公园具有花岗岩地貌、第四纪冰川遗迹、水文地质遗迹等地质遗迹和地质景观资源与黄山文化等人文景观资源以及丰富的动植物资源，构成了一座集山、水、人文、动植物为一体的大型花岗岩区天然博物馆。

安徽省地质公园一览表

表 4-5-3

级别	地质公园名称	公园位置	面积（平方公里）	批准时间	开园时间	地质遗迹
世界	安徽黄山世界地质公园	黄山市	154	2004	2004	花岗岩奇峰、第四系冰川及温泉
国家	安徽浮山国家地质公园	枞阳县	50	2001	2002	古火山地貌
国家	安徽淮南八公山国家地质公园	淮南市	120	2001	2002	生物群化石、河流及喀斯特地貌
国家	安徽齐云山国家地质公园	休宁县	110	2001	2003	丹霞地貌、恐龙遗迹、地层剖面
国家	安徽祁门牯牛降国家地质公园	祁门县	110	2003	2005	花岗岩地貌、地层剖面
国家	安徽大别山（六安）国家地质公园	六安市	450	2005	2007	花岗岩地貌、地质构造、丹霞地貌
国家	安徽天柱山国家地质公园	潜山县	135.12	2005	2007	地质构造、花岗岩地貌
国家	安徽池州九华山国家地质公园	池州市	120	2009		花岗岩地貌
国家	安徽凤阳韭山国家地质公园	凤阳县	90.12	2009		火山湿地、卡斯特地貌
省级	明光女山省级地质公园	明光市	7.4	2003	2008	古火山地貌
省级	南陵丫山省级地质公园	南陵县	25	2007	2008	喀斯特地貌、地层剖面
省级	广德太极洞省级地质公园	广德县	31	2008	2009	岩溶洞穴
省级	石台溶洞群省级地质公园	石台县	50	2003		岩溶洞穴
省级	繁昌马仁山省级地质公园	繁昌县	5.1	2008		火山岩地貌

天柱山国家地质公园　天柱山位于安庆市潜山县西部,因其主峰如“擎天一柱”而得名。1982 年,天柱山被国务院列为首批国家级重点风景名胜区，1992 年被林业部批准为国家森林公园，2000 年又荣膺首批国家“AAAA 级旅游区”和“全国文明森林公园”的称号。其规划保护区面积为 333 平方公里,其中主景区面积 82.46 平方公里。天柱山乃历史名山,以雄、奇、灵、秀的自然风光和底蕴丰厚的历史文化著称于世。据《史记》记载,公元前 106 年,汉武帝刘彻封其为“南岳”,后隋文帝杨坚拓展南疆,改封衡山为南岳,但天柱山仍以“古南岳”的尊号而备受世人仰慕。天柱山最大的特色就在于奇特的自然景观和丰富的人文景观交相辉映,相得益彰。难怪诗人李庚在广历祖国名山大川后赞叹道:“天下有奇观,争似此山好！”天柱山公园分为南北两区,北区为天柱山花岗岩地质园区,面积为 102.72 平方公里,其中天柱峰海拔 1488.4 米;南区为超高压变质带科学考察区,面积为 32.4 平方公里。总面积 135.12 平方公里。

遗迹宣传与研究

2000—2010年,地质遗迹保护工作得到加强的同时,相关的宣传和研究工作也在进行。2002年1月25日 安徽日报用整版宣传名为“走进国家地质公园”的主题活动。黄山、齐云山、浮山、八公山四个国家地质公园的宣传片在省、市电视台多次播出。2004年 安徽省国土资源厅协助国土资源部举办首届世界地质公园大会。在年初召开的省政协会议上,《保护地质遗迹、建立地质公园、提高安徽省旅游品位》提案被列为主席领衔督办的重点提案,引起省政府有关部门的重视。安徽电视台、安徽日报、安徽广播电台等多家媒体对黄山世界地质公园的申报和开园进行了详细报道。“黄山被评为世界地质公园”评为当年度安徽十大新闻之一。2005年 安徽省国土资源厅与巢湖市政府共同组织召开“全球三叠纪地层与生物复苏国际会议”。来自40多个国家的专家学者参加会议。2006年 安徽省多家地质公园参加山东潍坊举办的首届中国旅游电视周暨“地质公园可持续发展与电视传播论坛”,安徽省天柱山国家地质公园获得“优秀国家地质公园电视片”一等奖,牯牛降国家地质公园和黄山世界地质公园获得“优秀国家地质公园电视片”二等奖。2008年6月 安徽省多家地质公园参加在德国奥斯纳布吕克市召开的第三届世界地质公园大会。2009年4月 安徽省国土资源厅与中国地质学会地质公园与旅游地学研究分会、黄山风景区管委会共同举办中国花岗岩地质地貌形成演化与景区建设管理研讨会,来自全国各地百名学者参会。

第四节　地质环境监测

监测机构沿革

省级监测站

2000年,安徽省机构编制委员会批准设立安徽省地质环境监测总站,为省级地质环境监测机构,主要职责:负责全省地质环境、地下水资源和地质灾害监测预报;开展基础公益性水文地质、环境地质等分析、调查和监测服务等工作。负责全省地质环境监测网的建设、调整与优化设计工作,履行地质环境监测工作日常管理,履行对各市监测站地质环境调查监测工作的业务指导、监测资料的汇总及综合研究,编报各类年鉴、通报和公报等,承担地质灾害气象预警预报工作。

2003年,安徽省机构编制委员会批准设立安徽省矿产资源储量评审中心(安徽省地质调查与环境监测中心),承担全省地质环境监测工作计划的编制和实施,承担全省地质灾害调查、监测、预报和防治工作;开展全省生态环境地质、矿山地质环境、城市地质、农业地质的调查研究和监测、评价工作。

2007年,安徽省机构编制委员会批准设立安徽省公益性地质调查管理中心(安徽省地质调查与环境监测中心),承担全省地质环境与地质灾害调查与监测的技术业务管理工作;承担地质环境与地质灾害防治项目的技术业务工作;承担汛期地质灾害预测预警预报及信息编制与传送;承担地质灾害应急调查工作;承担矿山地质环境治理的调查研究及相关技术服务;承担地质灾害评估报告和矿山地质环境综合治理方案的审查业务;编制全省地质环境公报。

市级监测站

2000—2002年年底,安徽省地质环境监测总站在全省除亳州、淮南、宣城市以外的其他各个市均派出或与所在市的有关地质队合作设立有市级地质环境监测站,承担各自所在市的地质环境监测工作。2003年1月—2006年9月,撤销了合肥市、芜湖市、蚌埠市、黄山市、安庆市、铜陵市、巢湖市、马鞍山市、淮北市、六安市的市级地质环境监测站,全省仅保留阜阳市、宿州市、池州市、滁州市共计4个市级地质环境监测站,其他被撤销的市级或未建立市级地质环境监测站的区域地质环境监测工作由保留的4个市级站和总站监测管理科负责。具体分工是:总站监测管理科负责全省的地下水监测管理和综合研究工作,同时分管合肥市、蚌埠市、淮南市3个市辖区的地下水环境监测工作;阜阳市地质环境监测站负责阜阳市、亳州市、六安市3个市辖区的地下水环境监测工作;宿州市地质环境监测站负责宿州市、淮北市2个市辖区的地下水环境监测工作;滁州市地质环境监测站负责滁州市、马鞍山市、巢湖市、芜湖市、宣城市5个市辖区的地下水环境监测工作;池州市地质环境监测站负责池州市、铜陵市、安庆市、黄山市4个市辖区的地下水环境监测工作。

2006年,安徽省国土资源厅与安徽省地质矿产勘查局达成战略合作协议,陆续重建合肥市、芜湖市、蚌埠市、黄山市、安庆市、铜陵市、巢湖市、马鞍山市、六安市的市级地质环境监测站,并新建亳州市、淮南市、宣城市市级地质环境监测站。2008年5月,安徽省国土资源厅《印发关于委托承担地质环境监测等有关业务问题会商纪要的通知》,明确了委托事项、人员与经费落实、人员与业务管理,建立的国家、省地下水监测网和监测业务按行政区划分接受各市国土资源局监督管理,市局承担监测网点的保护责任;各市地质环境监测站受所在市国土资源局和总站双重领导,市级地质环境监测工作全面开展。

地环监测范围

安徽省地质环境监测主要开展的范围有地下水监测、地质灾害监测、矿山地质环境监测,并逐步形成覆盖全省的国家级、省级地下水监测网,建成全省地质灾害群测群防体系,初步建立大型矿山地质环境监测局域网。

地下水监测

省内地下水环境监测重点是淮北平原区。淮北平原区域主要监测浅层孔隙水、深层一含孔隙水和裂隙岩溶水,城市及水源地开采目的层地下水,兼顾地下水环境问题区;江淮波状平原主要监测城市及水源地主要监测开采目的层地下水;沿江丘陵平原区域上控制性监测沿江平原区孔隙水,城市及水源地主要监测开采目的层;皖南山区、大别山区仅有零星的地下水监测点。

全省建成淮北平原区域地下水环境监测网,淮北市(包括二电厂)、宿州市、阜阳市、蚌埠市、合肥市5个城市地下水环境监测局域网。在沿江丘陵平原区对区域地下水环境进行了控制性监测，同时对淮北平原的亳州市、界首市、涡阳县、蒙城县、淮南市，沿江丘陵平原的芜湖市、铜陵市、安庆市、马鞍山市、宣州市、天长市、巢湖市半汤地下热水，皖南山区的黄山市等12个城市和1个地热水源地进行控制性监测。

地下水环境监测项目主要包括水位、水质、水温、水量等，主要监测工具为电测水位计和测钟；2006年开始安装自动化监测仪，至2010年年底共计安装35台自记水位仪，设立1个中心接收站。地下水水位监测频率为1次/5日，水质监测频率为1次/年，地下水水质与污染监测样的采集时间为每年的枯水期，测试项目以水质全分析和污染分析为主；水温监测点监测频率与地下水位监测同步，监测工具为水银温度计；水量监测点1个（泉水点），监测频率1次/10日，监测工具为水表或流量计。

2010年全省投入监测的各类地下水监测孔（点）318个，其中国家级监测孔（点）71个，省级监测孔（点）247个；有2个地下水监测孔（点）因人为破坏而停测（ZK103-1、1042），截至2010年年底继续使用的地下水环境监测孔（点）316个（见表4-5-4、4-5-5）。

淮北平原区域地下水监测网由6条主干剖面线组成，其中垂直地下水流向的剖面线3条，编号为6线、18线、30线，平行地下水流向的剖面线3条，编号为14线、30线、46线；设立地表水和河流剖面监测点。

2000—2010年安徽省监测孔（点）变化统计表

表4-5-4

时间	国家级监测孔（个）	省级监测孔（个）	
	控制监测孔（个）	控制监测孔（个）	专门性监测点（个）
2000	79	299	60
2001	79	299	60
2002	79	249	60
2003	75	196	60
2004	79	251	60
2005	73	185	60
2006	71	178	60
2007	71	185	60
2008	71	174	60
2009	71	185	60
2010	71	185	60

2000—2010 年安徽省地下水监测成果统计表

表 4-5-5

时间	水位数据（个）	水温数据（个）	水质数据（个）	开采量（亿立方米）
2000	20200	17344	129	22.32
2001	21720	17544	137	22.6
2002	23264	18368	135	21.25
2003	20924	16997	137	20.49
2004	23886	20644	148	20.96
2005	23728	17860	312	18.69
2006	23457	18175	160	20.78
2007	22170	18452	151	
2008	23479	18307	168	20.05
2009	23418	18726	170	22.42
2010	22581	19188	172	22.40

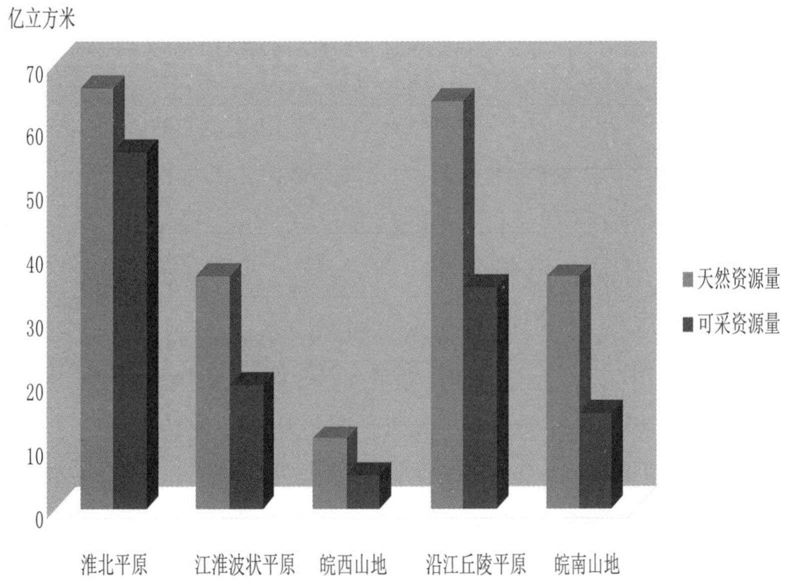

图 4-5-1 2010 年安徽省五大水文地质区地下水资源量对比图

2004 年开展《安徽省地质灾害网建设与维护》。2006 年开展《淮北平原地下水环境演变调查评价》。2007 年为查明阜阳市区域地面沉降现状和形成机理，初步建立阜阳市地下水监测网和地面高程监测网，帮助制定阜阳市地面沉降监测网建设方案，开展

《安徽省阜阳市地面沉降调查》项目。2008 年安排《安徽省地下水监测成果总结》，对全省正在监测和曾经使用过的 570 个监测孔基本情况有了清楚的了解。整理 1982—2009 年全部监测数据，建立、完善地下水监测孔基本情况和地下水水位、水温、水质水量数据库，对地下水环境变化进行初步综合研究。

地下水位动态

浅层孔隙水：2000—2010 年，全省浅层孔隙水主要接受大气降水补给，并以蒸发、侧向径流和分散开采为其排泄途径，地下水动态表现为降水 - 蒸发型动态特征，地下水仍保持自然循环状态。其中淮北平原区域浅层孔隙水水位与地势基本一致，为西高东低、北高南低，地下水自西北流向东南。水位变化受大气降水影响较为明显，高水位大部分出现在每年的 7—9 月份，低水位多出现在每年的 5~6 月份，淮北平原浅层孔隙水水位动态基本保持稳定。全省其他地区浅层孔隙水水位基本稳定。

深层一含孔隙水：2000—2010 年，淮北平原区域深层一含孔隙水水位呈西高东低，北高南低之势，深层一含孔隙水水位总体较为稳定，区域与城市水源地地下水位呈多年波动状态。高水位大部分出现在每年的 7—9 月份，低水位多出现在每年的 6 月份。其他地区深层一含孔隙水水位动态特征与淮北平原区大体相似。受阜阳、亳州等地区城镇集中开采影响，淮北平原深层一含孔隙水已形成区域性地下水降落漏斗，漏斗中心位于阜阳市区东部，区域地下水降落漏斗范围略有扩展，漏斗中心水位则略有回升，阜阳市于 2002—2004 年在东市区关闭了该层位 40 口自备井，自 2002 年开始采取地表水作为部分自来水水源。

深层二含孔隙水：全省深层二含孔隙水仅分布于淮北平原区，2000—2010 年，淮北平原区域深层二含孔隙水由于受城镇集中开采影响，加之补给困难，区域地下水与城市地下水位均呈现持续下降的趋势，下降幅度约为 0.50~1.00m/a。高水位大部分出现在每年的 1 月份，低水位多出现在每年的 11—12 月份。受阜阳、亳州等地区城镇集中开采影响，深层二含孔隙水水位呈区域性缓慢下降趋势。

裂隙岩溶水：主要分布淮北平原区东北部（省内其他地区虽有分布但监测资料稀少），除淮北市城市供水集中开采裂隙岩溶水外，其他地区裂隙岩溶水均处于自然循环状态。区域裂隙岩溶水主要受大气降水影响，基岩裸露区地下水动态特征与浅层孔隙水相似，浅隐伏区地下水动态特征与深层一含孔隙水相似。2000—2010 年，城市地下水动态特征受大气降水和人工开采的双重影响，其水位表现为降水 - 开采型动态特征（淮北市及二电厂水源地），其间裂隙岩溶水水位基本稳定。

地下水质动态

2000—2010 年，淮北平原区域与城市地下水水质较为稳定，Ⅰ-Ⅲ类水与Ⅳ-Ⅴ类水基本相当。地下水化学类型以重碳酸型为主，其次为硫酸型或氯型，浅层孔隙水和裂隙岩溶水溶解性总固体一般小于 500 毫米 / 升，深层孔隙水溶解性总固体一般小于 500~2000 毫米 / 升。地下水超标组份主要有总硬度、溶解性总固体、化学需氧量、铁、锰、氟化物、硝酸盐、亚硝酸盐、硫酸盐、氯化物等。沿江平原及其他地区地下水孔隙水水质较为稳定，以Ⅰ－Ⅳ类水为主。水化学类型为重碳酸型为主，溶解性总固体一般小于1000毫米/升。五年来超标组份有铁、锰、化学需氧量、氨氮等。在超标组份中，总硬度、溶解性总固体、铁、锰、氟化物等超标多为原性环境使然，化学需氧量、硝酸盐、亚硝酸盐超标则与人类经济活动有关，包括工业“三废”的不合理排放，化肥、农药的过量使用在土壤和地下水中长期积累等。

地下水监测存在问题。地下水监测网点控制程度偏低；地下水监测网点损毁情况时有发生，急需法制化保护、管理；监测手段落后，自动化监测改造速度慢；城市及水源地地下水环境监测网布局不合理。

地质灾害监测

2009年，国土资源部在全国开展地质灾害防治“有组织、有经费、有规划、有预案、有制度、有宣传、有预报、有监测、有手段、有警示”的“十有县”建设工作，安徽省皖南和大别山区相关市县开始具体建设工作。2009年12月，黄山市黄山区、歙县，宣城市绩溪县、泾县，六安市霍山县、安庆市岳西县被国土资源部授予全国第一批地质地质灾害群测群防“十有县”称号。2010年，池州市东至县、青阳县，宣城市旌德县、郎溪县、广德县、宁国市，安庆市枞阳县、桐城市，黄山市休宁县、黟县、屯溪区、徽州区，六安市金寨县、舒城县被国土资源部授予全国第二批地质地质灾害群测群防“十有县”称号。

2010年年底，安徽省5727处地质灾害隐患点中，有5021处开展群众性监测工作，占隐患点总数的87.7%，

矿山地质环境监测

全省至2010年年末尚未建立全省性的监测体系。仅有国有大中型矿山针对自身矿山的环境地质问题开展一定的监测工作，如矿井工业广场的地面沉降监测、采空区地面塌陷监测、矿山高陡边坡的安全性检测、矿山排水引起的岩溶地面塌陷监测以及矿山排水引起的水污染监测等，无全省统计数据。

2010年安徽省地下水开采量分类统计表

表4-5-6

地 区	年度总开采量（万立方米）	孔隙水		岩溶水		裂隙水	
		开 采 量（万立方米）	占总开采量的比例（%）	开 采 量（万立方米）	占总开采量的比例（%）	开 采 量（万立方米）	占总开采量的比例（%）
合肥市	4594	4594	100.00%				
淮南市	2013	1992	98.96%	21	1.04%		
蚌埠市	12016	11660	97.04%			356	2.96%
亳州市	27772	27130	97.69%	642	2.31%		
阜阳市	68349.9	68349.9	100.00%				
淮北市	33933	27230	80.25%	6703	19.75%		
宿州市	39599	36861.5	93.09%	2737.5	6.91%		
滁州市	12288	6358	51.74%	624	5.08%	5306	43.18%
巢湖市	8286.5	5856	70.67%	166.2	2.01%	2264.3	27.33%
马鞍山市	1804	921	51.05%	32	1.77%	851	47.17%
芜湖市	3715	2172	58.47%	318	8.56%	1225	32.97%
宣州市	6952	2745	39.49%	1202	17.29%	3005	43.22%
池州市	302	175	57.95%	77	25.50%	50	16.56%
安庆市	551	443	80.40%	63	11.43%	45	8.17%
铜陵市	310	0		310	100.00%	0	
黄山市	580	580	100.00%	0		0	
六安市	890	660	74.16%	0		230	25.84%

续表 4–5–6

地　区	年度总开采量（万立方米）	孔隙水		岩溶水		裂隙水	
		开采量（万立方米）	占总开采量的比例（%）	开采量（万立方米）	占总开采量的比例（%）	开采量（万立方米）	占总开采量的比例（%）
淮河以北地区	181669.9	171231.4	94.25%	10082.5	5.55%	356	0.20%
淮河以南地区	42285.5	26496	62.66%	2813.2	6.65%	12976.3	30.69%
安徽全省	223955.4	197727.4	88.29%	12895.7	5.76%	13332.3	5.95%

2010 年安徽省地下水开采量分用途统计表

表 4–5–7

地　区	年度总开采量（万立方米）	工业用水		农业用水		生活及其他用水	
		利用量（万立方米）	占总开采量的比例（%）	利用量（万立方米）	占总开采量的比例（%）	利用量（万立方米）	占总开采量的比例（%）
合肥市	4594					4594	100.00%
淮南市	2013			0		2013	100.00%
蚌埠市	12016	2256	18.77%	7616	63.38%	2144	17.84%
亳州市	27772	6658	23.97%	4897	17.63%	16217	58.39%
阜阳市	68349.9	4343	6.35%	34826.2	50.95%	29180.7	42.69%
淮北市	33933	6703	19.75%	27230	80.25%		
宿州市	39599	9116.2	23.02%	14643.2	36.98%	15839.6	40.00%
滁州市	12288	3023	24.60%	540	4.39%	8725	71.00%
巢湖市	8286.5	176.46	2.13%			8110.04	97.87%
马鞍山市	1804	260	14.41%	92	5.10%	1452	80.49%

续表 4–5–7

地　区	年度总开采量（万立方米）	工业用水		农业用水		生活及其他用水		
		利用量（万立方米）	占总开采量的比例（%）	利用量（万立方米）	占总开采量的比例（%）	利用量（万立方米）	占总开采量的比例（%）	
芜湖市	3715	722	19.43%	201	5.41%	2792	75.15%	
宣州市	6952	2810	40.42%	1576	22.67%	2566	36.91%	
池州市	302	52	17.22%			250	82.78%	
安庆市	551	391	70.96%			160	29.04%	
铜陵市	310	62	20.00%			248	80.00%	
黄山市	580	133	22.93%	154	26.55%	293	50.52%	
六安市	890	52	5.84%	379	42.58%	459	51.57%	
淮河以北地区	181669.9	29076.2	16.00%	89212.4	49.11%	63381.3	34.89%	
淮河以南地区	42285.5	7681.46	18.17%	2942	6.96%	31662.04	74.88%	
安徽全省	223955.4	36757.66	16.41%	92154.4	41.15%	95043.34	42.44%	

第五节　地热水、矿泉水与地下水监管

地热水管理

1981年5月—1984年6月，安徽省地勘局第二水文工程地质勘查院进行黄山风景区地下水勘查和巢湖市半汤地下热水勘查。1995年，安徽省地质环境监测总站开展全省地热资源开发利用现状调查。2002年对全省30处可开采量达877万立方米/年的地热资源进行调查统计。重点培育、引导合肥、芜湖、安庆、阜阳、亳州等城市地热资源的勘查与开发。2003年大力促进阜阳、亳州、芜湖、安庆、合肥等城市地热资源勘查开发。2004年在合肥、芜湖、阜阳、亳州、安庆等城市相继开展地热勘查。亳州市施工一眼1552米深井，单井出水量1200立方米/日，水温53℃。2005年合肥、安庆两城市相继进行地热勘查。2006年向省编办汇报安徽省地下水、矿泉水、地热水管理职能及存在问题，理顺矿泉水、地热水管理职能。2007年开展全省地热资源调查，如皖西北地区地热资源调查，舒城县、潜山天柱山等地热资源勘查，为合理开发利用地热资源提供技术支撑。

矿泉水管理

安徽省矿泉水的有关勘查和管理工作始于1985年，根据1985年年底地矿部《关于开展矿泉水调查和开发工作的通知》要求，1986年安徽省地勘局立项开展《安徽省饮用天然矿泉水详查》工作，由安徽省地勘局第二水文工程勘查院和第一水文工程勘查院共同完成工作任务。1998年省政府办公厅于9月20日发文批准，由安徽省地勘局、卫生厅、轻工业厅及食品协会专家组成“安徽省饮用天然矿泉水技术评审鉴定小组”，并明确由安徽省地勘局归口管理，按《饮用天然矿泉水国家标准》（GB8537-87）开展矿泉水评价。1998年省政府批准地矿局拟定《安徽省饮用天然矿泉水资源管理办法》，为矿泉水管理提供法律依据。2000年安徽省国土资源厅成立后，矿泉水管理工作由安徽省国土资源厅负责，地质环境处负责开展矿泉水注册登记、年检工作。2002年进行全省矿泉水资源统计，完善矿泉水资源数据库，实现矿泉水资源信息化管理。开展全省矿泉水资源换发国家级鉴定证书工作。鉴定芜湖市大桥镇、繁昌县小磕山和旌德县白地镇长寿泉三处矿泉水。至此，全省共勘查鉴定的矿泉水140处，总开采量6万吨/天，矿泉水类型齐全，达标组分以偏硅酸、锶型双项达标的最为普遍，溴、碘、碳酸、锌、硒、锂等稀有珍贵的矿泉水也有发现。安徽省30多家矿泉水生产企业，年开采量约20万立方米。其中，大蜀山、千爽、九华山、大国、天岛、圣泉等矿泉水都取得较好的经济效益和社会效益。2004年开展矿泉水水源年检工作。新鉴定批准2个矿泉水水源地。

2006年受理2处矿泉水注册登记，2处矿泉水注册登记转让和2处矿泉水鉴定。

2007年受理2处矿泉水注册登记。2009年开展并完成全省矿泉水水源年检工作，全省18个矿泉水企业参加当年饮用天然矿泉水水源年检，其中17个合格，1个不合格。

地下水管理

2000年省国土资源厅成立后，地下水监督管理工作归口安徽省国土资源厅地质环境处，职能是组织监测、监督防止地下水过量开采引起的地面沉降和地下水污染造成的地质环境破坏。安徽省国土资源厅委托省地质调查与环境监测中心对地下水监测工作进行监督管理，省地质环境监测总站承担地下水环境监测工作。每年，由总站向安徽省国土资源厅地环处、地质调查与环境监测中心提交年度全省地下水水情通报、年度全省地下水环境监测年报、年度省地质环境公报（地下水部分）、部分省内城市地下水水情预测报告。安徽省地下水环境监测网点情况，由于监测孔的淤堵、损坏等现象，实际每年投入的监测孔数量不太相同。2000—2005年全省正常投入监测的地下水环境监测网点分别为348个、337个、308个、340个、332个、318个，2006—2010年稳定在318~317个之间。

2002年对全省地下水动态监测工作进行监督管理，调整地下水动态监测网点（当年有监测点390个），编制安徽省地下水水情通报，部分城市地下水水情预测预报，全省地质环境质量状况公报等报告。参加省政府实施农村人畜供水工程方案的论证。参与水资源开发的管理，为淮北、阜阳、宿州、蒙城、亳州等城市合理开发地下水提出了意见，编制全省地下水资源开发及保护规划，参与省政府实施的江淮分水岭地区打井找水工程。与省农委联合制定和下发《江淮分水岭地区找水打井工程实施方案》。施工水井20余眼，解决了近2万人的饮水困难。2004年编制全省地下水动态监测网点部署方案。2005年安徽省地质调查与环境监测中心和安徽省地质环境监测总站，联合对全省地下水环境监测网点进行现状调查。2006年5月向省政协汇报安徽省皖西北地区地下水资源开发、利用和保护情况。6月14日向省人大常委会汇报安徽省地下水资源开发利用和保护情况、淮北地区地方性氟中毒情况。向省编办汇报安徽省地下水、矿泉水、地热水管理职能及存在问题，理顺矿泉水、地热水管理职能。对宿州市埇桥区及邻近地区水文地质工程地质条件论证报告进行批复。2007年开展全省地下水污染调查和规划工作，进行全省地下水资源评价和地下水动态监测。开展全省地下水资源和污染调查，全省地下水开采资源135亿立方米/年。淮北平原地下水Ⅰ类占1%，Ⅱ类占43%，Ⅲ占45%，Ⅳ占11%。超标元素主要为铁、锰、氟、总硬度、溶解性总固体、硫酸盐等。开展了江淮分水岭及邻近地区地下水资源勘查，施工家庭式供水井273口，出水量2720立方米/日。2008年开展全省地下水污染规划编制，进行全省地下水资源评价和地下水动态监测。组织开展《安徽省水工环发展史的编纂》工作。2009年 对全省318个地下水环境监测孔（点）（其中国家级71个、省级247个）进行动态监测和日常维护，开展水位监测23420次、水温监测18726次、水量监测120次。对全省地下水环境监测孔进行一次孔深统测，修复10个严重淤堵的地下水环境监测孔。淮北、宿州、阜阳、蚌埠四个市开展地下水水位预测预报工作。按照国土资源部和省委、省政府的工作部署，从省地勘局等单位抽调专家技术人员，组成应急抗旱打井找水水文地质工作专家服务组，指导并协助灾区政府开展打井工作。2010 年开展全省地下水监测工作检查。安装地下水监测孔保护标志标牌。8—9 月省地质调查与环境监测中心组织 4 个检查小组，通过随机抽查的方式对全省地下水环境监测孔的监测和日常维护工作进行检查。按照安徽省国土资源厅的统一部署和要求，由省地质环境监测总站组织完成 全省地下水监测孔（点）保护标志标牌的制作、安装工作。为贯彻落实“全国国土资源系统抗旱找水打井紧急行动视频会议”精神，安徽省国土资源厅派出 190 名突击队员和 17 台（套）设备奔赴云南玉溪市、红河州开展抗旱找水打井工作。连续工作 2 个多月，完成水井 51 口，其中深井 12 口、浅井 39 口，施工钻探总进尺 5253 米，日出水量 8800.4 立方米，解决 17.6 万人的饮用水问题，超额完成国土资源部下达给安徽省的工作任务。安徽省 13 个单位和 18 人分别被部授予支援西南抗旱找水打井先进集体和先进个人称号。

第六节　农业地质调查

农业地质概况

安徽省农业地质调查项目按照工作性质可以分为两类，一类是区域性调查工作，一类为专项调查。前者是以区域性宏观调查、评价为主；后者是针对与地方农业经济发展有关具体问题（如名特优农产品立地环境、优质土壤资源等）而部署的局部区域调查评价工作。自 2000 年以来，全省实施的区域性农业地质调查工作完成 4 个项目，专项调查项目 9 个。

取得的成果

区域性调查成果

区域性调查工作以服务于国土管护、农业、环境、地质找矿等多领域为目标，利用传统的地球化学调查方法，采用双层网格化调查方法，通过对第一环境（原生的、与地质背景直接有关的自然源）及第二环境（与表生及人类活动叠加作用相关）土壤、湖泊沉积物地球化学元素含量分布的调查，研究自然地球化学作用和地球化学背景以及人类叠加因素（污染）的影响，以与基础地质、资源潜力、生态环境、土地质量等有关的地球化学元素为研究对象，创新性采用多目标区域地球化学调查—生态地球化学评价—土地质量地球化学评估系列工作方法技术，形成了系列成果。共计完成调查面积 7.24 万平方公里，范围涉及蚌埠、淮南、合肥、马鞍山、滁州市辖区，池州、铜陵、芜湖、安庆、六安、宿州市辖部分地区。以表层土壤 1 件 / 平方公里、深层土壤 1 件 /4 平方公里的密度采集土壤样品 88744 件，以表层土壤 1 件 /4 平方公里、深层土壤 1 件 /16 平方公里组合分析包括农业有益元素、重金属及放射性毒害元素、基础地质研究及矿产勘查常用元素在内共计 54 项指标。获取基础调查数据 1225908 个，各类评价数据 51 万个，统计获得系列地球化学参数 3 万余项，确定土壤、湖泊沉积物地球化学背景值与基准值，建立土壤样品库和数据库，为多学科研究及打造“数字安徽”、“生态安徽”提供数据源。同时，查明区域土壤环境质量状况、农田土壤养分状况，对影响土壤环境质量因素进行分析研究，研究近二十年来土壤氮素及有机质变化趋势，摸清土地质量及农田土壤有益元素丰缺“家底”，为产业结构调整及环境保护、科学平衡施肥提供基础资料。查明优质农业土壤资源数量及空间分布，开展名特优农产品立地土壤环境评价及区划，为农业结构调整和发展高效生态农业提供科学依据。根据土壤重金属含量与农作物含量关系提出农业种植土壤镉元素生态安全建议标准，根据区域土壤硒元素含量与农作物硒元素含量相关性，提出安徽省富硒土壤划分建议标准。计算区内土壤碳库，研究有机碳变化及土壤碳库与碳汇、碳源区分布，为应对全球气候变化，增加碳减排途径提供了基础依据。定量计算大气、灌溉水、化肥重金属元素年输入通量；对沿江土壤重金属异常带元素来源及迁移途径、赋存状态进行研究；综合分析元素来源途径和输入通量、历史变化规律和生态效应，对土壤元素地球化学演变趋势和潜在威胁进行预测预警，为污染防治提供了参考依据。系统查明巢湖沉积物元素含量及分布特征，对入湖主要河流污染物形态、含量及湖泊沉积物元素含量历史变化进行研究，圈出巢湖流域非点源磷污染的关键源区，明确巢湖流域非点源磷污染控制靶区，为巢湖污染治理提供了基础资料。开展合肥、芜湖、淮南、铜陵城市生态地球化学环境对比、评价，查明合肥、铜陵城市土壤、水体、大气地球化学特征，为改善人居环境提供了科学依据。

专项评价成果

该项工作是针对地方经济发展需求及制约因素，为解决具体问题而开展的调查评价工作。项目工作涉及名特优农产品产地环境调查评价、优质土壤资源调查评价、涉及人体健康地质地球化学环境问题调查评价等多个方面。通过不同名特优农产品产地地质、地球化学环境调查评价，对影响产品品质、产量的因素及其产出的地质地球化学环境进行分析研究，为地方经济发展及保护、发展优质、特色农产品，合理进行产业区划布局提供科学依据。同时通过土地质量地球化学评估、富硒土壤资源调查评价为高效利用优质土壤资源提供基础资料。

第五篇　税费监管与科技信息

第一章 土地、矿产税费

第一节 土地税收

农业税

国家农业税征收办法始于1958年全国人大常委会通过的《中华人民共和国农业税条例》。农业税的征收实行比例税制。全国的平均税率规定为常年产量的15.5%。40多年基本没变。早在1994年安徽省就在阜阳地区进行"税费合并、统一征实"的改革试点;1998年在五河县按照"农村公益事业建设税"的模式进行试点;1999年经省政府批准,在来安、望江、怀远、濉溪4县进行以"取消乡统筹、改革村提留、调整农业税"为主要内容的改革试点。2000年按中央的决定,在全省进行农村税费改革试点工作。在这次农村税费改革中,考虑到全省地域条件的差异和农业生产条件的情况,农业税税率仍实行地区差别比例税率。贫困地区农业税税率从轻确定,全省农业税税率最高不超过7%。农业税附加的征收采取灵活方式,不完全按上限征收。农业税附加由财政机关同正税一起征收后,直接划拨到村级账户,实行乡管村用。2004年1月1日起,在全面取消农业税附加的基础上,全省再降低农业税税率2.2个百分点。此次降低的农业税税率,包括由农业特产税改征的农业税。有条件的地方,可以进一步降低农业税税率或免征农业税。2005年12月29日第十届全国人大常委会第十九次会议通过《关于废止〈中华人民共和国农业税条例〉的决定》,至此,农业税被全面取消。

耕地占用税

1987年4月1日国务院发布的《中华人民共和国耕地占用税暂行条例》(以下简称条例),条例规定的征税范围包括国家所有和集体所有的耕地。耕地是指种植农作物的土地(包括菜地、园地)。占用鱼塘及其他农用土地建房或从事其他非农业建设,也视同占用耕地,必须依法征收耕地占用税。园地包括苗圃、花圃、茶园、果园、桑园和其他种植经济林木的土地。耕地占用税以县为单位按人均占有耕地多少(按总人口和现有耕地计算),并参照经济发展情况,确定适用税额。安徽省人民政府1987年9月25日下发《关于贯彻执行＜中华人民共和国耕地占用税暂行条例＞有关问题的通知》,《通知》规定省内的征收范围和适用税额。征税范围:国家所有和集体所有的耕地。耕地是指种植农作物的土地(包括菜地、园地、前三年内曾用于种植农作物的土地、人为抛荒的耕地)。占用鱼塘、藕塘、打谷场、晒场及其他农用土地建房或从事其他非农业建设,也视同占用耕地，必须依法征收耕地占用税。占用园地和其他农用土地，应照章征税。园地包括苗圃，花圃、茶园、果园、桑园、竹园、药材种植园。其他农用土地包括林地、人工草场、人工开掘的水产养殖水面。适用税率（见附表5–1–1、5–1–2）。

1987年安徽省耕地占用税暂行税额表

表5–1–1

地区类别	范围	适用税额（元/亩）	
		菜地	其他应税耕地
一	合肥、蚌埠、淮南、铜陵、马鞍山、淮北、芜湖、安庆市市区和郊区；黄山市市区和郊区、风景旅游区、汤口镇；矿产开发区	6000	5000
二	县（包括县级市）所属城关镇、建制镇；黄山市除已列入一类地区的其他建制镇	4500	3500
三	人均耕地一亩以下（含一亩）的县（包括县级市）所属乡村	2500	2500
四	人均耕地一亩以上的县（包括县级市）所属乡村。	2000	2000

说明 1. 二、三、四类地区范围内的矿产开发区，均按一类地区标准征收；
2. 农业户口居民（包括渔民、牧民）占用耕地新建住宅，按上述规定税额减半征收；
3. 人均耕地面积以县（市）为单位，按上年度统计年报所列年末实有耕地面积和总人口计算

1987年安徽省三、四类地区名单及适用税额表

表5–1–2

地区类别	范围	适用税额（元/亩）	
		菜地	其他应税耕地
三	下述县（市）所属乡村：岳西、潜山、枞阳、太湖、桐城、宿松、怀宁、贵池、歙县、黟县、绩溪、祁门、休宁、石台、泾县、广德、宁国、金寨、霍山、舒城、庐江、含山、青阳、繁昌、铜陵县、屯溪、六安、阜阳、宿州市、黄山市除列入一二类地区以外的地区	2500	2500
四	下述县（市）所属乡村：太和、阜南、临泉、颍上、利辛、阜阳、蒙城、界首、涡阳、六安、霍邱、寿县、望江、东至、砀山、萧县、宿县、泗县、灵璧、无为、和县、郎溪、嘉山、全椒、凤阳、天长、来安、定远、旌德、长丰、肥东、肥西、芜湖、南陵、凤台、当涂、怀远、五河、固镇、濉溪县、亳州、巢湖、滁州、宣州市	2000	2000

根据国务院2007年第511号令发布的《中华人民共和国耕地占用税暂行条例》，财政部、国家税务总局关于耕地占用税的有关规定，省政府对耕地占用税的适用范围和标准进行调整，制定全省耕地占用税税额标准：一类地区：合肥、蚌埠、芜湖、淮南、淮北、铜陵、马鞍山、安庆市的市区范围内的乡镇村；黄山市的屯溪区及所属乡（镇）村，黄山、徽州区政府驻地和黄山区的汤口镇；阜阳市颍东区的河东、向阳、辛桥三个办事处；颍州区的文峰、清河办事处，颍西镇、王店镇政府所在地及其以北的各行政村；颍泉

区的泉颍、泉北、周鹏三个办事处；风景旅游区；矿产开发区。税额标准37.5元/平方米。二类地区：滁州、六安、池州、宣城、巢湖、宿州、亳州市的市区范围（不包括所属区）内的乡镇村；县级市的市区及所属村；县城关镇及所属村；县（市、区）属其他建制镇及所属村。税额标准26.25元/平方米。三类地区：包括农村居民建房和除一、二类地区以外的其他地区。税额标准18.75元/平方米。一类地区的风景旅游区是指占用省内4A级及其以上旅游区的耕地。矿产开发区是指各类矿产开发企业为开发矿产而占用矿区耕地。占用基本农田的，适用税额在本办法第五条规定的当地适用税额的基础上提高50%。铁路线路、公路线路、飞机场跑道、停机坪、港口、航道占用耕地，按每平方米2元的税额征收耕地占用税。调整后的标准见附表5–1–3。

安徽省耕地占用税税额标准表

表5–1–3

地区类别	范围	适用税额（元/平米）	
		菜地	其他应税耕地
一	（1）合肥、蚌埠、芜湖、淮南、淮北、铜陵、马鞍山、安庆市的市区范围内的乡镇村； （2）黄山市的屯溪区及所属乡（镇）村，黄山、徽州区政府驻地和黄山区的汤口镇； （3）阜阳市颍东区的河东、向阳、辛桥三个办事处；颍州区的文峰、清河办事处，颍西镇、王店镇政府所在地及其以北的各行政村；颍泉区的泉颍、泉北、周鹏三个办事处； （4）风景旅游区； （5）矿产开发区。	45	37.5
二	滁州、六安、池州、宣城、巢湖、宿州、亳州市的市区范围（不包括所属区）内的乡镇村；县级市的市区及所属村；县城关镇及所属村；县（市、区）属其他建制镇及所属村。	33.75	26.25
三	农业户口居民建房和除一、二类以外的其他地区。	18.75	18.75

说明：1. 二、三类地区的矿产开发区，均按一类地区标准执行；
2. 农业户口居民占用耕地新建住宅，按上述规定税额标准减半征收；
3. 铁路线路、公路线路、飞机场跑道、停机坪、港口、航道占用耕地，减按每平方米2元的税额征收耕地占用税

土地使用税

1988年，国务院颁布《中华人民共和国城镇土地使用税暂行条例》规定在城市、县城、建制镇、工矿区范围内使用土地的单位和个人需按条例规定缴纳土地使用税。土地使用税以实际占用的土地面积为计税依据，依照规定由土地所在地的税务机关征收的一种税赋。土地使用税每平方米年税额如下：大城市0.5~10元；中等城市0.4~8元；小城市0.3~6元；县城、建制镇、工矿区0.2~4元。2007年10月24日《安徽省人民政府关于修改〈安徽省城镇土地使用税实施办法〉的决定》土地使用税每平方米年适用税额幅度按照下列规定执行：大城市1.5~30元；中等城市1.2~24元；小城市0.9~18元；

县城、建制镇、工矿区0.6~12元。市、县人民政府根据实际情况，将本地区土地划分为若干等级，在省人民政府确定的税额幅度内，制定相应的适用税额标准，报省人民政府批准后执行。其中，国务院和省人民政府批准的重点贫困县土地使用税的适用税额标准可以适当降低，但降低额不得超过本办法第四条规定最低税额的30%。

契税

1997年4月23日国务院第55次常务会议通过《中华人民共和国契税暂行条例》。省人民政府第144次常务会议于1997年12月19日通过《安徽省契税暂行办法》自发布之日起施行。办法规定：在本省行政区域内转移土地、房屋权属，承受的单位或者个人为契税的纳税人，应当依照本办法的规定缴纳契税。税率：本省行政区域内契税税率按4%执行。契税的计税依据：国有土地使用权出让转让、房屋买卖，为成交价格；土地使用权赠与、房屋赠与，由契税征收机关参照土地使用权出售、房屋买卖的市场价格核定；土地使用权交换、房屋交换，为所交换的土地使用权、房屋的价格的差额。契税应纳税额，依照本办法第五条规定的税率和第六条规定的计税依据计算征收。应纳税额计算公式：应纳税额＝计税依据 × 税率 。

土地增值税

土地增值税是指转让国有土地使用权、地上的建筑物及其附着物并取得收入的单位和个人，以转让所取得的收入包括货币收入、实物收入和其他收入为计税依据向国家缴纳的一种税赋，不包括以继承、赠与方式无偿转让房地产的行为。土地增值税以土地和地上建筑物为征税对象，以增值额为计税依据。功能是国家对房地产增值征税。是以转让房地产取得的收入，减除法定扣除项目金额后的增值额作为计税依据，并按照四级超率累进税率进行征收。增值额未超过扣除项目金额50%部分，税率为30%；增值额超过扣除项目金额50%，未超过扣除项目金额100%的部分，税率为40%；增值额超过扣除项目金额100%，未超过扣除项目金额200%的部分，税率为50%；增值额超过扣除项目金额200%的部分，税率为60%。全省自1996年起开征土地增值税，由地方税务部门征收。根据财政部的最新规定，从2008年11月1日起，对个人销售住房暂免征收土地增值税。

土地转让营业税

1990年财政部下发关于营业税增设“土地使用权转让及出售建筑物”和“经济权益转让”税目的通知，规定“土地使用权转让及出售建筑物”和“经济权益转让”的税率均为5％，自1990年9月1日起执行。1997年财政部公布废止。

印花税

1988年6月24日国务院第九次常务会议通过《中华人民共和国印花税暂行条例》，自1988年10月1日起施行。《条例》规定在中华人民共和国境内书立、领受本条例所列举凭证的单位和个人，都是印花税的纳税义务人（简称纳税人）。土地使用权出让、转让等产权转移书据属应纳税凭证，需按规定缴纳印花税。税率为按凭证所载金额的万分之五缴纳印花税。

第二节　土地规费

涉及土地的收费项目,习称土地规费。根据《安徽省非税收入管理暂行办法》规定属于政府非税收入项目。政府非税收入是指各级国家机关、事业单位、社会团体及其他组织依据有关法律、法规和本办法规定,履行公共事务管理职能、利用国有资源或者国有资产、提供特定服务收取的税收以外的财政资金。按政府收支分类科目分类,全省国土资源系统政府非税收入项目共有4大类17项,其中政府性基金3项,土地出让金、新增建设用地土地有偿使用费、水利基金;专项收入5项,矿产资源补偿费、探矿权采矿权使用费、探矿权采矿权价款;行政性收费项目8项,矿产资源勘查登记费、采矿登记收费、土地复垦费、耕地开垦费、土地闲置费、土地登记费、征地管理费 、地质成果资料费;国有资源(资产)有偿使用收入一项,外商投资企业场地使用费。

土地有偿使用费

相关规定:根据《中华人民共和国土地管理法》的规定,财政部、国土资源部于1999年下发关于印发《新增建设用地土地有偿使用费收缴使用管理办法的通知》,制定征收等别和征收标准。安徽省根据文件规定开征新增建设用地土地有偿使用费。按照《安徽省实施〈土地管理法〉办法》规定:新增建设用地土地有偿使用费按中央、省、市、县3:2:1:4比例分成使用。为整治和改善经济发展环境,扩大对外开放加快招商引资,按照省委省政府的指示精神,自2002—2005年底,省级分成部分不再集中,留给市县按规定用途使用。征收范围:农用地和未利用地转为建设用地时收取。圈内不管用地性质都应缴纳。圈外用地属于划拨供地目录,采用划拨方式供地不缴纳。缴纳主体:市县人民政府,由市县人民政府财政部门负责缴纳(财政部“关于新增建设用地有偿使用费征管中有关政策问题的批复”)。使用管理:中央级经费的使用,专项用于基本农田建设和保护、土地整理、耕地开发等开支。省级及以下部分的使用,按《安徽省新增建设用地土地有偿使用费财务管理暂行办法》规定的4项支出范围,用于土地开发整理项目支出、信息化与监督系统建设、与项目相关的支出、收缴工作的业务经费。新增建设用地土地有偿使用费按等级征收,征收标准见下表5–1–4。

安徽省新增建设用地土地有偿使用费征收标准一览表

表5–1–4

等级	适用范围	征收标准(元/平方米)
五等	合肥市(包河区 庐阳区 蜀山区 瑶海区)	64
六等	马鞍山市(花山区 金家庄区 雨山区)芜湖市(镜湖区 鸠江区 弋江区)	56

续表 5-1-4

等 级	适　用　范　围	征收标准（元 / 平方米）
七 等	淮南市（大通区 田家庵区）淮北市（相山区 烈山区）	48
八 等	安庆市（大观区 宜秀区 迎江区）蚌埠市（蚌山区 淮上区 龙子湖区 禹会区）铜陵市（郊区 狮子山区 铜官山区）芜湖市三山区	42
十 等	亳州市谯城区 滁州市（南谯区 琅琊区）繁昌县 肥东县肥西县 阜阳市（颍东区 颍泉区 颍州区）宁国市 芜湖县 宣城市宣州区	28
十一等	长丰县 巢湖市居巢区 黄山市（徽州区 屯溪区）六安市（金安区 裕安区）宿州市埇桥区 淮北市杜集区	24
十二等	池州市贵池区 当涂县 含山县 绩溪县 泾县 舒城县 桐城市 铜陵县 淮南市（八公山区 潘集区 谢家集区）	20
十三等	砀山县 东至县 凤台县 广德县 和县 霍邱县 霍山县 界首市 金寨县 庐江县 明光市 南陵县 祁门县 青阳县 石台县 寿县 濉溪县 天长市 涡阳县 无为县 歙县 萧县 黄山市黄山区	16
十四等	枞阳县 定远县 凤阳县 阜南县 固镇县 怀宁县 怀远县 旌德县 来安县 郎溪县 利辛县 临泉县 灵璧县 蒙城县 潜山县 全椒县 泗县 宿松县 太和县 太湖县 望江县 五河县 休宁县 黟县 颍上县	14
十五等	岳西县	10

土地出让金

安徽省自 1995 年开始征收土地出让金（ 国有土地使用权出让收入）。根据省财政厅、省土地管理局《安徽省土地出让金征收管理实施办法》规定，财政部门是土地出让金收入的主管机关，土地行政主管部门是土地出让金收入的代征机关。按照现行规定，土地出让金的规范名称应为国有土地使用权出让收入。是指政府以出让等方式配置国有土地使用权取得的全部土地价款。具体包括：以招标、拍卖、挂牌和协议方式出让国有土地使用权所取得的总成交价款（不含代收代缴的税费）；转让划拨国有土地使用权或依法利用原划拨土地进行经营性建设应当补缴的土地价款；处置抵押划拨国有土地使用权应当补缴的土地价款；转让房改房、经济适用住房按照规定应当补缴的土地价款；改变出让国有土地使用权土地用途、容积率等土地使用条件应当补缴的土地价款，以及其他和国有土地使用权出让或变更有关的收入等。国土资源管理部门依法出租国有土地向承租者收取的土地租金收入；出租划拨土地上的房屋应当上缴的土地收益；土地使用者以划拨方式取得国有土地使用权，依法向市、县人民政府缴纳的土地补偿费、安置补助费、地上附着物和青苗补偿费、拆迁补偿费等费用（不含征地管理费），一并纳入土地出让收入管理。

水利建设基金

1983 年设立，2000 年省人民政府再次发文规范。在征收土地时，按每亩 500 元的标准收取地方水利建设基金。财政部门每年按征费额 5% 的比例安排业务费，用于征收部门的经费补助和奖励等。

耕地开垦费

根据1999年修订的《中华人民共和国土地管理法》的规定开征。《土地管理法》明确规定:国家实行占用耕地补偿制度。非农业建设经批准占用耕地的,按照“占多少,垦多少”的原则,由占用耕地的单位负责开垦与所占用耕地的数量和质量相当的耕地;没有条件开垦或者开垦的耕地不符合要求的,应当按照省、自治区、直辖市的规定缴纳耕地开垦费,专款用于开垦新的耕地。省内的征收标准为6~9元/平方米,具体标准见下表5-1-5。

安徽省耕地开垦费征收标准一览表

表5-1-5

等级	征　收　范　围(市、县)	征收标准(元/平方米)
一等	合肥、芜湖、马鞍山	9
二等	淮南、淮北、铜陵、蚌埠、安庆、六安、巢湖、宿州、宣城、池州、阜阳、滁州、黄山、亳州	8
三等	宁国市、肥西县、肥东县、长丰县、繁昌县、芜湖县、桐城市、天长市、界首市、当涂县、明光市	7
四等	绩溪县、濉溪县、歙县、祁门县、含山县、泾县、石台县、舒城县、霍山县、金寨县、黄山区、蒙城县、凤阳县、怀远县、五河县、固镇县、怀宁县、枞阳县、太湖县、岳西县、潜山县、望江县、宿松县、休宁县、黟县、全椒县、颍上县、临泉县、涡阳县、砀山县、萧县、无为县、庐江县、和县、广德县、东至县、青阳县、寿县、霍邱县、定远县、来安县、凤阳县、太和县、阜南县、利辛县、灵璧县、泗县、旌德县、郎溪县、南陵县、铜陵县	6

省厅对先补后占并经验收确认的项目只收取省级10%部分的耕地开垦费,对边占边补、先占后补项目,省厅在农转用审批和土地征收审批时收取100%的耕地开垦费,待市、县补充耕地任务完成并经省厅验收确认后,省厅再将90%的耕地开垦费返还给市、县(项目承担单位)。省厅集中的10%的耕地开垦费主要用于组织易地开垦,土地开发复垦整理计划、规划的编制,耕地开垦三库建设以及补充耕地验收确认等工作。返还各地的耕地开垦费,自征用、转用批准之月起2年内,必须完成补充耕地项目,超过2年未完成的不再返还。返还各地的耕地开垦费,通过财政预算指标下达,纳入各级财政预算管理,按照规定用途使用。

土地登记费

1990年开始征收。依据国家土地局、物价局、测绘局、财政部《关于土地登记收费及其管理办法》按宗地收取,标准为每宗地5~4万元。适用于土地初始登记,原则上适用于变更土地登记,收费标准另行制定。2008年7月15日省物价局、财政厅、国土资源厅下发《关于进一步规范我省土地登记收费的通知》,对土地登记费的收取和管理进行了规范。文件明确:国有土地使用权、集体土地的所有权和使用权、土地抵押权、地役权及其他依照法律规定需要登记的其他土地权利,都必须依法登记。县级以上地方人民政府国土资源管理部门依法对土地所有权、土地使用权及土地他项权利进行确认、核发证书，应按规定向土地权利申请人收取土地登记费。标准仍为每宗地5元至40000元；土地抵押权、地役权的登记收费标准按照上述标准的70%收取；经济适用住房、廉租住房按照上述标准减半收取。

变更登记费

依据是省土地管理局、省财政厅、省物价局《关于核定土地权属用途变更登记收费标准的通知》于1996年设立，该项费用是在改变土地的权属或用途时收取，标准为每平方米0.5~1.5元，省、市、县国土部门按1:2:7的比例分成使用。已取消。

征地管理费

1992年开始征收，依据国家物价局、财政部《关于发布土地管理系统部分收费项目与标准的通知》，省物价局、财政厅以皖价费〔1993〕131号文转发，并规定了无偿划拨国有荒山、荒地征地管理费的收取标准。2002年省国土厅与省财政厅、省物价局联合出台《关于规范征地管理费有关问题的通知》，对征地管理费征收中存在的一些问题进行规范，主要有：对征地管理费的减免范围重新进行界定，减少了法定减免事项。将耕地开垦费纳入到征地管理费的计费基数中。明确规定可按征地费用四项之和的2%~3%的比例收取征地不可预见费。规定了乡镇村建设用地（土地不征收）可参照本办法收取征地管理费。

场地使用费

1996年省土地管理局会同省财政厅、省物价局制定印发《安徽省外商投资企业场地使用费征收管理暂行规定》，对安徽省境内依法通过行政划拨方式取得土地使用权的中外合资经营企业、中外合作经营企业、外商独资企业征收场地使用费。场地使用权费按年度征收，每平方米年度收费标准为：商业、旅游、金融、娱乐服务业用地3~45元；工业、仓储、交通、施工、房地产用地1~15元；教育、科研、卫生、非商业住宅0.5~10元；农林牧渔业用地按年营业收入1%~3%。具体收费标准由各地市物价部门会同财政、土地部门制定。此项收费2001年由省人民政府下文取消。

交通建设资金

1994年开始征收，征收标准为每亩1000元，按实际征（拨）用土地面积计征。具体为按征（拨）用地审批权限，由县及县以上交通部门委托批准用地一级政府的土地管理部门代征。土地征（拨）用者在建设用地批复下发之前向批准用地一级政府的土地部门一次性缴纳。此项收费2000年10月省人民政府下文取消。

第三节 矿产资源规费

矿产资源规费包括矿产资源补偿费、探矿权和采矿权价款。《矿产资源法》第五条规定，开采矿产资源，必须按照国家有关规定缴纳资源税和资源补偿费。1994年国务院150号令《矿产资源补偿费征收管理规定》,矿产资源补偿费按照矿产品销售收入的一定比例计征,由采矿权人缴纳,矿区所在县地矿主管部门会同财政部门征收,全额上缴中央金库,年终按5:5比例,中央与省结算。根据国家规定,为维护国家对矿产资源的所有权,矿业权实行有偿取得制度。建立矿业权市场,规范矿业权管理。

矿产资源补偿费

安徽省各级国土资源管理部门认真执行矿产资源补偿费征收管理的各项规章制度,克服种种困难,不断改进工作方法和方式,创造性地开展工作,全省矿产资源补偿费征收和入库稳步增长,较好的完成矿产资源补偿费征收工作。1996年至2005年矿产资源补偿费征收入库53725.81万元。其中:1996年完成3659.11万元;2000年完成3246.19万元;2005年完成13328.10万元,是1996年的3.6倍,是2000年的4.1倍。全省矿产资源补偿费征收管理工作总体思路:以建设资源节约型社会为指导,贯彻执行矿产资源补偿费征收管理规定,以加强开采回采率的核定管理和实际开采回采率的考核监督为重点,完善补偿费征收与回采率挂钩的制度,促进回采率的提高,建立矿山企业珍惜和合理利用资源的经济机制,有效的保护和合理利用矿产资源。

完善征管体制 矿产资源补偿费征收机制非常重要,为确保全省矿产资源补偿费征收工作取得实效,在全面贯彻落实国务院150号令和省政府第55号令过程中,对于出现的相关问题,省政府非常重视,对矿产资源补偿费征收管理体制进行调整,使之更加符合全省实际,并以143号令的形式发布,解决在矿产资源补偿费征管工作中存在的征收率低、入库率低(有些地市入库率仅有2%)、截留、挪用、坐支等突出问题。省厅出台《安徽省矿产资源补偿费使用管理规定》《矿产资源补偿费征收部门经费补助及奖励暂行规定》《关于加强和改进矿产资源补偿费减免工作的通知》等多项规范性文件,确定实行分级与省厅直接征收相结合的征收管理体制,为规范矿产资源补偿费征收提供可操作性的政策依据。从2005年开始,省厅对其直收的矿山企业实行据实征收,改变过去简单下任务的征收方式,做到矿产品价格与国家矿产资源所有权收益同步增长,有效的维护国家矿产资源所有者权益,进一步规范矿产资源补偿费的征收工作。

强化征收考核 为增强各级征收机关为国理财的责任感和纳费人的自觉性,全省一直实行年初核定任务、年终结算的目标管理责任制。每年初根据国土资源部下达给安徽省的征收入库任务,省厅在对各市、各大矿山企业进行全面调查摸底,对矿山企业的产量、产值、资源利用水平和矿产品销售情况进行数据对比与分析的基础上,向各市下达年度征收入库任务,各市再将省厅下达的征收入库任务层层分解,有些市、县把征收任务落实到人,如安庆、铜陵、滁州、巢湖等市。淮北市在征费责任落实中创造性地开展工作,提出了“四个挂钩”,即把矿补费征收工作与企业的产量、相同规模企业横向比较、维护企业的合法权益、征管人员的年终考核相挂钩,取得很好的效果。由于各市、县征收入库任务具体、目标明确,全省分级征收后完成的年度征收入库额均都超过部下达的征收任务。

强化征管结合　2005年后，各市都强化矿产资源补偿费征收手段，做到四个结合：补偿费征收与采矿许可证的颁发相结合，变更、延续采矿登记的企业，必须有足额缴纳补偿费的证明才予批准；补偿费征收与矿山企业年检相结合，在对企业年检时，补偿费是否足额入库是年检的一项重要内容，未足额入库的，不予通过年检；补偿费征收与矿业秩序治理整顿相结合，是否完成征收目标任务始终是考核各市、各大矿山企业是否搞好治理整顿工作的重要指标；补偿费征收与补偿费的返还使用相结合，省厅在安排地勘项目、保护项目时对完成和超额完成任务并积极配合省厅征费的市给予倾斜。通过四个结合，强化矿政管理，促进征收目标任务的完成。

建立缴费制度　由于矿山企业点多线长，征收人员少，工作量大，没有足够的人力深入企业征费，如何提高矿山企业的缴费自觉性是征费工作的关键。各市都建立科学的申报和分阶段缴费制度，即由矿山企业按季度向所在地的市国土资源局申报应费额，经市县国土局对申报应费额进行核实后确定季度征费额并开出票据送达企业，企业按票缴费。实践证明，采用这种办法不但提高企业缴费的自觉性，而且减少了征费工作的行政成本，提高工作效率。为确保矿产资源补偿费足额征收，马鞍山局把矿产资源补偿费征收与矿山督察员现场督察工作相结合，为确定矿产资源补偿费费额提供基础资料。淮南，宿州在征费工作中，实行据实征收。正是由于全省各市采用科学的申报和分阶段缴费制度，才使得矿产资源补偿费征收管理工作取得突破性的进展。

探矿权和采矿权价款

2001年后，把培育和规范矿业权市场作为加强矿政管理的突破口。先是在池州进行矿业权市场的试点工作，省厅帮助该市制定试点工作实施方案，精选一批采矿权项目，通过拍卖形式出让采矿权4个，拍卖价款27万元。在池州及时召开全省矿业权市场试点工作现场会，有力地推全省矿业权市场建设工作。省厅依法组织庐江龙桥铁矿的采矿权招投标工作，与中标单位正式签订出让合同，出让价款3600万元，省政府专门召开龙桥铁矿开发协调会。龙桥铁矿采矿权出让成功，是当时省内乃至全国较大的一宗采矿权出让项目，对全省矿业权市场的建立和矿业领域招商引资产生重要影响。然后在全省推开，结合国土资源部工作部署和要求，先后出台一系列的制度和办法，培育规范两权市场。2001年至2005年全省矿业权出让转让4100多个，采矿权价款成交额105.17亿元。其中：2003年出让转让采矿权1729个，采矿权价款30.29亿元；2004年出让转让采矿权740个，采矿权价款7.25亿元；2005年出让转让采矿权1632个，采矿权价款67.21亿元。显化了资源性资产，并有力地促进了探矿权、采矿权管理。

第二章　科技工作

第一节　科技规划和项目管理

科技机构

在厅内设置科技交流处负责科技管理和外事交流工作。2000年省厅建设之初,针对省科技主管部门不太了解省政府赋予国土资源厅的科技管理职能,以及与地勘、煤田、冶金等相关部门的管理关系,省厅多次主动与其沟通和协调,让其了解新的国土资源管理体系和科技工作管理体系。2001年初,省科技厅明确表示:全省国土资源系统的科技成果登记、鉴定、奖励等管理工作,由国土资源厅统一负责。为加强科技工作的领导,2006年12月,省厅下发《关于成立安徽省国土资源科技领导小组的通知》,厅长任组长,副厅长任副组长,各处处长及直属单位主要领导任成员。其主要职责:负责贯彻落实安徽省关于建设创新型安徽的重大战略和科技工作的方针、政策,以及国土资源部"科技兴地"战略;推进全省科技体制改革和科技创新体系建设;审定安徽省国土资源科技发展规划、重要任务和年度科技计划安排等;领导和组织安徽省国土资源科技创新审查工作;领导和组织安徽省国土资源科技奖励工作;协调解决科技工作中的重大问题。安徽省国土资源厅科技领导小组下设办公室,办公室设在厅科技交流处。办公室负责领导小组日常工作,起草领导小组提出的科技工作政策文件等,督促检查领导小组决定事项的落实情况,具体负责科技创新审查以及科技奖励的实施工作。承办领导小组交办的其他事项。2009年机构改革中,更名为科技外事处,在原职能的基础上,增加联系学会、协会的职能。

科技规划

根据国土资源部和安徽省有关科技工作精神和规划,编写《安徽省土地资源科技发展"十五"计划纲要》《安徽省国土资源信息化"十五"规划和2010年远景目标》和《安徽省国土资源科普计划》,明确"十五"期间国土资源科技发展、信息化和科普工作的目标和主要任务。编写《安徽省国土资源政务管理信息系统与信息服务系统建设总体方案》,提出系统建设的主要任务、内容和方式,指导全省各级国土资源政务管理系统与信息服务系统建设。这些规划、计划、方案的制订,为全系统的科技工作提供科学依据,起到积极推动作用。2008年,为全面落实国土资源部"科技兴地"战略的实施,制订《安徽省国土资源中长期科技发展规划(2006—2020年)》,重点开展以提高地质找矿效果为目的的勘查研究，解决一批国家和省急需的有色、贵金属等地质勘查及隐伏矿床预测中的关键课题，建立矿产资源评价方法技术体系，立足安徽区域成矿特点，开展沿江、江南过渡带、皖南山区、庐江地区重要成矿区（带）深部探测与成矿动力学研究，提高物探技术探测深度与精度，力争找矿有所发现，有所突破，提高矿产资源的勘查水平与能力，逐步建立一个新的国土资源研究与科学创新体系。

科技项目管理

围绕科技发展规划，制定科技项目指南，并加强科技项目实施的管理。从2008年起，以科技创新为主要形式，每年从省公益性地质工作经费中新立一批科技项目，重点研究矿产资源勘查、地质灾害防治领域中的重要、关键技术，为勘察找矿、灾害防治提供相应的技术支持。制定项目管理制度，制作《安徽省国土资源科技项目申报书》《安徽省国土资源科技项目论证书》《安徽省国土资源科技项目合同书》《安徽省国土资源科技项目执行情况报告表》《安徽省国土资源科技项目鉴定（验收）申请表》《安徽省国土资源科技项目鉴定（验收）证书》等一系列管理文书，对项目申报、项目论证、合同签订、过程监督到项目验收等主要环节进行规范和约束。实现对项目的全过程控制。在项目实施过程中，对项目进展跟踪检查，进行中期评估，尽量提高项目实施的质量。积极向省及国土资源部申报项目成果奖励。在项目奖励管理工作中，重点把握三个环节：积极培育重点科技项目、选优推荐申报项目、重视申报项目“亮点”宣传。通过积极申报，保证全省国土资源领域每年都获得一定的科技奖励。考虑到省部级科技奖励每年数量较少的实际，省厅于2005年9月下发《关于印发（安徽省国土资源科技奖励办法）的通知》及土地、地质矿产（地质环境）、测绘三个领域的实施细则，每两年对全省国土资源科技领域的成果实施评价，调动全省国土资源科技发展积极性，激发广大科技人员的热情，促进行业科技进步。

人才培养

依托部“百人计划”和“青年科技骨干”等科技人才培养工程，加强人才的推荐、培养工作，加强青年科技人才培养过程检查和监督，为他们创造学术交流等机会，同时加强业绩宣传，创造良好的人才茁壮成长的环境。在创新人才和青年科技骨干的培养上，贯彻“产、学、研”三结合的原则，通过组织和承担大型科研和生产项目，参与国际国内高水平学术合作或共同研究，促进在实际工作中成长，取得良好的效果。《大别山造山带的构造几何学和运动学》项目研究过程中，在国内外有关刊物发表论文共计40余篇（国外核心期刊2篇、国内核心期刊22篇），并培养5名博士研究生和1名硕士研究生。

科技普及

省厅作为省科普工作联席会议成员单位，积极参加省科普联席会议活动，并对全省国土资源系统的科学技术普及工作加强指导，经过几年的努力，在普及地球科学、资源科学基础知识，宣传国土资源管理政策法规和制度等方面取得一定的进步。

打造科普品牌　以“科技活动周”“世界地球日”“全国土地日”“全国测绘法宣传日”等科普活动为载体,不断更新思路,丰富内容,创新形式,努力将其办成在省内有一定影响力的科普品牌。在活动过程中,每年都制作内容丰富的科技展板,选择典型岩矿、化石、观赏石实物标本,挑选典型的数字化测绘产品及应用成果向公众展出,吸引公众对国土资源科技的普遍关注和极大兴趣,产生良好的社会影响。

开展科普宣传　充分利用大众传媒宣传国土资源科普知识,开展经常性的科普宣传。在省《数字安徽》杂志上组织6篇文章,重点宣传“数字安徽”的概念、内容等:在安徽省国土资源厅网站上专门开辟科普专栏,宣传地学、土地、测绘、矿产等方面的基本知识,及时发布最新取得的科技成果简介;利用本系统《安徽测绘》《安徽地质》等出版物,面向系统、面向广大群众、面向青少年组织刊登科普文章,收到良好效果。

发挥基地作用　省地质博物馆作为全省地质科普的主要阵地,坚持常年开放,科技活动周等特殊时段则免费开放,不断增加、更新科技内容,提高基地的趣味性、知识性。在省科技馆专门辟出“地质矿产展厅”,引起社会各界广泛关注。

第二节　地质矿产科研与管理

地矿科技研究

2000年,安徽省国土资源厅成立,自此全省国土资源工作进入一个崭新的发展阶段。十年间安徽省国土资源系统发挥科学技术支撑和引领作用,把科学技术放在国土资源发展的重要战略地位,努力提高国土资源科技创新能力,承担完成一批省、部级重要科技项目。全省国土资源系统广大科技工作者,通过承担科技项目,不断增强科技攻关能力、提升科技创新水平,在基础研究、资源勘查和方法应用研究等方面取得一批达到省、部级先进水平的科技成果,为提高安徽国土资源科技水平做出贡献,尤其是在“十一五”期间发现和探明一批大中型矿床,取得省内地质找矿的重大突破,为全省经济建设和地质矿产事业大发展起到强大的推动作用。

科技研究概况

科研项目。自2004年开始安徽省国土资源厅、安徽省财政厅从省级地质勘查专项费中,安排地质科研项目, 2007年开始从省公益性地质工作经费中单独切块,用于安排地质科研项目。随着对地质科研工作逐渐重视,以及地质找矿实践对地质科研需求的不断加大,省级财政对地质科研工作的投入也逐渐加大。截止2010年,省级财政出资安排的科研项目52项(注:续作项目不重复统计),总经费7897万元,开展的科研项目主要为应用基础和应用研究类,侧重在地质勘查方法及手段研究、区域重点成矿区带成矿规律及成矿预测研究、典型矿床剖析及找矿模型研究与实践、地质灾害防治新技术,以及区域重大疑难地质问题研究与解决。项目安排注重“产学研用”相结合,大多由中国科学技术大学、中国地质大学、合肥工业大学、成都理工大学、南京大学、安徽理工大学、中国地质科学院等科研院校与省内地勘单位合作承担。

科研条件平台。安徽省地勘行业各生产科研单位除拥有常规地质勘查技术和装备以外，近年逐步添置了 V8 多功能电法仪、HC-95a 手持式氦（He4）光泵磁力仪、LCR-G 型及 D 型重力仪、Gdp-32 II 多功能电法仪等先进的新设备；DX-2000 型顶驱新型钻机、深部矿体勘探钻探等新成果，为拓展深部找矿提供方法技术支撑；等离子质谱仪、等离子色谱—质谱仪、等离子发射光谱仪、电子探针分析仪等大型先进仪器设备的购置，大大提升安徽省地质实验测试条件和水平。安徽省地质矿产源领域拥有中国科学院壳幔物质与环境重点实验室（中国科技大学）、煤矿生态环境保护国家工程实验室（淮南矿业集团）、深部煤炭开采与环境保护国家重点实验室（淮南矿业集团）和矿山地质灾害防治重点实验室（安徽理工大学）四个省部级重点实验室。还有煤矿瓦斯治理国家工程研究中心（淮南矿业集团、中国矿业大学）和安徽省煤炭资源综合利用工程技术研究中心（安徽理工大学）等两个工程技术研究中心。

科技人才培养。全省国土资源系统积极营造有利于科技创新和人才成长的政策环境，加快人才队伍结构的改善，加大科技人才的引进和培养。同时利用多渠道加大对优秀骨干的培养力度，选送参加在职学历教育培训，通过多形式、多渠道、多途径努力使人才队伍在知识结构、学科结构和年龄结构都有明显提升。通过项目实践，锻造各专门领域的领军型人才。有 3 个科研项目团队成功入选安徽省“115”产业创新团队之中，确立青年学术和技术带头人 11 人，1 人次获得地质界青年最高奖—黄汲清青年地质科学技术奖。

科学技术普及。十年间，全省创建安徽地质（古生物化石）博物馆等国家级国土资源科普基地 2 处，世界、国家和省级地质公园共 15 个，国家级矿山公园 3 个，国家级绿色矿山 5 个，成为开展地质科学普及的重要阵地和场所。安徽省地质（古生物化石）博物馆新馆位于合肥市政务区嘉和路 999 号，2008 年 4 月开工建设，总建筑面积 26495 平方米，基本陈列部分建筑面积 16902 平方米，建筑工程总投资 1.62 亿元。新馆集博物展示、科普教育、科技交流等多功能于一体，也是安徽重要的旅游基地。

安徽省国土资源厅为省科普工作联席会议成员单位，并积极参加省科普联席会议活动。每年利用“世界地球日”“科技活动周”“全国科普日”“国际博物馆日”等有利时机，组织开展地质科普宣传活动。十年间共组织开展 5 次全国青少年地学夏令营安徽营活动。在安徽省国土资源厅网站及时发布最新取得的科技成果及获省科技奖、部国土资源科技奖的优秀科技成果的简介以及科普信息，在《地质勘查导报》《中国国土资源部》《安徽地质》《安徽国土资源》等系统内出版物中定期组织发表科普文章。

主要成果

在经历地质工作的低谷期之后，2000—2010 年，安徽省地质科技工作在基础研究和应用研究等领域取得一些进展。这些科学研究成果使大家对基础地质问题有了新认识，促进地质找矿有了新突破，拓宽地质工作服务新领域，部分成果已经并继续产生显著的经济效益和社会效益。(详见:《国土资源部重大科技成果－安徽省分集》2011.06,安徽省国土资源厅、安徽省地质学会、安徽省公益性地质调查管理中心编。)

基础地质研究。大别山造山带的构造几何学和运动学研究。在大别山北部发现的榴辉岩,及其中的超高压变质作用标志和同位素定年等,是研究者在大别山研究中继发现金刚石之后的第二项重大突破,对了解北部条带状片麻岩的构造背景有重要意义;将榴辉岩带分为陆壳成因为主的和洋壳成因为主的两个带,并在后者中发现经历过超高压变质作用的一些重要证据,有重要的理论和实践意义;提出了大别山的"三、四、八"(东西三段,垂向四层,南北八带)几何结构新格局,对进一步的岩石学、构造地质学、乃至地球化学研究工作都有重要意义;在划分构造岩石单位的基础上,结合不同单位中的中、小型运动学标志,分析整个造山带的运动学特征及运动体制的三个阶段的演化过程,提出大别山造山带的构造演化模式,为认识大别山造山带的构造演化和构造解析提供重要基础。安徽省大别山大坝陨坑构造研究,从大别山花凉亭大坝地区的环形影像入手,通过野外地质调查和室内综合研究,发现一些可能与陨石冲击作用有关的地质现象:在西风寺、马庙等地的花岗片麻岩表面的干裂岩;多组石英变形纹,根据在费氏台上测得的变形纹特征,估算其形成压力为21.8GPa;由锆石转变形成的斜锆石;击变长石玻璃;石英熔滴和大量玻璃球颗等,根据上述实际材料,提出该区环形影像与陨坑构造有关的初步认识。

应用研究。潜在矿产资源评价取得新成果,安徽沿江地区铜金多金属成矿预测研究,不仅预测14个找矿远景区段和75个找矿预测区、优选一批找矿靶区、开辟4个新的找矿远景区,而且在深部构造、基底性质、岩浆岩、矽卡岩和成矿规律方面取得了新的进展;首次运用造山带理论,将安徽沿江地区与大别造山带作为一个系统进行研究,提出安徽沿江成矿带是受大别造山带构造格局制约的陆内成矿带;首次提出安徽沿江成矿带的基底是"董岭式"的,不同于南矿带的"过渡式"基底;首次识别出整个地壳尺度的深部构造式样为"圣诞树式"的三层结构,由下—> 上为"中心式"、"网格式"和"环带式",对区内中生代岩浆作用,划分出主带、北带和南带,厘定它们的岩石系列的归属,讨论它们的起源与演化的成因机制及其与铜、铁、硫、金等成矿作用的生成联系;应用"地球化学场"概念解释花岗岩成因是一种新的思路,这一工作成果已跳出传统的"岩体成矿专属性"的思路与方法,从而获得对指导找矿更有意义、更符合实际的新成果与新认识,具有重要科学意义和指导预测找矿的价值;通过翔实的资料分析和成岩实验,进一步确证了岩浆型矽卡岩的存在,将区内矽卡岩划分为"岩浆型"、"接触交代型"和"层间反应交代型"三种成因类型,并从区域构造、岩浆、热流体生成演化的总背景下分析矽卡岩的成因和成矿作用,提出广义矽卡岩矿床体系的概念,并以此为基础,建立了区内最主要的广义矽卡岩型—斑岩型—热液型铜、金成矿系列,这些创新认识丰富和发展矽卡岩成岩成矿理论,开拓新的研究领域;建立富有区内特色的广义矽卡岩型—斑岩型—热液型矿床系列综合成矿模式,最后建立区域成矿模式,其特点是将浅部成矿模式与深部的岩浆起源和演化联系在一起，反映出不同岩浆岩系列与不同矿床系列的成因联系，这对扩大找矿和区域成矿理论研究有重要贡献；GIS 应用于安徽东部地区金矿资源评价研究，是应用‘3S’系统在安徽进行潜在矿产资源评价的开山之作；项目以地质学家的知识建立的地质模型为驱动，以基于概率不确定性与贝叶斯律的证据权法建立空间决策支持模型，在地理信息系统平台上对安徽东部地区金矿资源进行评价，这是我国最早开展的基于 DSS 和 GIS 的矿产资源评价项目之一，取得良好的评价效果；接着开展的安徽南部地区铜金多金属矿资源 GIS 评价项目，对‘3S’评价技术也获得高水平的应用，使用了最前沿、最具生命力的人工神经网络构建空间决策支持模型和数量决策支持模型，并开发拥有自主知识产权的，基于 ARCGIS ENGINE V9.2 的矿产资源评价系统。

固体矿产钻探创国内纪录。由安徽省国土资源厅、安徽省科技厅和安徽省地勘局联合资助的《深部矿体勘探钻探技术方法的研究》项目于 2010 年圆满完成。该项目含四个子课题。深部钻探设备研制、管材配套优化选择子课题进行深部钻探分体塔式全液压动力头钻机及高强度钻杆研发，实现深部钻探装备的自动化、现代化，提高钻进能力和钻探效率，满足深部钻探的需求；人工受控定向钻探应用研究子课题实现了钻孔轨迹人工控制，解决陡矿体、异型矿体勘探技术难题，并可避开地表障碍物勘探地下矿体，实现一孔多支，节约钻探工作量；钻探方法及取芯方法应用研究子课题应用绳索取芯硬岩回转冲击潜孔锤钻进、复杂地层护壁、高效长寿金刚石钻头等深部钻探系统工艺技术，解决深部找矿效率问题；钻孔孔底摄像技术方法及定向取芯应用研究子课题则在钻孔中通过摄像，辅以定向取芯技术，了解岩矿产状、裂隙发育程度、水文地质等情况，提供布孔依据，指导矿区勘探。2010 年 6 月使用项目自行研制的 FYD—2200 型分体塔式全液压动力头钻机、高强度钻杆及深孔钻探配套机具完成孔深为 2706.68 米的 ZK1725 孔，终孔口径 77 毫米，创全国小口径绳索取芯钻探最深。该项目获得 3 项国家专利，其中 1 项为发明专利，2 项为实用新型专利，另有 3 项专利正在申报中。

物探方法技术取得新进展。重磁数据处理方法技术研究，研究者从平面位场向下延拓的积分方程出发，把徐世浙法的空间域迭代过程变换到波数域，得到位场向下延拓的波数域迭代法。把曲化平建立在第一类 Fredholm 积分方程基础上，研究出一种实用的空间域或波数域迭代求解的解析方法。在分离异常方面，改进了多次切割法，提高切割收敛速度及降低了大切割半径时的高频干扰。强反射层屏蔽下薄煤层高精度三维地震勘探研究，研究者通过加大药量（3Kg）和采用 40Hz 检波器等技术手段，有效地激发与接受来之上覆厚煤层屏蔽下薄煤层反射波的信息，利用提高叠加次数及合理选择数据处理方法，有效地提高深部反射波的信噪比与分辨率，并进行精细反演。三维三分量地震勘探技术在煤矿勘探中的应用研究，系统研究煤田三维三分量地震勘探理论，提出数据采集方法、数据处理和解释方法与技术；提出弱度比的概念，从理论上证明弱度比较速度比对岩性与流体更敏感。对含裂隙的煤层介质模型进行了波场的数值模拟，从理论上证明裂缝及其所含流体对地震波的影响，证实多分量地震数据对异常有更好地反映；首次将三维三分量地震勘探的理论应用于煤矿的采区勘探中，不仅提高小构造的解释精度和可靠性，并且预测煤层裂缝、围岩裂隙发育密度、排列方向及其含水性，研究了煤层顶底板岩性变化。并认为，在小构造准确预测、煤层裂缝、围岩裂隙发育密度、排列方向及其含水带预测等方面达到国际领先水平。

地矿科技管理

科技管理概况

地质矿产科学技术管理，是一项重要的国土资源政府管理职能。依据安徽省人民政府办公厅《关于印发安徽省国土资源厅职能配置、内设机构和人员编制规定的通知》、省政府办公厅《关于印发省国土资源厅主要职责内设机构和人员编制规定的通知》，由省国土资源厅行使全省地质矿产科学技术的行政管理职能，省国土资源厅内设科技外事处，为承担科技管理的具体职能处室，主要职责：组织编制国土资源科技发展战略、规划；组织实施重大科技计划；组织实施国土资源技术标准、规程和规范；承担国土资源科技成果管理工作；承担对外合作交流，协助审查对外合作项目；指导行业科技工作。

国土资源部设国际合作与科技司，对省级国土资源科技管理部门进行行业指导，省国土资源科技管理同时受安徽省科学技术厅的行业归口管理。受省国土资源厅、省财政厅委托，由安徽省公益性地质调查管理中心负责省级财政出资的公益性地质矿产科技项目的日常监管。

管理政策和制度

科技发展规划。安徽省国土资源厅成立之初，就开始组织研究起草《安徽省国土资源“十五”科学技术发展规划》，接着依据《国土资源部中长期科学和技术发展规划纲要（2006—2020）》《安徽省科技发展“十一五”规划纲要及2020年远景展望》，组织编制《安徽省国土资源中长期科技发展规划（2006—2020）》，以指导国土资源行业的中长期科技工作。2005年省国土资源厅印发《安徽省国土资源科学技术普及计划（2005—2010年）》。

科技项目管理。省国土资源厅为规范省级公益性行业地质科技项目的管理，研究制定一系列管理办法和制度，项目的日常监管委托省公益性地质调查管理中心承担。从立项到验收制定一系列规范性文本和表格，主要有公益性行业地质科技项目申报书、论证书、合同书、执行情况报告表、中期评估意见书、验收申请表、验收证书等。

科技成果管理。根据国务院颁布《科技成果鉴定办法》，由省国土资源厅组织科技成果鉴定，重大科技成果向省科技厅申请鉴定。

根据科学技术部颁发的《科技成果登记办法》，国土资源部《关于做好科技成果登记的通知》，科研成果经省国土资源厅初审后，分别报送国土资源部、省科技厅进行成果登记。

科技奖励。根据《安徽省科学技术奖励办法》以及《安徽省科学技术奖励办法实施细则》和国土资源部《国土资源科技奖励办法》,由省国土资源厅组织分别向省科技厅、国土资源部推荐,申报科技奖励。

为提高全省国土资源科技水平,促进国土资源科技事业发展，2005年安徽省国土资源厅制定《安徽省国土资源科技奖励办法》,设立省级国土资源科技奖。

第三节　科技奖励

2000年后,通过广大国土资源科技工作者的辛勤努力,国土资源科技工作在基础研究、应用技术研究及软科学研究等方面取得令人瞩目的成绩,多个项目获得省政府及国土资源部奖励。

根据《安徽省国土资源科技奖励办法》和相关实施细则，2006年启动安徽省国土资源科技奖励评审工作,分土地、地质矿产（地质环境）、测绘三个领域评审,评审工作由省国土资源厅组织,具体工作分别委托安徽省土地学会、安徽省地质学会和安徽省测绘学会承担。至2010年开展三次评审,地质矿产（地质环境）领域,有68个项目申报,52项成果获奖,其中科技进步一等奖14项,项目质量一等奖3项,科技进步二等奖29项,项目质量优秀二等奖6项。

省政府奖励

2000年,《安徽沿江地区铜金多金属矿床地质》项目,获安徽省科技一等奖。

2001年,省国土厅推荐常印佛院士,作为首届安徽省重大科技成就奖评选候选人参加省科技奖（科技进步类）评选,荣获安徽省首届重大科技成就奖。

2002年,《GIS应用于安徽东部地区金矿资源评价研究》（科技进步类）、《大别山超高压变质岩的变形历史及其构造演化》（自然科学类）两个项目,分别获省科技二等奖和省科技三等奖。

2003年,《大别山造山带的构造几何学和运动学》（自然科学类）、《强反射层屏蔽下薄煤层高精度三维地震勘探研究》（科技进步类）二项成果,分别获省科学技术一等奖和省科学技术三等奖。

2004年,《三维三分量地震勘探技术在煤矿勘探中的应用研究》项目,获省科学技术二等奖。

2006年,《合肥市房地产测绘图文信息系统》获安徽省科技三等奖。

2007年,《宿南矿区松散层四含水文地质条件分析及开采对策研究》获安徽省科技二等奖。《安徽省空间地理信息基础数据库示范工程》获省科技三等奖。

2008年,《煤矿采空区下薄煤层高精度三维地震勘探方法研究与应用》项目获省科学技术三等奖。

国土部奖励

2002年,《华南地区1∶1000000物探化探遥感综合成果》项目参加国土资源科技奖评选,获国土资源部国土资源科学技术奖二等奖。

2004 年,《1∶250000 太湖县幅区域地质调查》项目获国土资源部国土资源科学技术奖二等奖。

2005 年,《马鞍山市城市土地潜力评价与储备供应机制研究》获国土资源部国土资源科学技术奖二等奖。

2007 年,《安徽 1∶250000 安庆市幅区域地质调查》获国土资源部国土资源科学技术奖二等奖。

2009 年,《1∶250000 宣城幅区域地质调查》项目获国土资源部国土资源科学技术奖二等奖。

第四节 国际合作与交流

全面贯彻落实科学发展观,坚持科技外事工作服务于经济建设的指导思想,以政府间的行政管理、科技交流带动企业间的经济交流与合作。主要做以下几方面工作:

外事工作

签署协约 2000 年,经过与南非北方省多次磋商,共同起草《南非共和国北方省、中华人民共和国安徽省关于矿业领域的理解备忘录》文本。

2000 年,澳大利亚北领地矿业能源部代表团对安徽进行工作访问,双方就矿业行政法规、地质科技和经济等方面的交流合作,达成初步意向,并签署《会谈纪要》。同年 10 月,省国土资源厅厅长胡玉贤随安徽省经贸友好代表团访问澳大利亚,出席安徽与北领地经贸合作研讨会,与北领地政府有关部门进行对口洽谈和参观考察。与澳大利亚北领地矿业能源部签署《双边合作协议》,为省国土厅与北领地矿业能源部的友好交往奠定基础。

2001 年 4 月,安徽省地矿局与澳北领地矿业能源部签署"关于翻译出版中文版《最佳实用采矿环境管理》的合作协议",按协议规定,该套系列丛书 12 本已完成翻译、出版、发行工作。

经济项目合作 通过外经贸部向澳大利亚外援署申请《江淮分水岭打井找水》项目。

澳大利亚光塔公司与中方合作,在皖北地区联合开展金刚石勘查工作,取得一些地质资料和找矿信息。

2002 年,由北领地矿业能源部的环境科学家和省国土厅地质环境技术人员联合撰写的学术论文,被在吉隆坡举行的国际水资源协会年会录用。

开展业务培训合作, 2001 年 8 月,省国土资源厅矿业管理考察交流团赴澳北领地访问考察,接受澳方在矿政管理方面的业务培训,双方开展广泛合作。

主动为企业服务,先后为铜陵有色公司与澳大利亚有关部门牵线搭桥。协调澳大利亚北领地工业贸易能源部与铜陵有色公司，接洽双方开发北领地矿产资源事宜。

协助澳大利亚西澳州地质调产局瑞克局长，完成世界银行资助项目“中国矿业投资环境及矿业可持续发展”的子课题“中国安徽矿业审批程序及地质资料发布”的研究，并将报告翻译成中文（约17000字），送领导及有关部门参阅。

互访交流 省国土资源厅组建后，省国土厅系统先后组织矿政、地政、测绘等13个代表团，近300人次，80个批次出访欧洲、亚洲等世界众多国家。

2001年12月，澳大利亚驻上海副总领事、资深高级商务代表彼特·欧世本（Peter Osborne）先生一行两人来省国土厅考察访问，双方就土地、矿产、测绘等领域可能进行的合作进行广泛探讨。

接待美国土地可持续利用专家组一行9人来安徽省访问，双方就土地的可持续利用问题进行探讨。

接待国土资源部国际合作与科技司安排来安徽省考察的德国联邦地学与自然研究院马库斯、瓦格纳（Markus. Wagner）和赫尔曼瓦格纳（Herman. Wagner）先生一行。并陪同前往铜陵冬瓜山铜矿进行考察。

接待国际地球年理事会主席伍德福克（Mr.Larry D. Woodfork）先生对安徽省的考察访问。

地矿“走出去”

2006年6月30日止，安徽省到国外从事矿业开发、矿产勘察各有1个企业。之后海外业务逐渐扩大，成果丰硕。

矿业开发 2005年省内马钢（马鞍山钢铁股份有限公司）与武钢（湖北武汉钢铁集团公司）、唐钢（河北唐山钢铁股份有限公司）、沙钢（江苏沙钢集团有限公司）4家中方企业投资参股澳大利亚威拉拉铁矿合营企业，共同投资经营商澳洲皮尔巴拉地区津布巴铁矿，4家钢铁企业均占股份10%；外方3家企业澳大利亚必和必拓铁矿公司占股份51%，伊藤忠澳大利亚矿产与能源公司占股份4.8%，

三井铁矿公司占股份4.2%。马钢自筹资金，投资2700万澳元；澳方每年为马钢提供250万吨成品矿。通过建立矿产资源企业和钢铁企业用户之间的长期合作关系，形成稳定的产销合作，促进各方的良性发展。

矿产勘查 华东冶金地勘局勘察研究院与国内大冶市灵成矿业有限责任公司，于2004年以大股东身份购买阿根廷西格兰达矿业公司，与其签订勘察施工合同，并于2005年12月23日至2006年3月22日，组织25人，到阿根廷南部里奥内格罗省希拉格兰达市，为希拉格兰达矿业公司开展物探找铁矿的工作。本次勘察施工费用为100万元人民币，交通食宿费用由灵成矿业有限责任公司全额承担。

2008年1月，安徽省地质矿产勘查局所属安徽地矿投资公司与河北穿石工贸公司、中国地质工程集团公司、中国瑞林工程技术公司、北京地矿奥通建设工程公司共同投资组建北部矿业公司同年9月，安徽省地质矿产勘查局派出技术队伍赴阿尔及利亚开

展北部矿业公司海外项目—阿尔及利亚引—阿拉罕金矿普查项目，并于 2009 年 10 月提交普查报告。2008 年 8 月，安徽省地质矿产勘查局所属安徽地矿投资公司成立海外发展部，负责老挝、澳大利亚、加拿大、阿尔及利亚等国海外勘查项目。2008 年 8 月，安徽省地质矿产勘查局局长吴玉龙接待加拿大驻沪总领事葛淑珊一行，为安徽省地矿局在加拿大萨斯喀彻温省注册公司并开展相关业务提供咨询和服务。2008 年 12 月，安徽省地质矿产勘查局在加拿大独资成立加拿大富华矿业公司，开展所属金铜矿矿权预查工作。2009 年 6 月，安徽省地质矿产勘查局局长吴玉龙会见印度尼西亚西亚齐市市长那莫力一行，双方就进一步加强东南亚矿产资源的勘查开发与合作进行交流与沟通。2009 年 6—7 月，安徽省地质矿产勘查局派团赴墨西哥、秘鲁开展两周的矿业考察，考察了爱依科公司的矿权地、生产矿山及在建选场，以及百力公司的矿权地，探讨合作前景；与墨西哥科利马市经济部部长、秘鲁华人联合总会主席等进行专题交流。2009 年 8 月，安徽省地质矿产勘查局与秘鲁百力联合矿业有限公司签署合作协议，成立合资公司，秘方以 6 个铁、铜矿权和另一块 3 平方公里的矿权地全部转入合资公司，该局组织对 6 个矿权开展地质勘查工作。2009 年 9 月，安徽省地质矿产勘查局与澳大利亚铀矿公司签署矿权转让法律文本，该局一次性收购澳方公司 6 个探矿权，开展地质勘查工作；矿权地处澳大利亚北部省，总面积 1156 平方公里，主要有金、铁、铀等矿种。2009 年 10 月，安徽省地质矿产勘查局与香港庄胜（集团）有限公司签署战略合作框架协议，本着优势互补、互利双赢、共谋发展的原则，双方发挥各自优势，共同在南美洲开展矿产资源勘查、开发、贸易等相关合作。2010 年 12 月，安徽省地质矿产勘查局局长吴玉龙接待澳大利亚驻沪总领事孔陶杰一行，双方就安徽省地质矿产勘查局在澳大利亚进一步扩大投资、资本运作等相关事宜进行探讨。

第三章 国土资源信息化建设

第一节 数据中心与数据库

数据中心

省国土厅国土资源数据中心平台从2003年开始着手建设。省级国土资源数据中心主要包括数据存储管理系统和数据交换系统两个部分，采用集中与分布相结合的模式。直接用于决策支持和行政审批的数据，全部统一集中到数据中心管理；向社会提供服务的公益性基础数据，则采用分布式管理模式，由数据采集部门自行管理维护，负责日常更新。通过数据交换系统，实现上下级业务流程间的业务数据交换、统计数据上报、专项材料上报或下发等。通过数据中心的技术环境建设，实现全省各类国土资源数据的逻辑集中管理，以及数据中心之间的远程数据交换与共享和对外信息交换。

基础数据库

土地数据库 记述土地利用现状、土地利用规划、土地利用遥感监测、基本农田、农用地分等定级估价、城镇地籍、基准地价、土地市场、土地监察等方面的基础数据库建设情况，以及建设项目用地、新增耕地储备、土地开发整理规划、土地开发整理项目备选等管理数据库。

矿产资源数据库 记述矿产资源登记统计、矿产资源储量、探矿权、采矿权、矿产资源规划、地质勘查项目等方面的数据库。

登记统计数据库。矿产资源登记统计数据库包括矿产资源储量登记数据库、矿产资源储量统计数据库和矿山开发利用统计数据库。根据国土资源部23号令，安徽省矿产资源登记统计数据库从2004年开始重新建库，按年度进行更新维护，对全省矿产资源储量登记、储量统计和矿山开发利用信息进行新增或补录登记入库，同时通过与矿产资源储量空间数据库一一比对，将全省各个矿区储量重新分割后划入到相应的矿山里，使安徽省上表和未上表的矿区矿山归属清晰、储量清楚，全省矿产资源登记统计数据库不断完善。真正实现矿山开发利用和矿山资源储量两库合一并不断更新维护。在此基础上，进行年度数据统计、编制报表。系统在全省三级国土资源管理机关正式部署应用。满足和方便了全省各级国土资源主管部门矿政基础业务管理工作的需要。

储量空间数据库。根据国土资源部《关于建立矿产资源储量空间数据库的通知》要求，2004年2月省国土厅下达“安徽省矿产资源储量空间数据库建设”项目任务，省国土资源信息中心组成项目组于2004年3月开展工作,并于同年12月中旬超额完成项目任务。至2004年12月底,项目共有654处矿产地的数据入库。矿产资源储量空间数据库建库成果在实际应用中取得较好成效。为矿政管理工作提供准确可靠的数据依据,促进矿政管理从有序化管理到科学化管理的过渡,实现矿产资源信息共享与社会化服务。

探矿权、采矿权数据库。安徽省探矿权、采矿权数据库主要是由全省各级国土资源矿政管理部门在行政审批发证中产生的业务数据,数据在不断变化、更新中。探矿权系统数据库,主要是部、省两级发证,省一级数据库能做到及时更新,并将最新数据以报盘格式上报部里。采矿权系统数据库,主要是由部、省、市、县四级发证,2001—2005年期间全省范围内所使用采矿权系统均为单机版系统,包括在政务中心窗口发证的计算机也是使用的单机版系统,数据无法共享和交换,一般是通过电子报盘的形式汇交给省国土厅,数据更新速度缓慢,市县级采矿权系统数据库大多混乱、重复,部分市县长期不上报数据,造成省级采矿权数据库内大量数据重复,过期,导致省、市、县重复发证,矿权重叠的现象发生,给国土资源矿政管理带来困难。为解决这一问题,在2005年曾多次对采矿权数据库进行数据大集中,要求各地市在规定时间内将本行政区内数据全部上报,统一汇总到省库中,然后进行检查核对,通过几次的数据大集中,重新梳理检查,删除原采矿权数据库中大量过期、失效、重复的数据,矿权重叠和资料不全的问题也基本得到解决。随后又要求各地市每月将最新变化的采矿权数据库通过电子邮件上报一次,确保全省采矿权数据库的实时更新和完整。全省探矿权和采矿权数据库的建库对全省矿业权市场的健康发展,矿产资源的科学化管理,行政审批的透明公正,都有重要的意义。

矿产资源规划数据库。

地质勘查项目数据库。

地质灾害数据库　记述重点地质灾害区的地质灾害调查、地质灾害防治区划、地质灾害监测、重点地质灾害防灾预案、区域环境地质等方面的数据库。以及区域水文地质图空间、国家级监测点基本情况、地下水水位水质动态、部分省级点地下水动态和地质灾害等方面的数据库建设情况。

测绘数据库　记述基础地理信息数据库(地形、地名和高程模型),1:5万数字栅格图、1米分辨率的数字正射影像数据库,淮河流域洪水重点防范区12.5米格网间距的数字高程模型数据库,以及测绘资质数据库建设情况。

资源管理数据库　记述行政执法人员资格认证、地勘行业管理、测绘行业资质管理、矿产资源保护专项资金项目等方面的数据库建设情况。

第二节　网络与业务系统

网络系统

2001年11月，国土资源部在深圳召开全国国土资源信息化工作会议，会上颁布《国土资源信息化“十五”规划和2010年远景目标（纲要）》及《全国国土资源政务管理信息系统与信息服务系统建设总体方案》，明确全国国土资源信息化工作的指导方针和总体框架，并要求各地在制定本地国土资源信息规划和信息系统建设总体方案的基础上，加快国土资源信息化建设步伐。结合《安徽省‘十五’国民经济和社会发展信息化三年实施意见》等部、省有关信息化的政策和总体规划，于2002年3月编写《安徽省国土资源信息化‘十五’规划和2010年远景目标》，经部审查正式下发全省各市国土资源局及厅属各单位施行，同时报送部信息办、省信息办及省“数字安徽”建设领导小组办公室。

根据《安徽省国土资源信息化‘十五’规划和2010年远景目标》的要求，在“十五”期间建成省、市、部分县三级国土资源信息网络。

2003年，安徽省国土资源厅在芜湖路办公楼建成厅机关局域网，厅机关局域网由外部局域网和内部局域网两部分构成，外部局域网和内部局域网采取物理隔离。外部局域网与国际互联网相连，内部局域网用于厅内部办公使用。2004年安徽省国土资源厅在黄山路新办公楼建成新的厅机关局域网，外部局域网和内部局域网同样采取物理隔离。2005年，厅机关局域网接入国土资源主干网，实现厅机关与国土资源部网络链接，并建立以国土资源部为主会场省国土厅为分会场的国土资源视频会议系统。

国土资源信息化工作稳步推进，积极开展国土资源部在安徽省进行的“金土工程”试点，全国国土资源视频会议主干网安徽省级结点通过验收。2007年9月省、市、县三级国土资源业务专网建成并投入使用。2008年1月省国土厅与17个市局国土资源视频会议系统建成并投入使用。2009年省、市、县三级国土资源视频会议系统建成并投入使用。

业务系统

省国土厅门户网站　2003年4月开始着手建设，于当年10月正式开通运行。2008年4月省国土厅在网站设立政府信息公开栏目，实现与省政府政务信息公开栏目的对接。2010年12月对网站进行全面改版，将各类栏目与政府信息公开目录进行对接，保障厅网站和政府信息公开平台的信息同步，实现一次编辑，同时发布的效果。新版网站以红色为基调，以土地资源和矿产资源为背景，整体设计整洁、大方、清晰，栏目设置合理、功能齐全，服务种类多样，充分体现以用户需求为主导的模式。基本满足广大社会公众的需求，各种互动、服务渠道畅通，得到广泛好评。2007年、2008年、2009年、2010年连续4年被评为全省优秀政务网站。

厅机关自动化系统 2004年由省国土资源厅立项开发，2006年7月1日在厅机关内网平台上正式运行。厅机关自动化系统（简称OA系统）部署在与厅机关内部局域网相连接的服务器上，省厅机关工作人员通过账号和密码登录该系统，实现公文和邮件的新增、编辑、阅办、审查及发布等。OA系统的投入使用，推进无纸化办公进程，提高日常办公效率，促进效能建设，丰富国土资源管理手段。

规费征管信息系统 2006年省国土厅立项开发国土资源规费征管信息系统，并于当年投入使用。该系统由厅财务处负责运行维护。本系统采用B/S结构，服务器位于省国土厅机房，各市、县国土资源局通过国土资源政务专网平台访问安徽省国土资源规费征管信息系统服务器。该系统内容丰富，覆盖面广。包含省国土厅征收管理的全部国土资源规费和主要由市县征收管理的土地出让金，对其他部门征收的耕地占用税等费用也可以进行管理，全系统由建设用地审批、土地出让管理、探矿权登记出让管理、采矿权登记出让管理等功能模块和系统管理模块等组成；覆盖省、市、县三级国土资源部门，可以适时的全面的掌握相关信息；不仅是一个规费征收管理系统，同时也是一个办文查询系统，可以查询行政审批报件从受理登记、到规费计核、费用缴纳、办文批复的每一个流程，实现行政办文的透明、公开（系统内部）、高效，明确相关部门的责任；该系统还可以为国土资源管理系统提供相关业务资料查询，如建设项目占用耕地的面积、土地补偿的标准、协议出让土地的宗数、面积等。

电子公文传输系统 2008年省国土资源厅立项开发，依照省厅电子公文传输需求而定制开发的实现红头文件和相关信息在网络中安全传输的公文处理系统，经省保密局认定，该系统于2008年9月正式运行。系统业务主要包含：公文排版，公文生成和处理，公文传输，系统维护。

政务管理信息系统 2010年省国土厅立项开发，国土资源政务管理信息系统包括建设用地预审、建设用地审批、探矿权管理和采矿权管理等。建设用地预审业务对建设项目用地选址进行审查，界定项目范围是否符合规划和相关政策要求。建设用地审批业务对单独选址和城市分批次建设项目用地的申请进行审查和管理。探矿权管理和采矿权管理业务包括受理探矿权和采矿权申请、审批并授予矿权权限，界定探矿权、采矿权的时间与空间的界线，对探矿权、采矿权界线设立、变更、延续、保留、终止全过程的行政管理。此外系统还提供项目追溯、查询、统计，数据交互以及规费征收管理等功能。业务处理系统以省集中结构模式，负责各类中间业务的处理，包括接口协议转换、业务逻辑处理的实现、与会计核费系统的链接等。该系统由信息中心负责运行维护，系统采用B/S结构，服务器部署在数据中心，各用户根据省厅分配的登录账号和口令，通过全省国土资源政务专网，即可访问安徽省国土资源厅政务管理信息系统。

第三节 信息安全与制度

组织机构

2005年1月出台的《安徽省国土资源系统信息安全管理办法》明确规定，安徽省国土资源厅保密委员会负责本厅计算机信息系统安全和保密工作的监督、检查和指导。厅办公室具体负责信息系统安全和保密的管理工作。每个处室确定一名信息安全保密员、具体负责本部门的安全保密工作。省国土资源信息中心负责对信息系统、网络和数据中心的信息安全技术保障。

安全规划

2003年7月省国土厅出台《安徽省国土资源信息化“十五”规划和2010年远景目标（纲要）》，第一次对信息安全提出要求，指出“信息化建设要引进和应用系统安全与数据保密技术，保证系统和信息的安全，制定相关的信息保密制度和规定，在保证安全的前提下，开放信息服务”。

2004年省国土厅以搬入新大楼为契机对全省的网络和数据中心建设进行初步的规划，出台《安徽省国土厅数据中心平台建设方案》和《安徽省国土资源政务管理信息系统与信息服务系统总体方案》（以下简称“政务系统总体方案”）。在“数据中心平台建设方案”中明确内外网及系统应用安全工程建设的指导思想、技术规范和实施意见。强调要高度重视信息系统的安全建设，进行风险评估，制定系统安全策略、安全机制，建立各级技术层次的安全体系，以适应网络应用特别是因特网、业务专网、政务内网共存等环境下信息系统安全稳定运行的需要。在“政务系统总体方案”中，对网络建设技术和网站管理提出具体要求。网络建设应遵照《国土资源信息网络建设规范》《国土资源信息安全技术规范》等相关标准建立国土资源信息服务网站。建立健全相关的网站管理制度，严格执行信息发布审核和责任追究制度。

安全部署

2002—2004年间省国土厅配备内、外网防火墙、入侵检测系统，盘阵双机热备系统等安全设备。2004年12月底省国土厅依据“数据中心平台建设方案”和“政务系统总体方案”两项规划，增添一台高性能数据库服务器（IBM小型机）和配套的2BM快速存储设备。

标准制度

2003年6月制定《安徽省国土资源厅网站及互联网络管理规定》，对网站与系统的使用加强管理。2005年1月制定《安徽省国土资源系统信息安全管理办法》，对信息安全进行规范。

第四节　金土工程建设

“金土工程”是2004年1月国务院副总理曾培炎在国土资源部视察工作时提出的。金土工程是在国土资源电子政务建设的总体框架下,围绕当时国土资源管理的中心工作,选择耕地保护、矿产资源管理、地质灾害防治等重要业务,在流程梳理、整合的基础上,建立业务应用系统和相应的信息服务系统,形成边界清晰的政务信息系统。金土工程的总体目标是完成“三大系统”建设(即耕地保护国家监管、矿产资源国家安全保障和地质灾害预警、预报与应急指挥系统),建立覆盖国家、省、市、县级国土资源电子政务管理信息化系统。

2007年安徽被国土资源部确定为全国金土工程一期建设试点省份,省国土厅领导高度重视,大力推进安徽金土工程一期建设,组织编制《安徽省“金土工程”建设总体方案》和《安徽省“金土工程”一期建设实施方案》,又组织完成安徽省建设用地审批等9个管理信息系统需求分析报告的编写,并在规定时间实现试点建设目标,圆满完成系统建设任务。一期建设取得的成效有:建设用地审批、建设项目用地预审、探矿权和采矿权审批4个审批管理信息系统全部开发完毕,于2008年1月1日正式上线运行,实现省国土厅土地、矿产22项主要行政许可业务的网上审批。完成土地开发整理规划、农用地分等、矿产资源储量、土地利用规划、矿产资源规划等5类数据库整合,提交的成果全部一次性通过国土资源部金土工程办公室组织的检查验收。

2007年11月20日,在国土部集成实施小组的现场指导下,完成系统统一界面的集成、主干网的改造等工作。部署完成国土资源部统一配发的安全隔离网闸、数据交换系统、省级政府批准建设用地备案系统、国务院批准城市用地实施方案备案系统、建设用地供应备案系统、矿山开发利用统计数据库管理系统、矿产资源储量统计数据库管理系统和执法监察管理信息系统,开展系统培训,加强系统的推广和应用。

按照国家有关要求,建设省国土厅机关内、外网络,实现内、外网物理隔离,国土资源主干网通过网闸与厅机关内网相连。建立省国土厅与17个市、77个县(市、区)国土资源管理部门相连接的三级国土资源政务专网,实现省国土厅至17个市局的视频会议和电子公文网上传输。省国土厅还配置小型机2台、服务器11台、交换机8台、存储设备2台以及ORACLE10G、ARCGIS9.2、MAPGIS6.7(网络版)等软件系统,安装KVM控制台、网络管理软件、防火墙、入侵检测及入侵防护系统等设施,初步完成安徽省国土资源数据中心的建设,基本形成信息安全保障体系。2008年4月21日,安徽省金土工程一期建设项目顺利通过国土资源部验收。

安徽省金土工程在构建阳光政府、推进政务公开、加强效能建设、提高工作效率等方面发挥重要作用,有力推动安徽国土资源信息化建设前进步伐,使全省国土资源信息化建设逐步成为一个快速发展、上下互动的有机整体。为促进国土资源管理方式根本变革,构建科学发展新机制提供强有力的信息技术支持。

第六篇　法规监察

第一章　政策法规

第一节　土地法规建设

地方性法规

1982 年上半年国务院先后颁发《村镇建房用地管理条例》和《国家建设征用土地条例》，1982 年 10 月省人大常委会批准颁布《安徽省国家建设征用土地实施办法》和《安徽省村镇建房用地管理实施办法》;1986 年 3 月中共中央、国务院《关于加强土地管理、制止乱占耕地的通知》下发，1986 年 6 月《中华人民共和国土地管理法》颁布，1986 年 8 月省委办公厅和省政府办公厅联合下发《关于贯彻 < 中共中央、国务院加强土地管理、制止乱占耕地的通知 > 的补充通知》，1987 年 12 月《安徽省实施 < 土地管理法 > 办法》颁布，分为总则、土地权属的确认和变更、土地利用和保护、国家建设用地、乡（镇）村建设用地、奖励与惩罚、附则等 7 章 49 条，建立土地登记发证、土地利用总体规划、征供一体的建设用地分级审批、乡（镇）村审批等制度，明确违法行为的法律责任。1994 年 7 月全国人大常委会通过《中华人民共和国城市房地产管理法》。从 1986 年国家颁布《中华人民共和国土地管理法》后，于 1988 年 12 月和 1998 年 8 月进行 2 次修订，特别是第二次修订，是在 1997 年 4 月中共中央、国务院《关于进一步加强土地管理、切实保护耕地的通知》的基础上形成的，是从体制、法制和机制等各方面进行全方位的修订。安徽省也于 1992 年 12 月和 2000 年 9 月对《安徽省实施 < 土地管理法 > 办法》进行修订，修订后的《安徽省实施 < 中华人民共和国土地管理法 > 办法》分为总则、土地权属的确认和变更、土地利用总体规划、耕地保护、建设用地、监督检查、法律责任、附则等 8 章 61 条，按照土地用途管制制度的要求，强化耕地保护，增强土地利用总体规划的作用，建立农用地转用审批制度，征地和供地审批分开进行，征地由省以上审批，并严格法律责任。2004 年 6 月 26 日，安徽省第十届人大常委会第十次会议对《安徽省实施 < 中华人民共和国土地管理法 > 办法》再次进行修正。先后起草完成《安徽省土地整理办法》《安徽省划拨土地使用权管理暂行办法》《安徽省土地登记办法》《安徽省国有土地储备办法》等 12 部法规规章。随着《土地管理法》和《城市房地产管理法》两部法律颁布实施，和《土地管理法实施条例》《基本农田保护条例》等一系列配套法律法规的出台，从总体上确立了土地管理的基本模式，是改革开放以来土地法制建设所取得的巨大成就。为保障土地所有者和使用者的合法权益，正确、合理地处理权属争议，1994年2月26日，安徽省第八届人大常委会第八次会议审议通过《安徽省土地权属争议处理条例》，共5章44条，确立土地权属争议的处理原则、依据、程序、法律责任等。为对基本农田实行特殊保护，稳定耕地面积，促进农业生产和国民经济持续、快速、健康发展。1996年7月28日，省第八届人大常委会第二十五次会议审议通过《安徽省基本农田保护条例》，2004年6月26日，省第十届人大常委会第十次会议对《安徽省基本农田保护条例》进行修正，《安徽省基本农田保护条例》共5章34条，确立基本农田保护原则和主体、划定、保护和管理措施、法律责任等。为加强土地监察工作，依法查处土地违法行为，1997年11月2日，省第八届人大会常委会第三十四次会议审议通过《安徽省土地监察条例》，共5章39条，明确监察职权、违法案件查处的管辖、案件查处程序及法律责任等。

省政府规章

为改革城镇国有土地使用制度，根据《中华人民共和国城镇国有土地使用权出让和转让暂行条例》，1992年11月24日，省政府发布《安徽省城镇国有土地使用权出让和转让实施办法》，自同日起施行。2001年12月28日，省政府137号令废止，城镇国有土地使用权出让和转让按照《中华人民共和国城市房地产管理法》和国家有关规定执行。为规范国有土地储备，增强土地市场调控能力，加强国有土地资产管理，2004年10月21日，省政府发布《安徽省国有土地储备办法》，自同日起施行。《安徽省国有土地储备办法》共23条，明确了土地储备的主管部门、方式、程序、储备土地临时利用、供应等。为规范建设用地置换行为，优化土地利用结构，提高节约用地水平，2006年8月30日，省政府发布《安徽省建设用地置换暂行办法》，自2006年10月1日起施行。《安徽省建设用地置换暂行办法》共21条，规定了建设用地置换的条件、程序、审批、实施及责任。2010年12月，根据《国务院关于严格规范城乡建设用地增减挂钩试点切实做好农村土地整治工作的通知》要求停止执行。通过建设用地置换的探索和尝试，为建立城乡统筹发展的土地开发利用制度，完善农村土地整治制度，推进城乡建设用地增减挂钩试点留下了丰富的经验。

第二节　地质矿产法规建设

1986年3月19日，第六届全国人大常委会第十五次会议审议通过《中华人民共和国矿产资源法》，自1986年10月1日起施行，矿产资源管理进入法制化轨道。自《中华人民共和国矿产资源法》实施至2010年12月31日，省人大常委会制定地质矿产管理地方性法规3部，省政府制定地质矿产管理规章5部。

地方性法规

为加强乡镇集体和个体开采矿产资源的管理，1987年6月28日，省第六届人大常委会第三十次会议审议通过《安徽省乡镇集体和个体开采矿产资源管理办法》，自同日起施行。这是全省第一部矿产资源管理地方性法规。1992 年 4 月 24 日，省第七届人大常委会第三十次会议对《安徽省乡镇集体和个体开采矿产资源管理办法》进行修正。修正后的《安徽省乡镇集体和个体开采矿产资源管理办法》分为总则、采矿的范围和条件、审批发证、监督管理、法律责任、附则共 6 章 39 条。1997 年 11 月，省第八届人大常委会第三十四次会议对《安徽省乡镇集体和个体开采矿产资源管理办法》予以废止。为加强矿产资源勘查、合理开发、有效利用和保护，维护矿业秩序，根据《中华人民共和国矿产资源法》，1998 年 4 月 10 日，省第九届人大常委会第三次会议审议通过《安徽省矿产资源管理办法》，自 1998 年 5 月 1 日起施行。《安徽省矿产资源管理办法》分为总则、矿产资源的勘查、矿产资源的开采、监督管理、法律责任、附则共 6 章 50 条。为保护和改善矿山地质环境，防止矿山地质灾害、环境污染和生态破坏，保障公共财产和公民生命财产安全，促进经济社会和环境的协调发展，2007 年 6 月 22 日，省第十届人大常委会第三十一次会议审议通过《安徽省矿山地质环境保护条例》，自 2007 年 12 月 1 日起施行，这是全国第一部矿山地质环境保护地方性法规，国土资源部专门发来贺电表示祝贺。《安徽省矿山地质环境保护条例》分为总则、规划、保护、治理、监督管理、法律责任、附则共 7 章 45 条，确立了矿山地质环境保护规划、治理等制度

省政府规章

为维护国家对矿产资源的财产权益，根据国务院《矿产资源补偿费征收管理规定》，1994 年 9 月 30 日，省政府发布《安徽省矿产资源补偿费征收管理实施办法》，自发布之日起施行。《安徽省矿产资源补偿费征收管理实施办法》共 28 条，明确矿产资源补偿费征收主体、缴纳主体、计算方式和标准、免缴减交的管理以及法律责任等。为加强天然饮用矿泉水资源的勘查、开发利用和保护工作，根据《中华人民共和国矿产资源法》，1997 年 5 月 13 日，省政府发布《安徽省饮用天然矿泉水资源管理办法》，自同日起施行。2002 年 3 月、2004 年 8 月省政府分别以 143 号令、175 号令进行修改。《安徽省饮用天然矿泉水资源管理办法》共 6 章 19 条，明确了饮用天然矿泉水勘查、技术鉴定、开采、罚则等制度。为保护和改善地质环境，减轻和防治地质灾害，保障人民生命、财产安全，根据国家有关规定，1999 年 7 月 13 日，省政府发布《安徽省地质灾害防治管理办法》，自发布之日起施行。2004 年 8 月 10 日，省政府发布 175 号令，对《安徽省地质灾害防治管理办法》进行修订。修订后的《安徽省地质灾害防治管理办法》分为总则、地质灾害预防、地质灾害治理、法律责任、附则共 5 章 29 条。为维护矿产资源国家所有权益，规范矿产资源储量管理，合理利用和有效保护矿产资源，2004 年 7 月 7 日，省政府发布《安徽省矿产资源储量管理办法》，自 2004 年 9 月 1 日起施行。《安徽省矿产资源储量管理办法》分为总则、评审和备案、登记和统计、法律责任、附则共 5 章 29 条。为落实《安徽省矿山地质环境保护条例》中矿山地质环境治理恢复保证金制度，规范矿山地质环境治理恢复保证金缴存、使用和管理，2007 年 12 月 6 日，省政府发布《安徽省矿山地质环境治理恢复保证金管理办法》，自 2008 年 1 月 1 日起施行。

《安徽省矿山地质环境治理恢复保证金管理办法》是《安徽省矿山地质环境保护条例》的配套规章，共23条。

第三节 测绘法规建设

地方性法规

1992年12月《中华人民共和国测绘法》颁布实施，为加强测绘工作管理，促进测绘事业为经济建设和社会发展服务，根据《中华人民共和国测绘法》、国务院《中华人民共和国地图编制出版管理条例》，1996年5月安徽省第八届人大常委会第二十四次会议审议通过《安徽省测绘管理条例》，这是安徽省第一部测绘管理地方性法规。2004年6月安徽省第十届人大常委会第十次会议审议通过《安徽省测绘条例》，自2004年7月1日起施行，《安徽省测绘管理条例》同时废止。《安徽省测绘条例》分为总则、测绘规划及其实施、测绘资格和测绘任务登记、地图编制出版印刷管理、测绘成果管理、测量标志保护、法律责任、附则共8章45条。为加强测绘成果管理，保证测绘成果合理利用，有了法律保障。

省政府规章

1992年10月省政府颁布《安徽省测绘成果管理实施办法》，1997年12月、2008年4月省政府分别以99号、211号令对《安徽省测绘成果管理实施办法》进行修改。改革测绘行政审批制度，将测绘行政审批纳入规范运作，集中到省政务中心窗口办理，规范行政管理行为。实行政务公开，建立网上公开查询制度。根据行政许可法和测绘资质管理规定，配合测绘资质复审换证和测绘作业证换证工作，将《测绘资质管理规定》《测绘资质分级标准》《测绘作业证管理规定》和《测绘资质申请表》等均登载安徽省国土资源厅网站，申请办理行政审批的事项和应报送的材料，均一一列出，方便了各企事业单位。

第四节 法制宣传

土地法规宣传

土地法规宣传一直是土地管理部门常抓不懈的工作，特别是1987年省土地局成立后的几年，着重开展土地法律法规宣传，在全省掀起了宣传高潮。各地采用印发宣传材料、布告和广播、电视、标语、墙报、宣传车及自编文艺节目等多种形式、多种渠道进行宣传。在街头设立宣传咨询台，省、市、县领导到场宣传咨询。为了使宣传工作更加声势浩大、深入持久，省局和有关部门配合，在全省开展土地法规宣传月活动，把常规宣传和突击宣传结合起来，重点加强对区、乡基层干部的宣传，让他们树立惜土观念和依法管地、用地意识，收到显著效果。土地管理受到全社会的日益关注，逐步列入党委、政府的重要议事日程。

省国土厅抽调有关处室负责人或业务骨干组成国土资源法律知识宣传教育培训省级宣讲团，在全省县处级以上干部队伍中宣讲党中央、国务院关于国土资源管理的大政方针，尤其是坚守18亿亩耕地红线和合理开发利用矿产资源的重大意义，通过典型案例分析，重点讲解经常发生在基层的各种违反国土资源法律法规的行为及其法律责任等内容。各市也采用多种形式对全省县、乡、村级干部进行国土资源法律知识的宣传教育培训，增强各级干部依法管地、保护耕地的意识。

1995年省土地局加大宣传工作力度，强化对领导的宣传和对宣传工作的领导，强化宣传手段，强化宣传机构和队伍建设，强化宣传的主题意识，强化部门配合，努力实现全社会对土地管理的共识。狠抓《城市房地产管理法》的宣传贯彻，召开专家座谈会。和团省委、省学联组织全省32所高校8万多名大学生参加“土地与生存”95安徽省大学生电视辩论赛，增强国民土地意识。1996年省局与省教委、团委等部门联合举办以“土地与发展——保护我们的生命线”为主题，省内32所高校学生参与，历时一个多月的安徽省第七届“大学生之春”文艺调演。在中国土地报、安徽日报上组织土地管理专版。合肥、芜湖、淮南等地开展保护耕地万人签名活动。1998年省政府在阜阳召开全省17个地市分管土地的负责同志参加的电话会议，对新《中华人民共和国土地管理法》（以下简称《土地管理法》）的学习宣传贯彻进行动员，同时下发学习宣传贯彻好新《土地管理法》的通知，各地遵照会议精神和通知要求，层层部署，狠抓落实，在很短时间内掀起学习宣传高潮。省人大常委会召集省直有关部门和专家，座谈新《土地管理法》的意义和贯彻实施的有关问题，省人大常委会主任孟富林同志到会作了重要讲话。有关部门和单位纷纷表示，按各自分工要求履行自己的职责，确保土地管理法顺利实施。省局会同省委组织部，组织各地（市）、县（区）分管土地领导和土地局长参加新《土地管理法》学习培训，参培人员达300多人，取得较好效果。各地纷纷组织培训，全省土地系统受教育15000多人次，部分市县把新《土地管理法》作为中心组的学习内容，通过学习增强了各级领导土地法制意识和国策意识。

“一五”至“五五”普法　根据国家统一部署，从1986年至2010年，连续开展5个五年普法工作。普法的重点是《宪法》、《土地管理法》、《矿产资源法》、《测绘法》以及相关的行政管理法律法规。普法的主要方式包括政策宣讲会、发布领导讲话、法制培训、政策咨询、街头宣传、送法到社区（学校、村组、企业）、张贴标语、印发传单、开展知识竞赛、举行文艺汇演等。2008年6月省国土资源厅开展征集国土资源宣传口号活动，收到应征标语2529条，评选出前100名作为国土资源宣传标语；2008年11月，开展“国土资源管理标语制作活动”，以乡（镇）政府、主要交通干道两侧、行政村、自然村、新农村建设居民点、土地开发复垦整理现场、地质灾害易发地点、矿山企业、学校等区域为重点，制作标语23973条，整理旧标语7397条；2009年开展“国土杯”知识竞赛活动，103支代表队参赛，参赛人员618名。6月12日，安徽省“国土杯”政策法规知识竞赛决赛在安徽省电视台举行，省人大常委会副主任朱先发、副省长倪发科、省政协副主席李宏塔、国家土地督察局南京局副局长顾龙友到决赛现场观摩，滁州市代表队获得第一名。2010年12月，芜湖市国土资源局、桐城市国土资源局被授予全国国土资源系统“五五”法制宣传教育先进单位。

“6·25”土地日　1991年5月14日国务院第83常务会议决定：将每年的6月25日定为全国土地日，这一决定标志着党和国家把土地管理摆到重要的战略位置。安徽省的第一个全国“土地日”活动，声势浩大，效果良好，省委副书记孟富林、副省长汪涉云亲自参加“土地日”咨询活动，省政协主席史钧杰、省人大常委会副主任郑锐为“土地日”题词，省政府召开大型座谈会，郑锐、汪涉云及省委常委、省纪律检查委员会等领导同志到会，郑锐、汪涉云作重要讲话，省直80多个部门和新闻单位的代表参加会议，安徽日报举办纪念“土地日”专版，省会合肥街头，咨询点前人来人往，宣传车往来穿梭，氢气球高悬空中，大幅标语引人注目，各地按照省政府的部署，精心组织纪念“土地日”活动，许多地方党委和政府的领导同志走上街头，亲自宣传土地管理法规，各级领导纷纷发表有关文章和讲话，形成领导重视、各部门密切配合、全社会关心支持、土地部门积极行动的生动局面，把土地的国情、国策、国法宣传工作推向了新高潮，取得明显成效，全省出动宣传车300多辆，设立咨询点400多个，接受咨询20000多人次，举办专栏、专刊400多期，印发宣传材料8万多份（册），刷写标语近十万幅，干部群众受教育面达80%以上。

1991年至2010年土地日期间，全省集中开展土地管理法律法规宣传活动，1991年宣传主题是“土地与国情”，1992年宣传主题是“土地与改革”，1993年宣传主题是“土地与经济”，1994年宣传主题是“土地与市场”，1995年宣传主题是“土地与法制”，1996年宣传主题是“土地与发展——保护我们的生命线”，1997年宣传主题是“土地与国家——爱护我们的家园”，1998年宣传主题是“土地与未来——集约用地，造福后代”，1999年宣传主题是“依法行政，合理用地”，2000年宣传主题是“保护耕地——为了美好的明天”，2001年宣传主题是“规划用地，利国利民”，2002年宣传主题是“规范土地市场，促进经济发展”，2003年宣传主题是“规范土地市场，促进可持续发展”，2004年宣传主题是“坚持科学发展观，珍惜每寸土地”，2005年宣传主题是“节约集约用地，促进科学发展”，2006年宣传主题是“依法合理用地，促进科学发展”，2007年宣传主题是“节约集约用地，坚守耕地红线”，2008年宣传主题是“坚守耕地红线，节约集约用地，构建保障和促进科学发展的新机制”，2009年宣传主题是“保障科学发展，保护耕地红线”，2010年宣传主题是“土地与转变发展方式——依法管地集约用地”。每年全省各地都根据土地日不同主题，开展形式多样、丰富多彩的宣传活动。

测绘法规宣传

组织编辑和购买“四五”普法材料。为厅机关公务人员订购《干部法律知识读本》

《国土资源管理依法行政读本》《公民常用法律知识读本》和《宪法修正案》《行政许可法》《测绘法》《公务员法》和《国土资源听证规定》等“四五”普法教材15000多本；为全系统翻印、发放《测绘法》单行本5000本。根据“四五”普法和依法行政工作需要，组织编辑了《国土资源政策法规汇编》（一、二）、《依法行政文件汇编》（之一、二、三）、《国土资源系统行政许可法培训班学习资材》等培训辅导材料56000余册；编辑《测绘法问答25题》等资料1000份。

开展形式多样的宣传教育活动，不断巩固和扩大测绘法制宣传阵地。在《安徽国土资源》、《安徽测绘》上开辟专栏，在省国土资源厅网站设立政策法规、测绘法律知识问答栏目，在中国国土资源报、中国测绘报、安徽日报、安徽法制报、新安晚报等媒体上发表多篇法制报道和宣传文章，公布国家测绘局、外交部制定的《中国地图 -- 标准画法示意图》，与安徽人民广播电台联合制作《行风热线》等节目。各市县国土资源局开展各类法律知识竞赛，在地方电台、电视台开辟专栏，定期或不定期的报道测绘法律法规和依法行政工作情况。

精心安排测绘法宣传日活动，为测绘管理依法行政营造良好的社会法制氛围。在每年的测绘法宣传日和“12·4”全国法制宣传日，组织全省测绘行业部门、单位集中开展专题测绘法制宣传活动。省市县国土资源管理部门在规定的时间里，上下联动，围绕主题，有针对性地开展主题鲜明、重点突出、内容丰富、形式多样的法制宣传教育活动，公示测绘行政许可事项有关内容及申办程序，开展测绘法律法规咨询、技术咨询服务，在全省不断地掀起测绘法制宣传的高潮。新测绘法颁布后，省国土厅组织在全省开展测绘法宣传活动，掀起学习宣传测绘法的热潮。厅长胡玉贤为新修订的测绘法颁布发表“进一步宣传贯彻测绘法，促进测绘事业发展”的纪念文章。省国土厅和各市国土资源局相继开展测绘法学习座谈会、宣传会。据不完全统计，5年在城镇繁华地段设立法制宣传点100多个，散发宣传材料35000余份，制作宣传标语牌1200条、悬挂过街横幅500多幅、张贴宣传画、国家版图示意图、标语1万余张，展出法制宣传展版1100多块，参加测绘法律法规和地图管理、地图知识竞赛与答题活动2290人次。通过一些群众喜闻乐见活动，寓教于乐，取得很好的宣传效果。

积极贯彻《行政许可法》《测绘法》。根据省政府的部署，举办《行政许可法》培训班。省国土厅分批派出机关工作人员到行政学院学习行政许可法，在黄山举办2期全省国土资源系统行政许可法培训班，约600多人参加培训。除由厅领导作学法辅导外，还邀请大学教授和省政府法制的领导等专家学者作行政许可制度讲座。鉴于机构改革和人员变动，省国土厅开展对市级国土资源局长和部分县级国土资源局长测绘法律知识培训，举办2期全省国土资源局分管测绘领导、测绘管理科（处）、法规科负责人培训班，开展地图市场执法检查人员培训和依法行政培训。2000—2005年省国土厅上下举办测绘法制与测绘知识讲座和业务培训18期，受训人数600多人次。

矿产法规宣传

“4·22”世界地球日宣传 1970年美国首次举行地球日活动。根据国家统一部署，安徽省1996年4月22日首次开展世界地球日宣传活动。1996年宣传主题是“认识地球、热爱地球、保护地球、珍惜地球”；1997年宣传主题是“保护地球资源与环境”；1999年宣传主题是“防治地质灾害”；2000年宣传主题是“拯救地球就是拯救未来”，省委常委、常务副省长张平在《安徽日报》发表《保护地质环境，建设美好家园》的专题文章。省国土资源厅联合地质学会、各高校在合肥市举行宣传咨询活动，省人大常委会副主任王秀智参加；2001年地球日宣传主题是“地质遗产保护”，省国土资源厅组织合肥市地矿局、省地质学会、遥感学会、中国科技大学、合肥工业大学、安徽农业大学、安徽中医学院开展宣传活动；2003年宣传主题是“生命之水、未来之水”；2004年宣传主题是“善待地球—科学发展”；2005年宣传主题是“善待地球—科学发展构建和谐”；2006年宣传主题是“善待地球、珍惜资源、持续发展”，安徽省国土资源厅、合肥市国土资源局和安徽省地质学会联合开展宣传活动和街头咨询。2007年宣传主题是“善待地球—从节约资源做起”；2008年宣传主题是“认识地球和谐发展”；2009年宣传主题是“认识地球保障发展—了解我们的家园深部”；2010年宣传主题是“珍惜地球资源、转变发展方式、倡导低碳生活”。

第五节 行政复议、诉讼与裁决

行政复议

1989年行政诉讼法出台，1990年12月国务院颁布《行政复议条例》，标志着全国比较系统、完善的行政复议制度正式形成。1991年1月1日《行政复议条例》施行后，行政复议成为县级以上地方政府和承担行政复议职责的部门的一项日常工作。《行政复议条例》施行的8年多时间里，安徽省国土资源行政复议受案量较少，处理和化解一些土地、矿产管理方面的纠纷和矛盾，在行政复议实践活动中呈现出由不够规范向逐步规范的过程。

1999年4月29日，经第九届全国人大常委会第九次会议通过《中华人民共和国行政复议法》，以立法的形式将行政复议制度化法制化。2007年5月国务院第177次常务会议通过《中华人民共和国行政复议法实施条例》，自2007年8月1日起施行。2001年6月国土资源部第5次部务会议通过《国土资源行政复议规定》，2009年11月国土资源部第12次部务会议对该规定进行修订，自2010年1月1日起施行。为进一步加强对国土资源行政复议案件的审理，做好国土资源行政诉讼案件的应诉工作，防止和纠正不当的具体行政行为，保障和监督国土资源机关依法行使职权，维护公民、法人和其他组织的合法权益，省国土资源厅成立行政复议委员会，主任由厅分管领导担任，相关处室局负责人担任委员。行政复议委员会下设行政复议办公室，办公室设在厅政策法规处，负责行政复议委员会的日常工作。

行政复议案件

2005年前，全省国土资源行政复议申请数量约10件左右，之后呈稳中有升趋势，每年20件左右，案件上升的主要原因：随着大力推进依法行政进程，各地对行政复议工作的重要性认识有所增强，行政复议机构不断健全，行政复议队伍整体素质不断提高，行政复议办案程序不断完善，明显提升行政复议的质量，大大增强行政复议的社会公信力。随着社会主义市场经济体制的逐渐完善，行政相对人的利益主体意识和依法维权观念日益增强，社会公众学法、知法、懂法、用法的能力和水平不断提高，在发生行政争议时，一些行政相对人越来越多地倾向于通过行政复议、行政诉讼等法律救济渠道反映诉求，而不再迷信传统的信访等非正式渠道。由于行政管理体制改革尚不到位，一些基层国土资源部门依法行政的意识和能力还不够高，违法行政、行政侵权的现象在一些地方和部门还屡有发生，造成某些领域的行政争议居高不下。申请人的分布，2005年后省国土资源厅收到的142件行政复议申请中，公民作为申请人的92件，占总数的65%；法人或者其他组织作为申请人的50件，占总数的35%，与以往历年情况类似，公民仍然是行政复议的主要申请主体。行政复议申请事项，案件类型主要是对行政处罚、行政许可不服。2005年后省国土资源厅收到的142件行政复议申请中，对行政处罚决定不服申请行政复议的26件，占总数的18%；对行政许可决定不服申请行政复议的11件，占总数的8%；不服土地征收责令交出土地的57件，占总数的40%；不服土地确权的13件，占总数的9%；认为行政机关不作为申请行政复议的7件，占总数的5%；其他情况28件，占总数的20%。行政复议案件审理结果，2005年后省国土资源厅收到的142件行政复议申请中，维持原具体行政行为的88件，占审结案件总数的62%；撤销原具体行政行为的24件，占审结案件总数的17%；申请人撤回申请的17件，占审结案件总数的12%；责令被申请人履行法定职责的9件，占审结案件总数的6%；驳回申请人申请的4件，占审结案件总数的3%。从办理的案件中分析，2005—2010年发生的行政复议案件具有数量多，形式多样，案情复杂，涉案标的大，办理难度大，律师参与多等特点。

主要做法

案件办理注重调查质证听证，办理行政复议案件除极少数事实清楚争议不大的行政复议案件适用书面审查外，对90%以上案件都要进行实地调查或听证质证。坚持与当事人见面，耐心听取当事人陈述。实地调查，对涉及土地权属争议、较大数额的处罚案件等，一般都坚持现场察看，全面掌握第一手材料，对案件事实有争议的，坚持对证据材料进行当面质证，不偏听偏信。听证，对案件事实或适用依据争议较大、社会关注度高、案情较复杂的案件，一般都要举行听证。2006省国土厅受理的一宗不服责令停止采矿的复议案件，法律关系错综复杂，复议机关掌握的事实证据很有限，通过举行行政复议听证会，取得新的证据材料，将案件事实进一步理清，并据此作出正确的决定，既化解行政争议，又增强行政复议的透明度和公信力。

案件办理注重专家论证集体决策，在办理重大疑难的案件时，积极组织召开行政复议案件专家研讨会，邀请有关专家对案情进行分析讨论，提高案件办理质量，充分发挥行政复议定纷止争的作用。2007年办理的一宗不服收回国有土地使用权案件由于情况复杂，法律规定不明确，为确保案件得到正确处理，就此案召开专家研讨会，省政府行政复议专家、省高院高级法官、资深律师、长期从事土地管理工作的同志等受邀参会，专家们各抒己见，其独到的见解和分析视角给办案人员很大的启示和帮助。另外，办理案件始终坚持集体决策，重视在行政复议机构内部开展案情交流、分析、研讨，借此更好地把握案件的关节点，形成正确的决定。

办案注重引入协调机制，运用调解机制解决行政争议具有成本低、效果好的优势，是省国土厅办理复议案件力推的方式。用这种方式解决问题，往往双方都比较满意，能够真正做到案结事了。在“协调在先，裁决在后”的理念指导下，凡有可能协调解决的案件尽量协调解决，2007年办理的复议案件通过协调当事人主动撤诉的案件4件，占当年受理案件的40%。

开辟网上复议新途径，为使行政相对人寻求救济的途径更为畅通、便捷，省国土厅机关网站上开辟专栏，申请人可以网上直接申请行政复议，为实现阳光办案，将每一宗复议案件受理情况、办理结果及时发布到网站上，方便相对人查询。

行政诉讼

因国土资源管理导致的行政诉讼案件较少，1999—2004年每年在1至2件左右，随着人民群众依法维权意识的增强和法律水平的提高，加上国土资源管理工作不断深入，执法力度的加大，2009年以后数量有所增加，2009年5件（信息公开2件、征收土地2件、采矿权审批1件），2010年7件（信息公开4件，查处违法用地1件，土地登记2件），按照诉讼内容，可以分为以下几类：诉没有根据原告申请依法公开征地、农地转用审批信息；诉省政府对征地补偿争议没有依法裁决；诉省国土资源厅没有依法查处土地违法行为；诉省政府违规办理土地登记，要求撤销已经颁发的土地证书。案件审理结果，除个别案件原告撤诉外，法院均作出维持或驳回原告诉讼请求，没有败诉。

争议裁决

征地补偿一直是土地管理工作的难点、热点，它直接涉及广大农民的切身权益和长远生计，关系社会的稳定。2004年10月22日《国务院关于深化改革严格土地管理的决定》提出：“要加快建立和完善征地补偿安置争议的协调和裁决机制，维护被征地农民和用地者的合法权益”。为规范征地补偿争议裁决行为，保护公民、法人和其他组织的合法权益，化解征地补偿方面的矛盾，根据《中华人民共和国土地管理法实施条例》规定，结合安徽实际，2004年12月28日，安徽省人民政府制定《安徽省征地补偿争议裁决办法》。自2005年1月1日全省实施征地补偿争议裁决制度后，建立完善了征地补偿争议裁决机制，共收到征地补偿争议裁决申请209件，其中，立案受理76件，决定不予受理15件，其他已转送市、县人民政府协调处理或者采取其他方式处理。涉及近30000农户、40000多亩土地、征地补偿费用总额7亿多元，通过协调、裁决等方式增补被征地农民补偿费用 2 亿多元，一些久拖不决的问题得到彻底解决，有效地维护了群众的合法权益。为了更好地保护被征地单位的合法权益，及时解决历史遗留问题，维护社会稳定，安徽省国土资源厅针对案件具有申请主体以被征地农户为主、案件类型以征地补偿费用低为主且多发生在基础建设和开发区建设领域、争议案件基本上为历年积案、市县普遍没有建立协调制度、案件处理难度大的特点，采取积极有效地应对措施。对 1999 年 1 月 1 日之后，所有发生的征地补偿争议案件均予受理。这些历年积案是由于没有及时制定具体的裁决办理制度，没有提供解决争议的渠道造成的，责任不在被征地单位，虽然在裁决办法中，对 1999 年 1 月 1 日至 2004 年 12 月 31 日之间发生的征地补偿争议，没有规定可以申请裁决，但在实际工作中，对所有发生在这期间的裁决案件均予以受理。

集中精力，对案件进行梳理和分类处理，对 1999 年以前的申请告诉当事人不予受理，并转有关方面处理；对未经市、县政府依法协调，转市、县政府进行协调；属于国务院裁决的案件，立案进行协调；属于违法用地的，转执法监察部门予以立案处理；符合裁决条件的，予以立案；通过梳理和分类处理，案件数量减少，增加对市、县政府的责任，为各类案件的处理指明解决渠道，也为办理案件积累了经验。严格审查裁决资料，为充分保护当事人的合法权益，对所有申请材料进行认真的审查，根据三类主体申请对象的不同，审查主体资格是否符合规定的条件，是否有权对争议提出申请，提交证据材料是否齐备和符合规定，如对土地补偿标准不服的，只能由被征地的集体经济组织提出，个人提出的一律不予受理，达到三分之二以上联户的方予受理等，对提交的证据材料，要求个人必须有身份证，联户申请并委托代表的，必须有所有申请人出具的委托代表证明等。坚持以协调为主，所有案件必经协调，凡未经协调的，均不予受理，只有经市县政府协调，对协调不服的才予以受理；市、县政府在规定的期限内未予协调或者协调不成的，为保护被征地农民的合法权益，也视同经过市县政府的协调而予以受理；受理后，在裁决前，仍然坚持协调，市县政府与当事人之间仍然可以主动协商，省国土厅也组织协调，通过协调和沟通，不但了解当事人的愿望，也宣传土地管理法律法规，即使协调不成，也有利于案件的裁决和裁决的执行。规范内部裁决行为，着力提高办案质量，为更好地办理裁决案件，认真履行职责，省国土厅确定厅政策法规处具体办理裁决案件，并根据征地补偿裁决案件的特点，研究、设计和规范裁决的立案审批、裁决审批等各种法律文书格式，规范案件的收到登记、受理登记、证据登记、文书编号等，从程序上保证裁决的顺利受理。

2005 年 7 月 15 日，省政府就肥东县店埠镇镇西居委会郭湾村民小组郭之和、郭之浩等 95 户村民与肥东县人民政府征地补偿争议一案作出裁决。2003 年 8 月 1 日，经省政府批准肥东县人民政府征用郭湾村民小组农民集体所有的土地，9 月 27 日肥东县人民政府发布征用土地方案公告，在被征地区域公布了批准征地机关的文号、用途、面积、征地补偿标准和安置办法，确定菜地每公顷前三年平均年产值 17390 元（计每亩 1159.3 元），灌溉水田每公顷前三年平均年产值 12000 元（计每亩 800 元），土地补偿费和安置补助费分别为前三年平均年产值的 8 倍。青苗补偿费为每亩 800 元。实施征地时，被征地村民认为补偿标准偏低，多次到国土资源部、省政府和合肥市政府上访，肥东县人民政府修改了征地补偿安置方案，先后两次提高征地补偿标准，确定的补偿标准为：菜地补偿标准三项费用合计为每亩 58800 元；其他耕地补偿标准三项合计为每亩 24800 元；农民集体所有建设用地补偿标准为每亩 12000 元。被征地农民仍认为确定的被征地前三年平均年产值过低，要求安置补助费和土地补偿费之和的倍数达到 30 倍，为此，申请省人民政府裁决。省政府在查明事实的基础上认为：肥东县人民政府制定的《肥东县国家建设征用土地补偿标准》，就全县的征地补偿标准包括各类土地前三年平均年产值作出具体规定，符合《中华人民共和国土地管理法》第四十七条第二款、《安徽省实施中华人民共和国土地管理法办法》第三十四条规定的标准和幅度；肥东县人民政府调整后确定的补偿标准符合《中华人民共和国土地管理法》第四十七条第二款和《安徽省实施中华人民共和国土地管理法办法》第三十四条第（四）项规定。因此，根据《中华人民共和国土地管理法实施条例》第二十五条第三款和《安徽省征地补偿争议裁决办法》第十七条第（一）项规定，决定维持肥东县人民政府调整后确定的征地补偿标准。省政府裁决作出后，肥东县人民政府向被征地群众进行广泛的宣传，被征地群众也普遍接受裁决结果，没有再出现上访现象，征地拆迁顺利实施完毕，多年因征地而上访的问题得到彻底解决。

针对一些地方征地行为不规范、补偿标准不统一、补偿资金不到位等突出问题，省国土厅经省政府同意下发《关于规范征地补偿安置做好征地补偿争议裁决工作的通知》，从 12 个方面对全省征地行为及征地补偿争议的处理提出具体要求：

各级国土资源行政主管部门在编报征地方案时，要组织有关单位和人员进行现场勘测，确定被征土地的类别，提交土地利用现状图和勘测定界报告书、勘测定界图，查明土地权属状况，核准需要安置的农业人口数，核定各类被征地前三年平均年产值，确定补偿倍数。

农民集体所有的土地依法属于村民小组农民集体、村农民集体或者乡镇农民集体所有。村民小组经营、管理的土地属于村民小组农民集体所有。在土地家庭联产承包中未打破村民小组（原生产队）界线，不论是以村委会还是村民小组的名义与农户签订农业承包合同的，土地都归村民小组农民集体所有。不得将村民小组农民集体所有的土地转为村农民集体或乡镇农民集体所有。

市、县人民政府应当根据国家和省有关规定，每年公布当地各类农用地前三年平均年产值，作为计算征地补偿费用的依据。

征收土地方案经依法批准后，市、县人民政府要依法发布征地公告，明确公示批准征地机关、批准文号、批准时间，征收土地的用途、面积、地类、位置、具体范围，被征土地的所有权人，国务院或省政府批准的各类土地的土地补偿费、安置补助费和青苗及地上附着物补偿费标准、农业人口安置途径，办理征地补偿登记的期限和地点。省国土资源厅要将征收土地的批准机关、批准文号、批准时间，征收土地的用途、面积、地类、补偿标准等在其网站上公布，接受社会监督。

市、县人民政府应当在征收土地批准后，根据国务院或省政府批准的征收土地方案，制定具体地块的征地补偿安置方案；否则，制定的征地补偿安置方案无效。制定的征地补偿安置方案要有具体的补偿标准和安置途径，并依法在被征地村、组予以公告。

市、县人民政府要加强征地补偿费用的发放管理，制定征地补偿费用支付、使用和管理监督办法。征地补偿费用应当由组织实施征地的国土资源管理部门具体负责支付。委托征地拆迁安置事务机构支付的，国土资源管理部门应当与受委托单位签订委托协议，明确权利和义务。但不得委托用地单位、乡镇政府等其他单位。

严禁将村民小组农民集体所有的征地补偿费用，转为乡镇人民政府资产、村（居）民委员会资产，或者转为非被征地农民集体所有的企业和私人财产，或者将村农民集体所有的征地补偿费用转为乡镇人民政府资产。征收各类土地的补偿费用应包括各类地的土地补偿费、安置补助费和青苗及地上附着物补偿费，不得只支付耕地的土地补偿费和安置补助费而不支付其他土地的土地补偿费和安置补助费。

市、县人民政府国土资源管理部门要按照法律法规规定的征地补偿费用支付对象发放征地补偿费用，其中土地补偿费的发放，应当根据被征地农村集体经济组织依法提出的方案进行。土地补偿费的发放方案，被征土地属于村民小组农民集体所有的，由村民小组农民集体讨论后提出；被征土地属于村农民集体所有的，由村集体经济组织召开会议或者村民会议、村民代表会议讨论后提出；被征土地属于乡镇农民集体所有的，由乡镇农村集体经济组织提出，没有乡镇农村集体经济组织的，由乡镇人民政府依法决定。集体经济组织提出的土地补偿费分配方案，不得违反国家有关规定。

国土资源管理部门发放土地补偿费、安置补助费和青苗及地上附着物补偿费，应当通过银行或者信用社，直接发放给被征土地农村集体经济组织和被征地农户；不得通过其他环节和渠道发放、防止被截留、挤占和挪用，切实保护被征地农民的合法利益。

市、县人民政府高度重视征地补偿争议裁决工作，明确征地补偿争议裁决案件的办理部门，切实履行职责，依法做好争议案件的受理与协调工作，将矛盾化解在源头、化解在基层、化解在初发阶段、化解在行政程序之中。

市、县人民政府对省政府转交的案件，应当在规定的时间内充分听取当事人的意见，依法组织协调。对经协调，达成一致意见的，应当制作协调协议书或者协调会议纪要，经双方当事人签字或者盖章后，报省国土资源厅，并以适当方式在被征地村、组予以公布。对省政府送达的裁决申请书副本，应当依法及时提交书面答复意见和相关证据材料；逾期未提交的，省政府将依据相关证据和申请人提供的申请材料作出裁决。

市、县人民政府要切实履行省政府的裁决决定，确保裁决事项落实到位，切实维护申请人的合法权益。

各级政府对文件的贯彻执行，有效维护被征地农民和用地单位的合法权益。

第二章　执法监察

第一节　执法监察网络建设

1986年以前，土地监察没有专门的机构和队伍，只是采取临时应对措施。随着土地法律法规的颁布实施，1987年6月省土地管理局成立，赋予土地管理部门监察职责。市县土地管理机构也相继建立，全省土地执法监察工作得到加强。机构组建初期，在编制紧人员少的情况下，省市县三级土地管理机构均设置土地监察科室，配有专职监察人员，乡镇土管所人员为土地监察员，形成四级土地监察网络。制定《安徽省土地监察规定》，加强监察队伍建设和行为规范。部分县市建立村级土地执法监察信息员队伍。

2000年4月，安徽省国土资源厅组建，各市相继成立了国土资源局，国土资源执法监察机构和队伍也先后组建成立。2004年安徽省人民政府《关于做好省以下国土资源管理体制改革的通知》明确指出，"省、市、县设立国土资源执法监察专门机构，隶属同级国土资源主管部门，为全额拨款事业单位。各地要进一步充实国土资源执法监察力量，提高人员素质，改善装备条件"。安徽省国土资源执法监察局是安徽省国土资源厅内设正处级行政机构，局长高配副厅级，全部为行政编制。主要职能是监督检查国家土地资源、矿产资源和测绘法律法规执行情况；拟订土地、矿产、测绘执法监督和违法案件查处的规定并组织实施；依法组织查处重大土地、矿产资源和测绘违法案件；负责信访工作。2006年上半年，安徽省国土资源厅执法监察局开展全省国土资源执法监察机构及队伍建设情况调研，截至2006年8月，全省17个省辖市（除亳州外）国土资源局均设立国土资源执法监察职能部门，机构名称有法规监察科、政策法规科、执法监察科、政策法规与执法监察科，机构级别均为正科级。17个省辖市机构编制总人数42人，其中，行政编制41人，全额拨款事业编制1人。17个省辖市（除宣城市外）均设立执法监察队伍，级别一般为正科级，其中有5个市的执法监察队伍级别高配，7个队伍负责人实现高配。市级执法监察队伍共有计划编制181人，实际编制218人，其中行政编制2人，事业编制216人。全省105个县（市、区）中，有69个县（市、区）设有执法监察机构，占总数的65.7%。机构总人数171人，名称为执法监察股、法规监察股等。76个县（市、区）设立有执法监察队伍，占总数的72.4%，30个负责人实现高配。总人数814人。全省所辖国土资源管理所共1223个，编制数5085人，实际总人数6725人。全省市、县两级执法监察机构和队伍中，大专以上学历有987人，占总数的79.5%；经过执法监察培训的有 1134 人，占总数的 91.3%。

各级国土资源执法监察机构主要承担以下职能：负责国土资源法律法规和政策的宣传教育和有关地方性政策文件的拟定；承办有关行政复议和应诉事宜；对执行国土资源法律法规情况监督检查；查处国土资源违法案件；指导下级国土资源执法监察工作的开展；承办上级业务部门和局交办的其他事项。

执法监察队伍主要承担以下职能：国土资源管理动态巡查；参与行政复议和行政诉讼的前期准备和协助工作；国土资源信访接待；国土资源违法案件的调查取证、公文制作与送达等；相关税费的收取；依法调处涉及国土资源的纠纷。

2007 年，安徽省国土资源厅下发《关于加强国土资源执法监察队伍建设若干意见的通知》，对全省国土资源执法监察机构队伍建设及经费装备保障提出了新的要求。结合基层国土资源所标准化建设，全省绝大多数基层国土资源所加挂国土资源执法监察中队牌子，一些地方还与公安部门建立联合执法办公室，明确执法监察动态巡查工作是基层国土资源所职责之一。

2008 年，安徽省国土资源厅转发宣城市开展村组信息员的典型做法，在全省范围内组建村组信息员队伍，实现执法监察关口前移、重心下移。马鞍山市出台《马鞍山市国土资源局村级国土资源执法监察信息员管理办法》，芜湖市印发《关于建立健全村级国土资源执法监察信息员队伍工作的通知》，安庆市制定村级信息员管理暂行办法，规定村级信息员应对本辖区内国土资源进行日巡查，国土所负责村级信息员的业务指导、管理和年终考核工作。村组信息员原则上在现任村“两委”成员中选聘，也可在老党员、老干部或村民代表中选聘。宣城市所辖的宁国市在全市范围内择优聘用 14 名国土资源执法监察协管员，充实基层执法监察力量，专职从事国土资源动态巡查工作。亳州市谯城区共有村级信息员 67 人，均为原土地管理员。蒙城县政府从复退军人和大专毕业生中公开招聘 60 名国土资源执法协管员，充实到国土资源执法监察一线。涡阳县龙山中心所利用乡邮政员的优势，聘任 6 名乡邮政员为村级信息员。村级国土信息员主要职责概括为 7 个方面，即当好国土资源法律法规的宣传员、土地违法行为的劝阻员、国土资源纠纷的协调员、地质灾害隐患的排查员、上情下达的通讯员、国土资源业务的协办员、行风监督员。

2001 年出台《安徽省国土资源厅特邀国土资源监察专员聘任管理办法》，明确选聘特邀国土资源监察专员的范围、条件及监察专员的主要职责、权利和义务等。2001 年、2006 年分别聘任二期特邀国土资源监察专员，聘期为 3 年。特邀国土资源监察专员的主要职责是监督检查国土资源法律、法规贯彻执行情况；参与国土资源法律、法规宣传和提供咨询；反映人民群众对国土资源执法监察的意见、建议和要求；不定期开展国土资源管理专题调研等。

土地管理属行政执法，没有强制执行权，行政处罚决定难以落实到位。强化部门间横向联动机制，发挥协调配合的积极作用，对重大典型土地违法案件，实行监察部门和公安机关提前介入，联合调查，互通信息，优势互补，真正把土地违法案件和责任人依法处理到位。1993 年全省有 62 个地市县成立土地巡回法庭，251 名工作人员，受理 322 件土地行政诉讼案件，其中维持和执行的 269 件，占 83.5%。土地法庭的建立，提高了土地部门的办案质量和效率。根据最高法院撤销巡回法庭的要求，1995 年下半年全省相继撤销土地巡回法庭。各地又积极探索建立土地公安派出所或公安室，配合查处土地违法案件，取得显著效果。2000 年以后，全省及各市（县、区）加强与公检法的联动执法，逐步建立健全执法监察联动机制和共同责任机制。

截至 2010 年，安徽省构建并完善“横向到边、纵向到底”的省、市、县、乡、村五级执法监察网络，分级开展国土资源执法监察培训，提高执法监察人员整体素质和业务水平。省国土厅专门拨款 340 万元为 17 个市配备执法监察专用车，拨款 1500 万元为 81 个县（区）配备执法监察专用车。

第二节　执法监察预防体系建设

正如治未病是治病的最高境界一样，国土资源执法监察的最高境界也是防患于未然，将违法行为发现在初始、解决在萌芽。

执法监察动态巡查

2001 年出台《安徽省国土资源执法监察动态巡查责任制度》，2010 年，修订并印发《安徽省国土资源执法监察巡查办法（试行）》。

2001—2010 年，全省通过动态巡查发现土地违法行为 25896 件，涉及土地面积 8710.06 公顷，及时依法制止各类土地违法行为 19874 件，涉及土地面积 6472.88 公顷，制止率为 76.75%，挽回经济损失 37321.23 万元。

经过 10 年的巡查实践，动态巡查工作充分发挥着关口前移、事前预防的作用，全省各市均建立了市、县、乡、村四级巡查网络体系，制定巡查工作实施方案或实施细则，明确巡查主体责任和巡查范围，划分动态巡查区域等级，规定不同的巡查频率。部分市、县建立执法监察例会制度，每月定期听取下级国土资源部门执法监察动态巡查工作情况报告，分析研判国土资源违法形势，督促查处整改违法行为。六安市将市、县（区）公路主、次干道作为巡查重点，自下而上推行以局领导分别担任“路长”的“路长负责制”，受到部和省的充分肯定，中国国土资源报曾以《为了路畅地安》作了宣传报道。合肥市建立动态巡查“四个一”制度，出台《合肥市国土资源系统违法用地发现报告制度》和《合肥市国土资源系统违法用地发现报告制度问责规定》；马鞍山市出台《马鞍山市国土资源执法监察巡查工作考核办法（试行）》，建立执法监察视频监控系统，实现实时监控，及时发现违法用地采矿行为。安庆市出台《安庆市城区国土资源执法监察“六个一”规定》；淮北市濉溪县出台《濉溪县国土资源局土地执法动态巡查规定》和《土地执法动态巡查过错责任追究办法》，可操作性较强。有些地方政府结合巡查工作制定考核及责任追究制度。淮北市政府出台《关于对违法违规用地行为实施监察问责的意见》；芜湖市出台《芜湖市人民政府关于落实土地管理共同责任机制的意见》，并在《中共芜湖市委办公室、芜湖市人民政府办公室印发＜县区、开发区经济运行考核评价办法＞（修订稿）的通知》中，将国土资源执法巡查结果作为对县区、开发区经济运行考核依据之一；池州市、亳州市、安庆市望江县、宿松县、宿州市砀山县等以政府名义相继出台违法用地问责办法，将问责延伸到乡镇。含山县委办公室、县政府办公室联合出台《关于推行国土资源三级网格化管理工作的通知》，县政府负责全县三级网格化管理的组织和实施，包片县领导、镇党委书记、村党支部书记分别为一、二、三级网格的第一责任人，对土地利用情况进行全天候、全方位的动态巡查，向上级网格实行日报告、零报告。

执法模范县创建

1992年安徽省土地管理局在全省部署开展"三无乡镇"创建活动（即无违法批地、无违法管地、无违法用地），对创建活动的内容、组织领导、考评方法和奖励办法等作了具体规定。全省96个乡镇进行试点，创建活动由点到面逐步推开。到1995年全省有35%的乡镇"三无乡镇"达标。其中，郎溪县定埠镇等11个乡镇和界首市受到国家土地管理局的表彰，被评为全国创建"三无乡镇"活动模范乡镇和先进县。1998年省土地管理局对全省开展"三无乡镇"活动情况进行检查验收，对84个先进单位和85个先进个人进行表彰，总结推广创建"三无乡镇"经验。根据1998年国家土地管理局《关于开展创建"土地执法模范县"活动的意见》，将"三无乡镇"活动并入"执法模范县"活动，并在桐城、宁国和萧县开展"土地执法模范县"试点工作，试点市、县均成立了以市长（分管副市长）为组长、相关部门负责人为成员的创建土地执法模范县活动领导小组，桐城市明确提出土地管理工作要以创建"土地执法模范县"活动总揽全局，宁国市研究制定《宁国市创建土地执法模范县活动实施方案》，明确创建活动10条标准。萧县将创建工作作为土地管理的主要内容，纳入县、乡、村级主要领导任期政绩考核的主要内容。桐城、宁国、萧县等县（市）为适应土地行政执法工作的需要，在机构改革、人员编制压缩的情况下，下决心保留执法监察机构和队伍。桐城市28个乡镇土地管理所在机构改革中全部保留，人、财、物均由市土地管理局直接管理。宁国市单列行政编制5名，组建土地执法监察大队，单列乡镇土管员公务员编制30名，实行市、乡镇双重管理，以市土地局垂直领导为主的管理体制。萧县自1988年县土地管理局成立后就确立了县、乡土地垂直管理体制，其经验曾在全省推广；1990年县编委批准成立县土地监察大队、乡镇土地监察中队，并在全县683个行政村选配了土地监察信息员；1998年为加大执法监察力度，县政府又批准成立土地公安室，并配备了警车、警具；2000年为贯彻落实国务院《关于清理非法转让土地、严禁炒卖土地的通知》，县土地、公安、检察、监察又联合组成土地违法案件清查处理办公室，从而保障执法执法模范县创建工作的顺利开展。

2000年省国土资源厅下发《关于开展土地执法模范乡镇评选活动有关问题的通知》,土地执法模范县、乡（镇）评选活动在全省全面展开。2001年对全省开展“土地执法模范县”活动进行检查验收,桐城、宁国、萧县、含山和祁门5县（市）被省政府表彰为省级土地执法模范县,安徽省国土资源厅表彰41个执法模范先进单位和51名先进个人。2002年桐城市、宁国市、萧县荣获“全国土地执法模范市（县）”光荣称号,9名同志被表彰为全国执法监察先进个人。安徽省国土资源厅总结经验,加大力度,深入开展土地执法模范县创建活动,促进各级政府和部门在机构队伍、制度建设、案件查处、基础业务等方面不断加强和提高,增强地方政府依法行政意识,为依法管地用地创造良好环境。省国土厅先后下发《关于印发安徽省国土资源执法监察综合试点方案的通知》和《关于继续开展国土资源执法监察综合试点工作的通知》,在全省开展国土资源执法监察综合试点创建工作,把创建范围从土地管理扩大到国土资源管理领域。在此基础上,省国土厅于2008年下发《关于在全省开展创建国土资源执法模范县活动的通知》,创建内容包括政府组织开展、国土资源管理基础工作、执法监管基础建设和执法监管成效等4个方面的内容,并细化为32项量化考核指标,涵盖土地、矿产、测绘等国土资源管理全过程。2008—2010年,安徽省国土资源厅分年度表彰3批47个“全省国土资源执法模范县”和“全省国土资源执法先进县”,涉及全省14个市34个县,其中长丰县、绩溪县、枞阳县等11个县分别获得过两次以上的表彰奖励,对获得全省国土资源执法模范（先进）县称号的县（区）,给予新增建设用地指标奖励和现金奖励。执法模范县创建活动在引导地方政府树立科学发展观和政绩观,推动国土资源管理不断科学化、规范化、合理化方面起到重要的促进作用，2009年全省县域经济综合竞争力排序前20名的县（市）中,有5个县（市）在上年度或本年度被评为全省国土资源执法模范（先进）县，2010年度则上升到9个县（市）。各地国土资源管理秩序得到进一步规范,国土资源执法监管形势明显好转,违法用地行为明显下降。从2009年度和2010年度土地卫片执法检查结果来看，2009年和2010年评选出的30个执法模范县和先进县中，11个县违法占用耕地比例为0，16个县的年度违法占用耕地面积比例低于当年度全省平均水平,其中2010年度评选出的17个执法模范县和先进县的年度违法占用耕地面积比例平均仅为2.24%,均低于8.74%的全省平均水平。

执法监察制度建设

“没有规矩,不成方圆”,加强制度建设是做好国土资源执法监察的根本保证。截至2010年,安徽省国土资源厅在动态巡查、案件查处、信访、目标管理等方面均制定一系列的制度,确保执法监察有章可循。

1997年11月,省第八届人大常委会第三十四次会议审议通过《安徽省土地监察条例》，2002年4月4日安徽省第九届人民代表大会第二十九次会议修改。

2001年12月,印发《安徽省国土资源执法监察案件查处目标责任制》,明确案件查处主要目标和查处责任,严格依法办案。

2001年12月，印发《安徽省国土资源执法监察动态巡查责任制度》，直至2010年12月出台《安徽省国土资源执法监察巡查办法（试行）》后废止，明确省、市、县及基层国土资源所巡查职责分工、巡查方式和范围、巡查实施及考核奖惩等。

2006年7月，印发《安徽省国土资源重大违法案件挂牌督办和专项报告制度》，规范重大违法案件挂牌督办和专项报告程序。

2007年1月，印发《国土资源厅执法监察局案件督办及审查办法》，明确了案件查处的方式、程序等。

2008年9月，印发《安徽省国土资源执法监察工作目标责任考核办法（试行）》，从制度层面对全省各级国土资源管理部门执法监察工作提出明确要求，强化对全省国土资源执法监察工作的规范和指导。

2009年5月，《安徽省人民政府办公厅关于进一步完善土地管理责任机制的通知》出台，建立国土资源执法监察共同责任机制。

2009年8月，安徽省国土资源厅印发《关于进一步完善土地执法监管长效机制的通知》《关于国土资源行政主管部门移送涉嫌国土资源犯罪案件办法》《关于在查处国土资源违法犯罪工作中加强协作配合的意见》，进一步建立健全土地违法行为发现、报告和查处机制、部门联动机制、责任追究机制、执法监管长效机制。

第三节 违法案件查处

2000年至2010年，全省发现各类土地违法案件3537件，涉及土地面积562.31公顷，其中，涉及耕地面积242.15公顷。依法立案查处土地违法案件2496件，涉及土地面积455.76公顷，其中，涉及耕地面积223.54公顷；结案2416件，涉及土地面积336.054公顷，其中耕地190.22公顷。罚没款1045.85万元；给予责任人行政党纪处分8人，刑事处罚2人。全省立案查处矿产资源违法案件252件，结案158件，吊销勘查许可证2起，罚没款4.85万元。

土地市场治理整顿

从1986年开始及1987年土地管理局成立后，全省对非农建设用地连续进行清理，清查处理违法用地17万多件。1993年开展土地市场的清理，清理规范各类土地自发交易行为20多宗，依法收回国有土地资产8000多万元。1995年开展非农建设闲置土地的清理，清理出闲置土地400宗，面积509公顷，其中耕地350公顷，依法进行处理。1997年4月15日中共中央、国务院发出《关于进一步加强土地管理切实保护耕地的通知》，冻结审批非农建设用地占用耕地一年，对1991年以来的各类建设用地进行全面清查。省政府对这次清查的范围、内容、方法步骤、组织领导和要求做了具体部署。对1991年1月1日至中央文件下发之日批准使用及未经批准而占用的各类非农业建设用地进行全面清理检查，清查的重点是各类开发区和工商业小区、改制企业、房地产项目（包括高尔夫球场）用地以及城市公园、风景区、旅游度假区、中小学和经营性公墓用地，城镇郊区、铁路沿线、主要公路两侧、乡（镇）村建设、乡镇企业、农村宅基地用地。全省县以上政府都成立了清查领导小组，组建清查专业队伍。查清 1991 年至 1996 年全省各类非农建设用地情况。1991 年至 1996 年实际用地 156 万多宗，面积 9.06 万公顷，其中各类违法占地 27.6 万宗，占总宗数的 17.7%，面积 3.59 万公顷，占用地总面积的 39.6%。经对 17 个地市冻结情况和清查结果检查验收，合格率达 100%，其中优秀占 30% 以上，清查出来的违法用地案件处理率达 92% 以上。针对查出的问题，建章立制，制定防范措施。加强对各类建设用地的管理，逐步实现依法科学有序管理的目标。2003 年开展土地市场秩序治理整顿，发现各类土地违法行为 14129 宗，及时制止 8888 宗，立案 5240 宗，处理违法人员 37 人。全省 90% 以上的经营性用地实行市场化供应。制定完善土地市场管理制度，土地市场建设逐步规范。

土地执法百日行动

2007 年 9 月 12 日，国土资源部《关于印发＜全国土地执法百日行动方案＞的通知》，决定到 2007 年年底，集中 100 天时间，开展以查处“以租代征”为重点的全国土地执法百日行动。百日行动主要集中清理 2005 年 1 月 1 日以来“以租代征”、违反土地利用总体规划扩大工业用地规模、未批先用等土地违法违规行为，分三阶段进行：自查清理阶段（9 月 15 日至 10 月 14 日）、查处纠正阶段（10 月 15 日至 11 月 24 日）、督察整改阶段（11 月 25 日至 12 月 25 日）。安徽省国土资源厅及时转发国土资源部百日行动工作方案，成立以厅长张庆军为组长的安徽省国土资源厅土地执法百日行动领导小组，办公室设在执法监察局，全省 17 个市、105 个县（区）都成立了百日行动领导小组，有 14 个市由政府分管市长或副秘书长任百日行动领导小组组长，国土、监察部门负责人任副组长，把百日行动上升为政府行为。9 月 22 日，召开全省土地执法百日行动动员电视电话会议，全省 17 个市的政府分管秘书长以及市、县国土资源局领导等 450 多人参加会议。会议对全省认真开展百日行动进一步动员和部署，会后，各市根据自身情况制定具体的百日行动实施方案。安徽省国土资源厅十分注重舆论宣传，百日行动方案、进展情况，都在省国土资源厅网站及政府网站上及时向社会通报。9 月 30 日，安徽省国土资源厅通过《安徽日报》、省政府网站等媒体向社会公布省厅与监察厅、有关市联合查处的 8 起土地违法典型案件处理结果。国土资源报、中国经济网等多家媒体予以转载。各市也广泛运用电视、广播、网络、悬挂横幅等方式，宣传百日行动，营造舆论氛围。加强督察，9 月，省监察厅、国土资源厅组成 4 个联合检查组，对各市开展百日行动的进展进行督查；10 月，安徽省国土资源厅组成 5 个组，对合肥等 13 个市开展百日行动情况进行督查。通过动员部署、宣传发动、摸排清理和督促检查，全省共清查发现以租代征违法用地等 882 宗，涉及土地面积 10000 公顷。安徽省及时转发国土资源部《全国土地执法百日行动查处纠正工作的若干意见》，要求各地严格按要求对三类土地违法违规情况进行分析，认真查处和整改。对未批先用行为，安徽省按照是否符合土地利用总体规划、是否符合供地政策等原则进行分类,并提出整体性处理意见。国土资源部办公厅下发《关于同意安徽省"未批先用"整体性处理意见的函》,批复同意安徽省整体性处理意见。对计划指标问题,原则同意安徽省用地计划指标安排意见。全省补办用地手续共需耕地转用计划指标3056公顷,其中:1000公顷耕地转用计划指标由安徽省分别在国土资源部正式下达的2008、2009、2010年计划指标中予以安排,原则上每年安排1/3。其余2056公顷耕地转用计划指标在国家节余计划指标中调剂解决。根据百日行动查处纠正阶段互检互查、群众信访等方面了解掌握的情况,国土资源部将亳州市利辛县工业园区违法用地案确定为37个重大典型案件之一。安徽省国土资源厅将宿州市埇桥区西二铺乡政府非法批地等20宗案件作为省国土厅重点督查案件,分三次通过中央媒体和省内媒体进行曝光。并对违法发生地下发限期整改通知书,整改期间,暂缓该地区农用地转用、征收审批等。给予责任人党政纪处分30人,移送公安机关1人,罚没款13170700元,责令退还土地72.67公顷。百日行动期间,全省各地公开立案查处各类土地违法违规案件共计338宗,共涉及土地面积728.13公顷,其中耕地355.90公顷(5338.45亩)。处罚决定罚款64819521元,没收非法所得2081992元,没收地上建筑物和其他设施386700平方米,拆除地上建筑物和其他设施163200平方米,退还土地296.66公顷;给予责任人党政纪处分91人;给予责任人刑事处罚5人。结合土地执法百日行动清理情况以及群众信访反映情况,安徽省确定淮南市潘集区、合肥市蜀山区作为重点督察地区,通过采取下发整改通知书、现场督察、约谈等多种方式,责成两地对存在的主要问题加强整改。两地区高度重视整改工作,成效明显,清理出的31宗土地违法违规问题,立案21件,自行纠正9件,均查处纠正到位。共计罚款12428984元,拆除地上建筑物和其他设施1651.8平方米,没收地上建筑物和其他设施23974.3平方米,退还土地114.08公顷(1711.26亩),给予相关责任人党政纪处分6人。

卫片执法检查

2000—2010年,利用卫星遥感监测技术开展土地执法检查(简称卫片执法检查)开展11次。2009年度实现了重大的跨越,首次实现全国覆盖,首次依据15号令实施责任追究。卫片执法检查由部门行为向政府行为转变,形成"政府负责、部门协调、上下联动"的工作格局和一批制度性成果,地方政府依法依规管地用地,管矿用矿意识明显增强,国土资源管理和利用秩序持续向好。自2000年开始,国土资源部印发《关于利用卫星遥感监测技术开展土地执法检查工作的通知》,启动卫片执法检查工作。1998年10月至1999年10月,卫片反映合肥市、蚌埠市新增119宗用地,面积413.53公顷;实地核实461.98公顷。经确认,涉及违法用地29宗,面积52.55公顷。1999年10月至2000年10月,安徽省卫星遥感监测范围扩大到合肥、芜湖、淮南、淮北、宣城等5市及所辖6县,共有监测图斑501个,总面积1273.94公顷。经实地核查,违法用地41宗,面积41.70公顷。此后,每年均开展一次卫片执法检查,直至2008年第8次土地卫片执法检查,共涉及全省合肥、淮南、淮北、芜湖4个市,图斑479个,监测面积1806.21公顷，其中，违法用地197宗、实际面积551.39公顷。国土资源部就第8次卫片执法检查情况对合肥市进行两次约谈后，合肥市成立专门领导小组，对卫片执法检查发现的问题进行整改。2009年，卫片执法检查扩大到合肥、淮北、阜阳等8个市，监测图斑2736个，监测面积5471.45公顷。省委省政府领导高度重视，多次听取专题汇报并专门批示。省直有关部门密切配合，省国土厅与省监察厅对问题较突出的市进行约谈，并与各地纪检、监察部门沟通，争取各级政府和有关部门对土地违法案件处理到位。各卫片执法检查城市均成立以市政府主要负责人或分管市长为组长，市政府有关部门领导为成员的高规格的领导小组。合肥市委市政府领导每两天听一次进展情况的汇报，关注动态，主动协调，有力推进各项工作开展。阜阳、安庆等市多次召开政府常务会议，研究落实整改查处工作。淮南、马鞍山等市还与各区政府、各开发区管委会签订整改责任书，明确整改任务和要求，确保整改落实到位。8个监测城市一次性通过国土资源部验收。2010年是土地卫片执法检查全覆盖第一年，也是按照国家三部委15号令要求全面启动问责的第一年。2009年底，全省各级国土资源管理部门集中精力开展清理整改2009年度土地违法违规行为专项行动，对可能存在的问题进行横向到边、纵向到底的梳理，积极主动进行整改。2010年初，省政府印发《2009年度全省土地卫片执法检查工作方案》，各市也均成立由政府主要负责同志或分管同志为组长的土地卫片执法检查领导小组。省政府副省长倪发科和省国土厅厅长张庆军分别专门致信各市政府和市国土资源局主要负责同志，并约谈问题相对较突出的部分市、县，明确整改要求。全省专项行动清理出违法用地5181宗，经依法查处到位并上报完善用地手续275卷，面积0.48万公顷，其中耕地0.33万公顷。没收建筑物1300多万平方米，拆除建筑物660多万平方米，罚没款4.02亿元，复耕复绿0.08万公顷。在2009年度土地卫片执法检查中，全省涉及新增建设用地4788宗，面积1.67万公顷，其中，违法用地1915宗、面积0.24万公顷，涉及耕地0.07万公顷，违法占用耕地面积比例为8.35%。立案查处1730宗（其余件全部自行纠正）。罚款1.71亿元，没收、拆除违法建筑物1449.6万平方米，处理责任人824人，移送司法机关14人。通过土地卫片执法检查的开展，各级政府和有关部门的依法用地意识进一步增强，各部门之间的协作配合力度进一步加大，土地执法监管的影响力不断扩大。国土资源部、监察部、人力资源和社会保障部首次依据《违反土地管理规定行为处分办法》启动问责，安徽省巢湖市及庐江县、无为县、和县、含山县、蚌埠市五河县、池州市贵池区被问责。

截至2010年年底，全省国土资源系统加强动态巡查，继续保持高压态势，加大土地矿产违法案件的查处力度。省国土厅执法监察局通过现场核查、督办、挂牌督办、通报、公开查处结果等手段，加强与监察、发改、城建等部门的共同责任机制，在案件查处中与公安、检察、纪检、法院等部门联合办案，执法效能有了明显提高，违法违规高发态势得到有效遏制。

第四节　国土资源信访

土地信访作为土地管理部门的窗口，是密切联系群众、体察民情的桥梁。1993 年全省土地管理部门基本形成省、市、县、乡、村 5 级土地信访网络，确定土地信访人员，群众反映的问题得到及时解决，取得可喜成绩，在全国首次土地信访工作表彰会上，全省有 4 个先进单位（包括省局）和 4 名先进工作者受到表彰。1993 年 5 月华东地区土地信访工作座谈会在黄山召开，华东地区 6 省 1 市的代表和部分省市的特邀代表参加会议，中办、国办信访局，国家土地局及省市的领导参加会议并作重要讲话，促进了全省土地信访工作的开展。1999 年省土地管理局印发《关于加强土地管理信访工作的决定》，建立领导阅批群众来信、接待来访和包案制度，土地信访工作谈话制度和一票否决制度，年内受理来信来访 966 件次，下达督查函 14 件，督办函 9 件，办结率 100%。

《信访条例》实施后，省国土厅通过新闻媒体、网络等多种形式进行宣传。在接待场所和网站，公布与信访工作有关的法律、法规、规章及信访事项的处理程序等，便于信访群众了解信访途径、信访渠道和信访环节。组织信访工作人员加强对《信访条例》的学习，提高工作水平。完善与《条例》相配套的信访工作制度。及时按照《信访条例》的规定，制定和完善省国土厅《信访工作办信程序》《信访工作接待制度》等一系列信访工作制度，建立健全信访工作机制。以贯彻《条例》为契机，要求全省各市加大对信访问题的预防和排查，及时上报信访动态，预防集体上访和重复上访等重大信访事件的发生。按照省委省政府《关于集中开展信访秩序整治活动的通知》要求，在全省开展国土资源信访秩序集中整治活动，有力地促进全省国土资源信访秩序明显好转。

省委省政府《关于进一步做好省直机关开门接访、带案下访活动的通知》下发后，省国土厅高度重视，制定了厅领导干部开门接访工作方案，下发《关于做好开门接访、带案下访活动的通知》，在全省国土资源系统开展领导干部开门接访、带案下访活动。活动中，厅领导共接待上访群众 39 批 /101 人次，对经过认真排查和梳理的信访疑难案带案下访，包案处理，使一大批历史遗留的信访难案得到了有效解决。制定下发《关于进一步建立健全领导干部信访接待日制度的通知》，在全省范围内进一步贯彻落实党政领导信访接待日制度。2005 年省国土厅领导处理和接待群众来信来访 127 件，占省国土厅受理信访总量的 16.1 %。省国土厅排查的 21 件集体访、重复访问题，中联办交办的 54 件信访件，均按时办结；国土资源部、省政府、省人大和省信访局交办的 20 件信访问题经督查督办，及时上报处理结果。加强对到省国土厅信访情况的统计分析，发现和处理信访热点和难点问题。对信访问题突出的地区，采取与地市国土资源部门领导约谈制、实行领导包案制、冻结项目用地审批等一系列措施，督促信访重点单位和信访重点问题及时有效解决。通过省电台“行风热线”“信访之声”等栏目，对泗县开发区低价强行征地建学校等问题及时予以处理，受到群众好评。

省国土厅组建后，群众举报土地违法违规案件占全省土地信访总量的70%左右。为此，在信访综合整治工作中，省委、省政府高度重视群众土地信访工作，专门成立“土地信访协调小组”，分管副省长亲自担任组长，省信访局、省国土资源厅、省监察厅、省农业厅等部门主要负责同志任副组长。省信访协调小组不定期召开会议，分析土地信访形势，部署信访工作任务，对群众信访举报的土地违法案件落实有关部门和市、县依法查处。同时，省委、省政府“土地信访协调小组”专门抽调人员，开展对历史遗留土地信访问题专项清理工作，解决28件历史遗留土地信访难题。

省国土资源厅认真开展领导干部“开门接访、带案下访”活动。从2005年6月1日开始，确定每周二为厅领导“开门接访日”，接待群众反映问题，提供国土资源管理政策咨询。自开展该活动5年来，国土资源厅的厅领导接待群众来访89批次/287人次；批示信访件132件；由厅领导带队，分4次、组成12个组，带着36件重点信访问题到基层调查、督办，做到事事有调查，件件有反馈。同时，省国土资源厅认真开展信访复查、复核工作。2005年5月至2006年10月，省国土资源厅共受理信访复查、复核71件，经过派专人实地调查，责成地方国土资源部门重新调查、答复28件；告知信访途经18件；维持答复22件；撤销要求重新处理1件；不予受理2件。通过认真做好信访工作，解决一大批关系群众切实利益问题，减少群众因土地问题越级上访、群体上访的发生，维护社会稳定，促进地方依法征地、依法用地。省国土资源厅自2003年，连续三年被省委、省政府授予“全省信访工作先进单位”。

附　　录

安徽省实施《中华人民共和国土地管理法》办法

（1987 年 12 月 20 日安徽省第六届人民代表大会常务委员会第三十三次会议通过，根据 1989 年 7 月 7 日安徽省第七届人民代表大会常务委员会第十一次会议关于修改《安徽省实施 < 中华人民共和国土地管理法 > 办法》的决定修正，根据 1992 年 12 月 19 日安徽省第七届人民代表大会常务委员会第三十四次会议关于修改《安徽省实施 < 中华人民共和国土地管理法 > 办法》的决定修正，2000 年 9 月 22 日安徽省第九届人民代表大会常务委员会第十八次会议修订，根据 2004 年 6 月 26 日安徽省第十届人民代表大会常务委员会第十次会议关于修改《安徽省实施 < 中华人民共和国土地管理法 > 办法》的决定修正。）

第一章　总　　则

第一条　根据《中华人民共和国土地管理法》（以下简称《土地管理法》）和《中华人民共和国土地管理法实施条例》（以下简称《实施条例》），结合本省实际，制定本办法。

第二条　本办法适用于本省行政区域内的土地管理。

第三条　十分珍惜、合理利用土地和切实保护耕地是我国的基本国策。各级人民政府应当加强土地法制宣传教育，增强全民保护土地意识，保护、开发土地资源，制止非法占用、转让土地的行为，促进社会经济可持续发展。

第四条　县（含县级市、下同）以上 政府土地行政主管部门统一负责本行政区域内土地的管理和监督工作。

市人民政府土地行政主管部门对市辖区的土地管理和监督工作，县人民政府土地行政主管部门对所辖乡（镇）的土地管理和监督工作，实行集中统一领导。具体办法由省人民政府规定。

经省人民政府批准，省人民政府土地行政主管部门在特定区域设立派出机构，负责相应区域的土地管理和监督工作。

第二章　土地权属的确认和变更

第五条　依法实行土地登记发证制度。土地登记的具体事务，由土地行政主管部门负责办理。

确认林地的所有权或者使用权，确认水面、滩涂的养殖使用权，分别依照有关法律、法规的规定办理。

依法登记的土地所有权和使用权受法律保护，任何单位和个人不得侵犯。

第六条　单位和个人使用的国有土地按照下列规定登记发证：

(一)中央驻皖单位、省直单位依法使用的国有土地，由省人民政府登记发证；

(二)市直单位、市辖区内其他单位和个人依法使用的国有土地，由市人民政府登记发证；

(三)跨行政区域的国有土地，由所跨行政区域的同一上级人民政府登记发证；

(四)前(一)、(二)、(三)项规定以外的单位和个人使用的国有土地由县人民政府登记发证。

农民集体所有的土地，以及农民集体所有的土地依法用于非农业建设的，依照《实施条例》第四条的规定登记发证。

第七条　除法律、法规另有规定的以外，有下列情形之一的，土地所有者、使用者应当自行为发生之日起30日内，向土地所在地的县以上人民政府土地行政主管部门提出土地变更登记申请，由土地登记机关依法进行土地变更登记：

(一)依法转让土地使用权的；

(二)以土地使用权作价入股引起土地使用权转移的；

(三)因征用、交换、调整土地引起土地权属变更的；

(四)因单位合并、分立等原因引起土地权属变更的；

(五)因处分抵押财产引起土地权属变更的；

(六)依法改变土地用途的；

(七)依法继承、赠与、更名引起土地使用权变更的；

(八)依法改变土地权属的其他情形。

第八条　依法出租、抵押土地使用权的，由土地所在的市、县人民政府土地行政主管部门登记。法律、法规另有规定的，从其规定。

第九条　农民集体所有的荒山、荒地、荒坡、荒滩等土地使用权的承包、拍卖等方案，须经村民会议或者村民代表会议讨论同意。获得使用权的单位或者个人应当向土地所在地的市、县人民政府土地行政主管部门提出土地登记申请，由市、县人民政府登记造册，核发证书，确认使用权。

土地所有者通过发包、拍卖集体所有的荒山、荒地、荒坡、荒滩等土地使用权取得的资金，应当用于集体所有的荒山、荒地、荒坡、荒滩等范围内的水土保持和小型农田水利等基础设施建设。

第十条　土地登记申请人采取隐瞒事实等非法手段骗取登记的，或者因土地登记机关责任导致土地登记不当的，土地登记机关应当书面通知土地证书持有人在规定期限内办理土地证书更改、更换或者注销手续；土地证书持有人逾期不办理的，由土地登记机关公告土地证书作废。更改、更换或者注销土地登记的费用以及因此造成的直接经济损失，由责任者承担。

上级土地登记机关发现下级土地登记机关土地登记有错误的，责令限期改正；逾期不改正的，有权直接注销或者更改。

第三章　土地利用总体规划

第十一条　省、市、县级土地利用总体规划依照《土地管理法》规定审批。

县人民政府所在地的镇土地利用总体规划，逐级上报省人民政府批准；乡（镇）土地利用总体规划逐级上报市人民政府批准，并报省人民政府土地行政主管部门备案。

第十二条　城市总体规划、村庄和集镇规划应当与土地利用总体规划相衔接，其建设用地规模不得突破土地利用总体规划确定的规模。已经批准的城市总体规划、村庄和集镇规划超过土地利用总体规划确定的建设用地规模和范围的，应当及时进行修订、调整。

第十三条　各级人民政府应当加强土地利用年度计划管理，严格实行建设用地总量控制。没有农用地转用计划指标或者超过农用地转用计划指标的，不得批准新增建设用地。节约的农用地转用计划指标，经核准后，可以结转下一年度使用。

未严格执行建设占用耕地补偿制度或者没有完成土地开发、整理计划指标的，核减下一年度的农用计划指标。

第十四条　因村庄、集镇、乡镇企业退建还耕易地重建的，新址应当尽量利用非耕地，不得占用基本农田；占用基本农田以外耕地小于旧址面积的，其建设用地可以不占年度建设占用耕地计划指标。

第四章　耕地保护

第十五条　市人民政府应当严格执行土地利用总体规划和土地利用年度计划，确保本行政区域内耕地总量不减少。确因土地后备资源匮乏，新增建设用地后，新开垦耕地的数量不足以补偿所占用耕地数量的，必须报经省人民政府批准减免本行政区域内开垦耕地的数量，并支付相应的耕地开垦费用，由省人民政府组织易地开垦。

第十六条　省人民政府建立新增耕地储备库。市、县人民政府组织开垦的超过耕地开垦计划的新增耕地或者年度内占用耕地补偿平衡有余的耕地，可以纳入新增耕地储备库。储备的耕地可以用于折抵建设占用耕地的补偿指标，也可以有偿调剂用于其他市、县折抵建设占用耕地的补偿指标。

市、县人民政府应当建立土地开发、整理项目库，保证耕地开垦计划的执行。

第十七条　各级人民政府应当建立基本农田保护制度，按照上级人民政府下达的基本农田保护面积指标，合理划定本行政区域内的基本农田保护区，落实保护措施，确保土地利用总体规划确定的本行政区域内基本农田保护面积不减少。

第十八条　非农业建设经批准占用耕地的，用地单位应当负责开垦与所占用耕地的数量和质量相当的耕地；没有条件开垦的，用地单位在办理农用地转用审批手续时，应当按照每平方米 6 至 9 元的标准缴纳耕地开垦费；占用基本农田的，缴纳耕地开垦费的标准应当高于上述标准的 40%。

用地单位开垦的耕地不符合要求的，参照前款规定的标准缴纳耕地开垦费。

开垦耕地所需资金或者缴纳的耕地开垦费，作为建设用地成本列入建设项目总投资。

第十九条　县级以上人民政府可以要求占用耕地的单位将所占用耕地耕作层的土壤用于新开垦耕地、劣质地或者其他耕地的土壤改良。

第二十条　禁止任何单位或者个人闲置、荒芜耕地。已经办理审批手续的非农业建设占用耕地，一年内不用而又可以耕种并收获的，应当由原耕种该幅耕地的集体或者个人恢复耕种，也可以由用地单位组织耕种；一年以上未动工建设的，用地单位应当按照每平方米 5 至 10 元的标准缴纳闲置费；连续两年未使用的，经原批准机关批准，由县级以上人民政府无偿收回用地单位的土地使用权；该幅土地原为农民集体所有的，应当交由原农村集体经济组织恢复耕种。

承包经营耕地的单位或者个人连续二年弃耕抛荒的，原发包单位应当终止承包合同，收回发包的耕地。

第二十一条　在土地利用总体规划确定的土地开垦区内开发土地，应当保护和改善生态环境，积极进行土壤改良，防止砂化、盐渍化、潜育化和水土流失。一次性开发未确定使用权的荒山、荒地、荒坡、荒滩，从事种植业、林业、畜牧业、渔业生产的，由开发单位或者个人向土地所在地的市、县人民政府土地行政主管部门提出申请，按照下列规定的权限办理审批手续：

（一）不超过 20 公顷的，报土地所在地的市、县人民政府批准；

（二）超过 20 公顷不超过 50 公顷的，报市人民政府批准；

（三）超过 50 公顷不超过 600 公顷的，报省人民政府批准；

（四）超过 600 公顷的，报国务院批准。

第二十二条　市、县和乡（镇）人民政府应当组织农村集体经济组织，按照土地利用总体规划和土地整理规划，实施土地整理，增加耕地面积，提高耕地质量。

土地整理后新增耕地面积，由省人民政府土地行政主管部门负责验收，也可以委托市人民政府土地行政主管部门验收。委托验收的，验收结果须经省人民政府土地行政主管部门复核确认。

第二十三条　因挖损、塌陷、压占等造成土地破坏的，用地单位和个人应当按照国家有关规定负责复垦；没有条件复垦的，按照被破坏土地每平方米 6 至 9 元的标准缴纳土地复垦费；复垦不符合要求的，参照上述标准缴纳复垦费。土地复垦的具体办法，由省人民政府制定。

第二十四条　耕地开垦费、土地闲置费和土地复垦费由县以上人民政府土地行政主管部门负责征收，并缴入同级财政专户，专项用于土地开发、整理和复垦，不得挪作他用。

省人民政府根据社会、经济发展水平，可以调整耕地开垦费、土地闲置费和土地复垦费的标准。

第五章　建设用地

第二十五条　任何单位或者个人进行建设，需要使用土地的，应当依法办理建设用地审批手续。

以有偿使用方式提供国有土地使用权的，由市、县人民政府土地行政主管部门与土地使用者签订国有土地有偿使用合同，颁发建设用地批准书后，依法办理土地使用权登记。

以划拨方式提供国有土地使用权的，由市、县人民政府土地行政主管部门向土地使用者颁发国有土地划拨决定书和建设用地批准书后，依法办理土地使用权登记。

乡镇企业、乡（镇）村公共设施和公益事业以及农村村民住宅等乡（镇）村建设，经依法批准使用农民集体所有的土地的，由市、县人民政府土地行政主管部门向土地使用者颁发建设用地批准书后，依法办理土地使用权登记。

第二十六条　建设项目可行性研究论证时，建设单位应当向建设项目批准机关的同级土地行政主管部门提出建设项目用地预审申请，由土地行政主管部门对建设项目用地有关事项进行审查，提出建设项目用地预审报告；可行性研究报告报批时，必须附具土地行政主管部门出具的建设项目用地预审报告。

第二十七条　具体建设项目需要占用土地利用总体规划确定的国有未利用地，除依法报国务院批准的外，超过 4 公顷的，报省人民政府批准；不超过 4 公顷的，报土地所在地的市、县人民政府批准。

具体建设项目使用原有建设用地和已批准农用地转用、土地征用范围内的土地的，以及农村集体经济组织依法使用农民集体所有的未利用地进行非农业建设的，报土地所在地的市、县人民政府批准。

第二十八条　依据《土地管理法》第五十五条第二款规定，县人民政府收取的新增建设用地土地有偿使用费，除30%缴中央财政外，40%留本级财政，10%缴市财政，20%缴省财政；市人民政府收取的新增建设用地土地有偿使用费，除30%缴中央财政外，50%留本级财政，20%缴省财政。

市、县人民政府收取的原有建设用地的土地有偿使用费，20%缴省财政。

第二十九条　建设单位使用国有土地，除依法可以以划拨方式取得外，应当以出让等有偿使用方式取得。原以划拨方式取得国有土地使用权的，除依照《土地管理法》第五十四条规定可以继续保留划拨用地外，应当实行有偿使用。处置土地资产，涉及省属单位的，应当经市、县人民政府土地行政主管部门初审后，报省土地行政主管部门确定。

以划拨方式取得的国有土地使用权，经批准准予改变土地建设用途的，除依照《土地管理法》第五十四条规定可以继续保留划拨用地外，应当办理土地有偿使用手续，缴纳土地有偿使用费。

第三十条　国有土地租赁，应当报土地所在地的市、县人民政府批准，由土地使用者与市、县人民政府土地行政主管部门签订租赁合同。

前款所称国有土地租赁，是指国家将国有土地出租给使用者使用，由使用者向国家定期支付租金的行为。

第三十一条　以划拨国有土地使用权作价出资（入股），应当报有批准权的人民政府批准，由土地使用者与市、县人民政府土地行政主管部门签订国有土地使用权出让合同。

前款所称国有土地使用权作价出资（入股），是指国家以一定年限的土地使用权作价，作为出资（入股）投入企业的行为。

第三十二条　国有土地使用权出让、作价出资（入股）、转让、抵押等，涉及地价评估的，由具有土地评估资格的评估机构进行评估；涉及处置划拨土地使用权的，由土地行政主管部门确认评估结果。

第三十三条　征用土地应当按照下列程序办理：

（一）拟订、报批征用土地方案。市、县人民政府土地行政主管部门拟订农用地转用方案、补充耕地方案、征用土地方案和供地方案，经市、县人民政府审核同意后，逐级上报有批准权的人民政府批准。征用林地的，应当先征得林业行政主管部门同意。

（二）公告征用土地方案。征用土地方案经依法批准后，由市、县人民政府将批准征地机关、批准文号和征用土地的用途、范围、面积以及征地补偿标准、农业人员安置办法和办理征地补偿的期限等，在被征用土地所在地的乡（镇）、村予以公告。

（三）办理补偿登记。被征用土地的所有权人和使用权人应当在公告之日起15日内，持土地权属证书或者其他有效证明，到市、县人民政府土地行政主管部门办理征地补偿登记。

（四）公告征地补偿安置方案。市、县人民政府土地行政主管部门根据批准的征用土地方案，会同有关部门拟订征地补偿、安置方案，在被征用土地所在地的乡（镇）、村予以公告，听取被征用土地的农村集体经济组织和农民的意见，征询意见期限为15日；征地补偿、安置方案报市、县人民政府批准后，由市、县人民政府土地行政主管部门组织实施。对补偿标准有争议的，由县以上人民政府协调；协调不成的，由批准征用土地的人民政府裁决。

（五）交付被征用土地。征用土地的各项费用应当自征地补偿、安置方案批准之日起3个月内全额支付。被征地的土地所有权和使用权人应当自征地各项费用付清之日起30日内交付被征用的土地。

征用农民承包的土地的，应当依法办理土地承包合同变更手续。

国家依法征用土地的，按照规定核减该幅土地农业税和有关农产品的定购任务。

第三十四条　征用耕地以外的其他土地的土地补偿费标准：

（一）征用鱼塘、藕塘、苇塘、灌丛、药材地等，为其被征用前3年平均年产值的6倍。

（二）征用果园、茶园、桑园等，为其被征用前3年平均年产值的7倍；未曾收获的，为其同类土地前3年平均年产值的6倍。

（三）征用耕种不满3年的开荒地，为其所在村（组）耕地前3年平均年产值的3至4倍；耕种3年以上的，按照耕地补偿。

（四）征用农民集体所有的建设用地，为其所在村（组）耕地前3年平均年产值的4至5倍。

（五）征用其他土地的，为其所在村（组）耕地前3年平均年产值的2至3倍。

征用林地的土地补偿费标准，按照有关法律、法规规定执行。

第三十五条　征用耕地以外的其他土地的，每一个需要安置的农业人口的安置补助费标准：

（一）征用农用地的，为其前3年平均年产值的3至4倍；

（二）征用农民集体所有的建设用地的，为其所在村（组）耕地前3年平均年产值的2至3倍。

征用荒山、荒地的，不支付安置补助费。

第三十六条　依照本办法规定支付土地补偿费和安置补助费，尚不能使需要安置的农民保持原有生活水平的，经省人民政府批准，可以增加安置补助费。但是，土地补偿费和安置补助费的总和不得超过土地被征用前3年平均年产值的30倍。

省人民政府根据社会、经济发展水平，在特殊情况下，可以提高征用耕地以外的其他土地的土地补偿费和安置补助费的标准。

因采矿造成塌陷需要征用土地的补偿费标准和村庄搬迁、农民安置办法，由省人民政府另行制定。

第三十七条　被征用土地上的青苗和附着物的补偿费标准：

（一）被征用耕地上的青苗，按照当季作物的产值补偿；多年生作物，按照其年产值补偿；无青苗的，不予补偿。

（二）鱼苗放养2年以上的，不予补偿；不足2年的，按照放养鱼苗费的3至4倍补偿。

（三）用材林、防护林、特种用途林主干平均胸径大于20厘米的，按照其实有材积价值的10%至20%补偿；主干平均胸径5至20厘米的，按照其实有材积价值的60%至80%补偿。

（四）苗圃苗木、经济林、薪炭林按照其被征用前三年平均年产值2倍补偿；尚无产值的，按实际造林投资2倍补偿。幼龄林、新造林按实际投资2倍补偿。

（五）房屋及其他附着物的补偿费标准，由省人民政府规定。

第三十八条　非农业建设经批准使用国有农、林、牧、渔场的土地的，应当参照《土地管理法》第四十七条和本办法第三十四条、第三十七条规定，给予补偿。

第三十九条 农村集体经济组织兴办企业或者以土地使用权入股、联营等形式与其他单位、个人共同兴办企业，使用土地的补偿标准参照征用土地补偿标准的低限执行。乡（镇）村公共设施、公益事业使用土地，应当对原土地使用权人给予补偿，除地上附着物和青苗补偿费全额支付外，其他补偿费按照前款规定的标准减半执行；使用本集体经济组织所有的土地，已经调剂相应的土地给原土地使用权人的，可以不予补偿。

第四十条　严格控制征用蔬菜基地。确因特殊情况需要征用的，除依法报批外，应当按照征多少补充多少的原则，落实新的蔬菜基地，并按照规定缴纳新菜地开发建设基金。

第四十一条　收回农民耕种的国有土地，不支付土地补偿费。有青苗的，支付青苗补偿费；本办法实施前，已经耕种10年以上，收回后直接影响农民生活的，按照安置补助费的标准支付困难补助费。

因建设需要埋设电线杆、电线塔、电缆、管道等设施占用土地的，只补偿青苗损失；占地较多的，应当依法征用土地。

第四十二条　农村集体经济组织的耕地被征用完后，原农村集体经济组织全部成员转为城镇居民的，其余的土地属于国家所有，由原农村集体经济组织使用；建设项目占用该土地时，应当按照征地办法和标准给予原农村集体经济组织补偿。

第四十三条　农村村民一户只能拥有一处宅基地。

农村村民新建住宅，其宅基地的面积标准：

（一）城郊、农村集镇和圩区，每户不得超过160平方米；

（二）淮北平原地区，每户不得超过220平方米；

（三）山区和丘陵地区，每户不得超过160平方米；利用荒山、荒地建房的，每户不得超过300平方米。

第四十四条　农村村民符合下列条件之一的，可以申请使用宅基地：

（一）因结婚等原因，确需建房分户，原宅基地面积低于分户标准的；

（二）因自然灾害或者实施村镇规划需要搬迁的；

（三）经县级以上人民政府批准回原籍落户，没有住宅需要新建住宅的；

（四）原有宅基地被依法征用的；

（五）县级以上人民政府规定的其他条件。

农村村民建住宅，由本人提出用地申请，经村民会议或者农村集体经济组织全体成员讨论同意，乡（镇）人民政府审核，报县级人民政府批准；其中，占用农用地的，依照《土地管理法》第四十四条的规定办理农用地转用审批手续。

第四十五条　建设项目施工和地质勘查需要临时使用国有土地或者农民集体所有的土地的，由土地所在地的市、县人民政府土地行政主管部门审批；其中，在城市规划区内的临时用地，在报批前，应当先经城市规划行政主管部门同意。

抢险救灾等急需使用土地的，可以先行使用土地。其中，属于临时用地的，灾后应当恢复原状并交还原土地使用者使用不再办理用地审批手续；属于永久性建设用地的，建设单位应当在灾情结束后6个月内申请补办建设用地审批手续。

第四十六条　依照《土地管理法》第五十八条第一款第（一）项、第（二）项规定收回土地使用权的，应当参照当地征用土地补偿标准，对土地使用权人给予适当补偿，无偿划拨的，不予补偿；

依照《土地管理法》第六十五条第一款第（一）项规定收回土地使用权的，应当按照取得土地使用权的费用，对土地使用权人给予补偿。

收回以有偿方式取得的国有土地使用权的，应当根据使用土地年限和土地开发情况给予补偿。除国有土地有偿使用合同另有约定外，收回国有土地使用权，应当对地上的建筑物、构筑物等附着物给予补偿。

第六章　监督检查

第四十七条　县以上人民政府土地行政主管部门应当对本行政区域内贯彻实施土地管理法律、法规的情况进行监督检查，对违反土地管理法律、法规的行为进行查处。

有关单位和个人对县以上人民政府土地行政主管部门就土地违法行为进行的监督检查应当支持与配合，并提供工作方便，不得拒绝与阻碍土地管理监督检查人员依法执行职务。

第四十八条　土地行政主管部门履行监督检查职责时，除采取《土地管理法》第六十七条、《实施条例》第三十二条规定的措施外，还可以采取下列措施：

（一）要求被检查单位或者个人提供有关土地利用情况的文件和材料，进行查阅或者予以复制；

（二）对涉嫌土地违法的单位或者个人，暂停办理审批、登记等相关手续。

第四十九条　上级人民政府对下级人民政府或者上级土地行政主管部门对下级土

地行政主管部门土地审批、发证、行政处罚以及土地招标、拍卖等具体行政行为应当进行监督，对违法、不当的行为，责令限期纠正；拒不纠正的，依法予以变更或者撤销。

第五十条　上级人民政府土地行政主管部门发现下级人民政府不依法收回闲置土地，应当报经同级人民政府批准后依法收回用地单位的土地使用权，作为本级储备土地；符合耕种条件的，应当组织耕种。

第五十一条　市、县人民政府主要负责人离任时，上级人民政府可以组织土地、财政、监察等部门对其任期内的下列事项进行离任审查：

（一）土地利用总体规划执行情况；

（二）土地利用年度计划执行情况；

（三）耕地保护和耕地占补平衡的情况；

（四）土地利用审批中行使职权的情况；

（五）耕地占用税、土地有偿使用费等税费收缴使用情况。

第五十二条　土地行政主管部门将土地违法案件移送有关机关追究刑事责任或者行政责任的，有关机关应当依法处理，并将处理结果告知土地行政主管部门。

第七章　法律责任

第五十三条　超过批准用地面积多占土地建住宅的，由县以上人民政府土地行政主管部门责令退还非法多占的土地；在非法多占的土地上新建房屋的，限期拆除。

第五十四条　依法应当实行有偿使用而以划拨方式提供国有土地使用权的，其批准文件无效，由上级人民政府责令限期办理有偿使用手续；对直接负责的主管人员和其他直接责任人员，依法给予行政处分。

非法低价出让或者处置国有土地使用权的，由上级人民政府土地行政主管部门宣布无效，责令限期重新办理有偿使用手续；对直接负责的主管人员和其他直接责任人员，依法给予行政处分；构成犯罪的，依法追究刑事责任。

第五十五条　无权批准征用、使用土地的单位或者个人非法批准占用土地的，超越批准权限非法批准占用土地的，不按照土地利用总体规划确定的用途批准用地的，或者违反法律规定的程序批准占用、征用土地的，其批准文件无效，对非法批准征用土地的直接负责的主管人员和其他直接责任人员，依法给予行政处分；构成犯罪的，依法追究刑事责任。

非法批准、使用的土地应当收回，有关当事人拒不归还的，以非法占用土地论处。非法批准征用、使用土地，对当事人造成损失的，依法应当承担赔偿责任。

第五十六条　侵占、挪用被征用土地单位的征地补偿费用和其他有关费用，构成犯罪的，依法追究刑事责任；尚不构成犯罪的，依法给予行政处分。

第五十七条　违反本办法规定，批准减、免土地有偿使用费、耕地开垦费、土地闲置费和土地复垦费的，由上级人民政府或其土地行政主管部门责令限期追缴；逾期不缴的，由土地行政主管部门申请人民法院强制执行。对直接负责的主管人员和其他直接责任人员，依法给予行政处分；情节严重，构成犯罪的，依法追究刑事责任。

第五十八条　擅自改变土地利用总体规划确定的土地用途和土地利用现状调查数据，减少基本农田保护面积或者调整基本农田保护区范围的，由上一级人民政府责令限期改正；拒不改正的，对直接负责的主管人员和其他直接责任人员，依法给予行政处分。

第五十九条　依照《土地管理法》、《实施条例》和本办法规定，责令限期拆除在非法占用的土地上新建的建筑物和其他设施的，建设单位或者个人必须立即停止施工，自行拆除；对继续施工的，作出处罚决定的机关有权制止。建设单位或者个人对责令限期拆除的行政处罚决定不服的，可以在接到责令限期拆除决定之日起十五日内，向人民法院起诉；期满不起诉又不自行拆除的，由作出处罚决定的机关依法申请人民法院强制执行，费用由违法者承担。

第六十条　国家工作人员玩忽职守、滥用职权、徇私舞弊，有下列情形之一的，依法给予行政处分；构成犯罪的，依法追究刑事责任：

(一) 非法批准占用、使用土地的；

(二) 对土地违法行为依法应当给予行政处罚，而不给予行政处罚的；

(三) 违法进行检查、采取强制措施的；

(四) 索贿受贿的；

(五) 其他的违法行为。

第八章　附　　则

第六十一条　本办法自 2000 年 12 月 1 日起施行。

安徽省土地权属争议处理条例

（1994年2月26日安徽省第八届人民代表大会常务委员会第八次会议通过）

第一章 总　则

第一条　为保障土地所有者和使用者的合法权益，正确、合地处理土地权属争议，依据有关法律、法规规定，结合本省实际，制定本条例。

第二条　本条例适用于本省行政区域内的土地所有权和使用权争议的处理。

第三条　土地权属争议的处理，应本着从实际出发，尊重历史，有利于经济社会发展和安定团结的原则。

本条例施行前，土地权属争议已经当事人协商解决，或经人民政府、司法机关调处裁决生效的，不再重新处理。同一争议有数次协议的，以最后一次协议为准。

第四条　土地权属争议处理后，需要重新确认所有权和使用权的，以当事人之间达成的协议、处理机关的调解协议或处理决定为依据，申请土地登记。

第五条　省人民政府主管全省土地权属争议处理工作，行署和市、县（市、区）、乡（镇）人民政府主管本辖区内土地权属争议处理工作，各级土地管理部门办理土地权属争议处理的具体工作。

第六条　林业、水产、水利、水电、农垦、地矿、铁路、交通、军队等方面的土地权属争议，由县级以上人民政府组织土地管理等有关部门依法处理。

第二章 处理原则和依据

第七条　确定土地权属应当以土地登记证件为依据；未进行土地登记的，以土地利用现状调查、农村“四固定”（固定劳力、土地、耕畜、农具）和合法的用地批准文件等权属资料为依据。无上述资料的，可以参照林业“三定”（稳定山林权、划定自留山、确定林业生产责任制）、土改登记及其他证据确定土地权属。

对发生权属争议的土地，各方均无权属凭证，或依各方提供的凭证难以认定土地权属，经协商达不成协议的，由县级以上人民政府裁定。

第八条　农村集体土地，按照一九六二年九月二十七日《农村人民公社工作条例修正草案》（以下简称《六十条》）实施时划定的范围确定所有权：

（一）行政区界变动；

（二）农村集体经济组织或乡（镇）、村、村民小组、场合并、分立；

（三）因开发土地、农田基本建设调整土地；

（四）因其他原因重新划界。

第九条　农民集体使用另一农民集体所有的土地，连续使用满二十年，县原所有者在此期间未向现使用者或有关部门提出归还要求的，其土地所有权属于现使用者；连续使用不满二十年，或者虽满二十年但在二十年期满之前原所有者曾向现使用者或有关部门提出异议要求归还，经查证属实的，由县级人民政府依法确定土地所有权。

第十条　乡（镇）村办企业、事业使用集体所有的土地，按下列规定确定权属：

（一）《六十条》实施以前使用的，乡（镇）办的属于乡（镇）农民集体所有，村办的属于村农民集体所有，其使用权属现用地单位；

（二）《六十条》实施至一九八二年二月十二日期间使用的，其土地所有权按前项规定处理，土地使用权由县级人民政府土地管理部门审核、确认。占多用少、占而未用或土地利用不合理的，原土地所有者有归还要求的，应全部或部分退还；

（三）一九八二年二月十三日至一九八六年十二月三十一日期间未经批准占用的土地，退还原所有者。无法退还或确需继续使用的，可补办用地手续，土地所有权按本条第一项规定的原则处理。

第十一条　一九八七年一月一日以前，乡（镇）村公共设施、公益事业使用农民集体所有的土地，乡（镇）办属于乡（镇）农民集体所有，村办属于村农民集体所有。

第十二条　全民所有制单位和城市集体所有制单位占用农民集体所有的土地进行非农业建设的，按下列规定确定权属：

（一）一九六六年五月十六日以前占用的，其所有权属于国家，使用权属于用地单位；

（二）一九六六年五月十六日至一九八二年五月十三日期间占用，经县级以上人民政府批准，或双方已签订用地协议的，或已通过调换土地、安置劳力、物资支援、经济资助等形式作了补偿的，其土地所有权属于国家，使用权属于用地单位。不符合上述情况的，土地所有权应退还原所有者；无法退还的，应当对原所有者酌情给予补偿，并办理土地登记手续，其土地所有权属于国家，使用权属于用地单位；

（三）一九八二年五月十四日至一九八六年十二月三十一日期间，未经批准用地的，应予退还；无法退还或确需继续使用的，由土地管理部门依法处罚后，补办用地手续，按当时规定的补偿标准酌情给予补偿，其土地所有权属于国家，使用权属于用地单位。

第十三条　国有农、林、牧、渔场（含劳改、劳教农场、下同）和国有农业科研单位占用农民集体所有的土地进行农业生产或科研活动的，按下列规定确定土地权属：

（一）一九六六年五月十六日以前占用的，其所有权属于国家，使用权属于现用地单位；

（二）一九六六年五月十六日至一九八六年十二月三十一日期间占用，经县级以上人民政府批准，或已签订用地协议，或已给予补偿的，其土地所有权属于国家，使用权属于用地单位。不符合上述情况的，退还原所有者，但从事农业科研、良种培育且土地利用合理的，经县级以上人民政府批准，可维持土地使用现状，参照当时规定的补偿标准酌情给予补偿。

第十四条　农村集体经济组织和个人占用国有农、林、牧、渔场和科研单位的生产、科研用地，参照前条款定的原则确定国有土地使用权。

第十五条　修建公路（不包括乡道），占用农民集体土地发生权属争议，按下列规定处理：

（一）一九六六年五月十六日以前占用的，其土地所有权属于国家，使用权属于用地单位；

（二）一九六六年五月十六日至一九八六年十二月三十一日期间占用，已作补偿的，其土地所有权属于国家，使用权属于用地单位；无偿占用的，参照当时规定的标准酌情给予补偿，办理土地登记手续，按前项规定确定土地权属。

第十六条　农民或农村集体经济组织将集体土地上的建筑物、其他附着物依法出售给全民所有制单位、城市集体所有制单位及城镇非农业户口居民，其使用范围内的土地权属按下列规定确定：

（一）一九八二年五月十四日以前卖房及其他附着物，其土地所有权按国家有关规定确认，使用权属于现用地单位或个人；

（二）一九八二年五月十四日至一九八六年十二月三十一日期间卖房及其他附着物的，由买方依法申请补办征地手续后，土地所有权属于国家，使用权属于现使用单位或个人。

第十七条　国有土地使用权发生争议，除法律、法规另有规定外，按下列规定处理：

（一）一九八二年五月十四日以前使用的，土地使用权属于现使用单位或个人；

（二）一九八二年五月十四日至一九八六年十二月三十一日期间，未经批准使用的，退还原使用单位；无法退还或确需继续使用的，补办土地划拨手续，确定使用权。

第十八条　国有土地使用权出租、转让发生争议的，按下列规定确定使用权：

（一）土地使用权出租或随同地上建筑物、其他附着物出租的，使用权属于出租人；

（二）土地使用权转让或随同地上建筑物、其他附着物转让（包括出售、交换、赠与、继承）的，使用权属于受让人；

（三）以土地使用权进行联营、联建、入股，或者以其他形式转让土地使用权的，按法律规定和协议确定使用权。

第十九条　农民集体所有土地使用权出租、转让发生争议的，依照国务院有关规定处理。

第二十条　铁路留用土地权属不清的，按照铁路留用土地的有关规定确定权属。

铁路用地在土改时已分给农民且有据可查的，其土地所有权属于农业集体经济组织。土改时未分给农民，但一直由农民使用，且不影响铁路正常运行和生产建设的，可继续使用，铁路建设需要予以收回的，按照《安徽省实施〈土地管理法〉办法》（以下简称《办法》）第二十七条的规定给予补偿。现由其他单位使用的，在不影响铁路正常运行的情况下，按本条例第十七条规定办理。

第二十一条　农村集体经济组织使用国有荒山、荒地，经县级以上人民政府批准的，其土地使用权属于用地单位，土地所有权不变。未经批准或者虽经批准但使用界线不清的，由当地县级以上人民政府确定使用权及其范围。国家需要收回时，按照《办法》第二十七条规定办理。

第二十二条　城镇居民宅基地使用权发生争议，按下列规定处理：

（一）一九八二年五月十四日以前建房（包括买房、继承房产，下同）的，按照《办法》规定确认宅基地使用权；超标准部分，可临时使用，在房屋改建、分户时核减、调整；

（二）一九八二年五月十四日至一九八六年十二月三十一日期间建房，经依法批准的，按前项规定确定宅基地使用权；未经批准的，补办用地审批手续后，确定使用权；

（三）一九八二年五月十四日至一九八六年十二月三十一日期间，城镇居民私自购买农村集体土地建房的，依法处理后确定宅基地使用权。

第二十三条　农村居民宅基地使用权发生争议，按照下列规定处理：

（一）一九八二年二月十三日以前建房的，按照《办法》规定确定使用权。超标准部分，可临时使用，在村镇规划、房屋改建和分户时核减、调整；

（二）一九八二年二月十三日以后建房，已办理用地批准手续的，按照《办法》规定确定使用权。超标准部分，按前项规定处理。违法占地建房的，依法处理后确定宅基地使用权。

第二十四条　一九八七年一月一日以后占用土地发生权属争议的，按照《中华人民共和国土地管理法》及有关法律、法规的规定处理。

第二十五条　依法收回的土地使用权，由县级以上人民政府重新确定。

国家征用土地后，剩余的农民集体所有的土地，在农民集体建制被撤销或其人口全部转为非农业人口之后，归国家所有，并由县级以上人民政府土地管理部门登记造册，重新确定使用权。

第二十六条　国家在不同时期对同一块土地重复划拨、征用、土地权属有争议的，按照目前实际使用情况或根据最后一次划拨、征用文件确定使用权。

第二十七条　土地所有权或使用权证明文件上的四至界线与实地一致，但实地面积与批准面积不一致的，按实地四至界线，确定土地的所有权或使用权。

第三章　处理程序

第二十八条　发生土地权属争议，当事人应首先协商解决；协商不成的，当事人可按本条例第二十九条、第三十条规定向同级人民政府土地管理部门或乡（镇）人民政府（以下简称受理机关）提出处理申请。

当事人协商达成的协议不得违反有关法律、法规，不得损害国家、集体的利益和其他公民的合法权益。

第二十九条　单位之间发生的土地权属争议，按下列规定确定处理机关：

（一）争议土地在县（市、区）行政区域内的由其所在县（市、区）人民政府处理；

（二）争议土地跨行政区域的，由其共同的上一级人民政府处理；

（三）省外或省属以上单位（含省属单位）与其他单位发生争议的，由争议土地所在地的县级人民政府提出处理意见，报行署或省辖市人民政府与省土地管理部门协商一致后裁定；协定不一致的，报省人民政府裁定。

第三十条　农村个人之间、个人与农村集体所有制单位之间发生土地权属争议，由争议土地所在地乡（镇）人民政府处理。

城市个人之间、个人与全民所有制单位、城市集体所有制单位之间发生土地权属争议，由县级人民政府处理。

争议土地跨行政区域的，由其共同的上一级人民政府处理。

第三十一条　处理机关因处理权限发生争议的，由争议各方协商解决；协商不成的，由其共同的上一级机关指定处理机关。

第三十二条　申请处理应以书面形式，并载明下列事项：

（一）申请人、对方当事人的名称、地址，法定代表人的姓名、职务；

（二）申请处理的事项、具体要求和理由，并附争议地块示意图；

（三）有关证据及其来源，证人的姓名、工作单位或地址。

第三十三条　受理机关接到处理申请后，应在十五日内决定是否受理。决定受理的，应当在决定受理之日起十日内将申请书副本发送对方当事人。对方当事人应在接到申请书副本之日起三十日内提交答辩文书和有关证据；逾期不提交答辩文书的，不影响作出处理决定。受理机关决定不受理的，应当在决定后十日内书面通知申请人，并说明理由。

对决定不受理的土地权属争议，上级受理机关对当事人的再次申请进行审查后，符合受理条件的，可指定受理或直接受理。

处理申请受理后，受理机关应当确定承办人员。与争议有利害关系的人员不得作为承办人。

同权属争议有利害关系的其他公民、法人或组织，经处理机关批准，可作为第三人参加。

第三十四条　受理机关对受理的土地权属争议,可先行调解;调解无效的,应当报处理机关作出处理决定。上一级处理机关对下一级处理机关不适当的决定,有权撤销或变更。

当事人对处理决定不服的,可在收到处理决定通知之日起十五日内向上一级处理机关申请复议,也可以在接到处理决定后三十日内,直接向人民法院起诉。上一级处理机关接到复议申请后,应在三个月内作出复议决定。当事人对复议决定不服的,可在接到复议决定通知之日起十五日内向人民法院起诉。期满不申请复议,不起诉,又不履行的,对方当事人可以申请人民法院强制执行。

第三十五条 土地权属争议处理期间,任何一方不得改变土地的现状和破坏其附着物。

第三十六条 土地权属争议各方当事人,对各自提出的事实和理由,负有举证责任。

处理机关对各方提供的证据应进行分析、调查,并注意收集其他证据。

第三十七条 依法将集体所有土地变更为国有土地并核发土地使用证的,属农业税计税土地,应由财政部门按规定核减原土地所有者的农业税。

依照本条例规定,变更集体土地所有者的,由财政部门按规定核准并相应变更农业税纳税人。

第四章　法律责任

第三十八条　在土地权属争议处理期间,当事人破坏生产及其设施,故意制造纠纷,煽动群众闹事,提供伪证,阻挠处理工作进行,违反《中华人民共和国治安管理处罚条例》的,由公安机关按照该条例处理;构成犯罪的,依法追究刑事责任。

第三十九条　国家机关工作人员在处理土地权属争议过程中玩忽职守,徇私舞弊,索贿受贿,情节轻微,未造成严重后果的,由所在单位或上级机关给予行政处分;构成犯罪的,由司法机关依法追究刑事责任。

第五章　附　　则

第四十条　处理土地权属争议案件的文书格式,由省土地管理部门统一制定。

第四十一条　本条例规定处理土地权属争议时间界限的依据是:一九六二年九月二十七日为《农村人民公社工作条例修正草案》实施之日;一九六六年五月十六日为“文化大革命”开始之日;一九八二年二月十三日为国务院《村镇建房用地管理条例》实施之日;一九八二年五月十四日为国务院《国家建设征用土地条例》实施之日;一九八七年一月一日为《中华人民共和国土地管理法》实施之日。

本条例中的起止时间某年某月某日“以前”不含当日，“以后”含当日，某年某月某日至某年某月某日期间，起止时间均含当日。

第四十二条　本条例具体应用中的问题，由省土地管理部门负责解释。

第四十三条　本省过去有关土地权属争议处理的规定，凡与本条例规定相抵触的，一律按本条例执行。

第四十四条　本条例自公布之日起施行。

安徽省测绘条例

（2008 年 10 月 23 日安徽省第十一届人民代表大会常务委员会第五次会议通过）

第一章　总　则

第一条　为了加强测绘管理，促进测绘事业发展，保障测绘事业为经济建设、国防建设和社会发展服务，根据《中华人民共和国测绘法》和有关法律、行政法规，结合本省实际，制定本条例。

第二条　本条例适用于本省行政区域内的测绘活动。

第三条　县（含县级市，下同）以上人民政府测绘行政主管部门负责本行政区域测绘工作的统一监督管理。

县级以上人民政府其他有关部门按照职责分工，负责本部门有关的测绘工作。

第四条　各级人民政府应当加强对测绘工作的领导。

鼓励测绘科学技术创新和进步，提高测绘水平。

第二章　测绘系统和标准

第五条　从事测绘活动，应当执行国家规定的测绘技术规范和标准。没有国家标准的，应当执行行业标准。

对没有国家标准、行业标准，又需要在本省范围内统一测绘技术要求的，可以制定本省的地方标准和技术规范。

第六条　省人民政府测绘行政主管部门应当根据国家规定的测绘基准和测绘系统，建立与国家坐标系统相统一的省级大地控制网。

设区的市、县人民政府测绘行政主管部门应当在省级大地控制网的基础上建立市、县级大地控制网。

第三章　基础测绘

第七条　省人民政府测绘行政主管部门组织实施下列省级基础测绘项目：

（一）建立、更新和维护全省统一的平面控制网、高程控制网和空间定位网；

（二）测制和更新全省1∶5000、1∶10000基本比例尺地图、影像图和数字化产品；

（三）建立、更新省级基础地理信息系统；

（四）进行基础航空摄影，获取全省基础地理信息的遥感资料；

（五）建设和维护基础测绘设施；

（六）组织编制全省基础地理底图、基本地图（册）、省级综合地图集和普通地图集；

（七）省人民政府确定的其他测绘项目。

第八条　设区的市、县人民政府测绘行政主管部门组织实施下列基础测绘项目：

（一）加密和复测本行政区域内平面控制网和高程控制网；

（二）测制和更新本行政区域1∶500、1∶1000、1∶2000基本比例尺地图、影像图和数字化产品；

（三）建立和更新本行政区域基础地理信息系统；

（四）组织编制和更新本行政区域综合地图集与普通地图集；

（五）县以上人民政府确定的其他测绘项目。

第九条　县以上人民政府应当将基础测绘纳入本级国民经济和社会发展规划，并将基础测绘经费及其永久性测量标志的维护、保管经费纳入财政预算。

第十条　基础测绘成果实行定期更新制度。更新周期按照国家有关规定执行。

第四章　界线测绘和其他测绘

第十一条　县级以上行政区域界线的标准画法图，按照国家有关规定执行。

乡（镇）行政区域界线的标准画法图，由省人民政府民政部门和省人民政府测绘行政主管部门拟订，报省人民政府批准后公布。

第十二条　土地权属证书、房屋权属证书中附具的土地权属界址点、界址线图以及与房屋产权、产籍有关的房屋面积的测绘，应当执行国家或者省测量技术标准和技术规范。

水利、能源、交通、通信、资源开发和其他领域的工程测量活动，应当按照国家有关的工程测量技术规范进行。

第十三条　因测绘需要进行航空摄影与遥感的，实施单位应当按照国家有关规定报批。

第五章　测绘资质资格

第十四条　从事测绘活动的单位，应当依法取得相应等级的测绘资质证书，并在资质等级许可的范围内从事测绘活动。

甲级测绘资质的申请，按照国家有关规定执行。乙级、丙级、丁级的测绘资质，由省人民政府测绘行政主管部门审批。

第十五条　从事测绘活动的专业技术人员，应当依法取得相应的执业资格。

测绘人员进行测绘活动时，应当持有测绘作业证件。

省人民政府测绘行政主管部门负责测绘作业证件的审核、发放和监督管理，可以委托设区的市人民政府测绘行政主管部门承担测绘作业证件的受理、审核、发放、注册核准等工作。

第十六条　测绘项目依法应当招标的，测绘项目出资人或者承担国家投资的测绘项目的单位，应当通过招标确定测绘单位，并接受县以上人民政府测绘行政主管部门和其他有关部门的监督。

测绘项目实行承发包的，发包单位不得向不具有相应测绘资质等级的单位发包，承包单位不得将承包的测绘项目转包。

依法应当招标的测绘项目实行测绘质量监理。

第十七条　县以上人民政府测绘行政主管部门应当建立测绘行业信用制度，对在本行政区域内从事测绘活动的测绘单位资质、业绩、测绘成果质量以及违法行为等情况建立档案，并向社会公布。

第六章　测绘成果

第十八条　测绘单位应当建立测绘项目验收制度。测绘项目未经验收合格的，测绘成果不得交付使用。

第十九条　测绘项目出资人、承担国家投资的测绘项目的单位以及测绘成果使用人有权就测绘成果质量向测绘单位查询，测绘单位应当如实告知。

第二十条　测绘成果依法实行汇交制度。省人民政府测绘行政主管部门负责本省测绘成果汇交管理工作。

测绘项目出资人或者承担国家投资的测绘项目的单位，应当自测绘项目验收完成之日起3个月内，依法向省人民政府测绘行政主管部门汇交测绘成果副本或者目录。

测绘行政主管部门应当自收到测绘成果副本或者目录之日起10日内，将其移交给测绘成果保管单位，并由省人民政府测绘行政主管部门定期编制测绘成果资料目录，向社会公布。

第二十一条　测绘成果保管单位应当建立健全测绘成果资料保管制度和基础测绘成果资料的异地备份存放制度，确保测绘成果资料的存放设施与条件符合国家有关保密、消防及档案管理的规定和要求，保障测绘成果资料的完整和安全，并按照国家有关规定向社会公开和提供利用。

第二十二条　使用财政资金的测绘项目和使用财政资金的建设工程测绘项目，有关部门在批准立项前应当征求本级人民政府测绘行政主管部门的意见，有适宜测绘成果的应当充分利用，避免重复测绘。

第二十三条　基础测绘成果和财政投资完成的其他测绘成果，用于国家机关决策和社会公益性事业的，应当无偿提供。无偿使用测绘成果的单位，不得将该测绘成果用于营利活动。

除前款规定之外，测绘成果依法实行有偿使用制度；但政府及其有关部门和军队因防灾、减灾、国防建设等公共利益的需要，可以无偿使用。

第二十四条　本省行政区域内重要的地理实体的位置、高程、深度、面积、长度等地理信息数据，除依法由国务院批准、公布外，由省人民政府测绘行政主管部门审核，并与省人民政府有关部门、军队测绘主管部门会商后，报省人民政府批准，由省人民政府或者其授权的部门公布。

第二十五条　县以上人民政府应当支持地理信息产业的发展，鼓励基础地理信息数据的增值开发和应用。

建立地理信息系统，应当利用符合国家标准的基础地理信息数据，并做好数据保密和安全工作。

第七章　地图管理

第二十六条　各级人民政府应当加强国家版图意识的宣传教育，增强公民的国家版图意识。

测绘、新闻出版、教育、民政、工商、信息产业等有关部门应当按照职责，加强对地图、地图产品和互联网网站登载地图的监督管理。

第二十七条　编制地图应当遵守国家有关地图内容表示的规定，保证地图内容的现势性和准确性。

编制地图应当使用标准化地名与行政区域界线的标准画法图。

第二十八条　编制行政区域地图不得进行地理要素的有偿标载。

编制公开发行的交通图、旅游图等其他地图的，应当标载重要的国家机关、医疗机构、高等院校、图书馆、车站、港口、机场等公共地理信息，并不得收取标载费用。

第二十九条　出版或者展示未出版的本省行政区域范围内的地方性地图或者专题地图，应当在地图印刷或者展示前，将试制样图报省人民政府测绘行政主管部门审核，并依法办理相关手续。

负责审核的省人民政府测绘行政主管部门应当自受理之日起30日内，对通过审核的地图样图，编发审图号，发出地图审核批准通知书；不予批准的，应当书面说明原因。

第三十条　出版或者展示的地图应当标明审图号。经审定的地图内容、形式发生变化，需要再版或者展示的，应当重新履行审核手续。

第三十一条　地图编制、展示单位不得在普通地图、内部地图上刊登广告。在专题地图上刊登广告的,不得压盖地图内容,影响地图的使用功能。

第八章　测量标志保护

第三十二条　省人民政府测绘行政主管部门负责全省测量标志的统一管理和保护工作,具体管理和维护国家一、二等和省级基础测绘设置的永久性测量标志。

设区的市、县人民政府测绘行政主管部门负责本行政区域内测量标志的统一管理和保护工作,具体管理和维护国家三、四等和本级基础测绘设置的永久性测量标志。

乡(镇)人民政府应当协助测绘行政主管部门做好辖区内测量标志的保护工作。

第三十三条　永久性测量标志应当设置明显的标牌。

设置永久性测量标志,需要使用国有或者集体所有的土地的,设置单位应当依法办理用地手续,并依法给予补偿。

第三十四条　县以上人民政府测绘行政主管部门应当建立健全永久性测量标志档案,定期对永久性测量标志进行检查、维护,并委托有关单位或者个人负责保管用于基础测绘的永久性测量标志。

第三十五条　进行工程建设,应当避开永久性测量标志;确实无法避开,需要拆迁永久性测量标志或者使其失去使用效能的,建设单位应当依法办理批准手续,并支付迁建费用。

第九章　法律责任

第三十六条　违反本条例第十八条规定,测绘项目未经验收合格交付使用的,由县以上人民政府测绘行政主管部门责令改正;情节严重的,降低资质等级直至吊销测绘资质证书。

第三十七条　违反本条例第二十三条第一款规定,无偿使用测绘成果的单位将该测绘成果用于营利活动的,由县以上人民政府测绘行政主管部门责令改正;对负有直接责任的主管人员和其他直接责任人员,依法给予处分。

第三十八条　违反本条例第二十四条规定,擅自发布本省行政区域内重要地理实体的位置、高程、深度、面积、长度地理信息数据的,由县以上人民政府测绘行政主管部门给予警告,责令改正,可以并处5000元以上2万元以下的罚款;对负有直接责任的主管人员和其他责任人员,由有权机关依法给予处分。

第三十九条　违反本条例第三十条规定,出版或者展示的地图未标明审图号的,由省人民政府测绘行政主管部门给予警告,责令改正,可以并处3000元以上1万元以下的罚款。

第四十条　违反本条例规定,县以上人民政府测绘行政主管部门工作人员滥用职权、徇私舞弊、玩忽职守的，依法给予处分。

第十章　附　　则

第四十一条　本条例自2008年12月1日起施行。1996年5月31日安徽省第八届人民代表大会常务委员会第二十四次会议通过，2004年6月26日安徽省第十届人民代表大会常务委员会第十次会议修正的《安徽省测绘管理条例》同时废止。

安徽省基本农田保护条例

（1996年7月28日安徽省第八届人民代表大会常务委员会第二十五次会议通过　根据2004年6月26日安徽省第十届人民代表大会常务委员会第十次会议关于修改《安徽省基本农田保护条例》的决定修正）

第一章　总　　则

第一条　为了对基本农田实行特殊保护，稳定耕地面积，促进农业生产和国民经济持续、快速、健康发展，根据《中华人民共和国土地管理法》（以下简称《土地管理法》）、《中华人民共和国农业法》和国务院《基本农田保护条例》以及有关法律、法规的规定，结合我省实际，制定本条例。

第二条　本条例适用于我省行政区域内基本农田的划定、保护、建设和管理。

第三条　本条例所称基本农田，是指根据一定时期人口和国民经济对农产品的需求，以及对建设用地的预测而确定的长期不得占用和基本农田保护区规划期内不得占用的耕地。

本条例所称基本农田保护区，是指为对基本农田实行特殊保护而依照法定程序划定的区域。

第四条　地方各级人民政府应当把基本农田保护工作纳入国民经济和社会发展计划，作为领导任期目标责任制的重要内容，由上一级人民政府监督实施，并实行年度考核。

地方各级人民政府定期向同级人民代表大会或其常务委员会报告基本农田保护情况。

第五条　地方各级人民政府对本行政区域内的基本农田全面规划，合理利用，加强管理，严格控制非农业建设占用耕地。逐步增加对基本农田的投入，完善农田水利设施，培肥地力，改善生态环境。

鼓励境内外组织和个人对基本农田的农业开发建设进行投资，其合法权益受法律保护。

第六条　县级以上（含县级，下同）人民政府土地管理部门和农业行政主管部门按照有关法律、法规和本级人民政府规定的职责分工，负责本行政区域内基本农田保护管理工作；其他各有关部门按照各自的职责，协同土地管理部门和农业行政主管部门实施基本农田保护工作。

乡（镇）人民政府负责本行政区域内基本农田保护管理工作。

第七条　地方各级人民政府对在基本农田保护管理工作中取得显著成绩的单位和个人，应当给予奖励。

一切单位和个人都有保护基本农田的义务，并有权对侵占、破坏基本农田以及其他违反本条例的行为进行检举、控告和抵制。

第二章　划　　定

第八条　地方各级人民政府应当编制基本农田保护区规划，确定基本农田保护的数量指标和布局安排，报上一级人民政府批准执行，并逐级分解下达。乡（镇）基本农田保护区规划必须把基本农田保护面积落实到地块和农户。

省人民政府对基本农田保护面积实行指标控制。具体保护面积由省人民政府确定，报省人民代表大会常务委员会备案。

第九条　下列耕地应当划入基本农田保护区：

（一）县级以上人民政府确定的粮、棉、油、麻生产基地和名、特、优、稀、新农产品生产基地；

（二）高产、稳产田和有良好水利条件与水土保持设施的耕地以及经过治理、改造和正在实施改造的中、低产田；

（三）城市和独立工矿区蔬菜生产基地和拟建设的蔬菜基地；

（四）农业教学、科研、农业技术推广试验示范用地和农作物良种繁育基地；

（五）根据需要予以保护的耕地。

第十条　划入基本农田保护区的耕地分为三级：

（一）生产条件好、产量高、长期不得占用的耕地，划为一级基本农田；

（二）生产条件较好、产量较高、十年内不得占用的耕地，划为二级基本农田；

（三）五年内不得占用的耕地，划为三级基本农田。

第十一条　基本农田保护区划定后，由县级人民政府的上一级人民政府组织有关部门按照划定基本农田保护区技术规程验收。验收合格的，由县级人民政府予以公告，设立保护标志。

第十二条　县级人民政府土地管理部门和农业行政主管部门应当建立基本农田保护区档案。

乡（镇）人民政府应对划定的基本农田保护区内耕地逐地块登记造册，编制图表，并向县级人民政府土地管理部门报送以下资料，同时抄送同级农业行政主管部门：

（一）基本农田保护区规划报告；

（二）基本农田保护区规划图；

（三）基本农田保护面积汇总表；

（四）基本农田保护面积分解表；

（五）基本农田保护区地块登记表册。

第十三条　划定基本农田保护区时不得擅自改变原承包者的承包经营权。

第三章　保护和管理

第十四条　县级以上地方人民政府应当与下一级人民政府签订基本农田保护责任书，乡镇人民政府应当与农村集体经济组织或者村民委员会签订基本农田保护责任书。

基本农田保护责任书应当包括下列内容：

（一）基本农田的范围、面积、地块；

（二）基本农田的等级；

（三）保护措施；

（四）当事人的权利与义务；

（五）奖励与处罚。

农业承包合同应当载明承包农户对基本农田的保护责任。

第十五条　基本农田保护区内禁止下列行为：

（一）擅自将耕地改为非耕地；

（二）闲置、荒芜耕地；

（三）建窑、建房、建坟；

（四）擅自挖沙、采石、采矿、取土；

（五）排放污染性的废水、废气，堆放固体废弃物；

（六）向基本农田提供不符合国家有关标准的肥料、农药；

（七）毁坏水利排灌设施；

（八）擅自砍伐农田防护林和水土保持林；

（九）破坏或擅自改变基本农田保护区标志；

（十）其他破坏基本农田的行为。

第十六条　在基本农田保护区内不得设立非农业开发区和工业小区。

国家能源、交通、水利等重点建设项目选址确实无法避开基本农田保护区，需要占用基本农田保护区耕地的，必须按国家法律、法规和本条例规定的程序和权限报批。

第十七条　开采地下资源或者从事其他生产建设活动，造成基本农田塌陷、毁坏的单位或个人，必须按照土地复垦有关规定负责整治或支付复垦费用，并对造成的损失给予补偿。

第十八条　国家能源、交通、水利、军事等重要建设项目选址确实无法避开基本农田保护区，需要占用基本农田，涉及农用地转用或者征收土地的，必须经国务院批准。

第十九条　经依法批准占用基本农田保护区耕地的单位或个人，除依照国家有关规定缴纳有关税费外，必须按照“占多少、垦多少”的原则，负责开垦与所占耕地的数量、质量相当的新耕地；没有条件开垦或开垦的耕地不符合要求的，应按下列标准一次性缴纳或补足占用基本农田保护区耕地开垦费：

（一）占用一级基本农田的，为征地补偿、补助费用总额的2倍；

（二）占用二级基本农田的，为征地补偿、补助费用总额的1倍；

（三）占用三级基本农田的，为征地补偿、补助费用总额的0.5倍；

占用蔬菜生产基地内的菜地，已按照国家有关规定缴纳新菜地开发建设基金的，不再缴纳占用基本农田保护区耕地开垦费。

第二十条　基本农田保护区耕地开垦费由县级以上人民政府土地管理部门负责征收，解交同级财政专户储存，专款专用，用于新的基本农田的开垦和中低产田改造。开垦费具体征收管理和使用办法由省土地管理部门、农业行政主管部门会同财政部门制定。

第二十一条　基本农田被批准占用的，县级以上人民政府应当适时在本行政区域内调整补充，并在规定期限内组织开垦新耕地。当地确实无条件开垦新耕地的，由上一级人民政府组织异地开垦。调整基本农田应当按照本条例第八条规定程序报批。

第二十二条　非农业建设经批准使用基本农田的单位或个人，超过一年未使用的，由县级以上人民政府土地管理部门按每平方米5元至10元收取土地闲置费；超过两年未使用的，由县级以上人民政府土地管理部门依法收回土地使用权。

承包经营集体所有的基本农田保护区耕地的个人弃耕抛荒的，由农村集体经济组织或村民委员会收回承包经营权。

收取的土地闲置费用于开发新耕地，不得挪作他用。

第二十三条　基本农田保护工作所需经费，由土地管理部门和同级农业行政主管部门提出计划，报同级人民政府批准后由同级财政核拨。

第四章　法律责任

第二十四条　违反本条例规定，有下列行为之一的，依照《土地管理法》、《中华人民共和国土地管理法实施条例》和《安徽省实施 < 土地管理法 > 办法》的有关规定给予处罚：

（一）未经批准或者采取不正当手段骗取批准，非法占用或超过批准面积占用基本农田保护区内耕地的；

（二）非法批准占用基本农田保护区耕地的；

（三）买卖或者以其他形式非法转让基本农田保护区耕地的；

第二十五条　违反本条例第十五条第一、三、四、十项规定之一的，依照《安徽省实

施 < 土地管理法 > 办法》的规定，责令限期纠正，并按被毁坏基本农田每平方米 5 元至 15 元的标准处以罚款。

违反本条例第十五条第五、六、七、八项规定之一的，分别按照环保、森林、水土保持等有关法律、法规的规定处罚。

违反本条例第十五条第九项规定的，责令恢复原状，可以并处 300 元至 500 元的罚款。

第二十六条　违反本条例第十六条规定的，对负有直接责任的主管领导和有关责任人，由其所在单位或者上级机关给予行政处分，其所占土地按非法占地处理。

第二十七条　违反本条例规定，未经批准或者采取欺骗手段骗取批准，非法占用基本农田的，依照《中华人民共和国土地管理法》和《中华人民共和国土地管理法实施条例》的有关规定，从重给予处罚。

第二十八条　单位非法占用基本农田保护区耕地开垦费、闲置费的，由县级以上人民政府指定有关部门责令退赔，可以处以非法占用额一倍至三倍的罚款；对负有直接责任的主管人员和其他直接责任人由其所在单位或上级机关给予行政处分；个人非法占用的，以贪污论处。

第二十九条　本条例规定的行政处罚由县级以上地方人民政府土地管理部门或者由其委托的符合法定条件的组织实施。法律、法规另有规定的，从其规定。

罚款应使用财政部门统一印制的罚没收据，罚没款全额上缴同级财政。

第三十条　当事人对处罚决定不服的，可以依照《行政复议条例》的规定申请复议或依法向当地人民法院起诉。

逾期不申请复议不起诉，又拒不执行处罚决定的，由作出处罚决定的行政机关申请人民法院强制执行。

第三十一条　基本农田保护管理工作人员玩忽职守、滥用职权、徇私舞弊的，由其所在单位或者上级机关给予行政处分；情节严重构成犯罪的，由司法机关依法追究刑事责任。

第三十二条　拒绝、阻碍基本农田保护管理工作人员执行公务的，由公安机关依照《中华人民共和国治安管理处罚条例》的有关规定给予处罚；情节严重构成犯罪的，由司法机关依法追究刑事责任。

第五章　附　　则

第三十三条　本条例具体应用中的问题由省土地管理部门负责解释。

第三十四条　本条例自一九九六年九月一日起施行。

安徽省土地监察条例

（1997年11月2日安徽省第八届人民代表大会常务委员会第三十四次会议通过 根据2002年4月4日安徽省第九届人民代表大会常务委员会第二十九次会议关于修改《安徽省土地监察条例》的决定修正）

第一章 总 则

第一条 为加强土地监察工作,保障土地管理法律,法规的实施,依法查处土地违法行为,根据《中华人民共和国土地管理法》、《中华人民共和国城市房地产管理法》等法律、法规规定,结合本省实际,制定本条例。

第二条 本条例所称土地监察,是指土地管理部门依法对单位和个人执行和遵守土地管理法律、法规情况进行监督检查以及对土地违法行为进行查处的行政执法活动。

第三条 本条例适用于我省行政区域内土地所有者,使用者及有关单位和个人土地违法行为的监察管理。

第四条 县（市）以上土地管理部门主管本行政区域内土地监察工作。

监察、公安、审计等有关部门和人民法院、人民检察院应按照职责分工,各司其职,密切配合,做好土地监察工作。

第五条 设区的市土地管理部门对市辖区、县（市）土地管理部门对乡、镇土地监察工作实行集中统一领导。

第六条 县（市）以上人民政府应加强对土地监察工作的领导和监督,对土地管理法律、法规的实施,实行行政首长负责制,并纳入政绩考核的内容。

县（市）以上人民政府应向本级人大常委会执行报告土地管理法律、法规实施情况和重大土地违法案件的查处情况。

第七条 任何单位和个人都有保护土地的义务,对违反土地管理法律、法规的行为,有权向土地管理部门和有关部门举报。

对举报土地违法行为、协助查处土地违法案件成绩显著的单位和个人,由人民政府给予表彰或奖励。

第二章　监察职权

第八条　土地监察职责：

（一）监督检查土地管理法律、法规贯彻执行情况；

（二）受理对土地违法行为的检举和控告；

（三）制止土地违法行为，查处土地违法案件；

（四）监督检查建设用地的审批、征用和使用情况；

（五）监督检查国有土地使用权的划拨、出让、转让、出租、抵押、终止等活动和集体土地使用情况；

（六）监督检查土地权属登记和发证情况；

（七）会同有关部门监督检查非农业建设用地计划执行情况；

（八）监督检查土地开发利用和复垦情况；

（九）监督检查征地费用和国有土地使用权出让金缴纳、管理和使用情况；

（十）依法应监察的其他事项。

第九条　土地管理部门对正在发生的土地违法行为，应责令违法单位和个人停止违法行为；对依法受到限期拆除新建建筑物和其他设施处罚的单位和个人，继续施工的，有权查封继续施工的设备和建筑材料。

第十条　土地管理部门发现下级土地管理部门实施违法或不当的土地行政行为，应责令其 限期改正；逾期不改正的，上级土地管理部门有权予以撤销、变更。

第十一条　土地管理部门发现下级人民政府实施违法或不当的土地行政行为，应报请本级人民政府予以纠正。

第十二条　土地管理部门发现本级人民政府实施违法或不当的土地行政行为，应及时建议本级人民政府纠正，并向上一级土地管理部门报告。

第十三条　土地管理部门应根据土地监察任务，配备相应的土地监察人员，具体负责土地监察工作。

第十四条　土地监察人员应恪尽职守，秉公办事，清正廉洁，严格执法。

土地监察人员必须经过培训、考核，取得执法资格后方可从事土地监察工作。土地监察人员依法履行监察职责时，须佩带行政执法标志，出示行政执法证件。

第十五条　土地监察人员在调查土地违法案件时，有权查阅、复印有关文件，要求当事人提供证明材料，并可进入土地违法现场检查。

被检查单位和个人必须接受检查，不得拒绝。

第十六条　土地监察人员依法执法公务，受法律保护。

第十七条　符合法定条件的土地监察队可以接受土地管理部门的委托，行使土地监察职权。

土地监察队负责人需要任免、调动工作的，有关部门应征求上一级土地管理部门的意见。

第三章 违法案件查处

第十八条 省土地管理部门管辖全省行政区域内下列案件：

（一）市人民政府（行署）及其土地管理部门非法批准占用土地的案件；

（二）在全省范围内有重大影响的土地违法案件；

（三）省人民政府和国家土地管理局交办的土地违法案件。

第十九条 市（地）土地管理部门管辖本行政区域内的下列案件：

（一）县（市）人民政府及其土地管理部门非法批准占用土地的案件；

（二）在本行政区域内有重大影响的土地违法案件；

（三）同级人民政府和上级土地管理部门交办的土地违法案件。

第二十条 县（市）土地管理部门管辖本行政区域内的土地违法案件。本条例第十八条、第十九条规定的除外。

第二十一条 管辖权发生争议的，由共同上一级土地管理部门指定管辖。乡、镇人民政府对管辖权有争议的，由县（市）土地管理部门指定管辖。

第二十二条 上级土地管理部门发现下级土地管理部门对依法由其管辖的土地违法案件不及时查处或查处不力的，应发出土地违法案件查处督办通知书，必要时可以直接依法查处。

第二十三条 土地管理部门立案查处土地违法案件，应符合下列条件：

（一）有明确的行为人；

（二）有违反土地管理法律、法规的事实；

（三）依照土地管理法律、法规应追究行政法律责任；

（四）属于土地管理部门管辖；

（五）在追责时效内。

重大土地违法案件立案后，应抄报上一级土地管理部门备案。

第二十四条 立案查处的土地违法案件，由两名以上土地监察人员承办。

案件承办人员和主管负责人，与本案有利害关系或与本案当事人有近亲属关系的，应予回避。

第二十五条 经立案调查认定有违法行为的，土地管理部门应及时发出《责令停止土地违法行为通知书》，送达当事人。当事人接到通知书后，应立即停止土地违法行为。

第二十六条 土地违法案件调查结束后，土地管理部门分别情况依法作出如下决定：

（一）认定违法事实清楚、证据确凿，应给予行政处罚的，作出土地违法案件行政处罚决定；

（二）认定侵犯土地所有权或者使用权的，作出土地侵权行为处理决定；

（三）认为国家工作人员有违法违纪行为需要给予行政处分的，提出书面处理建议，按照干部管理权限移送有关单位；

（四）认为当事人违法行为构成犯罪的，将案件移送司法机关；

（五）认定证据不足、违法事实不成立的，决定撤销案件。

监察、司法机关对土地管理部门移送的案件，应及时查处，并将结果反馈给土地管理部门。

第二十七条　土地管理部门查处土地违法案件，应自立案之日起６０日内作出处理决定。重大、复杂的案件，经上一级土地管理部门批准，可以适当延期，但延长的期限不得超过９０天。

第二十八条　各级人民政府应积极支持并监督土地管理部门依法查处土地违法案件。对土地管理部门查处土地违法案件遇到干扰、阻挠的，应采取有效措施予以排除，保障土地管理部门依法进行查处。对土地管理部门不依法查处土地违法案件或查处不力的，应督促其纠正。

第二十九条　土地管理部门查处土地违法案件，应使用省土地管理部门统一监制的文书。案件处理完毕后，承办人应写出结案报告，经本级土地管理部门审查批准结案。办案过程中形成的文书、图片、照片等资料收集整理立卷归档，并将下列文书报上一级土地管理部门备案：

（一）《土地违法案件行政处罚决定书》；

（二）《土地侵权行为处理决定书》；

（三）《土地违法案件结案报告》；

（四）经复议机关复议或人民法院审理的案件，应附复议决定书副本或人民法院判决书副本。

对重大的土地违法案件，土地管理部门或人民政府应予以通报。

第四章　法律责任

第三十条　非法批准征用、使用土地的，批准文件无效，对批准的单位主管人员或责任人依法给予行政处分；情节严重，构成犯罪的，依照《刑法》第四百一十条规定追究刑事责任。非法批准占用的土地严格依法处理。

第三十一条　买卖或以其他形式非法转让土地的，依法给予行政处罚，对主管人员依法给予行政处分；情节严重，构成犯罪的，依照《刑法》第二百二十八条规定追究刑事责任。

第三十二条　违反法律规定，在耕地上挖土、挖沙、采石、采矿等，严重毁坏种植条件的，或因开发土地造成土地沙化、盐渍化、水土流失的，依法给予行政处罚；情节严重，构成犯罪的，依照《刑法》第三十四十二条规定追究刑事责任。

第三十三条　违法批准出让或擅自出让国有土地使用权的，批准文件或出让行为无效，对有关责任人员依法给予行政处分，占用的土地由土地管理部门依法处理。

第三十四条　拒绝、阻碍土地监察人员依法执行公务或对土地监察人员、举报人打击报复的，由公安机关依照《中华人民共和国治安管理处罚条例》的规定给予处罚；构成犯罪的，依法追究刑事责任。

第三十五条　土地管理部门依照本条例第九条规定查封施工设备、建筑材料等所发生的费用，由建设单位或个人承担；因建设、施工单位或个人过错造成查封财产损失的，由建设、施工单位或个人承担。

土地管理部门违法实施查封措施，给建设、施工单位或个人造成损失的，应依法予以赔偿，对直接负责的主管人员和直接责任人员依法给予行政处分。

第三十六条　当事人对土地行政处罚或行政处理决定不服的可以依法申请复议或提起诉讼。

当事人逾期不履行行政处罚或行政处理决定的，由作出行政处罚或行政处理的决定机关申请人民法院强制执行。

第三十七条　各级人民政府、土地管理部门及其工作人员对土地违法行为隐瞒不报、不查，或者在处理土地违法案件中玩忽职守、滥用职权、徇私舞弊的，对有关责任人员依法给予行政处分；构成犯罪的，依法追究刑事责任。

第五章　附　　则

第三十八条　本条例具体应用中的问题由省土地管理部门负责解释。

第三十九条　本条例自 1998 年 1 月 1 日起施行。

安徽省矿产资源管理办法

(1998年4月10日安徽省第九届人民代表大会常务委员会第三次会议通过，2006年6月29日安徽省第九届人民代表大会常务委员会第二十四次会议修订,自1998年5月1日起施行。)

第一章　总　　则

第一条　为了加强矿产资源勘查、合理开发、有效利用和保护工作,维护矿业秩序,促进可持续发展,根据《中华人民共和国矿产资源法》和国务院《矿产资源勘查区块登记管理办法》、《矿产资源开采登记管理办法》、《探矿权采矿权转让管理办法》及有关法律、法规,结合本省实际,制定本办法。

第二条　在本省行政区域内,勘查、开发矿产资源,必须遵守本办法。

第三条　矿产资源属于国家所有。地表或地下的矿产资源国家所有权不因其所依附的土地的所有权或使用权的不同而改变。

第四条　勘查、开采矿产资源,必须符合规定的资质条件,依法申请、经批准后办理登记,有偿取得探矿权、采矿权。

探矿权、采矿权可依法转让。探矿权人、采矿权人的合法权益受法律保护。

探矿权人有优先取得勘查区块内矿产资源的采矿权。

开采矿产资源必须依法缴纳矿产资源税和资源补偿费。

第五条　各级人民政府应当采取措施,依法维护本行政区域内矿产资源的国家所有权,加强对矿产资源的保护;依法维护本行政区域内的矿业秩序,保障勘查作业区和矿区的生产秩序、工作秩序不受影响和破坏。

第六条　县级以上人民政府(含行政公署,下同)地质矿产主管部门负责本行政区域内的矿产资源勘查、开发、保护和地质环境的监督管理工作。

县级以上人民政府有关主管部门协助同级地质矿产主管部门实施本办法。

第七条　鼓励国内外投资者依法在本省合资、合作或独资进行矿产资源勘查、开发。各级人民政府应当保障投资者的合法权益。

省人民政府地质矿产主管部门应当定期公布本省矿产资源勘查、开发信息,引导国内外投资者来本省投资勘查、开发矿产资源。

第二章　矿产资源的勘查

第八条　省人民政府地质矿产主管部门依法负责全省矿产资源勘查登记管理工作。

第九条　从事地质勘查活动的单位，必须依法取得地质勘查资格。

第十条　勘查出资人为探矿权申请人；国家出资勘查的，国家委托的勘查单位为探矿权申请人。探矿权申请人必须是企事业法人。

第十一条　勘查下列矿产资源，由省人民政府地质矿产主管部门审批，颁发勘查许可证：

（一）国务院《矿产资源勘查区块登记管理办法》第四条第一款、第二款规定以外的矿产资源；

（二）国务院地质矿产主管部门授权审批的矿产资源。

第十二条　申请勘查登记的探矿权申请人，应当向勘查登记管理机关提交下列资料：

（一）申请登记书和申请的区块范围图；

（二）勘查单位的资格证书复印件；

（三）勘查工作计划、勘查合同或者委托勘查的证明文件；

（四）勘查工作实施方案及附件；

（五）勘查项目资金来源的证明文件；

（六）登记管理机关需要提交的其它材料。

第十三条　勘查登记管理机关应当自收到勘查登记申请之日起 40 日内，作出准予登记或不准予登记的决定，并书面通知申请人。准予登记的，申请人应当自收到准予登记通知之日起 30 日内，按照国务院《矿产资源勘查区块登记管理办法》的规定，到登记管理机关缴纳探矿权使用费和国家出资勘查形成的探矿权价款，办理登记手续，领取勘查许可证，成为探矿权人；逾期不办理的，视为放弃申请。不准予登记的，登记管理机关应当告之理由。

探矿权人不具有地质勘查资格的，应当委托具有地质勘查资格的单位进行地质勘查。

第十四条　勘查许可证有效期最长不得超过 3 年。探矿权人每年必须完成最低勘查投入；需要延长勘查期限的，探矿权人应当在勘查许可证有效期满 30 日前，到勘查登记管理机关办理延续登记手续，每次延续不得超过 2 年。

第十五条　有下列行为之一的，在勘查许可证有效期满 30 日前，探矿权人应当向勘查登记管理机关申请办理变更登记手续，换领勘查许可证：

（一）变更勘查区块范围的；

（二）变更勘查工作对象的；

（三）探矿权人改变名称或地址的；

（四）依法转让探矿权的；

（五）其他应当办理变更登记的。

第十六条　探矿权人完成勘查项目后，必须编写勘查报告。供矿山建设使用的一般大型、中型、小型矿床勘查报告和供中型、小型水源地建设使用的地下水勘查报告，由省矿产储量审批机构审批；其他勘查报告，根据省矿产储量审批机构的规定办理。

矿产储量审批机构应当自收到矿产资源勘查报告后，大中型勘查报告在6个月之内，小型勘查报告在3个月之内作出批复。

未经审批的地质勘查报告不得作为矿山设计、建设的依据。

第十七条　探矿权人应当在地质勘查报告批准后三个月内，向省人民政府地质矿产主管部门申报登记勘查探明的储量，并依法向国家和省地质资料管理机构汇交其地质勘查成果档案资料。经矿产储量审批机构批准的矿产储量，列入国有资产进行管理。

矿产资源勘查报告和其他有价值的勘查资料，按照国家有关规定实行有偿使用。地质矿产主管部门应当依法保护地质资料汇交人的合法权益。

第十八条　探矿权人在勘查许可证有效期内，探明可供开采矿体后，可以依法向勘查登记管理机关申请保留探矿权。保留探矿权的期限，最长不得超过2年；需要延长保留期限的，可以申请延长2次，每次不得超过2年；保留探矿权的范围为可供开采的矿体范围。

第三章　矿产资源的开采

第十九条　开采下列矿产资源，由省人民政府地质矿产主管部门审批、登记，颁发采矿许可证：

（一）国务院《矿产资源开采管理办法》第三条第一款、第二款规定以外的可供开采的矿产储量规模为中型以上的矿产资源；

（二）省规划矿区内的矿产资源；

（三）国务院地质矿产主管部门授权审批的矿产资源。

开采前款以外的矿产储量规模为小型的矿产资源，由行署或设区的市人民政府地质矿产主管部门审批、颁发采矿许可证。

开采矿产储量规模为小矿、零星和只能用作普通建筑材料的砂、石、粘土矿产资源的，由县级人民政府地质矿产主管部门审批、登记，颁发采矿许可证。

矿区范围跨两个以上行政区域的，由所涉及行政区域共同的上一级人民政府地质矿产主管部门审批和颁发采矿许可证。

矿产储量规模的小型、小矿和零星资源的划分标准，由省矿产储量审批机构规定。

第二十条　按照本办法第十九条第二款、第三款的规定审批、颁发采矿许可证的，县级以上人民政府地质矿产主管部门应当于颁发采矿许可证之日起20日内，逐级向上一级人民政府地质矿产主管部门备案。

第二十一条　采矿出资人为采矿权申请人。采矿权申请人在设立矿山企业或申请立项之前，应当持依法取得的经矿产储量审批机构批准的地质勘查报告及拟开采的矿产资源储量规模大小的证明材料，按照本办法第十九条规定的权限向地质矿产主管部门提出矿产资源预申请，申请划定矿区范围，确定开采矿种和占有储量。

地质矿产主管部门应当自收到申请之日起40日内，根据矿产资源规划和国家产业政策进行审查，作出是否同意的批复文件。

第二十二条　采矿权申请人自收到地质矿产主管部门的预申请批准文件后，开采中型规模矿产资源在1年内、小型规模矿产资源在6个月内、小矿矿产资源在3个月内，履行完项目立项或企业设立等审批手续，按审批权限向地质矿产主管部门申请办理采矿登记，领取采矿许可证。逾期不办理的，视为放弃申请。

第二十三条　采矿权申请人申请办理采矿登记的，应当向地质矿产主管部门提交下列资料：

（一）采矿权申请书和申请人合法有效的身份证明；

（二）相应的资金、技术条件证明材料；

（三）矿产资源预申请的批准文件；

（四）矿产资源开发利用方案；

（五）符合国家产业政策和技术规范的可行性研究或矿山初步设计及其批准文件；

（六）企业设立或项目立项的批准文件；

（七）有关部门审查同意的矿山安全保障措施；

（八）矿山地质环境影响评价报告；

（九）采矿登记机关要求的其它资料。

开采小矿、零星和只能用作普通建筑材料的砂、石、粘土矿产资源的，申请采矿登记的材料可以从简。具体办法由省人民政府地质矿产主管部门规定。

第二十四条　地质矿产主管部门应当自收到采矿登记申请之日起40日内，作出准予或不准予登记的决定，并书面通知采矿权申请人。采矿权申请人应当自收到准予登记通知之日起30日内，按照国务院《矿产资源开采管理办法》的规定，到登记管理机关缴纳采矿权使用费和国家出资勘查形成的采矿权价款，办理登记手续，领取采矿许可证，成为采矿权人；逾期不办理的，视为放弃申请。

第二十五条　开采中型规模矿产资源的，采矿许可证有效期不得超过20年；开采小型规模矿产资源的，采矿许可证有效期不得超过10年；开采小矿、零星和只能用作普通建筑材料的砂、石、粘土等矿产资源的，采矿许可证有效期不得超过3年。

第二十六条　采矿权人在采矿许可证有效期限内，按照国家规定，可以申请办理延续、注销手续,并换领或注销采矿许可证。

第二十七条　有下列情形之一的,采矿权人应当在变更前40日内,向登记管理机关申请办理采矿许可证变更登记:

(一)变更矿区范围的;

(二)变更主要开采矿种的;

(三)变更开采方式的;

(四)变更矿山企业名称的;

(五)转让采矿权的。

第二十八条　登记管理机关在颁发采矿许可证后,应当通知或报告矿区范围所在地的有关县级人民政府。有关县级人民政府应当自接到通知或报告之日起90日内,对矿区范围予以公告,并可以根据采矿权人的申请,组织埋设界桩或者设置地面标志。

第二十九条　采矿权人自采矿许可证颁发之日起,开采中型规模矿产资源在2年内、小型规模、小矿及零星等矿产资源在1年内,应当进行建设或者生产;逾期未进行建设或者生产的,采矿许可证颁发机关有权注销其采矿许可证。

第四章　监督管理

第三十条　地质矿产主管部门应当对本行政区域内探矿权人、采矿权人勘查和开发利用矿产资源的情况进行年度检查。

探矿权人和采矿权人必须接受地质矿产主管部门的监督管理,如实反映情况,按规定提供年度报告等有关资料,不得虚报、拒绝、隐瞒。

探矿权人和采矿权人要求保密的材料,地质矿产主管部门应当予以保密。

第三十一条　探矿权人、采矿权人应当在开工前持勘查许可证、采矿许可证等资料,向勘查作业区、矿区所在地的地质矿产主管部门报告,并接受其监督管理。

第三十二条　探矿权人必须按照批准的勘查设计施工。对符合国家规定要求的复杂类型矿床可以进行边探边采,但必须向原颁发勘查许可证机关和储量审批机构提交论证资料,经审核同意办理储量登记后,依法向省人民政府地质矿产主管部门办理采矿登记手续。

第三十三条　从事地质勘查的单位,必须接受省人民政府地质矿产主管部门的资格统检和质量监督,按照国家规定的技术质量标准组织施工,提交符合质量要求的勘查报告。

第三十四条　采矿权人开采矿产资源的开采回采率、采矿贫化率和选(洗)矿回收率,应当达到设计要求并制定年度计划。

第三十五条　矿产储量实行统一登记统计制度。采矿权人必须按照国家和省人民政府地质矿产主管部门的规定,对其保有、探明及消耗的矿产储量进行统计,并填报年度基层矿产储量表。

报销矿产储量应当提交相应的地质资料。正常消耗矿产储量的报销，由矿山企业（行业）主管部门审批；非正常消耗矿产储量的报销，由矿山企业（行业）主管部门核准后，报省人民政府地质矿产主管部门备案。

第三十六条　采矿权人应按照谁开发谁保护、谁污染谁治理、谁破坏谁恢复的原则，对被污染、破坏的矿区环境进行治理、恢复。

开采矿产资源，必须妥善处置开采活动中产生的废水、废气、废渣、废石和尾矿；需要排放污染物的，必须符合国家和地方规定的排污标准。

第三十七条　开采矿产资源造成地质环境破坏或引发地质灾害的，应当及时向当地地质矿产主管部门报告并采取必要的措施进行恢复和治理，防止灾害扩大；给他人造成损害的应当赔偿损失。

勘查、开采矿产资源必须遵守环境保护和矿山安全方面的法律规定，保护地质环境，防治地质灾害，加强水土保持、植被恢复和土地复垦。禁止开采或者毁坏预留的安全矿柱或者岩柱。

第三十八条　在勘查、开采矿产资源过程中，发现具有科研和利用价值的地质自然遗迹、景观以及文物古迹时，必须采取保护措施，并及时报告省人民政府地质矿产主管部门和有关部门。

第三十九条　采矿权人在采矿许可证有效期内或者有效期届满，停办、关闭矿山的，应当自决定停办或者关闭矿山之日起30日内，按闭坑要求的规定向原发证机关申请办理采矿许可证注销登记手续。

第四十条　国务院和省人民政府规定由指定单位统一收购的矿产品，其他单位或者个人不得收购；开采者不得向非指定单位销售。

在矿业秩序混乱的矿区，经有关市、县人民政府批准，由地质矿产主管部会同有关部门采取必要措施进行监督、治理；对矿业秩序严重混乱矿区的监督、治理，须经省人民政府批准。

第四十一条　探矿权人、采矿权人对勘查范围、矿区范围发生争议的，按国务院《矿产资源勘查区块登记管理办法》、《矿产资源开采登记管理办法》的规定处理。

第五章　法律责任

第四十二条　无证或者越界勘查、开采矿产资源，非法买卖、出租或者以其他形式转让矿产资源，擅自转让探矿权、采矿权，拒不缴纳有关税费等违法行为，由登记管理机关依照有关法律、行政法规的规定予以处罚。

第四十三条　有下列行为之一的，由县级以上人民政府地质矿产主管部门予以处罚，其中给予吊销勘查许可证、采矿许可证处罚的，由原发证机关决定：

（一）违反本办法第三十条第二款规定的，责令限期改正；逾期不改正的，处以 5 万元以下的罚款；情节严重的，吊销勘查许可证、采矿许可证。

（二）开采回采率、采矿贫化率和选（洗）矿回收率连续 2 年达不到规定指标的，责令限期改正；逾期不改正的，按照国家规定予以处罚。

（三）不按规定报销矿产资源储量或违法闭坑的，分别给予警告、5万元以下的罚款；情节严重的，吊销采矿许可证。

（四）勘查、开采矿产资源造成矿山地质环境破坏或者地质灾害的，责令限期恢复和治理，并处 1 万元以上 5 万元以下的罚款；逾期不恢复和治理的，处以 5 万元以上 10 万元以下的罚款；情节严重的，吊销勘查许可证、采矿许可证。

第四十四条　上级地质矿产主管部门对下级地质矿产主管部门不适当或者违法的行政行为有权改变或撤销；对下级地质矿产主管部门应当给予探矿权人、采矿权人行政处罚而不给予行政处罚的，有权责令改正或者直接给予行政处罚。

第四十五条　当事人对行政处罚决定不服的，可以依法申请行政复议，或提起诉讼。

第四十六条　地质矿产主管部门工作人员和其他有关国家机关工作人员在矿产资源勘查、开采管理工作中，以权谋私、徇私舞弊、滥用职权或者玩忽职守，未按规定时间办理有关勘查和采矿登记手续，或者违反规定批准勘查、开采矿产资源和颁发勘查许可证、采矿许可证，或者对违法勘查、开采矿产资源行为不予制止、处罚的，给予行政处分。

第四十七条　违反本办法规定构成犯罪的，依法追究刑事责任。

第六章　附　　则

第四十八条　地下水资源的勘查，适用矿产资源管理法律法规；地下水资源的开发、利用、保护和管理，适用水法律法规。

第四十九条　本办法具体应用中的问题，由省人民政府地质矿产主管部门负责解释。

第五十条　本办法自 1998 年 5 月 1 日起施行。

安徽省矿山地质环境保护条例

（2007年6月22日安徽省第十届人民代表大会常务委员会第三十一次会议通过）

第一章 总　　则

第一条　为了保护和改善矿山地质环境，防治矿山地质灾害、环境污染和生态破坏，保障公共财产和公民生命财产安全，促进经济社会和环境的协调发展，根据有关法律、行政法规，结合本省实际，制定本条例。

第二条　本条例适用于本省行政区域内矿山地质环境保护活动。

第三条　矿山地质环境保护应当与开发利用相结合，坚持谁开发谁保护、谁破坏谁治理、谁投资谁受益的原则。

第四条　县（含县级市，下同）以上人民政府应当加强矿山地质环境保护工作，实行统一规划、防治结合的方针，组织编制矿山地质环境保护规划，并纳入国民经济和社会发展规划。

第五条　县以上人民政府国土资源行政主管部门负责本行政区域内矿山地质环境保护的监督管理工作。

发展改革、建设、水利、农业、林业等有关部门应当按照各自的职责，做好矿山地质环境保护监督管理的相关工作。

环境保护行政主管部门对本行政区域内环境保护工作实施统一监督管理。

第六条　鼓励开展矿山地质环境保护的科学技术研究，推广先进的矿山地质环境治理恢复技术和方法，普及矿山地质环境保护的科学技术知识，提高矿山地质环境保护水平。

第七条　鼓励单位和个人投资矿山地质环境的保护与治理。

第八条　对在矿山地质环境保护工作中做出显著成绩的单位和个人，由县以上人民政府及其有关部门给予表彰、奖励。

第二章 规　　划

第九条　县以上人民政府国土资源行政主管部门应当组织开展本行政区域内的矿山地质环境调查。

被调查的单位和个人应当按照国家和省规定如实向开展矿山地质环境调查的国土资源行政主管部门提供矿山地质环境的相关资料。涉及国家秘密和商业秘密的，国土资源行政主管部门应当保密。

第十条　省人民政府国土资源行政主管部门应当会同环境保护、发展改革、建设等部门，依据国家有关规定，根据本省实际，利用矿山地质环境调查结果，编制本省矿山地质环境保护规划，报省人民政府批准后公布实施。

市、县人民政府国土资源行政主管部门应当会同环境保护、发展改革、建设等部门，依据上一级矿山地质环境保护规划，利用矿山地质环境调查结果，编制本行政区域的矿山地质环境保护规划，报本级人民政府批准后公布实施，并报上一级人民政府国土资源行政主管部门备案。

经批准的矿山地质环境保护规划不得擅自修改。确需修改的，应当报原批准机关批准。

第十一条　编制矿山地质环境保护规划，应当符合法律、法规的规定，并与土地利用总体规划、矿产资源规划、环境保护规划、地质灾害防治规划、水土保持规划、城市总体规划、村庄和集镇规划等相衔接。

第十二条　矿山地质环境保护规划应当包括下列主要内容：

（一）矿山地质环境状况和发展趋势；

（二）矿山地质环境保护的原则、目标和任务；

（三）矿山地质环境保护的重点区域；

（四）矿山地质环境保护措施和治理项目。

第三章　保　　护

第十三条　勘查、开采矿产资源，应当保护矿山地质环境，依法做好水土保持、植被恢复和土地复垦工作。

第十四条　探矿权人应当按照批准的勘查设计施工，对勘查矿产资源遗留的钻孔、探井、探槽、巷道进行回填、封闭，对形成的危岩、危坡等，采取治理措施，消除安全隐患。

第十五条　申请开采矿产资源的，采矿权申请人应当委托具有相应地质灾害治理资质的单位编制矿山地质环境保护与综合治理方案，报有采矿许可权的国土资源行政主管部门批准。

已建和在建的矿山企业，未编制矿山地质环境保护与综合治理方案的，采矿权人应当编制，并报原采矿许可机关批准后实施。

第十六条　矿山地质环境保护与综合治理方案应当包括下列内容：

（一）矿山基本情况及地质环境现状；

（二）开采矿产资源对矿山地质环境可能造成影响的分析、预测、评估；

（三）矿山地质环境治理措施及保障措施；

（四）矿山地质环境影响的经济损益分析；

（五）国家规定的其他内容。

第十七条　采矿权人扩大开采规模、变更矿区范围或者开采方式的，应当重新编制矿山地质环境保护与综合治理方案，并报原批准机关批准。

第十八条　采矿权人应当按照批准的矿山地质环境保护与综合治理方案开采，避免崩塌、滑坡、地裂，防止或者控制地面塌陷等矿山地质灾害事故发生。

第十九条　开采矿产资源，应当遵守有关环境保护和矿山安全的法律、法规，按照国家有关规定处置开采活动中产生的废水、废气、废渣、废石和尾矿等废弃物。

第二十条　开采矿产资源，应当依法保护和利用水资源，减少对地表水和地下水水质、水量的影响，防止水污染、水源枯竭和水系破坏。

第二十一条　在勘查、开采矿产资源过程中，对具有科研和利用价值的地质遗迹、景观以及文物古迹，应当采取保护措施，并及时报告省人民政府国土资源行政主管部门和其他有关部门。

第四章　治　　理

第二十二条　开采矿产资源造成矿山地质环境破坏的，由采矿权人负责治理恢复，治理恢复费用列入生产成本。矿山被批准关闭或者闭坑前，采矿权人应当按照矿山地质环境保护与综合治理方案，完成矿山地质环境的治理恢复。

第二十三条　按照企业所有、政府监管、专户储存、专款专用的原则，建立矿山地质环境治理恢复保证金制度。采矿权人应当按照国家和省有关规定缴存矿山地质环境治理恢复保证金（以下简称保证金）。

保证金缴存、使用和管理的具体办法，由省人民政府制定。

第二十四条　采矿权人应当按照矿山地质环境保护与综合治理方案确定的矿山地质环境治理措施，对矿山地质环境治理恢复工程进行勘查、设计。矿山地质环境治理恢复工程经勘查、设计后方可施工。矿山地质环境治理恢复工程在施工过程中，应当由相应资质的监理单位实施监理。

采矿权人不具备治理恢复能力的，应当委托具有相应地质灾害治理工程资质的勘查、设计、施工和监理单位承担矿山地质环境治理恢复业务。

第二十五条　承担矿山地质环境治理恢复工程的勘查、设计、施工和监理单位，应当根据矿山地质环境保护与综合治理方案的要求，按照国家有关标准和技术规范进行矿山地质环境的治理恢复，不得弄虚作假、降低治理恢复质量。

矿山地质环境治理恢复工程的勘查、设计、施工和监理单位，不得超越资质等级许可的范围或者以其他单位的名义承揽矿山地质环境治理恢复业务；不得允许其他单位以本单位的名义承揽矿山地质环境治理恢复业务。

第二十六条　矿山地质环境治理过程中，采矿权人或者承担治理责任的单位应当每年将治理情况报告矿山所在地市、县人民政府国土资源行政主管部门。

第二十七条　矿山地质环境治理恢复应当达到下列主要标准：

（一）整治被破坏或者废弃的土地，使之恢复到适宜植物生长、水产养殖或者其他可供利用状态；

（二）整修露天采矿的边坡、断面并实施绿化，无滑坡、崩塌、泥石流等安全隐患；

（三）采取封闭、充填或者人工放顶等措施，使地下井、巷等采空区达到安全状态；

（四）处置矿山开采活动中产生的各类废弃物达到国家规定的标准；

（五）地表水水质得到恢复。

对具有观赏价值、研究价值的矿山遗迹，鼓励开发为地质地貌景观保护区、旅游区或者矿山公园。

第二十八条　矿山地质环境治理恢复后，由采矿权人向矿山所在地县以上人民政府国土资源行政主管部门提出验收申请，由国土资源行政主管部门组织验收。法律、行政法规另有规定的，从其规定。

矿山地质环境治理恢复工程经验收未达到治理恢复标准的，国土资源行政主管部门责令限期治理。逾期治理仍达不到标准的，由国土资源行政主管部门组织重新治理，治理费用从保证金中列支。保证金不足支付治理恢复费用的，由采矿权人补足。

第二十九条　本条例实施前已关闭或者废弃的矿山，由矿山所在地市、县人民政府组织对其矿山地质环境进行治理恢复。市、县人民政府可以通过多渠道融资治理已关闭或者废弃的矿山。投资治理已关闭或者废弃的矿山，投资人可以依法享受投资收益，但不得损害他人的合法权益。

前款规定的已关闭或者废弃的矿山，其地质环境治理恢复工程的勘查、设计、施工和监理，应当由具有相应治理恢复能力或者地质灾害治理工程资质的单位承担。矿山地质环境治理恢复完成后，由矿山所在地县以上人民政府国土资源行政主管部门组织验收。法律、行政法规另有规定的，从其规定。

第三十条　因采矿而挖损、塌陷、压占的土地，治理后可用于耕种的，经验收确认后，可以依法折抵建设占用耕地的补偿指标。

第三十一条　采矿权人按照矿山地质环境保护与综合治理方案进行矿山地质环境治理恢复，从废石（矸石）、尾矿中回收矿产品的，可以依法减免矿产资源补偿费。

第五章　监督管理

第三十二条　县以上人民政府国土资源行政主管部门应当按照国家规定组织建立本行政区域内地质环境监测网络。

县以上人民政府国土资源行政主管部门应当对矿山地质环境实施动态监测，指导、监督采矿权人开展矿山地质环境监测，并将监测情况向社会公告。

采矿权人应当定期向矿山所在地市或者县人民政府国土资源行政主管部门报告监测情况，如实提交监测资料，接受国土资源行政主管部门的监督检查。

第三十三条　县以上人民政府国土资源行政主管部门应当为探矿权人、采矿权人和承担矿山地质环境治理恢复业务的单位提供服务。

第三十四条　县以上人民政府国土资源行政主管部门应当加强对采矿权人履行矿山地质环境保护和治理义务情况的监督检查，对违反本条例规定的行为，应当及时予以制止，并采取相应处理措施。

第三十五条　县以上人民政府国土资源行政主管部门履行矿山地质环境保护职责时，可以对下列情况进行现场检查：

（一）矿山地质环境保护与综合治理方案确定的治理措施落实情况；

（二）矿山地质环境监测情况；

（三）矿山地质环境治理恢复情况。

第三十六条　开采矿产资源发生破坏矿山地质环境事故，造成或者可能造成重大矿山地质灾害的，采矿权人应当采取应急措施，并立即向当地人民政府或者国土资源行政主管部门报告；当地人民政府或者国土资源行政主管部门应当及时处理。

第三十七条　县以上人民政府国土资源行政主管部门应当建立举报制度。任何单位和个人对破坏矿山地质环境的行为或采矿权人不履行矿山地质环境保护和治理义务的行为，均有权向国土资源行政主管部门举报。国土资源行政主管部门应当受理并及时依法调查处理。

第六章　法律责任

第三十八条　违反本条例规定，县以上人民政府国土资源行政主管部门在矿山地质环境保护监督管理工作中有下列行为之一的，对直接负责的主管人员和其他直接责任人员依法给予行政处分；构成犯罪的，依法追究刑事责任：

（一）未按照第十条规定编制矿山地质环境保护规划的；

（二）未依法批准矿山地质环境保护与综合治理方案的；

（三）未依法组织矿山地质环境治理恢复工程验收的；

（四）违反监督管理职责的其他行为。

第三十九条　违反本条例第十四条规定，探矿权人有下列行为之一的，由县以上人民政府国土资源行政主管部门责令限期改正，给予警告；逾期不改正的，由国土资源行政主管部门采取治理措施，治理费用由探矿权人承担，处5万元以上10万元以下的罚款：

（一）对勘查矿产资源遗留的钻孔、探井、探槽、巷道未进行回填、封闭的；

（二）对形成的危岩、危坡未采取治理措施的。

第四十条　违反本条例第十五条第一款规定，未编制矿山地质环境保护与综合治理方案的，由县以上人民政府国土资源行政主管部门责令限期编制；逾期未编制的，予以警告，可并处5万元以上10万元以下的罚款。

违反本条例第十五条第二款规定，应当编制矿山地质环境保护与综合治理方案而未编制的，由县以上人民政府国土资源行政主管部门责令限期编制；逾期未编制的，予以警告，可并处5万元以上10万元以下的罚款，但已编制环境影响评价报告书的除外。

第四十一条　违反本条例第十七条规定，扩大开采规模，未重新编制矿山地质环境保护与综合治理方案或者编制的方案未经批准的，由县以上人民政府国土资源行政主管部门责令限期改正；逾期不改正的，予以警告，可并处2万元以上5万元以下的罚款。

第四十二条　违反本条例第二十二条规定，开采矿产资源造成矿山地质环境破坏未按期治理的，由县以上人民政府国土资源行政主管部门责令限期治理恢复；逾期拒不治理或者拒不按照矿山地质环境保护与综合治理方案治理的，处10万元以上50万元以下的罚款；造成严重后果的，吊销采矿许可证。

第四十三条　违反本条例第二十四条、第二十五条规定，有下列行为之一的，由县以上人民政府国土资源行政主管部门或者其他部门依据职责责令停止违法行为，对承担矿山地质环境治理恢复业务的勘查、设计、监理单位处合同约定的勘查费、设计费、监理费1倍以上2倍以下的罚款，对承担矿山地质环境治理恢复业务的施工单位处工程价款2%以上4%以下的罚款，并责令停止相应业务，降低相应资质等级；有违法所得的，没收违法所得；情节严重的，吊销相应资质证书；给他人造成损失的，依法承担赔偿责任；构成犯罪的，依法追究刑事责任：

（一）无相应资质或者超越资质等级许可的范围承揽矿山地质环境治理恢复工程的勘查、设计、施工及监理业务的；

（二）在矿山地质环境治理恢复工程的勘查、设计、施工以及监理活动中弄虚作假、降低治理恢复工程质量的；

（三）以其他单位的名义或者允许其他单位以本单位的名义承揽矿山地质环境治理恢复工程的勘查、设计、施工及监理业务的。

第四十四条　违反本条例第三十二条第三款规定，采矿权人未定期向国土资源行政主管部门报告矿山地质环境监测情况，如实提交监测资料的，由县以上人民政府国土资源行政主管部门责令限期提交；逾期不提交的，予以警告，可并处2000元以上1万元以下的罚款。

第七章　附　　则

第四十五条 本条例自2007年12月1日起施行。

安徽省人民政府令

第 41 号

《安徽省城镇国有土地使用权出让和转让实施办法（试行）》已经 9 月 30 日省人民政府第 41 次常务会议审议通过，现予发布施行。

省长　傅锡寿

1992 年 11 月 24 日

安徽省城镇国有土地使用权出让和转让实施办法（试行）

第一章　总　　则

第一条　为改革城镇国有土地使用制度，促进我省城市建设和经济发展，根据《中华人民共和国城镇国有土地使用权出让和转让暂行条例》（以下简称《条例》），制定本办法。

第二条　我省辖区内城镇国有土地使用权（以下简称土地使用权）的出让和转让，按照《条例》和本办法执行。

第三条　中华人民共和国境内外的公司、企业、其他组织和个人，除法律、法规另有规定者外，均可依照《条例》和本办法取得土地使用权，进行土地开发、利用、经营。

外商投资开发经营成片土地，按国家有关规定执行。

第四条　土地使用权的出让，由县级以上人民政府代表国家依法行使出让权，以规划为前提，统一规划、统一征用、统一开发、统一管理、统一出让。

县级以上人民政府土地管理部门负责本辖区土地使用权出让的具体工作，办理土地使用权出让事务，并对土地使用权转让、出租、抵押、终止进行监督检查。

房地产管理部门负责土地使用权转让、出租、抵押的管理工作；建设管理部门根据城市规划实施土地开发利用管理。

第五条　按本办法规定收取的土地使用权出让金、增值费、使用金定期交同级财政，作为专项资金管理，主要用于城市建设和土地开发。资金管理办法由省财政、土地、建设主管部门制定，报省人民政府批准后执行。

第二章　土地使用权出让

第六条　土地使用权出让纳入国民经济和社会发展计划，由市、县人民政府负责，有计划、有步骤地进行。

第七条　土地使用权出让的地块、用途、年限和其他条件由市、县人民政府土地管理部门会同城市规划和建设管理部门、房地产管理部门等共同拟定方案，按规定的审批权限报政府批准后，由土地管理部门组织实施。

出让属于集体所有的土地，先由市、县土地管理部门依法征为国有。征用土地补偿费、安置补助费可先确定标准，在土地使用权出让后补足。

第八条　土地使用权出让的审批权限按照国家建设征用土地的审批权限执行。

第九条　土地使用权出让可以采取协议、招标或者拍卖的方式进行。

土地使用权出让金标准由省土地管理部门会同省物价、财政、建设等主管部门确定。

第十条　协议出让土地使用权的程序：

（一）申请使用土地者向市、县土地管理部门提出申请，提交建设项目批准文件以及身份和资信证明。

（二）市、县土地管理部门向申请者提供出让地块资料。

（三）申请者在规定时间内向土地管理部门提交土地开发建设初步方案。

（四）市、县土地管理部门与申请者就土地出让金、付款方式等进行具体协商，双方签订书面合同，申请者按规定交付定金。

第十一条　招标出让土地使用权的程序；

（一）市、县土地管理部门编制招标文件，发出招标公告，或者向有关单位和个人发出招标通知书。

（二）投标者到指定地点领取招标文件及有关资料。

（三）投标者按招标文件规定向市、县土地管理部门交付保证金（不计息，可抵充定金），并将标书密封，在规定的时间内投入指定的标箱或送达指定的地点。

（四）市、县土地管理部门会同城市规划、房地产管理等部门组成评标小组，确定中标者，发出中标通知书。对未中标者也应书面通知，其投标保证金在开标后十日内退还。

（五）中标者在中标通知书规定的期限内与土地管理部门签订书面合同，并按规定交付定金。

第十二条　拍卖出让土地使用权的程序：

（一）市、县土地管理部门发出拍卖公告，公告内容主要包括：拍卖地块的面积、座落、用途、使用年限、竞投报告地点、竞投日期等。

（二）竞投者持身份和资信证明，按公告的时间、地点报名并交付竞投保证金（不计息，可抵充定金）。

（三）土地管理部门在公告规定的时间、地点，由主持人现场公布拍卖底价，当场应价竞争，确定购卖者。对未成交者，其竞投保证金在拍卖后十日内全部退还。

（四）购卖者应在七日内与土地管理部门签订书面合同，并按规定交付定金。

第十三条　土地使用权出让合同的内容主要包括：

（一）出让地块的位置、面积、用途及其他规划要求；

（二）出让期限及出让金、土地使用金数额；

（三）出让金、土地使用金的付款和结算方式；

（四）建设项目完成期限；

（五）双方的其他权利和义务；

（六）违约责任；

（七）双方需要约定的其他事项。

第十四条　申请用地者在签订土地使用权出让合同时，应向出让方交付出让金总额的百分之二十作为履行合同的定金（不计息，可抵充出让金）。

第十五条　土地使用者按出让合同规定支付出让金后，应在十五日内到市、县土地管理部门办理土地登记，领取土地使用证，取得土地使用权。涉及房屋所有权变更的，到市、县房地产管理部门办理房屋产权变更登记。

土地使用权出让年限，从土地使用证签发之日起计算。

第十六条　出让方不履行合同，受让方有权解除合同，并要求双倍返还定金。受让方不履行合同，出让方有权解除合同，定金不予返还。

第十七条　土地使用者应按年交纳土地使用金。土地使用金的标准及收取办法由省土地管理局会同省物价、财政、建设主管部门另行制定。

第十八条　通过出让方式取得土地使用权的外商投资企业，符合下列条件之一的，按照本办法第八条规定的审批权限批准后，可在一定期限内减免其土地使用金。

（一）属产品出口企业、先进技术企业和高新技术企业的；

（二）从事开发性农业、林业、牧业和水产养殖业的；

（三）从事能源、交通、市政公用事业等基础设施建设的；

（四）从事港口码头建设的；

（五）外商投资额一千万美元以上、回收投资时间较长且属生产性项目的；

（六）在贫困地区举办且属生产性项目的。

第十九条　国家投资的党政军机关、行政事业单位办公用房、住宅建设用地，公共设施、公用事业和国营工业等建设用地，继续采用划拨方式供应。

第三章　土地使用权转让

第二十条　土地使用权转让，是指土地使用者将土地使用权再转移的行为，包括出售、交换和赠与。转让土地使用权必须符合下列条件：

（一）已按规定交纳出让金、土地使用金；

（二）未改变出让合同规定的土地用途和规划要求；

（三）除土地使用权出让金外，实际投资已达出让合同规定的建设投资总额的百分之二十五以上；

（四）已依法纳税；

（五）领有国有土地使用证。

第二十一条　土地使用权转让，转让方与受让方应当签订书面合同。转让价格由转让双方协商确定。

第二十二条　转让土地使用权的增值费，按下列标准收取：

（一）增值一倍以下（不含本数，下同）的，按增值额的百分之十收取；

（二）增值一倍以上（含本数，下同）两倍以下的，按增值额的百分之十五收取；

（三）增值两倍以上三倍以下的，按增价额的百分之二十收取；

（四）增值三倍以上的，按增值额的百分之三十收取。

转让土地使用权的增值额为转让价额减去转让人应收回的成本。转让人应收回的成本包括：土地使用权出让金，基础设施、建筑物、附着物价值以及土地开发建设投资贷款利息等。

增值费的收取按财政部［92］财综宇 172 号文件办理。

第二十三条 土地使用权转让后，受让人应当按照本办法第十七条规定交纳土地使用金。

第二十四条 土地使用权和地上建筑物、其他附着物转让，当事人双方应在成交后十五日内分别到市、县土地管理部门、房地产管理部门办理权属过户登记。

第四章　土地使用权出租

第二十五条　土地使用权出租是指土地使用者作为出租人将土地使用权随同地上建筑物、其他附着物租赁给承租人使用，由承租人向出租人支付租金的行为。出租土地使用权，出租人与承租人应签订租赁合同。

末按土地使用权出让合同规定的期限和条件投资开发、利用土地的，土地使用权不得出租。

第二十六条　出租地上建筑物、其他附着物，其占用的土地使用权应同时办理登记手续。

第二十七条　市、县人民政府可以根据土地等级和用途，确定土地使用权租金幅度。

土地使用权租金额超过市、县人民政府规定幅度的，超过部分由出租人按本办法第二十二条规定缴纳增值费。

第二十八条　土地使用权出租后，出租人必须履行土地使用权出让合同规定的义务，承租人必须履行租赁合同规定的义务。

第二十九条　土地使用权和地上建筑物、其他附着物出租，出租人应当在租赁合同签订之日起十五日内，持合同、土地使用证、房屋所有权证、身份证明等分别到土地管理部门、房地产管理部门办理登记手续。解除租赁关系时，出租人应在十五日内，到原登记机关办理注销租赁登记。

第五章　土地使用权抵押

第三十条　土地使用权和地上建筑物、其他附着物抵押时，抵押人应向抵押权人提交拥有土地使用权和地上建筑物、其他附着物的合法证件和开发经营现状资料。

第三十一条　土地使用权和地上建筑物、其他附着物抵押时，抵押人与抵押权人应当签订抵押合同。

抵押人和抵押权人应在抵押合同签订之日起十五日内，到土地管理部门和房地产管理部门办理抵押登记手续。

第三十二条　抵押与他人共有的土地使用权，以抵押人应分摊的使用面积为限。共有使用权不可分割的抵押人应与共有人签订书面协议后方可抵押。

第三十三条　有下列情况之一的，抵押权人有权依照法律、法规和抵押合同的规定处分抵押的土地使用权和地上建筑物、其他附着物：

（一）抵押人未按合同规定偿还债务的；

（二）抵押人在抵押期间被宣告解散、破产的；

（三）抵押人死亡而无继承人或受遗赠人的；

（四）继承人或受遗赠人拒绝偿还债务的。

第三十四条　因处分抵押财产而取得土地使用权和地上建筑物、其他附着物所有权的，当事人应按本办法第二十四条的规定办理过户登记。

第三十五条　抵押权因债务清偿或其他原因消灭的，抵押人和抵押权人应在抵押合同终止之日起十五日内，持偿还债务凭证到市、县土地管理部门和房地产管理部门办理注销抵押登记手续。

第六章　土地使用权终止

第三十六条　土地使用权期满，土地管理部门应提前三个月通知土地使用者。土地使用者应按通知规定的时间到市、县土地管理部门办理土地使用权终止手续。

第三十七条　土地使用权期满，土地使用者需要续用的，应提前六个月向市、县土地管理部门提出申请，经批准后，重新协商签订土地使用权出让合同，办理各项登记手续。

土地使用者到期不办理终止或续用手续的，由土地管理部门和房地产管理部门宣告注销其土地使用证和房屋所有权证。

第三十八条　土地使用权终止后，土地使用权和地上建筑物、其他附着物由市、县人民政府决定处置，土地管理部门和房地产管理部门组织实施。

第三十九条　因国家建设确需提前收回土地使用权的，土地管理部门应提前六个月将收回土地的理由、面积、四至范围、收回日期等通知土地使用者，并在收回土地使用权所涉及的范围内公告。期满后土地管理部门、房地产管理部门应分别办理其土地使用证、房屋所有权证注销手续。

第四十条　依法提前收回土地使用权应予补偿，补偿金额由土地管理部门会同房地产管理等部门根据土地使用的年限、出让金总额、土地用途、地上建筑物的评估价格等因素与用地者协商确定。协商不成的，由县级以上人民政府裁决。

第四十一条　提前收回土地使用权除采取支付补偿金的方式外，土地管理部门也可与用地者协商，以另一块土地的使用权交换。

交换土地使用权，土地管理部门应与用地者重新签订出让合同，用地者应办理换证和登记手续。

第七章　划拨土地使用权

第四十二条　划拨土地使用权，是指土地使用者通过除出让土地使用权方式以外的其他各种方式依法无偿取得的土地使用权。

前款土地使用者应当依照《中华人民共和国城镇土地使用税暂行条例》的规定，缴纳土地使用税。

第四十三条　划拨土地使用权和地上建筑物、其他附着物，符合下列条件，并经市、县人民政府土地管理部门和房地产管理部门批准，可依照本办法规定转让、出租、抵押。

（一）土地使用者为公司、企业、其他经济组织和个人；

（二）领有国有土地使用证；

（三）具有地上建筑物、其他附着物的合法产权证明；

（四）依照本办法第二章的规定签订出让合同，按规定补交土地使用权出让金或者以转让、出租、抵押所获收益抵交土地使用权出让金。

第四十四条　划拨土地使用权和地上建筑物、其他附着物转让、出租、抵押须按下列程序办理手续：

（一）转让、出租、抵押人持土地使用证、地上建筑物和其他附着物的产权证明、资信证明等合法证件，向市、县土地管理部门和房地产管理部门提出申请；

（二）市、县土地管理部门和房地产管理部门应当分别在接到申请书之日起十五日内给予回复；

（三）市、县土地管理部门、房地产管理部门与申请人经过协商后，分别签订土地使用权出让合同和转让、出租、抵押合同；

（四）土地使用者向土地管理部门交付土地使用权出让金，并按规定办理土地使用权出让、转让、出租、抵押登记。

第四十五条　划拨土地使用权出让金按标定地价的一定比例收取，最低不得低于标定地价的百分之四十。标定地价以基准地价为依据，按土地使用权转让、出租、抵押期限和地块条件核定。

尚未确定基准地价的地方，可由所在市、县土地管理部门会同物价、财政、建设等部门结合本地实际情况，参照前款规定，确定出让金的收取标准。

第四十六条　划拨土地使用权出让期按拟转让、出租、抵押期确定，或以转让、出租、抵押合同终止为出让期届满，但不得超过《条例》第十二条规定的最高年限。

转让、出租、抵押期满，土地使用者必须在十五日内持国有土地使用证和土地使用权出让合同到原登记机关办理注销登记手续。

第四十七条　依照法律规定收回的划拨土地使用权，经县级以上人民政府批准，可依法实行出让或者有偿使用。有偿使用的具体办法由省人民政府另行规定。

第四十八条　以划拨方式取得国有土地使用权的土地使用着，以划拨土地使用权作为条件，与他人进行联建房屋、举办联营企业的，应当按照本办法规定办理土地使用权出让手续。

第八章　罚　　则

第四十九条　未经批准擅自转让、出租、抵押划拨土地使用权和地上建筑物、其他附着物的，没收非法收入，由市县人民政府土地管理部门责令缴纳土地使用权出让金，没收违法所得，并视其情节对责任者处以违法所得 30% 至 100% 的罚款，但最高不得超过 3 万元。

第五十条　本办法规定的行政处罚由县级以上地方人民政府土地管理部门决定。当事人对处罚决定不服的，可以按照《行政诉讼法》和《行政复议条例》的规定申请复议或向人民法院起诉,期满不起诉又不履行的,由作出处罚决定的机关申请人民法院强制执行。

第五十一条　国家机关工作人员在办理土地使用权出让、转让、出租、抵押过程中,贪污、受贿、敲诈勒索的,由其所在单位或者上级机关给予行政处分,构成犯罪的,提交司法机关依法追究刑事责任。

第九章　附　则

第五十二条　本办法由省土地管理局负责解释。

第五十三条　本办法自发布之日起施行。

安徽省人民政府
关于印发《安徽省集体建设用地
有偿使用和使用权流转试行办法》的通知

皖政〔2002〕60号

各市、县人民政府，省政府各部门、各直属机构：

省政府同意《安徽省集体建设用地有偿使用和使用权流转试行办法》，现印发给你们，请遵照执行。

安徽省人民政府

2002年10月23日

安徽省集体建设用地
有偿使用和使用权流转试行办法

第一章　总　　则

第一条　为了规范集体建设用地有偿使用和使用权流转行为，促进土地资源优化配置和小城镇建设，根据集体建设用地有偿使用和使用权流转试点要求，制定本办法。

第二条　本办法适用于本省行政区域内经省人民政府国土资源行政主管部门批准的试点乡（镇）集体建设用地有偿使用和使用权流转。

本办法所称集体建设用地有偿使用，是指集体土地所有者在一定年限内将集体建设用地使用权以出让、租赁、作价出资（入股）、联营等形式让与土地使用者，由土地使用者向集体土地所有者支付土地有偿使用费的行为。

本办法所称集体建设用地使用权流转，是指有偿取得集体建设用地使用权的土地使用者以转让、出租、抵押等形式处分集体建设用地使用权的行为。

本办法所称土地有偿使用费，包括土地出让金、租金以及土地使用权作价出资（入股）、联营产生的土地收益。

第三条　县级以上地方人民政府土地行政主管部门负责本行政区域内集体建设用地有偿使用和使用权流转的监督管理。

试点乡（镇）人民政府具体负责本行政区域内集体建设用地有偿使用和使用权流转的组织实施工作。

第四条　集体建设用地有偿使用和使用权流转，实行计划管理、总量控制。

试点乡（镇）人民政府应当根据土地利用实际情况，编制集体建设用地有偿使用和使用权流转的年度计划，经所在地市、县人民政府土地行政主管部门审查同意后，报省人民政府国土资源行政主管部门批准。

试点乡（镇）集体建设用地有偿使用和使用权流转总量不得突破省人民政府国土资源行政主管部门批准的年度计划；确需追加年度计划指标的，应当报省人民政府国土资源行政主管部门批准。

第五条　耕地转为集体建设用地的，土地使用者应当依法履行补充耕地的义务。

第二章　集体土地权属管理

第六条　集体土地按照下列规定确认权属：

（一）农村土地承包经营中未打破村民小组（原生产队）农民集体所有土地界线的，土地确认为村民小组农民集体所有；

（二）农村土地承包经营中打破村民小组（原生产队）农民集体所有土地界线的，土地确认为村农民集体所有；

（三）能够证明土地属于乡（镇）农民集体所有的，土地确认为乡（镇）农民集体所有；

（四）不能证明土地属于乡（镇）农民集体所有或者村民小组农民集体所有的，土地确认为村农民集体所有。

本办法施行前，乡（镇）、村兴办企业和公共设施、公益事业建设使用农村集体土地，已经确认所有权的，维持现状；尚未确认所有权的，依照《安徽省土地权属争议处理条例》的规定，确认土地所有权。

第七条　农民集体所有的土地，由土地所在地的市、县人民政府登记造册，核发证书，确认土地所有权。

农民集体所有的土地经批准用于非农业建设的，由市、县人民政府登记造册，核发证书，确认建设用地使用权。

依法出租、抵押集体土地使用权的，由土地所在地的市、县人民政府土地行政主管部门登记，核发他项权利证书。

依法改变集体土地权属和用途的，应当办理土地变更登记。

第八条　依法办理土地登记、核发证书的集体建设用地，方可由集体土地所有者向土地使用者有偿提供土地和进行土地使用权流转。

第三章　集体建设用地有偿使用

第九条　试点乡（镇）建设用地规模范围内的集体建设用地，除依法征为国有外，可以不改变集体土地所有权，由建设单位依法使用。

第十条　建设单位使用集体建设用地，除乡（镇）、村公共设施、公益事业建设和农村村民建住宅经依法批准使用本集体所有的土地实行拨用外，应当以有偿使用方式取得。

本办法所称集体建设用地拨用，是指经市、县人民政府批准，集体土地所有者在土地使用者对原土地使用者依法给予补偿后，将该幅土地交付其使用，或者将土地无偿交付给土地使用者使用的行为。

第十一条　乡镇企业迁入工业小区，退出原有建设用地的，其新址所需用地保留原土地供地方式。

本镇农民退出原有宅基地，进镇务工经商的，其新建房屋标准内的用地可以拨用。

第十二条　集体建设用地有偿使用由土地所有者依法决定，经村民会议或者村民小组三分之二以上成员或者三分之二以上村民代表的同意。

经村民小组三分之二以上成员同意，可以将属于本村民小组的土地，委托给村民委员会代为经营、管理。

没有乡（镇）农民集体经济组织的，乡（镇）农民集体所有的土地由乡（镇）人民政府代为经营、管理。

第十三条　集体建设用地有偿使用，应当由具有土地评估资格的评估机构进行地价评估，并由集体土地所有者与土地使用者签订集体建设用地有偿使用合同。

集体建设用地有偿使用的最高年限，不得超过同类用途国有土地使用权出让的最高年限。

第十四条　建设单位使用集体建设用地，应当持集体建设用地有偿使用合同、土地所有权证等有关材料，报乡（镇）人民政府审查，经市、县人民政府土地行政主管部门审核后，报本级人民政府批准。其中，涉及占用农用地的，应当依法办理农用地转用审批手续。

第十五条　集体建设用地有偿使用涉及对原土地使用者补偿的，由土地所有者和原土地使用者按照下列规定协商确定：

（一）对于房屋和其他地上附着物按照市场价格补偿；

（二）对承包期内的土地承包经营权，根据土地承包剩余年限，参照征用土地补偿费和安置补助费的标准或者按照市场价格进行补偿。

土地所有者已经调剂与所占用土地数量和质量相当的土地给原土地使用者的，可以不予补偿。

第十六条　集体建设用地可以参照国有土地使用权招标、拍卖、挂牌出让的程序和办法，采用招标、拍卖、挂牌出让等方式出让土地使用权。

对基础设施、公益事业和经营性项目用地，农村集体经济组织可以采取租赁、作价出资（入股）、联营等形式提供土地使用权。

第十七条　集体建设用地有偿使用合同约定的土地使用年限届满，土地使用权由土地所有者收回，其地上建筑物、附着物按照集体建设用地有偿使用合同约定处理。

土地使用者要求继续使用土地的，应当于土地使用年限届满前6个月申请续期，按本办法的规定重新办理集体建设用地有偿使用手续，签订有偿使用合同。

第十八条　土地所有者不得于集体建设用地有偿使用合同约定的土地使用年限届满前收回土地使用权。

特殊情况下，根据社会公共利益的需要，土地所有者可以依照法定程序报经市、县人民政府批准后，提前收回土地使用权，但是应当根据土地使用者使用土地的实际年限和开发土地的实际情况，给予相应的补偿。

第十九条　土地所有者和土地使用者应当于集体建设用地有偿使用合同约定的土地使用年限届满之日起30日内，到原登记机关办理土地使用权注销登记。

第二十条　土地使用者应当按照市、县人民政府批准或者登记文件规定以及集体建设用地有偿使用合同约定的用途使用土地。

确需改变土地用途的，应当经土地所有者和有关土地、规划行政主管部门同意，报原批准用地的市、县人民政府批准，签订集体建设用地有偿使用合同变更协议或者重新签订集体建设用地有偿使用合同，调整土地有偿使用费。

第四章　集体建设用地使用权流转

第二十一条　集体建设用地使用权流转应当符合下列条件：

（一）符合土地利用总体规划、城市和集镇规划；

（二）持有集体建设用地使用权证；

（三）有偿取得的集体建设用地，按照集体建设用地有偿使用合同约定投入开发建设的资金达到工程建设总投资的25%以上；拨用取得的集体建设用地，应当依照本办法规定签订集体建设用地有偿使用合同，补缴土地有偿使用费。

新增集体建设用地使用权流转不得用于经营性房地产开发。

第二十二条　集体建设用地使用权转让，转让双方应当持集体建设用地使用权证、集体建设用地有偿使用合同、转让合同等有关材料，向乡（镇）人民政府提出书面申请，经市、县人民政府土地行政主管部门审核，报本级人民政府批准后，办理土地使用权变更登记。

第二十三条　集体建设用地使用权抵押的，抵押人应当委托具有土地评估资格的评估机构进行地价评估，由抵押双方持集体建设用地使用权证、集体建设用地有偿使用合同、抵押合同等有关材料，向乡（镇）人民政府提出书面申请，报市、县人民政府土地行政主管部门批准后，办理土地使用权抵押登记。

第二十四条　集体建设用地使用权出租的，出租双方应当持集体建设用地使用权证、集体建设用地有偿使用合同、出租合同等有关材料，向乡（镇）人民政府提出书面申请，报市、县人民政府土地行政主管部门批准后，办理土地使用权出租登记。

第二十五条　集体建设用地使用权流转时，其地上建筑物、其他附着物随之流转；集体建设用地上的建筑物、其他附着物流转时，其占用范围内的集体土地使用权随之流转。

第二十六条　集体建设用地使用权流转合同约定的土地使用年限，不得超过集体建设用地有偿使用合同约定的土地使用年限减去原土地使用者已经使用土地年限后的剩余年限。

第二十七条　农村村民宅基地使用权可以进行流转，但是，农村村民宅基地实际占用面积超过法定标准的部分应当按照规定缴纳土地有偿使用费。农村村民出卖、出租住房后，再申请宅基地的，不予批准。

乡（镇）、村公共设施、公益事业建设用地不改变原有用途的，可以直接流转；改变用途的，应当签订集体建设用地有偿使用合同，缴纳土地有偿使用费。

第二十八条　土地使用者以转让方式转移集体建设用地使用权时，集体建设用地有偿使用合同和登记文件中所载明的权利义务随之转移。

集体建设用地使用权出租后，出租人应当继续履行集体建设用地有偿使用合同。

第五章　土地收益

第二十九条　市、县人民政府应当按照国家规定，制定并公布试点乡（镇）基准地价和标定地价。

根据试点乡（镇）经济社会发展和土地市场发育状况，基准地价需要调整的，由所在地市、县人民政府土地行政主管部门提出，报本级人民政府批准后公布。

第三十条　市、县人民政府土地行政主管部门应当依据基准地价，确定本行政区域内各类集体建设用地使用权协议出让、租赁最低保护价，报市、县人民政府批准后公布。

协议出让、租赁集体建设用地使用权最低保护价中所含纯收益的标准，应当与同等条件下的国有土地相一致。

第三十一条　集体建设用地使用权出让的，土地使用者应当按照集体建设用地有偿使用合同的约定向土地所有者缴纳土地出让金；土地所有者应当在办理建设用地审批手续时，按照土地出让金或者标定地价的 10% 向市、县人民政府缴纳土地增值收益。

集体建设用地使用权租赁、作价出资（入股）或者联营的，土地使用者应当按照集体建设用地有偿使用合同的约定向土地所有者缴纳租金或者土地收益；土地所有者应当按照每年收取的租金额、作价出资（入股）或者联营取得的收益额的 10%，向市、县人民政府缴纳土地增值收益。

第三十二条　集体建设用地使用权转让发生增值的，应当参照国有土地增值税征收标准，向市、县人民政府缴纳土地增值收益。

土地增值收益的缴纳人，由集体建设用地使用权流转合同约定。

第三十三条　土地增值收益属市、县人民政府所有，由财政部门负责征收管理。

财政部门可以委托土地行政主管部门代收土地增值收益，并缴入财政专户，实行收支两条线管理。

第三十四条　土地增值收益实行专款专用，全部返还试点乡（镇）用于土地开发整理和城镇基础设施建设。

土地所有者取得的土地收益，应当专项用于本集体经济组织发展生产和被安置人员的生活补助，并定期公布，接受群众监督。

第六章　监督检查

第三十五条　市、县人民政府土地行政主管部门应当建立集体建设用地有偿使用和使用权流转台帐管理制度，对有偿使用和使用权流转的集体建设用地产权、用途、位置、面积、价格和流转期限等进行登记。

第三十六条　县级以上地方人民政府土地行政主管部门应当加强集体建设用地有偿使用和使用权流转的监督检查，对不符合本办法规定的行为，有权责令改正或者直接予以纠正。

第三十七条　市、县人民政府财政、土地、审计等部门，应当加强对土地增值收益使用的监督检查，对于违反财经管理制度的，责令限期纠正；拒不纠正的，依照有关法律、法规处理。

第七章　附　　则

第三十八条　集体建设用地有偿使用合同和使用权流转合同的文本格式，由省人民政府国土资源行政主管部门制定。

第三十九条　市、县人民政府可以根据本办法，结合本地实际，制定集体建设用地有偿使用和使用权流转实施细则，并报省人民政府国土资源行政主管部门备案。

第四十条　本办法应用中的具体问题,由省人民政府国土资源行政主管部门负责解释。

第四十一条　本办法自发布之日起施行。

安徽省人民政府关于深化改革严格土地管理有关问题的通知

皖政〔2005〕20号

2005年6月20日

各市、县人民政府,省政府各部门、各直属机构:

《国务院关于深化改革严格土地管理的决定》(国发〔2004〕28号,以下简称《决定》)已翻印下发,现结合我省实际,提出如下意见,请一并认真贯彻执行。

一、严格建设用地审批和管理

(一)优先保障重点建设项目用地。各项建设涉及农用地转为建设用地的,必须纳入农用地转用年度计划。国家下达我省的农用地转用年度计划指标,应当优先保证省审批或核准的重点急需项目、"861"行动计划重点项目和符合国家产业政策的重大招商引资项目用地。

(二)严格执行有关供地政策。对国家禁止类项目、国家明令停止建设的在建、拟建项目和城镇居民在农村购置宅基地的用地项目,各级国土资源主管部门不得受理其建设项目用地报件,各级政府不得批准供地。继续停止高档别墅、高尔夫球场等项目用地的审批。

从严控制国家限制类项目建设。确需建设的,必须根据建设用地标准和设计规范进行严格审查,对超过用地定额标准、违反集约用地原则的,要核减其用地面积。凡发现下级政府违规供地的,上级政府应撤销其用地批准文件,并责成其限期整改。

(三)按建设项目审批批次用地。在符合土地利用总体规划、不突破土地利用年度计划的前提下,实行批次用地与具体建设项目相挂钩。凡未落实建设项目的批次用地原则上不予批准。从严控制用于收购储备的批次用地。严禁将单个建设项目拆分立项或将单个项目建设用地拆分审批。

二、切实加强耕地保护

(一)建立耕地保护责任制度。各级政府要对土地利用总体规划确定的本行政区域内的耕地保有量和基本农田保护面积负责,政府主要领导是第一责任人。省政府定期向各市下达耕地保护责任考核目标。各市政府每年对目标完成情况进行自查,省国土资源主管部门会同农业、监察、审计、统计等有关部门定期组织检查和考核,并向省政府报告。对认真履行职责实现目标成效突出的，省政府将给予表彰，并在安排省级支配的新增建设用地土地有偿使用费时予以倾斜。对没有达到责任目标的，将在全省通报，并责令限期补充耕地和补划基本农田。同时，省政府也将对各地土地开发整理补充耕地的情况进行定期考核。

（二）严格基本农田保护。建立基本农田划定和补划备案制度、定期统计分析制度、年度核查制度。优质高产、城镇周边、交通沿线及重点区域的基本农田，都要设置明显的保护标志。凡没有按要求设置的地区，要在2005年6月底之前尽快完善。基本农田必须落实到地块和农户，并在土地所有权证书和农村土地承包经营权证书中注明。基本农田一经划定，任何单位和个人不得擅自占用或改变用途。

（三）认真执行占用耕地补偿制度。各类非农建设经批准占用耕地的，建设单位必须补充数量、质量相当的耕地。不能自行补充的，必须按规定缴纳耕地开垦费；占用基本农田的建设项目，耕地开垦费按当地最高标准执行。要将耕地开垦费列入工程概算并依法足额缴纳，实行专户管理，专款专用。

（四）实行鼓励土地开垦政策。在乡镇企业向城镇集中、农村居民点向中心村和小城镇集中的过程中，通过土地整理新增耕地面积大于新增建设用地面积的，优先安排省级土地复垦整理项目。

三、坚持节约和集约用地

（一）开展存量建设用地普查。各地要组织力量，抓紧开展存量建设用地普查。要在摸清存量建设用地的基础上，大力推行旧城改造和城中村改造，结合本地实际，制定鼓励盘活存量建设用地的政策措施，充分挖掘城镇存量建设用地潜力。

（二）严格土地使用标准。工业企业改建、扩建项目应充分利用原有的生产、辅助、公用工程等设施和场地，提高土地利用率和容积率；用地单位内部办公和生活服务等配套设施用地，不得超过工业项目总用地面积的7%。各级国土资源主管部门要按照国土资源部发布的《工业项目建设用地控制指标（试行）》（国土资发〔2004〕232号）规定，加强对具体工业建设项目投资强度、容积率、用地定额指标及开发建设进度等内容的审查和管理。

（三）严禁闲置浪费土地。农用地转用批准后，满2年未实施具体征地或用地行为的，批准文件自动失效。已实施征地满2年未供地的，凡具备耕作条件的土地，应交原土地使用者继续耕种，或由当地人民政府组织耕种。凡不涉及改变土地用途、不涉及调整具体地块的征而未用或依法收回的闲置土地，可根据新上建设项目需要依法重新调整安排或出让给急需用地的企业。

（四）禁止低价出让土地。经营性项目用地一律实行招标拍卖和挂牌方式出让，工业用地要逐步创造条件实行招标拍卖挂牌方式出让。有条件的地方，对经营性基础设施用地要实行有偿使用。切实加强地价管理，市、县国土资源主管部门要定期调整基准地价，报同级政府批准后公布执行。省国土资源主管部门要依照各地基准地价，制定协议出让土地最低价标准，报省政府批准后公布执行。对低于最低价标准出让土地的，要依法追究责任；构成犯罪的，依法追究刑事责任。新增建设用地土地有偿使用费在用地报批时一律就地全额上缴入库，确保专款专用。审计、监察、财政部门要加强对新增建设用地土地有偿使用费征收和使用的监管。

四、完善征地补偿和安置制度

（一）依法确定征地补偿标准。各市、县政府要依照法律规定，结合实际，科学制定本地耕地前 3 年平均年产值标准，逐级报省政府审查后公布执行。征收土地的土地补偿费和安置补助费总和，省辖市城市规划区内不应低于被征地前 3 年平均年产值的 16 倍，其他地区不应低于 14 倍。有条件的地方，应积极探索制定区片综合地价。

（二）保障被征地农民合法权益。在征地依法报批前，要将拟征地的用途、位置、补偿标准、安置途径告知被征地农民；对拟征土地的权属、地类、面积，以及地上附着物权属、种类、数量等现状的调查结果，须经被征地农村集体经济组织、农户和地上附着物产权人共同确认。被征地农民要求对拟征地项目的补偿标准和安置方案进行听证的，当地国土资源主管部门应组织听证。土地补偿费的 70% 以上要用于被征地农户的生产生活和社会保障。

（三）加强征地实施过程的管理。征地方案经依法批准后，依照法定程序和有关规定予以公告，严格实行”两公告一登记”制度。当地国土资源主管部门应当配合农业、民政等部门，加强对征地补偿安置费用使用和管理的监督，确保征地补偿安置费用及时足额到位，专款专用，严禁侵占、截留或挪用。对征地补偿安置工作不落实、拖欠截留征地补偿安置费的，暂停审批建设用地。

五、全面落实严格土地管理的各项措施

（一）深入开展土地法律法规的学习教育活动。2005 年 9 月底前，在全省范围内集中开展领导干部土地法制学习教育活动。教育活动的主要对象为各级政府及有关部门的领导干部。主要内容为：土地管理法律法规、《决定》及相关配套规章制度、《刑法》中有关土地犯罪的规定、《最高人民法院关于审理破坏土地资源刑事案件具体应用法律若干问题的解释》、最高人民检察院关于渎职犯罪案件立案标准的规定和《监察部国土资源部关于违反土地管理规定行为行政处分暂行办法》等。省国土资源主管部门要会同有关部门制定学习教育活动的方案并组织实施。要通过学习教育活动，进一步增强各级各有关部门领导干部依法管理、依法用地的意识，提高依法行政的能力和水平。

（二）强化土地执法监察。加强执法监察动态巡查和信访工作，及时发现和制止违反土地管理法律法规的行为。建立国土资源与监察等部门联合办案和案件移送制度，严肃查处非法批地、违法占地等违法用地案件，严肃处理违法人员。典型案件要公开处理。

（三）加快土地管理法规制度建设。要研究制定土地登记、国有土地租赁管理和集体建设用地使用权流转等规章和地方性法规。各级国土资源主管部门与房产管理部门要各司其职，切实做好土地、房屋的登记发证工作。各地各有关部门要全面开展有关土地管理政策、规定的清理工作，凡与国家土地管理法律法规和《决定》相抵触的，要及时废止、修改或提出建议报批，清理结果要及时向社会公告。

各级政府和有关部门要以”三个代表”重要思想为指导，牢固树立科学发展观和正确的政绩观，深化改革，依法行政，全面落实最严格的耕地保护制度，正确处理市场机制与宏观调控、用地需求与土地供给的关系，建立严格、科学、有效的土地管理长效机制，促进我省经济社会全面、协调、可持续发展。

安徽省人民政府

二〇〇五年四月十一日

编纂始末

《安徽省志·国土资源管理志》经过多年的努力,终成于今。她的问世,得到了安徽省地方志办公室、安徽省国土资源厅以及相关部门的关心和支持,凝结了修志人员的心血和汗水。

根据国家关于“地方志每20年左右续修一次”和“一届志书完成之日,就是新一届志书开修之时”的要求,省政府决定在全省开展地方志续修工作。按照省政府办公厅“关于开展地方志续修工作的通知”和省地方志编纂委员会“关于印发《安徽省志(1986—2005)编纂工作方案》的通知”安排,由省国土资源厅承担《安徽省志·国土资源管理志》的编纂工作。2008年7月省国土资源厅成立《安徽省志·国土资源管理志》编纂工作领导小组和办公室,厅长任组长,厅所有处室、事业单位负责人为成员;办公室主任赵建明兼任编纂办公室主任,办公室副主任傅勤、夏茂林兼任编纂办公室副主任,傅勤负责编纂的具体工作。并抽调王道富、陈奎、崔丽、李忱承担编纂任务。各处室、事业单位都明确一名同志为编纂联络员,负责具体资料的收集和材料的初纂工作。编纂办公室认真开展编纂业务培训,先后组织编纂人员前往省林业厅、省水利厅、省药监局、省测绘局等省直单位调研学习、交流取经。拟定《安徽省志·国土资源管理志》篇目征求意见稿,多次向省地方志办公室进行汇报,反复研究、讨论、修改,数易其稿,形成《安徽省志·国土资源管理志》正式篇目。组织多方查阅搜集整理资料,并对资料进行梳理归类,开始初稿编纂。2010年年初,由于人事变动等多方面原因,致使修志工作搁浅。

2011年4月,省政府办公厅召开志书编纂工作推进会,要求加快编纂进度,《安徽省志·国土资源管理志》的编纂工作再次被提上议事日程。由厅办公室调研员洪曙光具体负责编纂工作,抽调国土资源系统内长期从事土地管理工作、熟悉业务的老同志唐照保、陈奎等人进行初稿续编,后增加汤照明同志参与编纂。下发文件,聚全系统之力,查阅搜集大量历史资料;召开志书编纂推进会暨编纂培训班,分管副厅长俞凤翔进行再动员,阐明修志意义,通报编纂情况,提出具体要求;请省地方志办公室省志处处长王晖授课,对全体编纂人员和各单位的联络员进行志书编纂业务培训;加快了编纂步伐,取得明显效果。并对志书的结构和断限作了进一步明确和调整。为了减少各分志间的重复,按照省志办的要求,国土资源厅成立前即2000年之前,矿产资源和测绘的行政管理部分在地质矿产志和测绘志里记载,2000年之后的部分由国土资源管理志记述。断限时间由原来的1986—2005年延长为1986—2010年;考虑到土地管理部门成立的比较晚,首轮志书没有土地管理志,适当上溯至中华人民共和国成立初期;个别重大事件及显著成果酌情下延。

由于《安徽省志·国土资源管理志》矿产资源部分专业性较强，编纂人员中缺乏专业技术人员参与，为加快编纂进度和质量，2012年5月经与省公益性地质调查管理中心协商，请该中心承担《安徽省志·国土资源管理志》矿产资源部分的编纂任务。成立《安徽省志·国土资源管理志》矿产资源部分的编纂工作办公室，挂靠在地质调查管理中心办公室，由办公室主任潘茜任项目负责人，依托省地质矿产局、华东冶金局、煤田地质局、省厅有关处室，抽调矿产地质、水工环的专家楼金伟、黄步旺、阎如璲、邱瑞龙、杨兆军、何嘉敏、柏林、潘树锦、李良军、陆三明、何兴强、刘春、蒋健明、黄健敏、戴稼、管政亭等人组成编纂项目组参与编纂。在各处室和事业单位的帮助和支持下，经过编纂办公室和省公益性地质调查管理中心的共同努力，于2013年春节前完成《安徽省志·国土资源管理志》初稿，印发各处室和事业单位征求意见，省地方志办公室省志处张军等同志对稿件进行了审阅，并提出宝贵意见。编纂办公室对各方意见认真进行梳理研究，拾遗补缺，修改完善，于2013年7月完成《安徽省志·国土资源管理志》征求意见稿。将征求意见稿印发给离退休老同志审阅，集思广益，提出修改意见。离退休老同志是国土资源管理战线上的老前辈、老领导，亲身经历了国土资源管理机构、机制、体制和土地使用制度的重大变革以及国土资源管理事业大发展的全过程，亲自组织和参与了国土资源管理各方面的工作，有亲身经历，有切身体会，有实践经验，有远景展望。是真实资料，是鲜活历史。2013年12月9日召开离退休老同志座谈会，李长伦、卢卫峰、江长喜、唐永成、丁伦仓、蒋永隆等离退休老领导老同志到会发言，提出了宝贵的修改意见和建议，他们认真负责的敬业精神和严谨求实的工作态度，让我们深受感动，在此表示真挚的谢意。并将他们所提的修改意见和建议认真整理归类，调整完善体例结构，核实史实观点，修改完善，完成《安徽省志·国土资源管理志》内审稿，提请《安徽省志·国土资源管理志》编纂委员会成员审阅。2013年8月省国土资源厅厅长孙爱民任编纂委员会主任，厅办公室主任李云任编纂办公室主任。于2014年7月召开《安徽省志·国土资源管理志》编纂委员会会议，对志稿进行审议，提出修改意见。经过审慎斟酌，精心修改，完成《安徽省志·国土资源管理志》评议稿，提请省地方志办公室审查评议。2014年10月16日召开评议会，省地方志办公室对此次评审会高度重视，主任朱文根、副主任吴静以及省志处处长吴良琴、责任编辑张军到会指导，会议还邀请了省人大法工委副主任纪荣荣，省档案局资料征集处处长张敏，以及省直有关部门的专家，省林业厅原副厅长张玉良，省环保厅原环保局副局长方晨，省水利厅水利志编辑部主任李建军，省审计厅审计科研所所长王羚，省地矿局处长吴永生、柏林参与评审，省国土厅厅长孙爱民到会致辞。评议认为是部基础较好较为成熟的评议稿，并提出中肯的修改意见。会后汇总评议意见，制定修改方案逐项修改，2015年5月完成送审稿送省志办审定。省志办对送审稿进行审查修改，2016年3~5月方志出版社组织审核，对提出的意见进行调整修改。2017年4月10日，省地方志办公室和省国土资源厅联合进行会审，修改定稿。参加会审的有：吴静、郑春林、吴良琴、李云、周小平、洪曙光、张军、陈奎、唐照保。

在《安徽省志·国土资源管理志》编纂过程中,省地方志办公室省志处处长王晖和责任编辑张军对志书的篇目设置、结构安排、文字表述给予了精心指导和热情帮助。安徽大学外语学院傅悦,省地方志办公室杨永成对目录进行了英文翻译和审核。省土地勘测规划院全力支持,积极配合,抽出多人搜集资料;高红林同志在百忙当中帮助协调查阅档案,提供珍贵详实资料,对他们的大力支持表示真诚谢意!省厅档案室徐淑芳同志不辞辛苦,翻阅历史档案,提供大量详实历史资料,为志书的修编打下了坚实基础,在此表示衷心感谢!并向所有关心、支持、参与志书编纂工作的各级领导、各界人士及全市各有关单位表示衷心感谢!

《安徽省志·国土资源管理志》所记内容涉及面广、信息量大、时间跨度长,虽然我们在编纂中不懈努力,但因编纂水平有限,经验不足,缺漏遗误之处在所难免,恳请广大读者指正。

编　者

2017 年 5 月